LE SOLEIL NOIR DE LA PUISSANCE

DU MÊME AUTEUR

Les Cent-Jours ou l'esprit de sacrifice, Perrin, 2001.

Le Cri de la gargouille, Albin Michel, 2002.

Eloge des voleurs de feu, Gallimard, 2003.

Un autre monde, Herne, 2003.

Le Requin et la Mouette, Plon, 2004.

L'Homme européen
(avec Jorge Semprún)
Plon, 2005. Perrin tempus, 2006.

Histoire de la diplomatie française
(en coll.) Perrin, 2005.

Dominique de Villepin

LE SOLEIL NOIR DE LA PUISSANCE

PERRIN

www.editions-perrin.fr

ISBN : 978-2-262-02713-1

« Je me félicite de publier si tard les vues qu'à diverses époques de ma vie j'eus sur Bonaparte, ce sujet où tant de gens ont regardé sans voir. C'est, certainement, le plus difficile de l'histoire, le plus obscur en plein soleil par la quantité des mirages et des fausses lueurs qui ont égaré les esprits. »

MICHELET,
Histoire du XIXe siècle.

LIVRE I

LA PEUR

« La peur était alors l'unique énergie et l'Empire de ce démon est de courte durée. »

CLAUSEWITZ,
De la guerre.

INTRODUCTION

LE MYSTÈRE NAPOLÉON

> « Jusqu'à présent, Napoléon est un livre qui a été plus commenté que traduit. »
>
> Jacques de NORVINS.

Napoléon est-il une transition, un météore dont le destin extraordinaire a traversé les siècles ou demeure-t-il le passeur du monde moderne, celui qui a terminé la Révolution en France tout en contribuant à la diffuser dans le monde ?

Sur son caractère, son action, ses batailles, ses réformes, sa famille ou ses amours, ses triomphes et ses fautes, les jugements abondent et pour la plupart se contredisent. Dès son vivant, il fut objet de polémique, mythe et épopée contre légende noire, suscitant des sentiments opposés mais toujours exaltés, à l'image de son caractère. Ainsi Chateaubriand tour à tour l'encensa, le renia et le réhabilita, marquant à travers son œuvre [1] la difficulté d'édicter un jugement serein sur une vie qui échappe par sa démesure à la contingence des faits.

Comment aborder une pareille existence ? Conjonction de hasards heureux, rencontre d'un homme exceptionnel avec des circonstances qui ne l'étaient pas moins, ou destin inscrit dans

---

1. Il le loue dans *Génie du christianisme*, l'attaque dans un article de 1807 publié dans le *Mercure de France*, lui crache au visage dans *De Buonaparte et des Bourbons* (1814) avant de lui dresser une superbe biographie post mortem, partie intégrante des *Mémoires d'outre-tombe*.

le ciel ? Napoléon croyait à tout cela, au hasard qui mène le monde, au tempérament et à la force de la volonté qui métamorphosent une vie ordinaire en épopée, à la singularité d'une révolution appelant un sauveur après avoir fait table rase des pouvoirs, à sa propre prédestination, cette fameuse étoile qui lui était apparue à Lodi et ne devait le quitter que dans les steppes de Russie[1]. A coups de victoires, de traités et de réformes, il allait façonner un monde nouveau, écrasant les monarchies continentales, bravant Albion, imposant sa famille, ses lois et ses armées à une Europe exsangue : « Sa plus haute vertu, note André Suarès, aura été de révéler à la masse humaine la puissance du peuple en armes, qui brûle de donner son propre idéal à tout le reste du monde. [...] Napoléon a coulé dans les moules anciens cette lave humaine en fusion. [...] Il a, [...] le fouet de la gloire au poing, mené le peuple à l'action héroïque, cette enfance de la vraie révolution : ni la multitude ni lui n'ont su alors ce qu'ils firent. Donnant donnant, la multitude en a fait son héros. De là que le plus réaliste des hommes a été le plus légendaire, et sa légende se confond avec sa vie. »

La « gloire de l'Empire » ne cesse, depuis Sainte-Hélène, d'attirer historiens et essayistes. Passionné depuis toujours par l'époque et le personnage, j'ai préféré observer l'envers du décor en privilégiant l'analyse de la chute[2]. Car bien qu'ébloui par le soleil d'Austerlitz, je pressentais qu'il ne s'agissait que d'un « soleil noir ». Pour moi, les ressorts de la chute sont à l'œuvre dès le début de la geste napoléonienne,

---

1. Selon Marmont : « Jamais homme ne fut autant autorisé à se croire l'agent spécial d'un pouvoir supérieur et irrésistible, et il le crut effectivement ; c'est d'ailleurs une chose assez flatteuse pour l'amour-propre que de se considérer comme une exception aux lois qui régissent l'univers. »

2. A l'exception d'un ouvrage écrit par Charles Saint-Nexant, intitulé *Des événements qui ont amené la fin du règne de Napoléon Ier*, et publié chez Plon en 1863, ce sujet n'a jamais été étudié que sous son angle étroit, soit la dernière phase allant de l'effondrement de la campagne de Russie à l'abdication de Fontainebleau. C'est notamment le cas de l'ouvrage de Wolseley, *Le Déclin et la chute de Napoléon*. Celui de Labaume, *Histoire de la chute de Napoléon*, retrace l'histoire militaire des années 1813-1814 ; celui de Jean Thiry, également intitulé *La Chute de Napoléon*, se cantonne quant à lui à l'histoire de l'année 1814 ; Félix Ponteil (*La Chute de Napoléon Ier et la crise française de 1814-1815*) élargit l'analyse jusqu'à la seconde Restauration.

aux sources de l'Empire même, Empire impossible au sortir de la Révolution. Si la Berezina, Leipzig ou la trahison de Talleyrand ponctuent l'effondrement, elles n'en constituent à mon sens que le final. Ses causes directes résultent de facteurs plus anciens et profonds ; elles sont inscrites dans les gènes de l'aventure, marquée dès l'origine par la précarité d'un pouvoir miné par la fièvre révolutionnaire.

Chute de l'Empire ou chute de Napoléon ? A première vue, tout semble se rapporter à la personnalité de l'Empereur, homme-siècle qui occulte par son génie et sa légende tous ceux qui l'entourent. Davantage que Charlemagne, Saint Louis ou Frédéric II, autant qu'Alexandre et César, Napoléon écrase de sa stature la période à laquelle il donne son nom. « L'Etat c'était moi », dira-t-il à Sainte-Hélène en paraphrasant la célèbre maxime du Roi-Soleil. Pourtant il existe, derrière l'Empereur, en France comme en Europe, des personnalités dont le rôle s'est avéré décisif, Fouché et Talleyrand pour la France, Pitt pour l'Angleterre, Stein pour la Prusse, Koutouzov et Alexandre Ier pour la Russie ; enfin Metternich pour l'Autriche. Il y a surtout la France, première puissance mondiale par son armée et sa démographie, mais puissance à son crépuscule, dont l'Empire signe l'éphémère apogée. Portée par la gloire, elle n'en demeure pas moins précocement ruinée par la guerre, guerre civile de la Révolution, guerre continentale avec l'Europe, meurtrie dans sa chair, divisée par ses haines, retardée par ses pesanteurs. Son réservoir humain s'essouffle, son énergie s'affaisse tandis que son esprit quitte les rives ardentes de la conquête pour gagner le port d'attache de l'ordre bourgeois.

Le malentendu

Au cœur de la chute se cache un malentendu entre Napoléon et les trente millions de Français amenés à partager son aventure. L'ambiguïté naît en brumaire an VIII, lors de ces fiançailles un peu forcées entre la France et le jeune héros revenu d'Egypte. La nation termine un chapitre de l'histoire de la Révolution alors que Bonaparte commence le sien. Epuisée par la guerre, la Terreur et l'instabilité du Directoire, elle plébiscite les deux paix — militaire et civile — que son nouveau chef lui promet. Deux ans plus tard, le contrat est rempli, l'anarchie comprimée, l'Etat restauré, l'Europe pacifiée par les traités de Lunéville et d'Amiens. Eperdu de reconnaissance, le pays réel rejoint le pays légal pour porter Bonaparte au Consulat à vie. C'est alors que leurs chemins commencent à se séparer.

Bonaparte, imprégné des souvenirs de Toulon et d'Italie, croit la France à l'image de son armée, avide de gloire et affamée de conquête, plus grande qu'elle-même, agitée depuis 1789 d'un perpétuel besoin de mouvement et d'expansion. Eloigné de son pays par l'aventure méditerranéenne, le revenant de Brumaire prête à son pays ses propres convictions, pétries d'histoire antique, nourries d'ambition, portées par l'idéal universaliste des Lumières dont il a ressenti la flamme dès Brienne, flamme devenue fièvre dévorante au contact de la Révolution qui renverse les barrières et menace l'Europe. Il en a épousé l'ardeur idéologique, l'esprit de conquête prolongeant l'universalisme de la Déclaration des droits de l'homme.

Or sa vision ne correspond pas à la réalité d'une société déjà conservatrice qui salue en lui le restaurateur de l'ordre bien plus que le conquérant des Pyramides. Une décennie de troubles, oscillant entre anarchie et coups d'Etat, et un septennat de guerre ont brisé le rêve français. Tournant le dos à tout défi collectif, le pays, las, aspire au repos. L'invasion de 1792 a certes ranimé la ferveur militaire, la parant pour l'occasion de l'idéal de la Grande Nation armée contre l'Europe des rois pour libérer le monde, mais l'incendie n'a été qu'un feu de paille alimenté par l'éloquence du chef girondin Brissot, l'ardeur de Danton et de Comité de salut public. Depuis la chute de Robespierre, notre pays est à bout de rêve. La France entre à pleines voiles dans l'ère des notables, paix et propriété, nation de Sieyès et bientôt de M. Homais, que les romantiques vomiront.

L'illusion de l'osmose entre la France et Napoléon perdure d'autant plus longtemps que l'Empereur comprend en partie cet esprit conservateur et l'épouse sur de nombreux points : respect de la famille et de la religion, goût de l'ordre, défiance envers les partis et le parlementarisme, sacralité de la propriété appartiennent au répertoire commun des notables et du sauveur. Mais Napoléon demeure aussi l'homme de l'en-avant et de la conquête, incarnation de l'esprit militaire soucieux d'émulation et de transcendance, refusant tout frein et pause. Alors que l'égoïsme règne déjà, il veut bâtir une nation rassemblée autour d'un avenir partagé.

Dans ces conditions, la poursuite de la guerre se révèle indispensable à ses yeux. Elle soude la Nation dans la peur, fortifie sa légitimité par la victoire, agrandit l'horizon aux couleurs radieuses de l'expansion économique et d'une Europe française. Cette France unie par la conquête et le Code civil, le sabre et l'esprit, deviendra la nouvelle Rome qui va coloniser le monde, porteuse d'une société étatique et égalitaire, fidèle en cela à l'esprit de la Révolution car elle va broyer les modèles monarchiques. En échange, il demande à la patrie des sacrifices qu'il juge bénins — des hommes et de l'argent — eu égard à la grandeur de l'enjeu. Emporté par sa vision, il occulte les réalités d'une France usée, inquiète, hantée par son passé, et qui refuse de nouvelles souffrances. Derrière les enluminures de la gloire, la peur gangrène l'épopée.

La trahison

Comme son rival Chateaubriand, Benjamin Constant a loué Napoléon après l'avoir voué à la damnation éternelle[1]. Faut-il le croire quand il affirme : « Bonaparte a été modifié par les éléments qui l'ont entouré dès sa naissance : ces éléments

1. *De l'esprit de conquête et de l'usurpation* (1814) pour la légende noire, *Mémoires sur les Cent-Jours* (1820-1822) pour la réhabilitation.

étaient les débris d'une monarchie absolue, mise en fermentation par une révolution devenue tyrannique. La corruption, le mépris des hommes, le besoin du plaisir et des richesses, et — pour les conquérir — la flatterie, l'empressement à servir le despotisme, quand il était fort, tel fut le spectacle qui frappa les yeux du jeune ambitieux : ce fut avec ces éléments qu'il se construisit un système ; mais il valait mieux que ces éléments, il valait mieux que ce système, et c'est pour ne pas avoir été ce qu'il pouvait, ce qu'il devait être, que nous l'avons vu tomber et périr. Le monde a été puni de l'avoir corrompu ; il a été puni de s'être laissé corrompre. »

Il esquisse ainsi l'idée défendue également par Stendhal et Larousse [1] d'une trahison de la Révolution, reniée par son fils, fossoyeur de la liberté, destructeur de la sacro-sainte égalité, restaurateur d'une monarchie et d'une noblesse, empereur parvenu uniquement soucieux d'être adopté par l'Europe. Toutes ces fautes proviendraient de sa quête éperdue de reconnaissance, obsession dynastique qui le pousse à s'entourer d'une cour et à marier sa famille avec les têtes couronnées avant d'épouser lui-même une archiduchesse d'Autriche, devenant dès lors le gendre des Habsbourg et le neveu de Louis XVI.

L'obsession de la légitimité chez Napoléon demeure absente de la plupart des analyses de l'historiographie contemporaine [2]. Elle se décline en quelques questions : Comment

1. Larousse fait d'ailleurs mourir Bonaparte au 19 Brumaire. Dans ses deux articles-fleuves du *Dictionnaire du XIXe siècle*, il dénonce dans le Consul et surtout dans l'Empereur un fossoyeur de la République, empressé de détruire l'esprit de la Révolution au profit de son omnipotence personnelle : « Il apporta dans le gouvernement de la République cette vigueur et cet esprit d'organisation qu'il avait appris à l'école de la Révolution. Il communiqua à tous les rouages du gouvernement une impulsion qu'il serait puéril de contester ; mais, en même temps, il se substitua entièrement à la République, il absorba toutes les libertés et profita de l'engouement dont il était l'objet pour faire rétrograder la Révolution, et ramener progressivement la France au régime avilissant du pouvoir absolu. Nous le savons, des systèmes qui ont eu leur minute de vogue ont fait de Napoléon le continuateur armé de la Révolution, le dictateur de la démocratie ; mais il n'est que trop évident qu'il n'a laissé subsister de cette Révolution que ce qu'il n'a pas pu détruire, que ce qu'il avait un intérêt immédiat à conserver. »

2. Il faut cependant signaler le livre d'Annie Jourdan *Napoléon, héros, imperator, mécène* (Aubier, 1999), essai très documenté qui insiste largement, et à de nombreuses reprises, sur cette question. « La conscience de la dimension temporelle du principe

restituer à l'exécutif la primauté après la décapitation de Louis XVI? Comment lui assurer la pérennité nécessaire sans recourir à l'hérédité ? Comment bâtir une nation sur une somme d'individualités qui réclament leur émancipation ? Quels liens établir pour rassembler le plus grand nombre et forger une patrie ? Quelles réformes accomplir, quelle morale fonder ? En résumé : comment organiser la démocratie en ordonnant le pouvoir et la société ?

Toutes les formes de gouvernement possibles ou presque ont en effet été tentées : monarchie constitutionnelle de 1789 à 1791, république absolue durant la Convention, bicaméralisme et exécutif collégial sous le Directoire. Aucune ne s'est imposée dans la durée. Porteuse d'une société nouvelle, la Révolution ne parvient pas à accoucher d'un gouvernement stable car elle se révèle incapable de bâtir sa légitimité sur les décombres de l'ordre monarchique qui justifiait l'absolutisme royal au nom de la volonté divine et de la tradition[1]. Les différentes factions révolutionnaires, qui se disputent le pouvoir avec acharnement, ne sont d'accord sur rien excepté sur la souveraineté théorique du peuple ; concept abstrait qui autorise tous les détournements et ne règle en rien les deux enjeux majeurs de l'organisation des pouvoirs et de la représentation. La question religieuse vient compléter ce triptyque autour duquel constituants, conventionnels puis thermidoriens se déchirent. En 1800, tout reste à faire, ou plutôt à refaire.

« Bourrienne, dit-il à son secrétaire au lendemain du 18 Brumaire, ce n'est pas tout d'être aux Tuileries, il faut y rester. » Pour y parvenir, Napoléon impose en quatre ans sa

---

de légitimité l'entraîne à se hâter, à précipiter les initiatives, juge par exemple l'historienne. Comme si chaque réalisation constituait une base pour soutenir un édifice encore trop fragile. Le colosse aux pieds d'argile pressent que la multiplicité de ses réalisations fonctionne comme une instance de légitimité, ou pour le moins, comme une assurance contre l'oubli. Elles sont autant de souvenirs de son passage sur terre, de sa puissance, de sa supériorité, de son génie. [...] Il est tiraillé entre le sentiment qu'on ne peut faire l'œuvre du temps à sa place et l'aspiration à en accélérer le rythme, dans l'espoir que naisse au plus tôt l'ancienneté. »

1. Les *Principes politiques tirés de l'Ecriture sainte* de Bossuet et les *Mémoires pour servir à l'instruction du dauphin* de Louis XIV affirment les deux sources, religieuse et politique, de l'absolutisme.

propre conception de la Révolution. Il en adopte les conséquences sociales, l'égalité civile, donc la fin des privilèges, ainsi que la sacralité de la propriété. Mais il en rejette le volet libéral, omniprésent depuis Voltaire et Montesquieu : prépondérance parlementaire, liberté de la presse, décentralisation, indépendance de la justice. Sur ces points, il modernise l'héritage absolutiste qui relie secrètement la monarchie à la Convention : « Les Français sont indifférents à la liberté ; ils ne la comprennent ni ne l'aiment ; la vanité est leur seule passion et l'égalité politique, qui permet à tous l'espérance d'arriver à toutes les places est le seul droit politique dont ils fassent cas. » Et Stendhal, citant le propos, de conclure : « Jamais rien de plus juste n'a été dit sur la nation française. »

Lieutenant corse, général jacobin, Consul puis Empereur, Napoléon incarne cette ascension sociale par le mérite rendue possible par la Révolution. C'est cette identification entre un homme et une nation qu'a si bien décrite Chateaubriand : « Une expérience journalière fait reconnaître que les Français vont instinctivement au pouvoir : ils n'aiment point la liberté ; l'égalité seule est leur idole. Or, l'égalité et le despotisme ont des liaisons secrètes. Sous ces deux rapports, Napoléon avait sa source au cœur des Français, militairement inclinés vers la puissance, démocratiquement amoureux du niveau. Monté au trône, il y fit asseoir le peuple avec lui, roi prolétaire, il humilia les rois et les nobles dans ses antichambres ; il nivela les rangs, non en les abaissant, mais en les élevant : le niveau descendant aurait choqué davantage l'envie plébéienne, le niveau ascendant a plus flatté son orgueil. »

Couronnement de l'égalité, l'Empire en paraît bien pourtant la négation lorsqu'il rétablit l'hérédité comme critère premier de la légitimité. En 1808, fort des triomphes militaires obtenus, il franchit le pas décisif et établit une noblesse. L'Etat concentre son effort sur la formation des élites. Trente mille personnes environ constituent le vivier limité au sein duquel se recrute l'élite administrative et politique. Chaque jour, dans ces conditions, l'égalité des chances proclamée se sclérose, y compris dans l'armée où l'avancement commence à être gangrené par la faveur.

Conservateur et nobiliaire, le régime se fige, comme l'ancienne royauté, la dérive s'accentuant après le mariage avec Marie-Louise. Napoléon a beau distribuer titres et terres, fonctions et prébendes, décorations et gratifications, il achète sans parvenir à attacher. Petit à petit, les premiers fidèles s'éloignent ou succombent aux jeux de cour. Au jour des adieux, Fontainebleau offrira le spectacle édifiant d'un Empereur tragiquement seul, tombé pour avoir renié ses origines.

Fustigeant le despote et le parvenu, la légende noire se tisse alors, même chez un Marmont, fils spirituel dont la défection a signé la fin : « Tant qu'il a dit : tout pour la France, je l'ai servi avec enthousiasme. Quand il a dit : la France et moi, je l'ai servi avez zèle. Quand il a dit moi et la France, je l'ai servi avec dévouement. Il n'y a que quand il a dit : Moi sans la France, que je me suis détaché de lui. »

Le gouffre

Porté au pouvoir par l'alliance du patriotisme révolutionnaire et des notables, l'Empereur est ainsi tombé sous le coup des hommes et des valeurs dont il avait été le sauveur et l'incarnation. Comment ce divorce s'est-il opéré ?

Pour comprendre la chute, il faut partir du sommet, et plus précisément disséquer la décennie triomphale qui relie le point de départ de Lodi à l'apogée de Tilsit. Toute l'histoire ultérieure découle des deux choix majeurs accomplis au zénith de la gloire : choix de l'hérédité avec le sacre de 1804 ; choix de la conquête tel qu'il s'exprime dans le décret instituant le Blocus continental fin 1806. Le premier le coupe de la Révolution, le second de l'Europe.

Reste à savoir dans quelle mesure ces deux tournants reflètent une dérive ou sont imposés par la conjoncture comme le seul moyen de retenir un pouvoir toujours fragile, donc précaire. Dans la France révolutionnaire, condamnée à mort par l'Europe monarchique, la paix demeure impossible, l'immobilité entraîne l'anéantissement. Chacune de ses victoires, civiles ou militaires, maintient le régime à flot sans pour autant lui apporter de fondements solides. Bonaparte le pressent dès Brumaire où le crachat des parlementaires l'oblige à passer en force le Rubicon, marquant son pouvoir naissant du sceau de l'éphémère et de la flétrissure par la violation des lois. Il le comprend à son retour de Marengo en découvrant les manœuvres ourdies en son absence par une classe politique qui spécule sur sa défaite. Ecœuré par les hommes, vacciné par la souffrance, il s'est depuis lors employé à confisquer ce pouvoir qu'il juge ne plus être en mesure de déléguer. Le passage à l'Empire se fait sur le cadavre du duc d'Enghien, l'assassinat répondant en écho sinistre au coup d'Etat fondateur. A ce pouvoir souillé, il faut l'onction populaire du plébiscite et surtout religieuse du sacre. A ce pouvoir fragile, il faut la gloire comme substitut et comme rachat ; la victoire comme but et justification de la dictature intérieure.

Impossible donc d'ignorer dans le drame qui se noue la personnalité de Napoléon, parfaitement définie par Hippolyte Taine : « Architecte, propriétaire et principal habitant, de 1799 à 1814, il a fait la France moderne : jamais caractère individuel n'a si profondément imprimé sa marque sur une œuvre collective, en sorte que, pour comprendre l'œuvre, c'est le caractère qu'il faut observer. » Sculptée par l'épreuve, révélée par la guerre, mythifiée par la gloire, déformée par la légende, sa vie ne cesse de brouiller les pistes. Son apparence de fer masque un doute profond, essentiel à sa connaissance, une angoisse due à la conscience de la précarité de son œuvre. Elle épouse les peurs françaises dans sa volonté d'exorciser la Terreur pour pérenniser la Révolution en la dotant enfin d'institutions solides. D'où la longue marche vers l'hérédité, ce pilier pacifique qui devait assurer l'ordre en plaçant le chef de l'Etat au-dessus des factions. Mais elle sécrète de nombreux risques : conservatisme, isolement, privilèges. D'où, aussi, la conquête qui en forme le contrepoids naturel car elle laisse sa chance aux plus humbles de s'élever par la bravoure et poursuit l'idéal universaliste de la Grande Nation. Mais il y a conquête et conquête. Là aussi, tout est question de légitimité. A Marengo, à Austerlitz puis à Iéna, la France est l'agressée, la victime qui réplique en état de légitime défense à l'attaque des coalitions financées par l'Angleterre. Victorieuse, elle se contente longtemps d'extensions logiques et utiles : peuples francophones de la rive gauche du Rhin et de l'Italie du Nord. En décrétant le Blocus continental, Napoléon change radicalement la donne. Il ne s'agit plus de défendre ou d'atteindre des frontières naturelles, mais de soumettre le continent entier à l'ordre nouveau. En agissant ainsi, il se condamne à la guerre permanente. Sa survie dépend désormais de l'issue de chacune de ses batailles. A peine intronisé, il fait le choix délibéré d'augmenter la mise et de se fragiliser. A l'Empire immobile, il préfère l'Empire ardent, toujours en mouvement à l'image de son créateur. Empire fragile et qui a plus que jamais besoin de son sauveur. En résumé, la fragilité de la conquête fait pendant à celle, intérieure, du Consulat, légitimant la dictature, scellant la nation à son chef.

De Tilsit à la campagne de Russie, soit de 1807 à 1812, l'Empire aborde sa seconde phase. Chaque jour plus grand, toujours puissant, il s'appauvrit pourtant en s'enrichissant, miné par les haines des peuples et son affaiblissement interne. En 1807, la légendaire rencontre avec Alexandre Ier sur le radeau de Tilsit marque bien un tournant majeur du règne auquel correspond la mutation physique et morale décrite par tous les témoins. D'un empereur encore affable et accessible, on passe au népote alourdi, odieux et impatient, isolé en sa cour, dominant par la crainte mais ne touchant plus les cœurs. Lui dont le mouvement n'a jamais empêché le pragmatisme, lui dont l'autoritarisme paraissait tempéré par la curiosité et la capacité d'écoute tombe dans l'engrenage fatal, coupé de son peuple, méprisant les rois. Symbole éclatant de cette dérive : le mot république disparaît alors des actes officiels tandis que Talleyrand, ministre des Affaires étrangères et avocat d'une diplomatie modérée, se voit disgracié.

Conséquence du blocus et de l'enivrement de Tilsit, Napoléon se jette sur l'Espagne en 1808 puis détrône le pape. Pour la première fois, il ne défend plus la Révolution contre l'Ancien Régime mais attaque les peuples par sa seule volonté. « En abjurant son droit, la conquête perdait son âme ; elle en était désormais réduite à la dernière et vulgaire raison du pouvoir, le canon ; et sur tous les points d'un champ de bataille illimité, il fallait à toute heure être le plus fort, le plus actif et le plus habile » résume Montholon dans ses Mémoires.

« A force de vaincre les obstacles, annonce Marmont, il les a toujours méprisés ; mais aussi à force de les mépriser, il a fini par en accumuler une telle masse sur sa tête, qu'il en a été écrasé [1]. » Tout est en place pour le drame qui se déroule en trois temps, de l'automne 1812 au printemps 1814, entre l'incendie de Moscou et l'agonie de Fontainebleau : la retraite de Russie, fin 1812, signe la débâcle de la Grande Armée ; l'échec de la campagne d'Allemagne, en 1813, celle du Grand Empire ; la glorieuse campagne de France n'empêche pas la chute de Napoléon, scellée par l'alliance des coalisés avec les grands notables parisiens cornaqués par Talleyrand.

Spectacle fascinant d'une seule et même retraite, de Moscou à Paris ; d'un homme qui lutte, d'une Cour qui trahit, d'un peuple qui renonce, d'une Europe résolue qui trouve dans la revanche les premiers ferments de son identité. C'est pourtant à travers ce drame que s'opère la métamorphose en gestation depuis le drame de la Berezina. Car finalement Napoléon revient vers Bonaparte, à la pureté de la source consulaire, emblème d'une révolution « dessouillée », réconciliée avec l'ordre mais refusant les Bourbons imposés par l'étranger, synonymes d'une paix honteuse. Préférant la mort à la flétrissure, il fait le choix résolu de la chute et de l'appel à l'histoire. Confronté à l'inéluctable, Napoléon tombe sans jamais s'abaisser. Selon André Suarès, « plus il voit l'ombre de la

---

1. Dans ses *Vues sur Napoléon*, Suarès exprime la même idée en comparant Napoléon à don Juan : « Lui aussi le joueur d'amour, poursuit une éternelle victoire ; et il dissipe le prestige dès qu'il la touche. La femme qu'il étreint le lance aussitôt à la femme qu'il désire et qu'il n'a pas vue encore. Il faut qu'il aille de triomphe en triomphe, pour n'être fixé par aucun : car sa nature est insatiable. Don Juan est l'homme de la catastrophe de la puissance. »

catastrophe gagner sur lui, moins il veut s'y soustraire : il fait tout ce qu'il faut pour s'en draper, comme d'un manteau toujours plus vaste ; il ne s'offre pas de bon cœur à l'infortune, mais il se prépare à porter le pourpre majestueux du malheur. Raidi dans le bronze de sa statue, on dirait qu'il travaille au socle, pour l'exhausser au-dessus du siècle. Le joueur de la toute-puissance joue pour perdre dans un si prodigieux désastre que la gloire en soit éternelle. Car il n'ignore pas qu'il doit perdre à la fin ».

*

J'étais décidé à raconter l'ensemble de l'aventure. La densité des sujets à aborder, l'ampleur de la documentation, la qualité littéraire des témoignages m'ont persuadé de la nécessité de séparer la décennie de l'ascension du septennat du déclin. Ce livre, remanié sans cesse depuis 2002, raconte donc l'histoire d'une élévation extraordinaire[1]. Il se nourrit d'une conviction fortifiée par l'expérience personnelle, de la solitude du pouvoir, de sa fragilité, de son immense complexité, enfin de son caractère foncièrement tragique. Nul mieux que Napoléon n'incarne cette course contre le temps ; cette lutte contre l'esprit de cour et les conservatismes qui incombe au responsable éphémère du destin d'un peuple. Sa chevauchée fantastique lui a fermé les portes du monde mais lui a ouvert celles de la postérité ; preuve que le temps du jugement ne se confond jamais avec celui de l'action.

Dans *Les Cent-Jours*, j'avais tenté de montrer que la chute pouvait être fondatrice. Ce livre-ci en forme l'exact contrepoint puisqu'il s'attache à démontrer l'inéluctabilité de la chute derrière l'apogée. La gloire cumulée d'Arcole, Marengo, Austerlitz, Iéna ou Friedland, compense et masque

1. Cet ouvrage sera suivi d'un autre volume, *La Chute ou l'Empire impossible*, consacré au septennat 1807-1814.

les deux immenses échecs personnels que constituent le coup d'Etat manqué du 18 Brumaire et l'assassinat du duc d'Enghien. A chaque étape de son ascension, Bonaparte butte sur la dernière marche alors qu'il croit remporter la victoire.

J'ai voulu aller résolument à l'essentiel : biographies, Mémoires et études de toute sensibilité. Mais je n'ai pas souhaité enfermer Napoléon dans la religion des faits ou l'étouffoir de la chronologie, tant l'homme échappe aux normes rationnelles. Inventeur de la communication moderne, metteur en scène de sa destinée, l'Empereur voulait régner par l'imagination dont il a dit qu'elle gouvernait le monde. Comment dès lors oser l'aborder sans faire appel à ses propres intuitions et interprétations, dussent-elles trancher avec la vulgate en vigueur ? Le Napoléon du songe, prophète du *Mémorial*, ne contraste qu'en apparence avec le chef méticuleux de la *Correspondance*. Ces deux corps, poétique et politique, de Napoléon ne font qu'un, ils se mêlent en une alchimie parfois déroutante. C'est aussi pourquoi, dans les sources consultées, j'ai privilégié les politiques et les écrivains, les premiers comme détenteurs d'une expérience, les seconds comme porteurs d'une vérité qui n'est pas la vérité mais une vision, interprétation le plus souvent iconoclaste du destin de l'Empereur. Balzac, Bloy, Chateaubriand, Suarès, Stendhal ou Elie Faure possèdent la vertu d'avoir regardé leur modèle en face, de puissance à puissance. Bien entendu, Napoléon Bonaparte, mémorialiste et correspondant sublime, est le premier à avoir été mis à contribution.

CHAPITRE I

L'APPEL

« Alors, un homme s'élèvera, peut-être resté jusque-là dans la foule et l'obscurité, un homme qui ne se sera fait un nom ni par ses paroles ni par ses écrits, un homme qui aura médité dans le silence, un homme enfin qui aura peut-être ignoré son talent, qui ne l'aura senti qu'en l'exerçant, et qui aura fort peu étudié. Cet homme s'emparera des opinions, des circonstances, de la fortune ; et il dira du grand théoricien ce que l'architecte praticien disait devant les Athéniens de l'architecte orateur : "Ce que mon rival vous a dit, je l'exécuterai." »

GUIBERT,
Essai général de tactique.

La révélation

Le mythe d'Arcole a éclipsé l'aurore de Lodi. Si la mémoire collective a conservé du premier l'image d'un Bonaparte avançant drapeau en main sous la mitraille, c'est pourtant la seconde qui a pesé le plus lourd dans sa destinée. Car c'est à Lodi, le 10 mai 1796, dans cette petite ville d'Italie du Nord, que le jeune général de vingt-six ans, nouvellement appelé au commandement en chef de la plus petite des grandes armées de la République, va découvrir son étoile et croire en son destin.

C'est la première fois qu'il rencontre véritablement les Autrichiens depuis l'ouverture de la campagne d'Italie. Certes, il affronte seulement une arrière-garde, forte de 8 000 à 10 000 hommes, qui lui est opposée pour ralentir son offensive et préserver le gros de l'armée des Habsbourg, alors en pleine retraite. Mais cette arrière-garde s'est solidement retranchée sur une rive de l'Adda[1], abritée derrière un pont de bois d'environ 200 mètres dont le franchissement paraît impossible en raison de la puissance de feu autrichienne, composée d'une batterie d'une dizaine de pièces et de trois bataillons, soit approximativement un millier d'hommes.

Commencée dans la matinée, la bataille revêt d'abord l'apparence classique d'un duel d'artillerie, chaque rive canonnant l'autre avec un succès relatif. Les Autrichiens décapitent par inadvertance la statue du patron de la ville, saint Jean Népomucène, érigée sur la petite place située à l'entrée du pont[2]. Dans la lignée des rencontres courtoises de la guerre en dentelles, on se dirige vers une sorte de statu quo, propice à l'évacuation nocturne, lorsque Bonaparte parvient vers midi sur le champ de bataille. Pour lui, pas question d'attendre et de laisser filer. Il décide aussitôt de forcer le destin en lançant une colonne à l'assaut du pont. Pour assurer l'effet de surprise, il dispose d'un avantage stratégique décisif : il peut, derrière la muraille qui jouxte la cité, dissimuler 3 000 hommes à proximité du pont. Au milieu de l'après-midi, la concentration s'achève. Pour galvaniser sa phalange, Bonaparte vient la haranguer en personne : « Vous avez franchi le Pô, roi des fleuves, vous arrêterez-vous devant l'humble Adda ? » Un géant à barbe rousse, le major Dupas, ouvre la marche héroïque... qui prend aussitôt l'allure d'un convoi funèbre. L'étroitesse du pont ne permet qu'à six hommes de passer de front, ce qui affaiblit l'attaque et donne à l'artillerie autrichienne une supériorité qui semble décisive. Sa première salve

1. Affluent du Pô. Le fleuve était alors haut en raison de la fonte des neiges.
2. La légende prétendra que Bonaparte s'était caché derrière elle pour observer les Autrichiens à son aise.

coupe net l'élan. Empêchées par l'accumulation de cadavres, qui s'agglutinent en tête, les troupes semblent ne plus pouvoir avancer. C'est alors, tandis que l'ennemi recharge, que les officiers supérieurs parmi lesquels les futurs maréchaux Berthier, Lannes et Masséna, ramassent les drapeaux tombés et se ruent à nouveau à l'attaque. Dans le même temps, une nuée de tirailleurs, postés dans l'eau et sur les quelques bancs de sable avoisinant, tirent sur la première ligne autrichienne. Celle-ci faiblit au moment même où la colonne arrive au contact[1]. En dépit d'une ultime contre-attaque, le pont est conquis tandis que des pelotons de cavaliers, passés à gué quelques kilomètres plus loin, viennent prendre les Autrichiens à revers.

Le coucher du soleil scelle la victoire, d'autant plus fêtée qu'elle semblait impossible. Mais elle n'est pas un triomphe puisque l'ennemi n'est pas anéanti et peut poursuivre sa retraite. La médiocrité des effectifs engagés ne la désigne pas non plus à la postérité[2]. « *Non fu gran cosa* » avoua d'ailleurs Bonaparte à Mgr Della Beretta, l'évêque local venu le féliciter le lendemain. Mais ses conséquences stratégiques et politiques s'avèrent déterminantes.

D'abord, Lodi conclut victorieusement la première phase de la campagne d'Italie. En un mois seulement, Napoléon est parvenu à séparer les Autrichiens de leurs alliés sardes, puis à écraser ces derniers à Montenotte, Dego, Millesimo et Mondovi, les contraignant à signer l'armistice de Cherasco le 28 avril. En situation de supériorité numérique ponctuelle[3], *il giovanistro* (le « blanc-bec »), comme le surnomme le généralissime autrichien Beaulieu, pousse vers l'est sans attendre. La course-poursuite, menée à un rythme haletant, trouve sa conclusion victorieuse à Lodi. La possession de cette cité, comme il l'écrit à Carnot, lui offre les clés de Milan donc de

1. Parmi les tableaux représentant Lodi, le plus fidèle est, en 1804, celui du baron Lejeune. Il peint Bonaparte donnant ses ordres tandis que la colonne, longue et compacte, est sur le point d'achever la traversée du pont.
2. Il y eut tout de même environ 2 000 morts dans chaque camp.
3. Les Autrichiens attendent alors des renforts en provenance du Tyrol.

la Lombardie, ce qui fait peser une lourde menace sur la Bavière et par ricochet sur Vienne[1]. A l'exception de la prise de Mantoue, verrou stratégique dont la conquête conditionne l'issue de la campagne, l'essentiel a déjà été accompli.

La bataille a également révélé le jeune général à lui-même et lui a ouvert le cœur de ses soldats. Le Bonaparte de Lodi a déjà changé de stature. Les premières victoires l'ont doté d'une immense confiance en lui, manifeste dans la prise de risque inouïe que constitue la charge sur le pont. Certes, celle-ci s'est bien terminée, mais il aurait pu, et même dû en être autrement, selon les canons stratégiques de l'époque. Et pourtant, Bonaparte n'a jamais douté du succès. Selon Clausewitz, qui s'est longuement attardé sur la bataille, l'exploit illustre ce qu'il qualifie de « puissance morale de la victoire » : « Bonaparte, estime-t-il dans sa relation de la campagne, est ivre de victoire ; il se trouve dans un état d'exaltation où l'espérance, l'ardeur, la confiance, élèvent l'âme au-dessus des calculs ordinaires du raisonnement. » Alors que ses subordonnés supputent, il tranche sans attendre car il est certain du résultat. « Ce n'est pas là une présomption blâmable, ce n'est pas de l'étourderie, de la légèreté. C'est un sentiment que font naître son assurance et son activité, en lui répondant de ses conceptions et de ses actes[2]. »

Son autorité impose, son assurance rassure, son enthousiasme galvanise. D'un regard, il a jugé la situation et pris un risque parfaitement calculé : « Figurons-nous, poursuit Clausewitz, Bonaparte arrivant ainsi au pont de Lodi, et ne nous étonnons plus alors si lui, à qui tant de choses viennent de

1. Il écrit à Carnot dès le 11 mai : « La bataille de Lodi, mon cher directeur, donne à la république toute la Lombardie [...]. Vous pouvez compter dans vos calculs comme si j'étais à Milan ; je n'y vais pas demain, parce que je veux poursuivre Beaulieu et chercher à profiter de son délire pour le battre encore une fois. Bientôt, il est possible que j'attaque Mantoue. Si j'enlève cette place, rien ne m'arrête plus pour pénétrer dans la Bavière : dans deux décades je puis être dans le cœur de l'Allemagne. »

2. Et Clausewitz de poursuivre l'analyse en ces termes : « Quand l'homme a constaté combien est réelle la puissance de ses facultés, qu'il a vu ses idées vérifiées avec une incroyable justesse, il est pris d'un enthousiasme naturel pour ses actions et pour ses œuvres. C'est ainsi que le poète et l'artiste se grisent du succès de leurs ouvrages ; le général ressent les mêmes transports, mais se sachant moins exposé à se faire illusion, il n'en est que plus fortement et plus vivement exalté. »

réussir contre ces mêmes Autrichiens, tente un coup de main sur ce pont ; s'il y lance 20 000 Français, braves, grisés par le vin et par les paroles, s'il veut jeter l'effroi par une audace sans exemple, et cueillir ici, sous l'égide de cette terreur, des lauriers comme nul général et nulle armée n'en a obtenu. Et s'il réussit ! Quelle idée ce fait d'armes incroyable donnera-t-il à l'Europe étonnée de ce général victorieux et de son armée, en comparaison de son adversaire abattu, qui perd l'esprit et le courage ! Puis que risque-t-il en cas d'échec ? Une perte de 3 ou 400 hommes, les critiques timides de quelques subordonnés et une humiliation qu'il effacera en peu de jours ? » Or le coup d'essai se conclut en coup de maître. Derrière l'exploit, il comprend d'instinct le bénéfice qu'il peut en retirer auprès de l'opinion par la force de l'image et la symbolique qu'elle dégage. La horde héroïque partie sans hésiter à l'assaut incarne l'esprit de conquête de la Révolution triomphant du conservatisme de l'Ancien Régime, la régénération des modernes marchant sur la décrépitude des anciens. La petite bataille contribue ainsi à changer la face du monde : « Jamais, sans contredit, fait d'armes n'a soulevé en Europe autant d'étonnement que ce passage de l'Adda »[1] s'incline le maître de guerre prussien. « Cette affaire, que tout le monde pouvait comprendre, même les non militaires, frappe le public par son extrême audace, remarque de son côté Stendhal. En un mois, le passage du pont de Lodi fut aussi célèbre en Allemagne et en Angleterre qu'en France. »

Il contribue à lui gagner l'estime des soldats, tuant net les quolibets répandus jusqu'alors sur le favori de Barras, général d'opérette hissé sur le pavois par son récent mariage avec Joséphine, la « putain » du « Roi du Directoire ». A la veillée du soir qui conclut joyeusement la bataille, une poignée

---

1. « Un enthousiasme énorme transporta les amis des Français et leur général, conclut toujours Clausewitz dans son essai sur la campagne d'Italie. Peut-être viendra-t-on dire : l'attaque de Lodi n'a pas de raison d'être du point de vue stratégique ; Bonaparte pouvait tout aussi bien occuper ce pont le lendemain matin ; c'est qu'on n'a en vue que les lois géométriques de la stratégie. Mais l'influence morale n'a-t-elle pas aussi sa place en stratégie ? S'il est un homme qui en doute encore, c'est qu'il n'a pas su embrasser la guerre dans toute sa complexité, ni en pénétrer l'âme. »

d'anonymes l'élèvent au grade de « petit caporal ». Vérité ou légende ? D'emblée, le héros échappe aux historiens pour mieux entrer dans le mythe [1]. Lui-même en prend immédiatement conscience : « Ce soir-là, confie-t-il, je me regardai pour la première fois non plus comme un simple général, mais comme un homme appelé à influer sur le sort d'un peuple. Je me vis dans l'histoire. » La puissance de la grâce qui vient de le toucher décuple son ambition et lui inspire cette formule superbe : « Je voyais déjà le monde fuir sous moi comme si j'étais emporté dans les airs. »

C'est dans cette ivresse qu'il reçoit à son bivouac, sans doute le 13 mai, une dépêche du Directoire. Inspirée par Carnot, elle l'invite à partager son commandement avec le général Kellermann ; celui-ci chargé de retenir les Autrichiens au nord de la péninsule, tandis qu'il devra descendre à Rome et à Naples, rançonnera le pape et un roi pour le compte du régime aux abois. Le vainqueur de Lodi redescend brutalement sur terre. Au lieu de la conquête de Vienne, le voilà relégué au rang d'un vulgaire condottiere, de surcroît placé sous la surveillance d'un commissaire du gouvernement. C'est alors, expliquera-t-il un quart de siècle plus tard à son fidèle Bertrand [2], que le voile se déchire : « Je vois encore ce moment : j'étais dans une chambre à Malegnano, où il y avait une cheminée en coin. Il y avait du feu, pour mes aises, quoiqu'on fût au mois de mai ou juin. On m'annonça Melzi dans ce moment. Melzi arrivait en députation de Milan [pour lui offrir les clés de la ville]. Je rêvais que je finirais la révolution : Je suis plus fort que tout cela, me disais-je à moi-même. C'est moi qui finirai la Révolution. »

Le choc des contrastes entre l'ivresse de la victoire et la mesquinerie du pouvoir en place le décide alors à tenter l'im-

---

1. Aucune source crédible n'accrédite cette vulgate. L'historien Pierre Bouvier pense qu'à l'origine l'expression de « petit caporal » était plutôt un sobriquet, fustigeant l'immaturité et l'autoritarisme du jeune général imposé par la faveur politique. Le terme aurait évolué ensuite vers l'apologétique au fur et à mesure des victoires.

2. En deux fois, en 1820 puis 1821. Se reporter aux *Cahiers de Sainte-Hélène*, auxquels sont empruntées les deux citations qui suivent.

possible : « Il faut rapporter à ce moment l'opinion que je conçus de ma supériorité. Je sentis que je valais bien mieux qu'eux, que j'étais plus fort que le gouvernement qui donnait un pareil ordre ; plus capable que lui de gouverner ; qu'il y avait dans ce gouvernement une incapacité et un défaut de jugement sur des matières aussi importantes qui devaient perdre la France ; que j'étais destiné à la sauver. Depuis ce moment, j'entrevis le but, et marchai vers lui[1]. » En trois jours, Buonaparte devient alors Bonaparte.

La métamorphose se lit dans la réponse qu'il adresse le 14 mai aux Directeurs. Le ton est dominateur, les mots claquent : « Je crois très impolitique de diviser en deux l'armée d'Italie, il est également contraire aux intérêts de la république d'y mettre deux généraux différents. » L'unité de commandement conditionne l'efficacité de l'action : « J'ai fait la campagne sans consulter personne ; je n'eusse rien fait de bon s'il eût fallu me concilier avec la manière de voir d'un autre. J'ai remporté quelques avantages sur des forces très supérieures, et dans un dénuement absolu de tout, parce que, persuadé que votre confiance se reposait sur moi, ma marche a été aussi prompte que ma pensée. Si vous m'imposez des entraves de toute espèce ; s'il faut que je réfère de tous mes pas aux commissaires du gouvernement, s'ils ont droit de changer mes mouvements, de m'ôter ou de m'envoyer des troupes, n'attendez plus rien de bon. » Partager le commandement fera perdre l'Italie[2].

Puis, le persiflage succède à l'indignation : « Chacun a sa manière de faire la guerre. Le général Kellermann a plus d'ex-

1. Napoléon revient de nombreuses fois sur le déclic fondateur dans ses confessions helléniennes. « Vendémiaire et même Montenotte, disait l'Empereur, ne me portèrent pas encore à me croire un homme supérieur ; ce n'est qu'après Lodi qu'il me vint dans l'idée que je pourrais bien devenir un acteur décisif de notre scène politique. Alors naquit, continuait-il, la première étincelle de la plus haute ambition » (*Mémorial*). Le propos est décliné avec d'infimes variantes et à plusieurs reprises auprès des autres « évangélistes » de l'exil.

2. « Si vous affaiblissez vos moyens en partageant vos forces, si vous rompez en Italie l'unité de la pensée militaire, je vous le dis avec douleur, vous aurez perdu la plus belle occasion d'imposer des lois à l'Italie. »

périence et la fera mieux que moi ; mais tous les deux ensemble, nous la ferons mal. » Et il conclut : « Je ne puis rendre à la patrie des services essentiels que seul. Il serait si facile de m'accuser d'ambition et d'orgueil, mais je vous dois l'expression de tous mes sentiments. » Le même jour, il adresse à Carnot une missive similaire dans laquelle il insiste sur son désintéressement et sa fidélité envers le régime pour mieux durcir le trait contre le pauvre Kellermann[1]. Il comprend d'instinct que le Directoire cédera et le laissera désormais faire à sa guise. Ne lui reste plus dans l'immédiat qu'à cueillir les fruits de sa victoire.

La Chartreuse de Parme s'ouvre par l'accueil enthousiaste que lui réserve la capitale lombarde : « Le 15 mai 1796, le général Bonaparte fit son entrée à Milan à la tête de cette jeune armée qui venait de passer le pont de Lodi et d'apprendre au monde qu'après tant de siècles, César et Alexandre avaient un successeur. Les miracles de bravoure et de génie dont l'Italie fut le témoin en quelques mois réveillèrent un peuple endormi. » Le triomphe civil complète la victoire militaire. Il lui découvre la force d'attraction de l'idéal révolutionnaire sur les nations asservies, l'enivrement des acclamations populaires, l'aura conférée par la gloire. Galvanisé par le succès, porté par la foule, il se sent libre de tout oser. Son aide de camp favori, un certain Marmont, s'approche de lui :

« Eh bien, lui dit Bonaparte, que croyez-vous qu'on dise de nous à Paris ? Est-on content ?

— L'admiration doit être à son comble.

— Ils n'ont encore rien vu [...] et l'avenir nous réserve des succès bien supérieurs à ce que nous avons déjà fait. La for-

1. Elle mérite d'être largement citée : « J'écris au Directoire relativement à l'idée de diviser l'armée. Je vous jure que je n'ai vu en cela que la patrie. Au reste, vous me trouverez toujours dans la ligne droite. Je dois à la République le sacrifice de toutes mes idées. Si l'on cherche à me mettre mal dans votre esprit, ma réponse est dans mon cœur et dans ma conscience. [...] je crois que réunir Kellermann et moi en Italie, c'est vouloir tout perdre. Je ne puis pas servir volontiers avec un homme qui se croit le premier général de l'Europe ; et d'ailleurs je crois qu'il faudrait plutôt un mauvais général que deux bons. La guerre est comme le gouvernement, c'est une affaire de tact. »

tune ne m'a pas souri aujourd'hui pour que je dédaigne ses faveurs : elle est femme, et plus elle fait pour moi, plus j'exigerai d'elle. De nos jours, personne n'a rien conçu de grand ; c'est à moi d'en donner l'exemple. »

Replacée dans le contexte de l'époque, la révélation de Lodi découvre un toupet stupéfiant. Qui est alors Bonaparte pour pouvoir prétendre s'emparer du pouvoir ? Certes, il n'est pas tout à fait un inconnu depuis qu'il a joué deux ans et demi plus tôt un rôle décisif dans la reconquête de Toulon contre les Anglais. Certes, il a déjà prouvé son génie stratégique en multipliant les plans audacieux, qu'il se contente maintenant d'appliquer, auprès des membres du Comité de salut public. Mais tout de même, l'époque est assez riche en généraux d'envergure, ces Kellermann, Jourdan, Pichegru, Hoche et autres Moreau, qui jouissent alors d'une notoriété très supérieure à la sienne. A Paris, règne un pouvoir légal, ce Directoire auquel il doit son élévation et qui semble alors solidement installé. Le haut personnel politique n'est pas non plus avare de talents. Que l'on pense à Carnot, le sauveur de la patrie en danger devenu Directeur, ou à Sieyès, tapi dans l'ombre dans l'attente de terminer cette révolution dont il a été l'accoucheur.

En outre, le vainqueur de Lodi semble cumuler les handicaps : Corse d'origine, il appartient à une contrée qui vient de chasser nos forces pour se livrer aux Anglais ; issu du jacobinisme, il a accompli ses premiers pas sous l'égide protectrice des frères Robespierre avant de devenir l'homme de main de Barras, déjà discrédité pour sa corruption et son avidité. Très jeune et sans aucune expérience politique, d'une apparence négligée, ce « bamboche aux cheveux éparpillés » moqué par Mallet du Pan paraît impropre au gouvernement. Autant dire que l'écart entre la prophétie de Lodi et la réalité du moment paraît infranchissable.

Et pourtant, la petite victoire sur l'arrière-garde autrichienne marque bien les débuts de la conquête du pouvoir. Celle-ci s'achèvera trois ans et demi plus tard par le coup d'Etat du 18 Brumaire. Pour tenter de comprendre ce qui va suivre, il faut maintenant expliquer pourquoi la France d'alors était en quête d'un sauveur et pourquoi ce sauveur ne pouvait être que Bonaparte.

L'impasse

En 1796, sept ans après la prise de la Bastille, l'espoir d'une France unie s'est effacé pour laisser place à un champ de ruines et à un agrégat de haines. Que s'est-il passé ? Pourquoi l'espoir a-t-il laissé place à une désillusion dont témoigne l'abstention massive des élites elles-mêmes à chaque élection ? Pourquoi la Révolution n'a-t-elle su que détruire, brisant la royauté avant de se déchirer, au lieu de bâtir la démocratie pacifique que les Lumières appelaient de leurs vœux et que chacun avait longtemps cru possible ?

Au lieu de la liberté promise, la violence s'était érigée en maître. Violence populaire manifeste dès les premiers jours avec les décapitations sauvages de Foulon et Bertier avant de revêtir le masque hideux des massacres de prisonniers lors des journées de septembre 1792[1]. Violence de la guerre civile au sein de cette Vendée promise à l'extermination par Carrier sous couvert du Comité de salut public. Violence sauvage devenue « légale » avec l'entrée en guerre contre l'Europe des rois, puis l'instauration de la Terreur, indissociable du visage de cire de Robespierre. Redoutable manœuvrier, ce dernier a su parvenir au pouvoir en épousant les pulsions populaires successives, dans l'espoir peut-être de mieux en contrôler le cours. Capable de reculer si nécessaire, il a été à la pointe du combat parlementaire contre la monarchie, avant d'édifier une « idéocrature »[2], totalitarisme de la vertu qui s'autorise de la pureté des principes et de la grandeur de l'idéal républicain pour mieux justifier l'extermination de ses adversaires et la

1. Déplorant ces massacres, un certain Babeuf écrit alors : « Les maîtres, au lieu de nous policer, nous ont rendus barbares parce qu'ils le sont eux-mêmes. »

2. Patrice Gueniffey, dans *la Politique de la Terreur,* parle d'« idéocratie » pour qualifier le gouvernement personnel de l'Incorruptible qu'il fait commencer à la chute de Danton, certains historiens préférant remonter à la fin de la Gironde.

concentration du pouvoir entre les mains du Comité de salut public. « Nous voulons, clame "l'Incorruptible" dans un de ses innombrables discours, substituer la morale à l'égoïsme, la probité à l'honneur, les principes aux usages, les devoirs aux bienséances, l'empire de la raison à la tyrannie de la mode, le mépris du vice au mépris du malheur, la fierté à l'insolence, la grandeur d'âme à la vanité, l'amour de la gloire à l'amour de l'argent, les bonnes gens à la bonne compagnie, le mérite à l'intrigue, le génie au bel esprit, le charme du bonheur aux ennuis de la volupté, la grandeur de l'homme à la petitesse des grands, un peuple magnanime, puissant, heureux, à un peuple aimable, frivole et misérable, c'est-à-dire toutes les vertus et tous les miracles de la République à tous les vices et à tous les ridicules de la monarchie. » Martelant le contraste entre le bonheur en devenir et les obstacles du présent, la dialectique de l'imprécateur avait longtemps séduit. A la violence elle offrait une légitimité, une mystique, presque une religion. L'opposition simpliste entre le bien à édifier et le mal à extirper persuade d'autant plus que l'ennemi a une face visible : celle de la royauté, assise à l'intérieur sur une noblesse qui refuse de disparaître et à l'extérieur sur la coalition qui ose envahir le territoire avec sa complicité. L'or anglais, les complots, la Vendée, l'émigration militaire ; autant de preuves tangibles de l'immense complot qui justifie l'établissement momentané du « despotisme de la liberté » (Robespierre).

La donne s'était radicalisée avec la décapitation de Louis XVI. En exécutant le roi, la Convention ne vise pas seulement l'homme, mais surtout le principe : elle frappe la légitimité royale à sa source, rabaisse le représentant de Dieu sur terre sanctuarisé par Bossuet au rang de simple mortel[1]. Dans l'esprit des « votants », le régicide consacre ainsi la Révolution en rendant impossible tout retour en arrière.

1. C'est ce qu'exprime Chateaubriand dans ce passage fameux des *Mémoires d'outre-tombe* : « Depuis que, sur une place publique, un souverain, les cheveux coupés, les mains liées derrière le dos, a baissé sa tête sous le glaive au son du tambour [...] qui conserve la moindre illusion sur la couronne ? Qui croit que cette royauté meurtrie et souillée puisse encore imposer au monde ? »

Or la mort du roi n'a en aucune façon permis d'achever la Révolution. Uni contre l'absolutisme, le camp républicain s'est aussitôt divisé, découvrant l'impossibilité de se rassembler au présent pour dessiner l'avenir. La violence intérieure prend un nouvel élan, favorisant la mainmise des plus radicaux, à l'instar de l'affrontement entre Girondins et Jacobins, ponctué par la défaite des premiers en mai 1793. Désormais seule aux commandes, la Montagne se déchire en trois factions rivales, Maximilien occupant le centre face à la gauche maximaliste d'Hébert tandis que les dantonistes, situés à droite, prêchent la fin d'une Terreur devenue à leurs yeux illégitime. Au printemps 1794, Robespierre fait place nette en envoyant de concert ses deux détracteurs à l'échafaud. Au lieu de relâcher les rênes, « Maximilien Ier », comme le surnomment ses adversaires, préfère la fuite en avant dans le sang et la répression : « Ce qui constitue une république, précise-t-il, c'est la destruction totale de ce qui lui est opposé. »

Les dernières semaines de son « règne », entre début juin et fin juillet 1794, se caractérisent par une accélération spectaculaire des exécutions connues sous le nom de « Grande Terreur »[1]. Cette universelle oppression laissera une impression d'apocalypse à tous ceux qui l'ont vécue. Un mois après le 9 Thermidor, Tallien définit la Terreur comme la division de la société en deux classes : « celle qui fait peur, et celle qui a eu peur ». Tandis que le régime s'enfonce dans l'horreur, sa mystique incantatoire atteint son acmé avec la fête de l'Etre suprême qui entend placer la sacralité de la vertu sous l'égide rousseauiste de la religion naturelle. « Philosophie devenue fanatique pour mieux décrier le fanatisme » selon la formule de Louis Blanc, le robespierrisme achève son cycle par la

1. Augurée par la loi du 22 prairial an II (10 juin) qui « réforme » le Tribunal révolutionnaire de Paris, la Terreur « légale » laisse un bilan sinistre : « De son installation le 6 avril 1793 jusqu'au 10 juin 1794, le Tribunal avait jugé 2 277 prévenus et prononcé 1 216 condamnations à mort ; dans les sept semaines qui séparèrent le vote de la loi et la chute de Robespierre, le 27 juillet, il prononça 1 784 sentences dont 1 409 à la peine capitale. Le nombre des exécutions, inférieur à la centaine mensuelle pendant les quatorze premiers mois d'activité du Tribunal révolutionnaire, s'élève alors à une moyenne de deux cents par semaine, soit près de dix fois plus » estime Patrice Gueniffey.

substitution de l'absolutisme démocratique à la tyrannie monarchique, la souveraineté proclamée du peuple remplaçant le droit divin avec pour corollaire un même mépris des libertés individuelles, sommées de s'effacer devant le salut public et la toute-puissance de l'Etat[1]. Le règne de la peur tourne à la phobie du complot. La suspicion et la délation gagnent et achèvent de donner à la période son caractère abject. Deux ans après l'avènement de la République, la France régénérée est plutôt une France défigurée, réduite à pleurer en silence ses 200 000 à 300 000 morts, soit 1 % de la population totale[2]. Lamartine pourra conclure un demi-siècle plus tard dans son *Histoire des Girondins* : « Après cinq ans, la Révolution n'est plus qu'un vaste cimetière. »

Abattu de l'intérieur par une poignée de comploteurs, parmi lesquels l'histoire a retenu le triumvirat composé de Barras, Fouché et Tallien, le « tyran » monte à son tour sur l'échafaud le 9 thermidor an II (27 juillet 1794). Sa mort suscite une joie presque sauvage, un immense sentiment de délivrance dont témoigne par exemple Michelet dans son *Histoire du XIXe siècle*[3] : « J'ai demandé bien souvent aux gens qui avaient vu ce temps :

« — Que pensait-on ? que voulait-on, au mois d'août 94, après cette secousse immense ? — Vivre, me répondaient-ils.

« — Et quoi encore ? — Vivre.

« — Et qu'entendez-vous par là ? — Se promener au soleil sur les quais, les boulevards, respirer, regarder le ciel, les Tuileries un peu jaunissantes, se tâter et se sentir la tête

1. Taine stigmatise l'« usurpation » dans *les Origines de la France contemporaine* : « A la souveraineté du roi, le contrat social substitue la souveraineté du peuple. Mais la seconde est encore plus absolue que la première, et dans le couvent démocratique que Rousseau construit sur le modèle de Sparte et de Rome, l'individu n'est rien, l'Etat est tout. »

2. Cette estimation est proposée par Patrice Gueniffey d'après les travaux de l'historien américain Donald Green. Avec 140 000 à 190 000 victimes, la guerre de Vendée vient largement en tête. Suivent 23 000 exécutions sommaires auxquelles s'ajoutent 16 600 exécutions après verdict.

3. Elle commence justement au 9 Thermidor pour s'achever en 1815.

sur les épaules, se dire : “Mais je vis encore”[1]. » Avec Robespierre disparaît la dernière figure de l'épopée fondatrice, le dernier orateur aussi — après Mirabeau, Marat et Danton — dont le discours conservait la radicalité passionnelle des origines.

Sa chute conclut cinq ans de troubles et de violences durant lesquels la faillite successive des chefs traduit l'incapacité de la Révolution à se doter d'une culture de gouvernement[2]. Séparés des royalistes par le régicide et des Jacobins par Thermidor, les conventionnels se trouvent engagés dans un chemin étroit. Conglomérat de survivants, ils tentent, un siècle avant Thiers, de bâtir une République conservatrice, assise sur le suffrage censitaire, l'équilibre des pouvoirs et la sacralité de la propriété. Les quinze mois qui séparent la chute de Robespierre de l'avènement du Directoire révèlent un centre introuvable, obligé de frapper alternativement sur sa gauche et sa droite[3] pour se maintenir au pouvoir. Les thermidoriens accouchent dans la douleur d'une nouvelle constitution que la plupart des observateurs jugent aussitôt impraticable en raison du caractère collectif de l'exécutif — à cinq têtes — et du maintien forcé de deux tiers d'anciens conventionnels au sein des nouvelles assemblées, ce qui tue d'emblée la légitimité représentative du nouveau régime[4]. La séparation rigide des pouvoirs entre le gouvernement et les deux chambres, le décalage électoral suicidaire entre un Directoire renouvelé annuellement par cinquième, alors que le Conseil des Cinq-Cents et celui des Anciens le sont par tiers, entretiennent une crise politique permanente.

1. « Tous veulent vivre. C'était là le fond. La France, contre les Jacobins, voulut vivre ; voilà Thermidor. Il n'y avait plus personne qui fût sûr de vivre un jour », martèle-t-il une dizaine de pages plus loin. Le grand historien cite un autre témoin du temps : « Les Jacobins avaient tant parlé, reparlé de mort, qu'à leur clôture il sembla que la mort était supprimée, que jamais on ne mourrait plus. » Mentionnons enfin le témoignage contemporain de l'écrivain royaliste Charles de Lacretelle : « C'étaient des embrassements dans toutes les rues, à tous les spectacles, des surprises réciproques de se trouver vivants, qui redoublaient et rendaient presque folle la joie. »

2. C'est l'un des thèmes majeurs de l'ouvrage de Guizot intitulé *Des moyens de gouvernement et d'opposition dans l'état actuel de la France* (1821).

3. Les Jacobins à l'issue des émeutes de Prairial, les royalistes lors des journées de Vendémiaire.

4. Ce fameux décret des deux tiers, adopté par une Convention à l'agonie, provoque l'émeute royaliste de vendémiaire à l'automne 1795.

Tétanisé par la peur, écœuré, le pays réel ne croit plus en la République, voue aux gémonies les anciens conventionnels, ces « perpétuels » qui refusent de quitter le pouvoir au nom d'un salut public qu'ils n'ont cessé de brandir pour justifier tous les crimes commis. Mais il ne veut pas davantage d'un retour à l'Ancien Régime avec son cortège de privilèges, cette cascade d'humiliations qui lui a fait haïr la noblesse et le haut clergé. A l'instar de ses dirigeants, la nation sait ce dont elle ne veut plus — la Terreur et l'absolutisme — mais ne semble pas savoir ce qu'elle veut. Hantée par le passé, doutant du présent, elle paraît avoir perdu toute foi en l'avenir. Pour comprendre ses sentiments d'alors, il suffit de lire les rapports adressés à la cour de Vienne par le publiciste royaliste Jacques Mallet du Pan. Ce procureur implacable de la Convention thermidorienne martèle l'image d'un pays blessé, meurtri, au bord de la désespérance : « La nation, considérée en masse, n'a plus de volonté politique, écrit-il par exemple ; son fanatisme est amorti : il n'y règne aucune opinion publique formée, on ne tient à la monarchie, ni à la République ; mais tous aspirent à l'établissement d'un gouvernement stable, quel qu'il soit, et qui termine la Révolution [1]. »

La guerre des idées

Terminer la Révolution. Telle est bien l'obsession de ce temps de transition. Doutes, peurs, chagrins et fractures s'expriment via les nombreux livres qui paraissent entre 1794 et 1797, et dont l'année de Lodi marque justement l'apogée. Comme plus tôt, entre 1789 et 1792, comme plus tard, entre 1814 et 1815, l'élite intellectuelle sonde la crise passée

1. *Correspondance avec la cour de Vienne.* « La France, écrit-il également, est un mort dont on pille la succession et dont deux millions d'individus s'arrachent les lambeaux. Le reste souffre, crie, envie et attend. » L'essentiel de ses écrits a été rassemblé dans un recueil en deux volumes publié en 1851 sous le litre de *Mémoires et correspondance pour servir à l'histoire de la Révolution française.*

pour produire des chefs-d'œuvre de la pensée politique[1]. Le renouveau des hommes favorise la réforme des idées, au moment de l'entrée en scène spectaculaire de Bonaparte. A travers eux, toute une génération apprend à penser la politique et s'élève à la citoyenneté. Située à l'intersection entre le déclin des Lumières et l'avènement du romantisme, elle se caractérise par une même répulsion envers la Terreur, un même désenchantement qui, à l'unisson du pays, emprunte les voies divergentes de la réaction, du fatalisme ou du désespoir. A l'inverse des années précédentes, le camp révolutionnaire se place désormais sur la défensive, attaqué sur sa gauche par le babouvisme et sur sa droite par la nouvelle école théocratique. Cette prise en tenaille du centre par les extrêmes compromet les chances de cette République censitaire et pacifique que le Directoire prétend incarner. La période se distingue également par son caractère rétrospectif. Alors que les Lumières étaient tendues vers l'avenir, portées par l'espérance de bâtir la cité idéale de l'homme en devenir, les post-thermidoriens accomplissent un travail de deuil pour essayer de comprendre le dérapage révolutionnaire. L'exercice tient à la fois de l'analyse et de l'exorcisme, notamment dans le camp au pouvoir dont la survie tient dans sa capacité à faire oublier la Terreur... tout en assurant les conquêtes politiques et

1. Qu'on en juge plutôt :
En 1795, paraissent notamment :
— Condorcet : *Esquisse historique des progrès de l'esprit humain.*
— Mme Roland : *Appel à l'impartiale postérité.*
— Sénac de Meilhan : *Du gouvernement, des mœurs et des conditions en France avant la Révolution.*
En 1796 :
— Babeuf : *Manifeste des Egaux.*
— Bonald : *Théorie du pouvoir.*
— Burke : *Lettres sur la paix régicide.*
— Constant : *De la force du gouvernement actuel et de la nécessité de s'y rallier.*
— Mme de Staël : *De l'influence des passions.*
— Maistre : *Considérations sur la France.*
— Mallet du Pan : *Correspondance politique pour servir à l'histoire du républicanisme français.*
— Necker : *De la Révolution française.*
En 1797 :
— Chateaubriand : *Essai sur les révolutions.*
— Constant : *Des réactions politiques, Des effets de la Terreur.*
— Rivarol : *Tableau historique et politique des travaux de l'Assemblée constituante*

sociales de 1789. Tâche impossible en raison même de son identification à la Convention.

La faiblesse idéologique du Directoire résulte également de la puissance de ses adversaires. A gauche d'abord, le divorce récent entre républicains de gouvernement et Jacobins se radicalise avec la naissance du mouvement babouviste. Gracchus Babeuf découvre la césure entre question sociale et politique qui va produire la fracture moderne entre la droite et la gauche. D'abord proche de la réaction thermidorienne, cet ancien domestique s'en sépare devant le spectacle de la misère à Paris et après la lecture du *Code de la Nature* de Morelly [1]. Ecœuré par l'égoïsme des oligarques au pouvoir, il prône la nécessité de renverser le régime par une seconde révolution qui établira l'égalité réelle et abolira le paupérisme. *Le Manifeste des Egaux* rédigé par son disciple Sylvain Maréchal voue aux gémonies l'ordre bourgeois incarné par les anciens conventionnels. Pour parvenir à ses fins, Babeuf n'hésite pas à tendre la main aux Jacobins les plus radicaux [2] et à faire l'apologie de Robespierre et de la Constitution de 1793, désormais élevée pour plus d'un siècle au rang d'arche sainte par la gauche révolutionnaire. Annonçant à la fois Marx, qui lui rendra d'ailleurs un hommage appuyé [3], Blanqui et Lénine, il

1. Publié en 1755, l'ouvrage préconise notamment la suppression de la propriété par l'organisation d'une cité idéale où le travail manuel et le mariage seraient obligatoires.

2. Tels Antonnelle, Drouet et surtout Buonarroti qui assurera sa postérité en publiant en 1828 sa *Conspiration pour l'Egalité dite de Babeuf.* Le disciple y résume les ambitions du mouvement : « L'égalité sans restrictions, le plus grand bonheur possible de tous, et la certitude qu'il ne leur serait jamais enlevé, étaient les biens que le directoire secret de salut public voulait assurer au peuple français ; il voulait reprendre l'ouvrage brisé le 9 thermidor. » Résultat d'un complot de l'oligarchie bourgeoise, le renversement de Robespierre marque le début de la contre-révolution : « La tyrannie de Robespierre ne fut autre chose que le pouvoir de ses sages conseils et l'influence de sa vertu. Il fut le tyran des méchants. »

3. Marx qualifie notamment le babouvisme de « premier parti communiste agissant ». Dans sa synthèse sur le Directoire, l'historien marxisant Georges Lefebvre précise son apport en ces termes : « Babeuf est un "ouvriériste", sans égard pour "l'intellectuel". Il n'est pas davantage démocrate au sens politique du terme ; les palinodies de la Convention lui ont inspiré une méfiance incurable pour les hommes politiques et il ne compte pas non plus sur le peuple asservi que la révolution doit justement libérer. Elle se fera par la dictature d'une minorité, instituée par la violence. C'est par là sans doute que se manifeste l'importance historique de Babeuf : il est

défend le recours à une dictature provisoire nécessaire eu égard à la force des oppositions qu'elle suscitera. Sa République utopique réclame le suffrage universel et l'abolition de la propriété. Son club du Panthéon fermé, Babeuf entre en clandestinité et érige un directoire secret de salut public chargé d'infiltrer l'armée et les principales administrations. Après avoir laissé faire — Barras a longtemps fermé les yeux —, le Directoire finit par réagir et démantèle facilement la conjuration des Egaux. Gracchus Babeuf est arrêté le 10 mai 1796, le jour même de Lodi[1]. Peu influent de son vivant, Babeuf n'en marque pas moins une césure capitale dans l'histoire des idées politiques puisqu'il préfigure le communisme et révèle le fossé nouveau à gauche entre modérés et radicaux[2]. Pour la première fois, la République se trouve remise en cause au nom de la Révolution. Après la naissance, la propriété devient le point de tension nodal de la société française, ouvrant la boîte de Pandore de l'équilibre à trouver entre initiative privée et rôle de l'Etat dans la réduction des inégalités et la redistribution des richesses. Mais, rappelons-le, cette gauche révolutionnaire ne représente pas un véritable danger, tant en termes d'audience que d'effectifs. La peur qu'elle suscite conforte le Directoire en obligeant de nombreux modérés à lui apporter leur soutien. Comme vient de le confirmer le 13 Vendémiaire, la véritable menace pour le régime se situe toujours à droite, du côté du royalisme.

La légitimité traditionnelle se pose déjà en parangon de l'ordre et de la paix. La relative détente politique, consécutive à la chute de Robespierre, lui permet de passer à l'offensive.

---

parvenu à une idée claire de cette dictature populaire dont Marat et les hébertistes avaient parlé sans la préciser ; par Buonarroti, il l'a léguée à Blanqui et à Lénine qui en a fait une réalité. »

1. Babeuf est exécuté l'année suivante à l'issue d'un procès monstre qui englobe près de soixante personnes. Au final, le jugement fut assez clément puisqu'il n'y eut que deux condamnations à mort.

2. Respectant les institutions existantes, la gauche de gouvernement absorbe en son sein les mouvances révolutionnaires successives (radicaux, socialistes, communistes), ce qui entraîne l'apparition de nouvelles entités radicales (aujourd'hui trotskistes).

La déchristianisation, les massacres de Septembre, la répression sauvage de la révolte fédéraliste en 1793, les colonnes infernales de Vendée : autant d'éléments qui lui servent de pièces à conviction dans le procès qu'elle intente alors à la Convention. Le martyre de Louis XVI et Marie-Antoinette favorise un dolorisme, propice à la nostalgie de la « douceur de vivre ». En dépit des échecs subis, le mouvement jouit encore de vastes soutiens populaires dans l'Ouest et le Midi. Il dispose d'un réseau dense d'espions et de la solidarité théorique de l'Europe monarchique. Il a le vent en poupe comme l'attestent les premières élections après l'avènement du Directoire. En dépit de la disparition d'une grande partie de la famille royale — Louis XVII meurt au Temple en juin 1795 —, il tient toujours un prétendant en réserve en la personne de Louis XVIII, celui-ci ayant encore un frère [1] et deux neveux [2] comme successeurs. Il bénéficie enfin de l'appui des écrivains les plus talentueux du temps comme Rivarol, Mounier, Malouet, Calonne ou Sénac de Meilhan [3].

Et pourtant, il ne parvient pas à revenir au pouvoir. Il doit pour l'essentiel cet échec cuisant à ses divisions. A l'instar des républicains, les royalistes se déchirent entre modérés et jusqu'au-boutistes, réformateurs partisans de la monarchie constitutionnelle et défenseurs intransigeants de l'Ancien Régime. La fracture perdurera tout au long du XIXe siècle à travers le clivage entre constitutionnels et ultras métamorphosés en orléanistes et légitimistes après les Trois Glorieuses.

1. Le futur Charles X.
2. Les ducs d'Angoulême et de Berry.
3. L'auteur de *L'Emigré* a publié plusieurs essais majeurs sur l'économie, les mœurs et la politique. En 1795 paraît à Hambourg son opus principal : *Du gouvernement, des mœurs et des conditions en France avant la Révolution*. Le livre contient des chapitres élevés et novateurs sur le rôle politique des écrivains ou le rapprochement des conditions qui préfigurent le Tocqueville de *L'Ancien Régime et la Révolution*. Sénac minore les responsabilités du pouvoir royal à ses yeux mort de faiblesse plutôt que d'un excès d'autorité.

En déclin par rapport à la Constituante, en raison du retrait ou de la disparition de la plupart des monarchiens, le royalisme modéré conserve cependant un penseur d'envergure dans la personne de Jacques Necker. En 1796, celui-ci publie l'un de ses meilleurs ouvrages, *De la Révolution française*, qui mêle autobiographie désenchantée et analyse féconde du destin français. Comme dans ses précédents ouvrages, l'ancien ministre de Louis XVI défend le modèle anglais comme le seul approprié pour sortir de la crise. Critique envers l'émigration, hostile à l'absolutisme, ce « libéral impénitent » appelle depuis 1789 à l'édification d'une monarchie constitutionnelle, équilibrant la royauté par deux chambres, l'une élue au suffrage censitaire, l'autre héréditaire et nommée par le monarque. Prophète de la Charte de 1814, Necker juge comme la plupart des philosophes la République impossible à établir dans un grand Etat. L'expérience a selon lui assez justifié la théorie et ramène à la nécessité d'un pouvoir royal prépondérant qu'il a réclamé dès 1792 dans le fondamental *Du pouvoir exécutif*[1]. Necker se distingue également des modes et théories dominantes en plongeant son regard outre-Atlantique, par où il préfigure Tocqueville. Opposant fédéralisme et jacobinisme, il loue les Américains d'avoir su rapprocher le citoyen des pouvoirs dans le cadre des Etats tout en établissant une présidence assez forte pour être efficace. Ainsi Anglais et Américains ont su résoudre le grand mystère de l'ordre social, soit la juste conjugaison de l'ordre avec la liberté. En France, on a détruit la seconde faute d'avoir eu le courage d'établir le premier en soutenant Louis XVI pendant qu'il en était encore temps. Faut-il préciser que Necker ne croit pas dans les chances de survie du Directoire et annonce les coups d'Etat à venir ? Des considérations souvent neuves sur le détournement de la souveraineté du peuple par les Jacobins, l'obsession de l'égalité, la dangereuse propension

1. « Inexplicablement méconnu » selon Bertrand de Jouvenel, l'ouvrage démontre que le pouvoir royal a été de tout temps la colonne vertébrale de la société française et que son affaiblissement précipite la Révolution dans l'anarchie, caractérisée par la lutte des factions rivales pour la possession du pouvoir.

nationale à la vanité ou la suprématie politique de la capitale complètent cet ouvrage qui deviendra le bréviaire du libéralisme politique français du XIXe siècle.

Dans un style plus polémique, Jacques Mallet du Pan lui emboîte le pas en publiant la même année sa *Correspondance politique pour servir à l'histoire du républicanisme français.* Ce styliste éblouissant martèle sa conviction d'une consanguinité entre la guerre et le despotisme révolutionnaire[1]. Après avoir servi de prétexte à la Terreur, le salut public contribue à sauver le Directoire qui monopolise la violence « légale » pour conjurer une violence civile dont sa politique est pourtant l'unique responsable. Convaincu du caractère irrévocable de la Révolution, en particulier pour ce qui concerne l'égalité civile et les biens nationaux, il vitupère une émigration en retard d'une époque. A ses yeux, l'intransigeance de Coblence creuse le lit du républicanisme à poigne en faisant peur à tous les modérés qu'il serait pourtant facile de convertir à la Restauration en promettant une large amnistie et une constitution équilibrée : « La plus grande adversité dans les conjonctures où se trouvent les royalistes expatriés, annonce-t-il, serait de ne savoir rien oublier, ni rien apprendre. » Mais il prêche dans le désert ! L'heure, chez les émigrés, n'est pas à l'introspection douloureuse et à l'ouverture mais à la contre-offensive. La conjonction entre le discrédit des thermidoriens et l'impopularité de la guerre dessine à leurs yeux, comme en 1792, la perspective prochaine du retour. A l'heure d'Arcole, la radicalité blanche trouve enfin son doctrinaire dans la personne de Joseph de Maistre, auteur des *Considérations sur la France*, destinées à une incroyable postérité[2].

1. Il s'agit d'un des leitmotivs de la pensée de Mallet du Pan qui y a déjà consacré l'essentiel de son premier grand ouvrage : *Considérations sur la nature de la Révolution de France et sur les causes qui en prolongent la durée* (1793).

2. L'ouvrage, paru au début 1797, répond à *De la force du gouvernement actuel et de la nécessité de s'y rallier* de B. Constant. Il n'a quasiment jamais cessé d'être réédité jusqu'à nos jours.

Rompant avec le dolorisme larmoyant et l'imprécation stérile, le « prophète du passé »[1] offre à son camp une vision cohérente du fait révolutionnaire qui dégage l'émigration de toute responsabilité. Cessons de nous épuiser à comprendre la Révolution, clame-t-il en substance. Celle-ci échappe à l'entendement comme l'attestent ses victoires inattendues sur l'Europe et sa démesure même. Quiconque a voulu freiner ou détourner son cours a été brisé : « Enfin, écrit-il, plus on examine les personnages en apparence les plus actifs de la révolution, plus on trouve en eux quelque chose de passif et de mécanique. » En vérité, « ce ne sont point les hommes qui mènent la Révolution ; c'est la Révolution qui emploie les hommes. On dit fort bien quand on dit qu'elle va toute seule. Cette phrase signifie que jamais la divinité ne s'était montrée d'une manière si claire dans aucun événement humain. Si elle emploie les instruments les plus vils, c'est qu'elle punit pour régénérer ». Punie, la noblesse libérale et libertine des Lumières, coupable de fronde et de légèreté ; puni, le haut clergé qui a oublié les devoirs moraux de sa charge pour préférer les jeux clairs-obscurs de Versailles ; punie, cette royauté décadente tombée dans la luxure avec Louis XV avant de sombrer en raison de la faiblesse insigne de son successeur. Châtiés enfin, ces philosophes prétentieux qui ont osé défier l'ordre naturel émanant de la main invisible du Seigneur en prétendant constituer la société par la « religion » de la raison, ce virus infiltré par l'« hérésie » protestante. Avec une ironie mordante, Maistre exécute la nouvelle Constitution de l'an III qui renouvelle les aberrations de ses devancières se référant à l'homme universel rêvé par les Lumières : « Or, il n'y a point d'homme dans le monde. J'ai vu dans ma vie des Français, des Italiens, des Russes ; je sais même, grâce à Montesquieu, qu'on peut être Persan : mais quant à l'homme, je déclare ne l'avoir rencontré de ma vie ; s'il existe, c'est bien à mon

1. Titre emprunté au célèbre ouvrage de Barbey d'Aurevilly (*Les Prophètes du passé*, 1851) qui contient des chapitres fameux sur Maistre, Bonald, Chateaubriand et Lamennais.

insu. » Certes, la république existe sur le papier, mais il n'y a plus de républicains. La prétendue souveraineté du peuple n'est qu'une mystification conçue par et pour l'oligarchie sanguinaire au pouvoir afin de rester en place : « La république, par sa nature, est le gouvernement qui donne le plus de droits au plus petit nombre d'hommes qu'on appelle le souverain, et qui en ôte le plus à tous les autres qu'on appelle les sujets. »

Le style maistrien, qui fera l'admiration de Baudelaire, de Barbey et de Cioran[1], marie l'imprécation au songe, l'ironie à la prédication apocalyptique ; en un mot la modernité du style à la réaction des idées. Avec infiniment moins de grâce, le docte Bonald ne dit pas autre chose. L'autre figure de proue de la théocratie publie au même moment sa *Théorie du pouvoir politique et religieux*[2]. Souvent confus, Bonald innove par la méthode, annonciatrice du positivisme car elle prétend établir la supériorité de l'ordre monarchique par la raison et l'histoire... et non par le sentiment ou la peur du châtiment divin[3]. Il théorise l'évidente conformité de la société pyramidale de l'Ancien Régime avec un ordre naturel reposant sur le triptyque fondateur du catholicisme. A la Sainte Trinité répond le triumvir familial : père-mère-enfant ; militaire : généraux-officiers-soldats ; politique : royauté-noblesse-sujets. La finalité de la société consiste à préserver cet ordre « logique » qui a assuré à la France un millénaire d'expansion et d'harmonie. Les Constituants ont donc tout

1. Il faut lire son *Essai sur la pensée réactionnaire. A propos de Joseph de Maistre*, Fata Morgana, 1977. A propos de l'influence de Maistre sur l'auteur des *Fleurs du mal*, Cioran écrit notamment : « Sondez le passé d'un écrivain, et surtout d'un poète, examinez en détail les éléments de sa biographie intellectuelle, vous y démêlerez toujours quelques antécédents réactionnaires. [...] La mémoire est la condition de la poésie ; le révolu sa substance. Et qu'affirme la Réaction, sinon la valeur suprême du révolu ? »

2. Le titre complet est *Théorie du pouvoir politique et religieux dans la société civile démontrée par le raisonnement et par l'histoire*, Constance, 1796. L'ouvrage fut détruit sur ordre du Directoire. Bonald inspirera notamment Lamartine, Balzac, Auguste Comte et Charles Maurras.

3. Selon Barbey d'Aurevilly : « Il [Bonald] a le génie de la pénétration réfléchie, comme de Maistre le génie instantané de l'aperçu. »

faux. Leur prétention a précipité la France dans un gouffre dont elle ne pourra sortir qu'à condition de revenir à la norme fondatrice et d'abjurer ses erreurs. Alors le sang de Louis XVI n'aura pas coulé en vain. Sacrifié à la folie des hommes, son martyre fécondera les retrouvailles de la royauté avec ses sujets égarés. « Commencée par la déclaration des droits de l'homme », la Révolution « ne sera finie que par la déclaration des droits de Dieu ».

Le retour du religieux, l'éloge de l'honneur aristocratique, la défense intransigeante de la royauté redonnent foi et agressivité à une mouvance jusqu'alors placée sur la défensive, oscillant entre autoflagellation et nostalgie stérile. Maistre lui fournit ce qui lui a tant fait défaut jusqu'alors : une explication cohérente de la Révolution, un programme pour le présent, une espérance pour l'avenir. Toutefois, cette radicalité qui fait sa force constitue aussi sa principale faiblesse. Son intransigeance effraie, son intolérance exaspère. Elle martèle une vision tragique qui jure avec l'optimisme des Lumières demeuré ancré au plus profond de nombreuses consciences[1]. En s'affichant ainsi, la contre-révolution fait peur.

*

Confronté à la force du renouveau royaliste, la littérature politique directoriale fait bien pâle figure. Les hérauts de l'idée républicaine sont morts, tel Camille Desmoulins, bannis ou en retrait. Le régime trouve pourtant un défenseur d'envergure en la personne d'un jeune Suisse, tout juste arrivé dans la capitale en compagnie de Germaine de Staël, sa maîtresse et son égérie. Contrairement à la fille de Necker, qui publie

1. Dans son essai sur Maistre, Cioran a dit l'essentiel en une phrase : « La théocratie, idéal de la pensée réactionnaire, se fonde tout à la fois sur le mépris et la peur de l'homme, sur l'idée qu'il est trop corrompu pour mériter la liberté, qu'il ne sait pas en user, et que, pour remédier à sa déchéance, on doit faire reposer les lois et les institutions sur un principe transcendant, de préférence sur l'autorité du "Dieu terrible" toujours prêt à intimider et à décourager les révolutions. »

alors *De l'influence des passions*, Benjamin Constant est encore un inconnu. Avide de reconnaissance, il rêve de jouer un rôle à la mesure de son immense talent en publiant, peu avant Lodi, un premier ouvrage dans lequel il préconise le ralliement de tous les modérés autour du Directoire. *De la force du gouvernement actuel et de la nécessité de s'y rallier*[1] révèle, ne serait-ce que par son titre, le défaut absolu d'enthousiasme qui préside à sa démarche. Sa défense du régime n'emprunte pas les chemins exaltés des ancêtres brandissant l'émancipation universelle à conquérir sur les décombres de l'hérédité mais se contente de faire appel au bon sens et à l'utilitarisme. Pourquoi accepter la République ?, s'interroge-t-il. Avant tout parce qu'elle existe et que la France exsangue aspire au repos ; « il faut se hâter de déposer les souvenirs et les haines » avance-t-il dès son préambule. Pourquoi se rallier au Directoire ? Parce qu'il est en place et a mis fin à la Terreur. Que les libéraux se dépêchent de saisir la main qu'il leur tend, supplie-t-il en substance. Sinon, las d'être conspués, les « directoriaux » retourneront vers les Jacobins et recommenceront le cauchemar conventionnel dont ils ont été les principaux complices[2].

En outre, la Restauration est impossible. Obnubilée par ses souvenirs, victime de ses habitudes, la royauté amènera vengeance et réaction, duplicata aigri de cette société d'ordres fondée sur l'hérédité et les privilèges que tout le monde a voulu abattre en 1789. Ecartelés entre Terreur blanche et Terreur rouge, bonnets phrygiens et fleurs de lys, les hommes

1. La brochure est reproduite dans *le Moniteur* du 1er mai 1796, ce qui lui confère un caractère officiel.

2. « Il est enfin pour le gouvernement français une [...] terrible ressource, qu'il rejettera toujours dans les temps de calme, que dans tous il frémira d'employer, et sur laquelle je croirais devoir garder le silence, si pour le salut public il ne fallait pas enfin y porter une fois un regard fixe. » Constant procède alors à une métaphore militaire : lors de la bataille, des phalanges débouchent en rangs serrés, dérobant à l'ennemi la véritable puissance qu'elles recèlent : « Tout à coup, ils s'arrêtent, font un mouvement subit, s'entrouvrent : une artillerie formidable se fait voir, et vomit sur l'ennemi pâlissant l'épouvante et la mort. Les terroristes sont cette artillerie du gouvernement, toujours cachée, mais toujours redoutable, et qui, toutes les fois qu'il sera forcé de l'employer, réduira en poudre ses adversaires. »

de bonne volonté ont tout intérêt à se réunir pour influencer le régime de l'intérieur afin de le maintenir dans la voie fragile du respect des lois au sein de laquelle il a eu le courage de s'engager depuis la chute de « l'Incorruptible » : « Cédez à la force des choses, [...] et ralliez-vous à un gouvernement, qui vous offre la paix et la liberté, et qui ne peut s'écrouler qu'en vous ensevelissant sous ses ruines. »

Admirateur de Condorcet, proche des idéologues, le « spectateur engagé » veut encore croire aux chances de la république. Pour l'enraciner, il entend dépasser le clivage entre royalistes et républicains par la constitution d'un grand centre rassemblant républicains conservateurs et monarchistes libéraux contre les extrémistes des deux bords. Qu'on laisse un peu de temps au Directoire : « Il apprendra que le grand art est de gouverner avec force, mais de gouverner peu, d'avoir une main de fer, mais de l'employer rarement, de se servir de sa massue contre des ennemis redoutables, mais de ne pas en menacer ceux dont la petitesse rend ses efforts à la fois ridicules et infructueux. » L'incantation masque mal l'angoisse qui le submerge sur la capacité du personnel politique à rester fidèle au nouvel ordre légal constitutionnel[1].

Ce parcours du débat d'idées laisse apparaître une France désenchantée. Le véritable idéal républicain, démocratique, généreux et tolérant, est mort, emporté dans la tombe, violé par les Jacobins au pouvoir avant d'être dénaturé par les thermidoriens. Le manque d'hommes se greffe sur l'inefficacité des institutions pour expliquer l'agonie de l'engagement. En

1. Son inquiétude ira crescendo comme en témoignent ses deux ouvrages suivants : *Des réactions politiques* et surtout *Des effets de la Terreur* : « Je me propose de prouver que la terreur n'a pas été nécessaire au salut de la république, que la république a été sauvée malgré la terreur, que la terreur a créé la plupart des obstacles dont on lui attribue le renversement, que ceux qu'elle n'a pas créés auraient été surmontables d'une manière plus facile et plus durable par un régime juste et légitime ; en un mot, que la terreur n'a fait que du mal, et que c'est elle qui a légué à la république actuelle tous les dangers qui, aujourd'hui encore, la menacent de toutes parts », écrit-il notamment.

raison du sang versé, le jacobinisme fait l'objet d'un rejet unanime. Privé de chef depuis la disparition de Robespierre, privé de réseaux depuis la dissolution de la commune de Paris et la fermeture de son célèbre club[1], privé du soutien populaire, il semble condamné à un long ostracisme. Mais sa disparition ne profite pas au Directoire. La République bourgeoise souffre du discrédit de ses dirigeants, ces thermidoriens marqués d'infamie par leur passé conventionnel, régicides pour la plupart et pour certains complices de cette Terreur qui les poursuit comme un fantôme. Elevés par défaut sur les cadavres de Louis XVI, Brissot, Condorcet, Danton ou « l'Incorruptible », ils n'ont pas l'aura ni les capacités de leurs prédécesseurs. « Il s'agit pour eux de rester en place afin de rester en vie, assure Taine, et désormais, il ne s'agit plus pour eux que de cela. » Incapables de mobiliser, les « directoriaux » utilisent la radicalité des extrêmes pour justifier leur maintien auprès de l'opinion. Le babouvisme d'un côté, l'école théocratique de l'autre, leur servent d'épouvantail et de bouclier. Mais ils ne sauraient tenir lieu de viatique auprès d'un pays avide de tourner la page, en quête de l'homme et des institutions qui lui permettront de trouver la tranquillité dans la garantie des libertés fondamentales et la jouissance des biens nationaux.

Le sentiment de précarité s'avère d'autant plus fort que le conflit avec l'Europe s'ajoute à la guerre civile pour mettre la Révolution en danger et entretenir la peur. Si ce n'est que la guerre rassemble là où la politique divise. La gloire accumulée depuis les premières victoires — Valmy, Jemmapes, Fleurus — contraste avec la désillusion intérieure. La symphonie héroïque des armées de la Grande Nation rachète la flétrissure de la Terreur : « La patrie ne consistait plus que dans les armées ; mais là, du moins, elle était encore belle, et ses bannières triomphantes servaient, pour ainsi dire, de voile aux

1. Les trois événements interviennent respectivement en juillet, août et novembre 1794.

forfaits commis dans l'intérieur » résume Mme de Staël[1]. La victoire militaire éclipse la défaite politique. L'hostilité de l'Europe monarchique à la « peste » révolutionnaire redonne sens et légitimité à l'aventure, exportée par le triomphe de nos armées au continent entier. En 1796 toujours, plusieurs écrivains royalistes présentent le conflit comme une nouvelle guerre de religion[2]. Il n'en faut pas plus pour rassembler la Grande Nation déchirée en lui offrant ce qui a toujours fait son identité : un ennemi à abattre. Dans ce contexte, le général tricolore éclipse le politique pour retrouver son statut ancestral de défenseur de la patrie en danger. Le guerrier prend d'autant plus de poids que sa popularité augmente à proportion du déclin des représentants. Conséquence logique : l'armée devient un acteur prépondérant du drame intérieur. On l'observe une première fois en 1795 lorsque la Convention aux abois doit faire donner la troupe pour mater l'insurrection royaliste de vendémiaire. Comme toujours, la guerre ramène à l'unité de pouvoir mais suscite le risque d'une dictature.

Parmi la cohorte de généraux prestigieux qui s'offre à ses regards, le Bonaparte de Lodi ne semble pas le mieux placé. Dernier arrivé, il ne jouit pas du prestige de ses aînés et a encore beaucoup à prouver. Mais cette fraîcheur constitue aussi un atout car elle le démarque du cauchemar des années écoulées. Bonaparte commence sa carrière au moment où la Convention termine la sienne. Outre ses immenses capacités, le secret de son ascension réside dans son identification profonde avec la France révolutionnaire dont il a épousé les métamorphoses successives. A son image, il s'est bâti par la révolte contre la société d'Ancien Régime et l'adhésion à une révolution dont il adopte la passion avant d'en être dégoûté par la violence de la foule et la médiocrité des politiciens. Mais sa volonté de tourner la page n'en cache pas moins un

1. *Considérations sur la Révolution française.*
2. C'est le cas notamment des *Lettres sur la paix régicide* de Burke, du *Tableau de l'Europe en 1795* de Calonne et des *Vues sommaires sur les moyens de paix pour la France, pour l'Europe, pour les émigrés* de Montlosier ; tous trois publiés en 1796.

attachement profond au nouvel ordre légal. Forgé par la souffrance, ce survivant — de l'épreuve corse puis du jeu de massacre parisien — compte s'élever par la gloire[1]. L'aurore de Lodi se lève sur le crépuscule de Thermidor.

Les souffrances fondatrices

Etranger à la France, noble d'origine, militaire de formation, jacobin d'engagement, Bonaparte n'aurait jamais dû parvenir au sommet. Par son tempérament et l'ardeur de sa volonté, il va pourtant forcer le destin et métamorphoser ses faiblesses en atouts[2]. Son appétit de pouvoir s'accroît au gré des échelons franchis : la famille, l'école, la Corse, enfin cette France tant désirée après avoir été si longtemps l'objet de sa haine.

La Révolution servit de marchepied à Bonaparte. Il incarne ses passions et sa force mais aussi ses ambiguïtés et sa fragilité. Comme la France, blessée par cinq ans de troubles, deux ans de terreur et bientôt quatre de guerre, le jeune général s'est forgé par les ruptures. Souffrance fondatrice de l'exil qui l'a coupé des siens à neuf ans et l'a précocement endurci. Moqueries de Brienne transformant « la paille au nez » en souffre-douleur de ses camarades. Blessure corse, la plus vive sans doute, qui l'a conduit à rompre avec son mentor, Paoli, le seul être qu'il ait véritablement admiré, et à quitter son île natale, banni par les siens qui l'ont condamné à une perpétuelle infamie.

On connaît mal sa prime enfance, la plupart des anecdotes ayant été forgées *a posteriori* par la légende afin d'accréditer

1. « Il prit par degrés la place que tenait la révolution dans les têtes, et reporta sur son nom seul tout le sentiment national qui avait grandi la France aux yeux des étrangers » résume Mme de Staël à son sujet dans ses *Considérations sur la Révolution française*.
2. « La difficulté attire l'homme de caractère, car c'est en l'étreignant qu'il se réalise lui-même », remarque Charles de Gaulle dans *Le Fil de l'épée*.

le mythe de la prédestination[1]. Apparaît en revanche avéré un autoritarisme précoce que sa mère qualifie « d'esprit de principauté » : « J'ai été gâté, il faut en convenir, j'ai toujours commandé ; dès mon entrée dans la vie, je me suis trouvé nanti de la puissance, et les circonstances de ma force ont été telles que dès que j'ai eu le commandement, je n'ai plus reconnu ni maîtres, ni lois[2]. »

Ces années se caractérisent par une première lutte de pouvoir au sein du clan pour remporter le droit d'aînesse. La victime en est le pauvre Joseph, le Louis XVI de la famille qui se révèle trop épicurien et passif pour accepter de s'élever par l'effort. Vite dominé, Joseph s'efface[3], à tel point qu'au moment du départ en France, c'est lui qui se retrouve destiné à la prêtrise alors que le cadet peut apprendre le métier des armes, apanage traditionnel de l'aîné. Peut-être la volonté de puissance de Nabulione[4] reçoit-elle une impulsion déterminante le jour où son oncle Lucien, à l'agonie, dit au frère infortuné : « Tu es l'aîné de la famille, mais en voilà le chef, montrant Napoléon, ne l'oublie jamais. C'était, disait gaiement l'Empereur, un vrai déshéritage ; la scène de Jacob et d'Esaü[5]. » Inversion des rôles et détrônement qui en annoncent bien d'autres. Pour demeurer le premier, Bonaparte alterne tôt séduction, auprès de sa mère, et menaces, auprès de ses frères. « Rien ne m'imposait ; je ne craignais personne ; je battais l'un, j'égratignais l'autre, je me rendais redoutable à tous. Mon frère Joseph était mordu, battu, et j'avais porté plainte contre lui quand il commençait à peine à se reconnaître. »

1. Ainsi la naissance prématurée de l'enfant sur une tapisserie représentant l'*Iliade* est une pure forfanterie. Elle n'en demeure pas moins exemplaire du processus de fabrication du mythe par l'image qu'elle tente d'établir : un Napoléon impatient qui malmène sa mère, dès sa conception, et fixe l'heure et le cadre de sa mise au monde.

2. *Mémorial*. On rapprochera cette confession d'une autre faite à Roederer en janvier 1809 : « Partout où j'ai été, j'ai commandé. J'ai commandé à vingt-trois ans le siège de Toulon. J'ai commandé à Paris et en Vendémiaire ; j'ai enlevé les soldats d'Italie dès que je m'y suis présenté. J'étais né pour cela. »

3. A huit ans, Napoléon exige et obtient de son aîné qu'à l'occasion d'un jeu il prenne l'habit des Carthaginois, lui-même endossant le rôle victorieux des Romains alors que l'inverse était prévu.

4. Il s'agit du surnom que lui donnait sa mère.

5. *Mémorial*. La mort de l'oncle Lucien intervint le 16 octobre 1791. Il était archidiacre.

En dépit de solides soufflets prodigués à l'impétrant, Laetitia distingue rapidement cet enfant bouillonnant qui lui ressemble tant par sa fierté et son refus de toute soumission[1]. Elle lui donne par son affection et ses encouragements discrets la confiance en lui qui l'amènera à prendre tous les risques[2]. Le jeune cadet introverti passe de longues heures à méditer dans la grotte de Casone, ou à écouter les récits de la lutte des Corses derrière Paoli pour chasser l'envahisseur français. C'est aussi cette corsitude[3] qui l'unit à sa mère, « tête d'homme sur un corps de femme »[4], plus rebelle et farouche que ce père rallié un peu trop rapidement au gouverneur Marbeuf et qui sollicite jusqu'à l'humiliation des bourses pour ses fils.

L'exil, à neuf ans, bouleverse son existence. Le sauvageon autoritaire débarque avec son aîné au collège d'Autun en décembre 1778 avant de rejoindre seul, en mai suivant, l'école militaire de Brienne en Champagne. Il y demeure plus de cinq ans dans une affreuse solitude, coupé des siens, séparé des autres par la barrière de la langue puis par l'accent et l'aspect étranger, obligé de rendre son écriture illisible pour maquiller ses innombrables fautes. Jamais il ne possédera pleinement la langue de Molière, ce qui explique la médiocrité de ses rares

---

1. « Il est gras, et cependant on distingue le trait qu'il eut en naissant, et qu'il tenait de sa mère, les pommettes des joues très saillantes, comme ont les Corses et les Sardes. Il dit lui-même qu'en tout il lui ressemblait, et tenait tout d'elle. Dans sa jeunesse, il en était l'image amoindrie, rétrécie. Si l'on met celle de sa mère à côté, il en semble une contrefaçon desséchée, comme si la maladie héréditaire de la famille, le cancer de l'estomac, l'eût déjà rongé en dedans » affirme Michelet dans son *Histoire du XIXe siècle*.

2. « Ma mère est une femme de beaucoup d'ordre et de grande vertu » dira-t-il à Montholon, avant d'ajouter : « Mais, comme toutes les mères, elle aimait inégalement ses enfants ; ainsi Pauline et moi étions ses favoris : Pauline, parce qu'elle était la plus jolie, la plus gracieuse ; moi, peut-être par un de ces instincts de la nature qui lui disait que je serais le créateur de la grandeur de son sang. »

3. « Ainsi formé et enfanté, il s'est senti, depuis le premier jusqu'au dernier jour, de sa race et de son pays », écrit H. Taine dans le fameux portrait qu'il consacre à Bonaparte dans *Les Origines de la France contemporaine*. « Tout y était meilleur, disait-il à Sainte-Hélène, il n'était pas jusqu'à l'odeur du sol même, elle lui eût suffi pour deviner les yeux fermés ; il ne l'avait retrouvée nulle part. Il s'y voyait dans ses premières années ; il s'y trouvait dans sa jeunesse, au milieu des précipices, franchissant les sommets élevés, les vallées profondes, les gorges étroites, recevant les honneurs et les plaisirs de l'hospitalité. »

4. Selon l'expression de Napoléon à Antommarchi.

œuvres écrites comparées à la supériorité de ses dictées, correspondance ou *Mémorial.* La pression, l'isolement, la grisaille du climat, les quolibets, tout conspire à le faire souffrir. Qu'on imagine le supplice de cet enfant, tête de Turc de ses camarades, cassé dans ses habitudes de liberté par une discipline sévère [1], obligé de respecter l'autorité de professeurs parfois ineptes. En réaction, il se révolte autant qu'on peut le faire, multiplie les algarades, en particulier lorsqu'on ose se moquer en sa présence de Paoli [2]. Pour survivre, il sublime sa Corse, terre natale devenue étrangère, abhorre cette France qui le retient en captivité, France arrogante assimilée à ces écoliers méprisants infatués de leur naissance : « Des imbéciles haïssant tous ceux qui n'étaient pas des ânes héréditaires comme eux », confiera-t-il à Las Cases.

« Je ferai à tes Français tout le mal que je pourrai », dit-il à Bourrienne, son seul camarade d'alors. Le même témoin cite les notes de ses maîtres : « Caractère dominant, impérieux, entêté. » A onze ans, il se fait remarquer en bravant un professeur : « Qui êtes-vous donc ? », se serait écrié le maître. Et Napoléon, relevant la tête fièrement, de répondre : « Un homme [3]. »

Bonaparte use et abuse pleinement de la seule liberté qui

---

1. Les conditions étaient dures, quasi monacales, comme l'explique Arthur Chuquet dans l'ouvrage qu'il a consacré à *La Jeunesse de Bonaparte* : « Les élèves étaient au nombre de 100 à 150. Ils couchaient dans deux corridors qui contenaient chacun 70 chambres ou cellules. Chaque chambre, de six pieds en carré, n'avait guère d'autre ameublement qu'un lit de sangle, un pot à eau et une cuvette. Le soir, elle était fermée au verrou. L'écolier n'entrait dans sa cellule que pour y dormir et il en sortait dès qu'il était levé. »

2. « C'est alors, résume l'historien Jacques Godechot, qu'il sentit s'éveiller son patriotisme corse, qu'il se prit d'admiration pour Paoli : “Paoli, expliquait-il à ses amis, reviendra un jour et, s'il ne peut rompre ses chaînes, j'irai l'aider sitôt que j'aurai assez de force, et peut-être à nous deux saurons-nous délivrer la Corse du joug odieux qu'elle supporte.” »

3. « Lorsque l'abbé Chardon, qui lui enseignait le français, lui donnait une explication, il le regardait les yeux grands ouverts, mais si l'ecclésiastique revenait sur la leçon pour la résumer et la récapituler, Napoléon ne l'écoutait plus, et aux reproches que lui valait son inattention, il répliquait froidement : “Monsieur, je sais déjà cela” », rapporte l'historien allemand F. Kircheisen dans sa biographie de *Napoléon.* « Une seule fois, il fit preuve d'une très vive sensibilité, note Arthur Chuquet. Puni pour une légère faute par le maître de quartier, il dut dîner à genoux devant la porte du réfectoire, endosser l'habit de bure, mettre un pantalon de l'étoffe la plus grossière, chausser de rudes et informes souliers. Il eut une violente attaque de nerfs et rendit tout ce qu'il avait pris. Le supérieur, averti, lève la punition. »

lui reste : s'évader par l'imaginaire et le rêve. L'échappatoire par la lecture devient pour lui, comme il l'avouera dans le *Mémorial*, « une espèce de passion poussée jusqu'à la rage ». Par la découverte des textes, il sublime ce désespoir du déraciné pour puiser à la force du poignet dans les trésors de la connaissance. Il se trouve favorisé sur ce point par la politique du ministre de la Guerre, le comte de Saint-Germain, un réformateur audacieux qui voulait sauver l'armée royale, meurtrie par les défaites de la guerre de Sept Ans, en lui rendant une âme par la lecture des illustres écrivains antiques et des maîtres du Grand Siècle. Cet admirateur de Frédéric II ambitionne de former les futurs soldats dans l'amour de la monarchie et l'exaltation des vertus chevaleresques depuis longtemps tombées en décrépitude. Cicéron, Virgile, Tite-Live, Horace, La Fontaine, Bossuet, Fénelon, Fléchier n'ont bientôt plus de secret pour le jeune cadet. Bonaparte apprécie les tragédies du Grand Siècle et surtout les livres d'histoire. Il y puise le goût de l'action et le culte des héros — ces hautes figures civiles et militaires qui l'inspireront comme César, Alexandre, Hannibal ou Charlemagne —, la conviction qui animera sa vie selon laquelle la volonté peut soulever des montagnes ; la certitude enfin qu'il est appelé à un grand destin. « La lecture de l'histoire me donna de bonne heure le sentiment que je pourrais faire autant que les hommes auxquels elle assignait les rangs les plus élevés », confiera-t-il bien plus tard à Caulaincourt. L'histoire pour lui n'est pas une langue morte, cette stupide compilation des faits qu'il méprise chez Rollin, mais une école de la vie, une discipline complète car elle associe le savoir et l'analyse, mêle littérature, morale et politique, enseigne le pragmatisme mais prône le courage, le risque et la volonté. « Ce fut en lisant Plutarque qu'il sentit croître et développer l'ambition qu'il avait reçue de la nature, le désir de faire grand, l'envie d'avoir un nom et de fixer sur lui le regard des contemporains », résume Arthur Chuquet[1]. Il

1. « Il passait pour le plus infatigable liseur de l'Ecole, empruntait livres sur livres, précise le même historien [...]. Or les ouvrages qu'il lit sans relâche sont des livres d'histoire, surtout des biographies d'hommes illustres. [...] Le bibliothécaire de l'école des Minimes ne dit-il pas que Napoléon se proposait déjà pour modèles les généraux célèbres de l'antiquité ? »

en retire la substance de ses premières convictions politiques : un républicanisme exalté renforcé par le mépris de la royauté que lui enseigne des lectures plus contemporaines comme *L'Espion anglais*[1].

Vers où tourner cette énergie et cette révolte ? Naturellement vers la Corse. Son idéalisation de l'île de Beauté le rapproche de Rousseau et de Raynal, les deux philosophes qu'il admire le plus à l'époque. Il lit et relit ce *Contrat social* et sa célèbre phrase : « J'ai quelque pressentiment qu'un jour cette île étonnera le monde. » De Jean-Jacques, il adopte tout : le culte de la vertu, la foi dans le progrès, la révolte contre les convenances ineptes et les privilèges. Il en gardera beaucoup, quoi qu'il ait pu dire par la suite : la nécessité d'une transcendance pour soulever les peuples, le refus de l'attentisme, le mépris de la représentation, la détestation de la Cour et de l'Ancien Régime. De Raynal, aujourd'hui tombé dans l'oubli, il adopte plus particulièrement la conception gallicane. Il vibre à la lecture de la fameuse *Histoire philosophique* dont les dix volumes, rédigés avec la collaboration de Diderot, dénoncent courageusement l'esclavage et la colonisation. S'il a plus tard dépouillé les Lumières de leurs utopies, il en est resté le fils dans leur ambition universaliste, conquérante et émancipatrice des peuples. Il en conserve aussi l'éclectisme, volonté d'un savoir global manifeste dans l'*Encyclopédie* de Diderot et d'Alembert, transcrit plus tard dans la fondation de l'Institut dont il voudra farouchement devenir membre.

Le boursier du roi se passionne pour l'économie et les sciences, notamment les mathématiques ; il dévore livres politiques, romans, histoires des pays étrangers ou traités de droit.

1. Cette publication contemporaine en dix volumes constitue une vivante chronique, bien informée, de la vie politique notamment à la Cour. « C'est en feuilletant *L'Espion anglais* qu'il a constaté le désordre perpétuel des finances, le chaos des assemblées provinciales, les prétentions des parlements, le défaut de règle et de ressort dans l'administration, la bigarrure de cette France qui, selon les expressions qu'il employait plus tard, était une réunion de vingt royaumes et n'avait ni l'unité des lois, ni l'unité de territoire », écrit toujours Arthur Chuquet. Bonaparte en copie de larges extraits pour mieux le mémoriser. Il lit également Mably, Mirabeau ou le pamphlet de Coquereau intitulé *Mémoires de l'abbé Terray*.

Doté d'une mémoire immense, il en retire une culture vaste, mais peu profonde, qui lui permettra plus tard de briller devant ses interlocuteurs. Mais il en hérite une nature double, toute en contrastes, à la fois rationnelle et romanesque, sombre et exaltée, « si original d'esprit et de sensibilité, si mal adapté au monde qui l'entoure, si différent de ses camarades, il est clair d'avance que les idées ambiantes, qui ont tant de prise sur eux, n'auront pas de prise sur lui » conclut Taine. L'adolescent cache derrière sa réserve apparente une curiosité jamais démentie pour l'écrit accompagnée de son corollaire indispensable : le besoin d'éloignement. L'abbé Chardon, qui lui a enseigné les rudiments du français à Autun, le décrit déjà comme « pensif et sombre ; il avait l'air d'un mécontent ; il ne se mêlait guère aux divertissements, et presque toujours, il se promenait seul ». Il se cantonne au lopin qu'on lui a attribué à Brienne, interdisant par la force l'entrée du sanctuaire à ses camarades.

Sauvé par les livres, il renverse le rapport de force en sa faveur. Le « bleu », l'étranger, devient au fil des années d'internat l'ancien respecté qui, à l'hiver 1783, bâtit des forteresses de neige et entraîne ses camarades à leur conquête. Après la famille, il a pris le pouvoir à l'école. « Le Petit Chose » malingre et basané se découvre de la race des chefs.

Admis à l'Ecole militaire de Paris en octobre 1784, le cadet Bonaparte n'est déjà plus le même, au physique comme au moral. Son professeur de français qualifie son style de « granit chauffé au volcan » ; un autre de ses maîtres aurait prophétisé : « Corse de caractère et de nation, il ira loin s'il est favorisé par les circonstances. »

Le 24 février 1785, Charles Bonaparte meurt d'un cancer à Montpellier. Joseph, qui était présent à ses côtés, a rapporté plus tard qu'il avait souvent demandé son cadet. « Où est-il, s'écriait-il à plusieurs reprises, où est mon fils Napoléon ? lui dont l'épée doit faire trembler les rois ! lui qui changera la face de l'Europe ! Il me défendrait, il me défendrait de mes ennemis ; il me sauverait la vie[1] ! » Propos évidemment

1. Le récit est rapporté par Miot de Mélito, un intime de Joseph, dans ses passionnants Mémoires.

suspect qui n'en témoigne pas moins de l'effacement confirmé de Joseph. A quinze ans, Nabulione se retrouve chef d'une famille de huit enfants, peu fortunée, et sans espérances. Même s'il n'a vu qu'une fois son père depuis six ans et lui reproche d'avoir trahi Paoli [1], la nouvelle l'affecte vivement : « Tous mes soucis de famille, déclarera-t-il plus tard, ont gâté mes jeunes années : ils ont influé sur mon humeur et m'ont rendu grave avant l'âge. »

Rétif à la discipline de l'école militaire [2], il la quitte au bout d'un an à un rang médiocre [3], breveté lieutenant en second au régiment de La Fère, stationné à Valence [4]. Il y parfait son apprentissage, pratiquant la vie de l'artilleur de base durant le premier trimestre avant d'être officiellement reçu comme officier en janvier 1786. L'expérience ne sera pas perdue pour le futur empereur dont le charisme doit beaucoup à sa parfaite connaissance de la « condition militaire », de la « qualité » de la soupe au nombre de vêtements nécessaires en passant par la capacité de charger un canon.

Doté d'une solde médiocre [5], il mène à nouveau une vie de Spartiate, seulement égayée par les livres du libraire Aurel et les cerises partagées avec Caroline du Colombier, sa première amourette [6]. Ecartelé entre la grandeur de ses aspirations et la médiocrité de son quotidien, il devient sombre. Rédigés peu

---

1. « Paoli, dit-il par exemple à Bourrienne, était un grand homme, il aimait son pays, et jamais je ne pardonnerai à mon père, qui a été son adjudant, d'avoir concouru à la réunion de la Corse à la France ; il aurait dû suivre sa fortune et succomber avec lui. »

2. Laure d'Abrantès rapporte qu'il s'emporta un jour contre l'administration de l'école, ce qui lui valut une sévère réprimande de M. de Commène, père de la fantasque mémorialiste : « Je ne suis pas l'élève du roi, répliqua-t-il d'une voix tremblante d'émotion, je suis élève de l'Etat. » Avant d'ajouter : « ... si j'étais le maître de rédiger les règlements, ils seraient autrement, pour le bien de tous. »

3. 42e sur 58 promus, juste derrière Phélyppeaux qu'il devait retrouver en 1799 à Saint-Jean-d'Acre. Le classement semble indigne de sa gloire mais il ne faut pas oublier que Bonaparte accède directement du rang d'aspirant à celui d'officier sans passer par le stade intermédiaire d'élève qui entraîne un an d'études supplémentaires.

4. Il a voulu cette affectation qui le rapproche de la Corse, sachant (comme le précise Arthur Chuquet) que son régiment fournissait d'usage les deux compagnies affectées à l'île.

5. Un millier de livres par an.

6. Elle deviendra dame d'honneur de Laetitia et baronne d'Empire.

de temps avant La Révolution, ses premiers manuscrits, *Le Comte d'Essex* et *Le Masque prophète*, découvrent non seulement l'immensité de son ambition — les héros sont des puissants —, mais aussi sa fascination mortifère pour la chute puisque ces nouvelles se concluent par la mort tragique des protagonistes. *Le Masque prophète* révèle également la précocité de la tentation orientale et son obsession de la gloire. Hakem, un prophète aveugle qui porte un masque d'argent pour inspirer la peur et masquer son infirmité, est possédé par la « fureur de l'illustration »[1]. Battu à la suite d'une longue série de victoires, il choisit le suicide plutôt que l'esclavage et entraîne dans la mort tous ses fidèles.

L'ultime horizon d'une ambition inassouvie[2] reste la Corse. Il commence à écrire, ou plutôt à sublimer son histoire, dans des chapitres enflammés : « Les Corses, écrit-il par exemple le 26 avril 1786, ont pu en suivant toutes les lois de la justice, secouer le joug génois et peuvent en faire autant de celui des Français. Amen. » A la veille de la rejoindre, il se découvre angoissé, malheureux et acrimonieux comme le révèlent ces courtes notes jetées sur son carnet le 3 mai suivant : « Toujours seul au milieu des hommes, je rentre pour rêver avec moi et me livrer à toute la vivacité de ma mélancolie. De quel côté est-elle tournée aujourd'hui ? Du côté de la mort. [...] Quelle fureur me porte donc à vouloir ma destruction ? Sans doute, que faire dans ce monde ? Puisque je dois mourir, ne vaut-il pas autant se tuer ? Si j'avais déjà passé soixante ans, je respecterais le préjugé de mes contemporains et j'attendrais patiemment que la nature eût achevé son cours ; mais puisque je commence à éprouver des malheurs, que rien n'est plaisir pour moi, pourquoi supporterais-je des jours que rien ne me prospère ? Que les hommes sont éloignés de la nature ! Qu'ils

1. « Le récit est clair, bien composé, résume Arthur Chuquet. Le discours de Hakem où s'exprime la confiance de l'homme qui commerce avec Dieu et entend sa voix, se distingue par la fermeté, par la concision du style. C'est le premier essai de l'"imperatoria brevitas" des harangues et bulletins de Napoléon. Il a le coloris oriental, et le général en chef de l'armée d'Egypte parlera plus tard aux Ulémas du Caire, comme parle son Hakem. »

2. « Même quand je n'avais rien à faire, dira-t-il, je croyais vaguement que je n'avais pas de temps à perdre. »

sont lâches, vils, rampants ! Quel spectacle verrai-je dans mon pays ? Mes compatriotes chargés de chaînes et qui baisent en tremblant la main qui les opprime ! Ce ne sont plus ces braves corses qu'un héros aimerait de ses vertus, ennemis des tyrans, du luxe des vils courtisans. »

Comment le rêve corse, enflammé par la lecture de Rousseau et Boswell[1], pourrait-il se confondre avec la réalité ? De 1786, date de son premier séjour, à 1793[2], année de son éviction de l'île, Bonaparte tente pourtant avec acharnement de jouer un rôle de premier plan dans son pays natal. Jusqu'en 1789, il pose des jalons et privilégie les affaires de famille, dérangées par la mort du père. Mais tout change avec la Révolution et surtout, à l'été 1790, avec le retour de Paoli, en un sens le seul mentor qu'il ait jamais eu, tant l'œuvre intérieure accomplie sous l'Empire épouse sur de nombreux points les institutions paolistes[3].

Primat de l'exécutif, ordre civil et militaire, respect de la religion et de la propriété, réforme économique, création d'une monnaie, d'une université et d'un journal officiel, recours au suffrage universel mais appui privilégié sur les notables ; sur tous ces points le despote éclairé qui gouverne la Corse de 1755 à 1769 annonce le Bonaparte du Consulat[4]. Dès 1789, le jeune homme lui offre ses services dans une lettre dithyrambique qui débute par la phrase fameuse : « Je naquis quand la patrie périssait. »

---

1. Ecrivain anglais auteur d'un célèbre voyage dans l'île paru en France l'année de la naissance de Napoléon Bonaparte, Boswell « faisait de Corte, où Paoli avait établi sa capitale, une nouvelle Lacédémone et il ne voyait dans les Corses qu'une nation de héros, une nation petite, mais admirable qui donnait à son siècle le plus remarquable exemple de l'esprit de liberté » résume Arthur Chuquet.

2. Son premier séjour s'échelonne de septembre 1786 à septembre 1787. Le deuxième de janvier à mai 1788. Le troisième de septembre 1789 à février 1791, le quatrième de septembre 1791 à mai 1792, enfin le cinquième et dernier d'octobre 1792 à juin 1793.

3. En dépit de leur rupture, il conservera un faible pour lui comme en témoigne par exemple cette confession hellénienne faite à Antommarchi : « Les maux que nous avait faits Paoli n'avaient pu me détacher : je l'aimais, je le regrettais toujours. Il était grand, d'une attitude molle et fière, parlait bien, connaissait les Corses, et exerçait sur eux une influence illimitée. Aussi hostile à saisir l'importance d'une position que celle d'une mesure administrative, il combattait, gouvernait avec une sagacité, un tact que je n'ai vu qu'en lui. »

4. Sa constitution de novembre 1755, imprégnée de l'esprit de Montesquieu, et son long gouvernement personnel ont été notamment célébrés par Voltaire, Rousseau et Boswell.

Bonaparte, on le sait, l'a paré depuis Brienne de toutes les vertus. L'identification s'avère d'autant plus forte que Paoli partage une même formation d'officier d'artillerie, une même position de cadet dominant qui a su s'emparer du droit d'aînesse avant de s'élever par ses mérites et son autorité. Enfin, il a connu cette douleur de l'exil qui consume le lieutenant de Valence. Le mentor incarne à la fois le père qu'il aurait voulu avoir, le modèle du héros antique qu'il vénère, le philosophe éclectique qu'il prétend devenir, enfin le grand patriote qui a refusé de collaborer avec l'envahisseur français, l'incarnation en un mot de l'esprit de résistance et de sacrifice. Or Paoli, dont il attend trop sans doute, le refroidit immédiatement. Le héros a bien vieilli — il est né en 1725 — et semble pusillanime. A l'exception du célèbre compliment, peut-être apocryphe : « Napoléon, tu es taillé à l'antique, tu es un homme de Plutarque », il le tient constamment à l'écart. Le Cincinnatus attendu se révèle d'emblée un politicien rusé, « vieux serpent »[1] adepte des *« combinazione »* qui caractérisent le milieu clanique insulaire. Trahi par Charles Bonaparte, Paoli reporte la rancune sur les fils dont il redoute par ailleurs l'exaltation et l'activisme brouillon. Bonaparte découvre la tragédie du déraciné : Corse pour les Français, le voilà devenu Français pour ces Corses dont il veut gagner le cœur mais qui rejettent en lui l'officier du roi, élevé par la grâce de l'ancien gouverneur Marbeuf, oublieux de sa langue natale. Napoléon veut se faire adopter et comme tous les nouveaux convertis en fait trop. Mandaté par le club patriotique d'Ajaccio, il rédige un pamphlet brutal contre Buttafuoco, député Corse de la noblesse qui accuse déjà Paoli de vendre l'île aux Anglais. Mais ce dernier juge sa publication inutile et l'œuvre immature.

Leur relation se dégrade à chaque voyage. Tandis que Paoli concentre tous les pouvoirs civils et militaires[2], Bonaparte ne

1. Ce sobriquet de Paoli a été inventé par le futur vice-roi anglais de l'île, Sir Gilbert Eliot.
2. Une consulte (assemblée locale) réunie à Orezzo le 9 septembre 1790 le nomme à la fois président de l'assemblée et commandant en chef de la garde civile.

parvient, et encore qu'à force d'intrigues, à être élu chef de bataillon en second de la garde nationale en avril 1792[1]. C'est bien peu pour celui qui rêve toujours de devenir le bras droit armé du sauveur autoproclamé de la Corse. Leurs chemins se séparent au sujet de la Révolution. Alors que Bonaparte s'émerveille d'emblée, Paoli — resté royaliste dans l'âme — s'en éloigne chaque jour davantage et semble bientôt sur le point d'entrer en négociation avec l'Angleterre[2]. La rupture intervient en 1793. L'exécution de Louis XVI indigne Paoli et le rejette dans les rangs des adversaires de la Convention. Bonaparte, furieux d'avoir été employé à un simulacre d'expédition contre la Sardaigne[3], avortée par ordre du vieux chef, retourne sa veste et se rapproche alors de Salicetti, le chef du « parti français » sur l'île. « La Corse doit toujours être unie à la France, dit-il alors à Sémonville. Elle ne peut avoir d'existence qu'à cette condition. Moi et les miens nous défendrons, je vous en avertis, la cause de l'union. »

Lucien, le benjamin bouillonnant, fait son entrée dans l'histoire en crevant l'abcès. De Toulon, il dénonce le 15 mars la trahison de Paoli à la Convention, qui décrète immédiatement son arrestation[4]. En dépit d'une tentative de conciliation de Bonaparte[5], la riposte ne se fait pas attendre : elle a pour nom la vendetta. Traqué, sa maison détruite, « condamné à une perpétuelle exécration et infamie » par une consulte réunie à Corte fin mai, Bonaparte échappe de peu à la capture et à l'assassinat et réussit difficilement à faire embarquer sa

1. Même désillusion pour Joseph qui doit se contenter d'une modeste place de président du directoire du district d'Ajaccio après avoir échoué à se faire élire député.

2. Paoli avouera à Lucien sa prédilection pour le gouvernement anglais qu'il a étudié de près durant son exil.

3. Décrétée par la Convention, l'expédition est entreprise avec tout le mauvais vouloir possible par Paoli alors que Bonaparte, commandant l'artillerie, entend au contraire s'illustrer dans l'aventure et pousser l'entreprise jusqu'au bout. Après des démonstrations sans conséquences, le « corps expéditionnaire » doit rembarquer piteusement en février 1793. Bonaparte, ulcéré d'avoir été manipulé, commence dès lors à se plaindre hautement de Paoli.

4. Lucien avait été le secrétaire de Paoli durant six mois. Il avoue dans ses Mémoires (dont seul le premier volume a été publié) s'être échauffé plus que de raison et avoir laissé ses paroles dépasser sa pensée.

5. Il publie une adresse à la Convention dans laquelle il demande de rapporter le décret et rend un hommage vibrant à Paoli, « patriarche de la liberté » et « précurseur de la République française ».

famille pour Toulon le 10 juin 1793. Laetitia, mère aussi influente que discrète, le pousse à quitter la patrie en ces termes : « La Corse n'est qu'un rocher stérile, un petit coin de terre imperceptible ; la France au contraire est grande, riche, bien peuplée. Elle est en feu : voilà mon fils un noble embrasement ; il mérite les risques de s'y griller[1]. »

La désastreuse expérience insulaire n'a pas eu que des inconvénients. D'abord, elle a permis au futur Consul de rester à l'écart des terribles événements révolutionnaires. Même s'il en a été parfois témoin, Bonaparte n'a participé à aucune des journées sanglantes de 1789 à 1793. Etranger à la France, il garde une virginité politique qui lui sera précieuse quand il voudra rassembler tous les Français autour de sa personne. Ensuite, la Corse l'a initié au jeu partisan — calculs, intrigues, complots, trahisons — dans ce qu'il a de plus cruel. Terrible exercice qui étoffe son expérience et lui insuffle un mépris précoce pour ses semblables. L'exaltation ira désormais de pair avec la défiance. Pour Jacques Bainville, l'échec porte en lui une délivrance : « Le sortilège est fini et son île s'est chargée de le rompre elle-même, écrit-il dans sa biographie de Napoléon. Elle a encore soulagé Bonaparte de la rêverie sentimentale et littéraire qui a occupé sa première jeunesse. Jean-Jacques, Raynal, l'idéologie, le "Roman de la révolution", c'est à tout cela, en même temps qu'à Paoli, que, sans le savoir, il a dit adieu. Il ne croit plus à la bonté de la nature humaine. Peut-être n'avait-il pas besoin de cette épreuve pour se durcir, mais il s'est bien durci. Son style même a changé, s'est fait neuf. Bonaparte a franchi l'âge du sentiment. Il a dépouillé le jeune homme. »

Le 13 juin 1793, Bonaparte et sa famille arrivent à Toulon. L'aventure corse s'achève, la française peut commencer.

---

1. Le propos est rapporté par Louis Madelin dans sa monumentale *Histoire du Consulat et de l'Empire*. « Préparez-vous à partir ; ce pays n'est pas pour nous » avait écrit Bonaparte à sa mère au plus fort de la crise. Paoli proclame l'indépendance avant de faire déclarer George III roi de Corse en juin 1794. En mauvais termes avec le vice-roi Gilbert Eliot, il finit par s'effacer et gagne à nouveau l'Angleterre. Evacuée en octobre 1796, la Corse est aussitôt réoccupée par la France.

La passion révolutionnaire

Bonaparte fut révolutionnaire avant de se sentir français, ou plutôt, comme le résume Larousse : « La Révolution le fit français. » Ce fils prodigue des Lumières reste longtemps imprégné du républicanisme sentimental des philosophes, nourri des vertus antiques, imprégné de rousseauisme. A l'image de la majeure partie de la France pensante, il répugne aux privilèges et déteste la noblesse, indissociable pour lui des moqueries de Brienne. Travaillant sur l'autorité royale en 1788, il la condamne déjà dans une formule lapidaire : « Il n'y a que fort peu de rois qui n'eussent pas mérité d'être détrônés[1]. » Comme tant d'autres, ce Saint-Just en herbe se sent à l'étroit dans cette société bloquée et déclinante qui freine toutes les ascensions dont la sienne[2], société largement hypocrite, de masques et de cour, où la défense affichée de valeurs chrétiennes et chevaleresques recouvre une réalité vénale et individualiste, celle du libertinage et des petits soupers, des intrigues et du favoritisme. La référence n'y est plus depuis longtemps l'esprit de sacrifice de Bayard mais le cynisme décrit par Laclos.

Comme tant d'autres, il voit dans l'effondrement de l'édifice la chance de sa vie. « L'égalité qui devait m'élever me séduisait » dira-t-il plus tard à Mme de Rémusat. L'intégration de la Corse à la France, fin 1789, transforme les insulaires en citoyens à part entière[3]. L'île de Beauté n'est plus une colonie

1. Il s'agit d'une simple ébauche mais elle est révélatrice de son obsession précoce pour le pouvoir et de sa fascination pour la légitimité : « Cet ouvrage commencera par des idées générales sur l'origine et l'accroissement que prit dans l'esprit des hommes le nom de roi. Le gouvernement militaire lui est favorable ; cet ouvrage entrera ensuite dans les détails de l'autorité usurpée dont les rois jouissent dans les douze royaumes de l'Europe. »

2. Ce sentiment d'étouffement et de frustration est magistralement analysé par Tocqueville dans *L'Ancien Régime et la Révolution*. Il s'exprime, entre autres, chez l'avocat Danton, qui confie à un ami en 1793 : « La Révolution est arrivée ; moi et tous ceux qui me ressemblaient, nous nous y sommes jetés. L'Ancien Régime nous y a forcés en nous faisant bien élever, sans ouvrir aucun débouché à nos talents. »

3. Le décret de la Constituante du 30 novembre 1789 instaure l'ère nouvelle : « L'île de Corse est déclarée partie de l'Empire français ; ses habitants seront régis par la même constitution que les autres Français et, dès ce moment, le roi est supplié

mais un département doté des mêmes droits que les autres. Le retour des proscrits qui l'accompagne est interprété non comme une amnistie, mais bien comme une réparation voulue par la majorité de la Constituante envers la défunte République paoliste, placée au rang des victimes innombrables de l'arbitraire royal. Bonaparte, conquis par l'accomplissement des promesses égalitaires, renonce alors à publier ses *Lettres sur la Corse*, pamphlet virulent contre l'occupation française qu'il rédige depuis 1787. « Dans un instant, tout est changé, écrit-il avec enthousiasme. Du sein de la nation que gouvernaient nos tyrans, est sortie l'étincelle électrique ; cette nation éclairée, puissante et généreuse s'est ressouvenue de ses droits et de sa force : elle a été libre et a voulu que nous le fussions comme elle. Elle nous a ouvert son sein désormais, nous avons les mêmes intérêts, les mêmes sollicitudes : il n'est plus de mer qui nous sépare [1]. »

Rentré en France en février 1791, Bonaparte quitte en juin le régiment de La Fère pour le 4e d'artillerie stationné à Valence. Son arrivée coïncide avec la fuite manquée de Louis XVI à Varennes. Celle-ci signe la fin du rêve d'une alliance entre la monarchie et la Révolution. Elle condamne à court terme le compromis péniblement enfanté par l'Assemblée. Sommé comme tout un chacun de choisir, Bonaparte prend résolument le parti de la Constituante. Il prête par écrit le serment de fidélité à l'Assemblée, qui ne mentionne pas le roi, et se montre actif au sein de la société locale des Amis de la Constitution, affiliée au club des Jacobins. Le *Discours*

---

d'envoyer tous les décrets de l'Assemblée nationale à l'île de Corse. » Sur proposition de Mirabeau, l'Assemblée y ajoute le droit au retour de tous les proscrits, ce qui permet à Paoli de rentrer parmi les siens. A l'annonce du décret, Bonaparte déploie une banderole sur sa maison portant comme légende : « Vive la nation, vive Paoli, vive Mirabeau. »

1. Le texte, publié par Frédéric Masson dans son *Napoléon inconnu*, se poursuit ainsi dans la plus pure veine rousseauiste : « Parmi les bizarreries de la Révolution française, celle-ci n'est pas la moindre. Ceux qui nous donnaient la mort comme à des rebelles sont aujourd'hui nos protecteurs : ils sont animés par nos sentiments. — Homme ! Homme ! Que tu es misérable dans l'esclavage, grand lorsque l'amour de la liberté t'enflamme ! Les préjugés se dissipent, ton âme s'élève, la raison reprend son empire... Régénéré, tu es vraiment le roi de la nature ! »

sur le bonheur, rédigé par Bonaparte dans la lignée de la vulgate politique du temps, célèbre en des termes hyperboliques la régénération accomplie : « Après des siècles, les Français, abrutis par les rois et les ministres, les nobles et les préjugés, les prêtres et leurs impostures, se sont tout à coup réveillés et ont tracé les droits de l'homme. »

Son ambition nationale pointe déjà, notamment dans le célèbre passage sur les hommes de génie, « météores destinés à brûler pour éclairer leurs siècles ». Pourtant, l'illusion littéraire dure peu. Composée pour le concours de l'académie de Lyon [1], la pochade est sèchement rejetée par les examinateurs. Un académicien éreinte le texte comme « trop mal ordonné, trop disparate, trop décousu et trop mal écrit pour fixer l'attention ». L'historien Arthur Chuquet dénonce l'emphase du style et la maladresse de nombreuses formules [2]. Toutefois, l'ouvrage vaut par ce qu'il laisse entrevoir de la personnalité de l'auteur, écartelé entre passion et devoir, ambition et désespoir. Souvent exaltée, sa prose ne cesse de faire l'éloge de la raison comme si le cadet bouillonnant tentait de se calmer lui-même : « Une imagination déréglée, voilà la cause, la source des malheurs de l'espèce humaine, écrit-il par exemple. Elle nous fait errer de mers en mers, de fantaisies en fantaisies, et si elle se calme enfin, si son prestige nous abandonne, il n'est plus temps ; l'heure sonne et l'homme meurt détestant la vie. » Car la tentation suicidaire perdure : « L'homme a beau s'environner de tous les biens de la fortune, dès que ses sentiments s'enfuient de son cœur, l'ennui s'en empare, la tristesse, la vaine mélancolie, le désespoir se succèdent et si cet état dure encore, il se donne la mort. »

1. Doté de 1 200 livres de récompense, son sujet était libellé comme suit : « Quelles vérités et quels sentiments il importe le plus d'inculquer aux hommes pour leur bonheur ? »

2. « Il a le langage de l'époque et tombe dans ce pathos qui se mêlait à tout ; il nomme le sentiment un "agent consolateur", il parle des "douces émotions de l'épanchement", du "nectar de la volupté", du "baume salutaire de la rêverie", du "baume restaurateur de l'énergie" des "glaces de la vieillesse", du "poignard de la fureur", des lys qui sur un visage remplacent les roses et du drap noir qui succède à la tapisserie de la gaieté. »

Le spectacle des journées révolutionnaires de 1792, auxquelles il assiste comme témoin, marque un tournant majeur dans l'éducation du futur Empereur[1]. Là il découvre l'abîme séparant l'idéal émancipateur des Lumières de la barbarie du peuple en furie. C'est alors sans doute qu'il comprend que la Révolution ne pourra s'enraciner qu'en cessant d'être révolutionnaire. Comme en Corse, la confrontation brutale avec le feu de l'histoire le ramène sur terre pour accoucher d'une vision beaucoup plus méfiante et matérialiste de la réalité politique. Elle conforte son mépris et sa méfiance envers les hommes. Mépris des parlementaires qu'il éprouve au sortir d'une séance de la Législative, caractérisée selon lui par des bavardages inutiles, indécents même étant donné la gravité des circonstances. Mépris du roi affublé du bonnet rouge en juin, réduit à trinquer à la santé de la nation : *« Che Coglione »* tranche le jeune officier qui précisera plus tard : « Je conclus qu'il avait cessé de régner, car, en politique, on ne se relève point de ce qui avilit[2]. »

Défiance envers ce peuple sans-culotte dont la sauvagerie le révulse. « Le 20 juin 1792, j'étais à Paris, je vis la populace marcher contre les Tuileries. Je n'ai jamais aimé les mouvements populaires ; je fus indigné des allures grossières de ces misérables ; je trouvai de l'imprudence dans les chefs qui les avaient soulevés et je me dis : "Les avantages de cette révolution ne seront pas pour eux." Comment a-t-on pu laisser entrer cette canaille !, s'indigne-t-il. Il fallait en balayer quatre ou cinq cents avec des canons, et le reste courrait encore. » Et d'écrire à son confident habituel le 3 juillet suivant : « Il faut l'avouer, lorsque l'on voit tout cela de près, que les peuples valent peu la peine que l'on se donne tant de souci pour mériter leur faveur. »

Le tout jeune capitaine se trouve encore aux premières

1. Il n'a jusqu'alors assisté qu'à des échauffourées, que ce soit à Auxonne à l'été 1789 ou à Bastia.

2. Ce propos est rapporté par Mme de Rémusat dans ses Mémoires. Il mérite d'être complété par cet autre tenu devant Bertrand : « La Révolution est la faute du Roi : il n'avait pas de caractère et personne autour de lui. Pour dire le mot, il était un lâche. »

loges pour assister, le 10 août 1792, à la mort de la royauté séculaire. Davantage que la chute de la monarchie sanctionnée dans une lettre écrite le soir même à Joseph, d'un lapidaire « si Louis XVI se fût montré à cheval, la victoire lui fût restée », le massacre des Suisses le conforte dans son horreur de la « populace » : « Le palais forcé et le roi rendu dans le sein de l'assemblée, je me hasardais à pénétrer dans le jardin, dira-t-il à Las Cases. Jamais, depuis, aucun de mes champs de bataille ne me donna l'idée d'autant de cadavres que ne m'en présentèrent les masses de Suisses, soit que la petitesse du local en fît ressortir le nombre, soit que ce fût le résultat de la première impression que j'éprouvais de ce genre. » Il retire de l'événement une suspicion durable envers le « mauvais esprit » des Parisiens.

Enfin il a perdu la foi dans cette philosophie dont il découvre le caractère illusoire confronté à l'épreuve des faits. Le monde réel ignore l'idéalité des principes pour ne retenir que la brutalité de la force. En lieu et place de l'utopie rousseauiste, l'univers demeure régi par la violence selon Hobbes. Contrairement à la Corse, la révision s'opère sans déchirement intérieur car il n'est pas engagé dans l'aventure en cours. Hanté par le spectacle, il n'en demeure pas moins l'homme de l'entre-deux, le Français de l'étranger qui voit s'écrouler un monde ancien sans deviner à quoi ressemblera le nouveau.

L'expérience de ces journées lui dicte ses premières règles de stratégie politique. Ne jamais mettre un genou à terre comme le malheureux Louis XVI, s'appuyer sur les notables pour contenir la foule tout en restant à l'écoute des aspirations populaires, rejeter le libéralisme politique incarné par ces parlementaires vaniteux dont il sera désormais l'adversaire acharné. « Fable convenue imaginée par les gouvernants pour endormir les gouvernés » selon ses propres termes, la liberté est impossible car antinomique avec l'esprit français, obsédé par le pouvoir, répugnant à son partage, envieux et suspicieux, toujours prompt à mettre en avant les grands principes pour mieux justifier leur violation[1].

Soldat perdu de l'engagement, Bonaparte ne fait plus désormais confiance qu'à lui-même : il est devenu opportuniste sans cesser d'être autoritaire. Le 24 juin 1792, Lucien écrit à son sujet cette phrase étrangement prophétique : « Je crois que dans un Etat libre, c'est un homme dangereux ; il me semble bien penché à être tyran, et je crois qu'il le serait, s'il était roi, et que son nom serait pour la postérité et pour le patriote sensible un nom d'horreur. »

L'idéal littéraire laisse place à la tentation militaire, nourrie par l'entrée en guerre contre l'Autriche et la Prusse en 1792, suivies un an après par l'Angleterre. Seulement capitaine après sept ans de service, Bonaparte voit enfin l'occasion de s'élever au moment même où le rêve corse commence à battre de l'aile. « Nous repoussons les efforts de l'Europe entière » s'écrie-t-il joyeux fin 1792, nommant les armées françaises « les nôtres » et non plus « les Français » comme il avait coutume de l'écrire jusqu'alors. Avide de gloire et de renommée, il brûle désormais de participer à l'aventure collective de la Grande Nation. C'est en effet dans la « victoire ou la mort » contre l'Europe des rois que la Révolution a transmuté son idéal, tandis qu'à l'intérieur l'utopie se délite chaque jour dans la violence.

A l'été 1793, son retour en France coïncide avec la prise de pouvoir des Jacobins. Bonaparte n'a donc pas à proprement parler à faire de choix entre la Gironde fédéraliste et la Montagne autoritaire qui s'incarne dans les figures bientôt rivales de Danton et Robespierre. Nul doute cependant que son engagement au côté des Jacobins ne corresponde à ses convictions

1. En 1809, il interpelle brusquement le général Dumas en ces termes : « Général Dumas, vous étiez de ces imbéciles qui croyaient à la liberté ?
— Oui, Sire, j'étais et je suis encore de ceux-là.
— Et vous avez travaillé à la Révolution, comme les autres, par ambition ?
— Non, Sire, et j'aurais bien mal calculé, car je suis précisément au même point où j'étais en 1790.
— Vous ne vous êtes pas bien rendu compte de vos motifs ; vous ne pouviez pas être différent des autres ; l'intérêt personnel est toujours là. »

du moment. A ses yeux, constituants et Girondins sont des faisans et des anarchistes, incarnations de cet esprit parlementaire incapable de diriger l'Etat avec la poigne de fer que requièrent les circonstances. « Conventionnel qui n'était point passé par la Constituante » selon René Grousset, Bonaparte estime que la conjonction des deux guerres — civile et contre l'Europe — légitime la dictature de salut public. Mais ce recours à la force doit être temporaire et surtout contrôlé par l'Etat afin d'éviter de tourner au bain de sang égalitaire. Mieux vaut en somme la captation de la répression par le pouvoir légitime que le libre cours laissé à la bestialité populaire, ivre de sang et de violence. Seul « l'Incorruptible », dont il a toujours évoqué la figure avec sympathie, tente à ses yeux de canaliser le torrent des passions. Il domestique la haine en dotant la Terreur d'une apparence légale, tout en rendant, par son respect de la religion et son culte de la vertu, une légitimité morale à une révolution qui sombre dans la démesure. A Sainte-Hélène, il dira encore à Montholon : « Croyez-vous que les hommes qui ont mené la France en 93 aient choisi la Terreur pour partie de plaisir ? Non, certes ; Robespierre n'aimait pas plus le sang que je l'aime. Il a été entraîné par les événements et, je le répète avec conviction, c'est par humanité, c'est pour arrêter les massacres, pour régulariser le mouvement de rancune populaire, qu'il a créé les tribunaux révolutionnaires, comme un chirurgien qui, pour sauver le corps, coupe les membres. »

La révolution pacifique n'existe pas : « La morale de tout cela est, sans doute, qu'il ne faut pas faire de révolution, avouera-t-il à Bertrand. Voilà le vrai, mais quand on en fait une, peut-on s'attendre à ne pas verser du sang ? Toutes les nations n'en ont-elles pas versé ? La Rose blanche et la Rose rouge en Angleterre. C'est la Constituante qu'il faut accuser des crimes de la Révolution, assemblée de bavards auteurs d'une constitution ridicule. Ce sont les Girondins qui sapèrent le trône et qui étaient tout étonnés, au 10 août, qu'il s'écroulât sur leurs têtes. L'Assemblée constituante pouvait, mais ne devait pas faire la Révolution[1]. » Son jacobinisme d'alors exprime sa soif de pouvoir, encore dopée par la frustration corse mais aussi, et on oublie trop souvent, par la sincérité de ses convictions républicaines d'alors[2].

A peine arrivé sur le territoire français, il tente de sortir de l'anonymat en publiant *Le Souper de Beaucaire,* brochure destinée à soutenir la Convention contre la révolte fédéraliste[3]. Animée par les Girondins et les royalistes de l'intérieur, cette dernière sévit particulièrement dans le sud, notamment à Lyon et à Marseille. Empruntant la tradition du dialogue à l'antique, Napoléon met en scène l'opposition entre un marseillais progirondin et un militaire de l'armée conventionnelle sous lequel se cache évidemment l'auteur en personne. Plutôt que d'agresser l'adversaire, Bonaparte veille à ménager sa susceptibilité et l'invite à rentrer dans le droit chemin au nom de son intérêt[4]. L'appel convenu à la réconciliation se double de considérants plus prosaïques sur la supériorité militaire de la Convention. Mieux vaut se soumettre que d'être battu

1. Général Bertrand, *Cahiers de Sainte-Hélène*. On lira en regard cette confession à Montholon : « Règle générale : pas de révolution sociale sans terreur. Toute révolution est, dans le principe, une révolte que le temps et le succès ennoblissent et légitiment, mais dont la terreur a été une des phases inévitables. Comment comprendre, en effet, qu'on puisse dire à ceux qui possèdent fortune et charges publiques : Allez-vous-en, cédez votre fortune et vos emplois, sans les intimider et leur rendre la défense impossible ? Le règne de la terreur a commencé de fait dans la nuit du 4 août, lorsqu'on a aboli les privilèges, la noblesse, les dîmes, les restes de la féodalité, la fortune du clergé, et qu'on a jeté au peuple tous ces débris de la vieille monarchie. Alors seulement le peuple a compris la révolution, parce qu'il a acquis et qu'il a voulu conserver au prix du sang. Jusque-là, une partie notable de la population des campagnes croyait que, sans le roi et les dîmes du clergé, la récolte ne pouvait être bonne. Barrère l'a dit avec vérité, le peuple bat monnaie sur la place Louis XV, en faisant allusion à la guillotine qui enrichissait le trésor national par la mort des nobles dont les biens devenaient propriétés de la nation. »

2. Pierre Larousse, pourtant peu suspect de sympathie pour le personnage, n'a aucun doute à ce sujet : « Bonaparte était sincèrement républicain ; non pas républicain par calcul, mais républicain par conviction. [...] Le coup de tonnerre du 14 juillet avait retenti jusque dans les profondeurs de son âme. »

3. Elle paraît d'abord à compte d'auteur, puis « aux frais de la nation » chez son ami le libraire Marc Aurel.

4. « Le plus dangereux conseiller, c'est l'amour-propre, écrit-il ; vous êtes naturellement vifs, l'on vous conduit à votre perte par le même moyen qui a ruiné tant de peuples, en exaltant votre vanité ; vous avez des richesses et une population considérables ; l'on vous les exagère ; vous avez rendu des services éclatants à la liberté ; l'on vous les rappelle sans faire attention que le génie de la République était avec vous alors, au lieu qu'il vous abandonne aujourd'hui. »

explique-t-il en substance, sachant que défaite vaut répression et ruine. « Voilà ce que c'est que la guerre civile : l'on se déchire, on s'abhorre, l'on se tue sans se connaître. » Avec finesse, il sépare la Vendée blanche de la Marseille girondine, la première ennemie, la seconde simplement égarée, même s'il accuse les Girondins du « plus grand de tous les crimes », le déclenchement de la guerre civile.

Loin des anathèmes des *Lettres sur la Corse* ou de son pamphlet sur Buttafuoco, Bonaparte se révèle un disciple de Machiavel qui n'hésite pas à plaider sa cause au moyen d'un argumentaire opportuniste. Le politique, soucieux de réconciliation, perce derrière le thuriféraire de la radicalité. Si, par le canal du *Marseillais*, il fait entendre quelques rudes critiques contre les Jacobins [1], il ne leur en donne pas moins raison sur le fond. La sécession fédéraliste place selon lui la Convention en situation de légitime défense. Elle s'ajoute à la guerre pour justifier un pouvoir fort seul à même de préserver l'unité de la patrie en danger. La brochure répond en tout cas à son attente puisqu'elle lui permet d'être distingué et facilite sa nomination à Toulon où le « capitaine-canon » force les portes de l'histoire.

*

Devant Toulon, la roue du destin tourne favorablement pour la première fois. L'émigration, en vidant l'armée de ses cadres, lui donne enfin l'occasion de faire ses preuves et de révéler son génie militaire. Livrée aux Anglais par les royalistes, la ville semble pourtant inexpugnable. Propulsé à

1. Il faut lire ce passage peu cité de la brochure dans lequel il fustige les exactions menées sous couvert du salut public : « Vous avez, à Avignon, emprisonné sans mandat, sans décret, sans réquisition des corps administratifs. Vous avez violé les asiles des familles, méconnu la liberté individuelle ; vous avez de sang-froid assassiné sur les places publiques ; vous avez renouvelé les scènes dont vous exagérez l'horreur et qui ont affligé l'origine de la Révolution ; sans informations, sans procès, sans connaître les victimes [...] vous les avez prises, arrachées à leurs enfants, traînées dans les rues et les avez fait périr sous les coups de sabre [...] Vous avez traîné la statue de la liberté dans la boue ; vous l'avez exécutée publiquement ; elle a été l'objet des avanies de toute espèce d'une jeunesse effrénée [...] Est-ce donc ainsi que vous voulez la République ? »

la tête de l'artillerie par son compatriote Salicetti, Bonaparte impose son plan à l'état-major réticent : se rapprocher de la rade par à-coups afin d'acquérir une position dominante d'où il pourra bombarder le port, sûr d'obtenir alors l'évacuation de la flotte anglaise. Napoléon triomphe par l'audace et la volonté qui lui permettent de devenir général en trois mois après avoir inversé le rapport de force avec ses généraux en chef successifs : Carteaux, Doppet et surtout Dugommier[1]. Il se lie avec ses premiers compagnons d'armes : Marmont, Junot, Muiron, Desaix, Leclerc ou Duroc. C'est aussi là qu'il fait la connaissance de Barras, son futur parrain politique. C'est encore à Toulon qu'il découvre la vraie guerre, si éloignée de la guérilla corse par les milliers d'hommes qu'elle mobilise, la puissance de feu qu'elle nécessite, la variété et l'ampleur des problèmes quotidiens qu'elle suscite. Loin de l'effrayer, la révélation l'exalte et le révèle à lui-même. Le désespéré de Brienne connaît enfin un théâtre à la hauteur de son ambition.

L'aventure, qui dure de septembre à décembre 1793, lui ouvre le cœur des soldats. Son aura charismatique conjugue bravoure, autorité naturelle, activité inlassable et compétence reconnue[2]. Capable de s'exposer quand il pointe lui-même la « batterie des hommes sans peur »[3], ce chef et stratège qui

1. Selon Arthur Chuquet, Carteaux « n'était pas intelligent et n'entendait rien au métier de la guerre ». Nommé en raison de sa réputation de Jacobin, sa médiocrité lui valut d'être révoqué et remplacé le 12 novembre par Doppet. Tout aussi médiocre que son prédécesseur, il ne commande qu'une poignée de jours avant d'être remplacé par Dugommier le 16 novembre. Contrairement à ses prédécesseurs, celui-ci avait l'expérience de la guerre et sut se faire aimer de ses subordonnés. C'est lui qui donne véritablement sa chance au « capitaine-canon ». Bonaparte lui en garda une éternelle reconnaissance comme en témoigne le premier mot d'ordre qu'il donna comme consul : « Frédéric II et Dugommier ».

2. « Jamais Napoléon ne fut plus intrépide qu'au siège de Toulon, estime Arthur Chuquet. Sous le feu le plus vif, il parcourait les batteries, les animait de son ardeur. Impassible au milieu des projectiles, gardant la même attitude, ne donnant aucun signe d'émotion, il disait froidement : "Gare ! Voilà une bombe qui nous arrive". Un jour, il prit la place d'un canonnier qui venait de tomber, saisit le refouloir et aida à charger dix à douze coups. Le canonnier avait la gale. Napoléon, absorbé par d'autres soins, se contenta d'un léger traitement. Le mal sembla disparaître mais devait affecter longtemps sa santé. »

3. Le capitaine-canon la baptise ainsi en raison de son exposition au feu de l'ennemi. L'héroïsme de Bonaparte en cette circonstance fera le miel de l'imagerie populaire, notamment de Job.

pense vite, combat avec panache et fait montre d'un républicanisme ardent semble promis à un grand avenir... s'il parvient à rester en vie. Dans la nuit du 16 au 17 décembre, la position-clé tombe à l'issue d'un assaut vigoureux au cours duquel le protégé de Dugommier voit son cheval tué sous lui avant de recevoir un coup de baïonnette à la cuisse. Deux jours plus tard « les bleus » pénètrent dans la ville, évacuée dans la panique par l'escadre anglaise. Le général du Theil, commandant théorique de l'artillerie, écrit au ministre de la Guerre Bouchotte : « Je manque d'expression pour te peindre le mérite de Bonaparte ; beaucoup de science, autant d'intelligence et trop de bravoure, voilà une faible esquisse des vertus de ce rare officier. C'est à toi, ministre, de les consacrer à la gloire de la République. »

« Si on était ingrat envers lui, cet officier s'avancerait tout seul » renchérit Dugommier.

Promu le 7 février 1794 à l'armée d'Italie, doté d'une solde enfin digne qui lui permet de sauver le clan de la misère, le général de vingt-quatre ans passe alors pour le protégé de « l'Incorruptible » en raison de son amitié étroite avec son frère Augustin. Le 5 avril suivant, au plus fort de la Grande Terreur, ce dernier signale à l'attention de son aîné que « le citoyen Bonaparte, commandant de l'artillerie, est d'un mérite transcendant ». On parle alors de lui pour exercer le commandement militaire de la capitale. Sept mois après l'aurore toulonnaise, le 9 Thermidor faillit logiquement lui porter un coup fatal, bien qu'il ait pris soin de se démarquer de « l'Incorruptible » dès sa chute : « J'ai été un peu affecté de la catastrophe de Robespierre que j'aimais et que je croyais pur, mais fût-il mon frère, je l'eusse moi-même poignardé s'il aspirait à la tyrannie » écrit-il à Tilly le 7 août 1794. Après la décapitation des séides de Maximilien, Saint-Just et Couthon, l'heure est à l'épuration sans faille des « satellites du tyran », devenu bouc émissaire commode de toutes les monstruosités de la Terreur. Les thermidoriens victorieux lavent dans le sang la honte de leur propre peur et essayent, en sacrifiant quelques comparses, de faire oublier leurs responsabilités à l'instar de Tallien et

Barras, nouveaux hommes forts de la réaction après avoir été les proconsuls sanguinaires de la Convention dans les départements.

Bonaparte, assez connu pour servir d'emblème, trop jeune pour bénéficier d'appuis solides, constitue la victime idéale. Arrêté le 9 août 1794, le « faiseur de plans » des Robespierre [1] semble parti pour l'échafaud. Heureusement, l'absence de preuves, conjuguée au manque dramatique d'officiers supérieurs de qualité, le sauve de l'inéluctable. Le 20 août, il recouvre la liberté et part se faire oublier quelques mois à l'armée d'Italie. Mais l'épreuve l'a marqué au fer rouge. Comme tant d'autres avant lui, comme tant d'autres à sa suite, le voilà devenu un survivant, conscient de la précarité de la gloire, éclairé sur la lâcheté des hommes et les dangers de la lumière. Comme la France, il a découvert la peur après avoir connu l'espoir et l'exaltation. Désormais, il sera habité par le doute.

L'année qui suit le découvre à la dérive, tenu à l'écart par cette réaction thermidorienne qui donnera naissance au Directoire. Détaché de l'armée d'Italie, il décline le commandement d'une brigade d'infanterie dans l'Ouest, ce qui lui permet d'éviter à nouveau de tomber dans le piège de la guerre civile. Rayé du tableau après un bref séjour à la tête du bureau topographique, il semble prêt à tout abandonner, caresse un instant l'espoir de partir guerroyer en Turquie. L'inaction le dévore et le pousse au désespoir. Il vit alors à Paris, solitaire et misérable, « ayant, écrit la duchesse d'Abrantès, un mauvais chapeau rond, enfoncé sur ses yeux, et laissant échapper ses deux oreilles de chien mal poudrées, et tombant sur le collet de redingote gris de fer, devenue depuis bannière glorieuse, tout autant pour le moins que le panache blanc de Henri IV ; sans gants, parce que, disait-il, "c'était une dépense inutile", portant des bottes mal faites, mal cirées, et puis tout cet ensemble

1. C'est en ces termes que le qualifient les représentants en mission, dont Salicetti, qui se retourne alors contre lui. La plupart des historiens pensent qu'il a subi une brève incarcération au Fort-Carré d'Antibes.

maladif résultant de sa maigreur, de son teint jaune, enfin quand j'évoque son souvenir de cette époque, et que je le revois plus tard, je ne puis voir le même homme dans ces deux portraits », conclut la mémorialiste. Témoins et historiens décrivent à l'unisson son air maladif, son aspect négligé qui contraste avec un regard foudroyant et la vivacité de l'esprit. Michelet insiste sur sa ressemblance avec Marat. L'intéressé, peu prolixe sur sa traversée du désert, se peindra en sept syllabes : « J'avais l'air d'un parchemin. »

Sa disgrâce entraîne la rupture de ses fiançailles avec son premier amour, Désirée Clary, dont la sœur venait d'épouser Joseph. Il en tire une nouvelle désespérée, *Clisson et Eugénie*, dans laquelle le héros, général victorieux mais abandonné par la femme qu'il aime, finit par se faire tuer au combat. Le spleen transparaît encore dans cette belle missive adressée à son aîné le 24 juin 1795 : « La vie est un songe léger qui se dissipe. Si tu pars, et que tu penses que ce puisse être pour quelque temps, envoie-moi ton portrait. Nous avons vécu tant d'années ensemble, si étroitement unis, que nos cœurs se sont confondus, et tu sais mieux que personne combien le mien est entièrement à toi. Je sens en traçant ces lignes une émotion dont j'ai eu peu d'exemples dans ma vie. Je sens bien que nous tarderons à nous voir et je ne puis plus continuer ma lettre. »

Cette immobilité frustrante, qui semble devoir le perdre, va pourtant contribuer à le sauver. Pour se perpétuer au pouvoir, les conventionnels décrètent en août 1795 qu'ils composeront les deux tiers des deux chambres créées par la nouvelle Constitution de l'an III [1]. C'en est trop pour les Parisiens, qui prennent les armes, résolus à se débarrasser de ces « perpétuels » qui règnent en maîtres depuis la chute de la monarchie. Dirigée par les royalistes, l'émeute s'appuie sur près de vingt mille hommes en armes. L'assemblée aux abois remet alors

1. Décrets des 22 et 31 août 1795 (5 et 13 fructidor).

le commandement à Barras, le seul à faire preuve de sang-froid et d'autorité. Entouré par des généraux suspects ou nuls, il se décide à faire appel au brillant canonnier de Toulon, sûr que celui-là le servira avec fidélité puisqu'il n'a rien à perdre dans l'aventure. Ayant fait saisir les canons de la plaine des Sablons par l'escadron d'un certain Joachim Murat, Bonaparte balaie facilement le lundi 13 vendémiaire an IV (3 octobre 1795) les sections royalistes qui s'agglutinent maladroitement autour de l'église Saint-Roch. Sauveur du jour de la République, le bras droit de Barras monte d'un cran et accède au prestigieux commandement militaire de la capitale. Son ambition fait taire ses convictions, comme le laisse penser cette confession à Junot : « Ah ! Si les sections me mettaient à leur tête, j'en répondrais bien, moi, de les mettre dans deux heures aux Tuileries et d'en chasser tous ces misérables conventionnels ! »

Pour réussir à sortir de l'anonymat, Bonaparte n'en a pas moins dû tremper ses mains dans le fleuve sanglant de la guerre civile, marée rouge dont il redoute les éclaboussures et les effluves mais qui lui permet pour l'instant de parfaire sa réputation de républicain ardent alors même qu'il a perdu toutes ses illusions sur le devenir du régime. « Il est constant qu'il a toujours gémi de cette journée, affirme Bourrienne ; il m'a souvent dit qu'il donnerait des années de sa vie pour effacer cette page de son histoire. » Il y gagne toutefois une notoriété immédiate comme le rapporte Michelet, d'après le témoignage de son père, imprimeur à l'époque : « Il assista bientôt à l'étonnant crescendo d'un certain bruit qui était dans l'air, bruit très faible, mais tout à coup retentissant, éclatant, foudroyant, plus que le tonnerre. [...] Ce nom, ignoré, tout à l'heure, se trouva dans toutes les bouches. » Parvenu avec la complicité des anciens Jacobins, ses premiers compagnons de route, le « général vendémiaire » doit maintenant s'en émanciper au plus vite, sous peine d'être le jouet des épurations futures. Contrairement à ce qu'il a fait avec Robespierre, il ne se lie pas à Barras en demeurant son cerbère à Paris. S'il a cru dans le premier, il courtise le second pour mieux l'écarter quand il n'aura plus besoin de lui. Sa vision de l'homme semble fixée. S'il le croit encore capable de transcendance, il le juge d'abord dominé par son intérêt personnel[1]. Serviteur de la Corse, serviteur de la République, il ne sert plus désormais que lui-même à travers la Révolution, mariage de raison au service d'une ambition dévorante. Hissé sur le pavois par la guerre intérieure, à Toulon puis en Vendémiaire, il lui manque encore l'onction de la véritable gloire, celle acquise contre l'étranger sur le champ de bataille, à l'opposé de cette maudite guerre civile qui flétrit en élevant. Voilà pourquoi il intrigue pour obtenir le commandement de l'armée d'Italie. Voilà aussi pourquoi Lodi bouleverse son destin.

1. Son incroyable mépris pour les autres a frappé ses contemporains : « Il était persuadé que nul homme appelé à paraître sur la scène publique ou engagé seulement dans les poursuites actives de la vie, ne se conduisait ou ne pouvait être conduit que par l'intérêt » écrit par exemple Metternich dans ses Mémoires. Toujours selon le même témoin : « Il regarde une créature humaine comme un fait ou une chose, et non comme un semblable. Il ne hait pas plus qu'il n'aime. Il n'y a que lui pour lui ; tout le reste des créatures sont des chiffres. La force de sa volonté consiste dans l'imperturbable calcul de son égoïsme ; c'est un habile joueur dont le genre humain est la partie adverse qu'il se propose de faire échec et mat. »

CHAPITRE II

L'APPRENTISSAGE

> « Du triomphe à la chute il n'est qu'un pas. J'ai vu, dans les plus grandes circonstances, qu'un rien a toujours décidé des plus grands événements. »
>
> Lettre de BONAPARTE à TALLEYRAND, 7 octobre 1797.

La gloire d'Arcole

Revenu de ses illusions politiques, Bonaparte reporte sa soif d'absolu vers la passion amoureuse. Peu expert en la matière, il découvre le grand amour en la personne de Joséphine Tascher de La Pagerie. Mais les infidélités de l'aimée suscitent de nouvelles blessures. Dernier acte du roman d'apprentissage, dernière souffrance fondatrice.

A écouter le terrible baron de Frénilly, Bonaparte n'aurait jamais dû épouser « une de ces femmes qui restent pendant quinze ans à l'âge de trente, fort maigre, fort serrée, fort enduite, et pour dire les mots techniques, fort sucée et ayant beaucoup rôti le balai, du reste fort bonne femme bien polie, et très nulle comme toutes les créoles ». Née en 1763, soit six ans avant son mari, veuve et mère de deux enfants, lourdement endettée, tout le monde savait qu'elle avait été la maîtresse de Hoche et surtout de Barras. C'est pourtant négliger la communauté de destins et d'ambitions entre les deux mariés : Joséphine et Napoléon sont deux aristocrates déracinés, arrivés en France la même année en 1779, personnages de l'entre-deux, partagés entre leur île et la France, entre la noblesse et la Révolution, tous deux victimes de la Terreur et de la vie en général, déclassés animés par l'ambition, créatures du Directoire : la catin et le prétorien, rêvant d'indépendance vis-à-vis de Barras, leur maître commun. On oublie trop souvent que Bonaparte voulait parvenir à tout prix et que Joséphine, régnant sur les salons demi-mondains du régime, pouvait lui en ouvrir les portes, à commencer par celle du « Roi du Directoire ». C'est sous-estimer enfin, en dépit des dénigrements de Frénilly, la bonté, la grâce et la race de Joséphine, sans compter son expérience certaine dans un domaine où le jeune chat botté avait beaucoup à apprendre. En conquérant la majestueuse Créole, descendante d'une illustre lignée coloniale, Bonaparte a la conviction de s'élever socialement et en retire une satisfaction qui fortifie sa confiance en lui[1]. Il se sent d'autant plus pousser des ailes que leur mariage, célébré le 19 mars 1796, s'accompagne d'une dot somptueuse : le commandement de l'armée d'Italie.

Parti en mars 1796 prendre la tête d'une armée de 40 000 hommes chargée à l'origine d'opérer une simple diversion au profit des forces de Jourdan et Moreau, il refuse de se cantonner dans ce second rôle et passe d'emblée à l'attaque en dépit de la maigreur de ses effectifs et de l'état déplorable de l'intendance. Appliquant à la lettre le plan d'invasion qu'il avait lui-même dressé en 1794, il coupe en deux les armées autrichienne et piémontaise[2] avant de les écraser séparément. En un an, le « petit caporal » défait six armées autrichiennes successives : « Tout s'y

1. « Une chose incroyable, et cependant très vraie, c'est que l'amour-propre de Bonaparte fut flatté, constate par exemple Marmont dans ses Mémoires. Il a toujours eu beaucoup d'attrait pour tout ce qui se rattachait aux idées anciennes, et, lorsqu'il faisait le républicain, il était toujours sensible et soumis aux préjugés nobiliaires. »

2. Le Piémont vaincu signe l'armistice de Cherasco le 28 avril 1796. Par le traité de Paris, signé en juin suivant, il donne à la République Nice et la Savoie, les premières conquêtes réalisées par Bonaparte au profit de la France.

accomplit de point en point comme le jeune héros l'avait prévu ou, pour dire plus justement, comme il l'avait calculé. C'est une campagne que l'on pourrait appeler mathématique », s'incline Pierre Larousse. Rompant avec le classicisme routinier de la guerre en dentelles, il invente l'offensive-éclair. Violant les règles en vigueur, il y parvient par la vitesse de manœuvre de ses soldats, ce qui lui permet de concentrer ses divisions au moment opportun[1]. Ils tiennent cette supériorité de leur légèreté, car ils s'approvisionnent sur les territoires conquis, et à une endurance qui doit beaucoup au charisme de leur général en chef. Les victoires s'accumulent : après Lodi, Castiglione (5 août 1796), Bassano (8 septembre), Arcole (15-17 novembre) ; enfin Rivoli (14 janvier 1797), la plus importante car elle oblige Wurmser à capituler à Mantoue (2 février 1797), où il s'est réfugié en septembre précédent, ce qui ouvre aux Français la route du Tyrol autrichien[2]. La diversion initiale se métamorphose chaque semaine en offensive principale, facilitée par la passivité de l'armée du Rhin.

Bonaparte s'adapte particulièrement bien à la guerre de montagne qui lui permet de combler son déficit numérique par la vitesse de déplacement de ses hommes. Sa parfaite connaissance du terrain acquise en 1794 lui donne de surcroît

---

1. Selon Gérard Chaliand, « Bonaparte a admirablement usé du système institué par la Révolution, détachant et rappelant selon les nécessités les divisions, utilisant ainsi deux éléments apparemment contradictoires, mais en fait complémentaires lorsqu'ils sont convenablement maniés : la souplesse du système divisionnaire et le commandement unique. »

2. « Tant que Mantoue n'aurait pas été prise, résume Stendhal, on pourrait dire que les Français avaient parcouru mais non pas conquis l'Italie. »

Le 10 mars 1797, le héros victorieux peut présenter le bilan triomphal de l'année écoulée dans une proclamation à ses troupes : « La prise de Mantoue vient de finir une campagne qui vous a donné des titres éternels à la reconnaissance de la patrie. Vous avez remporté la victoire dans quatorze batailles rangées et soixante et dix combats ; vous avez fait plus de cent mille prisonniers, pris à l'ennemi cinq cents pièces de canon de campagne, deux mille de gros calibre, quatre équipages de pont. Les contributions mises sur les pays que vous avez conquis ont nourri, entretenu, soldé l'armée pendant toute la campagne ; vous avez, en outre, envoyé trente millions au ministre des finances pour le soulagement du trésor public. Vous avez enrichi le Muséum de Paris de plus de trois cents objets, chefs-d'œuvre de l'ancienne et de la nouvelle Italie, et qu'il a fallu trente siècles pour produire. »

un temps d'avance sur ses rivaux qu'il surclasse également par son génie de l'improvisation[1]. « C'est pour Bonaparte l'époque la plus pure et la plus brillante de sa vie, estime Stendhal [...]. Aucun général des temps anciens ou modernes n'a gagné autant de grandes batailles en aussi peu de temps, avec des moyens aussi faibles, et sur des ennemis aussi puissants. Un jeune homme de vingt-six ans se trouve avoir effacé en une année les Alexandre, les César, les Annibal, les Frédéric. » Après avoir signé la paix avec le pape Pie VI par le traité de Tolentino[2], la glorieuse armée d'Italie, enfin renforcée par le Directoire[3], peut entamer le 10 mars 1797 sa marche vers Vienne.

Le « Corse terroriste » stigmatisé par Mallet du Pan tient en respect ses généraux, la plupart plus âgés et expérimentés que lui[4]. Decrès, qui le connaît bien, va ainsi le saluer à Toulon, persuadé d'être accueilli en égal et en camarade : « Je cours plein d'empressement, de joie, le salon s'ouvre, je vais m'élancer, quand l'attitude, le regard, le son de la voix suffisent pour m'arrêter : il n'y avait pourtant en lui rien d'injurieux ; mais c'en fut assez ; à partir de là je n'ai jamais été tenté de franchir la distance qui m'avait été imposée. »

1. « Sa supériorité gisait tout entière dans la faculté de trouver des idées nouvelles avec une promptitude incroyable, de les juger avec une raison parfaite et de les mettre à exécution avec une force de volonté qui n'eut jamais d'égale » assure Stendhal dans sa biographie inachevée. Bonaparte avait notamment puisé son inspiration dans la lecture du livre de Bourcet qui faisait autorité sur la guerre de montagne.

2. Sa signature, en février 1797, marque selon Clausewitz la fin de la campagne. Jomini, qui partage le point de vue du stratège prussien, ne ménage pas ses éloges : « Le traité de Tolentino termina une campagne justement célèbre, dans laquelle une poignée de braves fit changer la face de l'Italie et ébranla jusque dans ses fondements la première monarchie de l'Europe, écrit-il. On trouve les causes premières de ces exploits, dans une constante application des principes, dans une habile multiplication des masses agissantes ; dans leur direction permanente vers les points décisifs ; et dans l'art avec lequel Bonaparte conduisit les hommes, et sut stimuler en eux la valeur par l'exaltation du moral. »

3. Il détache notamment auprès de Bonaparte une des divisions de l'armée du Rhin commandée par Bernadotte. En résulte le début d'une âpre rivalité entre les deux hommes.

4. Il prend d'emblée l'ascendant sur ses divisionnaires, comme l'explique Marmont dans ses Mémoires : « Dès l'instant même où Bonaparte arriva à la tête de l'armée, il eut dans sa personne une autorité qui imposait à tout le monde : quoiqu'il manquât d'une certaine dignité naturelle, et qu'il fût même gauche dans son maintien et ses gestes, il y avait du maître dans son attitude, dans son regard, dans sa manière de parler, et chacun, le sentant, se trouvait disposé à obéir. »

En revanche, il galvanise la troupe par la fougue de son verbe et sa familiarité avec les sans-grade. Contrairement à ses prédécesseurs, il veille à assurer l'approvisionnement et le versement de la solde, pour moitié en numéraire en lieu et place des assignats ou des mandats territoriaux dévalués. Le « petit caporal » invente un nouveau mode de commandement, ensemble populaire et légitime car à la fois autoritaire, juste, empreint de panache et surtout toujours victorieux. Il réalise l'alchimie des héritages militaires entre la chevalerie du Moyen Age, la discipline de l'Ancien Régime et l'enthousiasme de la Révolution. Le disciple des Lumières se découvre dans la rédaction des fameuses proclamations : révolutionnant la communication, elles scellent un lien direct entre le maître et ses hommes, mêlant explication des manœuvres en cours, exaltation de la flamme par les louanges des victoires, enfin appel à l'honneur sans jamais oublier l'intérêt, excité par de séduisantes perspectives d'avenir. Plutôt que la célèbre philippique augurale : « Soldats, vous êtes nus, mal logés, mal nourris... », montage postérieur dont la fausseté paraît avérée, il faut reproduire celle du 26 avril 1796, écrite juste avant Lodi, une fois le Piémont vaincu : « Soldats, vous avez en quinze jours remporté 6 victoires, pris 21 drapeaux, 55 pièces de canon, plusieurs places fortes, conquis la plus riche partie du Piémont ; vous avez fait 15 000 prisonniers, tué ou blessé plus de 10 000 hommes... Dénués de tout, vous avez suppléé à tout. Vous avez gagné des batailles sans canon, passé des rivières sans souliers, bivouaqué sans eau-de-vie et souvent sans pain. Les phalanges républicaines, les soldats de la liberté étaient seuls capables de souffrir ce que vous avez souffert... Mais, soldats, vous n'avez rien fait puisqu'il vous reste encore à faire !... Soldats, la Patrie a le droit d'attendre de vous de grandes choses : justifierez-vous son attente ? Les plus grands obstacles sont franchis sans doute, mais vous avez encore des combats à livrer, des villes à prendre, des rivières à passer. En est-il entre vous dont le courage s'amollisse ? Non !... Tous veulent dicter une paix glorieuse qui indemnise la Patrie des sacrifices immenses qu'elle a faits ; tous veulent, en rentrant dans leurs villages, pouvoir dire : J'étais de l'armée conquérante d'Italie[1]. »

Le contraste entre la faiblesse du physique — grêle, maladif — et la supériorité de l'esprit, la petitesse de la taille et la grandeur de la volonté renforcent le mythe naissant[2]. Tous ceux qui l'approchent, comme l'écrivain Arnault présent à Milan en 1797, sortent subjugués : « Cet homme-là, confesse-t-il, est un homme à part : tout fléchit sous la supériorité de son génie, sous l'ascendant de son caractère ; tout en lui porte l'empreinte de l'autorité [...] Il est né pour dominer comme tant d'autres sont nés pour servir. S'il n'est pas assez heureux pour être emporté par un boulet, avant quatre ans d'ici, il sera en exil ou sur un trône. »

Lodi annonce donc le temps de la conquête du pouvoir. Napoléon instrumentalise sa gloire en la fragilisant. Chacune de ses victoires se voit présentée comme un miracle renouvelé, toujours à la merci d'une balle ou d'une contre-attaque

---

1. Albert Sorel insiste sur la netteté du style et son sens des formules comme déterminants majeurs dans sa conquête de l'opinion : « Désormais ses allocutions, ses bulletins le mettront en communication personnelle avec la nation française ; il s'explique directement avec le peuple sur sa politique, comme il s'explique avec les soldats sur ses plans militaires. Il offre sa gloire en hommage à la République, il prend la République à témoin de ses intentions ; et il s'élève au-dessus du Directoire de toute la hauteur dont celui qui ne parle qu'après avoir agi, surpasse celui qui déclare sans agir. Le style est formé : laconique, tout en relief, relevé de grandes images qui se colorent devant les yeux, se gravent dans les mémoires, frappent les imaginations populaires parce qu'elles sont vraies et enchantent les esprits cultivés parce qu'elles renouvellent l'antiquité classique dont ils sont nourris. Ses phrases sont des inscriptions toutes prêtes pour les stèles, ses métaphores entrent dans le langage. » Et l'auteur de *L'Europe et la Révolution française* d'en conclure : « On avait eu, au temps de la Gironde, la déformation ampoulée, au temps de Robespierre le pastiche sophistique, souvent la parodie de l'éloquence antique : ici, c'est Rome même qui ressuscite et qui s'exprime. »

2. Ferrero dans son *Bonaparte en Italie* : « Son étrange destinée a voulu que, dès sa première apparition sur la scène du monde, Bonaparte fût le plus célèbre et le plus inconnu des hommes ; que le monde ne le connaîtrait jamais tel qu'il a été ; qu'il en verrait un "double" créé par l'imagination crédule des foules, par une collusion extravagante des intérêts politiques les plus opposés, par son astuce, son ambition, son habileté à manier la nouvelle arme de guerre inventée par la Révolution, la mystification journalistique et les pétards littéraires, dans un moment où l'esprit humain avait presque complètement perdu son contact avec la réalité. Ce "double imaginaire" devient le protagoniste d'une vaste vision romantique qui n'est qu'une vision de l'esprit d'aventure, n'a aucun rapport avec la réalité et dont l'homme réel, l'inconnu, sera l'esclave et à la fin la victime. »

ennemie. Volontairement, il suscite la peur de sa disparition pour aiguiser le désir et l'angoisse. La propagande, qu'il développe par les proclamations, l'envoi répété des trophées pris à l'ennemi et la fondation de journaux à sa dévotion [1], relaie le message auprès d'une opinion d'autant plus facile à séduire qu'elle ne veut plus du Directoire mais craint toujours autant le retour de Louis XVIII.

Mais Bonaparte ne se contente pas de cette gloire, dont il connaît la volatilité, et s'emploie déjà à élargir le socle de sa légitimité. Le général victorieux se double d'un habile administrateur de l'« Italie » [2], politique avisé, soucieux de se placer au-dessus des partis, respectueux de la religion et de la propriété, ce qui n'était pas le cas de la plupart des proconsuls républicains, ardents Jacobins et anticléricaux. Il reste cependant fidèle à l'idéal émancipateur de la Grande Nation qu'il exporte en prêtant la main à la création de Républiques-sœurs : Cispadane [3], Cisalpine [4] ou Ligurienne [5]. Contrairement aux autres généraux, il rallie une grande partie de la population en ayant soin de limiter les pillages et en châtiant les viols et les exactions subies par les

1. Il fonde sur place deux journaux : *le Courrier de l'armée de l'Italie ou le Patriote de Milan* et *la France vue de l'armée d'Italie*, mais prend également soin de faire publier à Paris même une feuille au titre évocateur : *Journal de Bonaparte et des hommes vertueux*. La légende se répand également au moyen de l'imagerie populaire qui représente les hauts faits d'armes de la conquête. On cite souvent cet extrait significatif de *la France vue de l'armée d'Italie* : « Bonaparte vole comme l'éclair et frappe comme la foudre. Il est partout et voit tout. »

2. La botte n'est pas encore unie à l'époque puisqu'elle comprend au sud le royaume de Naples, au centre les Etats du pape, le Nord se divisant entre royaume du Piémont (ouest), Lombardie autrichienne (centre) et république aristocratique de Venise (est). S'y ajoutent les républiques de Gênes et Lucques, le grand-duché de Toscane, enfin les duchés de Parme et Modène.

3. Organisée fin 1796 autour de Reggio et Madère, renforcée des légations conquises sur le pape, elle reçoit en février 1797 une constitution calquée sur celle du Directoire. « L'adoption, pour drapeau de la République cispadane, des trois couleurs : rouge, vert et blanc, que les volontaires lombards avaient arboré pour la première fois au mois d'octobre précédent, fixait elle-même l'emblème de la future nationalité italienne » rappelle l'historien M. Vaussard. La Cispadane sera ensuite absorbée par la Cisalpine.

4. Formée en mai 1797 par la réunion de la Cispadane avec la Valteline (Suisse italienne), la Cisalpine englobe les provinces vénitiennes de Bergame et de Brescia ainsi que la Lombardie.

5. Elle est créée en juin 1797 à partir de l'ancien territoire de la république de Gênes.

Italiens : « Il faut avant tout, proclame-t-il par exemple aux Milanais, resserrer les liens de fraternité entre les différentes classes de l'Etat. Réprimez surtout le petit nombre d'hommes qui n'aiment la liberté que pour arriver à une révolution ; ils sont ses plus grands ennemis [...]. L'armée française ne souffrira jamais que la liberté en Italie soit couverte de crimes. Vous pouvez, vous devez être libres, sans révolutions, sans courir les chances et sans éprouver les malheurs qu'a éprouvés le peuple français. Protégez les propriétés et les personnes et inspirez à vos compatriotes l'amour de l'ordre et des lois. » Dès les premiers jours, il invite ses troupes à être les « libérateurs des peuples » et non « leur fléau »[1]. Cependant, cette générosité ne doit jamais être prise pour faiblesse. Les provinces conquises n'ont le choix qu'entre la « liberté » française ou la mort. La Lombardie, en révolte au début de la campagne, en fait l'expérience : prises d'otages, exécutions, villages rasés. C'est toujours en Italie qu'il découvre l'importance des notables et la nécessité de s'appuyer sur eux plutôt que sur les clubs jacobins[2]. Il expérimente avec leur concours la plupart des réformes politiques et sociales du futur Consulat. Ainsi, il renforce la centralisation par le regroupement des territoires, ce qui lui permet de poser les jalons d'une éventuelle unité italienne... par le truchement de la conquête française. L'Italie « bonapartisée » découvre ainsi la Révolution sans la Terreur. Ordre maintenu, justice assurée, intérêts respectés, le bilan commence à faire rêver en France.

1. Cette volonté de ménager les Italiens apparaît dès la conclusion de la proclamation d'avril 1796 précédemment citée : « Amis. Je vous la promets cette conquête ; mais il est une condition qu'il faut que vous juriez de remplir, c'est de respecter les peuples que vous délivrez, c'est de réprimer les pillages horribles auxquels se portent des scélérats suscités par nos ennemis. Sans cela, vous ne seriez pas les libérateurs des peuples, vous en seriez les fléaux ; vous ne seriez pas l'honneur du peuple français, il vous désavouerait. Vos victoires, votre courage, vos succès, le sang de nos frères morts aux combats, tout serait perdu, même l'honneur et la gloire [...] Peuples de l'Italie, l'armée française vient pour rompre vos chaînes, le peuple français est l'ami de tous les peuples : venez avec confiance au-devant d'elle ; vos propriétés, votre religion et vos usages seront respectés. Nous faisons la guerre en ennemi généreux, et nous n'en voulons qu'aux tyrans qui nous asservissent. »

2. « Bonaparte, écrit l'historien Denis Richet, saisit la possibilité d'une troisième voie entre un jacobinisme italien qui lui pesait déjà et la politique brutale que dictait Paris. N'était-ce pas là, comme il l'écrivait à Carnot le 2 juillet, l'embryon d'une "république aristo-démocratique" ? »

Le 18 avril 1797, il signe l'armistice avec l'Autriche à Leoben, alors qu'il est parvenu à une portée de fusils de Vienne [1]. Avant d'officialiser la paix avec les Habsbourg à Campoformio le 18 octobre suivant, le proconsul victorieux « règne » déjà à Milan, attirant publicistes, écrivains et artistes dans son sillage. Ce n'est déjà plus le même homme. Arnault, qui le rencontre à cette époque, dépeint la soumission précoce de l'entourage : « Autour de lui, mais à distance, se tenaient des officiers supérieurs, des chefs de l'administration de l'armée, des magistrats de la ville et quelques ministres des gouvernements d'Italie [...]. Rien de remarquable comme l'attitude de ce petit homme au milieu de colosses dominés par son caractère. Son attitude n'était pas celle de la fierté, mais on y reconnaissait l'aplomb d'un homme qui a la conscience de ce qu'il vaut et qui se sent à sa place. » Les officiers qui l'entourent « attendaient en silence qu'il leur adressât la parole, faveur que tous n'obtinrent pas ce soir-là. Jamais quartier général n'a plus ressemblé à une cour. C'était ce qu'ont été depuis les Tuileries ».

Le coup de génie du conquérant consiste à apparaître au moment opportun en homme de la paix, cette paix que l'opinion réclame déjà avec force pour jouir paisiblement des conquêtes sociales de la Révolution. Voilà pourquoi Bonaparte, sans prendre la peine de consulter le Directoire, l'offre « d'homme à homme » à l'archiduc Charles [2] avant de régler

1. Toutefois il se trouve dangereusement exposé comme le constate Clausewitz : « En allant de l'avant, il pouvait encore obtenir une heureuse issue : une victoire brillante remportée sous les murs de Vienne et dont l'influence morale arrêterait partout, sur les flancs et en arrière, les bras levés pour la défense du pays, et qui pourrait coïncider avec l'entrée en campagne de l'armée du Rhin. C'était là toutefois un événement sur lequel on ne pouvait pas tabler, et qu'il fallait abandonner avant tout au grand Peut-Etre. » En conséquence : « Si résolu, si hardi que fût Bonaparte, il sentait trop le danger de jouer un tel jeu pour ne pas prendre l'autre issue qui s'offrait, la solution diplomatique [...]. »

2. La lettre qu'il écrit au généralissime autrichien vise par contrecoup à séduire l'opinion française : « Monsieur le Général en chef, les braves militaires font la guerre et désirent la paix. Celle-ci ne dure-t-elle pas depuis six ans ? Avons-nous assez tué de monde et commis assez de maux à la triste humanité ! Elle réclame de tout côté. L'Europe, qui avait pris les armes contre la République française, les a posées. Votre nation reste seule, et cependant le sang va couler encore plus que jamais. Cette sixième

la fin des hostilités directement avec les plénipotentiaires autrichiens. En dépit de violentes sautes d'humeur, signes d'un tempérament colérique et de nombreux écarts verbaux — « L'Empire est une vieille servante habituée à être violée par tout le monde », assène-t-il un jour aux représentants autrichiens[1] —, il fait plutôt preuve de modération dans la discussion où il se distingue également par un pragmatisme qui tranche avec l'idéologie et la radicalité en vigueur depuis 1792. Son énergie et son brio lui gagnent le respect de la plupart des diplomates présents[2] et par ricochet des monarques continentaux. La reine Marie-Caroline de Naples, qui le qualifie d'« Attila » et de « fléau de l'Italie », ne peut s'empêcher par exemple de professer pour lui « un sentiment de véritable estime et de profonde admiration » : « Que Bonaparte soit un grand homme, et comme il n'y en a pas un second en Europe dans tous les sens, guerrier, militaire, politique, je défie même un ennemi de le nier » écrit-elle alors avant de conclure : « Ce sera le plus grand homme de notre siècle. »

---

campagne s'annonce par des présages sinistres ; quelle qu'en soit l'issue, nous tuerons de part et d'autre quelques milliers d'hommes de plus, et il faudra bien que l'on finisse par s'entendre, puisque tout a un terme, même les passions les plus haineuses. »

1. Il ajoute, menaçant : « La victoire a toujours accompagné les armées françaises, elle les accompagnera toujours. On parle à la France en vainqueur alors qu'on est le vaincu. On a pris le pas sur moi. [...] Je m'estime plus haut que tous les rois, et je ne supporterai pas plus longtemps cette conduite à mon égard ! Vous oubliez donc que vous négociez ici au milieu de mes grenadiers. » Dès les discussions des préliminaires, il s'était emporté devant les réticences de l'Autriche à reconnaître le nouveau régime : « La République française ne veut point être reconnue ; elle est en Europe ce qu'est le soleil sur l'horizon. Tant pis pour qui ne veut pas la voir et ne veut pas en profiter » s'était-il exclamé.

2. « On voit rarement un homme que la nature et le sort aient favorisé davantage », écrit par exemple le baron Degelmann, un des plénipotentiaires autrichiens, à son ministre Thugut, le 3 septembre 1797. « Un esprit aux vues pénétrantes, en même temps que multiples, un caractère énergique qui s'en remet à son énergie même, une pensée logique, la richesse du langage et beaucoup de calme dans l'attitude ; il a de toutes choses et de tout le monde une idée parfaitement claire, on devine qu'il nourrit des desseins profondément mûris, de grande envergure, en s'adaptant toutefois, à la mesure du temps. Si ce caractère a quelque sujet d'amertume, il est fort possible qu'il trouve plaisir à la vengeance, qu'il se laisse entraîner au mal et l'exerce alors systématiquement. On trouverait sûrement son modèle dans Tacite ou dans Plutarque », conclut le diplomate.

A Paris, la paix de Campoformio est l'objet de vives critiques car, au prétexte de la paix avec l'Autriche, Bonaparte abandonne la République vénitienne aux Habsbourg pour prix de leurs concessions sur la rive gauche du Rhin et de leur reconnaissance des nouvelles Républiques-sœurs. Sieyès dénonce un compromis bâtard et y lit « l'appel à une nouvelle guerre ». Il ne comprend pas que Napoléon se montre généreux par mépris. La campagne d'Italie lui a, dernière révélation, ouvert les yeux sur la faiblesse de l'Europe des rois, en particulier l'Autriche : armées démotivées par la séparation rigide entre officiers et soldats, généraux vieillis, absence de patriotisme, lenteur désespérante des déplacements, manque de plan de campagne et de liaisons entre les différents corps lui offrent de vastes perspectives d'avenir. Certes, il veut déjà l'Italie, mais pour lui, en son temps et à son heure. « Parler n'est pas négocier, confiera-t-il à Bertrand. L'art de négocier est comme l'art de la guerre : celui de prendre une position de flanc, d'où on oblige l'ennemi à quitter la sienne et à venir prendre la direction qu'on voulait. » Voilà pourquoi il se contente pour l'instant de poser des jalons, certain d'avoir gagné l'essentiel en revenant invaincu, auréolé de gloire, en homme de paix et de bonne volonté, incarnant l'image du guerrier-philosophe dans la lignée illustre des Pierre le Grand et Frédéric II. Son aura naissante transparaît dans la célèbre toile de Gros le représentant à Arcole. La main droite tient le sabre, emblème de la puissance ; la gauche le drapeau, figure de la France révolutionnaire et de la conquête. Les cheveux en bataille, le regard porte l'empreinte de la fougue et la force de l'assurance. Même puissance du songe dans l'esquisse inachevée de David, regard noir qui commande et semble interroger le destin[1].

1. « Il faut se le représenter tel que David l'a saisi, en son immortelle esquisse : le buste un peu grêle et nerveux, serré dans sa redingote unie, boutonnée jusqu'au col ; les joues creuses et pâles, le front large et qui s'étend entre les longs cheveux tombants, le nez d'aigle, les yeux ouverts sur l'infini et dévorant l'espace ; quelque chose d'impérieux, d'avide et de mélancolique à la fois : le prestige du succès et la fascination du mystère », écrit Albert Sorel.

*

Le rapport de force s'inverse pour de bon avec le Directoire, en particulier avec Barras. Le mentor, le protecteur de Vendémiaire, a maintenant besoin de lui. Né dans l'illégalité, le régime, après une brève accalmie, s'enfonce dans la violence et le coup d'Etat permanent sur fond de corruption des dirigeants. Le tableau rappelle étrangement celui de la République romaine, à l'agonie avant César. Méprisée, bientôt haïe, la pentarchie ne survit que par la gloire de Bonaparte et l'argent qu'il lui envoie d'Italie pour payer sa complaisance. « Vous ne savez donc qu'il n'y a pas un de ces directeurs et des ministres à qui je ne fisse baiser ma botte pour vingt mille francs ? » Discrédité, flétri, impopulaire, le régime devient soumis à l'humeur, chaque jour plus maussade et autoritaire, de ce fougueux proconsul qui n'en fait désormais qu'à sa tête. Ignorant les consignes, il agit au coup par coup, notamment à l'encontre des révolutionnaires locaux qu'il freine ou encourage selon les régions et la conjoncture, exaspérant les Milanais jusqu'au soulèvement, mais ménageant la papauté alors que le Directoire lui a préconisé le contraire. Les Directeurs, qui au début osent encore commander, se contentent bientôt de suggérer avant de se taire, pour se trouver sans mot dire mis devant le fait accompli. Ils « n'étaient ni assez forts, ni assez hardis pour renverser le colosse qu'ils avaient élevé de leurs propres mains » constate Thibaudeau[1]. A chacune de leurs injonctions, de plus en plus rares et timorées, le général réplique par une menace de démission avec exécution immédiate qui fait reculer tout le monde, prenant soin de procéder pour l'occasion à un nouvel envoi d'argent comme pour mieux rappeler son pouvoir. D'une main il sème la peur, de l'autre le mépris.

1. Ses *Mémoires sur la Convention et le Directoire* constituent une source de premier ordre pour l'histoire de la période.

Menacé par les babouvistes puis par les royalistes, le Directoire se laisse glisser sur la pente fatale de la violation des lois. Au printemps 1797, la majorité de l'exécutif demeure régicide alors que le législatif penche vers le royalisme modéré incarné par le général Pichegru qui devient président du Conseil des Cinq-Cents tandis qu'un autre partisan discret des Bourbons, Barbé-Marbois, hérite de la présidence des Anciens. Au cœur même du pouvoir, les trois Directeurs républicains orthodoxes — Rewbell, La Révellière-Lépeaux et Barras, sont confrontés à l'opposition grandissante de Carnot, timidement défendu par son nouveau collègue le royaliste Barthélemy. Les délibérations, comme le remarque Barras dans ses Mémoires, tournent aux « combats de gladiateurs dans l'arène ». Après l'or et la gloire, le triumvirat majoritaire a maintenant besoin des baïonnettes du mari de Joséphine pour se débarrasser d'une opposition chaque jour plus turbulente et populaire. Ulcéré d'avoir été mis en cause par cette dernière au sujet de sa politique italienne [1], Bonaparte s'exécute mais refuse cette fois de se salir les mains afin de ne pas ternir sa popularité [2]. Il envoie pour ce faire son divisionnaire Augereau exécuter le coup d'Etat du 18 Fructidor [3] qui foudroie les royalistes. Près de deux cents élections sont annulées, plusieurs dizaines de députés, dont le général Pichegru, sont déportés ainsi que le Directeur Barthélemy. Carnot, pourtant républicain sincère, se retrouve lui aussi fructidorisé. Victorieux, le Directoire n'en perd pas moins ce qu'il lui restait de légitimité : « Cette journée illégale eut l'effet que doit avoir toute journée illégale ; toute confiance fut détruite entre les

1. Bonaparte fut particulièrement choqué à la lecture des philippiques du député Dumolard, orateur volubile et ennuyeux que l'on surnommait « le débordement de l'Isère ».

2. Toutefois, il a beaucoup hésité et entretenu des rapports suivis avec Carnot jusqu'au 18 Fructidor.

3. 4 septembre 1797. Selon Bourrienne, « Bonaparte choisit Augereau parce qu'il connaissait l'exagération de ses principes républicains, son audace et sa petite capacité politique. Il le crut propre à faciliter un mouvement que sa présence à l'armée d'Italie ne lui permettait pas de diriger en personne ! Augereau n'était pas pour lui un rival de gloire et d'ambition qui pût s'emparer de ce mouvement à son profit. »

gouvernants et les gouvernés, résume Benjamin Constant. Les premiers sentirent que leur autorité n'était plus légitime ; les seconds regardèrent comme une dérision les débris de formes constitutionnelles que le gouvernement semblait vouloir relever. » Toléré à condition de terminer la Révolution, le régime ressuscite la violence en s'autorisant de la raison d'Etat pour briser la liberté au nom de la liberté et casser les élections sous prétexte de garantir la souveraineté du peuple. Le recours à la force ramène une nouvelle fois la Révolution à son point de départ, à cette contradiction fondamentale entre l'idéalité des principes et la brutalité des faits, les droits de l'homme d'un côté, la peur ou la raison d'Etat de l'autre[1].

Le tournant consacre la suprématie de l'armée sur la représentation. Comme l'avait prophétisé Thibaudeau dans un discours célèbre, « celui qui appelle à son secours les baïonnettes périra par les baïonnettes ». Désormais, Bonaparte tient dans ses mains la destinée du régime, prêt à le renverser quand il jugera le moment opportun. Signe qu'il ne craint plus personne, il commence à parler : « Ce que j'ai fait jusqu'ici n'est rien encore, confesse-t-il par exemple à Miot de Mélito quelques semaines avant le coup d'Etat. Je ne suis qu'au début de la carrière que je dois parcourir. Croyez-vous que ce soit pour faire la grandeur des avocats du Directoire, des Carnot, des Barras que je triomphe en Italie ? Croyez-vous aussi que ce soit pour fonder une république ? Quelle idée ! Une république de trente millions d'hommes ! avec nos mœurs, nos vices ! où en est la possibilité ? C'est une chimère dont les Français sont engoués, mais qui passera comme tant d'autres. Il leur faut de la gloire, les satisfactions de la vanité ; mais de la liberté ? Ils n'y entendent rien. Voyez l'armée : les victoires que nous venons de remporter, nos triomphes ont déjà rendu le soldat français à son véritable caractère. Je suis tout pour lui. » Le régime n'est rien : « Que le Directoire s'avise de

1. La Fayette pourra écrire en 1799 : « La République n'est aujourd'hui aux yeux de trop de gens qu'un monstre né du 10 août, s'établissant enfin au bruit des canons de vendémiaire et nécessitant bientôt le régime fructidorien. »

vouloir m'ôter le commandement, et il verra s'il est le maître. Il faut à la nation un chef, un chef illustré par la gloire, et non pas des théories de gouvernement, des phrases, des discours d'idéologues auxquels les Français n'entendent rien. Qu'on leur donne des hochets, cela leur suffit ; ils s'en amuseront et se laisseront mener, pourvu cependant qu'on leur dissimule adroitement le but vers lequel on les fait marcher[1]. »

Dans une lettre à Talleyrand[2], nouveau ministre des Affaires étrangères, ou dans des conversations avec son confident Lavalette et le parlementaire Pontécoulant, venus lui rendre visite, « le grand enchanteur » (Michelet) expose les lignes directrices de son projet de réforme : concentration de l'autorité, marginalisation des parlementaires et réduction de la liberté de la presse, réconciliation de tous les Français, réforme de l'Etat. C'est le Consulat avant la lettre. « Je ne puis plus obéir, confie-t-il toujours à Miot de Mélito ; j'ai goûté du commandement et je ne saurais y renoncer. » Avant d'ajouter : « Mon parti est pris : si je ne puis être le maître, je quitterai la France ; je ne peux pas avoir fait tant de choses pour la donner à des avocats. »

---

1. Bonaparte précise au même témoin : « Je ne voudrais quitter l'Italie que pour aller jouer en France un rôle à peu près semblable à celui que je joue ici, et le moment n'est pas encore venu : la poire n'est pas mûre. Mais la conduite de tout ceci ne dépend pas uniquement de moi. Ils ne sont pas d'accord à Paris. Un parti lève la tête en faveur des Bourbons ; je ne veux pas contribuer à son triomphe. Je veux bien, un jour, affaiblir le parti républicain, mais je veux que ce soit à mon profit et non pas à celui de l'ancienne dynastie. En attendant, il faut marcher avec le parti républicain. Alors, la paix peut être nécessaire pour satisfaire les badauds de Paris, et si elle doit se faire, c'est à moi de la faire. Si j'en laissais à un autre le mérite, ce bienfait le placerait plus haut dans l'opinion que toutes mes victoires. »

2. Le 19 septembre 1797 ; il y précise ses intentions : « Malgré notre orgueil, nos mille et une brochures, nos harangues à perte de vue et très bavardes, nous sommes très ignorants dans la science politique morale. Nous n'avons pas encore défini ce que l'on entend par pouvoir exécutif, législatif et judiciaire. » Il affirme vouloir asseoir les pouvoirs sur la souveraineté populaire : un exécutif puissant (qu'il ne définit pas encore avec précision), un législatif nombreux composé d'hommes expérimentés et non plus de tribuns turbulents (on voit poindre le futur Conseil d'Etat). « Ce pouvoir législatif, sans rang dans la République, impassible, sans yeux et sans oreilles pour ce qui l'entoure, n'aurait pas d'ambition et ne nous inonderait plus de mille lois avec trois cents in-folio de lois. [...] » La fin de la missive est, *a posteriori*, savoureuse. « C'est un si grand malheur pour une nation de trente millions d'habitants, et au dix-huitième siècle, d'être obligée d'avoir recours aux baïonnettes pour sauver la patrie ! Les remèdes violents accusent le législateur ; car une constitution qui est donnée aux hommes doit être calculée pour des hommes. »

En juillet 1797, il impose la constitution de la Cisalpine qui préfigure le futur Consulat sur deux points essentiels : la domination des notables et la soumission à sa personne[1]. Il a déjà fixé l'essentiel de sa doctrine : renfort de l'exécutif au détriment du parlementarisme, nécessité de bâtir une aristocratie républicaine, seul moyen de contenir les Jacobins et de briser les royalistes[2]. « La liberté viendra ensuite s'il y a lieu, précise-t-il à Pontécoulant. » Et d'ajouter : « Mon Dieu ! nous n'en avons eu que trop depuis dix ans ; j'en ai été séduit comme les autres, mais j'ai beaucoup réfléchi, il n'y a pas d'ordre possible avec un tel système. »

Le piège de Paris

Après un bref crochet par le congrès de Rastatt, où il installe la délégation française en charge de négocier le traité de paix définitif, Bonaparte regagne enfin la capitale, un an et demi après l'avoir quittée. En dépit du durcissement consécutif au 18 Fructidor, la ville qu'il redécouvre en décembre 1797 n'a pas changé en profondeur depuis son départ. S'en dégage toujours une impression de débauche et d'exubérance, incarnée par les nouvelles élites, politiques, financières et mondaines, dont le luxe ostentatoire contraste avec la misère des plus humbles. « Le nouveau Paris »[3] semble vouloir noyer dans la fête le cauchemar de la Terreur dont ses habitants ont été au choix les acteurs, les victimes ou les témoins impuissants. Les Parisiens donnent l'impression

1. Dans sa notice sur la campagne d'Italie rédigée pour le *Dictionnaire critique de la Révolution française*, Denis Richet écrit au sujet de la Constitution de la principale République-sœur : « Elle s'inspirait de celle de l'an III, avec ce correctif capital — qui laisse deviner Brumaire — que le général nommera lui-même les membres du Directoire et du Conseil législatif. Bref : une administration de notables soumise au pouvoir exécutif. »

2. « En Italie centrale, résume toujours Denis Richet, il trouva la clef de son destin politique : l'alliance avec des notables qui seraient subordonnés à son pouvoir, la Révolution sans l'échafaud ni la Terreur, l'étrange camouflage d'un pouvoir militaire en pouvoir civil auréolé du prestige des gloires intellectuelles. »

3. Titre d'un célèbre ouvrage de Louis-Sébastien Mercier paru en 1800. Il dresse un tableau exhaustif du Paris révolutionnaire dans le prolongement de celui qu'il avait donné dans les années 1780 sous le titre de *Tableau de Paris*.

de se désintéresser de la vie politique comme en témoigne Mallet du Pan avec sa vigueur coutumière : « La lassitude est à son comble. Chacun ne songe qu'à passer en repos le reste de ses jours. On ne vote plus [...]. On ne pense qu'à soi, et toujours qu'à soi [...]. On ne pense qu'à dépenser ; il n'existe plus d'opinion ; on se moque de toutes les constitutions faites ou à faire... Tous sont plongés dans une sorte d'insouciance et de léthargie sur leurs divisions politiques. Chacun ne se préoccupe plus que de boire, manger et jouir [1]. »

Selon le mot d'un contemporain, « le peuple a donné sa démission ». Les blessures de ce passé récent, que l'on veut tant exorciser, apparaissent pourtant dans les atteintes portées à de nombreux monuments comme dans les multiples graffitis qui devront attendre le Consulat pour être effacés. Le jacobinisme déchu transparaît encore dans les enseignes de quelques auberges qui portent avec fierté des mentions comme « A l'Egalité » ou « Aux républicains ». Mais chacun sait qu'ils appartiennent à une époque révolue : plus de bonnet rouge dans les rues, pas davantage de tutoiement et des « citoyens » lâchés du bout des lèvres. L'autre révolution, victorieuse celle-là puisqu'elle concerne la propriété, s'exprime dans les nombreux écriteaux indiquant « Bien national à vendre » qui pendent à la porte des églises, Sainte-Madeleine ou Saint-Germain-le-Vieux. D'abord et avant tout, les Parisiens veulent tourner la page.

En dépit des épreuves, la capitale confirme son magistère sur la France pour des raisons que décryptent François Furet et Denis Richet dans leur célèbre histoire de la Révolution : « Préparé par l'intelligentsia et les salons du siècle, illustré par tous les grands événements révolutionnaires, l'impérialisme parisien s'épanouit. Versailles déserté n'est plus qu'un souvenir et la Ville a brisé la Cour. Elle a d'abord ramené, ranimé, terrorisé le pouvoir, dont elle est désormais inséparable. Et maintenant, passées les années tragiques, la voilà devenue

---

1. *Correspondance avec la Cour de Vienne.* « Chacun ne songe qu'à ses affaires ; les affaires publiques, on n'en parle plus » confirme Louis-Sébastien Mercier dans le *Le Nouveau Paris.*

l'héritière de la Cour, le centre de l'argent, des femmes et du plaisir, le rêve de la province, enfin Paris. »

L'héritière de Versailles incarne la nouvelle fracture sociale dessinée par la Révolution. Au clivage entre la noblesse et le tiers état se substitue la rupture entre riches et pauvres, sachant que la nouvelle « aristocratie démocratique » consacre le règne de l'argent et répudie le primat de la naissance. Si la scission entre l'est des faubourgs et l'ouest des hôtels particuliers perdure pour l'essentiel, cette puissance bourgeoise commence à coloniser la chaussée d'Antin, marquant une nouvelle frontière entre deux aristocraties. Face à l'élite qui danse et s'étourdit de plaisirs, jure la misère la plus noire. Elle ne se cantonne plus seulement dans les faubourgs Saint-Antoine et Saint-Marcel, sanctuaires du sans-culottisme, mais prolifère un peu partout, notamment durant ce terrible hiver de 1797 qui ajoute au froid la famine, tandis que prospère l'égoïsme étroit des nouvelles classes dirigeantes. Signe des temps de crise, la criminalité augmente, soulignant l'inefficacité d'une police qui n'a pas encore Fouché pour maître[1].

Ruinée par l'émigration et la législation révolutionnaire, l'ancienne noblesse peine à renaître de ses cendres[2], tout

1. Selon le voyageur d'origine allemande Rebmann, qui séjourne sur place à l'époque, plus de 20 000 criminels survivent grâce à leurs forfaits. « Paris est tombé en défaillance, confirme Mallet du Pan dans un de ses rapports à la cour de Vienne. Nul pinceau ne peut rendre le tableau de cette capitale, où le pain ne se distribue que tous les deux jours, où chacun voit périr entre ses mains le signe représentatif de sa richesse, où la livre de chandelle coûte deux cents francs, où une foule de malheureux meurent d'inanition, où le peuple est placé entre le terrorisme et la famine, où la population se divise en dupes et en fripons qui se volent eux-mêmes dans les poches pendant que le gouvernement s'occupe à son tour de les voler. Une licence affreuse, plus de devoirs, de morale, d'honneur, de sentiment, de respect humain. La peinture que la sainte Bible nous fait des débordements de Sodome n'approchait pas de celle de cette ville prostituée à tous les vices, tous les déshonneurs, tous les crimes et, par une juste rétribution de la Providence, à tous les fléaux de l'humanité. »

2. Frénilly livre un tableau éclairant des tribulations de l'ancien ordre privilégié dans ses spirituels Mémoires : « Le suprême bon ton était d'être ruiné, d'avoir été suspect, persécuté, emprisonné surtout ; pas de salut, pas de considération dans les sociétés sans ce dernier point ; on regrettait fort de n'avoir pu être guillotiné. » La dureté des temps oblige à adopter un train de vie fort modeste : « Pas de chevaux ni de voitures, pour ne pas insulter le souverain à pied, pas d'argenterie pour l'avoir donnée à la monnaie. On se faisait même en public un certain luxe de pauvreté assez plaisant. »

comme les rentiers, victimes de l'effondrement des assignats et de leurs succédanés, les mandats territoriaux. Pouvoir et puissance se concentrent entre les serres des thermidoriens auxquels s'agrègent une poignée de banquiers — tels Perrégaux ou Récamier — et des aventuriers de l'argent facile à l'image de ces fournisseurs aux armées, tels Collot ou Ouvrard dont l'immensité de la fortune défraie la chronique. « Les agioteurs d'aujourd'hui ne le cèdent en rien au train des ci-devant hommes de la Cour ; ils les surpassent même en folie. On dirait que pour eux seuls sont créés les plaisirs et les richesses », s'indigne Mercier. Ce nouveau « monde » cohabite avec les débris des anciennes élites dans les premiers salons qui rouvrent leurs portes, le plus couru étant celui de Germaine de Staël. Benjamin Constant, qui y tient le dé, décrit pour sa part une société mêlée et convalescente : « Tous les rangs étaient confondus ; les familles anciennes étaient détruites, les nouvelles fortunes précaires [...], l'opinion qui remplace les lois n'avait plus de centre ; personne ne croyait à soi ni aux autres[1]. »

Le célèbre roman de Joseph Fiévée, *La Dot de Suzette*, dépeint cette métamorphose sociale qui signe l'avènement de la bourgeoisie pour le demi-siècle à venir. Mariée à un nouveau riche inculte, avide et sans scrupules, l'héroïne découvre avec effarement « l'élite » parisienne, obsédée par l'accumulation des biens et les plaisirs. La satire de l'argent roi, veau d'or de la République décadente, réunit les deux extrêmes royaliste et jacobin. Elle prélude à la diabolisation des classes moyennes si caractéristique de l'esprit national. Même les étrangers ne demeurent pas en reste tel l'Allemand Heinzmann qui pourfend « la morgue et l'insolence des gens qui, de rien, sont devenus quelque chose. L'ostentation, l'étalage, le luxe les distinguent dans leurs maisons, dans leurs équipages, dans leurs vêtements ; la sensualité, les jouissances les caractérisent ». Vulgarité des parvenus à laquelle s'oppose la dignité des plus faibles selon le même auteur : « On ne trouve

1. *Portraits, mémoires, souvenirs.*

à Paris la moralité que parmi la classe laborieuse, médiocres ou pauvres, parmi ceux qui gagnent leur vie à la sueur de leur front. »

L'engouement pour la gastronomie témoigne du caractère jouisseur d'une époque qui, à travers les plaisirs de la table, privilégie désormais l'éphémère des sens. Restaurants, glaciers, tripots, et plus de huit cents cafés offrent une large palette ouverte à presque toutes les bourses et toutes les bouches : « La goinfrerie est la base fondamentale de la société actuelle, vitupère Mercier, on ne songe sérieusement qu'à manger, qu'à bien dîner ; et tous ces miroirs qui décorent ces salles de restaurateurs réfléchissent l'égoïsme qui seul dévore tout à son aise ; et qui, quand il a dîné, n'est touché de l'infortune de personne[1]. »

La volonté d'oublier la Terreur s'exprime également dans la mode féminine. L'anglomanie[2] s'y dispute l'influence avec un retour à l'Antique, perçu désormais comme une réhabilitation du corps et un appel à la volupté des sens. Pour la tenue et les mœurs, Rome a déjà remplacé Sparte. Les beautés du temps — Mme Récamier, Mlle Lange ou la somptueuse Thérésa Cabarrus — irradient dans les dernières robes dites « à la romaine ». Confectionnées en tissus très légers — mousseline ou linon —, elles découvrent entièrement les bras et une partie du torse, laissant le plus souvent deviner le reste. « Que Paris constitutionnel ressemble peu au Paris révolutionnaire, peut conclure Talleyrand en expert. Les bals, les spectacles, les feux d'artifice ont remplacé les prisons et les comités révolutionnaires [...]. Les femmes de la Cour ont disparu mais les femmes des nouveaux riches ont pris leur place et sont suivies,

1. Le spirituel Fiévée ridiculise la goinfrerie des parvenus par le truchement de sa Suzette : « Au premier service, on ne parla point, on dévorait. En voyant ces dames manger de la viande à pleines mains (il m'est impossible de trouver une autre expression), je ne pus m'empêcher de penser que la mode des robes qui ne serrent point la taille me paraissait d'accord avec l'appétit des femmes du jour. »

2. En dépit de la guerre, Albion influence en effet la mode : redingote et spencer pour les hommes, châles et turban (immortalisé par Mme de Staël) pour les femmes.

comme elles, par les catins qui leur disputent le prix du luxe et de l'extravagance. Auprès de ces sirènes dangereuses bourdonne cet essaim léger de cervelles qu'on appelait jadis petits-maîtres, qu'aujourd'hui on nomme merveilleux et qui, en dansant parlent politique et soupirent après la royauté en mangeant des glaces ou en bâillant devant un feu d'artifice. »

*

Resté célèbre sous le sobriquet de « Roi du Directoire », Barras incarne cette époque par ses mœurs, son histoire et sa personnalité. Doté d'une voix de stentor, le premier des Directeurs laisse un nom méprisé et une réputation détestable : « La galanterie, la débauche, le jeu, la table et l'intrigue avaient perverti et déshonoré sa jeunesse, écrit de lui son collègue et rival La Révellière-Lépeaux. La fausseté et une dissimulation profonde jointes à ses autres vices, n'avaient fait que se fortifier en lui avec l'âge. » A la débauche, « le plus effronté des pourris » (Taine) ajoute la corruption. Il s'est enrichi par tous les moyens, des plus classiques comme les pots-de-vin sur les fournitures aux armées aux plus audacieux, n'hésitant pas à monnayer ses services à tous les partis, y compris les royalistes. Selon Marmont, Barras avait les vices des temps nouveaux et des temps anciens. La postérité n'a pas été plus indulgente envers lui, au point que ce « Louis XV de foire » stigmatisé par les Goncourt n'a rencontré aucun biographe d'envergure.

Et pourtant, l'homme politique tranche avec le dépravé moral par sa capacité à gérer les crises [1]. Cheville ouvrière du complot qui a abattu « l'Incorruptible », il a ensuite été le bras armé des thermidoriens contre la Montagne en prairial puis

---

1. « Dans cette équipe divisée, il n'y a au fond qu'un grand politicien, et c'est Barras, écrivent François Furet et Denis Richet à son sujet. Une fois de plus, la Révolution est allée chercher son chef dans les débris de la ci-devant noblesse. Mais est-ce un chef ? Au milieu de ses collègues à l'air besogneux, l'ex-vicomte tranche par son élégance et son faste ; il a surtout le coup d'œil, le flair politique, l'éclair de la décision. Mais c'est aussi un paresseux, un intermittent, livré au plaisir et à l'argent, entouré par une petite cour de Bas-Empire : un drapeau inavouable, alors que le régime n'en a pas d'autre, sauf à s'abandonner aux victoires et aux généraux. »

contre les royalistes en vendémiaire. En 1797, il vient encore d'orchestrer le coup d'Etat du 18 fructidor qui assure au régime quelques mois de répit supplémentaires. Régicide, ce ci-devant vicomte, descendant d'une des plus anciennes familles de Provence [1], n'hésitera pas à renouer avec les Bourbons en 1814, rencontrant à plusieurs reprises Blacas, ministre et favori de Louis XVIII, pour lui prodiguer ses conseils. Autant dire qu'il n'est pas dévoré par les scrupules. Mme de Chastenay, alors de ses familières, le dépeint « de grande taille et d'une figure très noble, grand, brun » ; la mine fière, le regard vif, « tout son extérieur distingué et réellement imposant ». Alternativement urbain ou brutal, ce Janus sait marier la peur et l'intérêt, entraîner les récalcitrants et galvaniser les hésitants par sa résolution : « Il ne prononçait qu'une ou deux phrases, mais elles éclataient comme des coups de tonnerre » se souviendra Napoléon avant d'ajouter sur un registre moins aimable : « Il avait toutes les habitudes d'un maître d'armes, crâne et fanfaron. » Barras annonce Bonaparte par l'étrange alliage qu'il abrite entre éducation aristocratique, formation militaire et expérience jacobine. Il l'inspire également, même si son influence est toujours tue, par son machiavélisme. Placé au centre de l'échiquier politique du temps, l'homme divise pour survivre, s'appuyant à tour de rôle sur sa droite modérée ou sa gauche radicale. Cette politique, dite « de bascule », lui permet de demeurer au Directoire du début à la fin du régime, soit durant plus de quatre ans. Ses réseaux s'étendent des babouvistes, qu'il protégera longtemps, jusqu'aux royalistes en passant par Mme de Staël et Benjamin Constant. C'est lui qui sort Talleyrand de la misère pour le nommer au ministère des Affaires étrangères, encore lui qui donne sa seconde chance à Fouché, marginalisé par la réaction thermidorienne, en lui confiant plusieurs missions ; toujours lui qui, comme on l'a vu, lance la carrière de Bonaparte qu'il refuse cependant de voir grandir et considérera jusqu'au bout comme sa créa-

1. On compte un Barras à la cinquième croisade de 1222. L'ancien conventionnel n'oublie pas de rappeler en ouverture de ses Mémoires que « l'ancienneté des Barras, suivant le proverbe du pays, égale celle des rochers de la Provence ».

ture. Bref, le tacticien politique contraste avec le débauché et le corrompu. Mais, et c'est par là qu'il diffère de son successeur, Barras n'aime pas le pouvoir pour les responsabilités qu'il suscite et le travail qu'il impose. A plus de quarante ans[1], il veut simplement en jouir le plus longtemps possible et préfère pour ce faire l'amabilité à la violence. Affable par éducation, nature et tempérament, il aime à obliger, ce en quoi il préfigure à la fois Fouché et Talleyrand.

Fatigué par les épreuves et usé par les plaisirs, Barras incarne enfin le Directoire par son passé régicide qui l'oblige à la fidélité envers les hommes et les idées de la Révolution. C'est ce vote fatal qui le lie par exemple à Fouché alors que l'ancienneté de sa noblesse le rapproche de Talleyrand et sa formation militaire de Bonaparte. C'est pourquoi, après avoir beaucoup hésité, il s'est rallié à Rewbell pour briser les royalistes. Durant l'hiver de 1797, il atteint le summum de son influence. Entouré d'une cour demi-mondaine, assemblage hétéroclite de fournisseurs, banquiers, conventionnels disgraciés et royalistes honteux, il commence à se croire invulnérable, même si la vanité n'a pas encore chez lui remplacé la peur.

*

De retour à Paris, accueilli triomphalement, Bonaparte sent aussitôt que le fruit n'est pas mûr. Certes, la foule l'acclame bien au-delà des Jacobins. Le Directoire l'accueille en grande pompe au Luxembourg le 10 décembre 1797. « Il y avait des spectateurs à toutes les fenêtres et sur tous les toits, témoigne Mme de Staël dans ses *Considérations sur la Révolution française*. Les cinq directeurs, en costumes romains, étaient placés sur une estrade au fond de la cour, et près d'eux les députés des deux conseils, les tribunaux et l'Institut. [...] Bonaparte arriva très simplement vêtu, suivi de ses aides de camp, tous

1. Il est né en 1755, soit quatorze ans avant Bonaparte.

d'une taille plus haute que la sienne, mais presque courbés par le respect qu'ils lui témoignaient. » Le régime lui rend hommage par le truchement de Talleyrand qui prononce un discours habile : « Il aime les chants d'Ossian, surtout parce qu'ils détachent de la terre. Loin de redouter ce qu'on appelle son ambition, il nous faudra peut-être la solliciter un jour pour l'arracher aux douceurs de sa studieuse retraite. La France entière sera libre, peut-être lui ne le sera jamais : telle est sa destinée[1]. » Le général victorieux conclut sa réponse par une menace qui vaut condamnation du Directoire : « Lorsque le bonheur du peuple français sera assis sur de meilleures lois organiques, l'Europe entière deviendra libre. » L'image du général robespierriste s'estompe sous l'effet de la gloire et la puissance de la propagande[2]. Mais le fantôme de vendémiaire n'a pas encore totalement disparu. En outre, sauf le conflit avec l'Angleterre, la guerre a momentanément cessé, confortant pour quelques mois le régime. Surtout, la plupart des chefs militaires lui demeurent hostiles, notamment ceux de l'armée du Rhin, jaloux tel Moreau de la gloire de leur rival d'Italie. En résumé, explique Arnault, « Bonaparte se sentait sans doute assez fort pour porter au Directoire le coup qui devait achever de l'abattre ; mais ne se sentant pas encore en position de recueillir son héritage, il ne voulait pas travailler pour autrui ; il ne voulait ni de la démocratie, où il ne serait pas maître, ni de la contre-révolution, qui lui donnerait un maître. En ajournant l'exécution de ses grands desseins, il s'arrangeait cependant de manière à se faire reconnaître par les uns et par les autres pour l'homme nécessaire dans la crise plus ou moins prochaine que tous commençaient à prévoir ».

1. Barras prononce également « six mortelles pages » d'un « épouvantable galimatias » (Mallet du Pan) dans lequel il loue le génie victorieux pour mieux le pousser à partir... à la conquête de « l'insolente Angleterre ».

2. Le publiciste royaliste Lacretelle écrit ainsi dans son journal : « Nous autres vendémiairistes, nous ne pûmes d'abord voir sans dépit tant d'exploits immortaliser le nom de celui qui avait fait jouer la mitraille sur nous dans les rues de Paris, mais cette rancune ne put tenir devant l'admiration générale ; il nous semblait même que notre revers s'illustrait par le nom du vainqueur [...] : il nous était agréable de voir en lui un homme qui pourrait clore une révolution dont nous étions mortellement fatigués. »

A l'intérieur, Bonaparte demeure esseulé au sein du personnel politique, comme le révèle sa candidature avortée au Directoire[1]. A l'instar de Barras, ce dernier commence à le suspecter et paraît prêt à tout pour le perdre. Son instinct lui commande donc de s'éloigner du cloaque parisien où il risque d'user sa popularité précoce. Il confie ainsi à Réal : « Ces gens ne savent pas gouverner, mais le gouvernement marche encore, et je ne veux pas être un factieux. » La victoire demeure le seul moyen de s'imposer comme le sauveur tandis que l'éloignement renforcera sa popularité. « Si je reste longtemps sans rien faire, je suis perdu, avoue-t-il au fidèle Bourrienne. Une renommée en remplace une autre ; on ne m'aura pas vu au spectacle que l'on ne me regardera plus[2]. » Aussi évite-t-il de trop paraître en public et surtout de se compromettre avec le Directoire. Il assiste toutefois au grand bal donné par Talleyrand en son honneur le 3 janvier 1798 : « Toutes ces fêtes étaient un supplice pour Bonaparte, rapporte le même témoin ; il les regardait comme un des inconvénients de sa position, et il savait que, dans la disgrâce, il serait bientôt délivré de ce fléau. Il disait ne devoir qu'à la curiosité et à la nouveauté toutes ces flagorneries officielles qui s'appliquent à tout le monde, en changeant seulement la date, le titre et le nom. »

---

1. Bonaparte espère y être appelé en bénéficiant d'une dispense d'âge, l'âge légal requis étant de quarante ans, mais les Directeurs refusent de donner suite.

2. Pour Thibaudeau : « Bonaparte jugeait bien sa situation et prévoyait que s'il s'endormait à Paris sur ses lauriers, on aurait bien vite oublié ses lauriers et flétri sa gloire. » Son avis est partagé par Mme de Staël qui écrit dans ses *Considérations sur la Révolution française* : « S'il était resté en France, le Directoire aurait lancé contre lui, par tous les journaux dont il disposait, des calomnies sans nombre, et terni ses exploits dans l'imagination des oisifs ; Bonaparte se serait trouvé réduit en poussières avant même que la foudre l'eût frappé. » Et de conclure : « Il avait donc raison de vouloir se faire un personnage poétique, au lieu de rester exposé aux commérages jacobins qui, sous leur forme populaire, ne sont pas moins adroits que ceux des cours. » Mallet du Pan exprime un point de vue similaire dans une note qu'il écrit pour Vienne le 4 janvier 1798 : « Il est visible que l'étoile de Bonaparte a pâli de jour en jour. Objet d'indifférence pour le peuple et le public, de défiance pour les Jacobins, de jalousie pour tous, les festins, les hymnes, les sorties n'ont pu réchauffer une admiration vite lassée ; on ose prédire avec assez de confiance qu'à moins qu'on ne rende à ce général un théâtre, qu'une nouvelle guerre ne le remette en scène, et que quelques succès éclatants dans l'expédition d'Angleterre ne viennent soutenir son existence, c'est un homme décidément fini. »

Deux semaines plus tard, il se contente de suivre la cérémonie commémorative du 21 janvier discrètement tapi parmi les membres de l'Institut plutôt qu'à la place d'honneur, aux côtés des Directeurs. Avec l'air impassible dont il ne se départit jamais durant ces circonstances, il y écoute l'orchestration des vers républicains de Chénier auxquels il se chargera bientôt de donner un démenti fracassant :

« Si quelque usurpateur vient asservir la France,
qu'il éprouve aussitôt la publique vengeance,
qu'il tombe sous le fer, que ses membres sanglants
soient livrés dans la plaine aux vautours dévorants ! »

Mme de Staël, qui dîne un soir à ses côtés en compagnie de Sieyès, dépeint un sphinx insaisissable, avant tout soucieux de se protéger : « J'examinais avec attention la figure de Bonaparte ; mais chaque fois qu'il découvrait en moi des regards observateurs, il avait l'art d'ôter à ses yeux toute expression, comme s'ils fussent devenus de marbre. Son visage était alors immobile, excepté un sourire vague qu'il plaçait sur ses lèvres à tout hasard, pour dérouter quiconque voudrait observer les signes extérieurs de sa pensée [1]. » Toutefois, la susceptibilité demeure à vif et les nerfs à fleur de peau. Ainsi, il a du mal à se contenir lorsque Barras prend un malin plaisir à le faire attendre dans les antichambres ou l'empêche de prendre place à la table directoriale : « Il était difficile de ne pas voir l'impression colérique qui se peignait dans ses traits » confie le « parrain », « mais cela ne nous intimidait nullement et nous aurait presque divertis ». Tentant de ressaisir l'autorité qui lui échappe, « je lui faisais l'honneur du canapé, mais souvent j'y faisais en même temps asseoir d'autres personnes, afin de lui donner quelques leçons de cette égalité qu'il paraissait si disposé à oublier et à fouler » [2]. Le

1. *Considérations sur la Révolution française.*

2. Le même Barras raconte, toujours dans ses Mémoires, l'anecdote suivante qui en dit long sur la suspicion réciproque qui préside désormais à leurs rapports. Bonaparte ayant vanté son ascendant sur les peuples italiens et prétendu qu'ils avaient voulu le faire duc de Milan ou roi d'Italie, le Directeur fit la moue : « Bonaparte, s'apercevant avec sa promptitude incomparable, que je sentais la sonde, se reprit comme en paraissant continuer, et me dit :

héros d'Arcole persiste heureusement pour lui à faire profil bas. Il refuse par exemple qu'on lui accorde une garde d'honneur ou fait mine de déplorer l'accueil enthousiaste qu'il reçoit lors de ses rares apparitions publiques[1]. Mme de Staël note cependant que son naturel dominateur reprend rapidement le dessus : « L'ensemble de ses manières était contraint sans timidité et rude sans bonhomie, témoigne-t-elle. Il avait déjà une grande vocation pour être prince et les questions qu'il adressait à ceux qu'on lui présentait ressemblaient à celles qui circulent dans toutes les cours où le maître croit vous honorer non par ce qu'il vous dit, mais seulement parce qu'il vous parle[2]. » Dès les premiers jours, il comprend donc que le terrain est miné et qu'il n'a plus rien à attendre de son séjour : « Ils ne veulent pas de moi, confie-t-il encore au sujet du Directoire. Il faudrait les renverser et me faire roi ; mais il n'y faut pas penser encore, les nobles n'y consentiraient jamais : j'ai sondé le terrain ; le temps n'est pas venu ; je serais seul. Je veux éblouir encore ces gens-là[3]. »

Bonaparte met tout de même à profit son séjour de cinq mois pour élargir le socle de sa légitimité. Il intègre pour ce faire l'Institut au fauteuil de Carnot, ajoutant la notoriété

« — Moi, je ne pense à rien de semblable dans aucun pays.

« — Vous faites bien de n'y pas songer en France, lui répondis-je, car si le Directoire vous envoyait demain au Temple pour récompenser une pareille idée, il n'y aurait pas quatre personnes qui songeassent à s'y opposer ; il faut vous souvenir que nous sommes en République.

« Celui qui avait jusqu'alors joué l'ingénuité [...] paraît comme frappé d'une irritation dont il ne peut se défendre : se levant comme d'un saut, et du bond d'une bête fauve, il s'élance du canapé vers la cheminée, puis bientôt après reprend cette espèce de calme apparent qui est l'un des procédés les mieux étudiés de l'Italie, et qui est effectivement une sorte de triomphe de la fourberie. » La crédibilité de la scène est renforcée par le fait qu'elle est contée en des termes similaires par Mme de Staël dans ses *Considérations sur la Révolution française*.

1. Dans le même esprit, il rétrocède à Lannes un drapeau qui lui a été remis en hommage à Arcole par le Directoire. Barante, qui rapporte l'anecdote dans son *Histoire du Directoire*, commente en ces termes : « Il y avait dans cette conduite, dans cette attitude, dans ce langage, tant de grandeur et d'habileté, un tel prestige exercé sur les imaginations ; le général Bonaparte savait si bien se poser hors de pair, que de jour en jour il prenait mieux possession de l'opinion publique. »

2. *Dix années d'exil.*

3. Le propos est rapporté par Bourrienne dans ses Mémoires.

intellectuelle à sa panoplie politique et militaire[1]. Membre à part entière du « Sénat de l'intelligence », il s'y présente avec humilité, soucieux d'apprendre au contact des maîtres du savoir[2]. Wilhelm von Humboldt qui assiste à sa réception le dépeint empreint de gravité, habillé simplement, presque en retrait alors que tous les yeux sont braqués sur lui : « Sa physionomie générale n'a rien de grand, ni de fort, ni de particulièrement déterminé et exprime de toute façon des qualités bien plus intellectuelles que morales. Il semble calme, réfléchi, modeste et en même temps d'une fierté ferme et légitime ; libre, clairvoyant et extrêmement sincère, comme s'il était attaché uniquement à son métier, sans autre penchant ou intérêt[3]. » Attitude d'une habileté consommée qui flatte outrageusement la république des lettres et lui assure, dans ce milieu puissant, déjà constitué en réseaux, une aura immédiate. « Sa nomination eut l'effet qu'il en avait attendu : elle lui donna les journaux, les gens de lettres, toute la partie éclairée de la nation » résume Savary.

1. Il est élu le 25 décembre 1797 à l'Académie des sciences, section des arts mécaniques.

2. Cette « humilité ostentatoire » dont il ne se départit pas durant son séjour s'exprime justement dans la lettre qu'il écrit le 25 décembre 1797 au président de l'Institut pour remercier de son élection : « Le suffrage des hommes distingués qui composent l'Institut m'honore. Je sens bien qu'avant d'être leur égal, je serai longtemps leur écolier. [...] Les vraies conquêtes, les seules qui ne donnent aucun regret, sont celles que l'on fait sur l'ignorance. L'occupation la plus honorable comme la plus utile pour les nations, c'est de contribuer à l'extension des idées humaines. La vraie puissance de la République française doit consister désormais à ne pas permettre qu'il existe une seule idée nouvelle qu'elle ne lui appartienne. »

3. « Parfois son visage prend une expression dure et tranchante, tout particulièrement quand il est en mouvement, précise le mémorialiste. Il est difficile de se le représenter actif, et encore davantage enthousiaste. Son visage est entièrement moderne et, selon moi, plus français qu'italien. En raison de l'intellectualité de son expression, il pourrait concourir à idéal moderne. » Une note qu'Humboldt consigne le lendemain dans son *Journal parisien* (1797-1799) complète le portrait : « Bonaparte a non seulement quelque chose de fort réfléchi et sérieux, mais aussi un trait de mélancolie dans son aspect extérieur, principalement dans le ton de sa voix. Ici, cela le distingue encore davantage, d'autant que c'est très rare et qu'il est plus commun de briller par l'humour et l'esprit. C'est ce que dit l'opinion publique à son sujet. »

Le mirage oriental

Sa volonté de départ rencontre celle du Directoire qui veut se débarrasser au plus vite d'une si encombrante figure : « Bonaparte doit s'éloigner, sa présence pèse actuellement au Directoire » confie alors Barras. Après lui avoir confié un projet de descente en Angleterre, vite abandonné en raison de l'état désastreux de la flotte [1], les Directeurs s'accordent avec lui sur une expédition en Egypte, conseillée par Talleyrand qui vient sur ce sujet de produire un mémoire remarqué à l'Institut.

Attiré depuis toujours par l'Orient [2], conquis par la perspective de défier Albion et d'imposer la France en Méditerranée [3], le vainqueur d'Arcole part donc pour la terre des pharaons le 4 mai 1798. Le Directoire se félicite de son stratagème : « Ou son expédition réussissait, et le gouvernement grandissait, et les talents de Bonaparte étaient mis à profit sans devenir dangereux ; ou elle ne réussissait pas et le Directoire était débarrassé de lui », résume Marmont. Mais l'auteur du *Masque prophète* n'en a cure. Il comprend vite tout le profit qu'il peut tirer de cette nouvelle croisade au cœur d'un Orient dont le mystère participe de l'imaginaire qui enchante ses pas. « Je

1. Bonaparte revient catastrophé d'une tournée d'inspection sur les côtes du Nord. Pour justifier son refus, il écrit le 23 février 1798 une lettre au Directoire que l'avenir devait rendre particulièrement savoureuse : « Quelques efforts que nous fassions, nous n'acquerrons pas d'ici plusieurs années la supériorité des mers. Opérer une descente en Angleterre sans être maître de la mer est l'opération la plus hardie et la plus difficile qui ait été faite. [...] Le vrai moment de se préparer à cette expédition est perdu, peut-être pour toujours. »

2. Souvenons-nous de l'écriture du *Masque prophète*. Bonaparte a notamment lu l'*Histoire des Arabes* par Marigny, les Mémoires du baron de Tott et surtout le *Voyage en Egypte et en Syrie* de Volney qui sera son principal livre de chevet durant l'expédition.

3. Lui-même, dès la fin de la campagne d'Italie, a multiplié les lettres en ce sens, telle celle-ci écrite au Directoire en août 1797 : « Les îles de Corfou, de Zante et de Céphalonie sont plus intéressantes pour nous que toute l'Italie ensemble. [...] L'Empire des Turcs s'écroule tous les jours ; la possession de ces îles nous mettra à même de le soutenir autant que cela sera possible, ou d'en prendre notre part. Les temps ne sont pas éloignés où nous sentirons que, pour détruire véritablement l'Angleterre, il faut nous emparer de l'Egypte. Le vaste Empire ottoman, qui périt tous les jours, nous met dans l'obligation de penser de bonne heure à prendre des moyens pour conserver notre commerce du Levant. »

vois que, si je reste, je suis coulé sans retour, confesse-t-il toujours à Bourrienne. Tout s'use ici ; je n'ai déjà plus de gloire ; cette petite Europe ne m'en fournit pas assez. Il faut aller en Orient. Toutes les grandes gloires viennent de là. »

Bonaparte entame son nouveau chapitre, celui du rêve oriental, sur les traces d'Alexandre le Grand, de César, de Saint Louis ou de Frédéric de Hohenstaufen, et ravivé par la littérature orientaliste des Lumières. Beaumarchais ne s'y trompe pas : « Ce n'est pas pour l'histoire, c'est pour l'épopée que travaille ce jeune homme, dit-il alors à Arnault. Il est hors du vraisemblable : dans ses actions comme dans ses conceptions, rien que de merveilleux : quand je lis ses relations, je crois lire un chapitre des *Mille et Une Nuits.* » Jules Romains, auteur d'une anthologie oubliée sur l'épopée napoléonienne, voit dans l'expédition « une fourche dans sa route et la nécessité de choisir entre deux routes très différentes. Va-t-il continuer à ramasser de la gloire ? » pour mieux prendre le pouvoir ou « va-t-il tourner son ambition vers un rêve de grand sultanat oriental [...] qu'il a peut-être vaguement ébauché dans son enfance ? Sans oublier que sa récente qualité de quasi-apatride lui laisse plus de liberté intérieure de choix qu'à d'autres ». L'Orient, remarque Chateaubriand, était « doublement congénital à sa nature par le despotisme et l'éclat », avant d'ajouter quelques pages plus loin : « Episode romanesque dont il agrandit sa vie réelle ; comme Charlemagne il attache une épopée à son histoire. » Eloigné du marigot parisien, il pourra y parfaire son apprentissage du pouvoir en bénéficiant d'une totale liberté de manœuvre qu'il n'a pas connue dans l'Italie voisine. A l'image de son destin, le désir d'Egypte mobilise l'intelligence mathématique du militaire pour servir à la démesure littéraire du rêve, alchimie dialectique toujours portée par la foi en son étoile et la conviction de sa supériorité.

Le Directoire ne tarde pas à comprendre qu'il s'est piégé lui-même en le laissant partir avec une trentaine de milliers d'hommes. Formé des meilleurs régiments de l'armée révolutionnaire, le corps expéditionnaire lui fera cruellement défaut quand le conflit reprendra l'année suivante avec l'Europe. Dès le 2 août 1798, l'anéantissement de la flotte par l'amiral Nelson à Aboukir ôte en outre toute marge de manœuvre à l'armée d'Egypte prisonnière de sa conquête. Plutôt que de se laisser abattre ou de tenter de fuir, Bonaparte choisit crânement de demeurer sur place : « C'est le moment où les caractères d'un ordre supérieur doivent se montrer, affirme-t-il à Marmont, il faut élever la tête au-dessus des flots de la tempête et les efforts seront domptés. Nous sommes peut-être destinés à changer la face de l'Orient et à placer nos noms à côté de ceux que l'histoire orientale et celle du Moyen Age rappellent avec le plus d'éclat à nos souvenirs[1]. »

Refusant de se laisser enfermer dans sa cage, l'Aigle choisit donc un nouvel envol, celui que donnent les ailes de la victoire. Déjà, il a pris Malte et vaincu les redoutables mamelouks devant les Pyramides (21 juillet 1798). Après la débâcle maritime, il organise méthodiquement sa conquête ; il place le rude Kléber en vigie à Alexandrie tandis que Desaix poursuit les mamelouks dans le delta. Les travaux de l'Institut d'Egypte, fondé le 22 août 1798, ennoblissent sa conquête d'une aura civilisatrice transformant l'expédition en croisade républicaine pour le progrès, légitimant la guerre par le savoir aux yeux de l'opinion[2].

Loin de tout, il dirige sa conquête en maître absolu,

1. « Nous deviendrons facilement inexpugnables dans un pays qui n'a pour frontières que des déserts et une côte plate et sans abri. La grande affaire pour nous, la chose importante, c'est de préserver l'armée d'un découragement qui serait le germe de sa destruction », confie-t-il au même Marmont. Bien sûr, il n'est pas dupe des sentiments peu amènes du Directoire à son endroit, « c'est un tas de j...f. Ils m'envient et me haïssent ; ils me laisseront périr ici », dit-il à Bourrienne.

2. « La campagne d'Egypte, qui dans l'esprit du Directoire devait débarrasser la France d'un gêneur, transfigure un général victorieux en héros d'épopée. César en Italie, Bonaparte prend encore une stature d'Alexandre sur les bords du Nil » écrit Marc Fumaroli dans sa préface à la *Vie de Napoléon* par Chateaubriand. Pour mémoire, les principaux apports de l'expédition sont l'introduction de l'imprimerie en Egypte, des recherches poussées sur le futur canal de Suez et les monuments antiques, l'ensemble développant l'orientalisme dont Champollion sera à la génération suivante le principal représentant. Outre le fameux *Voyage en Egypte* de Vivant Denon, l'expédition donnera lieu à une spectaculaire publication officielle dont les volumes in-folio ont été réunis dans un meuble spécial.

répugnant aux discussions oiseuses, détestant la contestation. « En Egypte, avouera-t-il à Mme de Rémusat, je me trouvais débarrassé du frein d'une civilisation gênante. Je rêvais toutes choses et je voyais les moyens d'exécuter tout ce que j'avais rêvé. Je créais une religion, je me voyais sur le chemin de l'Asie, parti sur un éléphant, le turban sur ma tête et dans ma main un nouvel Alcoran que j'aurais composé à mon gré. » Dès le départ, il s'emploie à gagner les populations en témoignant d'un respect absolu pour l'Islam[1]. Epousant les mœurs du pays, il célèbre avec faste les fêtes traditionnelles en l'honneur du Nil et du Prophète. Pour gouverner, il s'appuie sur les religieux — musulmans ou coptes — et les notabilités locales, laisse une large autonomie aux diwan dont il espère qu'ils formeront les cadres ultérieurs du pays. Pour gagner les cœurs, il ose se présenter comme le bras armé du sultan, en charge d'exterminer les mamelouks afin de rendre l'Egypte à ses habitants d'origine. A peine débarqué, il fait traduire en arabe sa proclamation aux Egyptiens, qui mélange respect du Coran et rhétorique classique révolutionnaire. « Au nom de Dieu » et « de la part de la République française », le texte prophétise la fin des mamelouks avant d'associer le respect traditionnel du prophète avec la sacralité moderne des droits de l'homme : « Egyptiens, on vous dira que je viens pour détruire votre religion ; c'est un mensonge, ne le croyez pas ! Répondez que je viens vous restituer vos droits, punir les usur-

1. Il affirme sa volonté en la matière dans sa belle proclamation à l'armée du 22 juin 1798 : « Les peuples avec lesquels nous allons vivre sont mahométans ; leur premier article de foi est celui-ci : "Il n'y a pas d'autre Dieu que Dieu, et Mahomet est son prophète."

« Ne les contredisez pas ; agissez avec eux comme nous avons agi avec les juifs, avec les Italiens ; ayez des égards pour leur muftis et leurs imams, comme vous en avez eu pour les rabbins et les évêques.

« Ayez pour les cérémonies que prescrit l'Alcoran, pour les mosquées, la même tolérance que vous avez eue pour les couvents, pour les synagogues, pour la religion de Moïse et de Jésus-Christ.

« Les légions romaines protégeaient toutes les religions. Vous trouverez ici des usages différents de ceux de l'Europe : il faut vous y accoutumer.

« Les peuples chez lesquels nous allons traitent les femmes différemment que nous ; mais, dans tous les pays, celui qui viole est un monstre.

« Le pillage n'enrichit qu'un petit nombre d'hommes ; il nous déshonore, il détruit nos ressources, il nous rend ennemis les peuples qu'il est de notre intérêt d'avoir pour amis. »

pateurs ; que je respecte plus que les mamelouks Dieu, son prophète Mahomet et le glorieux Coran. Dites-leur que tous les hommes sont égaux devant Dieu ; la sagesse, les talents, et les vertus mettent seuls de la différence entre eux[1]. » Sauf que les oulémas ne se laissent pas prendre au piège ; ils jugent les textes hérétiques avant de les savoir mensongers. Le dialogue rêvé des cultures échoue devant l'incompatibilité des civilisations et en raison de la violence inhérente à chaque invasion. Bonaparte commet ainsi l'erreur de vouloir imposer le port de la cocarde tricolore. Il pense flatter les habitants en les « décorant » des couleurs de la Grande Nation alors que ces derniers vivent cet « honneur » comme un signe flétrissant de soumission.

« Je suis plus vieux administrateur qu'eux, dira-t-il de ses ministres une fois parvenu au pouvoir, quand on a dû tirer de sa seule tête les moyens de nourrir, d'entretenir, de contenir, quelques centaines de mille hommes loin de la patrie, on a vite appris les secrets de l'administration. » L'Egypte lui a en effet beaucoup appris, notamment en matière militaire. C'est là qu'il expérimente l'efficacité défensive de la formation en carré[2] et celle, offensive, de la charge de cavalerie en pleine bataille. La première lui permet de remporter la bataille des

1. Elle est datée du 27 juin 1798. Il n'hésite pas à s'afficher en quasi musulman : « N'est-ce pas nous qui avons détruit le pape qui disait qu'il fallait faire la guerre aux musulmans ? N'est-ce pas nous qui avons détruit les chevaliers de Malte, parce que ces insensés croyaient que Dieu voulait qu'ils fissent la guerre aux musulmans ? N'est-ce pas nous qui avons été dans tous les siècles les amis du Grand Seigneur [que Dieu accomplisse ses désirs !] et l'ennemi de ses ennemis ? Les mamelouks au contraire ne se sont-ils pas toujours révoltés contre l'autorité du Grand Seigneur, qu'ils méconnaissent encore ? Ils ne font que leurs caprices. » La suite se révèle tout aussi édifiante : « Trois fois heureux ceux qui seront avec nous ! Ils prospéreront dans leur fortune et leur rang. Heureux ceux qui sont neutres ! Ils auront le temps d'apprendre à nous connaître et ils se rangeront avec nous. Mais malheur, trois fois malheur à ceux qui s'armeront pour les mamelouks et combattront contre nous ! Il n'y aura pas d'espérance pour eux : ils périront. »

2. « Ce type de formation a été mis au point par les Autrichiens et les Russes, dans leurs guerres contre les Ottomans au début du XVIIIe siècle, pour faire face à la cavalerie ottomane similaire à celle des mamelouks. L'armée française connaît cette manœuvre puisqu'elle est réglementaire depuis 1776, mais ne l'a jamais pratiquée. C'est la grande innovation militaire de l'expédition ; elle se généralisera durant les guerres du Consulat et de l'Empire », rappelle Henry Laurens, le meilleur historien de l'expédition.

Pyramides ; la seconde, celle d'Aboukir[1]. D'un point de vue politique, elle le conforte dans sa volonté, toute tactique, de tolérance religieuse mais aussi dans sa haine contre une Angleterre qui prive la France de cette Méditerranée dont il ne cessera plus de vouloir faire un lac français. Ainsi, tout ce qui devait le perdre conspire à le renforcer, fortifiant sa conviction d'être l'élu. Confronté à une succession d'épreuves, il parachève sa formation tandis qu'il augmente son prestige à proportion du discrédit du régime et des échecs de ses rivaux militaires, presque tous battus en 1799.

Comme il l'escomptait, l'éloignement décuple la légende. Lamartine rapporte dans ses *Mémoires de jeunesse* le récit des colporteurs qui viennent dans les provinces raconter la gloire de cette campagne : « Voilà, disaient ces derniers, la bataille des Pyramides en Egypte, gagnée par le général Bonaparte ! C'est ce petit homme maigre et noir, que vous voyez là, monté sur ce cheval jaune comme l'or, qui caracole, avec son long sabre à la main, devant ces tas de pierres taillées qu'on appelle des pyramides, et qui dit à ses soldats : "De là-haut, quarante siècles vous contemplent." » Et pourtant, le livre d'or de l'épopée masque une réalité chaque jour plus tragique ; à l'image de ce désert, « océan de pied ferme » qui envoûte mais peut tout aussi bien tuer[2].

A rebours des mirages de la propagande, diffusée maintenant en France par le *Courrier d'Egypte* et la *Décade égyp-*

1. « Cette charge de cavalerie immédiatement exploitée par l'infanterie se retrouvera à Marengo, écrit toujours Henry Laurens. La cavalerie n'a plus seulement un rôle d'exploration avant la bataille ou d'exploitation de la victoire. Bien qu'indiquée dans les règlements militaires de la fin de l'Ancien Régime, la charge n'était pas une pratique usitée, en raison des pertes en chevaux à une époque où la remonte est coûteuse et difficile. On peut supposer une influence plus ou moins consciente des pratiques mameloukes. »

2. « L'Empereur disait que le désert avait toujours eu pour lui un attrait particulier. Il ne l'avait jamais traversé sans une certaine émotion. C'était pour lui l'image de l'immensité, disait-il ; il ne montrait point de bornes, n'avait ni commencement ni fin ; c'était un océan de pied ferme. Ce spectacle plaisait à son imagination. Et il se complaisait à faire observer que Napoléon veut dire lion du désert ! » rappelle Las Cases dans le *Mémorial*.

tienne[1], le rêve césarien dégénère en cauchemar. Dès octobre 1798, Bonaparte dénonce au Directoire les bédouins qui mènent une guérilla impitoyable : « Leur férocité, écrit-il, est égale à la vie misérable qu'ils mènent, exposés des jours entiers dans des sables brûlants, à l'ardeur du soleil, sans eau pour s'abreuver. Ils sont sans pitié et sans foi. C'est le spectacle de l'homme sauvage le plus hideux qu'il soit possible de se figurer. » Les marches accablantes sous le soleil minent le moral des troupes, habituées aux riches plaines italiques. « L'armée, dira-t-il à Sainte-Hélène, était frappée d'une mélancolie vague que rien ne pouvait surmonter ; elle était attaquée du spleen ; plusieurs soldats se jetèrent dans le Nil pour y trouver une mort prompte. Tous les jours, après que les bivouacs étaient pris, le premier besoin des hommes était de se baigner. En sortant du Nil, les soldats commençaient à faire de la politique, à s'exaspérer, à se lamenter sur la fâcheuse position des choses. » La fiction d'un Bonaparte bras armé du commandeur des croyants, martelée auprès des Egyptiens, vole en éclats avec la déclaration de guerre de Constantinople à la France à l'automne 1798. Le 21 octobre, au reçu de la nouvelle, Le Caire, péniblement soumis, se soulève. Au « sultan kebir » succède un général à poigne : « Les Turcs ne peuvent se conduire que par la plus grande sévérité ; tous les jours, je fais couper cinq ou six têtes dans les rues du Caire, écrit-il à Menou dès l'été. Nous avons dû les ménager jusqu'à présent pour détruire cette réputation de terreur qui nous précédait : aujourd'hui au contraire, il faut prendre le ton qui convient pour que ces peuples obéissent ; et obéir, pour eux, c'est craindre. » L'émeute est noyée dans le sang, brisant la fiction de l'entente entre les peuples. Nos troupes viennent ainsi profaner la mosquée du quartier d'Al-Azhar, principal

1. Bonaparte n'hésite pas non plus à instrumentaliser les autorités égyptiennes en leur imposant de publier sous leur nom des proclamations, telle celle-ci affichée le 8 novembre 1798 au nom du « Conseil des Ulémas musulmans du Caire » : « Nous vous faisons savoir que le peuple français est, de toutes les nations européennes, le seul qui aime les musulmans et l'islamisme et déteste les idolâtres et leurs superstitions. Fidèles alliés du Sultan, les Français aiment ce qu'il aime et sont les ennemis de ses ennemis. »

foyer de l'insurrection, à l'indignation d'Al-Jabarti, principal témoin de l'expédition du côté égyptien : « Ils saccagèrent les salles attenantes et les dépendances, brisèrent les lampadaires et les veilleuses, brisèrent les coffres à livres appartenant aux étudiants, aux pensionnaires ou aux écrivains publics, s'emparèrent de tout ce qu'ils trouvèrent : vases, plats, effets divers qui avaient été déposés dans les placards et les armoires. Ils jetaient au rebut des livres et les volumes du Coran, y marchant dessus avec leurs chaussures ; ils souillèrent les lieux d'excréments, d'urines et de crachats. Ils y burent des bouteilles de vin qu'ils cassaient et jetaient ensuite dans la cour ou ses dépendances. S'ils rencontraient quelqu'un, ils le dépouillaient de ses vêtements et le chassaient ensuite. » Il ne s'agit plus de séduire mais de survivre, de nourrir une armée chaque jour plus faible, privée de renforts, coupée de la France par Aboukir, au milieu d'un peuple haineux, soulevé par l'appel au djihad édicté de Constantinople.

Plutôt que d'attendre passivement les Turcs, Bonaparte opte comme toujours pour l'attaque et va les chercher en Syrie au printemps 1799. Préfigurant Lawrence d'Arabie, il tente de fédérer les différentes tribus locales autour d'un chef religieux arabe, le chérif de La Mecque, et compte soulever des populations éparses dans une entreprise émancipatrice tournée contre l'Empire ottoman : « Je veux rétablir l'Arabie, dit-il aux oulémas peu de temps avant de partir en Syrie, qui m'en empêchera ? J'ai détruit les mamelouks, la plus intrépide milice de l'Orient. Quand nous nous serons bien entendus, et que les peuples d'Egypte sauront tout le bien que je veux leur faire, ils me seront sincèrement attachés. Je ferai renaître les temps de la gloire des Fatimides. » Après l'islamisme, le voilà contraint de prêcher un « arabisme » qui peine tout autant à convaincre. « Son but, rappelle l'historien Henry Laurens, est d'abord de créer une colonie franco-arabe. Une fois sa position affirmée en Egypte, il envahit la Syrie où les Druzes, les Maronites et les Arabes l'attendent. Avec eux, il soulève les Kurdes, les Arméniens, les Persans et les Turcomans, et s'empare de Constantinople. De là, il rentre en Europe et libère la

Grèce et l'Albanie puis la Pologne, détruisant la puissance russe. »

L'expédition, ralentie devant El-Arich et Jaffa, se trouve bientôt bloquée par la résistance héroïque de Saint-Jean-d'Acre. Bonaparte s'y heurte durant deux mois[1] à un ancien condisciple de Brienne, Phélyppeaux, qui conseille le commodore Sydney Smith et surtout Djezzar, le pacha d'Acre, qui sait galvaniser les troupes par la foi et les terroriser à la seule évocation de son surnom, « le boucher ». Les assauts se succèdent, décimant le corps expéditionnaire, bientôt atteint par la peste et souffrant quotidiennement de la soif. Alors que le vainqueur d'Arcole s'acharne, les officiers n'y croient plus, leur pessimisme achevant de miner le moral de la troupe. Le capitaine François, surnommé le « dromadaire d'Egypte », dépeint dans son *Journal* l'enfer du combattant : « [...] j'étais las de souffrir, mourant de faim, sans repos, empesté par l'odeur des cadavres [...]. On ne peut guère se faire une idée des calamités de toutes sortes qui nous accablaient. La peste étendait ses ravages dans nos rangs et remplissait nos esprits d'une sombre terreur. Cette effroyable maladie était augmentée par l'odeur qu'exhalaient les corps en putréfaction auxquels on ne pouvait donner la sépulture, le cruel Djezzar ne voulant accorder dans ce but aucune suspension d'armes. Les cadavres des Turcs et ceux de nos malheureux compagnons étaient entassés dans les fossés et dans les tranchées, et le feu de la place ne nous permettait pas de prendre le temps de les enlever, de les brûler ou de les couvrir de terre. D'un jour à l'autre nous étions de tranchée, et il nous fallait passer vingt-quatre heures parmi les morts, assis sur les moins putréfiés, ayant constamment le mouchoir sous le nez et ne pouvant ni boire ni manger dans cette position, à cause de l'odeur insupportable qui nous suffoquait[2]. »

---

1. Du 19 mars au 20 mai 1799 ; le siège se déroule en deux phases séparées par la bataille du Mont-Thabor au cours de laquelle Bonaparte étrille l'armée venue au secours de Djezzar.

2. Son journal demeure une des meilleures sources françaises sur l'expédition. François est surnommé le « dromadaire d'Egypte » en raison de son appartenance au célèbre régiment de cavalerie constitué sur place pour batailler dans le désert sur des montures *ad hoc*.

Bonaparte, la mort dans l'âme, doit décréter la retraite fin mai. Ses cent-jours en Terre sainte s'achèvent par un fiasco. Ils révèlent ses faiblesses dans la guerre de siège, cette dernière exigeant une patience et une endurance dont le maître de la guerre de mouvement se montre incapable[1]. Menacé d'anéantissement, il recourt à la terreur, seule à même selon lui de contenir ses adversaires. C'est ainsi qu'à l'aller, il a ordonné le 7 mars 1799 de massacrer plusieurs milliers de prisonniers turcs à Jaffa, acte terrible et injustifiable qu'il impose à ses subordonnés réticents dans l'espoir d'obliger Acre à capituler. Or, au lieu de répandre l'effroi, la barbarie n'aboutit qu'à galvaniser la garnison, celle-ci préférant mourir pour Allah plutôt que de se voir exterminée à l'arme blanche après s'être rendue. « Cet exemple, résume le trésorier Peyrusse, va apprendre à nos ennemis qu'ils ne peuvent compter sur la loyauté française, et, tôt ou tard, le sang de ces trois mille victimes retombera sur nous[2]. » La monstruosité de l'acte prouve que Bonaparte reste sur ce point le digne héritier du Comité de salut public. Elle révèle à quel point la vie humaine compte peu pour cet homme. Miot, un des grands témoins de l'expédition, a laissé un récit épouvantable du carnage qui sera utilisé par tous les adversaires de Napoléon : « Arrivés enfin dans les dunes de sable au sud-ouest de Jaffa, on les arrêta [les prisonniers] auprès d'une mare d'eau jaunâtre. » L'officier commandant « fit diviser la masse par petites portions et ces pelotons, conduits sur plusieurs points diffé-

1. Selon le commentaire de Kléber : « Nous avons attaqué à la turque une place défendue à l'européenne. » « En soixante jours, on s'obstina à faire quatorze assauts, inutiles et sanglants, ruineux pour notre petit nombre accuse Michelet dans son *Histoire du XIXe siècle*. L'obstination, l'aveuglement de Bonaparte étaient insupprimables : c'était comme une dispute entre lui et la Fortune, infidèle pour la première fois. »

2. Le début de sa missive, écrite le 10 mars 1799, dénonce l'horreur du procédé : « Que dans une ville prise d'assaut, le soldat effréné pille, brûle et tue tout ce qu'il rencontre, les lois de la guerre l'ordonnent et l'humanité jette un voile sur toutes ces horreurs ; mais que deux ou trois jours après un assaut, dans le calme de toutes les passions, on ait la froide barbarie de faire poignarder trois mille hommes qui se sont livrés à notre bonne foi, la postérité fera sans doute justice de cette atrocité, et ceux qui en auront donné l'ordre auront leur place parmi les bourreaux de l'humanité [...]. On avait bien recommandé de ne pas prodiguer la poudre et on a eu la férocité de les poignarder à coup de baïonnettes ; on a trouvé parmi les victimes beaucoup d'enfants qui, en mourant, s'étaient attachés au corps de leurs pères », s'indigne le trésorier.

rents, y furent fusillés. Cette horrible opération demanda beaucoup de temps, malgré le nombre des troupes réservées pour ce funeste sacrifice, et qui, je dois le déclarer, ne se prêtaient qu'avec une extrême répugnance, au ministère abominable qu'on exigeait de leurs bras victorieux ». Les victimes « firent avec calme leur ablution dans cette eau stagnante [...] puis, se prenant la main, après l'avoir portée sur le cœur et à la bouche, ainsi que se saluent les musulmans, ils donnaient et recevaient un éternel adieu. Leurs âmes courageuses paraissaient défier la mort ». Les bourreaux « n'ayant plus de cartouches achèvent leur sinistre besogne à l'arme blanche. Il se forma puisqu'il faut le dire, une pyramide effroyable de morts et de mourants dégoûtant le sang, et il fallut retirer les corps déjà expirés pour achever les malheureux qui, à l'abri de ce rempart affreux, épouvantable, n'avaient point encore été frappés [1] ».

Le retour d'Acre s'accomplit sous un soleil de plomb, offrant un spectacle de désolation dont Bourrienne donne un aperçu saisissant : « Une soif dévorante, le manque total d'eau, une chaleur excessive, une marche fatigante dans des dunes brûlantes, démoralisèrent les hommes, et firent succéder à tous les sentiments généreux, le plus cruel égoïsme, la plus affligeante indifférence. J'ai vu jeter, de dessus les brancards, des officiers amputés, dont le transport était ordonné et qui avaient même remis de l'argent pour récompense de la fatigue. J'ai vu abandonner dans les orges, des amputés, des blessés, des pestiférés, ou soupçonnés seulement de l'être. » Sur l'ordre du général en chef, tout brûle, villes, villages et moissons, aggravant la chaleur et conférant au retour un caractère d'apocalypse : « Nous n'étions entourés que de mourants, de pillards et d'incendiaires ; des mourants jetés sur les bords du chemin, disaient d'une voix faible : “Je ne suis pas pesti-

1. Bonaparte multiplie dès lors les proclamations menaçantes, limitant le choix entre l'amitié et la mort. Ainsi, aux habitants de Jérusalem et de Naplouse : « Je suis clément et miséricordieux envers mes amis, mais terrible comme le feu du ciel envers mes ennemis. »

féré, je ne suis que blessé”, et pour convaincre les passants, on en voyait rouvrir une blessure ou s’en faire une nouvelle. Personne n’y croyait : on disait, “son affaire est faite” et l’on passait, et l’on se tâtait, et l’on était content. Le soleil, dans tout son éclat, sous ce beau ciel, était obscurci par la fumée de nos continuels incendies. Nous avions la mer à notre droite ; à notre gauche, et derrière nous, le désert que nous faisions ; devant nous, les privations et les souffrances qui nous attendaient : telle était notre position véritable. » La légende noire souligne l’empoisonnement à l’opium d’une trentaine de malades incurables tandis que la légende dorée martèle la longue visite aux pestiférés du 11 mars 1799 qui a inspiré le célèbre tableau de Gros représentant Bonaparte en roi thaumaturge.

Bonaparte, pour la première fois de sa carrière, connaît les affres de la défaite et d’une retraite qui annonce celle de la Russie, à front climatique renversé. Les bédouins jouent le rôle futur des cosaques, harcelant les colonnes et massacrant les retardataires. A l’humiliation s’ajoute l’amertume. Excepté quelques tribus, le Moyen-Orient refuse de le suivre dans sa croisade arabique. Le nouvel Alexandre redescend sur terre tandis que l’héritier annoncé de César découvre que sa Cléopâtre le trompe à Paris. La double blessure narcissique, politique et amoureuse, ne cicatrisera jamais. Elle lui ferme les portes du monde et le renvoie à ses premiers échecs, la Corse et Thermidor : « Les séductions d’une conquête orientale me détournèrent de la pensée de l’Europe plus que je ne l’avais cru. Mon imagination se mêla, pour cette fois encore à ma pratique. Mais je crois qu’elle est morte à Saint-Jean-d’Acre », confessera-t-il à Claire de Rémusat[1].

L’étoile de Lodi s’éclipse derrière les murailles de Djezzar, le sang de Jaffa et la canicule de la retraite. A bout de souf-

1. Napoléon ressassera inlassablement ses remords, notamment à Sainte-Hélène. : « Si j’avais pris Acre [...] je serais allé aux Indes, précisera-t-il par exemple à Gourgaud. Mon intention aurait été, à Alep, de prendre le turban. J’étais assez aimé pour cela et je me serais trouvé à la tête d’une bonne armée et de 200 000 auxiliaires. L’Orient n’attend qu’un homme. »

frances, l'armée est proche de la révolte. L'éloignement de la France lui permet de camoufler l'ampleur du désastre auprès de l'opinion qui l'imagine déjà à Jérusalem. Pourtant, il semble alors à deux doigts de sa perte : les Ottomans s'apprêtent à débarquer tout comme les Anglais, Djezzar à le poursuivre, les mamelouks à revenir, Le Caire à se rebeller à nouveau. « Si je réussis, avait-il dit à Bourrienne, je trouverai dans la ville les trésors du pacha, et des armes pour trois cent mille hommes. Je soulève et j'arme toute la Syrie. [...] Je marche sur Damas et Alep. Je grossis mon armée, en avançant dans le pays, de tous les mécontents ; j'annonce au peuple l'abolition de la servitude et des gouvernements tyranniques des pachas. J'arrive à Constantinople avec des masses d'armées. Je renverse l'empire turc. Je fonde dans l'Orient un nouvel et grand empire qui fixera ma place dans la postérité, et peut-être retournerai-je à Paris par Andrinople ou par Vienne, après avoir anéanti la maison d'Autriche. » Le rêve évanoui, reste à sauver les apparences. Le retour au Caire s'effectue en grande pompe, troupes vêtues de neuf, pestiférés et blessés soigneusement laissés dans les hôpitaux avoisinants. En dépit de la perte d'un bon tiers des effectifs, le stratagème réussit et lui donne les quelques semaines de repos dont il a besoin.

*

En juin 1799, Bonaparte réussit à battre l'armée turque à Aboukir, effaçant sa défaite par une nouvelle victoire : « Général, s'incline l'irascible Kléber, vous êtes grand comme le monde, mais le monde n'est pas assez grand pour vous. » Ces retrouvailles avec le succès lui permettent d'envisager sereinement son retour. En effet, les nouvelles de France le décident à tenter le tout pour le tout. La guerre, qui vient de reprendre, commence on ne peut plus mal [1]. L'archiduc Charles repousse

1. Jourdan est écrasé à Stokach le 25 mars 1799, Moreau à Cassano par Souvorov le 27 avril suivant, MacDonald est défait à la Trébie le 19 juin, Milan et Turin tombent au printemps. Joubert est battu et tué à Novi le 15 août, jour du trentième anniversaire de Bonaparte. A ce moment, la France paraît condamnée.

notre armée sur le Rhin tandis que le général russe Souvorov nous inflige défaite sur défaite en Italie. Les Républiques-sœurs s'effondrent, les alliés débarquent en Hollande et attaquent en Suisse fin septembre. En outre, la Vendée s'enflamme tandis que les Jacobins, vainqueurs surprenants des dernières élections, menacent de renverser le régime. Les trois forces qui menacent la Révolution — l'Europe, la contre-révolution, la Terreur — se conjuguent à nouveau avec davantage de chances de succès qu'en 1793 en raison du discrédit dans lequel le régime a sombré. S'il n'agit pas maintenant, Bonaparte comprend que les événements se feront sans lui, voire contre lui. Plus que jamais, son destin hésite entre la chute et la gloire. Les risques qu'il prend en décidant de revenir sont pourtant immenses[1]. Il peut être capturé par la croisière anglaise[2], ou même être tué dans un combat naval. Une fois rentré en France, le Directoire, si toutefois il demeure encore debout, risque de l'accuser de désertion et de le faire exécuter. D'ailleurs peut-être arrivera-t-il trop tard, trouvera-t-il une France envahie, un Louis XVIII restauré. Qu'importe ! L'urgence du départ le taraude et il le confesse à Marmont : « La traversée pour retourner en France est chanceuse, difficile, hasardeuse ; mais elle l'est moins que ne l'était notre navigation en venant ici, et la fortune, qui m'a soutenu jusqu'à présent, ne m'abandonnera pas en ce moment. Au surplus, il faut savoir oser à propos ; qui ne se soumet à aucun risque n'a aucune chance de gain. » Reste à partir dans le secret afin de limiter les risques d'interception britannique et de fuir l'indignation d'une armée qui n'en peut plus et ne lui pardon-

1. « Il est agréable pour les grands cœurs de considérer ce qui dût alors se passer dans cette âme : d'un côté l'ambition, l'amour de la patrie, l'espérance de laisser un grand nom dans la postérité : de l'autre, la possibilité d'être pris par les Anglais ou fusillé. Et prendre un parti décisif uniquement sur des conjonctures, quelle fermeté de jugement ! La vie de cet homme est un hymne en faveur de la grandeur d'âme », applaudit Stendhal.

2. L'Angleterre est toutefois soupçonnée de lui avoir facilité la tâche : les informations catastrophistes sur l'état de la France lui ont été communiquées par le commodore Sir Sydney Smith sans doute afin de le pousser à un départ qui avait le double avantage de débarrasser l'Egypte de sa redoutable présence et de condamner l'expédition à brève échéance. Le gouvernement anglais, vu la tournure des événements en France, était peut-être également tenté de compliquer davantage la situation intérieure en facilitant son retour.

nera pas son départ. Comme en Corse en 1793, comme plus tard à Moscou, il quitte la partie juste à temps. Comme il le fera dix-sept ans après à l'île d'Elbe, il prend prétexte de la crise politique pour justifier son retour, éternel revenant, sauveur plutôt que déserteur. Il n'emmène avec lui que les fidèles entre les fidèles — Berthier, Marmont, Lannes et Murat — et ses guides, embryon de sa future garde [1].

Parti le 22 août 1799 sur *la Muiron*, du nom de l'ami mort au pont d'Arcole pour le sauver, il débarque le 9 octobre suivant à dix heures du matin à Fréjus. A nouveau protégé par son étoile, il paraît cette fois résolu à aller jusqu'au bout. A l'exception de l'épisode de Saint-Jean-d'Acre, soigneusement tu à l'opinion, il demeure le seul général républicain invaincu. En dépit de Vendémiaire, souvenir déjà lointain pour les Français, il se place d'entrée au-dessus des partis, vierge des crimes commis par la Terreur et la guerre civile, étranger aux factions, ennobli par la gloire, mythifié par l'absence. Aux yeux d'une population qui ne veut plus de Barras mais ne souhaite pas davantage le retour de Fouché que l'avènement de Louis XVIII, il s'impose comme l'ultime recours. Un passage du *Mémorial* décrit ce moment unique : « Lorsque une déplorable faiblesse se manifeste dans les conseils du pouvoir, une inquiétude vague se répand dans la société, elle semble chercher un homme qui puisse la sauver. Le génie tutélaire, une nation nombreuse le renferme toujours dans son sein ; mais quelquefois il tarde à paraître. En effet, il ne suffit pas qu'il existe, il faut qu'il soit connu ; il faut qu'il se connaisse lui-même... Mais que ce sauveur impatiemment attendu donne tout à coup un signe d'existence, l'instinct national le devine et l'appelle, les obstacles s'aplanissent devant lui, et tout un grand peuple, volant sur son passage, semble dire : le voilà ! »

1. « Ils étaient indispensables pour moi, dira-t-il à Sainte-Hélène, j'avais mon projet. Il me fallait les garder, et 300 hommes sûrs et d'élite étaient une chose immense. »

Nombre d'esprits éclairés avaient prophétisé que la Révolution, à partir du moment où elle était entrée dans le cycle infernal de la Terreur et de la guerre, l'une justifiant l'autre, se terminerait par l'avènement d'un militaire. « Ou le roi aura une armée, ou l'armée aura un roi, avait ainsi prédit Mirabeau en 1790. Nous aurons quelques soldats heureux, car les révolutions périssent toujours par le sabre. » Et de citer à l'appui les exemples de Sylla, César et Cromwell. La guerre en effet tend naturellement à soumettre la société civile au commandement militaire. Car en démultipliant la peur, le conflit génère toujours un besoin accru d'ordre et de protection ; il appelle à un pouvoir fort et incarné. Après une décennie, la Révolution termine sa longue rotation qui ramène la France dans le giron de l'absolutisme après avoir accompli le chemin en sens inverse vers l'anarchie.

De 1789 à 1792, la table rase avait abouti à la division puis à l'éclatement du pouvoir rassemblé jusqu'alors dans les mains du monarque : fin des privilèges, suppression de la royauté, affaiblissement des ministres, création de nouveaux pouvoirs élus, rivalités multiples entre le roi et l'assemblée, l'assemblée et les clubs, les partis et les chefs scandent cette décomposition. Mais, face aux épreuves, le processus s'est inversé : de la Convention au Comité de salut public, du Comité au Directoire, du Directoire... au Consulat. C'est pourquoi Robespierre s'était opposé à la guerre en 1792... avant de s'y rallier lorsqu'il comprit qu'elle scellerait la perte du trône et favoriserait en retour son élévation. Cinq ans après sa chute, les esprits étaient mûrs pour cette dictature républicaine que « l'Incorruptible » n'avait en réalité jamais cessé de convoiter, sous couvert de s'en faire l'inlassable procureur. La première République meurt de son incapacité à combler le vide du pouvoir auguré par la table rase et ponctué par le régicide. Le deuil de la liberté favorise l'éternel retour de la puissance au profit d'un nouvel exécutif finalement renforcé par la substitution de la souveraineté populaire au droit divin et à la tradition. En clair, l'absolutisme n'avait pas disparu, il s'était simplement métamorphosé.

CHAPITRE III

LA DÉCHIRURE

« La fragilité de l'Empire était dans les incertitudes du 18 Brumaire. »

Jacques BAINVILLE.

L'ambiguïté

Au moment où il parvient à Paris, le 16 octobre 1799, Bonaparte semble déjà maître du pouvoir. Depuis son débarquement, l'opinion l'ovationne sans retenue. A Pontarlier, rapporte un document de l'époque, la nouvelle de son retour « a tellement électrisé les républicains [...] que plusieurs d'entre eux en ont été incommodés, que d'autres ont versé des larmes de joie, et que tous ne savaient si c'était un rêve » [1]. L'ancien conventionnel Baudin meurt de joie en apprenant son arrivée. Sur son passage la foule obstrue les routes ; les villes, comme Lyon, illuminent en son honneur. Il s'agit d'un véritable sacre

1. Thiébault témoigne dans ses vivants Mémoires de l'enthousiasme général qui accueille l'annonce de son retour dans la capitale : « Cette nouvelle, que le Directoire venait de faire annoncer aux Conseils par un messager précédé d'une musique, se propageait avec la rapidité fluide de l'électricité. Chaque coin de rue offrait une nouvelle représentation de la scène du Palais-Royal ; de plus, les musiques des régiments de la garnison parcouraient déjà Paris en signe d'allégresse publique, entraînant à leur suite des flots de peuple et de soldats. La nuit venue, des illuminations furent improvisées dans tous les quartiers, et ce retour aussi désiré qu'inattendu fut annoncé aux cris de : Vive la République ! de : Vive Bonaparte ! dans tous les théâtres. Enfin on se cherchait pour s'apprendre ce retour miraculeux ; on se visitait pour s'en féliciter, et l'enthousiasme, le délire qui animaient si étrangement Paris, allaient se répandre dans la France entière. »

populaire, encore plus marquant que celui qu'il a reçu à son retour d'Italie. Arrivé dans la capitale, « il n'avait qu'à se baisser et à prendre, estime Frénilly. La France haletait après le despotisme d'un seul, après avoir passé pendant huit ans de l'anarchie des Bourbons à l'anarchie des histrions ». Sous l'impulsion de Sieyès, le Directoire est déjà entré en convulsions [1]. Haï par les royalistes et les Jacobins, le régime a également perdu le soutien des libéraux comme Mme de Staël et Benjamin Constant. Le coup d'Etat du 18 fructidor, la remontée électorale des Jacobins et la reprise de la guerre avec pour corollaire le retour à la législation liberticide de la Terreur les ont dégoûtés, au moins autant que le cynisme et la corruption de Barras qui ne sera décidément pas le Washington français qu'ils appelaient de leurs vœux. Pour comprendre leur point de vue, on peut partir de l'ouvrage rédigé alors par Mme de Staël et qu'elle choisira finalement de ne pas publier. Il s'intitule *Des circonstances actuelles qui peuvent terminer la Révolution et des principes qui doivent fonder la liberté en France* [2]. L'égérie du libéralisme constate, pour le déplorer, le divorce croissant de la Révolution avec la liberté et l'impossibilité du Directoire à réguler les passions tout comme à gouverner autrement que par la violence. Dénonçant le fossé existant entre le libéralisme des principes et la tyrannie des moyens, elle constate qu'il « n'existe donc pas [...] de constitution en France, puisque ni la liberté, ni l'égalité, ni le bonheur n'y sont point encore établis ». Fustigeant la Terreur, elle appelle à une révision constitutionnelle d'envergure [3] et à la prompte conclusion de la paix.

1. Elu le 16 mai 1799 à la place de Rewbell, Sieyès inspire le mois suivant un premier coup d'Etat parlementaire qui chasse trois des Directeurs (Treilhard, Merlin et La Révellière-Lépeaux), aussitôt remplacés par trois inconnus : Gohier, Moulin et Ducos, ce dernier étant entièrement dans les mains de l'auteur de *Qu'est-ce que le tiers état ?* alors que Moulin est plutôt un proche de Barras. S'ensuit un remaniement ministériel d'envergure, plutôt favorable aux Jacobins, avec les nominations de Cambacérès à la Justice, Lindet aux Finances, Fouché à la Police et Bernadotte à la Guerre tandis que Talleyrand abandonne les Relations extérieures en faveur de Reinhard.

2. Rédigé après le coup d'Etat du 18 fructidor, l'ouvrage ne fut publié qu'en 1906 par J. Vienot. L'édition de référence a été publiée par Droz en 1979.

3. La fille de Necker entend consacrer le primat de l'« aristocratie naturelle », soit le gouvernement des meilleurs au détriment de l'« aristocratie factice ». Réservée sur

Attaqué sur sa droite, le régime l'est tout autant sur sa gauche, qui dénonce le recul démocratique des institutions de l'an III et la prévarication des dirigeants. Ainsi le Directoire a-t-il réalisé l'unanimité contre lui comme le constate Fiévée : « Jamais l'impuissance d'un gouvernement ne parut plus évidente qu'à l'époque où le Directoire, délivré de toute opposition légale, devint seul responsable devant l'opinion publique, écrit-il à la fin de ses souvenirs. La terreur a ses conditions ; elle n'admet ni le luxe, ni les plaisirs, ni les spéculations financières ; il lui faut l'appui des masses et des mœurs sévères. Le gouvernement des cinq, au milieu de ses autres embarras s'était mis dans la nécessité d'être ingrat envers les restes du parti terroriste, qu'il avait lui-même provoqué à se reconstituer en sociétés populaires et ne demandait qu'à recommencer. Tout lui était donc ennemi, excepté les intrigants et les fournisseurs ; et Dieu sait à quelles conditions [1]. »

Bonaparte a d'autant plus l'espoir d'aboutir qu'il appartient à chacune des factions rivales par son histoire. Même s'ils se méfient de lui, les Jacobins se souviennent du libérateur de Toulon, de l'adversaire de Paoli et de l'ami des Robespierre. Barras a été son témoin de mariage et a fait sa carrière. Idéologues et libéraux l'ont adoubé depuis qu'il est membre de l'Institut. Même les royalistes le regardent maintenant d'un œil favorable depuis qu'il a ménagé le clergé en Italie et respecté les émigrés. Les aristocrates savent qu'il demeure l'un des leurs comme l'a prouvé son mariage avec Joséphine. L'équivoque qui l'entoure forme en ce moment son meilleur atout, car il suscite un espoir universel, un consensus par défaut maçonné par la haine ressentie à l'encontre du Directoire. Bonaparte en joue avec maestria. Maintenant le secret

---

la liberté de la presse, elle appelle à l'établissement d'un suffrage censitaire sans le nom et à un renforcement de l'exécutif qu'elle souhaite voir doter d'un veto, du droit de dissolution et d'une immunité pénale absolue : « Dans les républiques, écrit-elle pour justifier son point de vue sur ce dernier point, il n'y a qu'une chose à craindre, c'est qu'on ne cherche à perdre injustement les hommes puissants, non à les sauver quand ils sont coupables. »

1. Un bon mot, rapporté par la police directoriale, clamait dès 1796 : « La République est à l'agonie ; cinq cochons à vendre et un louis à acheter. »

sur ses intentions futures[1], il reste dans ce flou protecteur par des propos convenus sur l'amour de la liberté et le génie de la Révolution qui n'engagent personne. Brumaire sera ponctué de ces discours déjà si modernes par le contraste qui s'en dégage entre la volonté affichée de réformes et le vague des moyens désignés pour y parvenir. Tout semble donc à point pour le revenant d'Egypte dont l'hôtel particulier ne désemplit pas et abrite de nombreux conciliabules. Signe que Bonaparte les terrorise, les Directeurs aux abois le reçoivent chaleureusement à son arrivée à Paris alors qu'ils auraient pu — c'était notamment l'avis de Bernadotte — le faire condamner pour abandon de poste.

*

La stratégie de Bonaparte consiste à s'installer au point d'équilibre du triangle politique français, formé par Barras et sa clique au centre, les Jacobins à gauche, Sieyès et ceux qu'on appelle les révisionnistes[2] à droite. En instrumentalisant Sieyès et en neutralisant les deux autres factions, il pourrait alors exercer un effet de levier propre à démantibuler l'ensemble de l'échafaudage politique à son profit.

Fort de sa longévité au pouvoir — il est le seul Directeur à être resté en place depuis 1795 —, Barras dispose encore d'une large clientèle à sa dévotion. Riche de son expérience, le grand architecte de la politique de bascule s'imagine encore indispensable en raison de sa position centrale sur l'échiquier partisan. Mais, comme souvent, le pouvoir l'a enivré et a tué à petit feu l'énergie du républicain pour laisser place au sybarite blasé qu'il est devenu. Encensé par sa cour, « le Roi du Directoire » se croit toujours populaire alors qu'il est totale-

1. Arnault, dans ses *Souvenirs d'un sexagénaire*, remarque avec finesse que « son secret était pour lui une somme divisible à l'infini, qu'il ne dépensait que dans le besoin, et qu'il ne distribuait que dans des mesures déterminées par son intérêt et proportionnées à l'utilité dont lui pouvaient être les confidents qu'il admettait à ce partage. »

2. On les surnomme ainsi parce qu'ils veulent changer de constitution sans renverser la République. Ils regroupent les idéologues de l'Institut et les républicains libéraux.

ment démonétisé, y compris au sein de la nébuleuse républicaine. Autant dire que son soutien est plus à craindre qu'à désirer.

Vainqueurs des dernières élections, les Jacobins veulent abattre le régime et bénéficient pour ce faire d'appuis solides dans l'armée et les clubs[1]. Résolus et autoritaires, ils perpétuent l'esprit du Comité de salut public dont personne n'a oublié qu'il a conduit le pays à la victoire. Utilisés en Vendémiaire puis Fructidor comme recours contre la menace royaliste, abandonnés en Floréal, ils sont parvenus à pousser leurs pions depuis l'élection de Sieyès, inspirant par exemple la nomination de Bernadotte à la Guerre et de Gohier au Directoire. Mais il leur manque un chef ainsi qu'une unité idéologique et d'action depuis la mort de Robespierre. Privés du soutien de la masse depuis Prairial[2], ils bénéficient pourtant d'un regain de popularité depuis la reprise de la guerre. Comme en 1793, les premières défaites génèrent la grande peur du retour de l'Ancien Régime qui s'alimente à l'embrasement de la Vendée et au foyer mal éteint du complot aristocratique. Le tout suscite comme à l'époque l'appel à la dictature républicaine et à l'épuration sans faille des royalistes de fait ou d'intention. Mais le spectre de la Terreur continue tout autant à hanter les esprits et à jeter dans les bras des modérés la majorité du personnel politique.

C'est sur ces notables que s'appuie résolument Sieyès. Le nouveau Directeur souhaite lui aussi la mise à mort de la Constitution de l'an III, qu'il a toujours condamnée, mais pour des raisons inverses à celles des partisans de Robespierre. Alors que ces derniers veulent poursuivre la guerre et la poli-

1. Leur principal vivier est constitué par le club du Manège qui regroupe environ 3 000 membres dont 250 députés. Mais il est fermé fin août par Fouché.

2. « Le drame du jacobinisme, en l'an VII, c'est qu'il tient à des souvenirs plus qu'à des réalités, analysent François Furet et Denis Richet. Les députés peuvent bien exciper du péril extérieur pour réclamer des châtiments et voter des mesures d'exceptions, il leur manque ce qui a fait la force de leurs prédécesseurs en l'an II : le soutien populaire, l'alliance avec les faubourgs. »

tique de réaction contre le clergé et la noblesse, Sieyès désire au contraire mettre fin à l'anarchie pour bâtir une république stable et pacifique. Entre la gauche et la droite républicaines, le combat dure depuis plusieurs mois et dégénère chaque jour davantage. Majoritaires au Conseil des Cinq-Cents, la chambre basse, les Jacobins viennent de faire voter deux lois liberticides. La première établit un impôt forcé de cent millions sur les plus fortunés. La seconde, dite loi des otages, renoue avec les principes de la Terreur en permettant l'emprisonnement et la déportation des parents de tous les suspects. Le peuple parisien ayant disparu de la scène politique depuis l'échec des journées révolutionnaires du printemps 1795, l'armée demeure l'arbitre de fait.

Jacques Bainville explique pourquoi Bonaparte devait nécessairement s'allier à l'auteur de *Qu'est-ce que le tiers état ?* : « Il a raconté plus tard qu'il pouvait choisir, pour faire son coup, entre trois éléments : le Manège, c'est-à-dire les Jacobins ; les Pourris, c'est-à-dire Barras ; et les Modérés, c'est-à-dire Sieyès. [...]. Il avait refusé de marcher avec les Jacobins, dont il avait reçu quelques avances, parce qu'il voulait justement affranchir la France du jacobinisme. Il avait écarté les "pourris" sur lesquels, par définition, on ne pouvait s'appuyer pour créer un régime sain. Et il avait opté pour les modérés parce que c'était parmi eux que se trouvaient les hommes les plus honnêtes, les plus aptes à restaurer une bonne administration, ceux qui répondaient le mieux aux aspirations moyennes du pays. » L'analyse vaut la peine d'être complétée par des considérants plus tactiques. Le pacte avec Barras, noué quatre ans plus tôt, n'était plus tenable en raison du lien de subordination existant entre les protagonistes. Jamais l'ancien mentor ne condescendrait à changer de rôle avec son ex-janissaire... pour devenir son bras droit. Pour Barras, Bonaparte demeure ce vassal militaire qui lui doit tout, on a envie d'écrire trop — sa femme, sa carrière et sa fortune —, ce pauvre hère crotté qu'il a tiré de la fange pour le propulser au commandement de Paris puis de l'armée d'Italie. Il l'a trop longtemps méprisé, il ne pourra jamais l'admirer, donc se soumettre. Pour le vainqueur des Pyramides, Barras devient une gêne, presque une honte, dont il entend se débarrasser.

De même, le choix jacobin le renvoie à ce passé robespierriste qu'il veut gommer. Ce mouvement, il le sent bien, est en perte de vitesse et de résolution. Un chef d'Etat, il l'a compris depuis l'Italie et l'Egypte, ne peut faire abstraction des élites. En outre, les Jacobins, tout comme Barras, refusent de lui ouvrir les portes du Directoire. Gohier et Moulin, pressentis à ce sujet au retour d'Egypte, se sont prudemment dérobés. Il ne reste donc plus que Sieyès : son camp rassemble le plus large et, dépourvu de généraux, a le plus besoin de lui. Les Jacobins possèdent déjà leur épée en la personne de Bernadotte, éphémère ministre de la Guerre en 1799. Les futurs brumairiens, parlementaires, savants ou philosophes, peinent à gagner l'armée, réputée très à gauche. C'est pourquoi Sieyès cherche un sabre depuis la mort de Joubert, tué à Novi le 15 août précédent.

L'alliance se révèle difficile à sceller en raison de l'ombrageuse susceptibilité des deux protagonistes[1]. « Nous avons joué aux tabourets comme de vieilles duchesses » ironisera Bonaparte à Sainte-Hélène. Sieyès veut une simple épée, Bonaparte conquérir le pouvoir. Mais chacun a besoin de l'autre : le général amène l'armée, le Directeur la promesse d'une majorité parlementaire et ses réseaux sans lesquels aucune révolution pacifique n'est possible. Les conciliabules n'aboutissent que le 1er novembre, huit jours seulement avant le coup d'Etat, à un compromis péniblement négocié par Talleyrand, Roederer et Lucien Bonaparte, ce dernier nouvellement élu au poste stratégique de président du Conseil des Cinq-Cents. Le pacte de pouvoir se limite au strict minimum : renversement du Directoire, établissement d'un triumvirat provisoire comprenant Sieyès, son ami Ducos et Bonaparte, révision constitutionnelle préparée par des commissions

1. Lors de leur première rencontre, à un dîner chez Gohier le 22 octobre, Bonaparte ignore superbement l'abbé qui s'exclame auprès de son hôte : « Voyez comme ce petit insolent traite un membre d'une autorité qui aurait dû le faire fusiller. »

ad hoc et consacrée par plébiscite[1]. Il masque mal le malentendu fondateur entre les brumairiens et le général. Sieyès, qui a lancé la révolution en publiant deux pamphlets retentissants, *Qu'est-ce que le tiers état ?* et l'*Essai sur les privilèges*, veut la terminer au profit des notables en général et du sien en particulier. Pour l'ancien abbé, il ne s'agit plus de détruire, mais de conserver les résultats politiques et sociaux d'une Révolution qui a accompli ses desseins en abolissant l'hérédité honnie et en engageant, via les biens nationaux, un vaste transfert de propriété au profit de la bourgeoisie. C'est cela qu'il faut sauver, et pour ce faire il faut assurer la domination de la nouvelle élite politique qui, comme il l'a dit lui-même, a « vécu » pendant la Terreur avant de prendre le pouvoir en Thermidor. Brumaire constitue l'ultime étape à franchir pour briser les Jacobins et envoyer aux oubliettes ce maudit suffrage universel qui menace encore la stabilité du nouvel ordre social. Plus de vision, encore moins d'idéal, seulement la volonté de jouir enfin tranquillement des biens « mal acquis », la soif de s'accrocher au pouvoir. Comme souvent dans notre histoire, le parti du mouvement est devenu conservateur une fois qu'il s'est installé aux commandes[2]. On trouve la quintessence de son programme dans la déclaration d'un des brumairiens à Mme de Staël : « Puisque nous ne pouvons pas sauver les principes de la Révolution, tâchons du moins de sauver ceux *qui l'ont faite.* » S'opposant à Bernadotte quelques semaines plus tôt au sujet de la fermeture du principal club jacobin dont le futur roi de Suède était l'un des meneurs, Fouché avait complété le propos en termes plus crus : « Imbé-

1. Bonaparte impose le plébiscite à un Sieyès réticent dans des termes énergiques consignés par Lucien dans son récit autobiographique intitulé *Révolution de Brumaire* : « [...] Vous ne pensez pas sans doute à présenter à la France une nouvelle constitution toute faite, sans qu'elle ait été discutée posément et article par article. Ce n'est pas l'affaire d'un moment et nous n'avons pas de temps à perdre. Il nous faut donc nécessairement un gouvernement provisoire qui prenne l'autorité le jour même de la translation, et une commission législative pour préparer une constitution raisonnable et la proposer à la votation du peuple : car je ne voudrai jamais rien qui ne soit librement discuté et approuvé par une votation universelle bien constatée. Après cette votation, que les royalistes ou les jacobins viennent... et nous les mettrons à la raison. »

2. « Les principes de 89 fondent toute une démocratie d'intérêt, donc ils sont inséparables d'une politique de conservation » résume François Furet pour expliquer la métamorphose.

cile ! Où vas-tu et que veux-tu faire ? En 93, à la bonne heure, il y avait tout à gagner, à défaire et refaire... Puisque nous voilà arrivés et que nous n'avons plus qu'à perdre, pourquoi continuer ? »

Bonaparte refuse de se limiter à cette conception étriquée qui veut rétablir l'ordre sans donner satisfaction aux passions. Lui entend moins terminer que poursuivre la Révolution après avoir pérennisé ses principes et assuré l'autorité de l'Etat. En somme, pour Bonaparte, Brumaire représente un commencement, pour Sieyès une fin. Entre conservation et mouvement, Bonaparte sera toujours l'homme de l'en-avant, le funambule sans filet, jamais le jouisseur tranquille dont rêvent les brumairiens et après eux la majorité bourgeoise. Pas question non plus de se laisser enfermer dans un parti, aussi large soit-il. Le conquérant d'Italie veut régner sur le cœur de tous les Français. Pour la première fois dans l'histoire tumultueuse des dix dernières années, il ne veut pas chasser un clan au profit d'un autre mais transcender les hommes et les clivages pour réaliser l'union sacrée[1].

Aussi Bonaparte tente-t-il d'échapper, dès l'origine, aux serres des brumairiens. Il rêve au plus profond de lui-même d'être porté sur le pavois par la France unie, au-dessus des partis et de leurs médiocres conspirations d'appareil. Cette aspiration explique pourquoi il poursuit ses contacts le plus tard possible avec les Jacobins et les militaires supposés hostiles à son entreprise. Même Barras demeure cajolé, entretenu dans l'illusion de jouer un rôle jusqu'à la dernière heure[2].

1. Il affirme cette ambition dans la proclamation qu'il fait insérer au *Moniteur* le lendemain du coup d'Etat : « Tous les partis sont venus à moi, m'ont confié leurs desseins, dévoilé leurs secrets et m'ont demandé mon appui : j'ai refusé d'être l'homme d'un parti. » « A tous, il disait le mot qui révélait d'ailleurs sa vraie pensée : "Je suis national !", mot magnifique qu'on n'avait pas encore entendu, depuis 1789, dans cette France déchirée », résume de son côté Louis Madelin dans sa monumentale *Histoire du Consulat et de l'Empire*.

2. Barras ne comprend le sort qui lui est réservé que la veille au soir du coup d'Etat lorsque son ancien protégé, reniant sa promesse, s'abstient de lui rendre visite : « Je vois que Bonaparte me trompe, dit alors le Directeur à Bourrienne. Il ne reviendra pas ; c'est fini ; c'est pourtant à moi qu'il doit tout. » Le 18 Brumaire, Mme Tallien lui apprend la première que le nouvel homme fort est en passe de le renverser : « Que

Bien sûr, il entre dans ces préparatifs un évident souci tactique, mais cela ne doit pas masquer l'idéal qui le porte et par là même l'absout, cette volonté de réaliser l'alchimie entre les hommes et les clans adverses, la quête d'une légitimité inédite appuyée sur le peuple, les notables, les militaires, les savants, les écrivains et les parlementaires ; légitimité inclusive de rassemblement et non plus exclusive, consacrant le triomphe d'une faction au détriment de l'intérêt général. Pour réussir son pari, il lui est indispensable de donner à sa prise de pouvoir un caractère consensuel. Il souhaiterait non prendre la direction à la hussarde, mais qu'on la lui offre. Comme l'a martelé Curzio Malaparte dans le chapitre de sa *Technique du coup d'Etat* consacré à Brumaire, Bonaparte ambitionne de rester dans la légalité pour réussir cette « révolution pacifique » devant laquelle tous ses prédécesseurs ont échoué [1].

En ce sens, son projet est moderne car il a compris ce que Malaparte appelle « le danger de la multiplicité et de la fragilité des rapports entre l'Etat et le citoyen ». Mais l'individu Bonaparte demeure « un homme du XVIIIe siècle, obligé de résoudre des problèmes nouveaux et délicats qui se présentent sous cette forme-là pour la première fois, et dans une circonstance extraordinaire, c'est-à-dire les problèmes relatifs à la nature complexe de l'état moderne ». Entre le manœuvrier politique qui rêve d'un pouvoir remis par consentement et l'homme qui pense à s'en saisir par la force, la contradiction est insurmontable. Encore une fois, c'est au risque de la chute que Bonaparte confie son destin [2].

---

voulez-vous, s'écrie l'indolent épicurien, cet homme-là (désignant Bonaparte par une épithète grossière) nous a tous mis dedans. » Napoléon aurait définitivement décidé de l'écarter à l'issue d'un dîner le 30 octobre où Barras s'était contenté de lui proposer le commandement de l'armée d'un outrageant : « Ton lot, c'est le militaire. » L'élève avait dépassé le maître, mais seul le maître l'ignorait encore.

1. Pour ce faire, il « doit avoir la prudence de paraître jouer un rôle secondaire dans une comédie parlementaire, dont le personnage principal est le corps législatif ». « C'est une révolte parlementaire qu'il veut : il entend s'emparer du pouvoir civil sans illégalité et sans violence [...]. Il lui suffit du prestige de la gloire de son nom », écrit toujours Malaparte.

2. « La plus grave de ses erreurs, précise toujours le même auteur, celle d'avoir fondé le plan du 18 Brumaire sur le respect de la légalité et sur le mécanisme de la procédure parlementaire, révèle chez Bonaparte une perception si fine de quelques-uns des problèmes actuels de l'Etat, une inquiétude si intelligente en face du danger de la multiplicité et de la fragilité des rapports entre l'Etat et le citoyen, qu'elles font de lui un homme absolument moderne, un Européen de notre temps. »

*

Absorbé par ses pourparlers avec les parlementaires, peut-être trop confiant dans l'issue favorable, Bonaparte n'a guère le temps de s'occuper des préparatifs militaires. Berthier se contente de relever les noms d'officiers fidèles qui se retrouvent dans une incroyable cohue au matin du 18 Brumaire. En revanche, les puissants du jour, qui constituent autant d'opposants virtuels, sont séduits ou neutralisés. Fouché, ministre de la Police, fait preuve d'une neutralité plus que bienveillante en taisant le complot aux Directeurs. Arnault, un des mémorialistes oubliés de la période, le dépeint quelques jours avant l'événement, abusant le Directeur Gohier dans le salon de Joséphine[1]. Le dialogue semble tiré d'un vaudeville :

« — Quoi de neuf, Citoyen ministre ?, lui dit le citoyen Directeur, tout en buvant son thé et avec une bonhomie assez piquante dans la circonstance.

— De neuf ? Rien en vérité, rien, répondit le ministre avec une légèreté qui n'était pas tout à fait de la grâce.

— Mais encore ?

— Toujours les mêmes bavardages.

— Comment ?

— Toujours la conspiration.

— La conspiration !, dit Joséphine avec vivacité.

— La conspiration !, répète le bon président en levant les épaules.

— Oui, la conspiration, reprend le malin ministre ; mais je sais à quoi m'en tenir. J'y vois clair, citoyen Directeur, fiez-vous à moi ; ce n'est pas moi qu'on attrape. S'il y avait conspiration depuis qu'on en parle, n'en aurait-on pas eu la preuve sur la place de la Révolution ou dans la plaine de Grenelle ? Et ce disant, il éclatait de rire.

— Fi donc, citoyen Fouché, dit Joséphine, pouvez-vous rire de ces choses-là ?

---

1. Gohier fut manipulé de bout en bout par Joséphine dont il fut l'un des familiers... jusqu'au 18 Brumaire. Il a laissé des souvenirs assez naïfs que l'on consulte avec profit à condition de ne jamais perdre de vue la subjectivité de leur auteur.

— Le ministre parle en homme qui sait son affaire, reprit Gohier ; mais tranquillisez-vous, citoyenne, dire ces choses-là, devant les dames, c'est prouver qu'il n'y a pas lieu à les faire. Faites comme le gouvernement, ne vous inquiétez pas de ces bruits-là ; dormez tranquille. »

Le général Lefebvre, autre Jacobin notoire commandant la place de Paris, est gagné en personne par Bonaparte[1] et finit par lui promettre de « jeter ces bougres d'avocats à la rivière ». Grâce à ces deux ralliements, la principale garnison et la police se trouvent circonvenues d'avance. Aux Anciens, Sieyès s'est assuré d'une majorité confortable, indispensable car la chambre haute est seule à même de décréter le transfert des chambres de Paris à Saint-Cloud[2] et la nomination de Bonaparte à la tête de la garnison de la capitale. Ce premier pas accompli, tout serait facile. Eloignés du chaudron parisien, les parlementaires entérineraient sans trop de difficultés la démission du Directoire et nommeraient les trois consuls prévus avec pour tâche d'édifier une autre constitution, ensuite soumise à la ratification populaire.

Cette belle mécanique grippe dans l'exécution. Une nouvelle fois, l'idéal se brise devant la dure réalité du jeu politique. Tout à son obsession de gagner les parlementaires, Bonaparte commence par retarder le jour J afin de s'assurer du soutien des indécis[3]. La manœuvre aboutit à l'effet inverse de celui recherché : les Anciens, courageux mais pas téméraires, doutent désormais de sa volonté d'aller jusqu'au bout tandis que le secret s'évente dangereusement. Fouché, expert en la matière pour avoir orchestré la chute de « l'Incorruptible », avertit Bourrienne : « Dites donc à votre général de se hâter, s'il tarde, il est perdu. » La principale erreur, qui faillit

1. « Il fut ému par une éloquente peinture des maux de la patrie, par une adjuration pathétique, plus encore par le don que lui fit Bonaparte du cimeterre qu'il portait en Egypte », résume Jacques Bainville.

2. « Ce site offrait des avantages, précise Th. Lentz, le meilleur historien du coup d'Etat, il n'était pas éloigné de Paris, mais en était séparé par les méandres de la Seine. On en contrôlerait les accès en occupant les ponts. »

3. « Je leur laisse le temps de se convaincre que je puis faire sans eux ce que je veux faire avec eux », dit-il à son ami Arnault pour justifier ce retard.

être mortelle, consiste à prévoir le coup d'Etat sur deux jours — le premier consacré au transfert, le second à l'avènement du Consulat —, ce qui laisse une nuit aux Jacobins pour préparer leur riposte. Par souci « légalitaire », Bonaparte refuse à Sieyès l'arrestation préventive des opposants les plus notoires[1]. Il donne ainsi à la révolte des chefs tout trouvés. Tout au plus accepte-t-il qu'on oublie volontairement de convoquer les membres les plus remuants du Conseil des Anciens lors de la première journée, « subterfuge » obtenu grâce à la complicité des inspecteurs de la salle qui ont été gagnés au complot. En réalité, il semble de bout en bout avoir sous-estimé les difficultés. Plébiscité depuis son débarquement, aveuglé par l'accueil enthousiaste reçu de toute part, il a sans doute pensé qu'il lui suffirait d'apparaître pour être consacré.

La blessure

La première journée, le 18 brumaire donc, se déroule sans encombre. A neuf heures du matin, sous le prétexte d'une conspiration jacobine, le transfert à Saint-Cloud est voté. Bonaparte prend le commandement sans difficultés et complète son succès en neutralisant les trois Directeurs, Gohier, Moulin et Barras, acculés à la démission[2]. Paris se réveille couvert d'affiches à la gloire du jeune général. Dernière bonne nouvelle, Bernadotte décide de rester neutre. L'ancien ministre de la Guerre jacobin, qui s'est fait tatouer « Mort aux rois » sur son avant-bras en 1793, n'ose pas se dresser contre celui qui est à la fois le frère de son beau-frère (Joseph Bonaparte) et l'ancien « ami » de sa femme Désirée Clary.

---

1. Selon Ségur : « Bonaparte s'y refusa, soit confiance d'un homme de guerre ou inexpérience des assemblées, soit horreur de toute apparence de proscription telle que celle de fructidor, et de tout ce qui pouvait rappeler les violences du terrorisme. Il aima mieux affronter les hasards du lendemain. Il faisait une révolution pour les finir toutes, sans vouloir être révolutionnaire. »

2. Gohier et Moulin, qui refusent de s'incliner, sont placés au Luxembourg sous la surveillance de Moreau. Barras accepte finalement de se retirer, moyennant une forte somme d'argent et signe la lettre de démission que lui ont préparée Roederer et Talleyrand.

Toutefois, la journée révèle déjà l'inquiétante timidité de Bonaparte devant les parlementaires. Sûr de lui dans le tête-à-tête, le général en chef se trouble dès qu'il rencontre un public et qu'il ne se trouve plus en situation de commandement. Sa petite taille, son fort accent renforcé par l'émotion, sa maîtrise incomplète de la langue et sa méconnaissance des procédures le bloquent d'emblée[1]. Ainsi, son discours se brouille devant les Anciens, pourtant tout gagnés à sa cause. La petite harangue, apprise par cœur, se termine par cette phrase que l'avenir devait rendre savoureuse : « Nous voulons la République, nous la voulons fondée sur la vraie liberté, sur le régime représentatif... Nous l'aurons, je le jure, en mon nom et au nom de mes compagnons d'armes. » Rendu furieux par la médiocrité de sa prestation, que tout le monde juge consternante, il se reprend en apostrophant Bottot, homme de confiance de Barras, malencontreusement pour lui venu aux nouvelles : « Qu'avez-vous fait de cette France que je vous avais laissée si brillante ? Je vous ai laissé la paix, j'ai retrouvé la guerre ! Je vous ai laissé des victoires, j'ai retrouvé des revers ! Je vous ai laissé les millions d'Italie, j'ai retrouvé partout des lois spoliatrices et la misère ! Qu'avez-vous fait de cent mille Français que je connaissais, mes compagnons de gloire ? Ils sont morts. Cet état de choses ne peut durer. Avant trois ans, il nous conduirait au despotisme. »

Revenu au face-à-face, il retrouve sa capacité de domination, renoue avec sa verve coutumière en exécutant le régime dont la haine fédère en cet instant tous les partis. Par l'invective, il refait l'unité autour de sa personne, mais il ne réalise

1. Il demeurera toujours un mauvais tribun comme le révèle Mme de Rémusat dans ses Mémoires : « Il se décidait toujours en définitive à lire son discours, qu'on avait soin de lui copier en très gros caractères, car il avait très peu l'habitude de lire une écriture, et il n'aurait rien compris à la sienne. Ensuite, il se faisait apprendre à prononcer les mots ; mais il oubliait, en partant, la leçon qu'il avait reçue, et d'un son de voix un peu sourd, d'une bouche à peine ouverte, il lisait ses paroles avec un accent encore plus étrange qu'étranger, qui avait quelque chose de désagréable, et même de vulgaire. J'ai souvent entendu dire à un grand nombre de personnes qu'elles ne pouvaient se défendre d'une impression pénible en l'écoutant parler en public. Ce témoignage irrécusable, donné par son accent, de son étrangeté à l'égard de la nation, frappait l'oreille et la pensée désagréablement. » Le duc de Broglie, qui l'entend souvent au Conseil d'Etat, porte un jugement tout aussi sévère sur ses capacités oratoires dans ses souvenirs.

pas qu'il s'est trompé de registre tactique : les Anciens voulaient plébisciter un défenseur de la Constitution, pas se soumettre à une sorte de demi-dieu botté qui refusait de tenir son rôle dans la comédie parlementaire prévue. Pour la première fois, Bonaparte était pris en défaut de mobilité.

*

Le 19 brumaire marque le destin de Bonaparte du sceau de la fragilité du pouvoir. Incroyablement, comme le révèlent les historiens unanimes, rien n'a été prévu pour orchestrer avec succès la phase finale[1]. Le plus dur semblant accompli, chacun s'en remet à la fortune pour achever la tâche. Or la journée sera celle de tous les imprévus : retards multiples, révolte parlementaire, défaillance de Bonaparte, hésitation des troupes.

Son obsession de la légitimité a cristallisé quand il a côtoyé le gouffre. Comme Louis XIV avant lui, comme Nicolas Ier ou François-Joseph après[2], les troubles consécutifs à son avènement expliquent pour beaucoup la suspicion, la solitude et l'autoritarisme qui caractérisent son règne. Tandis que son destin se noue, face aux Jacobins qui se dressent, il s'acharne jusqu'à la limite du possible à rester dans la légalité procédurale. Entêtement absurde ? Non. Plutôt le pressentiment du tragique d'un pouvoir lorsqu'il se croit obligé de recourir à l'usurpation prétorienne. Souillé à sa naissance, il est dès lors condamné à éblouir pour survivre. Le déroulement de la journée fortifie sa haine des parlementaires, déjà bien ancrée, mais

1. On partage ici l'étonnement d'Albert Vandal : « Finalement, écrit-il dans *L'Avènement de Bonaparte*, le sort de la deuxième journée fut abandonné au hasard des inspirations individuelles, à l'indication des circonstances, à la fatalité propice, à l'impulsion donnée, au torrent de la volonté populaire, qui paraissait devoir tout emporter ; ce fut une grande imprudence, car un fait n'arrive pas nécessairement en politique par cela seul qu'il paraît inévitable. » Fouché avait pressenti les difficultés comme le révèlent ses propos à Arnault et Regnault juste avant la séance du 19 à Saint-Cloud : « L'autorité des baïonnettes, nous dit-il, est moins puissante ici que celle des toges. L'important est de ne pas laisser les meneurs engager les conseils dans des mesures qui donneraient à leurs partisans du dehors le temps d'intervenir. Mieux vaudrait brusquer l'événement. »

2. Fronde pour le Roi-Soleil, conspiration décabriste pour le tsar, révolution de 1848 pour François-Joseph.

désormais phobique[1]. Avant de devenir Napoléon, Bonaparte a failli rejoindre les mânes de Robespierre. Seul Bourrienne aurait eu un pressentiment sinistre. Traversant la place de la guillotine, anciennement Louis XV et future place de la Concorde, il aurait dit à Lavalette, un autre fidèle du général : « Nous coucherons demain au Luxembourg ou nous finirons ici. »

Premier contretemps fâcheux, la séance commence en retard en raison des travaux effectués dans l'urgence à Saint-Cloud afin d'aménager des locaux *ad hoc* pour recevoir les deux chambres, Conseils des Cinq-Cents et des Anciens. Pendant que l'on pose les derniers bancs — l'entrée en séance n'aura lieu qu'à deux heures de l'après-midi —, les parlementaires daubent à loisir sur les événements de la veille. Les Jacobins, ulcérés par le passage de Bonaparte à l'ennemi, fulminent à propos des mesures prises, notamment contre ce ridicule complot, inventé pour justifier le transfert des chambres. Minute après minute, ils s'échauffent. Experts en intimidation depuis la Convention, ils terrorisent du regard les modérés, en l'occurrence ces Anciens qui, pressés de questions et assaillis d'anathèmes, commencent à trembler pour leur avenir et à se demander ce qu'ils sont venus faire dans cette galère[2].

L'histoire des journées révolutionnaires prouve que la victoire va toujours aux plus résolus.

Sachant qu'elle doit vaincre ou périr, la gauche s'empare d'emblée de la tribune dans les deux chambres et s'arroge le monopole de la parole. Minoritaire aux Anciens, elle en impose cependant aux brumairiens aussitôt sur la défensive,

---

1. « Les grands orateurs qui dominent les assemblées par l'éclat de leur parole sont, en général, les hommes politiques les plus médiocres, confie-t-il à Montholon en avril 1821. [...] Il faut opposer à leur faconde un raisonnement serré, logique ; leur force est dans le vague, il faut les ramener dans la réalité des faits, la pratique les tue. Au Conseil d'Etat, il y avait des hommes beaucoup plus éloquents que moi, je les battais toujours par ce simple argument : deux et deux font quatre. »

2. « Finalement, écrit Jacques Bainville, ils ne savaient plus bien si ce qui dominait en eux, c'étaient les scrupules républicains, la crainte du despotisme ou celle du terrorisme. Les Anciens étaient fort troublés lorsque après cette sorte de longue séance en plein vent, qui n'était pas au programme, ils montèrent vers deux heures à la galerie d'Apollon tandis que les Cinq-Cents prenaient place dans l'Orangerie. »

tandis qu'elle prend d'assaut les Cinq-Cents, où elle se trouve en force. Vociférant les cris d'« A bas la dictature », elle exige un serment de fidélité à la Constitution, injurie le président Lucien Bonaparte. D'une fermeté remarquable, le frère cadet, qui joue aussi sa tête, tente de gagner du temps par tous les moyens légaux, préconisant le renvoi classique à des commissions et divers autres artifices spécieux. Heureusement, les Jacobins commettent alors l'erreur d'imposer un serment individuel, ce qui retarde d'autant la mise en accusation redoutée du conquérant d'Italie. Chacun y va de son discours sur la grandeur de la République et le caractère inviolable des institutions. Vers 15 h 30, le Conseil des Anciens, qui a reçu la notification de la dislocation du Directoire, n'ose plus franchir le Rubicon en nommant comme convenu le nouveau triumvirat. Selon la formule d'Albert Vandal, « l'Institut était en train de manquer son coup d'Etat »[1]. La frilosité gagne les tribunes et inhibe la majorité, globalement issue de l'ancien centre conventionnel, cette Plaine qui a voté la mort de Louis XVI puis a laissé faire la Terreur par peur de Robespierre. Sommée de choisir entre le sabre et la guillotine, son instinct de survie lui commande le lâche silence des vaincus.

Après une demi-heure d'attente supplémentaire, qui lui paraît une éternité, Bonaparte, trop impatient pour rester sans réaction, se décide à forcer le destin. Depuis le matin, chacun observe sa nervosité croissante. Battant le parquet de sa cravache, il s'écrie soudain : « Il faut en finir », puis pénètre dans la salle affectée au Conseil des Anciens, résolu à leur faire tenir parole, certain de leur en imposer par sa présence. Or le phénomène d'inhibition, entrevu la veille, se reproduit chez lui avec plus d'intensité encore : « Ce sont des lambeaux de

1. « On tenait à donner au coup d'Etat l'aspect d'une protestation des intellectuels contre un régime avilissant. C'était, selon l'expression de Taine, "la République intelligente contre la République stupide" » ajoute Jacques Bainville, qui précise : « A ce moment décisif, on s'apercevait qu'une aristocratie de légistes, de philosophes, d'hommes de lettres, ne suffisait pas pour renverser un gouvernement, en fonder un autre, sauver le pays et l'Etat. Ce qui avait fait la force du mouvement en faisait, au moment de l'exécution, la dangereuse faiblesse. »

discours qui sortent d'une poitrine oppressée. Sa pensée même le fuit. Bref, une espèce de déroute », résume Albert Sorel. Selon Bourrienne, Bonaparte ponctue chacune de ses phrases d'un pauvre : « Je n'ai plus que cela à vous dire. » « Bonaparte répéta encore les mêmes choses, et, comme tout cela était dit !, précise le même témoin. On ne peut véritablement pas s'en faire une idée à moins d'avoir été présent. Il n'y avait pas la moindre suite dans tout ce qu'il balbutiait, il faut bien le dire, avec la plus inconvenable incohérence. »

Comme la veille, il ne montre des éclairs que dans le face-à-face, le tac au tac et l'imprécation. Interpellé par un orateur sur la sacralité de la Constitution, Bonaparte l'exécute en quelques phrases : « La Constitution ! Vous l'avez vous-même anéantie. Au 18 Fructidor, vous l'avez violée. Vous l'aviez violée au 22 Floréal. Vous l'aviez violée au 30 Prairial. Elle n'obtient plus le respect de personne[1]. » Puis il s'embourbe à nouveau, tour à tour vague et injurieux, presque toujours confus.

Comme Robespierre la veille de sa chute, il demeure dans le flou imprécateur, menace tout le monde sans citer personne, ce qui constitue le meilleur moyen de s'aliéner l'ensemble des parlementaires : « Souvenez-vous que je marche accompagné du dieu de la victoire et du dieu de la guerre » s'exclame-t-il soudain à bout d'argument avant de héler ses grenadiers, présents autour de l'enceinte : « Si quelque orateur, soldé par l'étranger, prononce contre votre général les mots "Hors la loi", que la foudre de la guerre l'écrase à l'instant. »

La conclusion populiste et déclamatoire produit un effet désastreux : « Recueillez-vous, Citoyens Représentants ; je viens vous dire des vérités que chacun s'est jusqu'ici confié à l'oreille, mais que quelqu'un doit avoir le courage de dire tout haut. Les moyens de sauver la patrie sont entre vos mains ; si vous hésitez à en faire usage, si la liberté périt, vous en serez comptables envers l'univers, la postérité, la France et vos familles. » Enfin, il sort, mais se retourne en quittant la salle

1. Pour mémoire, Bonaparte fait ici référence aux trois coups d'Etat accomplis en 1797 (contre les royalistes), 1798 (contre les Jacobins), 1799 (contre les Directeurs).

pour conclure d'un incongru « qui m'aime me suive ». Lui qui voulait changer de régime en respectant le cadre légal vient d'y déroger en violant le sanctuaire parlementaire, en accumulant les propos populistes et en substituant la menace policière à un libéralisme revendiqué.

Sa visite aux Cinq-Cents, complément naturel de la première, lui est toujours dictée par l'impulsion, la volonté de crever l'abcès avant qu'il ne soit trop tard. A bout de nerfs, il ne supporte plus de ne pas maîtriser son destin comme il sait si bien le faire sur l'échiquier des champs de bataille.

Il est maintenant 16 h 30. A peine entre-t-il dans la salle que des cris fusent : « Hors la loi ! Tue ! Tue ! » Le député Destrem l'apostrophe à l'antique : « Est-ce pour cela que tu as vaincu ? » Dans son récit du coup d'Etat, Lucien décrit l'Assemblée debout, haineuse : « Une foule de membres s'écrient : “Des hommes armés ici !...” On se précipite au-devant du général, on le presse, on l'apostrophe, on le repousse quelques pas en arrière. » Isolé face à ces dizaines de toges rouges, menacé du sort de César aux ides de mars, Bonaparte peut logiquement craindre le pire. Détestation de l'imprévu ? Epuisement ? Peur ? En tout cas, il s'effondre pour de bon, trahi par sa « machine physique » selon Bainville.

Entraîné difficilement vers la sortie, bousculé, peut-être frappé, Bonaparte échappe de justesse à l'irrémédiable. D'après Lucien : « Tout cela s'était passé en un clin d'œil. » Un des quatre grenadiers de son escorte, du nom de Thomé, sort avec une manche largement déchirée, sans doute par un parlementaire irascible qui a voulu s'agripper à lui, le frapper ou, qui sait, peut-être le tuer d'un coup de poignard. Le détail, anecdotique en apparence, servira par la suite à attester les rumeurs d'assassinat.

En cet instant, Bonaparte n'existe plus, ou si peu. Sous le choc, défait, hagard, il appelle Sieyès « général » — quel lapsus révélateur ! — et gémit comme un enfant : « Ils veulent me mettre hors la loi. » Ce à quoi le Directeur, expert en commotions révolutionnaires, répond avec sang-froid : « Ce sont eux qui s'y sont mis », puis suggère de mettre les parlementaires « hors la salle ». Selon d'autres sources, l'abbé aurait pourtant murmuré : « Le coup est manqué. » Le sort de « l'Incorruptible », la mise hors la loi, l'arrestation puis la guillotine se profilent de plus en plus à l'horizon. Une suspension de séance, heureusement dictée par Lucien, permet de gagner quelques précieuses minutes supplémentaires.

« Jusque-là, note Malaparte, la conduite de Bonaparte, préoccupé par-dessus tout de sauver l'apparence de la légalité pour rester sur le terrain de la procédure parlementaire, a été, peut-on dire, pour employer une expression moderne, celle d'un libéral. De ce point de vue, Bonaparte est un chef d'école. Tous les militaires qui ont essayé après lui de s'emparer du pouvoir civil ont été fidèles à cette règle de libéralisme jusqu'au dernier moment, c'est-à-dire jusqu'au moment où il faut en venir à la violence. » Or Bonaparte vient justement d'arriver à ce moment décisif où il risque de tout perdre.

Le général livide, presque jaune, parcourt le front des troupes massées devant Saint-Cloud. Comme Louis XVI le 10 août 1792, il découvre deux armées en face de lui[1] : la sienne, peuplée de fidèles ; celle du Directoire, cette belle garde des conseils, composée d'une majorité de Jacobins résolus[2]. Ses hommes se taisent, dans l'attente du verdict parlementaire. Le héros d'Arcole se dirige alors vers les détachements de l'armée régulière qu'il a heureusement fait venir le matin même. Là, comme il s'y attend, l'accueil s'avère franchement enthousiaste. Autant dire que les deux troupes, comme les deux conseils, risquent d'en venir aux mains à n'importe quel moment. Sous peine de sombrer, il lui faut impérativement reprendre l'initiative. A ce moment, en est-il capable ? Il demeure fébrile, le visage en sang non pas, comme l'armée le croit, parce que les députés l'ont frappé mais en raison d'une forme d'eczéma contracté en Egypte et

1. Le roi était gardé par des fidèles (Suisses et courtisans), mais aussi par la garde nationale dont la froideur manifeste le poussa à abandonner toute velléité de résistance.
2. Elle a notamment joué un rôle décisif lors du coup d'Etat du 18 fructidor.

dont les démangeaisons l'ont conduit à se gratter jusqu'au sang.

C'est alors que Lucien survient devant le front des troupes. Dans le tumulte ambiant, lui seul conserve la tête froide et comprend qu'en cet instant tout est question d'audace et de volonté. Pour retourner la situation, il prend l'initiative de mettre hors la loi ce Conseil des Cinq-Cents dont il demeure le président. Incapable de contenir plus longtemps la furie parlementaire, il vient de se défaire de sa tenue d'apparat — toge, toque et écharpe rouge — et de quitter la salle après avoir clamé hautement : « Je dois renoncer à me faire entendre. Il n'y a plus de liberté. En signe de deuil public, je dépose ici les marques de la magistrature populaire [1]. » Puis il sort dignement, accompagné par deux grenadiers venus à sa rencontre. « Ce que Lucien venait de tenter, remarque Jacques Bainville, c'était de se confondre avec la loi, de faire comme si le droit et la liberté de l'assemblée venaient d'être violés en sa personne. Alors, le scrupule des grenadiers cèderait. Les prétoriens de la Révolution seraient déliés par ce que Sorel appelle justement un "exorcisme sacré". »

Le visage résolu mais serein, persuadé d'incarner en cet instant la représentation nationale, le frère cadet vient trancher le nœud gordien qui déchire le cœur des soldats, écartelés entre légitimité parlementaire et fidélité à Bonaparte. Après avoir obtenu le silence en commandant un roulement de tambour, il les harangue avec superbe, leur affirme ce qu'ils veulent entendre, soit que la majorité des conseils veut en finir avec le Directoire mais se retrouve terrorisée par une minorité factieuse, soldée par l'Angleterre, armée de poignards et prête à se faire justice elle-même si on ne l'arrête pas à temps [2].

1. Juste avant de partir, Lucien refuse de mettre aux voix le décret de proscription dans des termes énergiques que rapporte Arnault : « Misérables !... Vous exigez que je mette hors la loi mon frère, le souverain de la patrie, celui dont le nom seul fait trembler les rois ! Je dépose les marques de la magistrature populaire, et je me présente à la tribune comme défenseur de celui que vous m'ordonnez d'immoler sans l'entendre. »

2. « Il ne s'agit plus entre eux de rivalité. Il n'y a plus de Bonaparte militaire et de Bonaparte civil », écrit Jacques Bainville dans son essai sur le coup d'Etat avant d'ajouter : « Tous deux jouent leur destinée ensemble et ce sera la faute de Lucien, si, plus tard, il gâche la sienne. »

En résumé, il ne s'agit pas d'enterrer mais bien de sauver la République et par conséquent la Révolution.

« Je confie aux guerriers le soin de délivrer la majorité de leurs représentants, dit Lucien avec force. Généraux, soldats, citoyens, vous ne reconnaîtrez pour législateurs en France que ceux qui vont se rendre auprès de moi. Quant à ceux qui persisteront à rester dans l'Orangerie, il importe qu'on les expulse. Ce ne sont plus les représentants du peuple, mais les représentants du poignard. »

A ce moment, il s'empare d'une épée et, dans un geste théâtral, en place la pointe sur la poitrine de son frère, plus pâle que jamais, jurant de l'en transpercer s'il attente un jour à la liberté[1]. Bonaparte enchaîne avec une courte harangue que Lucien coupe sans ménagement, craignant de nouvelles maladresses. Sentant le moment propice, Murat fonce derechef et entraîne la garde qui se précipite en force dans l'Orangerie. Le futur roi de Naples s'exclame brièvement : « Citoyens, vous êtes dissous », avant de préciser sans ambages : « Foutez-moi tout ce monde-là dehors. » Tandis que les grenadiers avancent, les parlementaires, empêtrés dans leurs toges, fuient par les fenêtres et s'éparpillent dans les bois. Pour préserver l'apparence de cette si chère légalité, les mêmes soldats s'empressent ensuite de rechercher les fuyards pour les ramener en séance. La nuit tombée, après qu'une centaine de « volontaires » ont été récupérés, Lucien fait enfin ratifier à la lueur des chandelles les résolutions convenues[2].

---

1. « Je jure de percer le sein de mon propre frère si jamais il porte atteinte à la liberté des Français. » La phrase fait référence à la célèbre lettre écrite par Brutus à Cicéron peu de temps avant l'assassinat de César, et dans laquelle le futur assassin écrivait qu'il tuerait son propre père s'il aspirait à la tyrannie.

2. Le témoignage de Bourrienne donne un fidèle instantané de la scène : « Figurez-vous une longue et large grange, remplie de banquettes bouleversées, une table et des chaises, sur cette table, des chandelles ; autant sur la chaise ; point de lustres, point de lampes, nulle autre clarté sous les voûtes de cette longue enceinte [...]. Voyez-vous dans la chaire la pâle figure de Lucien lisant la nouvelle Constitution et, devant la table, deux députés verbalisant ; vis-à-vis, dans un espace étroit et rapproché, gît un groupe de représentants, indifférents à tout ce qu'on débite. La plupart sont couchés sur trois banquettes, l'une servant de siège, l'autre de marchepied, la troisième d'oreiller [...]. Tel est l'étrange aréopage qui donna à la France un nouveau gouvernement. » L'Orangerie sera détruite en 1861 sur l'ordre de Napoléon III sans doute par volonté de faire disparaître le lieu de mémoire emblématique de l'usurpation fondatrice.

Sieyès, Roger Ducos et Bonaparte sont nommés Consuls provisoires en charge de donner à la France une nouvelle Constitution avec le soutien de deux commissions de vingt-cinq membres choisis parmi les anciens conseils. A quatre heures du matin, les représentants reçoivent le serment des Consuls. Le coup d'Etat s'achève. En prenant congé de Lucien et Sieyès, qu'il a raccompagné à Paris dans son carrosse, le général parle déjà en maître : « A demain, leur dit-il, nous avons détruit... Il nous faut maintenant reconstruire, et reconstruire solidement. »

La précarité

La fragilité des prémices condamne d'emblée Bonaparte à la surenchère. En effet, le coup d'Etat fondateur réduit ses marges de manœuvre en écornant sa légitimité puisqu'il a dû, contrairement à son ambition, sortir de la légalité par la violence, prolongeant cette pratique révolutionnaire du pouvoir dont il voulait tant se démarquer. Comme le remarque Benjamin Constant, « l'illégalité le poursuivra désormais comme un fantôme [1] ».

Sur la courte route qui le ramène à Paris, le nouveau Consul demeure sombre et silencieux, affligé par la médiocrité de sa prestation. Marqué au fer de l'usurpation, le sauveur ressort de l'aventure plus faible qu'il n'y est entré, sujet à la concurrence des autres généraux, menacé de l'intérieur par les partis opposants, royaliste et républicain, enfin soumis à la poursuite de la guerre donc au risque de la défaite. Dès le début de son aventure, il sait déjà qu'il n'a pas d'autre choix que vaincre ou mourir.

1. Comment ne pas penser à la fameuse définition de Pierre Larousse : « BONAPARTE, — le nom le plus grand, le plus glorieux, le plus éclatant de l'histoire, sans en excepter celui de Napoléon, — général de la République française, né à Ajaccio (île de la Corse) le 15 août 1769, mort au château de Saint-Cloud près de Paris, le 18 Brumaire, an VIII de la République française, une et indivisible (9 novembre 1799) » ?

A la précarité de son assise s'ajoutent les ambiguïtés sur ses intentions. Le mandat du nouveau chef de la République semble clair : il lui faut garantir les intérêts révolutionnaires dans le temps, donc doter la Révolution de ce gouvernement stable qu'elle a été jusqu'alors incapable d'établir. Or comment le faire en commençant par violer la Constitution avec l'aide de l'armée ? La consécration annoncée de 1789 débute par la disparition de la représentation nationale et la répudiation des libertés fondamentales.

Le coup de force ruine la fiction de conformité à la loi que le Consul voulait imprégner à son avènement. Il a beau multiplier les proclamations rassurantes, personne ne croit qu'il a agi en état de légitime défense comme il l'affirme à perdre haleine[1]. Comment dans ses conditions parvenir à durer, à ancrer son pouvoir dans le temps ? Talleyrand, observateur hors pair de la situation politique, demeure inquiet au lendemain du coup d'Etat : « S'il passe une année, il ira loin », susurre-t-il de son air énigmatique au sujet du Consul provisoire.

Pour parvenir au sommet, il lui a fallu négocier pendant des heures avec Fouché, Talleyrand et Sieyès, thermidoriens ou Jacobins repentis, membres de l'Institut ; enfin, avec ces nombreux chefs militaires à la susceptibilité ombrageuse qui pardonnent mal à leur égal d'hier sa subite élévation. Bonaparte risque de demeurer prisonnier de cette « alliance de la philosophie et du sabre » (Taine) qu'il a dû conclure. Descendu en un jour de son piédestal, il risque de perdre son aura auprès de l'opinion en se ravalant au rôle de mandataire ligoté du syndic thermidorien, héritier de l'impopularité conventionnelle. Premier militaire à la tête de l'Etat, son manque d'expérience peut lui être fatal, sachant que le pouvoir a usé et tué

1. On lira par exemple la conclusion de sa première proclamation dans *Le Moniteur* : « Français, vous reconnaîtrez sans doute à cette conduite le zèle d'un soldat de la liberté, d'un citoyen dévoué à la République. Les idées conservatrices, tutélaires, libérales sont rentrées dans leurs droits par la dispersion de factieux qui opprimaient les conseils, et qui, pour être devenus les plus odieux des hommes, n'ont pas cessé d'en être les plus méprisables. »

tous ceux qui ont tenté de s'en saisir depuis une décennie. Stendhal peut conclure : « Talonnée à l'intérieur par les Jacobins et les royalistes, et par le souvenir des conspirations récentes de Barras et de Sieyès, pressée à l'extérieur par les armées des rois, prêtes à inonder le sol de la République, la première loi était d'exister. » Ou plutôt de survivre.

Désenchanté par une décennie de révolution ponctuée de quatre coups d'Etat en à peine deux ans, l'opinion demeure attentiste, ce que confirment les médiocres résultats du plébiscite consécutif à la promulgation de la Constitution de l'an VIII. Le score véritable, falsifié par Lucien, alors ministre de l'Intérieur, n'atteint que 1 550 000 *oui*, soit 20 % des inscrits [1]. Mme Reinhard, dont les lettres donnent un bon résumé de l'esprit du temps, témoigne de la suspicion ambiante dans une de ses missives : « On se croirait revenu aux premiers jours de la liberté ; seulement l'expérience des dix dernières années se fait sentir et la méfiance se mêle au contentement. » Avant d'oser aller plus loin, le Premier consul doit faire ses preuves.

Le nouveau chef d'Etat n'est pas cependant dépourvu d'atouts. La guerre paraît déjà sa meilleure alliée en obligeant ses adversaires à adopter une solidarité de façade jusqu'à la conclusion de la paix. Pour le moment, donc, Bonaparte demeure indispensable. Il le sait et en joue, d'abord à l'encontre de Sieyès et des parlementaires auxquels il impose rapidement ses vues sur la future constitution. Sans entrer dans des détails fastidieux, retenons que le projet de Sieyès, obsédé par son souci de préserver l'influence des notables, se révèle inapplicable en raison de sa trop grande complexité. « L'abbé Sieyès, ironisait déjà Burke, a des cases entières de pigeon-

1. Il faut encore retrancher à ces 20 % une partie des militaires et des fonctionnaires, dont le vote massif fut également falsifié. Le résultat demeure certes supérieur au score de la précédente constitution directoriale mais reste en retrait par rapport à la constitution jacobine de 1793 qui, en raison de la guerre, ne fut jamais appliquée : 1 800 000 de *oui* pour cette dernière, 1 057 000 pour la constitution de l'an III. Or Lucien annonce 3 millions de *oui*.

niers remplies de constitutions toutes faites, étiquetées, assorties et numérotées, appropriées à toutes les saisons et toutes les fantaisies [...]. Aucun amateur de constitution ne peut sortir de sa boutique les mains vides. » Le *deus ex machina* de la science constitutionnelle commet deux erreurs fatales : mépriser Bonaparte d'une part, d'autre part improviser un projet « tout entier dans sa tête » et qu'il se contente de dévoiler par bribes aux commissions impatientes[1].

A priori, l'expérience et le passé de Sieyès plaident pourtant en sa faveur. Lui aussi peut légitimement prétendre incarner la France révolutionnaire dans ses métamorphoses successives. Il en symbolise la passion fondatrice, la haine de la noblesse. Il épouse son histoire tumultueuse, sachant qu'il a appartenu aux deux grandes assemblées du temps — la Constituante et la Convention — avant de rejoindre le Directoire. En pointe dans la lutte initiale contre la royauté — « Il faut couper le câble », assène-t-il dès le 10 juin 1789 —, il s'est ensuite usé à freiner l'égalitarisme montant et à préserver le statut du clergé. Comme il le dénonce dans une de ces formules parlantes dont il a le secret, les révolutionnaires « veulent être libres » mais « ne savent pas être justes ». Détesté par Robespierre qui le surnomme « la taupe de la Révolution »[2], il revient sur le devant de la scène à partir de la réaction thermidorienne. Irréconciliable avec les Bourbons puisqu'il a voté la mort de Louis XVI, il incarne cette Plaine qui résume 1789 dans l'avènement des classes moyennes et la consécration de la propriété. Républicain mais pas démocrate, il parvient à écarter le suffrage universel au profit d'une vision capacitaire dont il a été le pionnier en exposant à la

1. Il dicte en dix jours les grandes lignes de ses idées à Boulay de la Meurthe qui les réunira en 1836 dans un volume publié sous le titre de *Théorie constitutionnelle de Sieyès*.

2. « L'Incorruptible » aurait précisé à son sujet : « Il est plus dangereux pour la liberté que ceux dont la loi a fait justice jusqu'à ce jour. » Réfugié au sein du comité d'instruction publique, Sieyès reste la plupart du temps enfermé chez lui mais évite de se compromettre en votant les principales lois liberticides constitutives de la Terreur légale.

Constituante sa célèbre césure entre citoyens actifs et passifs ; le premier actionnaire de la société, le second assisté donc inapte à hériter du vote qui suppose d'avoir des intérêts à défendre. Orateur écouté, écrivain célébré, oracle reconnu, doté d'un vaste réseau dans les chambres et à l'Institut, il semble en situation de force par rapport à ce jeune Consul militaire qui n'a pas d'expérience et paraît sans appui au sein du personnel politique. « Il se croyait un Bonaparte supérieur, étant un Bonaparte civil », résume Sorel à son sujet. Et pourtant, ce « Catilina en petits collets » brocardé par Mallet du Pan se trouve rapidement marginalisé par un Bonaparte dont l'instinct et le génie tactique ne suffisent pas à expliquer l'ascendant. Sieyès, en raison de l'inimitié qu'il suscite, est le premier responsable de son sort.

« Il avait des conceptions d'Etat : il lui manquait les premières qualités de l'homme d'Etat, le sens des réalités, l'instinct de la vie, le tact des hommes » écrit à son sujet Albert Sorel[1]. Or l'orgueilleux Sieyès n'admet pas la moindre contradiction. « La politique, ose-t-il prétendre, est une science que je crois avoir achevée[2]. » Sa réputation de poltron appartient à la vulgate du temps[3]. Pour survivre, l'homme s'est déshonoré en soutenant Robespierre par ses votes avant de flétrir sa mémoire à la tribune. Autant dire que, s'il a des admirateurs et des clients, il n'a pas de fidèles prêts à se sacrifier pour lui.

1. Ce jugement est extrait de *L'Europe et la Révolution française*. Talleyrand l'estime surfait : un jour où Cambacérès lui disait qu'il trouvait Sieyès « un homme très profond » l'ancien évêque d'Autun répondit du tac au tac : « Profond ? C'est creux, très creux, que vous voulez dire. » Mme de Staël, qui appartenait pourtant à son premier cercle avec Constant, dénonce une irritabilité extrême qui n'a d'égale qu'une vanité insupportable, manifeste dans le mépris dont il fait montre à l'encontre de ses contemporains.

2. Ce propos fameux est rapporté par E. Dumont dans ses *Souvenirs sur Mirabeau et sur les deux premières assemblées législatives*.

3. « Le seul sentiment qui exerçait une véritable influence sur Sieyès, c'était la peur » estime Talleyrand. « Après la haine, la passion la plus vive de Sieyès, c'était la peur, confirme Constant. Il se croyait toujours menacé, et alors il cherchait qui il pût exposer à sa place. »

Sieyès est, en outre, victime du discrédit qui frappe l'ensemble de la première génération révolutionnaire, celle qui a détruit l'Ancien Régime, exécuté Louis XVI et laissé faire la Terreur. Bonaparte, par son âge et son histoire, incarne la « seconde génération », celle de l'après-Terreur, dont la gloire militaire a occulté l'échec politique, génération du renouveau appuyée sur l'armée qui rassure et non plus sur le peuple qui effraie. On comprend mieux pourquoi la lutte entre les deux hommes s'avère d'emblée inégale. Sieyès ne fédère autour de lui que les élites libérales et une poignée de parlementaires usés. Son élitisme idéologique, traduction de sa répugnance à l'encontre de la démocratie directe, le coupe du peuple alors que son statut de civil l'éloigne de l'armée. En bref, le fossoyeur du Directoire incarne l'impasse d'une révolution, morte de ses abstractions, victime de ses divisions et de ses épurations qui ont tour à tour fait disparaître du jeu politique les monarchiens, les Girondins, les dantonistes, les hébertistes, les robespierristes et les babouvistes, soit tous les partis porteurs d'une vision et détenteurs d'un programme. La mort des idéologues a débouché sur la faillite des thermidoriens, syndic des survivants, incapables de donner un second souffle à l'aventure. En un mot comme en cent, la France entend maintenant tourner la page d'une décade tragique dont il demeure la figure emblématique.

Ses erreurs vont achever de le précipiter de ce piédestal où il croit s'être fermement établi. En fin tacticien, Bonaparte lui a abandonné l'initiative constitutionnelle, le laissant avancer ses pions pour mieux pouvoir le contrer. A Sainte-Hélène, Napoléon moquera devant Bertrand l'intellectualisme abstrait de son partenaire :

« Je ne voyais que l'événement. Sieyès, d'une idée, ne voyait que la métaphysique :

— Il faut passer ce ruisseau.

— Eh bien ! Il faut mettre une planche dessus.

Je ne m'inquiétais pas si la planche était de bois, de bronze ou de cuivre. L'autre dissertait sur cela et s'il ne fallait pas assécher le ruisseau avec la chaleur du soleil. »

Le Solon moderne finit par présenter un projet alambiqué, brouillant les pouvoirs au lieu de les clarifier. Ainsi, de ces deux consuls, l'un pour la guerre, l'autre pour les affaires intérieures, eux-mêmes supervisés par un grand électeur qui peut les démettre mais n'a pas le droit de gouverner en propre[1]. Mettant les rieurs de son côté en refusant de devenir un « cochon à l'engrais », préférant selon ses propres termes n'être rien plutôt que d'être ridicule, Bonaparte dépoussière le plan de ses nébulosités pour en retenir le meilleur selon ses vues : la division des chambres, sécrétant leur faiblesse ; le retour d'un exécutif fort, le poids déterminant des notables. « Sieyès, dira-t-il peu de temps après à La Fayette, n'avait mis partout que des ombres : ombre du pouvoir législatif, ombre du pouvoir judiciaire, ombre du gouvernement. Il fallait bien de la substance quelque part : je l'ai mise dans le gouvernement. »

Furieux d'être publiquement contrarié, Sieyès se drape dans son orgueil avant de s'incliner en raison de son impuissance. Dès les premières discussions, la domination du Premier consul se manifeste par l'alliance d'un tempérament de feu et d'un instinct aigu des rapports de force. A l'opposé de son rival, Napoléon incarne le pragmatisme absolu[2], soucieux de faits et de solutions, détestant l'à-peu-près et l'incompétence. Il se révèle aussi un obstiné, capable de mobiliser toute son

---

1. Pour prévenir toute tentation dictatoriale, Sieyès a prévu de faire « absorber » le chef de l'exécutif par le Sénat en cas de crise. Selon les *Mémoires* de Fouché, Bonaparte s'y oppose en termes incendiaires : « Cela ne sera pas !, s'écrie-t-il, en colère et frappant du pied ; il y aura plutôt du sang jusqu'aux genoux ! » Pour Benjamin Constant, son projet de grand électeur ne mérite pourtant pas l'opprobre dans lequel il est tombé. « Il [Sieyès] a le premier, en France, établi et prouvé que le chef, placé en haut de la hiérarchie politique, devait choisir mais non gouverner. Son grand électeur, à quelques subtilités près, dont on s'est emparé pour rendre sa théorie ridicule, est le type exact et utile d'un roi tel qu'on doit le désirer. Choisir est sa fonction, renvoyer est son droit. »

2. « Sieyès est un métaphysicien dira encore Napoléon à Stanislas de Girardin. On ne gouverne pas avec de la métaphysique, mais avec les résultats de l'expérience des siècles. Il n'y a qu'un seul agent de gouvernement, la politique ; elle conseille aujourd'hui une chose, demain une autre. Elle a des remèdes différents pour des maux semblables : celui qui pouvait guérir dans telle circonstance, ne peut être utilement appliqué dans telle autre... »

énergie en direction du but à atteindre, but auquel il ne renonce jamais, quitte à repousser sa réalisation pour mieux y revenir quand la conjoncture lui paraît favorable. Sa force et son endurance se révèlent dans les discussions avec les commissions. Bonaparte va vite, droit au but, marie puissance de travail et logique implacable dans l'exposition qui emporte d'autant plus l'adhésion qu'elle contraste avec les nébulosités de Sieyès. Selon sa fameuse maxime, « la haute politique n'est que le bon sens appliqué aux grandes choses ». Mais il sait aussi en stratège gagner ses adversaires à l'usure.

Sa supériorité dérive enfin de la nature même du coup d'Etat qui privilégie le militaire sur le civil. Bonaparte a l'armée derrière lui, ce qui est nécessaire et suffisant pour imposer ses vues. Il vient de le prouver en chassant les Cinq-Cents comme une volée de moineaux. Ainsi les jeux sont faits, remarque le diplomate prussien Sandoz-Rollin dans une de ses dépêches à son gouvernement : « Toute l'autorité est véritablement entre les mains de Bonaparte ; il dispose à lui seul de la force armée [...]. De quelque manière que Sieyès s'y prenne, il ne sera que secondairement en opinion et en influence. »

Dès la première séance de travail, le troisième consul Ducos, Roger fait volte-face et se détourne de l'abbé pour appuyer le nouvel homme fort en lui offrant la présidence. Sa désertion torpille la manœuvre de Sieyès qui espérait le marginaliser à deux contre un au sein du Consulat. Bonaparte en profite pour nommer d'emblée ses fidèles comme ministres[1] tandis qu'il charge Roederer, un des principaux artisans du coup d'Etat, de retourner les commissions parlementaires en sa faveur[2]. Toujours prompt à sentir le vent tourner, l'esprit de cour fait le reste.

---

1. Berthier à la Guerre, Fouché à la Police, Cambacérès à la Justice, Maret comme secrétaire d'Etat et Laplace, un ami de l'Institut, à l'Intérieur où il sera bientôt remplacé par Lucien. Seul Gaudin, aux Finances, doit son élévation à la recommandation initiale de Sieyès.

2. Bonaparte fait notamment présenter un contre-projet par Boulay de la Meurthe afin de s'opposer à celui de Sieyès et d'apparaître en arbitre auprès des commissions. Une dernière mouture directement inspirée par lui sera rédigée par Daunou.

Le 12 décembre, les constituants adoptent ses vues sur la nécessaire prépondérance de l'exécutif : au lieu du grand électeur arbitre, un Premier consul dominant secondé de deux consuls sans autre pouvoir que celui de donner leur avis. Il nomme à tous les emplois, civils et militaires, et monopolise l'initiative des lois. Pour l'assister, un pouvoir législatif affaibli par sa déconcentration en quatre identités rivales dont deux, Conseil d'Etat et Sénat, sont dès l'origine à sa dévotion[1]. Or il se trouve que le premier prépare les lois et que le second les sanctionne. Que reste-t-il alors dans l'escarcelle du Tribunat et du Corps législatif, les deux chambres survivantes ? Un simulacre de liberté, une ombre de pouvoir, ce d'autant plus qu'elles se trouvent d'emblée privées de toute légitimité populaire car nommées par les soixante premiers sénateurs[2].

Fort de seulement cent membres, donc facilement contrôlable par le gouvernement, le Tribunat discute les lois présentées mais n'a pas le droit de les voter[3]. Ce dernier rôle est l'apanage du « Corps législatif », dont les trois cents membres se retrouvent privés du droit à la parole. Ainsi, discussion et vote se trouvent divisés, naturellement pour le plus grand profit du chef de l'Etat. Les orateurs ne votent pas, les « votants » ne discutent pas. Le Sénat, décidément bien puissant, a seul la possibilité de modifier la Constitution et de vérifier la constitutionnalité des lois[4]. Inamovible et viager, il constitue l'aristocratie républicaine du nouveau régime[5].

1. Le Conseil d'Etat, émanation du défunt conseil du roi supprimé en 1781, est nommé directement par le Premier consul. Si le Sénat se coopte à l'origine, il faut rappeler que les 31 premiers membres sur 60 sont nommés par Sieyès et Roger Ducos, membres de droit, en compagnie de Cambacérès et Lebrun.

2. Les membres sont choisis au sein des listes nationales établies à l'issue de plusieurs degrés d'élection, le premier seulement au suffrage universel qui se trouvait « établi et du même coup dépouillé », comme le constate Louis Madelin.

3. Le Tribunat est renouvelable par cinquième tous les ans. Ses membres rééligibles doivent être âgés d'au moins vingt-cinq ans.

4. Sur ce dernier point, Bonaparte a suivi Sieyès. Du plan de ce dernier est en fait gardé tout ce qui conforte l'emprise des notables (listes de notabilités, division du pouvoir législatif, prépondérance du Sénat).

5. Fort de 60 membres âgés d'au moins quarante ans, il devra atteindre 80 à raison de 2 nouveaux « entrants » par an. Il se complète à l'origine en élisant un membre sur une liste de trois présentés respectivement par le Tribunat, le Corps législatif et le Premier consul. Faut-il préciser que ce dernier parvient le plus souvent à imposer ses choix ?

De cette mécanique extrêmement complexe, on retiendra bien sûr la prépondérance du Premier consul. Maître de l'Etat, contrôlant les lois en amont et en aval, il figure le seul pouvoir tangible, le premier à revêtir à la fois la souveraineté nationale et populaire, cette dernière directement conférée par le plébiscite qui le place d'emblée à une hauteur écrasante par rapport aux autres pouvoirs. Enfin, élu pour dix ans, il bénéficie d'une durée confortable, très supérieure à celle conférée jusqu'alors aux représentants. A la question « Qu'y a-t-il dans la Constitution ? », le public répond : « Il y a Bonaparte. » Sur ce point, l'Aigle a parfaitement suivi le principal axiome de Sieyès : « Le pouvoir vient d'en haut et la confiance d'en bas. » Pitt commente en une formule lapidaire : « C'est une monarchie à laquelle il ne manque que la légitimité et des limites [1]. »

Président du Sénat, « annulé politiquement » selon le mot cruel de Fouché, Sieyès reçoit en compensation une énorme dotation nationale, la terre de Crosne qu'il échange ensuite contre une forte somme d'argent. Définitivement discrédité par son âpreté, il s'efface du Consulat avec l'obscur Roger Ducos, laissant les places de second et troisième consul à Cambacérès et Lebrun, que l'on surnommera plaisamment « les deux bras du fauteuil ». Plus dociles, les deux nouveaux consuls n'en sont pas moins de bon conseil. Ils apportent à Bonaparte une connaissance des hommes et des pratiques qui lui fait alors cruellement défaut [2]. Nettement plus âgés que le Premier consul [3], leur expérience et leur sensibilité complémentaire lui permettent d'éclairer chaque décision : « Cambacérès était l'interprète de Bonaparte auprès des révolutionnaires et Lebrun auprès des royalistes : l'un et l'autre traduisaient la même lettre en deux langues différentes » écrit Mme de Staël à leur sujet dans ses *Considérations sur la Révolution française.*

1. Le propos est rapporté par Mme de Staël dans ses *Dix années d'exil.*
2. Réputé royaliste, Lebrun a fait ses classes auprès de Maupeou à la fin du règne de Louis XV et jouit d'une solide réputation financière. Quant à Cambacérès, son vote en faveur de la mort de Louis XVI témoigne d'une pusillanimité qui ne saurait gommer ses capacités établies de juriste et de législateur.
3. Cambacérès est né en 1753, Lebrun... en 1739.

A travers leur nomination s'ébauche cette politique de rassemblement par l'alchimie des contraires qui caractérise le Consulat naissant. Pour éviter les surprises d'un scrutin... et flatter un rival désormais inoffensif, Bonaparte laisse Sieyès officiellement désigner les trois consuls [1] et les premiers sénateurs. L'ancien Directeur accepte d'autant plus volontiers de se mettre en retrait qu'il croit se placer comme en 1795 en position de recours. Sauf que Bonaparte n'est pas le Directoire et que le « sieyésisme », composite hybride d'idéologues et d'anciens parlementaires, se détournera vite d'un homme dont l'irritabilité et l'égoïsme agacent.

*

En dépit du succès de ce rattrapage constitutionnel, Bonaparte ne se trouve pourtant pas encore à l'abri.

D'abord, il souffre de son manque d'expérience du pouvoir. En effet, il a peu vécu en France et ne l'a jamais administrée. Aussi connaît-il encore mal les rouages de l'Etat, les institutions et surtout les hommes avec lesquels il va être amené à gouverner. Contrairement à la légende, les premières semaines le voient souvent hésitant, répugnant à prendre des décisions : « Il était d'une si grande circonspection, témoigne Cambacérès, qu'on avait peine à le déterminer à signer des arrêtés de pure exécution, sans les avoir soumis au Conseil d'Etat [2]. » En conséquence, il laisse Sieyès pourvoir à de nombreuses nominations, notamment au sein du Sénat dont il suffit qu'il passe à l'opposition pour qu'une crise de régime s'engage.

---

1. Cette prérogative revenait pourtant aux commissions parlementaires, le vote étant censé intervenir au scrutin secret. Bonaparte, craignant une mauvaise surprise, interrompt le vote cavalièrement, prend les bulletins et les jette au feu puis commente avec un sourire : « Au lieu de dépouiller, donnons un nouveau témoignage de reconnaissance au citoyen Sieyès en lui décernant le droit de désigner les trois premiers magistrats de la République et convenons que ceux qu'il aura désignés seront censés être ceux à la nomination desquels nous venons de procéder. » « Cette espèce de coup d'Etat en chambre » (Albert Vandal) a le double avantage de neutraliser Sieyès et les commissions.

2. Selon Albert Vandal : « Il n'en subsistait pas moins chez Bonaparte une tendance remarquable à se couvrir toujours de l'avis d'une autorité délibérante, d'une compétence collective. Il se montrait à cet égard scrupuleux, presque timoré, et faisait preuve d'un formalisme que ses collègues jugeaient excessif. »

Les chambres sont peuplées d'anciens parlementaires de la Révolution, orateurs expérimentés, souvent habiles et incisifs, qui placent d'entrée Bonaparte en situation d'otage apparent des thermidoriens.

A l'intérieur, les tensions demeurent vives en dépit des premières mesures pacificatrices, prises dans une évidente volonté de rassurer l'opinion. Annulation de la loi des otages, suspension d'armes obtenue en Vendée, clôture de la liste des émigrés, abolition des commémorations officielles de la mort de Louis XVI, de Robespierre et de la proscription des Girondins — soit les actes les plus conflictuels de la jeune mémoire révolutionnaire —, constituent autant de mesures qui tranchent avec l'épuration sanglante des coups d'Etat précédents. Certes, Bonaparte retire de ses premiers gestes un surcroît de popularité ; certes, il se sent déjà assez fort pour réduire le nombre des journaux, mais il n'ose pas encore frapper ses opposants qui, passé les premières semaines, se multiplient, guettant avec impatience les premières fautes.

Le premier coup part du Tribunat. Il siège au Palais-Royal, l'ancien fief de Philippe Egalité, qui a vu commencer les émeutes de juillet 1789. Dès la première séance, un tribun du nom de Duveyrier s'exclame avec emphase : « Dans ce lieu, si l'on osait parler d'une idole de quinze jours, nous rappellerions qu'on y vit abattre une idole de quinze siècles. » Mme de Staël, de son côté, commence à intriguer et à fédérer les premiers « déçus de Brumaire » dans son salon. On y dénonce déjà la mise à l'écart de Sieyès, la faible part réservée dans la composition du gouvernement au fidèle Institut, la tolérance « suspecte » de Bonaparte envers le catholicisme. Benjamin Constant, parvenu au Tribunat en courtisant simultanément Sieyès et Bonaparte, multiplie les discours hostiles, redoutables par leur ironie cinglante et leur argumentation serrée. Le Premier consul contre-attaque en privant les tribuns du temps nécessaire à l'examen sérieux des projets de lois[1]. Le

1. Il oblige pour ce faire le Tribunat à se prononcer à un jour fixé d'avance par le gouvernement, ce qui limite d'autant le temps de la discussion. Si au jour dit ce dernier ne s'est pas prononcé, « il est censé approuver ».

5 janvier 1800, Constant réplique par un plaidoyer brillant, manifeste du libéralisme politique : « Une constitution, affirme-t-il, est par elle-même un acte de défiance, puisqu'elle prescrit des limites à l'autorité, et qu'il serait inutile de lui prescrire des limites, si on la supposait douée d'une infaillible sagesse et d'une éternelle modération[1]. »

A l'entendre, la nouvelle chambre risque de devenir la chimère et la risée de l'Europe si le Premier consul, comme le projet y pousse, devient le maître de son ordre du jour : « Sans l'indépendance du Tribunat, conclut l'orateur, il n'y aurait plus d'harmonie, ni de constitution, il n'y aurait que servitude et silence ; silence que l'Europe entière entendrait et jugerait. » Certes, le texte passe par 54 voix contre 26, révélant cependant l'existence d'une opposition non négligeable. Autre souci, financier celui-là : dès février 1800, la rente, baromètre de la confiance des notables, accuse une baisse sensible[2]. Un agent royaliste n'hésite pas alors à écrire : « Sa chute paraît non seulement certaine, mais prochaine aux hommes qui sont dans l'administration de la police ; déjà même un grand nombre de ses amis et de ses familiers, prévoyant la décadence de son autorité, se détachent peu à peu de lui. »

Le jeune Consul demeure également sous la menace de militaires avec lesquels il doit encore composer. Fer de lance de la conquête, l'armée reste la dépositaire de la flamme républicaine comme il a pu suffisamment le constater en Italie. Au sein du commandement, il sait l'hostilité de Bernadotte ou d'Augereau. Mais surtout, il redoute le charisme rival de Moreau auquel il confie, pour mieux l'éloigner, le commandement de l'armée principale dans la campagne qui va s'ouvrir, nomination enrobée de considérations désabusées sur le jeu

1. « Le but de ce projet, dit-il également dans son discours, est de nous présenter pour ainsi dire, les propositions au vol, dans l'espérance que nous ne pourrions pas les saisir, et de leur faire traverser notre examen comme une armée ennemie, pour les transformer en lois, sans que nous ayons pu les atteindre. »

2. Elle tombe à 17,50 francs le 8 février 1800 contre 22,50 francs le 20 novembre précédent.

politique : « Je suis aujourd'hui une espèce de mannequin qui a perdu sa liberté et son bonheur. » Et il poursuit dans le même registre, entre mensonges de champ de foire et déploration nostalgique : « J'envie votre heureux sort ; vous allez, avec des Braves, faire de belles choses. Je troquerais volontiers ma pourpre consulaire pour une épaulette de chef de brigade sous vos ordres. »

En outre, il manque de relais et d'hommes sûrs. Soumis en apparence, son ministère repose sur un triumvirat suspect et affairiste : Talleyrand aux Affaires étrangères, Fouché à la Police, Lucien à l'Intérieur ; trois hommes qui se haïssent car ils se ressemblent, anciens parlementaires marqués par leur expérience révolutionnaire, dévorés d'ambition, obsédés par l'argent et le pouvoir, tous trois suspicieux envers leurs semblables et un tantinet méprisants envers ce trentenaire inexpérimenté qu'ils ont vu défaillir en Brumaire. S'y ajoute au printemps Carnot, revenu d'exil et qui remplace le fidèle Berthier à la Guerre[1]. Bonaparte, qui connaît depuis longtemps les qualités de l'organisateur de la victoire, redoute à la fois son charisme et son caractère. Il sait que son ancien supérieur ne se pliera qu'avec difficulté à son autorité. Mais il sait aussi que le quatuor ministériel ainsi constitué s'épie et se hait. Au moment où il s'apprête à entrer en campagne, sa division forme son meilleur atout, même si Bonaparte ne doute pas que les intrigues se noueront dès qu'il aura le dos tourné. A Desaix, l'ami, le frère, dont il apprend avec joie le retour d'Egypte, il écrit : « Enfin, vous voilà arrivé : une bonne nouvelle pour toute la République, mais plus spécialement pour moi qui vous ai voué toute l'estime due aux hommes de votre talent et une amitié que mon cœur, aujourd'hui bien vieux et connaissant trop profondément les hommes, n'a pour personne. » Il se sent, se sait seul. Sur qui compter ? Sur qui s'appuyer quand les rumeurs de subversion royaliste et d'attentat anarchiste circulent dès le début 1800 ? L'Etat ? Dans

1. Berthier hérite alors du commandement en chef de l'armée de réserve afin de servir de prête-nom à Bonaparte.

l'immédiat, il reste entièrement à reconstruire. L'opinion ? Elle demeure mystérieuse, fragmentée en multiples états d'âme de clochers à une époque où les nouvelles mettent huit jours pour aller de Paris à Rennes, mais un mois de Rennes à Quimper. On croit à l'opinion des passions, mais le pouvoir les redoute, faute de pouvoir les connaître et les anticiper.

*

Brumaire marque la rencontre entre un homme et une nation par la force des circonstances, mais ces circonstances demeurent fragiles, à l'image de ce coup d'Etat fondateur qui a bien failli se terminer en fiasco. Napoléon doit à la fois constituer l'Etat, pacifier la France et vaincre la coalition. Appelé pour conjurer la crise, le sauveur ne peut survivre qu'à travers elle. Restaurer l'ordre, gagner la paix, tels sont les premiers défis à relever. Mais une fois la tâche accomplie, une fois les peurs conjurées, le pays n'aura-t-il pas envie de se débarrasser de l'homme providentiel ? Pour rester au pouvoir, Bonaparte doit mettre fin aux deux guerres, civile et européenne, qui ont déjà eu raison de Louis XVI et des gouvernements révolutionnaires. Pour y demeurer longtemps, il doit tout autant maintenir le pays dans un équilibre précaire afin de justifier son maintien. Il faut à ce pouvoir jeune des complots et d'autres conflits, des désordres et des invasions pour entretenir cette psychose du chaos qui a légitimé Brumaire et fera l'Empire. Le nœud gordien de la tragédie se noue ici, dans cette quête impossible des contraires.

Pour rester le chef incontesté, Napoléon va se soumettre au plus grand risque par la conquête, contenant la Révolution tout en entretenant sa flamme par la gloire. D'où ce malentendu fondateur que pointe Jacques Bainville : « C'était un général que le peuple appelait pour avoir la paix tant désirée. On ne se doutait pas encore que l'avènement de Bonaparte serait celui du Dieu de la Guerre. »

La métamorphose

Dans l'immédiat, la contradiction n'apparaît pas pour la bonne raison que Bonaparte hérite d'un conflit légué par le Directoire. La seconde coalition, contenue à l'automne précédent, s'apprête à reprendre l'offensive. Si la Russie n'y participe plus [1], les forces autrichiennes se massent sur le Rhin et devant l'Italie. Son avenir dépend déjà du sort de la première bataille : « Il sentit parfaitement et à l'avance qu'il ne pourrait jeter de profondes racines que par de nouvelles victoires. Il en était avide », confirme Fouché dans ses Mémoires. Car défaite vaut déjà condamnation.

A peine est-il parti en campagne — il quitte Paris le 6 mai 1800 — que les intrigues reprennent [2]. Au cœur même du régime, Sieyès encore, Talleyrand et Fouché déjà, lui cherchent discrètement un successeur. Plusieurs noms circulent · ceux de Carnot, La Fayette, Bernadotte et de son propre frère Joseph, ce dernier célébré pour sa modération, sont les plus souvent cités. Certains de ces « brumairiens mécontents », selon l'expression de Roederer, pensent également à un roi constitutionnel, Louis-Philippe ou le duc d'Enghien. Dans *L'Avènement de Bonaparte*, Albert Vandal décrypte leurs motivations : « Subissant le Consulat, ils appelaient de leurs vœux un régime moins despotique et plus exclusif, moins national et plus parlementaire, moins brillant et plus paisible ; au parvenu hasardeux qui risquait sans cesse la fortune de la France révolutionnaire, ils voulaient faire succéder un prince qui se déclasserait pour leur servir d'instrument et faciliter la paix avec l'étranger ; au dictateur dont ils dépendaient, un roi qui dépendrait d'eux. Ces hommes d'arrière-pensée se posaient simplement aujourd'hui en détracteurs du despotisme naissant ; ils attireraient ainsi à eux des républicains attristés,

1. Paul Ier, ulcéré par l'attitude de l'Autriche et de l'Angleterre, s'est retiré de la seconde coalition.

2. « Le 16 floréal, le Premier consul partit pour l'armée en disant et en faisant annoncer publiquement qu'il ne serait absent que quinze jours. C'était pour tenir en respect les agitateurs. [...] Même en présence de Bonaparte, la subordination des principaux agents du gouvernement n'était pas parfaite. Mais, dès qu'il n'était plus là, l'insubordination éclatait », écrit par exemple Thibaudeau dans ses Mémoires.

Huile sur toile de Thomas Phillips, 1799. Musée Bonnat, Bayonne. © akg-images/Joseph Martin

Le « chat botté » de retour d'Italie.

Itinéraire d'un militaire déraciné ambitieux : ci-dessous, la maison natale de Napoléon à Ajaccio ; ci-contre, le collégien studieux d'Auxonne à la lumière de la légende bonapartiste du XIXe siècle ; en bas à droite, lettre expédiée de Valence à l'Assemblée nationale et témoignant des sentiments très républicains de son auteur, le 6 juillet 1791 ; en haut à droite, Bonaparte en uniforme de lieutenant-colonel du premier bataillon de la Corse (1792).

Huile sur toile d'Alexis Daligé de Fontenay, 1849. Musée national du château de Rueil-Malmaison. © akg-images/Laurent Lecat

Huile sur toile de François Flameng. © Cyril Fussien

Huile sur toile d'Henri-Félix-Emmanuel Philippoteaux, 1834. Châteaux de Versailles et de Trianon. © Leemage

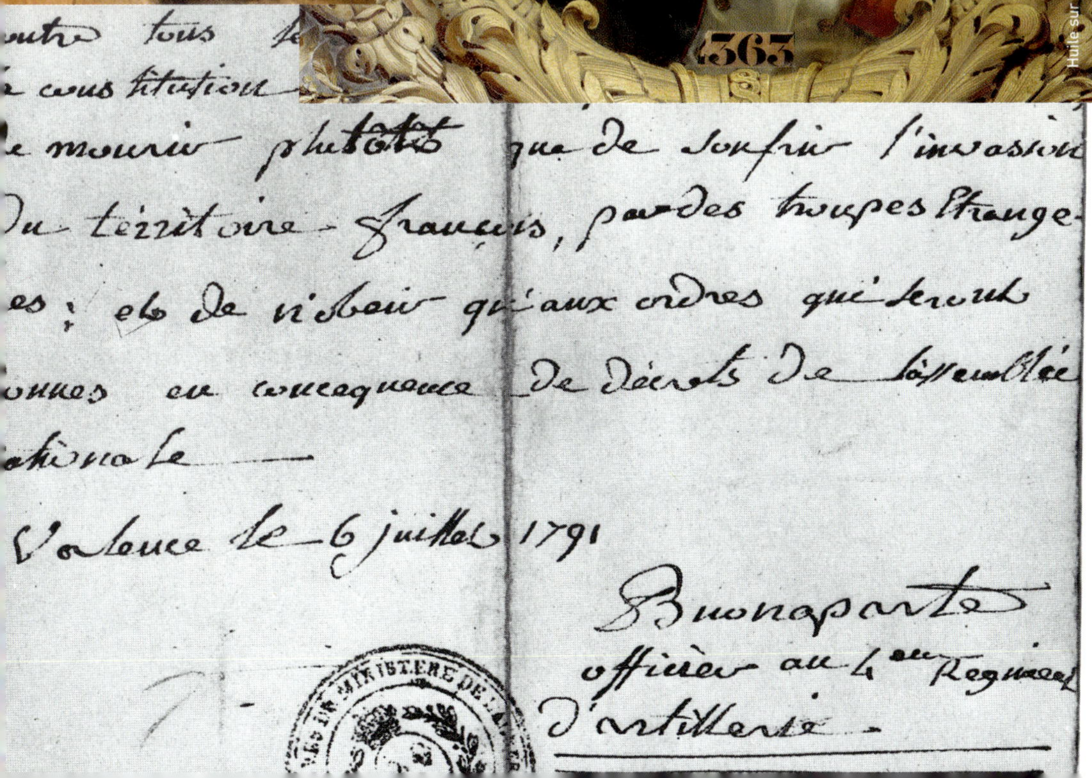

ontre tous le
a constitution
e mourir plutôt que de souffrir l'invasion
du territoire français, par des troupes étrange-
res ; et de n'obéir qu'aux ordres qui seront
onnés en conséquence des décrets de l'assemblée
ationale

Valence le 6 juillet 1791

Buonaparte
officier au 4eme Regiment
d'artillerie

MINISTERE DE LA

Le passage des Alpes transfiguré par la propagande.

Huile sur toile de Jacques Louis David, 1800. Musée national du château de Rueil-Malmaison. © akg-images/Laurent Lecat

Lodi, bataille fondatrice.

Huile sur toile de Louis Lejeune, 1804. Châteaux de Versailles et de Trianon. © The Bridgeman Art Library

Bonaparte au soir du triomphe d'Arcole.

Huile sur toile de Louis-Albert Bacler d'Albe, 1803. Châteaux de Versailles et de Trianon. © Giraudon/The Bridgeman Art Library

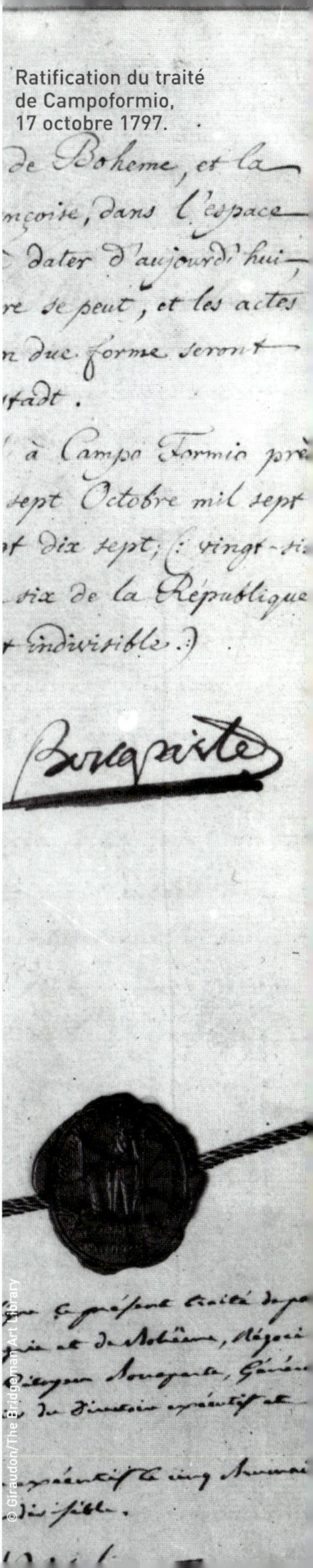

de Boheme, et la
nçoise, dans l'espace
dater d'aujourd'hui,
re se peut, et les actes
n due forme seront
tadt.
à Campo Formio prè
sept Octobre mil sept
t dix sept; (: vingt-si
six de la République
t indivisible.:)

Bonaparte

Ratification du traité de Campoformio, 17 octobre 1797.

© Giraudon/The Bridgeman Art Library

La légende dorée. La bataille des Pyramides, 21 juillet 1798.

Huile sur toile de François Louis Joseph Watteau, XVIIIe siècle. Musée des Beaux-Arts de Valenciennes.

Bonaparte pris au piège égyptien : défaite d'Aboukir, 1er août 1798.

Huile sur toile de William Daniell, XVIIIe siècle. Collection particulière, Agnew's, Londres. © akg-images/Visioars

La légende réécrite : Bonaparte fait grâce aux révoltés du Caire, 23 octobre 1798.

Huile sur toile de Pierre-Narcisse Guérin, 1806. Châteaux de Versailles et de Trianon. © akg-images/Visioars

Le saut dans l'illégitimité.
Dix-huit Brumaire,
Bonaparte au Conseil des
Cinq-Cents à Saint-Cloud.

Huile sur toile de François Bouchot. Châteaux de Versailles et de Trianon. © RMN/DR

Le Dix-huit Brumaire ratifié.
Bataille de Marengo, 14 juin 1800.

Huile sur toile de Louis Lejeune, 1801. Châteaux de Versailles et de Trianon. © The Bridgeman Art Library

des libéraux convaincus, qui désespéraient un peu plus tous les jours de faire coexister Bonaparte et la liberté. » Dans *Une ténébreuse affaire*, Balzac prête à ces comploteurs d'intention une formule — « Vainqueur, nous l'adorerons ; vaincu, nous l'enterrerons » — qui synthétise le sentiment dominant des oligarques. Animés depuis Paris par une poignée d'activistes, les réseaux extrémistes demeurent aux aguets. En dépit de la suspicion qui les entoure, les Mémoires de Fouché donnent un juste aperçu de cette spéculation politique effrénée : « Les sentiments et les opinions fermentaient dans Paris, particulièrement dans les deux partis extrêmes, le populaire et le royaliste. Les républicains modérés n'étaient pas moins émus ; ils voyaient, avec une sorte de défiance à la tête du gouvernement, un général plus enclin à se servir du canon et du sabre, que du bonnet de la liberté et de la balance de la justice. Les mécontents nourrissaient l'espoir que celui qu'ils appelaient déjà le Cromwell de la France serait arrêté dans sa course, et qu'élevé par la guerre, il périrait par la guerre. » La tension culmine le 20 juin à l'annonce d'une défaite cinglante de l'armée de réserve : « Cette nouvelle répandue avec la rapidité de l'éclair dans toutes les classes intéressées, produisit sur les esprits l'effet de l'étincelle électrique sur le corps humain. On se recherche, on se rassemble ; on va chez Chénier, chez Courtois, à la coterie Staël ; on va chez Sieyès ; on va chez Carnot. Chacun prétend qu'il faut tirer de la griffe du Corse la République qu'il met en péril ; qu'il faut la reconquérir plus libre et plus sage ; qu'il faut un premier magistrat, mais qui ne soit ni un dictateur arrogant, ni l'empereur des soldats. »

Alerté par Cambacérès et Lucien, seuls fidèles dans la tourmente, Bonaparte décide d'accélérer le pas et de rechercher cette bataille décisive qui lui permettra de rentrer au plus tôt dans la capitale. La campagne commence par le coup d'éclat du franchissement du Grand-Saint-Bernard[1]. L'exploit lui

1. Pour la petite histoire, le Consul ne le franchit pas à cheval, tel que l'a représenté David dans une de ses plus célèbres toiles, mais... sur une mule.

permet de prendre les Autrichiens à revers et de couper leurs lignes de communication. Trop pressé d'en finir, le disciple d'Hannibal disperse imprudemment ses forces à la recherche du général Mélas. Quand il le rejoint à Marengo le 14 juin 1800, il se trouve en nette situation d'infériorité numérique et frôle le désastre. Quinze ans avant Waterloo, le voilà pris dans l'étau entre le complot politique et l'hostilité de l'Europe, obligé de prendre tous les risques.

Réduit à battre en retraite, Bonaparte semble perdu quand l'arrivée du général Desaix lui redonne espoir : « J'arrive, nous sommes frais, et, s'il le faut, nous nous ferons tuer » lui aurait dit son meilleur lieutenant[1]. Plutôt que de patienter, il déclenche aussitôt une vigoureuse contre-attaque appuyée par une charge des quatre cents cavaliers de Kellermann. Le sauveur du jour tombe raide dès le début de la contre-offensive : « Mort ! », dit Desaix avant de s'effondrer. Mais son sacrifice n'a pas été vain[2]. Toute la troupe avance à son tour, culbutant les premières lignes autrichiennes qui entraînent leur armée tout entière dans la débandade. Bonaparte avouera peu de temps après au général Dumas : « Il y a eu deux batailles dans la même journée ; j'ai perdu la première, j'ai gagné la seconde, c'était la bonne. » Le risque encouru confère à la victoire une sorte d'aura miraculeuse qui signe déjà la particularité du régime, dont la force grandira toujours d'avoir côtoyé la perspective désastreuse de la disparition du héros : « Moi ou le chaos » en somme. « La victoire fut longtemps incertaine, et elle décida du sort de toute l'Italie » résume Molé qui ajoute admiratif : « Bonaparte y montre tout ce que

1. Bonaparte a rappelé Desaix en fin de matinée par un message désespéré : « Je croyais attaquer l'ennemi ; il m'a prévenu ; revenez, au nom de Dieu, si vous le pouvez encore. » Selon Bourrienne, qui anticipe d'environ deux heures, Desaix lui aurait dit en arrivant : « La bataille est complètement perdue. Mais il n'est que deux heures, nous avons le temps d'en gagner une autre aujourd'hui. »

2. Napoléon lui rendra souvent hommage en des termes dithyrambiques. Ainsi auprès d'Antommarchi à Sainte-Hélène : « Desaix ! il était dévoué, généreux, tourmenté par la passion de la gloire : sa mort fut une de mes calamités [...]. Il était habile, vigilant, plein d'audace ; il comptait la fatigue pour rien, la mort pour moins encore : il fût allé vaincre au bout du monde. »

l'on a vu depuis : faisant dépendre son salut d'un miracle, afin de ne laisser de bornes ni à la confiance de ses soldats, ni au découragement de ses ennemis[1]. » Victorieux, le Premier consul en profite pour prendre enfin le pouvoir dans son intégralité. Signe qui ne trompe pas, Bonaparte a vampirisé la propagande, occultant les premiers succès remportés par Moreau sur le Rhin ou le rôle décisif de Desaix et Kellermann. Ouverte et fermée par un miracle — la victoire-surprise répondant au spectaculaire passage des Alpes, la seconde campagne d'Italie prélude aux guerres-éclairs de l'Empire et fait oublier qu'il faudra, après la rupture de l'armistice, une nouvelle campagne d'hiver conclue victorieusement par Moreau à Hohenlinden pour entraîner la fin des hostilités. « Marengo, peut écrire le royaliste Hyde de Neuville, fut le baptême de la puissance personnelle de Napoléon[2]. »

*

Redoutant à juste titre d'avoir été démasqués, terrorisés à la perspective de représailles, les comploteurs se tiennent coi, à l'exception notable des royalistes. A l'inverse de Brumaire, Napoléon sort cette fois légitimé par l'épreuve tant une victoire éclipse en gloire et surclasse en morale un coup d'Etat. « Rien n'a l'éclat de Marengo et il faut convenir que s'exposer, sa fortune faite, est plus brillant que s'exposer pour la faire » résume Mme de Staël. L'enthousiasme populaire lui prouve qu'il est en passe de conquérir l'opinion[3]. Mais il revient aussi plus endurci, ayant à nouveau constaté la

1. Molé, *Souvenirs de jeunesse.*
2. « On eût dit, en effet, qu'à Marengo il avait moins conquis l'Italie que la France », note Fouché dans ses Mémoires avant d'ajouter : « De cette époque date le premier essor de cette flatterie dégoûtante et servile dont tous les magistrats, toutes les autorités l'enivrèrent pendant les quinze années de sa puissance. »
3. Selon Miot de Mélito : « Jamais l'orgueil national n'avait été plus flatté, jamais plus d'espérance de bonheur n'avait pénétré dans les âmes. Pendant deux jours, Paris fut exactement dans l'ivresse. » C'était « la première réjouissance publique spontanée [depuis neuf ans], toutes les autres avaient porté une empreinte de contrainte ou d'indifférence », confirme Cambacérès. Une foule immense, à la nouvelle de son retour, vient spontanément l'acclamer aux Tuileries, l'obligeant à paraître au balcon.

médiocrité des hommes, l'esprit d'intrigue, la lâcheté et la déloyauté de la plupart d'entre eux. Arrivé à l'improviste début juillet, il reçoit aussitôt Fouché qu'il fixe d'un « regard sombre » avant de s'exclamer : « Eh bien ! on m'a cru perdu, et on voulait essayer encore du Comité de salut public ! Je sais tout... et c'étaient des hommes que j'ai sauvés, que j'ai épargnés ! Me croient-ils un Louis XVI ? Qu'ils osent, et ils verront ! [...] Une bataille perdue est pour moi une bataille gagnée. Je ne crains rien ; je ferai rentrer tous ces ingrats, tous ces traîtres dans la poussière. Je saurai bien sauver la France en dépit des factieux et des brouillons. »

La confirmation de l'égoïsme froid des hommes de pouvoir tue ses dernières illusions sur la nature humaine. Albert Sorel analyse cette métamorphose qui transforme l'homme public en homme d'Etat : « Il avait côtoyé l'abîme, à Marengo, la déroute ; à Paris, la défection, mais il avait fermé son cœur. Au retour d'Italie il apprit les manœuvres de ses ministres, le peu que pesait sa personne, la fragilité du fil auquel était suspendue sa puissance, et comment on se passerait de lui. Il ferma les yeux, il se tut ; la même raison d'Etat lui commanda d'ignorer ce qu'il ne pouvait connaître sans scandale et réprimer sans péril. Mais la confiance disparut. Il éprouva l'effroyable solitude du pouvoir absolu. Tout se fit instrument entre ses mains ; tout aussi se dessécha, se refroidit, tournant à l'acier ou rouage de machine. »

Désormais, il répète à satiété sa maxime favorite : « Il y a deux leviers pour remuer les hommes, la crainte et l'intérêt. » Ce qui le conduit à négliger l'esprit de service, le désintéressement, la fidélité, cette mystique de l'engagement qui avait pourtant été la sienne au début de l'aventure corse puis à Toulon. Mais sa propre histoire lui a appris à ne croire en rien ni en personne[1]. Les fidélités ne résistent pas à la peur et à l'obsession du pouvoir. La politique ignore le sentiment. Elle

1. « Quand on gouverne avec tant d'éléments ennemis de tout gouvernement, après tant de désordres, au milieu des dissentiments publics, au milieu des partis [...] la défiance devient une vertu, parce qu'elle est une nécessité », confie-t-il à Mollien.

méconnaît même les liens du sang. Joseph lui-même, le bon, le fidèle Joseph ne s'est-il pas laissé célébrer avec complaisance comme son antithèse vivante — à la fois calme, conciliant et libéral ? N'est-il pas déjà un traître en puissance ? Et Lucien chaque jour plus intrigant et qui a la prétention de se croire indispensable ? « Je n'ai pas l'esprit de famille, confie-t-il avec amertume à Roederer. Ce que j'ai craint le plus pendant que j'étais à Marengo, c'était que l'un de mes frères me succédât si j'étais tué. » Mieux vaut en conséquence s'entourer d'habiles, les intéresser en les associant au pouvoir plutôt que les laisser sur le bord de la route, où ils deviendront autant de conspirateurs en puissance. La survie est à ce prix, la légitimité aussi. Pour rester crédible, le pouvoir, surtout s'il est récent, doit demeurer sur l'Olympe, au-dessus et en dehors des partis et des passions des hommes. Mais ce pouvoir désenchanté a un prix : la solitude ; il présente un risque : l'isolement ; il recèle un fléau : la courtisanerie.

Afin d'imposer le respect, le Consul renforce dès son retour cet extérieur de marbre — masque indéchiffrable et dur, regard de fer, ton tranchant — qui engendre la peur[1]. Toute son attitude tend à établir sa prééminence sur son interlocuteur, qu'il cherche dorénavant plus à impressionner qu'à séduire. Sa formation militaire transparaît dans sa pratique du dialogue. Il établit sa suprématie d'emblée par le questionnement, sa méthode favorite car elle lui permet d'apprendre tout en gardant le contrôle absolu de la conversation[2]. Rejetant la

1. « On s'aperçut que le Bonaparte d'après Marengo n'était plus le Bonaparte d'avant Marengo, note Albert Vandal. Son ton parut plus impérieux, plus âpre le ton du maître. Le Conseil d'Etat se sentit ébranlé dans ses prérogatives, moins écouté, traité parfois avec une brusque désinvolture ; on vit le Consul présider la séance en uniforme militaire, l'épée au flanc. Il tance les ministres ; il semble revenu pour mettre tout le monde au pas. Contre l'opposition tribunitienne et parlementaire, sa colère s'amasse sourdement, jusqu'au jour où elle éclatera en fulminantes apostrophes. »

2. Roederer récapitule dans son *Journal* celles qu'il pose le plus fréquemment : « Voilà un projet... ; Est-il complet ? Tous les cas sont-ils prévus ? ; Pourquoi ne vous occupez-vous pas de ceci ? ; Cela est-il nécessaire à dire ? ; Cela est-il juste ? ; Cela est-il utile ? ; Comment cela était-il autrefois ? à Rome ? en France ? ; Comment cela est-il maintenant ? ; Comment cela est-il ailleurs ? »

courtoisie et la culture du compromis, tantôt expéditif[1], tantôt volubile, il combine gestuelle, effets de regard et posture déconcertante d'un homme habillé à la diable, aux manières de condottiere vénitien, et à l'ascendant presque naturel. Hyde de Neuville, reçu peu de temps après Brumaire, s'étonne d'abord lorsqu'il voit entrer un homme « petit, maigre, les cheveux collés sur les tempes, la démarche hésitante », « un air d'une négligence extrême ». Le prenant pour un commis, il n'y fait pas attention. « Mon erreur s'accrut lorsqu'il traversa la pièce sans jeter sur moi un regard. Il s'adossa à la cheminée et releva la tête. Il me regarda avec une telle expression, une telle pénétration que je perdis toute assurance sous le feu de cet œil investigateur. L'homme avait grandi pour moi, tout à coup, de cent coudées. »

Les témoins unanimes racontent cet œil à la fois volontaire, dur, vif, mobile, ces regards qui « traversent la tête » selon l'expression de Cambacérès tandis que Thiébault décrit ce « jeu de physionomie qui jamais n'aura de comparaison, langage muet et pourtant terrible, qui anéantissait ou délectait et souvent avait pour ainsi dire décidé de l'existence de celui qui en était l'objet avant même qu'aucune parole eût été proférée »[2].

---

1. Gaudin raconte le court dialogue à l'issue duquel il se retrouve ministre au lendemain du coup d'Etat :

« Vous avez longtemps travaillé dans les finances ?

« — Pendant vingt ans, général.

« — Nous avons grand besoin de votre secours, et j'y compte. Allons, prêtez serment, nous sommes pressés. »

2. « On ne peut oublier ce regard quand il s'est fixé un moment sur vous ; il semblait pénétrer dans votre âme », écrira Mme Regnaud de Saint-Jean-d'Angély à Hortense Allart de Méritens. Parmi la multitude de portraits existants, on peut retenir celui de Bourrienne, son premier secrétaire : « On a pu peindre son crâne proéminent, son front superbe, sa figure pâle et allongée, et l'habitude méditative de sa physionomie, mais la mobilité de son regard était hors du domaine de l'imitation. Ce regard obéissait à sa volonté avec la rapidité de l'éclair ; dans la même minute, il sortait de ses yeux vifs et perçants, tantôt doux, tantôt sévère, tantôt terrible, tantôt caressant. On peut dire que Bonaparte avait une physionomie pour chacune des pensées qui agitaient son âme. » Selon Stendhal : « Beaucoup de peintres lui ont donné les yeux inspirés d'un poète. Ces yeux-là ne vont pas avec l'étonnante capacité d'attention qui est le caractère de son génie. Il me semble que ces yeux expriment un homme qui vient de perdre ses idées ou un homme qui vient d'avoir la vue d'une image sublime. Sa figure était belle, quelquefois sublime, mais c'était parce qu'elle était tranquille. Ses yeux seuls avaient des mouvements rapides et beaucoup de vivacité. Il souriait souvent, ne riait jamais. »

L'imperium se confirme par son attitude tour à tour cassante, violente, pressante, tourbillon épuisant, « parole saccadée » (Molé) désorientant l'interlocuteur auquel elle donne le tournis et ne laisse jamais le temps de répondre. Andigné, reçu en même temps que Hyde de Neuville, en donne un aperçu fidèle : « Avec un accent étranger, désagréable à l'oreille, Bonaparte s'exprime d'une manière brève et énergique. Une imagination très vive lui fait enchevêtrer les idées les unes dans les autres, en sorte que sa conversation est assez difficile à suivre et laisse beaucoup à deviner. Mobile dans ses discours comme dans ses projets, il passe continuellement d'un sujet à un autre. Il ébauche une question, la quitte, y revient, paraît à peine vous écouter et ne perd néanmoins pas un mot de ce que vous dites [1]. »

Bonaparte possède enfin la capacité de briser par une réplique cinglante : « Citoyen Cambacérès, si j'avais été tué, il aurait fallu avoir des c... et vous n'êtes pas fort sur vos étriers. » Mais ce monstre sait tout autant séduire, lançant un sourire qu'il sait irrésistible, usant de formules affables qui ont d'autant plus de prix qu'elles sont rares. Ce Méditerranéen aime toucher en signe d'affection même s'il n'y met guère de délicatesse, pinçant les oreilles ou envoyant des soufflets amicaux : « Il avait l'habitude, quand il se promenait avec quelqu'un qu'il traitait familièrement, de passer son bras sous le sien et de s'appuyer dessus » complète Bourrienne. Sa maîtrise de la conversation révèle sa soif de pouvoir, refusant tout ce qui peut le brider, que ce soit les usages ou la langue, qu'il mutile à sa convenance comme l'écriture afin de ne pas perdre le temps de chercher le mot juste.

1. Le témoignage d'Andigné mérite d'être complété par celui de l'abbé de Pradt : « Comme il n'avait pas toujours eu le temps de lire, il apprenait en écoutant et s'appropriait merveilleusement ce qu'il entendait de manière à le rendre neuf et sa chose propre. Sa conversation étincelait de traits, attachait par sa singularité, par sa facilité à saisir mille rapports inattendus. » Sa capacité à « kidnapper » les idées des autres est soulignée par Cambacérès dans ses Mémoires : « Il nous écoutait attentivement, se livrait quelquefois à une contradiction, tantôt réelle, tantôt apparente, et ne manquait pas de retenir ce qu'il avait entendu. Plus d'une fois, il a répété devant moi ce qui avait été agité longtemps auparavant, dans nos conférences, en donnant à son récit une tournure qui lui était propre, et avec laquelle il avait l'air de convaincre ceux qui l'entendaient, que ce qu'il venait de dire était le résultat d'une érudition vaste et de profondes méditations. »

Un des meilleurs angles d'attaque pour percer le mystère de sa personnalité consiste à observer sa relation politique avec ses entours. D'abord, l'indispensable distance avec ces ministres, grands notables et généraux dont beaucoup le jalousent et ne lui pardonnent pas son élévation. Ensuite et surtout l'orchestration de la division. Personne ne doit avoir l'impression d'être maître chez lui. Chaque ministre sait qu'il a auprès de lui un espion, chaque officier supérieur un rival. Enfin, la sujétion. Bonaparte rapporte tout à sa propre personne. Cet égocentrique intégral ne rit que rarement, toujours au détriment des autres, ne s'intéresse jamais à l'existence ni à l'âme de ses collaborateurs. S'il admet encore la critique, celle-ci doit toujours s'exprimer dans le tête-à-tête, jamais en public. Encore doit-elle être feutrée sous peine de disgrâce tant le maître s'avère à la fois susceptible et rancunier.

Au fond, comme la plupart des hommes qui se pensent providentiels, Bonaparte est conduit autant par ses passions que par ses idées. Souvent jaloux de ceux qui l'avaient aidé dans sa carrière, capable d'humilier l'orgueil de ces parvenus du pouvoir, il savait au juste moment les transformer en serviteurs sans dignité. Un sourire irrésistible ici, une formule affable lâchée de manière opportune à quelqu'un qui menace de retrouver sa liberté de conscience, au besoin des crises quasi maladives transformées en réaction exemplaire de ce qui attend tout révolté ou contestataire.

Auteur d'un des meilleurs portraits de Napoléon, Caulaincourt décrit un égoïste suspicieux, aimant opposer pour régner : « Son intérêt, sa politique le guidaient toujours en tout », écrit le futur duc de Vicence, avant de déplorer : « Il m'a souvent fait douter que les souverains crussent avoir un prochain [1]. » Chaque jour plus défiant, Bonaparte instrumenta-

1. Le portrait, moral et psychologique, qui figure dans le second volume de ses Mémoires, mérite d'être amplement cité : « En général, il estimait peu les hommes. Il louait rarement, même ceux qui avaient le plus fait, à moins que ce ne fût dans le moment où il avait besoin qu'ils fissent encore davantage. Mais aussi, sans doute par une espèce d'esprit de justice, il blâmait peu ou point ceux qui faisaient mal, quand ce n'était pas pour des choses trop graves. Sans doute, la pensée qu'ils pourraient

lise, variant les registres selon le point faible de ses interlocuteurs, l'argent pour Talleyrand, le goût du pouvoir pour Fouché, la vanité pour Lannes ou Murat. Et « là où il ne voit pas de vices, ajoute Taine en citant un témoin, il encourage les faiblesses, et, faute de mieux, il excite la peur, afin de se trouver toujours et constamment le plus fort... Il redoute les liens d'affection, il s'efforce d'isoler chacun... Il ne vend ses faveurs qu'en éveillant l'inquiétude ; il pense que la vraie manière de s'attacher les individus est de les compromettre, et souvent même de les flétrir dans l'opinion. »

---

faire mieux plus tard entrait pour quelque chose dans cette apparente indulgence, car, bien qu'il sévît rarement, il se rappelait. S'il déplaçait pour des choses graves, ce n'était que pour un temps. "Les souverains, disait-il, ne doivent jamais ôter aux hommes tout espoir de pardon." Les torts contre la délicatesse, le manque de procédés et d'égards le blessaient, quoique sa première éducation ne fût pas remarquable sous ce rapport et qu'étant toujours dans un rôle politique, il ne se piquât nullement de montrer à cet égard les qualités qu'il exigeait des autres. Il se plaignait amèrement dans les conversations particulières. En tout, il aimait à se plaindre des personnes qui l'entouraient, même du prince de Neuchâtel, de Duroc, des ministres, des chefs des différents services, comme s'il avait été mal servi. Je pus juger souvent, par ce que l'Empereur me dit d'eux, ce qu'il pouvait, à plus forte raison, leur dire de moi. Il y aurait cependant de l'ingratitude de ma part à oublier que l'Empereur fit souvent, en mon absence, l'éloge du service qui m'était confié. A la vérité, c'était pour exciter le zèle et faire, en même temps, la critique d'un autre. Il aimait à opposer les uns aux autres les chefs des différentes parties de l'administration. Il n'eût pas été fâché qu'on eût mal vécu ensemble et j'ai pu souvent remarquer qu'il faisait tout ce qu'il pouvait pour que Duroc et moi fussions jaloux l'un de l'autre et même ennemis. [...] L'Empereur pensait et disait en toute occasion que l'ambition et l'intérêt sont les mobiles de toutes les actions. Aussi admettait-il rarement qu'on eût bien fait par honneur ou par délicatesse. Il remarquait cependant les personnes qui paraissaient mues par ces sentiments ou guidées par leur devoir ; il en tenait compte au fond, mais n'en témoignait rien. [...] Le chevaleresque du caractère français, la courtoisie, ce ton gracieux, bienveillant, que les princes affectent, même avec les ministres dont ils viennent de signer le renvoi, manquaient tout à fait à l'Empereur. Il ne dissimulait que dans les choses très importantes : pénétré sans doute de sa force et de sa supériorité, il ne s'en donnait pas la peine dans l'habitude de la vie et souvent même dans des affaires majeures. Il était souvent indiscret. En général, dans les affaires, la conversation l'entraînait. Il disait plus qu'il ne voulait et n'aurait dû dire. S'il eût eu un peu de cette courtoisie française, que l'on peut appeler la couleur du pays, on l'eût adoré, il eût tourné toutes les têtes ; mais il avait une grande et rare qualité : il n'aimait pas le changement ; il tenait aux hommes qu'il employait et préférait le plus mauvais instrument au meilleur, plutôt que d'en changer. Vous n'étiez pas caressé, mais, aussi, vous étiez sûr qu'aucune intrigue ne pouvait vous détruire dans son esprit. Le gouvernement ayant une direction, des maximes fixes, et l'Empereur gouvernant par lui-même, l'existence des ministres ne pouvait dépendre d'un changement de système. Plus on vous aurait attaqué près de l'Empereur et plus il aurait mis de persistance à s'assurer de la réalité des torts qu'on vous imputait et d'entêtement à vous garder. "Je suis mon ministre, disait-il souvent. C'est moi qui mène mes affaires. Je suis donc assez fort pour tirer un bon parti des hommes médiocres. De la probité, de la discrétion et de l'activité, voilà tout ce que je demande." »

Tous ses proches collaborateurs partagent un lourd passé révolutionnaire qui les rend irréconciliables en apparence avec la monarchie : régicide pour Fouché et Cambacérès, Constitution civile du clergé pour Talleyrand. Ainsi, croit-il, demeureront-ils fidèles faute de pouvoir se vendre ailleurs.

Passion du pouvoir, défiance et autoritarisme ; les trois caractères de son tempérament se conjuguent dans son obsession du secret. Mais secret ne veut pas dire discret[1]. Pour brouiller les pistes, conserver toujours sa liberté et des marges de manœuvre, il parle au contraire d'abondance et ment comme il respire : « Son genre de dissimulation en politique n'est pas le silence » constate Germaine de Staël qui analyse finement : « Il aime mieux dérouter les esprits par un tourbillon de discours, qui fait croire tour à tour aux choses les plus opposées. En effet, on trompe souvent mieux en parlant qu'en se taisant. Le moindre signe trahit ceux qui se taisent ; mais quand on a l'impudeur de mentir activement, on peut agir davantage sur la conviction. » La confidentialité préservée lui permet de surprendre et de contourner, y compris ses ministres. Il entretient ainsi ses propres polices sur le dos de Fouché, envoie de nombreux émissaires sans en référer à Talleyrand, nomme les préfets en dehors de Lucien. Nul ne doit pouvoir se croire indispensable, nul ne doit tout connaître de lui, nul ne doit avoir la moindre prise sur sa personne. Son aura est à ce prix.

*

Pourtant, l'homme Napoléon ne se réduit pas à la figure déjà si riche et complexe de l'homme public. Sa dureté est d'autant plus vive qu'elle est de façade, comme l'arrogance cache mal le doute qui ne cesse de l'assaillir sur la précarité

1. Selon l'abbé de Pradt : « C'était le Prince qui attachait le plus grand prix au secret, et souvent il lui arrivait de se répandre dans les plus étranges indiscrétions sur lui-même et sur ses projets ; il était dans la discussion comme à la tête d'une armée ; toujours en action, en avant, et sur l'offensive. »

de ses entreprises. Le Napoléon intime reste sentimental, bon jusqu'à la faiblesse avec sa famille et ses rares amis. « Bonaparte, précise Marmont, cachait sa sensibilité, en cela bien différent des autres hommes qui souvent affectent d'en montrer sans en avoir. »

Cet insensible affiché ne peut supporter la souffrance. Ecoutons-le se confier à Molé, un des rares témoins à avoir pu franchir la barrière d'airain du prince pour découvrir la fragilité de l'être : « Ne croyez pas que je n'aie le cœur sensible comme les autres hommes. Je suis même assez bon homme. Mais dès ma première jeunesse, je me suis appliqué à rendre muette cette corde, qui chez moi, ne rend plus aucun son. » « Tantôt renard, tantôt lion[1] », il réserve sa dureté aux dignitaires civils et militaires, ces exécutants qui peuvent tout autant devenir des rivaux. Il veut s'élever au-dessus des autres hommes pour inspirer le respect, attribut premier du pouvoir car il commande le mystère de l'obéissance, si difficile à établir depuis que la Révolution a brisé toute forme de hiérarchie et de légitimité. Le Napoléon du peuple et du soldat, car il n'a rien à craindre, se révèle à l'inverse bonhomme, sans apprêts, simple de contact, rieur et familier ! Toutefois, les bouffées d'émotion se raréfient avec les années tandis que l'humeur s'assombrit et que l'impatience s'accroît. Marengo a fermé un cycle, celui de la jeunesse entendue comme l'âge de l'innocence et de la passion.

En Napoléon-Janus, n'y aurait-il pas deux êtres[2], le civil et le général, le noble et le Jacobin, le nomade et le sédentaire ? « Plus j'approchais, plus j'observais cet homme étonnant, avoue Mollien, moins je parvenais à le définir, à le mettre en harmonie avec lui-même, à m'expliquer ce mélange de domination et de simplicité, cette aptitude à inspirer en même

1. « Tout le secret du gouvernement consiste à savoir quand il faut être l'un ou l'autre », confesse-t-il toujours à Molé.

2. « Il y a en moi deux hommes distincts, l'homme de la tête et l'homme du cœur, confie-t-il à Roederer. Dans mon intérieur, je suis l'homme du cœur ; je joue avec les enfants, je cause avec ma femme, je leur fais des lectures, je leur lis des romans. »

temps à ceux qui l'approchaient des sentiments si contraires, en les plaçant sans cesse entre le respect dû à sa position, l'admiration due à la variété de ses talents, et une sorte de crainte inspirée par son pouvoir illimité ; entre les illusions de la vanité et les menaces du mépris et du blâme ; enfin entre cette défiance qui résistait à l'épreuve des plus longs et des meilleurs services, et cette confiance apparente avec laquelle il livrait à un homme aussi nouveau pour lui que je l'étais, son opinion sur d'autres hommes qu'il avait appelés à tenir, dans l'Etat, le premier rang après lui. » Rarement la séparation entre l'être de chair et l'homme public n'atteint un pareil point de tension. Le paradoxe fait homme. La France faite homme. Ces deux natures en perpétuel conflit ne se réconcilient que dans l'action, par la guerre ou la réforme qui privilégient l'instinct sur l'introspection, celle-ci toujours douloureuse car elle engendre le doute. Napoléon fusionne cette étrange dialectique par son énergie débordante, esprit toujours aux aguets, ultra-sensible à tout ce qui l'entoure, aux odeurs, aux voix et aux paysages. Tous les témoins le décrivent agité, exalté, ignorant le repos, dévoré par l'impatience d'agir et l'incapacité de se poser. Ils peignent cette fièvre permanente, ces brutales sautes d'humeur, cet état cyclothymique passant de la joie enfantine à la méditation sombre en une fraction de seconde. Mais toujours en lui, au plus profond de son être, le sentiment d'exil et de solitude dorénavant porté au paroxysme par ce pouvoir qui l'isole des autres et lui interdit l'amitié.

Nul plus que lui n'incarne la grandeur et la fragilité révolutionnaires. Grandeur d'un peuple debout, unanime à briser l'Ancien Régime puis à lutter contre l'Europe. Grandeur d'un homme élevé sur le pavois par son mérite personnel et la magie de la victoire. Mais fragilité d'une révolution incapable de s'incarner, que ce soit dans des hommes ou des institutions. Révolution gangrenée par les haines accumulées et l'omniprésence de la peur qui l'a conduit à atomiser ses adversaires successifs sous le couvert commode du salut public. Révolution demeurée révolutionnaire, transférant l'absolutisme souverain du roi au peuple, souveraineté du nombre prétexte à tous les détournements et manipulations. Depuis dix ans, on l'a dit, cette révolution gouverne dans et par la violence : violence des journées populaires laissant place à la violence du pouvoir par coups d'Etat interposés. Violence encore de la guerre, Marengo rachetant Brumaire, la fragilité de Brumaire imposant Marengo. C'est cette précarité partagée qui soude le Consul de trente ans à la jeune nation. Après avoir gagné leur survie, tous deux savent qu'ils doivent pour s'enraciner enfin abolir cette violence, passer de la soumission par la force à l'adhésion par le cœur, ce qui implique de rassembler les différentes entités révolutionnaires, des monarchiens aux Jacobins, mais aussi d'ouvrir la porte aux bannis de l'émigration et au clergé sans lesquels aucun pacte ne sera viable. Pour terminer la Révolution, il faut d'abord reconstruire une nation. Ensuite, tenter de trouver un compromis durable avec l'Europe. Tâche immense qui nécessite plusieurs décennies. Quoi qu'il arrive, l'œuvre se révèle au-dessus de ses forces. Déjà pointe en lui la désespérance. A Roederer venu le visiter aux Tuileries et qui lui dit avec emphase en contemplant les lieux : « Tout cela est triste », il rétorque ces quatre mots qui en disent tant sur sa solitude : « Oui, comme la grandeur [1]. »

---

1. Comment ne pas penser à la célèbre phrase de Mme de Staël : « La gloire est le deuil éclatant du bonheur » ?

LIVRE II

L'ENGRENAGE

« Je puis avoir eu bien des plans, je ne fus jamais en liberté d'en exécuter aucun. J'avais beau tenir le gouvernail, quelque forte que fût la main, les lames étaient bien plus fortes encore. Je n'ai jamais été véritablement mon maître ; j'ai toujours été gouverné par les circonstances. »

NAPOLÉON.

CHAPITRE IV

L'ALCHIMISTE

« J'aime le pouvoir, moi ; mais c'est en artiste que je l'aime... Je l'aime comme un musicien aime son violon [...]. Je l'aime pour en tirer des sons, des accords de l'harmonie. Je l'aime en artiste. »

NAPOLÉON à ROEDERER.

Un peu plus de quatre ans séparent Brumaire de la fondation de l'Empire, quatre ans qui constituent sans doute la plus belle période de notre histoire, surtout si on la met en perspective avec le Directoire qui l'a précédée. Rien ne manque à son actif : à l'extérieur la gloire de Marengo et la paix ; à l'intérieur le Concordat et le Code civil s'ajoutent à la réforme exemplaire de l'Etat sur fond de sécurité restaurée et de prospérité économique. Pour la première fois depuis 1789, le pouvoir n'est plus exercé par le truchement d'un parti ou d'un comité mais directement par un homme, libre de toute attache, fort d'une popularité qui croît à proportion des succès engrangés. La réussite consulaire repose d'abord sur les formidables capacités du Premier consul, qui incarne en ces années le modèle de l'homme d'Etat. Son génie consiste à identifier, derrière les cris et les passions contraires, quatre besoins forts de la part de l'immense majorité silencieuse : l'ordre, la paix avec les frontières naturelles, le respect de la religion, la garantie des biens nationaux. Bonaparte se décide à leur donner satisfaction le plus rapidement possible, sûr d'y trouver la popularité qui lui permettra d'étendre son pouvoir.

Dégoûtée de la République par les tueries de la Convention et l'instabilité du Directoire, la France n'en demeure pas moins révolutionnaire, c'est-à-dire attachée au nouvel ordre légal fondé sur l'égalité civile et au nouvel ordre social incarné dans le transfert des biens nationaux au profit de la bourgeoisie. Comme l'écrit Joseph Fiévée, un des meilleurs esprits du temps, l'ère des opinions a laissé place à celle des intérêts, aspiration comblée par Bonaparte. A cela près qu'il prend soin de ne pas se contenter de substituer une élite à une autre.

Après l'hérédité monarchique et le nivellement égalitaire jacobin, il invente une troisième voie : la méritocratie, seule à même de faire cohabiter l'indispensable égalité et la non moins indispensable existence d'une élite. Après le « à chacun selon sa naissance et son rang », après « l'égalité ou la mort », son « à chacun selon ses talents » s'incarne dans la création de la Légion d'honneur, la fondation qui porte le plus sa signature car elle traduit par le haut l'égalité des chances et sert d'antidote à l'esprit bourgeois dont le nouveau César méprise l'égoïsme et redoute la prolifération.

Indissociable des réformes accomplies, la marche au pouvoir personnel se manifeste dès 1800 avec l'installation aux Tuileries pour s'accélérer avec la métamorphose du Consulat à vie. « L'homme fastique » (Chateaubriand) a-t-il poursuivi un plan méthodique ou improvisé en utilisant les circonstances à son profit ? Volonté ou hasard ? Stratégie ou instinct ? Les deux hypothèses semblent conciliables si l'on veut bien considérer chez lui la force du sentiment de prédestination, cette fameuse étoile qui le porte depuis Lodi et lui garantit son avenir[1]. Cette conviction lui permet d'anticiper ou de laisser venir, certain de s'en tirer toujours. A l'image des campagnes, chaque « coup politique » est ainsi prémédité, finement préparé en plusieurs séquences successives. Une

1. « Il ne m'est rien arrivé encore que je n'aie prévu, et je suis le seul qui ne soit pas surpris de ce que j'ai fait. Je devine de même pour la suite, et j'arriverai de même où je me propose d'aller », confie-t-il par exemple à Miot de Mélito. « Jamais homme ne fut autant autorisé à se croire l'agent spécial d'un pouvoir supérieur et irrésistible, et il le crut effectivement » confirme Marmont dans ses Mémoires.

première phase préparatoire lui permet de confronter les points de vue sans jamais dévoiler ses intentions. Une fois la décision prise, vient le temps du mouvement qui correspond à celui de l'entrée en campagne : ministres, parlementaires, journalistes et diplomates sont manœuvrés comme des régiments par un Premier consul qui reconnaît le terrain et procède aux ultimes réglages. Vient enfin le temps de l'action, équivalent de la bataille. Sûr de son fait, Bonaparte dévoile enfin ses batteries et passe à l'attaque, privilégiant la vitesse et la mobilité.

En brumaire, il reste bien du chemin à faire pour convaincre la France politique, dominée par les régicides, que la restauration de l'hérédité au profit d'une famille récemment française constitue le meilleur moyen de clore la Révolution. Conscient des difficultés, Napoléon agit pas à pas quitte à reculer si nécessaire comme il le fait fin 1800 en chassant Lucien du ministère, car il a commis l'erreur de réclamer trop tôt l'avènement de la famille au trône de Charlemagne.

Mais il avance toujours, par le succès ou par la peur. Succès de la paix d'Amiens qui permet le Consulat à vie, peur des attentats qui prouvent à l'opinion la fragilité de son assise. Celui de la machine infernale, fin 1800, permet ainsi d'étendre le rôle du docile Sénat tout en déportant de nombreux Jacobins. La grande conspiration de 1804, qui rassemble le chef chouan Cadoudal, le royaliste Pichegru et le républicain Moreau, suscite assez d'émotion pour faciliter la marche à l'Empire. Pour la majeure partie du pays, le sacre de Napoléon marque la fin de l'aventure ; pour l'intéressé elle ouvre le livre d'une nouvelle épopée, seule à même de préserver un pouvoir dont lui seul connaît la précarité. N'a-t-il pas dit : « Tout ceci durera autant que moi » ?

Le passeur

Prophète improbable d'une époque impossible, Mirabeau avait annoncé que la passion révolutionnaire découvrirait, une fois la table rase accomplie, une dimension profondément conservatrice. « Que désire la nation française ?, écrivait-il dans une des notes secrètes à la Cour. Elle veut profiter des avantages de la Révolution. Elle entend jouir du bienfait des réformes sans avoir à redouter les excès de l'anarchie. Elle veut la paix, l'ordre, la sécurité, la prospérité publique : un gouvernement fort peut seul les lui assurer ; mais le gouvernement désormais ne peut être fort que s'il s'appuie sur l'opinion, et l'opinion ne l'appuiera que si elle y voit le défenseur et l'organisateur de la Révolution. » En conséquence, « il importe donc que le roi de France devienne le roi des Français et le roi de la Révolution française » [1]. Louis XVI ayant refusé le rôle, la Révolution l'avait abattu puis décapité.

Par une dialectique bien française, sa disparition laisse un vide béant qui demande d'autant plus rapidement à être comblé que la conjonction de la guerre civile et étrangère appelle à un pouvoir fort. La dictature collective des comités conventionnels, sous couvert de Robespierre, annonce une résurrection qui prend la figure collective du quintet directorial avant d'emprunter la forme romaine du triumvirat consulaire, avec prédominance de fait du Premier consul. La phobie de la dictature, enfantée par la peur de l'Ancien Régime et la haine de l'« Incorruptible », s'est entre-temps estompée au profit d'un antiparlementarisme alimenté par l'instabilité directoriale et sur lequel Bonaparte va rapidement capitaliser pour asseoir son emprise.

Le réquisitoire de la légende noire ne doit pas occulter la nature exceptionnelle du personnage et la qualité initiale de son œuvre. Napoléon incarne la figure de l'homme charismatique, chère à Max Weber. Quoique étranger au sérail politicien, il se hisse d'emblée à la hauteur d'une fonction qu'il transfigure par sa fulgurance intellectuelle et sa puissance de travail. L'imposante littérature napoléonienne recèle des mil-

1. Ces notes, d'une intelligence exceptionnelle, ont été publiées en 1851 par Ad. de Bacourt dans l'ouvrage intitulé *Correspondance entre le comte de Mirabeau et le comte de La Marck pendant les années 1789, 1790 et 1791.*

liers de pages, un peu monotones à force d'être répétées, sur *L'Homme Napoléon*[1], dictant dix lettres à la fois, labourant ses dossiers jusqu'à vingt heures par jour, commandant aux hommes et au sommeil. « Le travail est mon élément, dira-t-il avec fierté à Las Cases ; je me suis construit par le travail. J'ai connu les limites de mes jambes, j'ai connu les limites de mes yeux ; je n'ai jamais pu connaître celles de mon travail. »

Si l'endurance joue son rôle, elle pèse finalement peu à côté de son génie de l'organisation. Pour rester frais et dispos, il alterne fatigues du corps et de l'esprit, délassant l'un par l'autre : « Celui qui savait si bien employer le temps savait quelques fois aussi très bien le perdre », résume Mollien. Il veille aussi, surtout dans les premiers temps, à multiplier les entretiens afin d'utiliser au mieux toutes les compétences sans jamais paraître dépendant d'aucune[2]. Sa capacité à gérer le temps et les hommes lui permet de sérier les priorités et de décider en toute connaissance de cause.

Ce stratège politique se moque des convenances, expédie les mondanités mais peut passer des heures à présider le Conseil d'Etat si l'enjeu en vaut la peine : « Le Premier consul n'a aucune des habitudes stupides des Bourbons, il mange vite, il aime la monotonie vestimentaire et les vieux chapeaux, il ne perd pas son temps en cérémonies de Cour ; il travaille et il décide », résume François Furet. Son art du temps transparaît également dans sa manière expéditive de répondre aux demandes, le plus souvent par un simple « oui » ou « non »[3].

1. Titre d'un livre très documenté et fourmillant d'anecdotes écrit par Louis Chardigny, également auteur d'une synthèse vivante sur les maréchaux.

2. Personne, comme on l'a vu au chapitre précédent, ne doit pouvoir donner l'impression de le cornaquer. Mollien rapporte qu'il fut tenu à l'écart à la suite d'un entretien durant lequel l'interlocuteur de Bonaparte lui dit, sans doute à dessein, qu'il passait pour son précepteur en finances. « Cette réflexion eut tout l'effet que l'auteur s'en était promis, écrit-il dans ses Mémoires ; le Premier consul parut m'avoir tout à fait oublié pendant cinq mois : antérieurement, il me faisait appeler près de lui au moins une fois par semaine. »

3. « Si deux mots de réponse ou d'ordre pouvaient suffire, il les dictait aussitôt par apostille ou sous la forme d'une lettre, précise le baron Fain dans ses Mémoires. Dès qu'il passait d'un papier à un autre, la lettre répondue, ou qui ne demandait pas de réponse, s'échappait de ses doigts pour tomber à terre ; c'est ainsi qu'il se débarrassait successivement des papiers qu'il n'avait plus besoin de revoir ; ce qu'il jetait par terre s'appelait le "répondu". Sur la table il conservait la pile des affaires dont il avait

En revanche, il sait trouver l'heure nécessaire pour dicter une lettre ou étudier un dossier crucial. « Jamais homme ne fut plus entier à ce qu'il faisait, ne distribua mieux son temps entre les choses qu'il avait à faire », estime Roederer. Bertrand insiste sur sa « faculté de fixer son attention sur une idée, de l'examiner sous toutes ses faces, de ne l'abandonner que quand elle est épuisée et — pour se servir de son expression caractéristique — de la prendre "par le cou, par le cul, par les pieds, par les mains, par la tête" ». Sa capacité de concentration se révèle par le froncement de sourcils et la célèbre marche accélérée, dos courbé et mains jointes sur les reins [1].

L'élaboration des célèbres dictées, décrite à la manière d'une éruption volcanique par le baron Fain, illustre cette façon si particulière de gouverner : « Napoléon se mettant au travail commençait assez doucement, mais il s'animait peu à peu ; sa bouche s'échauffait à la dictée ; alors il se levait, parcourait à grands pas la pièce en long et en large, et comme le pendule marque le mouvement d'une horloge, de même la fréquence de ses allées et venues marquait l'allure plus ou moins rapide de ses idées et presque la coupe de ses phrases. Enfin, quand il était arrivé à l'idée dominante, et chaque jour avait la sienne, il abondait ; cette idée se retrouvait ensuite dans toutes ses lettres et dans toutes ses conversations : les mots revenaient exactement les mêmes, tant la première impression se conservait vive et profonde dans sa pensée ! Chez lui, la corde remise en vibration répétait aussitôt le même son avec une fidélité remarquable. Les phrases faites

l'intention de s'occuper dans la journée ; c'était le "courant". Une autre pile se composait des dossiers qu'il se réservait de voir à tête reposée ou plus tard : c'était le "suspens". L'Empereur avait lui-même établi cette division matérielle de sa table, et c'était un ordre invariable. »

1. Cette manie traduit aussi une nervosité dont témoignent également ses nombreux tics : « Il faisait fréquemment un mouvement involontaire de l'épaule droite qu'il relevait un peu, et en même temps un mouvement de la bouche de gauche à droite. Si l'on n'avait pas su que ces deux mouvements musculaires n'étaient qu'un tic d'habitude, on aurait pu les prendre pour des mouvements convulsifs », précise Bourrienne.

étaient d'un merveilleux recours pour l'écrivain ; il les savait par cœur, il les voyait venir, comme la chute d'un rondeau ; un signe suffisait pour marquer leur place. »

Alors que le protocole avait fini par rendre le roi esclave de sa cour, Napoléon inverse les priorités et restaure le chef d'Etat dans ses fonctions naturelles d'arbitre et de décideur. Même s'il dort davantage que le veut la légende [1], sa journée-type d'alors est tout entière tendue vers le travail. Aucun moment n'est perdu, à commencer par le lever, entre six et sept heures, qu'il met à profit pour se faire lire les journaux par Bourrienne tandis qu'il prend son bain ou se fait raser [2]. La toilette faite, « avec beaucoup de soin, étant d'une propreté extrême » [3], il descend dans son cabinet vers huit heures pour examiner les pétitions et le courrier. Les bulletins de police et les lettres dérobées par le cabinet noir, habilement camouflées sous un portefeuille de maroquin rouge portant l'inscription : « Gazettes étrangères », retiennent particulièrement son attention. A neuf heures, le lever officiel lui permet de croiser les dignitaires mais il l'expédie le plus vite possible afin de pouvoir regagner son sanctuaire. Entre dix et onze heures, il

1. « Sept heures par nuit augmentées souvent d'une courte sieste », selon Bourrienne. D'après Fain, « il dormait à peu près sept heures sur vingt-quatre ; mais c'était toujours en plusieurs sommes, s'interrompant à volonté la nuit comme le jour ». Cependant, la nature reprend parfois ses droits d'après Réal : « S'il se réveillait la nuit, il se levait, faisait appeler son secrétaire et travaillait. » Dans ce dernier cas, « [...] le lendemain, succombant à la fatigue, il s'endormait partout où il se trouvait ».

2. « Il ne donnait l'attention qu'aux journaux allemands et anglais ; passez, passez, me disait-il à la lecture des journaux français, je sais ce qu'il y a ; ils ne disent que ce que je veux » rapporte Bourrienne.

3. Bourrienne, *Mémoires*. « Napoléon était recherché dans ses soins de propreté, précise Méneval. Il se baignait fréquemment. Il brossait lui-même ses bras et sa large poitrine, et aimait à plaisanter sur l'embonpoint de ses pectoraux. Son valet de chambre achevait de lui frotter très rudement le dos et les épaules, mais il empruntait souvent la main plus vigoureuse de Roustan. Il se faisait autrefois raser mais depuis très longtemps, vers 1803, après qu'il eût changé de valet de chambre, il se rasait lui-même à l'aide d'un miroir qui était tenu devant lui et en exposant alternativement une joue, puis l'autre. Ensuite, il se lavait à grande eau dans un bassin d'onguent qu'à voir ses dimensions on aurait pu prendre pour une petite cuve. Une éponge imbibée d'eau de Cologne était passée dans ses cheveux, le reste du flacon était versé sur ses épaules. Ses gilets de flanelle, ses vestes et ses culottes de Casimir blanc, ses bas de soie, étaient renouvelés tous les jours. Il ne cessait de porter ses habits d'uniformes verts ou bleus, les seuls dont on le vît revêtu, que quand on l'avertissait que les traces de l'usage s'y laissaient apercevoir. » Il reçoit son coiffeur en moyenne tous les huit jours et un pédicure deux fois par mois.

déjeune en quelques minutes, aimant selon Bourrienne le « poulet à la provençale », « accommodé à l'huile et aux oignons » qui s'appellera ensuite « poulet à la Marengo ». Le fameux verre de chambertin, le plus souvent coupé d'eau, suivi d'une tasse de café clôt l'intermède [1]. Il retourne à son cabinet jusqu'à une heure puis travaille en tête à tête avec Maret et d'autres collaborateurs.

L'après-midi s'ouvre par les différents conseils qu'il préside, à commencer par celui des ministres qui se tient tous les mercredi à une heure ; les lundi, jeudi et samedi étant consacrés aux conseils d'administration [2], les mardi et vendredi au Conseil d'Etat. Vers sept heures du soir, il dîne, le plus souvent en tête à tête avec Joséphine, avant de rejoindre ses proches pour prendre le café : « Tous les huit jours en moyenne, son bibliothécaire Barbier lui présente après le repas les ouvrages nouveaux ou les livres offerts par les auteurs qui n'en faisaient pas eux-mêmes l'hommage. L'Empereur les parcourait tous, jetait à terre et faisait souvent voler dans la cheminée les livres qui ne l'intéressaient pas ou qui lui déplaisaient ; il mettait en réserve un ou deux ouvrages, rarement trois, pour les lire avec plus d'attention. »

En résumé, il travaille plus de quinze heures par jour mais parvient toujours à être concentré car il sait varier les séquences en fonction des capacités de son organisme : « Napoléon, raconte Méneval, expliquait la netteté de ses idées et sa faculté de pouvoir, sans se fatiguer, prolonger à l'extrême ses occupations, en disant que les divers objets se

---

1. D'après Fain : « C'était ordinairement pendant le déjeuner que l'Empereur recevait son architecte Fontaine, M. Denon, le directeur du musée, M. Barbier, son bibliothécaire. C'était encore à cette heure qu'il admettait, mais moins fréquemment, son premier peintre David et quelques artistes des plus distingués, dont il aimait la conversation ; tantôt Gérard, le peintre, ou Chaudet, le statuaire ; tantôt l'acteur Talma ; je n'ai garde d'oublier Isabey, qui avait le titre de peintre de la chambre et qui donnait des leçons de son art à l'Impératrice. »

2. « Ceux que Napoléon convoquait le plus habituellement étaient les conseils de finance, les conseils de commerce, les conseils de subsistances, les conseils du génie, les conseils d'artillerie, les conseil des ponts et chaussées et des travaux publics, les conseils des travaux maritimes, les conseils d'administration de la guerre, etc. » précise Fain, qui souligne sa prédilection pour les conseils du génie et des ponts et chaussées.

trouvaient casés, dans sa tête, comme ils auraient pu l'être dans une armoire. “Quand je veux interrompre une affaire, disait-il, je ferme son tiroir et j'ouvre celui d'une autre. Ces affaires ne se mêlent point, et jamais ne me gênent ni ne me fatiguent. Quand je veux dormir, je ferme tous mes tiroirs ; et me voilà livré au sommeil.” » Esprit en perpétuel mouvement, il balance son ardeur dans l'action par un besoin d'ordre et de stabilité qui n'admet pas la moindre fantaisie dans la gestion de son quotidien. « Si Napoléon craignait les habitudes, il aimait la règle » résume Fain. Là comme partout, il s'équilibre par les contraires, la méticulosité dans l'organisation tempérant la démesure du tempérament.

Pour dominer sans partage, le consul va mettre l'étiquette à son service et la France entière sur livrets, régulièrement renouvelés afin de connaître au jour le jour l'état économique et militaire du pays[1]. Il fait fabriquer un bureau type qui le suit de campagne en campagne et où il peut piocher dans ses dossiers les yeux fermés, orchestre un classement du courrier qui lui permet de tout annoter sans se perdre dans la lecture de factums pesants. Tout est organisé, calculé, minuté afin de lui offrir un maximum d'informations en un minimum de temps. La porosité aux autres, jointe à son avidité de connaissances et à sa mémoire exceptionnelle, lui permet de combler très vite ses lacunes initiales. Il y a en lui un orgueil farouche qui le pousse toujours à vouloir donner l'impression qu'il maîtrise parfaitement chaque domaine, quelles que soient la spécialité et la réputation de son vis-à-vis. « Il n'y avait pas un genre de mérite ou de distinction dont il ne fût jaloux, précise Molé. Ainsi, il prétendait à la force, à la grâce, à la beauté, au don de plaire aux femmes et, ce qu'il y a de plus singulier, c'est que son orgueil lui servait si bien à contenir sa vanité, sa supériorité véritable à couvrir ses petitesses,

---

1. « Les états de situation de mes armées sont pour moi les livres de littérature les plus agréables de ma bibliothèque », écrit-il à Joseph en février 1806. Chaque livret était composé selon le même canevas car « [...] chez Napoléon, rappelle Fain, l'unité des moyens et la simplicité de l'invention étaient remarquables ; le même procédé servait à tous les ressorts, comme un passe-partout sert à toutes les serrures ».

qu'avec tant de chances pour être ridicule il ne le devenait jamais. »

Son intelligence créatrice impressionne ses interlocuteurs. Chaptal, son ministre de l'Intérieur, rapporte qu'il le charge un jour de forger le projet de formation d'une école militaire à Fontainebleau : « Il m'ordonna de rédiger le tout par articles et de le lui apporter le lendemain. Je passai la nuit au travail et je lui portai à l'heure indiquée. Il le lut et me dit que c'était bien, mais que ce n'était pas complet. Il me fit asseoir et me dicta pendant deux ou trois heures un plan d'organisation en cinq cent dix-sept articles. Je crois que rien de plus parfait n'est jamais sorti de la tête d'un homme. »

Dès les origines, Bonaparte, général puis Consul, veut garder toutes les cartes en main. A ses yeux, le pouvoir ne se partage pas. Il s'assume et s'exerce seul, comme le commandement militaire. Comme la guerre, la politique nécessite le secret pour garantir la surprise et rester l'unique maître à bord. L'opacité tient à distance, suscite l'inquiétude sur ses intentions futures et permet d'étudier à loisir les hommes et leurs faiblesses. A l'image de son physique, contraste étonnant entre la fragilité du corps et la force de l'esprit, la banalité de la taille et le feu du regard, il demeure insaisissable, échappant toujours aux regards et à la raison.

Tous ses portraits, qui se comptent par centaines, reflètent ce mystère volontairement entretenu. Ils présentent un air de famille mais sont tous différents. Et pourtant, aucun, à en croire Stendhal ou Nodier, ne représente le véritable Bonaparte[1]. Ainsi, le Premier consul peint en 1802 par Philipps diffère notablement de celui croqué par Gérard à la même période. Le premier a l'air triste, le second sûr de lui et dominateur. Des nuances dans le regard et l'inclinaison, la coiffure — plus

1. « Portraits. Presque tous ceux que j'ai vus de lui sont des caricatures, confirme Stendhal. [...] Les moins mauvais portraits sont de Robert Lefèvre et de Chaudet ; les plus mauvais de David et de Canova. » L'historien allemand F. Kircheisen vante, lui, les portraits de Bonaparte par Isabey et David : « C'est sans doute Isabey qui a le mieux "attrapé" le Premier consul, le rendant tel qu'il était, alors que David le peignait tel qu'il voulait être peint », écrit-il.

négligée chez Philipps — suffisent à produire la divergence. Sont en revanche camaïeux le menton proéminent, la bouche marquée au coin par une ride tombante, les yeux en amande et les cheveux châtain foncé[1]. Le physique réel s'approcherait du portrait peu connu, malgré sa précision, brossé par un Allemand anonyme au début du Consulat : « L'attitude, la marche et les gestes sont chez lui plutôt d'un vieux que d'un jeune homme. La sécheresse des muscles de son visage et sa peau un peu olivâtre lui donnent quelque chose de ténébreux. Son œil gris-bleu, gris-brun, n'a ni feu, ni beauté, il est très enfoncé, ce qui augmente l'effet de son regard qui est sans amabilité, mais qui a de la fermeté et de la persistance. La structure de sa tête rend Bonaparte plus intéressant. Large en haut, son visage s'allonge et s'amincit vers le bas. Le front s'élève très légèrement au-dessus de la racine du nez. Pour le reste, le front forme avec l'arête du nez une ligne presque verticale. Le nez a un caractère d'une extrême noblesse ; rien de charnu, on dirait un cartilage délicat dont le modelé est très mobile. L'expression de la bouche donne à sa ligne droite une inflexion douce, agréable. La bouche incurvée est légèrement fendue, le menton pointu est très saillant, les mâchoires, en revanche, sont très peu accentuées, ce qui est un indice favorable, d'après l'opinion des physionomistes, le contraste trahissant une brutalité grossière... Dans l'ensemble, son visage est harmonieux, empreint d'une noble dignité et engageant ; mais ce à quoi je ne m'étais pas attendu, c'était à rencontrer autour de sa bouche autant de bonhomie naïve que de finesse. »

Le jeu combiné du regard, de la gestuelle et de la parole sublime ce que son physique peut avoir de banal ou de disgracieux. « J'ignore si jamais il a existé un monarque qui au même degré que Napoléon imprima l'étonnement et le respect », confesse le général Thiébault à l'unisson des mémorialistes.

1. Le trouble s'accroît lorsqu'on compare ces deux représentations avec les portraits du Consul par Gros, Ingres, Isabey, Girodet, Appiani ou Boilly. On dirait une galerie de frères ou de cousins.

Au pouvoir monarchique ancien reposant sur l'obéissance, au pouvoir révolutionnaire nouveau fondé sur l'adhésion populaire, il substitue ainsi une alchimie inédite, empreinte d'aura et de séduction, mais aussi d'autorité, de peur et d'intérêt. Il joue par là même sur tous les registres de l'âme humaine. « Je suis un être tout politique », avoue-t-il un jour à son confident Molé. « C'est ce qui rendra si difficile d'écrire son histoire », précise son interlocuteur qui dresse de lui un portrait psychologique dont la nuance et l'équilibre tranchent avec celui des contemporains, le plus souvent incapables de trouver le juste milieu entre dithyrambe et pamphlet : « Il ne fut ni bon, ni méchant, ni juste ni injuste, ni avare ni libéral, ni cruel ni compatissant, il fut tout politique, martèle le mémorialiste. Il ne vivait que pour ses desseins. Il faisait avec la même indifférence le bien toutes les fois qu'il le croyait utile, le mal lorsqu'il le jugeait nécessaire. Son esprit le portait même plutôt vers le bien parce qu'il savait qu'à chances égales, c'est une route plus sûre que le mal vers le succès. Toute sa morale ne tenait qu'à ses lumières, elle ne venait jamais de son instinct et encore moins de son sentiment. »

*

Si Napoléon a sciemment occulté le rôle de son entourage, il lui doit beaucoup plus qu'il ne l'a avoué. Pour conserver le monopole de la décision et affirmer son magistère, il joue comme on l'a vu des divisions entre les hommes comme entre les partis, veillant par exemple à répartir équitablement les portefeuilles entre les différentes mouvances révolutionnaires. Là comme ailleurs, l'alchimie a sa légitimité : « Une seule pensée dominait l'Empereur dans ses choix, c'était le besoin de s'entourer d'hommes utiles, explique le baron Fain ; négligeant les préventions de partis, dédaignant de remonter aux circonstances, aux opinions ou aux coteries qui avaient pu commencer la célébrité de chacun, il ne s'attachait qu'à reconnaître l'habileté de chacun, il ne s'attachait qu'à reconnaître l'habileté qui pouvait encore le servir avec probité. »

A partir de là, on peut esquisser une typologie de l'appareil ministériel en trois catégories : les experts, les politiques et les fidèles. Les premiers sont là pour lui apporter leur expertise dans un domaine qu'il connaît mal comme Mollien et Gaudin au Trésor et aux Finances. Dans le même registre, Decrès à la Marine et l'économiste Chaptal à l'Intérieur apportent d'autant plus qu'ils savent rester discrets, rapportant tout à leur maître qui exige le savoir-faire mais interdit le faire savoir. Second consul puis archichancelier, Cambacérès s'impose comme le Premier ministre, sans le titre, de Bonaparte. Fort de sa maîtrise juridique et administrative, acquise au Comité de législation sous la Convention puis comme ministre de la Justice du Directoire [1], il devient vite indispensable par sa capacité à habiller de droit les abus de la puissance [2]. Son caractère effacé, pour ne pas dire soumis, convient parfaitement à Bonaparte qui le traite avec un tact et un respect dont il n'est pas prodigue. Le profil de tous ces grands serviteurs de l'Etat est assez similaire. Ils sont âgés [3], gage d'expérience et de sagesse, laborieux et serviles, le maître présentant un goût très modéré pour la contradiction. Enfin, leur notoriété doit être limitée afin de ne pas lui faire de l'ombre. Il a banni pour cette dernière raison tous les chefs de parti, à commencer par les anciens Directeurs qui risquent de mettre leurs réseaux à profit pour miner le gouvernement de l'intérieur et œuvrer, tel Barras, pour leur prompt retour au pouvoir.

---

1. Cambacérès avait été avocat puis conseiller à la Cour des aides de Montpellier sous l'Ancien Régime. Napoléon lui rend à plusieurs reprises hommage à Sainte-Hélène : « Un bon avocat est un homme indispensable à tout moment ; dans toutes les affaires, il faut le consulter. C'était le grand avantage de Cambacérès. C'est pour cela que l'Archichancelier joua un si grand rôle. Un gouvernement a toujours à décider sur l'état des personnes et des propriétés. Toutes les questions arrivaient là. On avait donc constamment besoin de lui », confie-t-il par exemple à Bertrand.

2. « Nul ne pouvait être plus propre à lui apprendre, sans s'en glorifier, les choses qu'il ignorait le plus. Nul ne pouvait employer plus de savoir et d'habileté à justifier par une forme légale les actes de sa toute-puissance, et à donner l'apparence du droit à ses plus violentes témérités », résume Molé.

3. Cambacérès est né en 1753 tout comme Carnot. Chaptal en 1756 ainsi que Gaudin ; Mollien en 1758, Decrès en 1761.

Seuls Talleyrand et Fouché dérogent à la règle, sachant qu'ils n'ont pas attendu Brumaire pour devenir célèbres et n'incarnent pas, c'est un euphémisme, la fidélité en politique. L'ancien évêque d'Autun a été l'un des plus importants orateurs de la Constituante, et promoteur principal de la Constitution civile du clergé. Après avoir connu son heure de gloire en officiant à la fête de la Fédération le 14 juillet 1790, il a été en 1792 envoyé en mission diplomatique à Londres dans l'espoir de maintenir l'Angleterre dans la neutralité. Ostracisé par la Convention, il a pu revenir après Thermidor avant d'être propulsé au ministère des Affaires étrangères, grâce à l'amitié de Mme de Staël qui a arraché sa nomination à Barras. Il dispose depuis lors d'une importante clientèle, « droite républicaine » si l'on ose dire, qui réunit les anti-Jacobins et toute l'ancienne aristocratie ralliée à la République. Sa naissance et ses usages rassurent les ambassadeurs européens heureux de traiter en terrain familier avec ce membre d'une des plus célèbres familles du continent qui, en un sens, civilisait l'esprit révolutionnaire.

Mêmes atouts en termes d'expérience et de réseaux dans le cas de son complice et rival Fouché qui forme son exact contrepoids à gauche. Entré dans l'arène quand Talleyrand en sortait, il a vite déserté la Gironde pour devenir l'un des emblèmes de l'ultra-gauche par sa politique de terreur et de déchristianisation, pratiquée comme représentant en mission dans la Nièvre et à Lyon. Menacé par Robespierre, il a été avec Barras et Tallien la cheville ouvrière du 9 Thermidor. Inquiété par la réaction thermidorienne, il s'est, après une brève traversée du désert, rapproché du Directoire grâce à l'amitié de Barras qui a fini par le nommer à la tête du ministère de la Police. D'une neutralité plus que bienveillante en Brumaire, il a pu conserver son poste même si Bonaparte s'est d'emblée méfié de lui et a tenté de le contrôler par la création d'un préfet de police à Paris et d'un inspecteur général de la gendarmerie. Sa nomination rassure les anciens Jacobins dont il devient le symbole et le garant auprès du Consul, sachant qu'il est aussi par sa fonction le mieux à même de les surveiller[1].

« Le vice et le crime » dénoncés plus tard par Chateaubriand lui apportent une exceptionnelle connaissance du personnel politique et des arcanes les plus secrètes, et malsaines, du pouvoir : les clientèles, les affaires, l'information. Contrairement à Cambacérès, légiste respecté mais politique secondaire, ils lui apprennent la topographie réelle de la France nouvelle. En outre, ces politiques sont aussi des techniciens, même si ce n'est pas la raison essentielle pour laquelle Bonaparte les a choisis. Tous deux ont déjà été ministres et connaissent leurs dossiers. En eux, Napoléon recrute à la fois des experts, des conseillers et des réseaux d'influence ; Jacobins pour Fouché, royalistes modérés pour Talleyrand. Leur rivalité le place en position d'arbitre tandis que leur détestable réputation les oblige, du moins dans les premiers temps, à le servir loyalement. En résumé, le lien qui les unit est d'abord et avant tout utilitaire, fondé sur l'intérêt respectif des contractants.

Pour conforter l'édifice, Bonaparte a cependant pris soin de placer d'emblée trois séides à des postes-clés. L'indispensable Berthier contrôle l'armée[2], Lavalette le cabinet noir tandis que Maret, recrue récente mais d'une loyauté indéfectible, obtient la secrétairerie d'Etat, pilier du système car elle assure le lien entre Bonaparte et les ministres[3]. Un autre fidèle, Bourrienne, dirige son secrétariat jusqu'à son renvoi pour malversations à l'automne 1802.

---

1. En le nommant, résume Pasquier dans ses Mémoires, Bonaparte « voulut tout à la fois accorder au parti détrôné une garantie qui lui était promise, se donner à lui-même un moyen de gouverner ce parti, en s'y ménageant des intelligences, et se donner contre les tentatives du parti royaliste un surveillant dont le zèle ne serait pas douteux ».

2. A l'exception de la campagne de 1800 durant laquelle Carnot le remplace.

3. « Le secrétaire d'Etat jouait à la fois le rôle du secrétaire général de gouvernement et du secrétaire général de la présidence de la République », résume Thierry Lentz à son sujet. Pour le Napoléon du *Mémorial* : « C'était le ministre des ministres, donnant la vie à toutes les actions intermédiaires ; le grand notaire de l'empire, signant et légalisant toutes les pièces. »

L'ensemble constitué impressionne par sa qualité, son équilibre et sa complémentarité. Il lui permet d'être informé et éclairé au mieux, « consultant toujours et partout sans se laisser dominer par le conseil » résume Mollien. Pressé, pressant, multipliant les lettres et les remarques, il n'hésite pas à faire refaire à l'infini ; son obsession de la perfection révélant sa volonté d'imprimer sa marque[1]. Certes, il épuise, lasse et parfois exaspère, mais parvient globalement à tirer le meilleur de chacun. Mollien dépeint dans ses Mémoires un quotidien usant, sous la pression constante d'un Napoléon écrivant jusqu'à dix lettres par jour après avoir enchaîné les conseils, voulant « tout voir, tout savoir, commander toujours de nouveaux efforts en prouvant qu'on n'en faisait jamais assez ». Au bout du compte, « [...] chacun était assez embarrassé de ses propres affaires pour ne pas empiéter sur celles des autres, trop peu sûr de son crédit pour attaquer un crédit rival, trop bien retenu dans son tourbillon par le chef du gouvernement pour rien voir, rien chercher au-delà ». S'il n'hésite pas à mettre en concurrence, ses ministres savent aussi qu'il n'aime pas disgracier et reste inaccessible aux rumeurs : « On peut tout me dire ; je ne blâme que ceux qui passent la moitié de leur vie à décrier le gouvernement, et l'autre moitié à demander des places[2]. »

*

Bonaparte innove aussi dans sa volonté d'orienter l'opinion, ce qui fait de lui le pionnier de ce que l'on appelle aujourd'hui la communication politique. Depuis la proclamation théorique

1. « Tant d'ordres donnés avec précipitation, et qui tous recevaient au moins un commencement d'exécution, étaient fréquemment suivis de contre-ordres rapporte Mollien. Aussi la part de l'activité négative n'était-elle souvent pas la moindre. Napoléon semblait se faire un jeu de voir les fils multipliés de son gouvernement se croiser et se mêler au-dessous de lui ; il croyait retenir d'autant plus sûrement le nœud qui les réunissait tous. C'était pour concentrer l'activité en lui seul qu'il prenait tant de soin de la diviser entre ses agents, et qu'il ne craignait pas, en même temps, de les diviser entre eux. »

2. Propos de Napoléon rapportés par Mollien dans ses Mémoires.

de la souveraineté du peuple, il ne s'agit plus tant de commander que d'entraîner les masses « sans qu'elles s'en aperçoivent » comme il le précise à Fouché en 1804. Napoléon utilise son propre physique pour forger sa légende au moyen d'une approche très fine qui conjugue charisme et identification. L'osmose résulte de sa banalité apparente, celle d'un petit homme ordinaire, au teint olivâtre et à l'accent corse prononcé, donnant une impression négligée volontaire. Elle se fortifie par son côté bonhomme avec le troupier, familier avec la foule quand elle est sympathique. Ainsi, il met en avant son apparence commune pour mieux établir son aura, cette « puissance de séduction » résultant selon Louis Madelin de l'alchimie entre « l'incomparable grandeur des pensées et la familiarité des manières »[1].

La manœuvre se décline à l'armée par une mise invariable dans sa sobriété — habit vert ou bleu de colonel de la garde, la fameuse redingote grise et le non moins célèbre petit chapeau — qui lui permet de se distinguer de la magnificence de ses généraux. Il se singularise par sa simplicité affectée, simplicité toute politique car elle recèle un message. Le pouvoir, affirme-t-il ainsi en substance, ne lui a pas tourné la tête. La modestie revendiquée devient en somme son premier vecteur de supériorité en entretenant son image de fils génial de la Révolution, fidèle à l'esprit égalitaire des origines.

Le « signifiant » est limpide : je suis si grand par mes victoires et mes actes que je n'ai pas besoin de m'accoutrer pour affirmer mon prestige, ma légitimité est inhérente et n'a pas besoin des brandebourgs pour s'exprimer. Sa gloire, immense après Marengo, constitue l'autre assise de cette légitimité. Depuis Toulon, « le petit caporal » n'a jamais perdu. Son aura d'invincibilité se pare de la magie orientale et du caractère miraculeux de ses victoires, notamment Arcole, Aboukir et Marengo.

1. *Histoire du Consulat et de l'Empire*. Selon Clément de Ris, « il possède au plus haut degré l'instinct de l'instinct des multitudes ».

Cela ne suffit pas cependant pour fonder un pouvoir pérenne sur les décombres de la légitimité défunte. Derrière la vitrine de la représentation, ce pouvoir stratège repose également sur sa face noire, celle de la surveillance et de l'espionnage. Nul n'a autant veillé à se renseigner, sur tout et sur tout le monde. Autant par suspicion que par curiosité, Bonaparte dévore les bulletins de police et multiplie les officines parallèles au sein même de son palais. Comme Fouché, il sait que la maîtrise de l'information constitue la condition première du pouvoir car elle permet d'anticiper les révolutions. Il sait aussi qu'un Etat doit afficher sa puissance pour susciter la crainte ; passer pour sévère afin d'éviter d'avoir à le devenir. « Il n'y a qu'un secret pour mener le monde, c'est d'être fort, parce qu'il n'y a dans la force ni erreur ni illusion ; c'est le vrai mis à nu[1]. »

L'Aigle surveille tout : les salons et les théâtres par la police, la presse puis les livres par les censeurs, l'opinion par les rapports que lui adressent les préfets et plusieurs correspondants secrets parmi lesquels on retrouve Montlosier, ancien député monarchien et l'un des plus brillants publicistes de son temps, l'écrivain royaliste Fiévée ou Mme de Genlis, l'ancienne gouvernante du futur Louis-Philippe.

L'école n'échappe pas à son regard. Il sait que la conquête des âmes passe par celle de l'enfance. Ainsi veille-t-il par exemple à orienter l'enseignement de l'histoire pour apparaître comme l'homme providentiel. Réformée à partir de 1802, la scolarité doit monarchiser les mœurs au profit du régime, développer la soumission au gouvernement et susciter l'émulation par la gloire. Pour ce faire, il édicte sous l'Empire un système hiérarchique chapeauté par un grand-maître, l'an-

1. « Qu'est-ce qu'un souverain doit désirer le plus ? », demande un jour Napoléon à Hortense, qui rapporte ce dialogue dans ses Mémoires,
« C'est d'être aimé », lui répond-elle.
« "Vous n'y entendez rien, ma fille", me dit-il en me pinçant l'oreille, "si un souverain a fait le bien, on le sait après sa mort et c'est alors qu'on l'aime, mais pour être obéi pendant sa vie, il faut qu'il paraisse méchant pour être craint." »

cien royaliste Fontanes, avec le concours des recteurs, des proviseurs et des professeurs principaux. Ce système, affirme-t-il, « a pour but d'unir au gouvernement et la génération qui commence et la génération qui finit ; d'attacher au gouvernement les pères par les enfants, et les enfants par les pères, d'établir une sorte de paternité publique ». Nommé à l'université de Paris, Guizot se voit prier d'inclure un hommage déférent au maître lors de sa leçon inaugurale[1]. Même compression à l'Institut, fleuron du savoir mais aussi de la courtisanerie précoce à l'endroit du nouveau César.

Pour s'assurer les cœurs, Bonaparte développe une propagande tous azimuts, touchant l'ensemble d'une vie sociale qu'il entend bien contrôler à tous les âges et dans tous les milieux. Les recettes éprouvées des premières campagnes sont poussées à leur paroxysme. Une nouvelle fois, la verticalité militaire est transposée dans le civil avec pour corollaire l'éradication de la critique. Journaux et proclamations assurent le lien entre le pouvoir-instituteur et la société. La puissance du verbe consulaire alliant simplicité et grandeur doit galvaniser la France comme elle a motivé la troupe, la rendre fière de son régime et de son chef. Comme chacun sait, Napoléon compose lui-même de nombreux articles pour le *Moniteur*, devenu journal officiel après Brumaire[2]. Ses textes, le plus souvent rédigés d'un trait, conservent la nervosité des bulletins et leur apparente spontanéité. « On sent le coup de poignet à chacune de ses phrases » écrit Mme de Staël à leur sujet. Accessibles à tous, courts, incisifs, ils contiennent toujours une ou deux formules frappantes et faciles à retenir, slogans avant la lettre qui conditionnent l'opinion tandis que les développements la flattent en lui expliquant le sens des réformes ou la nécessité des guerres.

1. Le futur ministre décline l'invite, à la grande déception de Fontanes. Le rôle de ce dernier à la tête de l'Université n'a pas encore été étudié sous l'angle politique, sachant que nombre de ses amis royalistes furent intégrés par ses soins tels Bonald ou Royer-Collard, les futurs maîtres à penser des ultra-royalistes et des doctrinaires.

2. Marc Fumaroli qualifie Bonaparte de « premier William Randolph Hearst de l'ère démocratique » dans sa préface à la *Vie de Napoléon* par Chateaubriand.

Les beaux-arts se trouvent également mis à contribution. Sur ce point, Napoléon s'inspire essentiellement du règne de Louis XIV, le souverain qu'il a sans conteste le plus admiré et auquel il emprunte le plus, à commencer par la restauration de la Cour, la religion de la gloire et le culte du souverain[1]. Dans cette optique, il veut réinsérer les atouts de la mystique monarchique — l'imaginaire, l'esthétique et le reflet de la puissance — dans les monuments qu'il commence à faire ériger. La politique de grands travaux, particulièrement dynamique à Paris, conjugue objectifs pragmatiques à court terme — donner du travail au dangereux peuple parisien — et à long terme : populariser le régime et l'enraciner par une architecture reflétant la grandeur de la France et le génie de son maître[2]. A l'instar du bâtisseur de Versailles, hanté par la Fronde, il veut compenser la fragilité originelle de son pouvoir par l'éternité de son œuvre : « L'on peut dire que sa passion pour les monuments a presque égalé sa passion pour la guerre, estime Bourrienne ; mais comme en toutes choses il avait horreur de ce qui était petit et mesquin, il préférait les vastes constructions, comme il aimait les grandes batailles ; l'aspect des ruines colossales des monuments d'Egypte n'avait pas peu contribué à développer en lui son goût naturel pour les grands édifices ; ce n'était pas ces édifices eux-mêmes qu'il aimait, poursuit le mémorialiste, mais les souvenirs de l'histoire qu'ils perpétuent dans la postérité, les grands noms qu'ils consacrent, les grands événements qu'ils attestent. » Plutôt que l'Arc de Triomphe,

1. Selon Bourrienne : « Ce monarque était le seul pour lequel le Premier consul eût une admiration véritable ; il me dit un jour en parlant de lui : "Si Louis XIV n'était pas né roi, ç'aurait été un grand homme ; mais il ne connaissait pas les hommes ; il ne pouvait pas les connaître ; et puis, il n'a jamais été malheureux !" Il admirait beaucoup la velléité du vieux monarque accablé sans être abattu, qui voulait se faire ensevelir sous les débris de la monarchie, plutôt que de consentir à de honteuses conditions après avoir parlé en maître aux souverains de l'Europe. » Napoléon ira même jusqu'à vanter l'incendie du Palatinat. On notera que la première édition collective des œuvres de Louis XIV, contenant les Mémoires, a été publiée en 1806, an I du « Grand Empire ».

2. « J'ai fait consister la gloire de mon règne à changer la face du territoire de mon Empire, écrit Napoléon à son ministre Cretet en 1807. L'exécution de grands travaux est aussi nécessaire à l'intérêt de nos peuples qu'à ma propre satisfaction. »

seulement ébauché à la fin du règne[1], en témoigne la colonne de la place Vendôme, inaugurée le 15 avril 1810, à l'apogée du règne. Une statue de l'Empereur en costume de César par Chaudet surplombe le monumental pilier édifié par la fonte de deux cent cinquante pièces de canon prises à l'ennemi. Elle est exemplaire de son obsession de légitimité : en empruntant au registre le plus classique – la colonne Trajane ou Hadrienne à Rome —, Bonaparte hisse symboliquement sa réputation à leur hauteur ; en même temps, ce renvoi au passé vise à asseoir un régime incertain dans ses fondements et qu'il importe de pérenniser en bâtissant les monuments qui, par essence, sont censés traverser les siècles, comme le régime nouvellement créé. C'est pourquoi il faut faire les choses en grand, chaque œuvre étalonnant en quelque sorte la puissance du chef : « Ce que je cherche avant tout, disait Napoléon à Vivant Denon, c'est la grandeur : ce qui est grand est toujours beau[2]. »

L'ambition est particulièrement manifeste dans la peinture, à la fois vecteur du culte, arme pour la propagande, enfin passeport pour l'histoire. A l'exception de rares toiles, les représentations du Consul puis de l'Empereur dégagent une grande impression de douceur et d'équilibre, à l'opposé d'une propagande anglaise qui le présente comme un nabot sanguinaire, indifférent au sort de ses hommes, et ivre de pouvoir. Ainsi la toile du baron Gros montrant Bonaparte posant la main sur les pestiférés de Jaffa met en scène l'image traditionnelle du roi thaumaturge, touchant les scrofuleux à l'issue de son sacre, mais vise aussi à lutter contre la presse anglaise qui l'accuse d'avoir empoisonné ses hommes. L'impératif de propagande l'emporte sur le respect de la réalité dont il n'a que faire. « Personne aujourd'hui ne s'informe si les portraits des grands hommes sont ressemblants, dit-il un jour à David ; il suffit que leur génie y vive. »

1. Entrepris en 1806, il sera terminé sous la monarchie de Juillet et inauguré le 29 juillet 1836.

2. Dans un esprit comparable, « son attitude envers les beaux-arts découle à la fois de l'idée qu'il se fait de l'histoire et de sa conviction du pouvoir des signes sur l'imagination », estime l'historienne Annie Jourdan dans son *Napoléon, héros, imperator, mécène*.

Pour galvaniser les foules, Napoléon choisit une représentation militaire tendue vers l'émulation. Les superbes parades des Tuileries ont pour objet de créer des vocations et de développer la fierté patriotique, nonobstant l'adulation envers le Consul. Elles doivent populariser la guerre et susciter l'envie de participer à l'épopée. A l'opposé des idéologues, Napoléon refuse de considérer la politique comme une « science » morale, réductible à la raison, enfermée dans les chiffres ou noyée dans la métaphysique. L'homme moderne forgé par la Révolution reste un être de passion, de chair et de sang, auquel il faut d'abord parler par les sens. Au gouvernement autoritaire de l'Ancien Régime, aux utopies idéologiques de la Convention, il entend substituer la séduction par l'imaginaire : « Je ne suis, dit-il à Volney, qu'un magistrat de la République. Je n'agis que sur les imaginations de la nation ; lorsque ce moyen me manquera, je ne serai plus rien ; un autre me succédera. » Le 18 juin 1800, il se fait plus explicite : « Le vice de nos institutions modernes est de n'avoir rien qui parle à l'imagination. On ne peut gouverner l'homme que par elle ; sans l'imagination, c'est une brute. » Il la stimule par son activisme et par une mise en scène permanente qui procède davantage par persuasion que par coercition et ne recourt pas, contrairement aux totalitarismes modernes, à la violence d'Etat. L'Empereur n'en contrôle pas moins la vie politique à tous les stades, du berceau à la mort.

Cette pensée despotique révèle en creux une obsession de la chute qui ne l'a jamais quitté et ira même croissante au fur et à mesure qu'il étendra son pouvoir. La volonté de contrôler les âmes témoigne de sa peur de tout perdre. C'est contre cette précarité, accentuée par la poursuite de la guerre, que Napoléon lutte, toujours aux aguets, toujours sur la défensive, prêt à frapper la moindre manifestation d'hostilité qui, il en est convaincu, l'engloutira s'il la laisse dégénérer. Or le despotisme n'a pas toujours été dans sa nature. Né d'une révolution, élevé par un coup d'Etat, il tente de gommer ses origines par une politique de grandeur et de réconciliation. Mais cette politique, à l'inverse du faible Louis XVI dont le souvenir l'obsède, il veut en garder le contrôle absolu, l'imposer sans jamais avoir l'air de la subir, quitte à sévir mais toujours le moins possible et à bon escient. Contrairement à l'angélisme des philosophes, ce n'est pas la bonté mais la peur qui seule préserve le pouvoir du chaos. En semant la douceur, on ne récolte que le mépris. La politique ignore le sentiment pour ne retenir que le rapport de force.

« Mon cher, qu'est-ce que la popularité, la débonnaireté ?, dira-t-il à Las Cases le 24 décembre 1815. Qui fut plus populaire, plus débonnaire que le malheureux Louis XVI ? Pourtant quelle a été sa destinée ? Il a péri ! C'est qu'il faut servir dignement le peuple, et ne pas s'occuper de lui plaire : la belle manière de le gagner, c'est de lui faire du bien ; rien de plus dangereux que de le flatter : s'il n'a pas ensuite tout ce qu'il veut, il s'irrite et pense qu'on lui a manqué de parole ; et si alors on lui résiste, il hait d'autant plus qu'il se dit trompé. Le premier devoir du prince, sans doute, est de faire ce que veut le peuple ; mais ce que veut le peuple n'est presque jamais ce qu'il dit : sa volonté, ses besoins doivent se trouver moins dans sa bouche que dans le cœur du prince [1]. »

En résumé, ce n'est plus à l'opinion de gouverner le chef, mais au chef de gouverner les hommes. Pour accomplir sa mission, le politique moderne doit conserver l'initiative avec pour corollaire l'exercice entier de sa responsabilité.

Bonaparte réalise l'osmose entre l'adhésion par identification — « il me ressemble » — et l'adhésion par admiration — « il m'est supérieur donc je me soumets ». Le soutien populaire se révèle d'autant plus large que les circonstances, tant intérieures qu'extérieures, appellent à un pouvoir fort, nécessaire pour rétablir l'ordre et signer la paix, les deux passions

---

1. Ces propos gagnent à être rapprochés de ceux tenus trois ans plus tôt devant Caulaincourt : « "Les Français, disait-il, sont légers, familiers, prêts à manger dans la main. Pour ne pas être obligé de les remettre à leur place, il faut être sérieux avec eux et se tenir à la sienne. La royauté est un rôle. Les souverains doivent toujours être en scène." Aussi, précise le duc de Vicence, était-il toujours grave, même lorsqu'il voulait prendre les formes de la bienveillance, et, comme il le disait, cajoler les gens. »

du temps. Tel est le défi du Consulat dont la réussite conditionnera sa survie. Bonaparte s'y attelle après Marengo, trouvant dans sa dernière victoire le surplus de légitimité qui lui permet de s'émanciper définitivement des partis et de mettre au pas les généraux rivaux.

Terminer la Révolution

A peine installé au pouvoir, le nouveau maître formule avec sa netteté coutumière la grande ambition de son gouvernement : « Nous avons fini le roman de la Révolution ; il faut en commencer l'histoire, et voir ce qu'il y a de réel et de possible dans l'application des principes et non ce qu'il y a de spéculatif et d'hypothétique. Suivre aujourd'hui une autre marche, ce serait philosopher et non gouverner. »

Le bilan de la décennie écoulée rend sa tâche particulièrement ardue. L'ancienne société a volé en éclats : plus de monarchie, plus de privilèges ni de corps intermédiaires. Mais la nouvelle n'a pas encore pris forme, laissant un immense vide. Incapable de constituer un gouvernement stable, la bourgeoisie victorieuse n'a pas acquis l'expérience du pouvoir et manque cruellement de dirigeants. Difficile dans ces conditions d'accomplir la réforme, ce d'autant plus qu'il n'y a pas une France mais des France sur lesquelles les anciennes grilles de lecture, par ordres et provinces, ne sont plus opérantes : religieuses, dressées l'une contre l'autre par la Constitution civile du clergé et les persécutions révolutionnaires ; politiques, non seulement séparées entre révolution et contre-révolution mais à l'intérieur de chaque camp en factions rivales qui se haïssent — babouvistes, Girondins, Jacobins, thermidoriens pour les républicains, monarchiens et théocrates pour les royalistes ; sociales aussi, décomposées puis recomposées par l'émigration et les biens nationaux ; enfin des mémoires, blanche contre bleue, où les massacres, exécutions, emprisonnements et coups d'Etat constituent autant de blessures encore à vif, semblant rendre toute réconciliation impossible.

Bonaparte hérite en conséquence d'une défiance majoritaire qui s'exprime dans l'attentisme populaire manifeste lors du 18 Brumaire puis à l'occasion du plébiscite consécutif à la promulgation de la Constitution de l'an VIII. Comme on l'a vu, la France s'est dégoûtée d'une République qui lui a apporté la guerre sans abolir l'injustice : permanence d'une caste au pouvoir — ces régicides devenus thermidoriens puis brumairiens —, vénalité des hommes obsédés par leur volonté de se maintenir au pouvoir quel qu'en soit le prix, Etat proliférant et inefficace, fiscalité galopante, mépris des libertés publiques forgent autant de preuves à charge. Certes, la haine de l'Ancien Régime l'emporte encore sur la peur de la Révolution. Mais l'opinion demeure inquiète, insatisfaite et lasse[1].

Cette situation constitue le meilleur atout de Bonaparte à son aurore. Elle lui donne l'occasion, très rare en politique, de pouvoir agir sans être l'esclave des systèmes et corporatismes existants. Pour mettre fin au chaos, la France guette l'homme providentiel, à la fois doté d'un caractère d'exception et d'une fidélité sans faille à la République, toutefois étranger aux crimes commis en son nom afin de pouvoir rassembler au-delà des factions et incarner le renouveau. Bonaparte seul répond à ses exigences. Libre de tout oser, il ne va pas hésiter.

1. L'analyse des rapports des conseillers d'Etat, envoyés en mission dans les provinces après le 18 Brumaire, présente un tableau sévère que l'historien Thierry Lentz juge « globalement fiable » dans son ouvrage sur le 18 Brumaire : « Il montre une France désorganisée, résume l'historien : contributions non levées par des administrations faibles, incapables et démunies, registres mal tenus, traitements des fonctionnaires et soldes des militaires impayés, justice vivant dans la pénurie, administrations locales composées d'ignorants, instruction publique délaissée, brigandage, routes défoncées et mal entretenues, etc. Les conseillers d'Etat furent d'une grande sévérité sur la façon dont, selon eux, le Directoire avait laissé, par absence de volonté administrative, la situation économique et sociale, héritage des premières années de la Révolution, se dégrader. » Bonaparte fait composer par d'Hauterive un ouvrage intitulé *De l'état de la France en l'an VIII* à fin de propagande. Il accrédite la légende noire du Directoire, sans doute le régime le plus mal-aimé de notre histoire avec la IVe République. En témoigne le fait qu'il n'existe pour le moment aucune synthèse de référence sur la période même si certains travaux récents esquissent une tentative de réhabilitation, soulignant par exemple sa riche contribution à l'histoire des idées ou l'excellence de sa politique économique menée sous l'égide de François de Neufchâteau.

De ses prédécesseurs, il semble avoir tous les talents sans les tares : esprit de conciliation de Necker, résolution de Danton, vertu de Robespierre, pragmatisme de Barras. Il escompte passer au travers des écueils en s'appuyant sur le meilleur de chacun des héritages de notre tumultueuse histoire, afin de bâtir une synthèse dynamique, réconciliant les Français avec eux-mêmes. Son génie consiste à identifier, au milieu de l'incroyable chaos des temps, des piliers stables, voulus par le plus grand nombre, à partir desquels il va orchestrer sa réforme. De la Révolution, il conserve le nationalisme conquérant, la sacralité de la propriété[1], la prépondérance sociale de la bourgeoisie, et surtout la passion égalitaire, « passion du siècle » selon ses propres termes[2] mais passion nocive lorsqu'elle néglige l'égalité des chances pour lui préférer l'égalitarisme niveleur[3].

Mais le regard du noble Corse plonge aussi vers cet Ancien Régime dont il a contemplé le crépuscule et qu'il ne cessera de considérer avec une certaine tendresse[4]. Il en aime l'ordre,

1. « Il est certain que le droit de propriété est le plus sacré de tous les droits des citoyens, et plus important à certains égards que la liberté même » écrivait Rousseau dans son *Discours sur l'économie politique*, résumant la doctrine des Lumières en la matière. Actée par la Déclaration des droits de l'homme comme imprescriptible (art. 2) et « inviolable et sacrée » (art. 17), la propriété fut notamment défendue par la majorité des Jacobins, excepté les quelques entorses (vote du maximum) voulues par Robespierre afin de s'attirer le soutien des sans-culottes dans sa lutte contre la Gironde.

2. « Donnant un jour un projet à rédiger à un de ses conseillers d'Etat, il lui disait : surtout, n'y gênez pas la liberté, et bien moins encore l'égalité ; car, pour la liberté, à toute rigueur, serait-il possible de la froisser, les circonstances le veulent et nous excuseront ; mais pour l'égalité, à aucun prix. Dieu m'en garde ! Elle est la passion du siècle, et je suis, je veux demeurer l'enfant du siècle » (*Mémorial*).

3. Chaque « grand mot » prête par son caractère vague à des interprétations contradictoires, préludes à des manipulations suspectes pour ne pas dire iniques. Plus que tout autre, l'égalité n'évite pas le piège de l'ambiguïté. Selon la réalité qu'on lui donne, elle pousse à l'émulation saine ou au nivellement par le bas par la table rase des élites. La jeune démocratie américaine prône la première, le jacobinisme la seconde. Les deux écoles communient cependant dans une même répulsion envers l'absolutisme dont Bonaparte va profiter pour galvaniser la nation contre l'Europe des rois.

4. « On peut dire que l'Empereur était ce qu'on appelait, pendant la Révolution, "aristocrate", estime Caulaincourt dans ses Mémoires. Ses réflexions portaient même à croire que cette opinion était chez lui antérieure à son avènement au pouvoir, quoiqu'elle n'eût pas toujours été la base de sa conduite. Un royaliste de la Cour de Hartwell n'aurait pas parlé des Bourbons, de la révolution et de ses malheurs, avec

la structure verticale et surtout la sacralisation du pouvoir qu'il engendrait et qu'il ne cessera de vouloir recréer à son profit. Bien avant Tocqueville, il comprend que la centralisation, préparée par Richelieu, confortée par Colbert, forme le fil rouge de notre histoire car elle fournit depuis longtemps la seule réponse à la peur des invasions et des guerres civiles qui hantent notre histoire depuis ses origines. Les récents événements, marqués par une accélération de la violence et de l'instabilité du pouvoir, nourrissent la conviction d'un temps devenu fou, la guerre ayant ajouté à cette cascade de peurs la phobie de l'invasion. Bonaparte sent poindre ce besoin d'un pouvoir fort. Il s'incarne depuis toujours dans la figure du sauveur militaire, hier Jeanne d'Arc ou Clovis, ou du passeur politique vers lequel on se tourne en cas de crise pour mettre fin au chaos et pénétrer dans un Nouvel Age. Charles V, Henri IV et Louis XIV en constituent les modèles les plus achevés. Puisant à pleines mains dans ce répertoire dont il connaît l'histoire par cœur, Bonaparte entend réussir la synthèse de ces deux modèles récurrents : le guerrier et le législateur.

La nouvelle France demeure à 85 % rurale comme sa devancière. A l'opposé de la ville turbulente, foyer de révolutions, cette solide campagne demeure attachée à l'ordre, à la religion et à la terre. Protectionniste en économie, conservatrice dans ses mentalités, elle attend le monarque républicain qui stabilisera les prix et garantira la nouvelle propriété des biens nationaux. Ses intérêts rejoignent ainsi ceux des notables, forgeant le socle du bonapartisme populaire. C'est notamment en son sein que perdure la foi catholique, autre héritage de l'Ancien Régime que la Révolution n'a pu déraciner et que Bonaparte, dès l'origine, est décidé à rétablir car il prône la soumission envers les pouvoirs établis et le respect des valeurs familiales. La Nation, la gloire, les notables, l'égalité civile, la propriété, la centralisation, la ruralité, la religion,

---

un sentiment plus prononcé et des regrets plus réels, mais c'était toujours en y joignant les réflexions d'un homme d'Etat et appuyant sur ce qu'il fallait tirer parti de tout ce que la Révolution avait produit de grand et d'utile. »

le besoin d'un maître. Il n'y a là rien d'incompatible et même matière à bâtir une patrie réformée à condition de fusionner ces legs dans le cadre d'un nouveau contrat social, écartant sans ambages ce que la France rejette de son passé : privilèges, terreur et anarchie.

Pour réussir son pari, Bonaparte doit d'abord réconcilier les hommes. A l'exception des irréductibles des deux bords, Jacobins et royalistes, il veut réunir toutes les compétences possibles dans son gouvernement qu'il présente comme celui de « la jeunesse et l'esprit ». Le 24 novembre 1799, juste après Brumaire, le nouvel homme fort de la République précise sa philosophie en la matière au député Betz : « Ralliez-vous à la masse du peuple, lui ordonne-t-il. Le simple titre de citoyen français vaut bien, sans doute, celui de royaliste, de clichyens, de jacobin, feuillant, et ces mille et une dénominations qu'enfante l'esprit de faction, et qui, depuis dix ans, tendent à précipiter la nation dans l'abîme d'où il est temps enfin qu'elle soit tirée pour toujours. C'est à ce but que tendront tous mes efforts. C'est là uniquement qu'est désormais l'estime des hommes pensants, la considération du peuple et la gloire. » Mêmes conseils prodigués un mois plus tard au chef chouan Andigné : « Il n'a déjà que trop coulé de sang français depuis dix ans » déplore-t-il avant de lui demander son concours « pour seconder un gouvernement dont toutes les sollicitudes sont pour le rétablissement de l'ordre, de la Justice et de la vraie liberté ! Un gouvernement qui ne tardera pas à être environné de la confiance et de l'estime de l'Europe entière ! qui bientôt aura la gloire de proclamer, pour la seconde fois la paix que le monde entier appelle à grands cris ! »[1].

1. Et Bonaparte d'ajouter : « Dites donc bien à vos concitoyens que les lois révolutionnaires ne viendront plus dévaster le beau sol de la France, que la révolution est finie, que la liberté de conscience sera entière et absolue, que la protection sera égale pour tous les citoyens et indépendante de toute espèce de préjugés, et qu'en mon particulier je serai sensible et saurai reconnaître les soins qu'on se donnera pour la paix et la tranquillité. »

Brumaire, contrairement aux coups d'Etat précédents, ne marquera donc pas la victoire d'une faction sur une autre. « La devise de la révolution du 18 Brumaire fut : “Point de réaction”. Tous les partis crurent à cette promesse, parce que celui qui la faisait était assez fort pour se passer de chacun d'eux », résume Mathieu Molé.

L'abolition de l'abjecte loi des otages [1], première mesure du Consulat, révèle sa volonté prioritaire de pacification. Bonaparte la souligne en allant lui-même libérer plusieurs otages à la prison du Temple : « Une loi injuste vous a privé de votre liberté ; mon premier devoir est de vous la rendre », proclame-t-il solennellement. « Ni bonnets rouges, ni talons rouges », selon la célèbre formule qu'il devait employer. Lucien, nouveau ministre de l'Intérieur, lui fait écho dans une de ses premières circulaires : « Le gouvernement ne veut plus, ne connaît plus de partis et ne voit en France que des Français. » Pour tourner la page, le Consul procède d'autorité à la réunion des élites nouvelles et anciennes au sein d'un même corps. Le Conseil d'Etat incarne ce rassemblement des hommes et des compétences au service de l'intérêt général. Chargé d'élaborer les lois, il réunit la fine fleur politique et administrative du temps : l'ancien Jacobin et auteur de la loi des suspects Merlin de Douai, le royaliste fructidorisé Siméon, le modéré Roederer ou le bonapartiste inconditionnel Regnaud de Saint-Jean-d'Angély [2]. Ils seront bientôt rejoints par les descendants des grandes familles parlementaires de l'Ancien Régime comme Etienne Pasquier et Mathieu Molé. Cheville ouvrière de la réforme consulaire, divisé en cinq sections [3], il joue un

---

1. Votée le 16 mai 1799 sous la pression des Jacobins, elle « ressuscitait les comités révolutionnaires et les chargeait de dresser dans chaque commune la liste des aristocrates et des parents d'émigrés qui seraient désormais considérés comme responsables des assassinats de patriotes dans les départements troublés. A chaque patriote assassiné, quatre otages seront déportés. S'il y a vol ou pillage, ils paieront l'indemnité », explique Pierre Gaxotte dans son histoire de la Révolution.

2. « Je me sers de tous ceux qui ont la capacité et la volonté de marcher avec moi, précise Bonaparte à l'époque. Voilà pourquoi j'ai composé mon Conseil d'Etat de constituants qu'on appelait modérés ou feuillants, comme Defermon, Roederer, Regnault ; de royalistes comme Dufresne ; enfin de jacobins, comme Brune, Réal et Berlier. J'aime les honnêtes gens de toutes les couleurs. »

3. Législation, Intérieur, Finances, Guerre, Marine.

rôle majeur que traduit sa croissance avec la création des maîtres de requêtes en 1801 puis des auditeurs deux ans plus tard. Symbole de la fusion, il sert aussi de laboratoire politique au sein duquel Napoléon teste les hommes avant de leur confier les postes-clés de la haute administration[1]. Nommé directement par le chef de l'Etat, doté d'un pouvoir d'influence considérable, le Conseil en use d'autant plus pleinement que la liberté de parole y est entière. Anciens proscripteurs et proscrits s'y affrontent dans des joutes verbales dont le chef de la République demeure le seul arbitre. « La discussion était libre et franche, le Premier consul la provoquait, l'écoutait, y prêtait une part très active, il s'y conduisait comme le président d'un corps et pour ainsi dire, le premier entre des égaux », rapporte Thibaudeau, justement membre du Conseil et l'un des grands témoins du Consulat.

Epanoui par la qualité des discussions et l'assurance qu'elles demeureront confidentielles, le Consul s'y montre éblouissant, à la fois questionneur insatiable, raisonneur brillant et décideur équitable selon les mémorialistes unanimes. « J'ai assisté, écrit par exemple le conseiller Trémont, à des séances du Conseil présidées, pendant sept heures consécutives, par l'Empereur. Son influence stimulante, la prodigieuse pénétration de son esprit analytique, la lucidité avec laquelle il résumait les questions les plus compliquées, le soin qu'il apportait non pas même à supporter, mais à provoquer la contradiction, l'art d'augmenter le dévouement par une familiarité qui savait traiter à propos des inférieurs comme des égaux, produisaient un entraînement égal à celui qu'il exerçait sur l'armée. On s'épuisait de travail comme on mourait sur le champ de bataille. »

1. « J'élève des administrateurs pour l'avenir, commente Napoléon. Ils se forment dans l'atelier des règlements et des lois ! Ils s'y pénètrent de nos principes et de nos maximes d'ordre public ; toujours environnés de bons conseils et de bons juges, tantôt sous les yeux du gouvernement, tantôt dans des missions importantes, ils arrivent successivement aux fonctions publiques avec la maturité de l'expérience et la garantie que peuvent me donner personnellement un caractère et des connaissances déjà éprouvés. »

Sa politique de réconciliation englobe l'histoire et la mémoire, à l'instar de sa propagande. A rebours de l'intolérance révolutionnaire bannissant la monarchie des regards et vandalisant les monuments, les armoiries et même les sépultures, Bonaparte use de concorde et de réparations en faisant rendre les honneurs à Pie VI, mort en captivité en France, ou en décrétant la fin des célébrations orchestrées pour l'anniversaire de la mort de Louis XVI depuis la Convention. Ne sont retenues comme fêtes nationales que le consensuel 14 juillet[1] et le jour de la proclamation de la République. D'emblée, Napoléon intronise le culte de la nation, en lieu et place de celui jusqu'alors rendu à la Révolution : « J'assume tout de Clovis au Comité de salut public », tranche-t-il pour expliquer sa vision d'une histoire de longue durée, transfigurant les clivages pour ne retenir que le meilleur des siècles écoulés. Il fait par exemple placer les cendres de Turenne, le général qu'il estime le plus, aux Invalides. Vauban, le fortificateur du « pré carré » mais aussi l'économiste iconoclaste, auteur de la *Dixme royale*, suivra en 1800. La ville du Puy relève avec son autorisation le mausolée de Du Guesclin tandis que la statue de Jeanne d'Arc, abattue sous la Révolution, se voit réédifiée à Orléans. Il veille cependant à ne jamais laisser attaquer publiquement cette Révolution à laquelle il sait devoir son destin. Tenant d'une histoire positive, qui exalte, élève et réconcilie, il préfère occulter les blessures du passé pour bâtir une nouvelle France dynamique et sans préjugés, tout entière tendue vers l'avenir et le service de l'intérêt général : « J'avais ouvert une grande route ; j'y protégeais tous ceux qui y marchaient ; qu'on eût combattu avec Condé, été vendéen ou chouan, qu'on eût été régicide ou septembriseur. Aussi beaucoup de gens n'ont jamais compris que je n'avais qu'un but : tout réunir, tout concilier, faire oublier toutes les haines, rapprocher tout le monde, rassembler tant d'éléments divergents et en recomposer un tout : une France et une patrie[2]. »

1. On célèbre alors l'anniversaire de la fête de la Fédération (14 juillet 1790) plus que celui de la prise de la Bastille.
2. Ces propos de Napoléon sont rapportés par le général Bertrand dans ses *Cahiers de Sainte-Hélène*.

Le pacificateur

Signé en 1801, le Concordat demeure, ne serait-ce que par son nom, l'emblème de ce volontarisme du rassemblement qui caractérise sa politique. Son histoire révèle aussi beaucoup sur les méthodes de gouvernement de Bonaparte, conciliantes sur le fond et impatientes dans la forme, intransigeantes sur le but à atteindre et les garanties à préserver mais toujours pragmatiques dans l'approche, à rebours là encore des pratiques révolutionnaires.

La religion, grande nouveauté par rapport au siècle des Lumières et à la décennie révolutionnaire, gagne du terrain parmi les élites. La reconquête est partie des émigrés où une large partie de l'ancienne noblesse a retrouvé la foi dans l'épreuve comme le prouve la publication retentissante par Chateaubriand de son *Génie du christianisme*. Massivement rentrés depuis Brumaire, ces émigrés rencontrent une opinion plutôt favorable, y compris à Paris où les saturnales déchristianisatrices ont fini par choquer ou susciter la pitié. Le retour vers les valeurs chrétiennes est d'autant plus apprécié qu'il sous-entend, chez ses avocats, restauration de l'ordre et encadrement moral. Toutefois, cette rechristianisation se heurte à un anticléricalisme tenace qui garde ses bastions principaux à l'Institut et dans l'armée, soit les deux noyaux durs du début du Consulat. Bonaparte ne le partage pas. Sa conception de la religion allie sentiment et raison, émotion née des souvenirs de l'enfance[1] et conviction que la cessation de la guerre religieuse demeure le préambule indispensable à la terminaison de la Révolution. Enfin, la paix des âmes forge à ses yeux une arme précieuse pour réduire les chances d'une restauration monarchique. Sa culture historique comme son expérience

1. On connaît ce propos célèbre tenu à la Malmaison devant Thibaudeau : « Tenez, dit-il, j'étais ici dimanche dernier, me promenant dans cette solitude, dans ce silence de la nature. Le son de la cloche de Rueil vint tout à coup frapper mon oreille. Je fus ému ; tant est forte la puissance des premières habitudes et de l'éducation. Je me dis alors : quelle impression cela ne doit-il pas faire sur les hommes simples et crédules. »

récente, en Italie puis en Egypte, l'ont convaincu de l'importance capitale de la religion dans toute civilisation. « Nulle société ne peut exister sans morale, explique-t-il dès juin 1800 ; il n'y a pas de bonne morale sans religion ; il n'y a donc que la religion qui donne à l'Etat un appui ferme et durable. Une société sans religion c'est comme un vaisseau sans boussole : un vaisseau dans cet état ne peut s'assurer de sa route ni espérer entrer au port[1]. »

Ce pragmatique ne cesse d'insister sur l'utilité sociale du catholicisme : « La société ne peut exister sans l'inégalité des fortunes et l'inégalité des fortunes ne peut exister sans la religion. » Seule la religion peut « faire supporter aux hommes des inégalités de rang, parce qu'elle console de tout »[2]. A la fois règle morale et espérance d'un au-delà meilleur, elle contient la bête, présente en chacun de nous, pour l'élever vers l'altruisme et le sacrifice, les plus hautes vertus morales : « L'homme sans Dieu, je l'ai vu à l'œuvre en 1793 ! Cet homme-là, on ne le gouverne pas, on le mitraille. »

Certains lui conseillent alors d'adopter le protestantisme, arguant de son caractère plus libéral et de sa proximité globale avec la Révolution. Idée stupide rétorque Bonaparte car elle aboutirait à une nouvelle guerre de religion, le contraire même du but recherché. « Je suis bien puissant aujourd'hui, eh bien,

1. Allocution de Bonaparte devant le clergé de Milan le 5 juin 1800. On y ajoutera cette confession plus machiavélique faite au royaliste Andigné juste après Brumaire : « La religion, je la rétablirai non pas pour vous, mais pour moi. Ce n'est pas que nous autres nobles, nous ayons beaucoup de religion ; mais elle est nécessaire pour le peuple et je la rétablirai. »

2. A ces propos cités par Louis Madelin, on ajoutera cette digression faite devant Molé qui la rapporte dans ses Mémoires : « [...] Je vois dans la religion tout le mystère de la société. Je soutiens qu'il y est tout entier et que, hors des préceptes et des doctrines de l'Evangile, il n'y a point de société qui puisse fleurir, ni de civilisation véritable. Qu'est-ce qui fait que le pauvre trouve tout simple que dix cheminées fument dans mon palais, tandis qu'il meurt de froid, que j'aie dix habits dans ma garde-robe, tandis qu'il va nu, que l'on serve sur ma table à chaque repas de quoi nourrir une famille pendant une semaine ? C'est la religion, qui lui dit que dans une autre vie je serai son égal, que même il a plus de chance pour y être heureux que moi. Il faut donc que le pavé des églises soit à tout le monde, qu'il n'en coûte que peu aux pauvres pour qu'on prie sur sa tombe. Je dis qu'il faut qu'il lui en coûte peu, car il faut bien se garder de l'humilier, en lui proposant de l'enterrer gratuitement. Conservons-lui précieusement ce qui lui reste de dignité. C'est le sentiment qui pendant sa vie l'a préservé du crime. »

si je voulais changer la vieille religion de la France, elle se dresserait contre moi et me vaincrait, précise-t-il devant le Conseil d'Etat. La religion catholique est celle de notre pays, celle dans laquelle nous sommes nés, elle a un gouvernement profondément conçu qui empêche les disputes, autant qu'il est possible avec l'esprit disputeur des hommes [1]. »

Pour imposer ses vues, il a la sagesse d'attendre l'après-Marengo. Fort de sa popularité, il peut désormais se lancer dans les négociations proprement dites, n'hésitant pas à surmonter crânement l'opposition — tant à l'Institut qu'au Conseil d'Etat — par sa certitude de bénéficier du soutien massif de la nation [2] : « Ma politique, proclame-t-il le 4 juillet 1800, c'est de gouverner les hommes comme le grand nombre veut l'être. C'est là, je crois, la manière de reconnaître la souveraineté du peuple. »

Sa volonté d'aboutir rencontre celle du nouveau pape Pie VII, beaucoup plus accommodant que son prédécesseur et soucieux de faire rentrer la France dans le giron de l'Eglise [3]. Les négociations, malgré tout longues et difficiles, aboutissent à la signature d'un projet en dix-sept articles, le 18 juillet 1801 à deux heures du matin. Comme pour tout bon accord,

1. Il précise auprès de Montholon : « J'aime la religion catholique parce qu'elle parle à mon âme, parce que, quand je prie, elle met en action tout mon être ; tandis que la religion protestante ne parle qu'à ma raison. [...] Et puis la religion catholique est une aide toute-puissante de la royauté. Que serait la royauté, si elle aussi ne parlait pas à l'imagination et ne reposait que sur la froide raison ? Car pourquoi, si le roi n'est qu'un homme comme les autres, naît-il roi, qu'il soit imbécile, dépravé ou homme supérieur ? Du moment où vous ôtez à la royauté le prestige qu'elle reçoit de l'oint du Seigneur, et que vous la soumettez au froid calcul de la raison, elle cesse d'être royauté, elle devient une magistrature ; et dès ce moment l'ambition entre en lice, l'ère des révolutions commence. »

2. « Il faut que je rende au peuple la plénitude de ses droits en fait de religion, dit-il à l'époque. Les philosophes en riront mais la nation me bénira. » L'incident le plus fameux intervient en avril 1802, au sortir de la cérémonie orchestrée à Notre-Dame pour célébrer l'événement. Le général Delmas prend violemment à parti Bonaparte en ces termes : « C'est une belle capucinade, il n'y manque qu'un million d'hommes qui se sont fait tuer pour détruire ce que vous rétablissez. »

3. Pie VII a été élu par le conclave le 14 mars 1800. En 1797, alors évêque d'Imola, il s'était publiquement prononcé en faveur du respect de la République auprès de ses diocésains : « La forme de gouvernement démocratique adoptée parmi vous, frères très aimés, ne contredit nullement aux maximes que j'ai précédemment énoncées ni ne répugne à l'Evangile [...]. Oui ! Mes chers frères, avait-il conclu, soyez de bons chrétiens et vous serez d'excellents démocrates. »

chacun a su se mettre à la place de l'autre et faire des concessions. Le Premier consul reconnaît la primauté spirituelle du pape qui confère l'institution canonique, obligeant ainsi Bonaparte à se mettre d'accord avec lui pour la nomination de chaque évêque. En outre, la religion catholique se voit reconnue comme celle de la « majorité des Français » professée particulièrement par les consuls. Eu égard à la situation de la papauté, envahie par la France deux ans auparavant et à celle du clergé, décimé, ruiné, privé de ses édifices et de ses biens, on peut parler de résurrection. Pie VII y trouve un surcroît de légitimité qui va favoriser le développement de l'ultramontanisme. Mais le grand gagnant semble bien Bonaparte qui a amené le pape, selon ses propres termes, à sacrer la Révolution en entérinant la validité des biens nationaux, pourtant issus de la spoliation de l'Eglise par la Constituante. De surcroît, Pie VII reconnaît officiellement la République française tandis qu'évêques et curés prêteront serment de fidélité particulière au gouvernement. Les évêques, qui s'engagent à prévenir le Consul de tout complot, deviennent ces « préfets violets » qui exhorteront leurs ouailles à chérir le restaurateur de la foi et serviront d'auxiliaires spirituels à la police de Fouché. Bonaparte contrôle largement ce clergé dont il nomme les membres et qu'il s'engage à salarier, le tenant ainsi entièrement sous sa coupe. Pour résorber le clivage entre jureurs et réfractaires, il obtient du pape la démission du haut clergé de l'Ancien Régime, acte difficile à accomplir si l'on tient compte du fait que ce clergé était demeuré fidèle au souverain pontife durant la Révolution et paie sa loyauté par sa mise à l'écart. Le 15 août 1800, le bref *Tam Multa* les supplie de se démettre : « Plus votre sacrifice sera agréable à Dieu et plus vous avez droit d'attendre de lui une récompense égale à votre douleur, égale à sa générosité. Avec toute l'énergie dont notre âme est capable, nous excitons votre vertu à l'offrir courageusement. » Une large moitié répond à l'appel, obligeant Pie VII à renvoyer les récalcitrants, noyau dur de l'émigration qui constituera ensuite le schisme de la Petite Eglise.

Le clergé « concordataire » rassemble anciens jureurs et réfractaires, condamnés à travailler ensemble sans jamais soulever le terrible voile du passé : « Le Concordat n'est le triomphe d'aucun parti, mais la conciliation de tous », résume Bonaparte à son oncle Fesch, promis par sa parenté à une somptueuse carrière ecclésiastique [1]. Il a enfin la sagesse d'attendre l'annonce de la paix d'Amiens au printemps 1802 pour le promulguer [2], associant par là même les deux réconciliations : intérieure et extérieure.

Comme l'avait escompté Bonaparte, le coup porté s'avère terrible pour Louis XVIII. Le prétendant y perd sa principale force morale et par ricochet les bataillons populaires du royalisme clérical en Vendée et dans le Midi : « Je souhaite au pape, fulmine alors Joseph de Maistre, la mort de tout mon cœur de la même manière que je la souhaiterais à mon père s'il devait me déshonorer demain. » Aux yeux de tous les observateurs, « Pie se tache » [3] venait de condamner les Bourbons à l'exil éternel.

Bonaparte exploite pleinement l'événement en ouvrant par étapes les portes de la France à ces milliers d'émigrés qui, pour la plupart, ne demandent maintenant qu'à rentrer. Dès le 25 décembre 1799, leur liste a été déclarée close. Le même jour, une commission *ad hoc* est établie en vue d'élargir les radiations [4]. 60 % des 100 000 à 150 000 « exilés » [5] sont déjà

---

1. Il sera ambassadeur à Rome et primat des Gaules. Le travail à accomplir était immense. Ne reste alors que 5 000 à 6 000 curés (pour environ 40 000 paroisses) et des édifices le plus souvent détruits pour encadrer une dernière génération déchristianisée à l'issue d'une décennie de rupture. A ce point de départ s'ajoute une inquiétante crise des vocations : seulement 11 clercs ordonnés pour 101 prêtres morts à Paris entre 1809 et 1813 d'après Louis Madelin dans son *Histoire du Consulat et de l'Empire.*

2. Signé le 15 juillet 1801, le Concordat est promulgué le 18 avril 1802. On oublie le plus souvent que Bonaparte règle en même temps la question protestante dont le culte est organisé sur des principes similaires en avril 1802.

3. Ce surnom était donné au pape par les royalistes extrêmes.

4. En octobre 1800, un arrêté réduit leur nombre de moitié en retranchant de la liste nationale des catégories entières : « parents ou héritiers d'émigrés, femmes ayant suivi leurs maris artisans et cultivateurs, gens à gages, toute la partie plébéienne de l'émigration ; les émigrés déjà rayés par les autorités locales, ceux qui avaient été compris dans la capitulation de Malte ; enfin, les victimes des tribunaux révolutionnaires [...]. »

5. Contrairement à ce que l'on pourrait croire, la noblesse n'est pas majoritaire au sein de l'émigration. « En réalité, le phénomène a touché toutes les classes de la société française, précise François Furet dans son *Dictionnaire critique de la Révolution française.* Suivant les calculs de Greer, le nombre total des émigrés se répartit

revenus en 1801 tandis que l'Ouest, gagné par la paix religieuse, cesse le combat. Le 26 avril 1802, huit jours après la cérémonie marquant l'entrée en vigueur du Concordat, un sénatus-consulte leur accorde l'amnistie, terme choisi à dessein par Fouché afin d'éviter toute remise en cause de la Révolution. « Il faut, résume Talleyrand, que ceux à qui la Révolution pardonne, pardonnent à leur tour à la Révolution. » Complétant le Concordat, la mesure lui permet d'élargir ses assises, donc d'affaiblir les Bourbons tout en bénéficiant d'un vivier nouveau qui lui donne l'occasion d'échapper à la mainmise des thermidoriens. Eprouvée par l'exil et encore détestée, l'ancienne aristocratie sait qu'elle doit tout à Bonaparte et ne pourra pas se maintenir sans sa protection : « Il a mis toutes nos têtes sur ses épaules », raille le spirituel Narbonne[1]. Pour mieux la tenir, il procède à une redistribution partielle des biens nationaux non vendus. En somme, il transforme des ennemis en obligés tandis qu'il rééquilibre ses soutiens en renforçant sa droite.

*

Deux ans après Brumaire, Bonaparte peut donc se targuer d'avoir mis fin à la guerre civile. Dans le même laps de temps, il ajoute à son actif la cessation de la guerre avec l'Europe : « Ceux qui vous aiment de cœur, avait écrit Lannes au début du Consulat, vous idolâtreront si vous donnez la paix. » Bénéficiant de sa réputation d'invincibilité, le Premier consul exploite habilement les victoires de 1800 en se montrant modéré dans les négociations. Il se contente, affirme-t-il dès

---

comme suit : clergé 25,2 %, noblesse 16,8 %, grande bourgeoisie 11,1 %, petite bourgeoisie 6,2 %, ouvriers 14,3 %, paysans 19,4 %, non identifiés 7 %. Comme on le voit, les deux ordres privilégiés totalisent 42 % de l'émigration enregistrée, tandis que le tiers état en constitue 51 % ». L'éminent historien distingue deux vagues : la première, essentiellement aristocratique, va jusqu'en 1792 ; la seconde, plus populaire et deux fois plus nombreuse, débute avec la chute de la royauté et culmine sous la Terreur.

1. Ancien ministre de Louis XVI et amant de Mme de Staël, ce royaliste constitutionnel d'obédience deviendra l'une des personnalités les plus en vue de la cour impériale.

ses premières proclamations, d'ambitionner une paix glorieuse, réunissant à la mère patrie les conquêtes de la Révolution en Italie et sur la rive gauche du Rhin [1].

Par ailleurs, il n'hésite pas à jouer des rivalités qui opposent entre eux les membres de la coalition. Il parvient d'abord à séduire le tsar Paul Ier, déjà aigri contre l'Autriche [2], en lui renvoyant sept mille prisonniers, puis à le détacher de l'Angleterre. Mieux, il est sur le point de signer avec lui une alliance quand l'assassinat du tsar, dont il accuse aussitôt Albion, met fin à son rêve russe en mars 1801. L'Autriche, acculée par la défaite et au bord de la ruine, vient heureusement le 9 février précédent de signer à Lunéville un traité par lequel elle abandonne toute la rive gauche du Rhin et confirme l'implantation française en Italie, actée à Campoformio [3]. Le 30 septembre précédent, Joseph Bonaparte paraphe à Mortefontaine la réconciliation franco-américaine qui sera scellée en avril 1803 par la vente de la Louisiane. Les traités se multiplient en 1801 avec l'Espagne [4],

1. On lira par exemple sa proclamation du 18 mars 1800 : « Français, vous désirez la paix. Votre gouvernement la désire avec plus d'ardeur encore. Ses premiers vœux, ses démarches constantes ont été pour elle. Pour la commander, il faut de l'argent, du fer et des soldats. Que tous s'empressent de payer le tribut qu'ils doivent à la défense commune, que les jeunes citoyens se lèvent. Ce n'est plus pour des factions, ce n'est plus pour le choix de tyrans qu'ils vont s'armer, c'est pour la garantie de ce qu'ils ont de plus cher, c'est pour l'honneur de la France, c'est pour les intérêts sacrés de l'humanité [...]. Que si quelque puissance encore veut tenter le sort des combats, le Premier consul a promis la paix ; il ira la conquérir à la tête des guerriers, qu'il a plus d'une fois conduits à la victoire. Avec eux, il saura retrouver les champs encore pleins du souvenir de leur exploit ; mais au milieu des batailles, il invoquera la paix, et il jure de ne combattre que pour le bonheur de la France et le repos du monde. »

2. Le tsar l'accuse d'avoir abandonné Souvorov durant la campagne de 1799. Le 16 décembre 1800, une ligue des neutres tournée contre l'Angleterre se constitue sous l'égide du tsar entre la Russie, le Danemark et la Suède.

3. L'empire des Habsbourg « abandonne à la République du même coup la Belgique, le Luxembourg, le pays de Liège, les Etats allemands de la rive gauche du Rhin, développe Albert Sorel. Il reconnaît les limites naturelles avec les bastions et leurs annexes : les républiques batave, helvétique, cisalpine et ligurienne. [...] En Italie, le Piémont occupé, la Cisalpine et la Ligurie protégées, la Toscane sans ses princes, Rome à discrétion, Naples sous la menace, rendaient la France arbitre de la péninsule et lui permettaient de pousser une pointe formidable dans la Méditerranée. »

4. Traité (secret) de Saint-Ildefonse (1er octobre 1800) suivi du traité d'Aranjuez du 21 mars 1801 : l'infant de Parme reçoit l'Etrurie (Toscane) assortie de Piombino moyennant cession à la France de Parme et de... l'île d'Elbe. La Louisiane a été secrètement cédée par le premier traité. Sa revente presque immédiate aux Etats-Unis suscite un vif mécontentement de l'Espagne qui a l'impression d'avoir été bernée.

Naples [1], la Bavière [2], le Portugal [3], enfin la Russie en octobre [4]. Cette cascade de succès occulte la perte de l'Egypte, définitivement réduite par l'Angleterre.

En signant autant de traités qu'il avait remporté de victoires, le Premier consul parvient à isoler rapidement l'Angleterre sur le continent. Cette dernière, alors en proie à de nombreuses difficultés — crise économique, folie du roi George, révolte en Irlande —, accepte enfin de traiter après la démission de Pitt, l'ennemi farouche de la Révolution et l'âme des deux premières coalitions. Les préliminaires de Londres — conclus le 1er octobre 1801 — précèdent la signature de la paix d'Amiens le 27 mars 1802. La France « abandonne » l'Egypte et s'engage à évacuer Tarente et les Etats romains. De son côté, l'Angleterre cède Malte et la plupart des colonies conquises depuis dix ans. George III renonce solennellement au titre de « roi de France » que les monarques anglais revendiquent depuis la guerre de Cent Ans et continuent à faire figurer sur tous les actes publics. Le 25 juin 1802, les grandes manœuvres diplomatiques se terminent enfin par la signature d'un traité avec l'Empire ottoman. Pour la première fois depuis dix ans, la Révolution est en paix avec l'Europe [5]. Le

1. Traité de Florence signé le 28 mars 1801 : le royaume italien cède Porto-Longone, ses terres en Toscane et la principauté de Piombino ; il promet de fermer ses ports aux Anglais et laisse nos troupes occuper plusieurs positions stratégiques (forts de la province d'Otrante, Pescara).

2. 24 août 1801. La France s'engage à indemniser l'électeur de Bavière pour ses pertes sur la rive gauche du Rhin.

3. 29 septembre 1801. Il est conclu sous la médiation de l'Espagne à la suite d'un précédent traité que Lucien avait signé mais Napoléon refusé de ratifier. Le royaume des Bragance ferme ses portes aux Anglais et acte un partage des « deux Guyane » favorable à la France.

4. Suivront en 1802 des traités avec le Wurtemberg (20 mai) et la Porte (25 juin). Les textes complets, assortis d'analyses, ont été publiés par Michel Kerautret, spécialiste de la politique étrangère napoléonienne, dans un ouvrage intitulé *les Grands Traités du Consulat (1799-1804).*

5. Dès l'automne 1801, la signature du traité de Lunéville et des préliminaires de Londres entérinent la paix continentale. Bonaparte l'annonce en novembre par une proclamation triomphale, publiée pour le second anniversaire du 18 Brumaire : « Français, vous l'avez enfin tout entière cette paix que vous avez méritée par de si longs et généreux efforts ! Le monde ne vous offre plus que des nations amies, et sur toutes les mers s'ouvrent pour vos vaisseaux des ports hospitaliers. Fidèle à vos vœux et à ses promesses, le gouvernement n'a cédé ni à l'ambition des conquêtes, ni à l'attrait des entreprises hardies extraordinaires. Son devoir était de rendre le repos à l'huma-

régime en sort considérablement renforcé, en prestige comme en territoire. A l'unisson d'un grand nombre de ses compatriotes, l'Anglais Sheridan s'inquiète : « Regardez la carte de l'Europe, commente-t-il, il y a partout la France. »

Il existe bien un avant et un après Amiens, frontière entre le Consulat décennal et la marche à l'Empire. « Il est difficile de se figurer dans quel état de soulagement et de bonheur se trouvait la France » résume Albert Sorel pour caractériser les sentiments de l'opinion en 1802. A partir de là, estime Cambacérès, Napoléon change d'attitude et met une plus grande distance entre lui et ses collaborateurs. Fort de son bilan, il peut maintenant parachever sa conquête du pouvoir, soit l'étendre en puissance avant de tenter de le pérenniser dans la durée.

Les masses de granit

La Révolution, juge Napoléon, a notamment échoué parce qu'elle s'est faite contre le pouvoir et non par son canal. Or la société abandonnée à elle-même ou aux rivalités partisanes ne peut rien produire de bon. De 1789 à 1799, la France a oscillé entre guerre civile et anarchie. Seule la Terreur a restauré un gouvernement digne de ce nom mais elle n'a pu durer en gouvernant à rebours de l'opinion : « Mais enfin, dit-il un jour au Conseil d'Etat, pendant dix ans, on a parlé d'institutions ; qu'a-t-on fait ? Rien [...]. On a tout détruit, il s'agit de recréer. Il y a un gouvernement, des pouvoirs ; mais tout le reste de la nation, qu'est-ce ? Des grains de sable. Nous avons au milieu de nous les anciens privilégiés, organisés de principes et d'intérêts et qui savent bien ce qu'ils veulent. Je peux compter nos ennemis. Mais nous, nous sommes épars, sans système, sans réunion, sans contact. Tant que j'y serai, je

---

nité, de rapprocher par des liens solides et durables cette grande famille européenne dont la destinée est de faire les destinées de l'univers. » (C'est nous qui soulignons.)

réponds bien de la République ; mais il nous faut prévoir l'avenir. Croyez-vous que la République soit définitivement assise ? Vous vous tromperiez fort. Nous sommes maître de la faire, mais nous ne l'avons pas, et nous ne l'aurons pas si nous ne jetons pas, sur le sol de la France, quelques masses de granit[1]. »

Il ambitionne de doter la société de relais à tous les échelons, non de contre-pouvoirs, ce qui aboutirait à créer de nouveaux heurts. Napoléon se trouve dans la situation idéale pour réformer puisqu'il bénéficie de la conjonction entre l'absence d'opposition solide, résultant du discrédit des différentes familles de pensée, du vide politique laissé par la Révolution, enfin de l'état de grâce inhérent à tout pouvoir neuf. Pour rendre la république chère aux citoyens, comme il en affirme la volonté dans sa déclaration augurale du 25 décembre 1799, il faut au préalable bâtir un socle solide conjuguant la restauration de l'autorité et la garantie de l'impartialité[2] : « Mon système est fort simple. J'ai cru que dans les circonstances, il fallait centraliser le pouvoir et accroître l'autorité du gouvernement afin de constituer la nation. »

Accomplie début 1800[3], la réforme de l'Etat détruit les pouvoirs locaux au profit du préfet, représentant tout-puissant du Premier consul dans les départements. Comme il l'a fait avec le Conseil d'Etat, Bonaparte emprunte à la royauté la figure de l'intendant[4] qu'il modernise à son profit en calquant

---

1. Ces propos, tenus en 1802, sont rapportés par Thibaudeau dans ses *Mémoires sur le Consulat*.

2. « [La République] sera chère aux citoyens si les lois, si les actes de l'autorité sont toujours empreints de l'esprit d'ordre, de justice, de modération. Sans ordre, l'administration n'est qu'un chaos : point de finances, point de crédit public ; et avec la fortune de l'Etat, s'écroulent les fortunes particulières. Sans justice, il n'y a que des partis, des oppresseurs et des victimes. La modération imprime un caractère auguste aux gouvernements comme aux nations ; elle est toujours la compagne de la force et le garant de la durée des institutions sociales », dit-il notamment.

3. Par la loi du 28 pluviôse an VIII (17 février 1800). Elle précède de deux jours l'installation de Bonaparte aux Tuileries.

4. « Bonaparte refit des intendants et des subdélégués sous un autre nom ; il refit l'ancienne administration plus forte, mais dépouillée de ce qu'elle avait d'affreusement complexe, d'incohérent et d'inorganique, écrit Albert Vandal. Le régime royal avait péri pour n'avoir pas su se simplifier, se débarrasser de ses parties mortes et

la nouvelle hiérarchie civile — ministres, préfets, sous-préfets — sur la hiérarchie militaire — généraux, colonels, officiers. Assisté de deux conseils — conseil général, conseil de préfecture —, eux aussi nommés par le chef de l'Etat[1], le préfet nomme les maires des communes de moins de 5 000 habitants et dirige souverainement la politique locale dont il n'est responsable que devant le Premier consul. Prosper Duvergier de Hauranne, historien et homme politique libéral, a des mots très durs contre cette loi qu'il qualifie de « charte de la centralisation »[2].

En supprimant partout où il le peut l'élection au profit de la nomination, le Premier consul absorbe tout mais cet excès de pouvoir, car il repose sur une logique d'efficacité et de conciliation, reçoit un accueil favorable, dû pour beaucoup à la qualité des représentants qu'il va choisir à dessein. Comme d'habitude, le nouveau personnel préfectoral fusionne le meilleur des hommes et des héritages. D'anciens conventionnels régicides comme Thibaudeau côtoient des libéraux proches des royalistes comme Beugnot et plus tard Barante. Les auditeurs au Conseil d'Etat constituent le principal vivier des quelque trois cents hommes nommés jusqu'en 1814. Lucien Bonaparte

---

encombrantes, se régulariser, en un mot, s'organiser. Bonaparte reprit l'œuvre et y réussit. On a dit de lui souvent qu'il organisa la Révolution, poursuit l'historien ; en matière d'administration, c'est le contraire qu'il faudrait dire ; il organisa l'Ancien Régime. »

1. Le premier se compose de 16 à 24 membres nommés pour quinze ans tandis que le conseil de préfecture — plus spécialement chargé du contentieux administratif — ne comporte que 3 à 5 membres.

2. « La pensée fondamentale de la loi du 28 pluviôse an VIII, de cette loi que l'on peut considérer comme la charte de la centralisation, c'est que les individus ou les familles dont la réunion constitue la commune, l'arrondissement, le département, sont radicalement incapables, non seulement de participer aux affaires de l'Etat, mais de régler leurs propres affaires, et que, pour les empêcher de faillir, une sagesse supérieure doit toujours les tenir en tutelle ; c'est, en outre, que cette sagesse supérieure ne peut résider utilement qu'au centre même du gouvernement. De là un système qui détruit toute indépendance, qui arrête toute vie locale, qui habitue les citoyens à ne rien attendre de leur propre effort et à subir docilement toute impulsion qui leur est transmise par la voie hiérarchique », écrit-il dans sa magistrale *Histoire du gouvernement parlementaire* dont le premier volume est consacré à la Révolution et l'Empire. En tout, la France consulaire compte environ 400 arrondissements (3 à 5 arrondissements par département remplaçant les 9 districts existants auparavant), 5 000 cantons et 40 000 communes.

leur adresse le 14 mars 1800 ses premières instructions : « Dans vos actes publics et jusque dans votre conduite privée, soyez toujours le premier magistrat de votre département, jamais l'homme de la Révolution. » Pour la plupart, ils rivaliseront de zèle, espérant pour les meilleurs d'entre eux obtenir un ministère : « Je travaillais du soir au matin avec une ardeur singulière, confirme Beugnot dans ses Mémoires ; j'en étonnais les naturels du pays, qui ne savaient pas que l'Empereur exerçait sur ses serviteurs, et si éloignés qu'ils fussent de lui, le miracle de la présence réelle ; je le croyais voir devant moi, quand je travaillais enfermé dans mon cabinet. »

A Sainte-Hélène, l'Aigle déchu vantera sa création avec un orgueil légitime : « L'organisation des préfectures, leur action, les résultats étaient admirables et prodigieux. La même impulsion se trouvait donnée au même instant à plus de quarante millions d'hommes, et à l'aide de ces centres d'activité locale, le mouvement était aussi rapide à toutes les extrémités qu'au cœur même. Il avait bien fallu leur créer toute cette puissance, ajoute l'Empereur ; je me trouvais dictateur, la force des circonstances le voulait ainsi, il fallait donc que tous les filaments issus de moi se trouvassent en harmonie avec la cause première, sous peine de manquer le résultat. Le réseau gouvernant dont je couvris le sol requérait une furieuse tension, une prodigieuse force d'élasticité, si l'on voulait pouvoir faire rebondir au loin les terribles coups dont on nous ajustait sans cesse. » La destruction de l'aristocratie fait du préfet le maillon fort en charge d'assurer le lien, passablement distendu par une décennie de convulsions, entre le pouvoir et la société. Le gouvernement y retrouve les moyens d'exercer son autorité, le peuple un interlocuteur de poids capable de relayer ses doléances.

Taine, en un paragraphe fameux de ses *Origines de la France contemporaine*, a parfaitement résumé la philosophie qui préside à cet avènement de la souveraineté de l'Etat en lieu et place de celle du peuple : « Une France nouvelle, non pas la France communiste, égalitaire et spartiate de Robespierre et de Saint-Just, mais une France possible, réelle, durable, et pourtant nivelée, uniforme, fabriquée logiquement tout d'une pièce, d'après un principe général et simple, une France centralisée, administrative, et, sauf le petit jeu égoïste des vies individuelles, manœuvrée tout entière du haut en bas ; bref la France que Richelieu et Louis XIV avaient souhaitée, celle que Mirabeau, dès 1790, avait prévue, voilà l'œuvre que les pratiques et les théories de la Monarchie et de la révolution avaient préparée, et vers laquelle le concours final des événements, je veux dire, "l'alliance de la philosophie et du sabre" conduisait les mains souveraines du Premier consul[1]. »

La centralisation permet aussi de réduire l'opacité sociale, d'entrevoir les caractères disparates et souvent contradictoires de ce peuple frondeur dont il faut analyser les mentalités et les différences pour comprendre ses passions afin de mieux anticiper les crises en gestation. Grâce à l'emploi de la statistique, orchestrée par les préfets, Napoléon perce largement le mystère français tandis que son ambitieuse politique en matière de routes et d'infrastructures lui donne l'opportunité de pénétrer l'espace fragmenté de l'Ancien Régime, frein puissant contre l'exercice du pouvoir qu'il parvient ainsi à faire sauter. Enjeux économiques, politiques et stratégiques, ses 53 000 kilomètres de routes restaurées ou bâties rapprocheront la France du modèle romain, décidément omniprésent dans les termes — consuls, préfets, tribuns, Sénat —, ainsi que dans les réalisations et par-dessus tout dans l'esprit, rationnel, efficace, ordonné, appuyé sur le peuple et l'armée, la plèbe et les légions, épris d'ordre et d'unité, empli d'orgueil devant sa « destinée manifeste » et prétendant à la domination de l'univers.

Les mêmes principes de verticalité et d'efficacité au service de l'omnipotence de l'Etat sont appliqués pour réformer la justice et les finances publiques. Bonaparte, qui déteste l'opposition et redoute l'esprit de corps, claque la porte à Montes-

1. Selon François Furet : « La France contemporaine naît dans cette liquidation des anarchies locales héritées de la Révolution et dans cette réconciliation posthume de Louis XIV et de Robespierre. »

quieu et aux tenants du troisième pouvoir judiciaire[1]. A l'exception des juges de paix, les magistrats ne sont plus élus mais nommés, ce qui les place dans la main d'un gouvernement qui contrôle l'avancement des carrières et ne respectera même pas l'inamovibilité de ses membres. Ses échelons sont calqués sur ceux du pouvoir administratif jusqu'au Tribunal de cassation, sommet de la pyramide judiciaire[2]. Le rôle du jury — par essence incontrôlable — fut sans cesse amoindri, l'influence de Napoléon sans cesse plus grande[3]. La décadence du jury marque une forte atteinte à la représentation car il brise l'idéal de citoyenneté dans le prétoire cher aux libéraux.

La réforme économique et financière, dont les détails sont souvent fastidieux, touche tous les domaines ou presque tant la gabegie révolutionnaire sur ce point avait été grande. Gaudin, qui avait à plusieurs reprises refusé d'être ministre du Directoire, résumait la situation en une phrase : « Là où il n'y a ni finances, ni moyen d'en faire, un ministre est inutile. » Partant de zéro, le Consulat rationalise les principes et restaure les procédures pour gagner la confiance sans laquelle toute politique économique est condamnée à l'échec. Transparence, efficacité et régularité sont mises au service d'une gestion enfin saine, tranchant avec le déficit monarchique et la faillite retentissante des assignats puis des mandats territoriaux. Hanté par ces précédents, Napoléon opte au contraire pour une ligne rigoureuse. Il refuse tout recours à l'emprunt qui, selon lui, place l'Etat dans la dépendance des financiers et a

1. La fronde des parlements a joué un rôle essentiel dans la crise politique qui a précipité la chute de l'Ancien Régime, ce qui suffit à expliquer la défiance de Napoléon en la matière.

2. Juges de paix pour le canton, tribunal civil de première instance et tribunal correctionnel pour l'arrondissement, tribunal criminel et 29 tribunaux d'appel aux échelons supérieurs ; enfin Tribunal de cassation de Paris comportant 48 juges nommés à vie par le Sénat.

3. La loi du 27 mars 1800 précise que les jurés, désignés par tirage au sort départemental sur une liste établie par les juges de paix, peuvent être épurés aux deux tiers par le préfet et le sous-préfet. Ensuite, le rétablissement progressif d'une justice d'exception minore encore son rôle : « Au moment de la grande conspiration de 1804, et par extensions successives, la suppression des jurys fut effective dans toute la France », ajoute Thierry Lentz dans *le Grand Consulat*.

contribué largement à précipiter Louis XVI dans la tombe : « Napoléon, précise Mollien, ne connaissait pas d'autres sources de revenu que la fiscalité et la conquête. Le crédit était pour lui une abstraction ; il n'y voyait que les rêves de l'idéologie et les idées creuses des économistes [1]. » Le rapport de Napoléon à l'argent, héritage corse et nobiliaire oblige, demeure empreint de défiance. Il épouse encore sur ce point l'esprit français, forgé par le catholicisme — avant de l'être par le marxisme —, dans une suspicion exacerbée contre le profit. Toutes ses réformes en la matière, comme la création de la Banque de France, ou plus tard de la Cour des comptes, visent à renforcer le contrôle de l'Etat sur ses finances et l'emploi qui en est fait [2].

Dès son accession au pouvoir, il scinde l'ancien contrôle général, illustré par Turgot, Necker et Calonne, en deux entités : les recettes et les dépenses. Les premières sont confiées à Gaudin, le ministre des Finances ; les secondes à Barbé-Marbois, en charge du Trésor jusqu'à son remplacement par Mollien après Austerlitz. Dès le 24 novembre 1799 est créée l'administration des contributions directes qui va permettre de mieux gérer l'impôt en le centralisant, donnant naissance à la nouvelle figure du percepteur [3]. Au printemps 1803, le tout est complété par une réforme monétaire de grande envergure. Bonaparte lance le franc germinal qui fixe la valeur de la monnaie nationale par rapport à l'or. Pour la

1. Bonaparte confie par exemple à Gaudin : « L'emprunt, qui est le plus ordinairement utile aux particuliers, serait, le plus souvent aussi, plus tôt ou plus tard, ruineux pour un Etat qui s'y livrerait par système, et pour des spéculations dont les chances, toujours hasardeuses, ne peuvent jamais être calculées comme celles des spéculations particulières. Le résultat certain étant une augmentation de charges pour les peuples, tandis que les compensations que l'on aurait espérées seraient nécessairement éventuelles, et pourraient même se convertir en pertes imprévues, le gouvernement qui s'abandonnerait à un tel système mettrait son existence au hasard, et s'exposerait, comme le font tous les joueurs, à des malheurs irréparables. »

2. Le 13 février 1800, la caisse des comptes courants est transformée en Banque de France avec privilège exclusif de l'émission de monnaie pour quinze ans. La création de la caisse d'amortissement a pour objectif de soutenir la rente et de servir de réserve pour couvrir les dépenses de guerre et les déficits. Le rôle de la Cour des comptes, fondée en 1807, est joué dès l'origine par une commission de comptabilité nationale.

3. Celui-ci, créé en 1803, est rémunéré au prorata des impositions perçues afin d'exciter son zèle.

première fois, les moyens de paiement sont fiables et fidèles, loin des assignats de sinistre mémoire qu'il a quasiment fallu finir par jeter tant ils étaient dépréciés [1]. En 1804, la fondation d'une régie des droits réunis signe le grand retour des impôts indirects toujours sur la trace de l'Ancien Régime [2]. Napoléon les préfère car il les juge plus indolores, discrets, et surtout favorables aux notables [3]. En 1807, la création du cadastre et de la Cour des comptes couronne l'édifice.

Cette réforme exemplaire rétablit la confiance et dope, la paix aidant, le redémarrage économique. Dès le début du Consulat, le paiement des rentes reprend : « Mémorable événement, analogue dans notre histoire financière à ce qu'était Marengo dans notre histoire militaire », estime l'historien Marcel Marion. A partir de 1802, le budget se trouve en équilibre et restera bénéficiaire jusqu'aux dernières années de l'Empire. Chaptal, chimiste et économiste de renom, joue un rôle essentiel comme ministre de l'Intérieur durant le Consulat. Dès 1801, il instaure des chambres de commerce dans vingt-deux grandes villes. Ces dernières, qui regroupent les représentants de l'industrie, de la banque et naturellement du commerce, aident le gouvernement de leurs conseils sans

1. « C'est une révolution monétaire que de faire coïncider la monnaie de compte et la monnaie réelle, insiste Albert Soboul : les pièces que les Français emploient désormais indiquent leur valeur. [...] La monnaie, liée au système métrique, est "certaine et fidèle", elle rend les échanges plus sûrs et plus rapides et revitalise les affaires. Instrument financier, le franc germinal est aussi un vecteur politique. Si les mots de la République française y sont inscrits, la pièce porte, symbole régalien, l'image du Premier consul. » Le nouveau franc va rester en place jusqu'au siècle suivant, rappelle à cet effet Louis Madelin. Y succèdera le franc Poincaré et le « nouveau franc » institué par le général de Gaulle sur la recommandation du plan Pinay-Rueff.

2. En matière d'impôt direct, Gaudin conserve les quatre contributions créées par la Révolution. Elles vont « se maintenir jusqu'au XXe siècle et devenir "les quatre vieilles" », rappelle Alain Plessis dans une récente communication sur *la Stabilisation financière du début du Consulat*.

3. D'après Gaudin : « Les idées furent jugées mûres, alors, sur la convenance de revenir au genre de contribution dont on peut obtenir un plus grand produit sans fatiguer ceux qui le supportent, parce qu'ils ne l'acquittent qu'au moment où ils en ont la volonté et les moyens, et parce que les droits perçus au profit du fisc, se confondant avec le prix de la denrée, le contribuable, en payant sa dette n'a pensé qu'à satisfaire à un besoin, ou à se procurer une jouissance. » Les boissons, le sel, le tabac, les cartes à jouer, l'or et l'argent, furent notamment taxés.

pouvoir prétendre empiéter sur son autorité [1]. Le 7 septembre 1801, toujours sur l'impulsion de Chaptal, est fondée une Société d'encouragement pour l'industrie nationale composée des meilleurs économistes et savants comme Lasteyrie, Monge, Berthollet ou Fourcroy. Elle attribue des prix considérables qui stimulent la recherche et par là même accélèrent les progrès de l'industrie. Protectionniste, comme la plupart des membres de sa génération, le Premier consul n'ose pourtant pas interférer dans la libre gestion des entreprises. C'est que là encore, comme partout ailleurs, son souci premier consiste à ménager ces notables qui constituent décidément l'ossature sociale autour de laquelle il orchestre sa politique.

*

Si la Révolution a fondé la république, elle s'est avérée incapable d'établir une démocratie solide et protectrice. Le discrédit dans lequel a sombré la Convention, pourtant élue au suffrage universel, semble avoir à jamais flétri la souveraineté du peuple et, par ricochet, le régime censé l'incarner [2]. Bras armé des grandes journées révolutionnaires, le peuple, essentiellement parisien, n'avait pas été long à terroriser les élites, anciennes et nouvelles.

---

1. Le 3 nivôse an XI, la réforme est couronnée par l'institution du Conseil général du commerce.

2. Le point de vue des notables est notamment résumé par Mounier, l'un des chefs de file des monarchiens, dans son meilleur ouvrage : *Recherches sur les causes qui ont empêché les Français de devenir libres, et sur les moyens qui leur restent pour acquérir la liberté*, publié à Genève et Paris en 1792. « Le gouvernement le moins favorable à la liberté, conclut-il, serait donc une démocratie pure, c'est-à-dire, la puissance suprême et sans limites, dans les mains du peuple, fût-ce de la plus petite ville de l'Europe. Cependant combien d'hommes aujourd'hui regardent la liberté comme la plus parfaite, en proportion de ce que le peuple obtient une plus grande autorité ! Ils ignorent donc que toute souveraineté illimitée et indivisible est un véritable despotisme ; que la multitude est le plus capricieux, le plus cruel de tous les despotes ; qu'en supposant même que les actes du gouvernement fussent toujours le résultat des vœux de la majorité des citoyens, tous ceux qui ne pourraient être admis au droit de suffrage, tous ceux qui se trouveraient dans la minorité, seraient exposés au joug le plus accablant ; que chaque individu peut à son tour être dans la minorité, et conséquemment que, dans un État où toute la puissance souveraine, sans restriction, appartiendrait au peuple, on ne verrait ni liberté politique, ni liberté personnelle. »

A l'image des parlementaires, Bonaparte redoute la puissance des ilotes de la Révolution. Il va donc amplifier le mouvement de recul de la démocratie directe à la fois en limitant l'élection au profit de la nomination mais aussi en renforçant le poids des nouvelles élites sur la vie de tous les jours. Celles-ci s'articulent autour de trois noyaux durs : les fonctionnaires, dont la survie dépend de la conservation du régime, l'armée par essence docile, enfin les détenteurs de biens nationaux. Ils sont plus d'un million à avoir bénéficié du vaste transfert de propriété résultant de la saisie des biens du clergé et des émigrés. Par leur position, ils sont conjointement hostiles à la Restauration, qui exige le retour des biens aux anciens propriétaires, comme au jacobinisme niveleur d'un Babeuf qui les menace en réclamant une plus large redistribution de la propriété et en entretenant l'anarchie qui entrave la bonne marche des affaires. Leur vision épouse donc celle de Bonaparte dans sa volonté de mettre fin à la Révolution sans remettre en cause ses acquis principaux. Autrement dit, il s'agit d'assurer le passage du mouvement à la conservation : « Les théories ont précédé les intérêts, expliquera Napoléon à Sainte-Hélène. Les intérêts n'ont commencé que dans la nuit du 4 août : après la suppression de la noblesse et des dîmes. J'avais conservé tous les intérêts de la Révolution. Je n'avais aucun motif de les détruire. C'est bien ce qui faisait ma force : c'est ce qui fait que j'ai pu mettre de côté les théories de la Révolution. Tout le monde était tranquille, parce qu'on savait que l'Empereur ne voulait pas et ne pouvait vouloir la contre-révolution. »

Conservation, sécurité, intérêt, autant de valeurs nouvelles qui conspirent en faveur du retour de l'ordre incarné par un exécutif prépondérant. Bonaparte ne voit dans la grandiloquence verbale des années héroïques qu'un habillage hypocrite destiné à légitimer le remplacement de l'hérédité et du privilège par l'argent et la vanité, nouveaux rois d'une société qu'il contemple sans indulgence en raison de son matérialisme et de la légèreté de ses mœurs. Mais, pragmatique toujours, le

Premier consul négocie avec la puissance là où elle se trouve, loin des utopies défuntes ou à venir. La politique demeure selon lui l'art de composer avec la réalité en place, quitte à la modifier par la suite. Or son obsession du pouvoir ne peut ignorer le caractère indispensable des élites, interface entre le peuple et ses dirigeants, piliers de l'économie, seules à même d'assurer la bonne marche des affaires. Après dix ans d'anarchie, l'heure ne lui semble plus aux tempêtes et aux soubresauts, mais au maintien prioritaire de l'ordre : « Ces gens-là, dit-il en désignant les notables, ne peuvent vouloir que le sol tremble. » Il va en conséquence s'appuyer sur eux.

La Constitution de l'an VIII, relayant les préoccupations de Barnave et Sieyès, confirme la nouvelle puissance du propriétaire. Le système, très compliqué, établit plusieurs degrés d'élection pour mieux réserver le pouvoir aux notabilités de l'heure [1]. Au final, 6 000 « élus », pris parmi les plus imposés, constituent le vivier au sein duquel le gouvernement, Premier consul ou Sénat, puise pour nommer à toutes les fonctions. Cabanis, un des idéologues de Brumaire, précise sans gêne apparente la philosophie qui préside désormais en la matière : « Voilà la démocratie purgée de tous ses inconvénients. Il n'y a plus ici de populace à remuer aux forums ou dans les clubs ; la classe ignorante n'exerce plus aucune influence, ni sur la législature, ni sur le gouvernement ; partant, plus de démagogie. Tout se fait par le peuple et au nom du peuple ; rien ne se fait par lui sous sa dictée irréfléchie. »

A la souveraineté du peuple se substitue celle, beaucoup plus abstraite donc susceptible de tous les détournements, de la nation. Que demeure-t-il du souffle fondateur des hommes libres et égaux en droit quand le citoyen en est réduit à élire un

1. Le suffrage universel est restauré à la base mais épuré par plusieurs filtres successifs qui le dénaturent totalement. Selon Mallet du Pan, « la souveraineté du peuple est gravée au frontispice [de la constitution] et escamotée dans le cours de l'ouvrage ». Les citoyens (tous les hommes âgés d'au moins 21 ans) composent des listes de notabilité communales (600 000 noms, soit le dixième du nombre de citoyens). Les « nominés » se retrouvent au chef-lieu d'arrondissement pour élire le dixième d'entre eux, inscrits sur des listes de notabilité départementales. Ces 60 000 notables composent des listes de notabilité nationales (6 000 noms).

représentant de troisième ordre, maillon faible au sein d'une cascade complexe de collèges qui, au bout du compte, ne nomment même plus directement les députés[1] ? En 1802, nommé Consul à vie, Bonaparte aura la franchise de simplifier le système en remplaçant les listes de notabilité par des collèges, les seuls influents regroupant les 600 contribuables les plus imposés par département. « Aujourd'hui, confirme Lucien Bonaparte devant le collège de la Seine le 24 mars 1803, le droit d'élire est devenu d'une manière graduelle et tempérée, le partage exclusif de la classe la plus éclairée et la plus intéressée au bon ordre. »

Sous l'impulsion de Bonaparte, les notables capturent désormais la représentation et les places, reléguant dans l'ombre ce « peuple-prince » (Mably) dont la souveraineté paraît à tout jamais condamnée[2]. La sacro-sainte égalité reçoit bientôt ses premiers coups de canif. A l'armée, le notable peut s'acheter un remplaçant et par là même échapper à la

1. Cette tâche est dévolue au Sénat, lui-même contrôlé par le Premier consul. Il existe trois types de collèges : de canton, d'arrondissement et de département, qui présentent chacun des candidats. Les collèges de canton, pour les postes de juges de paix et de conseillers municipaux (ces derniers devant être pris parmi les cent plus imposés du canton).

2. On se référera à la conclusion de Louis Bergeron et Guy Chaussinand-Nogaret dans leur enquête sur *Les Masses de granit*. L'Empire selon eux annonce le triomphe des classes moyennes avec pour corollaire « la montée du mépris pour le peuple ». Et de poursuivre : « Réalité sociale, les notables sont un alibi politique, une justification, un instrument. [...] Napoléon a voulu fonder la légitimité de son régime sur un faux-semblant : la représentation nationale par un corps intermédiaire, dépourvu de pouvoirs réels, mais illusoirement crédité de toutes les vertus d'une authentique représentativité. Gageure. Le corps des notables, jusque dans les modalités pratiques de la désignation des membres des collèges électoraux, est avant tout le fruit délicat des solidarités bourgeoises, et en fin de compte ne représente que lui-même et ses clientèles. » Les auteurs constatent que la propriété est devenue l'unique critère en la matière. « Le principe est à la fois révolutionnaire et stérilisant, estiment-ils. Il évite la reconstitution de la société d'ordres, mais repousse, de toute la force de l'immobilisme de l'héritage, la dynamique de la promotion par le travail et le mérite. Il fonde une société élargie, certes, à tous les propriétaires de quelque consistance, mais bloque les perspectives d'évolution et de mouvement : c'est le triomphe des positions acquises. Ainsi le rêve du XVIIIe siècle, explicité par les Constituants, de réconcilier les élites sociales sur la base de la prospérité, est-il devenu réalité, mais au prix de l'abandon de toutes les autres voies que les “Lumières” avaient initiées. Nouveauté durable, inspiratrice des régimes censitaires, la société des notables apparaît pourtant, dès son principe, comme réactionnaire. »

conscription qui frappe par tirage au sort tous les Français[1]. Le système scolaire abandonne de fait l'instruction primaire au clergé et limite les 6 000 bourses aux enfants des fonctionnaires et des militaires, soit aux nouveaux privilégiés, établissant ainsi une discrimination qui brise l'ascenseur social à la base et tue l'égalité des chances. Ainsi peut-on parler d'échec scolaire avec une population comprenant une moitié d'illettrés pour les hommes, la proportion s'élevant aux deux tiers pour les femmes durant l'Empire. Seuls 50 000 à 60 000 élèves, contre environ 70 000 pour l'Ancien Régime, parviennent au secondaire, soit seulement 5 à 6 % des 900 000 scolarisés du primaire. « Un frère ignorantin, tranche Bonaparte, suffit à l'homme du peuple. »

Le Consulat aurait pu adopter comme devise : « Unité, Egalité, Propriété » tant le respect religieux pour l'égalité civile va de pair avec une défense de la possession privée, le seul vecteur d'ordre et de distinction pouvant permettre de bâtir une élite héréditaire sur les décombres de l'ancienne[2]. Comme la souveraineté du peuple, cet autre pilier fondateur de la France nouvelle souffre pourtant d'une ambiguïté initiale, résultant des conditions dans lesquelles les biens nationaux ont été mis en vente. Il s'agit ni plus ni moins de théoriser les bienfaits de l'hérédité de transmission à partir de sa violation, via la dépossession sans contrepartie des biens des émigrés et du clergé. Comme Brumaire pour Bonaparte, la nouvelle société s'appuie sur un coup d'Etat fondateur et souffre d'un déficit augural de légitimité, créant un fort sentiment de précarité chez les nouveaux possédants. C'est pourquoi

1. « Quant au remplacement, il faut l'admettre, confesse le Premier consul au Conseil d'Etat. Chez une nation où les fortunes seraient égales, il faudrait que chacun servît de sa personne ; mais chez un peuple dont l'existence repose sur l'inégalité des fortunes, il faut laisser aux riches la faculté de se faire remplacer. »

2. Il suffit pour s'en convaincre de se reporter à la déclaration consulaire du 13 décembre 1799 relative à la Constitution de l'an VIII : « La Constitution est fondée sur les vrais principes du gouvernement représentatif, sur les droits sacrés de la propriété, de l'égalité, de la liberté. » A noter que la fraternité disparaît et que la liberté est mentionnée en dernier, reléguée derrière l'égalité, elle-même placée après la propriété.

l'inviolabilité de la nouvelle propriété n'a cessé d'être officiellement proclamée[1].

Pour la garantir, le Premier consul se décide à pérenniser la situation en forgeant un nouveau code de lois consacrant la domination des notables. On aura reconnu le Code civil, « expression juridique de la bourgeoisie triomphante » selon la célèbre définition de Karl Marx. Mis en discussion dès l'été 1800, il est finalement promulgué en même temps que l'Empire le 11 ventôse an XII (21 mars 1804).

Egalité devant la loi, laïcité de l'Etat, sacralité de la propriété, autorité absolue du chef de famille[2] en constituent les caractères fondamentaux. En effet, selon Portalis, un des grands architectes des 2 281 articles qui forment la nouvelle charte juridique de la France : « C'est la propriété qui a fondé les sociétés humaines, c'est elle qui a vivifié, étendu, agrandi notre existence : c'est pour elle que l'industrie de l'homme, cet esprit de mouvement et de vie qui anime tout, a été porté sur les eaux et a fait éclore sous les divers climats tous les germes de richesse et de puissance [...]. En consacrant des maximes favorables à la propriété, vous avez inspiré l'amour des lois ; vous n'avez pas travaillé seulement au bonheur des individus, à celui des familles particulières : vous avez créé cet esprit public, vous avez ouvert les véritables sources de la prospérité générale, vous avez préparé le bonheur de tous. »

En compagnie de Tronchet, Maleville et du second consul Cambacérès, Portalis réalise la réforme la plus emblématique du Consulat tant elle synthétise les ambitions du nouveau

1. La Constitution de l'an III la consacre par l'article 5 de sa déclaration des droits (« La propriété est le droit de jouir et de disposer de ses biens, de ses revenus, du fruit de son travail et de son industrie ») et l'article 8 de sa déclaration des devoirs : « C'est sur le maintien des propriétés que reposent la culture des terres, toutes les productions, tout moyen de travail et tout l'ordre social. »

2. Le mépris de Napoléon pour les femmes est bien connu. On en trouve l'expression dans les deux propos suivants, particulièrement offensants : « La femme est la propriété de son mari, comme l'arbre à fruits est celle du jardinier. »

« L'éducation commune, si bonne pour les hommes, si bonne à leur apprendre à se supporter mutuellement, et qui les prépare par la camaraderie à la grande vie, est une école de corruption pour les femmes. Les hommes sont faits pour le grand jour. Les femmes sont faites pour l'intimité de la famille et pour vivre dans leur intérieur. »

régime : réconciliation des Français, garantie des acquis, alchimie du passé et du présent entre le droit coutumier, dominant au nord, et le droit romain, omniprésent au sud, le tout adapté à la législation civile révolutionnaire. « L'originalité du Code civil est de n'en pas avoir. Il n'est pas une création, mais une coordination. Il est éclectique et sans parti pris. Par là, il est profondément national », estime Georges Pariset[1]. Enfin, la charte juridique sacre la bourgeoisie comme classe dirigeante pour un bon demi-siècle : « Le code Napoléon est le code d'une société bourgeoise et d'une paysannerie propriétaire, législation tout entière conçue pour la défense de la propriété, assure l'historien et essayiste René Grousset. Il est dirigé autant contre les idées babouvistes que contre les anciens privilèges. Une morale éminemment bourgeoise l'inspire, à la fois "éclairée" et prude, avec notamment mise sous tutelle de la femme. Restauration de la famille et de la propriété ainsi comprises, Napoléon restera le Dieu des classes moyennes. »

« Nation sans lois avec trois cents in-folio de lois » selon le mot de Bonaparte sous le Directoire, la France possède désormais sa constitution juridique, puissant facteur d'unité car elle détruit les particularismes provinciaux qui formaient l'un des caractères de l'Ancien Régime. La codification se complète dans le même esprit : code de procédure civile en 1806, de commerce en 1807, d'instruction criminelle en 1808, enfin Code pénal en 1810[2]. Par ces masses de granit juridiques, l'Etat confirme son nouveau statut de régulateur des rapports sociaux entre les individus et le pouvoir. Conservateur, le « Code Napoléon », comme on l'appellera désormais, reste toutefois fidèle à la dimension universaliste des pères

1. Cet historien a rédigé le volume consacré au Consulat et à l'Empire dans la monumentale *Histoire de France contemporaine*, dirigée par Lavisse.

2. « Napoléon projetait encore de créer un Code littéraire comme si tout, même le génie, devait être fixé, uniformisé, érigé en système. Cette multitude de codes dévoile son obsession pour la mise en ordre, l'uniformité et la rationalité, héritage des Lumières et de la Révolution — qui n'avaient tout de même pas osé légiférer sur les productions littéraires », estime Annie Jourdan.

fondateurs, le canevas pouvant être exporté dans le monde entier comme en témoigne sa postérité [1].

En devenant législateur par le truchement du Conseil d'Etat, Bonaparte vide la représentation parlementaire de sa raison d'être tout en la maintenant en place afin d'entretenir l'illusion de la liberté. En remplaçant le seigneur par le préfet et la coutume par le code, il a parachevé l'œuvre de Louis XIV et édifié l'État-nation moderne : « Ma vraie gloire, martèlera-t-il à Sainte-Hélène, ce n'est pas d'avoir gagné quarante batailles ; Waterloo effacera le souvenir de tant de victoires. Ce que rien n'effacera, ce qui vivra éternellement, c'est mon Code civil. »

Le sacre du mérite

On peut dès lors se demander si la Révolution corrigée par le Consulat ne s'est pas simplement contentée de substituer l'argent à la naissance au service d'une même conservation et, à terme, d'une même fracture, la césure peuple-notables se substituant au fossé séparant les privilégiés du tiers état. Ce point de vue, qui est à peu près celui de Chateaubriand et plus tard de Tocqueville, a été violemment combattu par Guizot et les tenants de la future monarchie de Juillet. Les « doctrinaires » expliqueront que par sa nature même la bourgeoisie forme la classe la plus mobile, fondée sur le travail, la capacité et le mérite, intégrant les talents là où ils se trouvent, sans critère de milieu ni de distinction. Ce à quoi leurs nombreux adversaires — de droite comme de gauche — rétorqueront que cette égalité théorique demeure profondément inégalitaire car viciée à tous les stades de la vie sociale par un système

1. « Napoléon ne pouvait imaginer le destin de son Code, précise Denis Richet dans la notice qu'il lui a consacrée dans le *Dictionnaire critique de la Révolution française.* Toujours en vigueur en France près de deux cents ans plus tard, inspirateur des codes néerlandais, italien, roumain, portugais, espagnol, bolivien, chilien, argentin et égyptien, ayant laissé plus que des traces juridiques dans les pays conquis par le Premier Empire à qui l'on en avait imposé "le bénéfice", le code de 1804 est, avec le code civil allemand de 1846, un modèle souvent imité, voire même démarqué. »

reproducteur à tous les échelons : l'école, le mariage, les solidarités familiales, les usages et « bonnes manières » ; système encore plus pervers que la séparation rigide par classes car procédant largement du non-dit, avançant caché derrière le paravent de l'égalité des chances. Toute l'histoire de la Révolution va d'ailleurs en ce sens depuis la chute de Robespierre : blocage scolaire, supériorité du cens, peur du peuple. C'est à ce conservatisme bourgeois que Bonaparte vient de donner tous ces gages réunis dans le Code civil.

Est-ce à dire pour autant qu'il s'en satisfasse ? Sans doute pas, et cette conviction s'appuie sur son refus de l'immobilisme, manifeste dans la conquête qui caractérise au premier chef la pratique napoléonienne du pouvoir. Sur de nombreux aspects, Napoléon refuse de se laisser enfermer dans le conformisme dont il méprise l'étroitesse d'esprit et le matérialisme frileux. Il veut bâtir une nation rassemblée autour d'un devenir commun, portée par une grande ambition collective : « On ne conduit le peuple qu'en lui montrant un avenir : un chef est un marchand d'espérances. »

Il a pu par sa propre expérience juger du caractère profondément intéressé de ces vertueux notables qui, une fois l'Ancien Régime abattu, n'ont eu de cesse de terminer la Révolution, tremblant comme des feuilles devant la surenchère égalitaire des sans-culottides jusqu'à ce qu'il rétablisse l'ordre en Brumaire. Son mépris des hommes, comme on l'a vu, s'est forgé au creuset des souffrances de son histoire. Il s'exprime par une dureté choquante envers ses proches, génère un autoritarisme et une arrogance qui seront portés à son débit. Et pourtant cette attitude s'arrête à l'armée, là où commencent la vertu, l'honneur et le sacrifice, ces valeurs chevaleresques dont il rêve d'imprégner la France entière en les ressourçant à la fontaine de jouvence révolutionnaire. Rappelons, et sur ce point le parallèle est saisissant avec Charles de Gaulle, son mépris total pour l'esprit bourgeois et plus particulièrement pour l'argent qu'il prodiguera toujours avec magnificence pour mieux avilir ses entours. Tous ses gènes

— nobles, catholiques, militaires — le portent à repousser cette volonté d'accumuler pour mieux conserver qui caractérise la nouvelle puissance financière. Il déteste ces spéculateurs et banquiers tant il juge incompatible leur esprit avec les valeurs dont il veut doter la nation. « On ne peut faire un titre de la richesse, se confiait-il à Roederer. Un riche est si souvent un fainéant sans mérite ! Un riche négociant même ne l'est souvent que pour l'art de vendre cher ou de voler. [...] La richesse est aujourd'hui le fruit du vol, dc la rapine. Qu'est-ce qui est riche ? L'acquéreur de domaines nationaux, le fournisseur, le voleur. Comment fonder sur la richesse ainsi acquise une notabilité ? » D'où sa haine, le mot n'est pas trop fort, pour le commerce, temple de l'« ultra-individualisme » et de l'immoralité. « Il disait, écrit Chaptal, que le commerce dessèche l'âme, par son âpreté constante au gain, et il ajoutait que le commerçant n'a ni foi ni patrie. »

Aussi peut-on légitimement s'interroger. Qui est véritablement Bonaparte : le Consul des notables et de l'ordre ? Le fils spirituel de la Révolution, fidèle aux rébellions de sa jeunesse, le continuateur de la monarchie ou le sauveur de 1789 ? Le perturbateur de l'Europe ou son prophète ?

Le Premier consul, et c'est tout le fruit de son passé, n'a plus de position tranchée. Il a appris le pragmatisme, cet art du temps et du maniement des circonstances qui implique patience et secret dans l'exercice du pouvoir. Vivant dans un universel présent, il a compris, contrairement à Robespierre ou Turgot, qu'on ne change pas la société par décret et que l'on ne combat pas l'esprit par la seule volonté. Or, en Brumaire, le pouvoir appartient aux thermidoriens et à la bourgeoisie.

Il ne se satisfait pas pour autant de cette inégalité par l'argent qui triomphe sur les décombres des ordres anciens. Pour modifier la donne, il s'emploie déjà à élargir la voie aux autres élites, notamment à la noblesse émigrée. Mais il connaît l'hostilité de la France à leur encontre tout comme il redoute l'esprit de revanche qui anime l'ancien second ordre. Il lui faut donc inventer de nouvelles pistes pour contrebalancer l'omnipotence bourgeoise. Il décide en conséquence de consacrer le mérite, la valeur d'alchimie par excellence entre l'aristocratie et l'égalité. De la noblesse, celui-ci renoue avec l'âge augural, celui de la foi et l'honneur qui a dégénéré selon Chateaubriand en âge des privilèges puis des vanités. Il anime le guerrier, faisant fi de la mort au nom de Dieu, de la patrie et du roi. De l'égalité, le mérite répudie l'aspect niveleur, empreint de jalousie haineuse, pour conserver l'idée que chaque homme doit pouvoir s'élever, nonobstant sa naissance et son milieu, par ses qualités propres.

A cette conviction correspond l'invention de la Légion d'honneur, le ferment de la nouvelle élite selon son cœur car elle couronne la valeur individuelle au service de l'intérêt général. Il s'agit de la réforme, avec le Concordat, à laquelle Bonaparte tient le plus, celle à la réussite de laquelle il va consacrer toute son énergie. Et il lui en faut, tant le projet, à peine connu, suscite une levée de boucliers chez les parlementaires. A l'instar de Sieyès, les gérontes de la Révolution brandissent l'étendard des grands principes pour préserver leur statut. Ils comprennent d'emblée le danger d'une mesure qui complète et corrige le Code civil, comme l'épopée de la conquête accompagnera le conservatisme intérieur de l'Empire[1]. A travers cette distinction offerte à tous, Bonaparte ressuscite l'esprit de 1789 dans la possibilité pour chacun de s'élever, réactive une société à nouveau bloquée. C'est enfin l'armée qui imprègne à travers la croix l'ensemble de la nation de ses valeurs sacrificielles et patriotiques, à rebours de la sclérose thermidorienne et de l'esprit de caste. L'honneur comme antidote à l'égoïsme de la bourgeoisie, l'honneur

1. Le choix du nom à donner « produisit en lui-même un embarras comique », révèle un rapport des agents royalistes daté de juin 1802 : « Le nom d'Ordre ne pouvait convenir, non plus que celui d'Association, déjà employé par les Cincinnati d'Amérique. Celui de Société semblait réservé aux sociétés littéraires et savantes, de même que celui d'Institut. Confrérie était monastique et fraternité jacobin. Compagnie avait le défaut de rappeler les idées mercantiles ou trop exclusivement militaires. » D'où la « dénomination de légion d'honneur, sans doute aussi trop militaire, mais dont on se flattait d'embrouiller le sens par de belles phrases. Il était difficile de trouver mieux et de plus le mot était romain, comme ceux de Consulat, de Tribunat, de Préfecture et tous ceux qu'on a rajeunis depuis deux ans pour notre bonheur. »

comme pilier moral d'un régime qui donne à nouveau un sens et un avenir. Si une partie de son œuvre a consisté à calmer les passions en rétablissant l'ordre, le clergé et la propriété, l'autre versant, celui du mouvement, obéit à la religion de la gloire qui élève en faisant appel à la conjugaison du sacrifice et de la transcendance. Alchimie effervescente qui se confond avec la personnalité du chef de l'Etat et explique sa force d'attraction sur les contemporains et la postérité.

Comme toujours chez lui, l'idéaliste cohabite avec le stratège. Modèle du despote éclairé, Napoléon concentre le pouvoir de nomination à son profit, comme aucun souverain n'a osé le faire, ce qui fait de lui le maître de l'élévation sociale. L'institution de la Légion lui permet de tenir toutes les vanités en haleine et de gagner l'armée qui risque de fronder avec le retour de la paix. Davantage que les Bourbons, limités par la vénalité des charges, le poids de la Cour, les distances et les traditions, il ennoblit à sa guise. La mesure marque le premier pas, timide, vers la formation d'une nouvelle aristocratie, compatible avec l'égalité car elle sanctionne la bravoure, l'honneur et la gloire ; vieil héritage chevaleresque, moral et sacrificiel, devenu républicain par la vertu des armes et la volonté du Consul. C'est au sein de l'armée que cet idéal reste le plus fidèlement respecté. Egaux devant la mort, rivaux devant la gloire, transcendés par le culte de la patrie, chaque soldat incarne ce rêve français voulu par Bonaparte : à chacun selon ses talents. La morale militaire doit imprégner par capillarité la nation entière. L'autorité s'y manifeste par le grade mais ne devient réellement souveraine que par la triple onction de la bravoure, de la proximité avec le soldat et de la distinction des meilleurs.

De nombreux orateurs attaquent le projet comme attentatoire à l'égalité. Devant le Conseil d'Etat, Berlier dénonce un retour déguisé à l'aristocratie : « Les croix et les rubans, vitupère-t-il, sont les hochets de la monarchie. » « La Légion d'honneur, renchérit Chauvelin au Tribunat, renferme tous les éléments qui ont fondé parmi tous les peuples la noblesse héréditaire : on y trouve les attributions particulières, des pouvoirs, des honneurs, des titres et des revenus fixes. Presque nulle part la noblesse n'a commencé avec tant d'avantages. » Ces propos révèlent à quel point la haine du privilège reste vivace au sein du personnel politique. De l'*Essai sur les privilèges* à Brumaire, elle est demeurée le seul lien idéologique qui unit l'ensemble des acteurs de la grande décade écoulée ; mieux, la seule source de fierté pour une génération qui porte sur sa conscience la déchristianisation, le régicide et la Terreur.

Pour mettre un terme à la polémique, Napoléon décide une nouvelle fois de passer en force, certain comme pour le Concordat de rencontrer à terme le soutien du plus grand nombre : « Je défie, rétorque-t-il à Berlier, qu'on me montre une république ancienne ou moderne dans laquelle il n'y ait pas eu de distinctions. On appelle cela des hochets ; eh bien ! c'est avec des hochets que l'on mène les hommes [...]. Je ne crois pas que le peuple français aime la liberté et l'égalité ; les Français ne sont point changés par dix ans de Révolution ; ils sont ce qu'étaient les Gaulois, fiers et légers. Ils n'ont qu'un sentiment, l'honneur : il faut donc donner de l'aliment à ce sentiment-là, il leur faut des distinctions. »

Votée dès mai 1802 en dépit d'une opposition persistante [1], la nouvelle institution, avec ses cohortes, ses grands officiers et ses immenses dotations, institue une « chevalerie démocratique ». Fusionnant le civil et le militaire, même si ce dernier domine largement [2], la Légion d'honneur forme l'épine dor-

1. Thibaudeau rapporte que le projet n'est adopté au Conseil d'Etat que par 14 voix contre 10, au Tribunat par 56 voix contre 38, au Corps législatif par 166 voix contre 110.

2. On compte seulement 1 400 civils sur 38 000 légionnaires à la fin de l'Empire, selon C. Ducourtial-Rey, auteur de la notice sur la Légion d'honneur pour le *Dictionnaire Napoléon* (sous la direction de Jean Tulard). « Si l'on distinguait les honneurs militaires et civils, on établirait deux ordres, tandis qu'il n'y a qu'une nation », s'exclame Bonaparte à l'époque pour justifier son choix d'un ordre unique. « Si la Légion d'honneur n'était pas la récompense des services civils comme des services militaires, elle cesserait d'être la Légion d'honneur, car ce serait une étrange prétention de la part des militaires que celle d'avancer qu'eux seuls aient de l'honneur. Les soldats ne sachant ni lire ni écrire étaient fiers, pour prix d'avoir versé le sang pour la patrie, de porter la même décoration que les grands talents de l'ordre civil, et par contre, ceux-ci attachaient d'autant plus de prix à cette récompense de leurs travaux qu'elle était

sale du régime dont elle incarne l'esprit. Chaque légionnaire prête serment de fidélité au gouvernement et s'engage à combattre pour la défense de l'intégrité du territoire. Pour lever toute ambiguïté, il promet enfin de s'opposer à tout retour d'un régime aristocratique et féodal.

L'opinion, elle, adhère d'emblée et massivement comme le constate, parmi d'autres, le général Dumas : « Cette rémunération, également offerte aux services civils et aux militaires, loin de choquer les bons esprits, était reçue comme le plus sincère témoignage du respect du gouvernement pour le principe de l'égalité politique, et comme le moyen le plus propre à l'affermir en effaçant jusqu'au souvenir des anciennes distinctions aristocratiques et héréditaires, écrit-il dans ses Mémoires. [...] On a dit avec vérité que la création de la Légion d'honneur fut la transition et le plus grand pas fait de la dictature à la monarchie absolue de l'Empire. » L'émulation règne désormais, ce que résume Massimo d'Azeglio : « Napoléon avait fouetté le sang à la génération de cette époque. » Le culte de la gloire conjugué avec l'obsession nationale de la distinction va nourrir l'esprit de conquête de l'Empire.

*

« La France n'était pas violée, elle se donnait », revendiquera fièrement Napoléon en faisant référence à la popularité dont il bénéficiait alors dans l'ensemble des classes sociales. Le sauveur recueille le fruit des réformes qui ont réconcilié l'ordre et la Révolution : « Quand on a l'Etat en vue, on travaille pour soi, remarquait son cher Louis XIV. Le bien de l'un fait la gloire de l'autre. » Le peuple profite pleinement de la nouvelle prospérité, née de la paix et de la politique d'encouragement du gouvernement, par exemple manifeste

---

la décoration des braves », ajoutera-t-il à Sainte-Hélène. La réforme institue quatre grades (chevalier, officier, commandant, grand officier) et quinze cohortes de 250 membres avec au sommet la Grande Chancellerie dont le premier titulaire (Lacépède) est volontairement choisi parmi les civils.

dans les commandes de soieries lyonnaises ou dans le lancement de grands travaux. Protectionniste de culture et de tempérament[1], Bonaparte n'hésite pas à garantir la paix sociale par un interventionnisme ponctuel. L'Etat veille à garantir le prix du pain et fournit, par une politique appropriée, du travail aux plus démunis. La création de cent cinquante dépôts de mendicité tout comme la généralisation des soupes populaires ou l'ouverture d'hospices pour les personnes âgées sans ressources substituent la main de l'Etat protecteur à la charité d'hier et ébauchent une politique sociale d'envergure. Il initie ainsi une politique sociale qu'amplifiera son neveu Napoléon III. « Ce que je veux, écrit-il devenu empereur à son ministre de l'Intérieur Montalivet, c'est que le peuple ait du pain, c'est qu'il en ait beaucoup et du bon, et à bon marché, c'est que l'ouvrier puisse nourrir sa famille avec le prix de sa journée. » Lors des disettes, il fait acheter des grains en province pour en faire profiter Paris dont il redoute, toujours par obsession de la Révolution, les poussées de fièvre, particulièrement virulentes en cas de pénurie.

La croissance et la raréfaction de la main-d'œuvre permettent une hausse substantielle des salaires. Nourris davantage, mieux habillés, capables même d'acheter des objets domestiques jadis signes d'aisance, ouvriers et paysans chérissent donc ce Consul auquel on attribue tous les succès et dont on martèle — via la presse et l'imagerie — la sollicitude envers les plus humbles. Un voyageur anglais nommé Thomas Holcroft décrit des paysans français « plus tranquilles et mieux disposés qu'en 1789 ». « Les mendiants sont nombreux, mais j'en avais vu davantage auparavant, ajoute-t-il ; je ne pourrai jamais oublier les guenilles d'alors, la pauvreté, l'air harassé, le teint livide, le spectacle de la misère. On voit maintenant le dimanche beaucoup de gens proprement habillés ; ils ont

1. « Pour faire prospérer les manufactures nationales, dit-il par exemple à Lebrun, il faut les protéger par des lois prohibitives : beaucoup de lois, encore plus de règlements, voilà les moyens de gouverner. Il est temps de consulter les leçons de l'expérience, de revenir à ce qui s'est pratiqué avant nous, et à ce qui se pratique partout. » Le Blocus continental sera pétri de cette idée.

l'air satisfait et les symptômes d'aisance et de temps meilleurs ne peuvent tromper[1]. »

L'état de grâce lui permet de s'autoriser des retours en arrière autoritaristes. En avril 1803, l'introduction du livret de l'ouvrier place celui-ci sous la dépendance des patrons[2]. La concession a été faite aux notables pour des raisons autant politiques — surveiller une population jugée incontrôlable — qu'économiques : empêcher le débauchage multiplié par la raréfaction de la main-d'œuvrc. C'cst lc revers de la médaille sociale, la dernière preuve de la défiance consulaire envers le peuple. Elle s'accompagne du renforcement des dispositions de la loi Le Chapelier de 1791 qui interdisait les coalitions et les grèves ainsi que de l'instauration de conseils de prud'hommes qui favorisent le patronat par leur composition. Et pourtant, toutes ces mesures n'entraînent aucun sentiment de révolte tant la satisfaction d'avoir un travail sûr et l'élévation du niveau de vie l'emportent sur les autres considérations.

Populaire à la ville, le Premier consul est adulé à la campagne, qui bénéficie des mêmes avantages sans avoir à subir la législation de fer qui affecte l'ouvrier. Entre fêtes et veillées, la culture orale villageoise offre un terrain de prédilection à la légende naissante. De retour dans leur foyer, les soldats animent les soirées de leurs récits de campagne, faits divers et épopées qui diffusent l'image d'un Bonaparte invincible et père du soldat[3].

Aussi Bonaparte peut-il se targuer d'avoir accompli la fusion du peuple avec le pouvoir, de tout temps la plus difficile à obtenir. Le Français vit mieux, travaille plus, circule

1. Les progrès dans l'alimentation sont constatés par le statisticien Peuchet dans sa *Statistique élémentaire de la France* (1805) : « L'homme des campagnes, qui ne connaissait qu'une nourriture grossière, une boisson peu saine, a aujourd'hui de la viande, du pain, du vin, du bon cidre et de la bière », écrit-il par exemple.

2. Créé en 1781, il avait été supprimé par la Révolution. Tenu à jour par le maire, le livret certifie que l'ouvrier a convenablement rempli ses devoirs envers ses patrons successifs. Son oubli ou sa perte vaut délit de vagabondage.

3. « Les guerres, les réquisitions, la conscription, les contributions auraient dû faire abhorrer l'Empereur aux paysans. Mais on se trompait, ses plus chauds partisans étaient là, parce qu'il les rassurait sur le retour des dîmes, des droits féodaux, de la restauration des biens des émigrés et de l'oppression des seigneurs », précise Chaptal.

librement. Les élites ne sont pas les dernières à profiter de ce qui semble augurer un âge d'or, comme en témoigne la frénésie de fêtes, concerts et réceptions qui égayent le Paris consulaire et auxquels assistent tous les puissants du jour. Seules quelques minorités — libérales, jacobines et royalistes — contestent encore l'ordre établi mais elles demeurent trop faibles et divisées pour espérer faire entendre leur voix. Baromètre de la prospérité, la rente progresse spectaculairement, de 11 francs à la veille de Brumaire à 65 un an plus tard.

La popularité de Bonaparte semble alors irrésistible. Les royalistes sont ébranlés par le Concordat et séduits par l'amnistie de 1802 : « Ah mon fils !, confie par exemple le comte d'Haussonville à son aîné. Quel homme ! Quel dommage qu'il ne soit pas le légitime ! » Même satisfaction à gauche où nombre d'anciens Jacobins se lavent de leur passé en concourant, comme préfets, conseillers d'Etat et ministres, tel Fouché, à la rénovation de l'Etat. Bonaparte emploie indistinctement tous les talents, même si ce sont les anciens thermidoriens, en gros « la droite républicaine », qui à l'image de Chaptal, Roederer ou Talleyrand, constituent encore l'ossature du personnel politique. Heureusement, l'aura consulaire déborde largement le cénacle politicien. Née en 1723, Mlle Clairon, célèbre actrice de l'Ancien Régime, se rend un jour en pèlerinage à la Malmaison où elle justifie sa visite en ces termes auprès de Joséphine : « J'ai désiré voir un héros avant de mourir, et j'ai pensé, Madame, que vous ne me refuseriez pas ce bonheur. » En février 1800, le philosophe Joubert répond à Mme de Beaumont, qui a traité le Premier consul de « Louis XIV parvenu », ces quelques lignes qui reflètent bien l'état de l'opinion : « Cet homme n'est point parvenu, il est arrivé à sa place. Je l'aime. Sans lui, on ne pourrait plus sentir aucun enthousiasme pour quelque chose de vivant et de puissant [...]. Ses aventures ont fait taire l'esprit et réveillé l'imagination. L'admiration a reparu et a réjoui une terre attristée où ne brillait aucun mérite qui imposât à tous les autres. Qu'il conserve tous ses succès, qu'il en soit de plus en plus digne ; qu'il demeure maître longtemps !... Nous avions grand besoin de lui[1]. »

La clé de cette popularité, comme le suggère Emerson dans le bref essai qu'il consacre à Napoléon[2], réside dans l'identification d'un peuple à un homme dont il incarne le meilleur des passions : l'ambition, la gloire, la volonté, l'universalisme, le refus des privilèges. « Il était par son génie fait pour la France, comme la France était faite pour lui », résume Adolphe Thiers, avec ce sens de la formule percutante qui contribuera à faire le succès de sa monumentale *Histoire du Consulat et de l'Empire*. On comprend mieux pourquoi ce peuple se passe avec tant de facilité de représentants. Bonaparte figure à ses yeux son seul médiateur, celui qui lui renvoie une vision magnifiée de lui-même et incarne une utopie devenue réalité par sa volonté : le couronnement du mérite. Les Français le louent de leur avoir garanti l'égalité et rendu les libertés premières — la sécurité, la circulation, la propriété — dont la Terreur les avait privés. Certes, le nouveau contrat social a pour corollaire la privation — sauf à l'occasion des plébiscites — du suffrage universel et l'atrophie des contre-pouvoirs. Mais ces travers ne perturbent guère une majorité silencieuse avide d'ordre et qui, depuis 1792, déserte massivement les élections. Le Consulat se montre beaucoup plus libéral que les régimes qui l'ont précédé et cela suffit à son bonheur. Faisant fi des oppositions, il a imposé la liberté religieuse et la religion de la gloire comme il a garanti la tranquillité publique et la sacralité de la propriété. Trois quarts de siècle avant Thiers et Gambetta, il a légitimé la République en la rendant conservatrice.

---

1. Victor de Broglie, futur gendre de Mme de Staël et l'un des chefs de la future mouvance doctrinaire, déteste Napoléon. Il n'hésite pourtant pas à écrire dans ses souvenirs au sujet du Consulat : « Ces quatre années, sont, avec les dix années du règne de Henri IV, la meilleure, la plus noble partie de l'histoire de France. »

2. *Napoléon ou l'Homme du siècle*, publié dans les *Représentants de l'humanité*. 1863.

En 1802, « l'interroi », selon l'expression de Joubert, semble avoir accompli l'union sacrée. Le défi relevé l'oblige pourtant à trouver un second souffle sous peine d'être emporté. Le volcan français le pousse à rester constamment aux aguets. La conservation, il ne le sait que trop, tue les régimes aussi sûrement que l'excès de mouvement. La volatilité de l'opinion, sa pente naturellement critique, l'oblige sans cesse à canaliser l'imagination populaire vers de nouveaux horizons. Dans l'immédiat, la peur de sa chute domine les esprits et lui facilite la tâche. Décidé à renforcer son pouvoir, Bonaparte utilise sa popularité pour parvenir à établir une dictature dont personne ne sait encore si elle va demeurer dans le cadre républicain ou prendre le risque fou de renouer avec l'hérédité.

CHAPITRE V

L'ÉLÉVATION PAR LA FORCE

« Je traite la politique comme la guerre ; j'endors une aile pour battre l'autre. »

Propos de BONAPARTE à BOURMONT, tenus au début du Consulat.

Le nœud coulant

L'installation de Bonaparte aux Tuileries, quelques semaines après Brumaire, indique une volonté précoce d'incarner le pouvoir et de ressusciter son aura abolie depuis la chute de la monarchie. Le jour J, Bourrienne, alors son principal collaborateur, le réveille comme tous les matins à sept heures. A sa surprise, le Premier consul dort profondément, « et ce jour-là fut un de ceux où il me pria de le laisser dormir un peu plus longtemps. J'ai remarqué, ajoute-t-il, qu'en général Bonaparte était beaucoup moins ému au moment de l'exécution des choses qu'il avait projetées qu'au moment de leur conception, tant il avait de facilité à regarder ce qu'il avait arrêté dans sa pensée comme déjà exécuté ». Retournant auprès de son maître, celui-ci lui dit avec « un air de satisfaction très marqué : Eh bien ! Bourrienne, c'est donc enfin aujourd'hui que nous allons coucher aux Tuileries. Vous, vous êtes bien heureux, vous n'êtes pas obligé de vous donner en spectacle ; vous irez de votre côté. Moi, il faut que j'aille avec un cortège ; cela m'ennuie, mais il faut parler aux yeux ; cela fait bien pour le peuple[1] ».

La marche à l'Empire s'insère entre deux attentats : complot de la machine infernale fin 1800, complot royaliste de 1804 qui entraîne l'exécution du duc d'Enghien et la transformation du Consulat en monarchie héréditaire. La peur de voir disparaître le sauveur prend un caractère obsessionnel dont il profite pour légitimer l'accroissement de son pouvoir au détriment des chambres, Tribunat et Corps législatif, réduites à la figuration. Préméditation ou mise à profit des circonstances ? Le choix héréditaire n'aurait été décidé qu'à la veille de la proclamation de l'Empire, presque à regret si l'on en croit Bonaparte. Mais il est impossible qu'il n'y ait pas songé depuis longtemps tant la magie de l'histoire, notamment romaine, n'a cessé de le poursuivre. Certes, le principe héréditaire venait d'être rejeté par ceux qui avaient guillotiné Louis XVI, mais Napoléon savait que le fondateur d'une dynastie — Auguste ou Charlemagne par exemple — pouvait légitimement prétendre à l'immortalité. Il y avait aussi l'exemple à méditer de César, peut-être l'homme d'Etat dont Napoléon s'est senti le plus proche, frappé à mort aux ides de mars pour avoir voulu accomplir trop tôt le pas décisif. Nourri de ces exemples, le Premier consul n'avance que lentement, n'hésitant pas à reculer pour mieux franchir chaque étape au moment opportun. Celle-ci ne doit pas brusquer mais venir en conclusion d'une demande forte et être consacrée par le peuple souverain. Une victoire, Marengo, et un attentat, la machine infernale, ouvrent le bal ; la paix d'Amiens fonde le Consulat à vie, le complot de 1804 assure l'Empire.

---

1. « Le Directoire était trop simple, aussi il ne jouissait d'aucune considération. A l'armée, la simplicité est à sa place ; dans une grande ville, dans un palais, il faut que le chef d'un gouvernement attire à lui les regards par tous les moyens possibles, mais il faut aller doucement. » Toujours selon Bourrienne, Bonaparte et lui procédèrent à plusieurs visites préparatoires à l'installation. Découvrant les nombreux bonnets rouges peints sur les murs, le Premier consul dit à Leconte, alors architecte des Tuileries : « Faites-moi disparaître tout cela ; je ne veux pas de pareilles saloperies. »

En dépit de ses réussites, l'édifice demeure un château de cartes. Des minorités extrémistes rejettent toujours le Consulat et décident, faute de moyens légaux, de l'abattre en la personne de son chef. Les complots sont fomentés par les deux minorités, Jacobins et émigrés, qui refusent le ralliement. Si l'efficace présence de Fouché au ministère de la Police contient la « menace terroriste », comme on l'appelle alors pour désigner les Jacobins, il en va tout autrement pour les royalistes irréductibles qui orchestrent les deux tentatives dangereuses de la période, soit la machine infernale et le complot « Cadoudal-Moreau-Pichegru », du nom de ses principaux protagonistes. Se développe aussi une opposition « intérieure ». Déçus par la personnalisation du pouvoir, les brumairiens, à l'exemple de Sieyès, souffrent de leur marginalisation progressive et rêvent d'un retour aux affaires. Majoritairement régicides, ils ne peuvent que condamner la marche à l'Empire. L'Aigle contrecarre leur prépondérance en rappelant les émigrés et en dérivant vers la dictature alors qu'ils ne souhaitaient qu'un simple renforcement de l'exécutif. Or ces opposants de l'ombre conservent leurs bastions à l'Institut et dans les chambres. S'ils n'osent passer à l'acte, ils n'en animent pas moins un fond d'hostilité qui retarde, comme pour le Concordat et la Légion d'honneur, la mise en route des réformes.

Bonaparte, de son côté, doit les ménager comme il doit encore composer avec les ministres autonomes que sont Talleyrand aux Affaires étrangères et surtout Fouché à la Police, car ils gèrent les deux domaines sur lesquels le chef d'Etat, durant les premières années de son « règne », manque le plus d'expérience. Bonaparte a besoin d'eux, ce qui les met à l'abri pour le moment. Tel n'est en revanche pas le cas pour « le grand Carnot », dont la notoriété lui fait de l'ombre. Comme avec Barras, il n'aime pas être entouré d'hommes qui ont été ses supérieurs et connaissent son passé. Le ministre de la Guerre, dont le nom a circulé comme successeur possible, est donc écarté du gouvernement après Marengo[1].

Lucien, son frère cadet, présente un autre type de danger. Bonaparte l'a placé au premier des ministères par ses attributions, l'Intérieur, six semaines après le coup d'Etat dont Lucien a été le principal acteur en lieu et place de son aîné défaillant. Cette mémoire immédiate oblige moins Bonaparte qu'elle ne le contrarie. Il y a des services qui étouffent et induisent de la gêne, presque de la rancune, au lieu de la gratitude attendue. En sauvant son aîné, Lucien s'est en quelque sorte perdu lui-même. Le rapport entre les deux frères a toujours été heurté, fruit de deux tempéraments autoritaires et tranchés, sur fond de guerre larvée les opposant depuis l'enfance pour obtenir la préférence de leur mère. Leur première rencontre à Brienne, de juillet à octobre 1784, s'est mal passée. Napoléon s'y montre froid et autoritaire, jouant au chef de famille avec son cadet qui espérait un frère et découvre un maître : « Je crois que c'est à ma première impression du caractère de ce frère que je dois la répugnance que j'ai toujours éprouvée à fléchir devant lui », constate Lucien dans ses Mémoires. Leur antagonisme féroce se retrouve sur le terrain politique. Chacun d'eux jalouse l'autre pour ce qu'il ne possède pas : le pouvoir et le génie militaire chez Napoléon, le charme et la réputation littéraire chez Lucien qui tient salon et versifie avec aisance, attirant autour de lui les sommités de la « république des lettres » comme Fontanes et La Harpe. Moins gracieux que son aîné — il est myope et possède un visage ingrat gâté par un nez proéminent et des oreilles décollées —, Lucien s'est hissé par une « fureur à se mêler de politique » que dénonce Napoléon. Jacobin farouche[2], il est sorti de l'enfance en même temps que de l'anonymat en dénonçant Paoli en 1793 avant de se faire élire à la députation

1. En réalité, il démissionne mais Bonaparte ne le retient pas. Les rapports entre les deux hommes étaient tendus : « Cet homme ne marche pas droit ; il lui faut des ministres pour la forme, des ministres à lui, et non des ministres français », s'était emporté Carnot au sortir d'une scène avant de conclure en prophète : « Je ne serai pas longtemps ici. »

2. Il s'est fait appeler Brutus Bonaparte, citoyen sans-culotte.

sous le Directoire. L'épisode, qui a clôt l'aventure corse, révèle beaucoup de l'inquiétante psychologie de Lucien. Egocentrique et vaniteux, donc ultra-susceptible, le jeune Bonaparte a trahi Paoli dont il était fanatique, car ce dernier l'a éconduit[1]. Chez Lucien, l'ingratitude se payait donc comptant et le passage de la haine à l'amour était sans transition.

En les élevant de concert, Brumaire a préparé leur rupture. Le cadet entend que l'aîné paye sa dette, le Consul que son jeune frère ne le compromette pas par ses foucades et surtout reste à sa place. Mais il se sent gêné, presque intimidé par ce frère acariâtre qui l'a vu défaillir et qu'il connaît mal, à la différence de Joseph avec lequel justement Lucien entretient un lien fort qui lui déplaît. Possessif avec les siens, dominateur et facilement suspicieux, Bonaparte redoute ce compagnon de route qui refuse de courber l'échine. En résumé, les deux frères sont deux caractères dominants, trop proches pour pouvoir s'entendre. Frustré au lendemain du coup d'Etat — il espère partager le pouvoir avec son aîné —, Lucien le sert pourtant loyalement. Il prépare la nomination des premiers préfets, falsifie les résultats du plébiscite de l'an VIII et monte bien la garde pendant la campagne d'Italie. Mais il se croit désormais indispensable au point de devenir envahissant. Il entre en guerre avec les autres ministres, notamment avec Fouché, qui jure dès lors de se débarrasser de lui à la première occasion. Le rusé ministre de la Police n'aura pas à attendre longtemps.

En novembre 1800, Lucien publie sous le couvert de l'anonymat une brochure qui va précipiter sa perte. Rédigée avec la collaboration de deux de ses proches, Beugnot et Fontanes, *Le Parallèle entre César, Cromwell, Monk et Bonaparte* invite au rétablissement de l'hérédité en faveur du Premier consul. Un panégyrique ampoulé du sauveur[2] prélude à la grande

1. Il fut un moment le secrétaire de Paoli mais sa position devint rapidement intenable en raison de la fracture croissante entre ce dernier et ses frères.

2. « Bonaparte est comme César, un de ces caractères prédominants sous qui s'abaissent tous les obstacles et toutes les volontés ; ses inspirations paraissent tellement surnaturelles, qu'on n'eût pas manqué de le croire sous la garde d'un génie, d'un

manœuvre proprement dite. « Il promet sans doute à la France un nouveau siècle de grandeur ; toutes les espérances s'attachent à sa gloire et à sa vie, clame le texte. Heureuse république, s'il était immortel ! Mais le sort d'un grand homme est sujet à plus de hasards que celui des hommes vulgaires. O nouvelles discordes ! O calamités renaissantes ! Si tout à coup Bonaparte manquait à la patrie ! Où sont ses héritiers, où sont les institutions qui peuvent maintenir son exemple et perpétuer son génie ? » Après avoir présenté la perspective hideuse d'un retour de la Terreur ou d'une restauration contre-révolutionnaire, Lucien sonne le tocsin : « A chaque instant, votre tranquillité peut disparaître... Vous dormez sur un abîme ! Et votre sommeil est tranquille !... Insensés ! ! ! » La conclusion est sans équivoque : « Heureuse la République si Bonaparte était immortel ! Où sont ses héritiers ? Le sort de trente millions d'hommes ne tient qu'à la vie d'un seul. »

Mais à travers Bonaparte, Lucien sert avant tout lui-même. En s'imposant à l'opinion comme le vizir du régime, il espère recueillir la succession d'un frère sans enfants et d'un Joseph sans ambitions. Mais sa manœuvre se révèle d'une lourdeur qui n'a d'égale que sa précipitation. Profitant de l'anonymat, Fouché fait saisir la brochure et la dénonce en termes cinglants auprès des préfets, humiliant Lucien et ridiculisant son frère, naturellement soupçonné d'avoir commandité l'opération. Bonaparte, furieux, se voit contraint de désavouer l'œuvre et l'auteur alors qu'il a approuvé la publication et corrigé les épreuves du manuscrit[1]. A l'issue d'une scène vio-

---

dieu particulier dans ces siècles antiques où l'amour du merveilleux emplissait tous les esprits, et où les opinions religieuses en relevant la destinée des héros et des législateurs, assuraient les institutions et le repos des peuples. »

1. « J'en avais moi-même donné l'idée, pour répondre aux calomnies anglaises. Mais les deux dernières pages sont de la folie », confie l'intéressé à Roederer au sujet de la brochure. La version de Bourrienne paraît sincère : « Ce n'était pas seulement dans le cabinet des Tuileries que l'on agitait alors la question de l'hérédité ; c'était le texte habituel des conversations dans les salons de Paris ; on y parlait déjà de dynastie nouvelle, et ces bruits étaient bien loin de déplaire au Premier consul, mais il vit bien qu'il avait fait une faute en agissant avec trop de précipitation ; c'est pour cela qu'il jeta feu et flammes contre le *parallèle*, ne voulant pas que l'on pût soupçonner qu'il avait eu une part quelconque à un coup manqué. » Le mémorialiste précise que Napoléon lui aurait avoué avoir « été un peu trop vite » et « trop tôt planté mes jalons », avant de conclure : « La poire n'est pas mûre. »

lente, Lucien se voit sèchement remercié, son renvoi étant cependant déguisé par sa nomination comme ambassadeur en Espagne. Si le Premier consul s'est débarrassé d'un rival encombrant, la marche vers l'Empire, engagée trop tôt, se trouve ajournée à la plus grande joie des Jacobins mais aussi d'une Joséphine qui craint déjà le divorce — faute de progéniture — et pousse Bonaparte, comme elle l'appelle toujours, à repousser la pourpre tentatrice. Le Premier consul lui donne alors raison : « Jamais l'hérédité n'a été instituée ; elle s'est établie d'elle-même. Elle est trop absurde pour être reçue comme une loi », confesse-t-il à Roederer, un des premiers partisans de sa royauté. Bonaparte sort affaibli de la passe d'armes. S'il a gagné en tranquillité, il n'en a pas moins perdu un soutien d'envergure. En renvoyant son propre frère, il reconnaît *de facto* qu'il a commis une erreur de jugement en l'appelant au ministère. Sa retraite discrédite tout le clan, ce qui suffit à frapper d'infamie l'idée même de restauration monarchique, sachant qu'il n'a toujours pas d'enfants et que Lucien vient en second dans l'ordre de succession virtuelle. L'épisode précipite également la première alliance entre Talleyrand et Fouché. En l'obligeant à frapper les « néoroyalistes », soit sa droite, elle le place momentanément en position d'otage des « néojacobins » téléguidés par son puissant ministre de la Police. Soumission insupportable dont il ne mettra pas deux mois à s'affranchir.

Le 24 décembre 1800, le Premier consul se rend à l'Opéra lorsqu'une bombe explose juste après son passage. La fameuse machine infernale souffle les vitres, tue ou blesse plusieurs membres de son escorte et des passants innocents dont une jeune fille de quatorze ans[1]. Arrivé sur ces entrefaites à l'Opéra, Bonaparte reçoit une ovation prolongée qu'il

1. Un des conjurés lui a demandé de tenir la bride de la jument qui tirait la charrette contenant les explosifs. La monstruosité du crime fut pleinement exploitée par le régime au moyen de la presse officielle. Selon Georges Pariset, l'attentat fit en tout 22 morts et 56 blessés.

accueille avec un calme olympien[1]. L'émotion populaire, d'un avis général, se révèle immédiate et profonde : « Je ne puis assez parler de l'impression que fit alors cet attentat dans toute la France, révèle par exemple la duchesse d'Abrantès ; Bonaparte lui a des obligations. Il lui a fait voir qu'il pouvait tout demander à un peuple dont il était aimé à ce point. » Six mois après Marengo, la peur de le voir disparaître décuple sa popularité et découvre la fragilité d'un régime, désormais incarné par sa seule personne[2]. Plutôt que de châtier les royalistes, dont Fouché tente en vain de lui prouver la culpabilité[3], le Premier consul décide de frapper massivement sur sa gauche en déportant les Jacobins les plus remuants. Plusieurs éléments expliquent son choix qui fut mal compris : souhait de briser le parti qu'il juge le plus redoutable et dont certains éléments radicaux viennent, quelques semaines auparavant, de tenter de le poignarder[4] ; vengeance de Brumaire, désir d'humilier Fouché en l'obligeant à punir ses anciens compagnons de route. A l'unisson des thermidoriens, Bonaparte juge les Jacobins beaucoup plus dangereux que les royalistes : « La chouannerie et l'émigration sont des maladies de peau, et le terrorisme est une maladie de l'intérieur », dit-il notamment pour justifier sa vindicte. Joue également sans

1. « L'explosion foudroyante que causa sa vue lui fit oublier l'autre, et l'expression si renouvelée depuis : "tonnerre d'applaudissements ranimés par les vibrations de vivats convulsifs" fut consacrée dès ce jour, témoigne Norvins dans son *Mémorial*. La commotion fut réellement si forte, si énergique, que la vaste salle trembla et qu'on put craindre qu'elle ne s'écroulât sous le délire général. Le Premier consul se leva plusieurs fois, et remercia avec une émotion visible du geste et du regard le public si heureux de sa conservation ; alors la tempête reprenait de plus belle. Enfin, au signal qu'il donna, l'orchestre commença », poursuit le même témoin.

2. Ce sentiment est bien reflété par Norvins : « Bonaparte de moins, l'anarchie renaissait avec de nouvelles vengeances, et la France se débattait de nouveau entre les proscriptions et la guerre civile », écrit-il toujours dans son *Mémorial* avant de conclure : « Je ne pense pas qu'à aucune époque de notre histoire le bien-être général ait été aussi rigoureusement individualisé. Ce personnalisme, né des maux passés et du bonheur présent, était l'expression d'un patriotisme bien sincère et bien éclairé, que d'autres épreuves attendaient encore. »

3. Les coupables sont trois chouans de la mouvance de Cadoudal : Carbon, Saint-Régent et Limoëlan. Seuls les deux premiers furent arrêtés.

4. La conspiration, dite « des poignards », a été démantelée par les arrestations (suivies des exécutions) du sculpteur Ceracchi, du peintre Topino-Lebrun, de l'ancien secrétaire de Barrère Demerville, enfin d'Arena, frère de l'ancien député de la Corse qui s'était illustré comme l'un des opposants principaux à Bonaparte le 19 Brumaire.

doute la volonté inavouée de rompre avec son passé. L'épopée italienne n'aurait pas été possible sans la protection des Robespierre, la publication du *Souper de Beaucaire* ni surtout le sang de Vendémiaire. Ce passé récent, il veut l'exorciser avant de l'ensevelir sous sa gloire ultérieure. Entre aussi en compte la volonté de rassurer l'Europe en cassant justement cette image jacobine dont Pitt par exemple ne cesse de l'affubler. En ostracisant le dernier carré révolutionnaire, il compte enfin marteler sa volonté de réconcilier la République avec l'ordre. Il n'y a donc pas une mais un faisceau de raisons qui le poussent à un passage à l'acte aussi rapide que spectaculaire.

Paraissant au Conseil d'Etat juste après l'attentat, il fait mine d'être hors de lui : « Il faut du sang, clame-t-il ; il faut fusiller autant de coupables qu'il y a eu de victimes, quinze ou vingt, en déporter deux cents, et profiter de cette circonstance pour en purger la République[1]. » Mais les parlementaires font de la résistance. Hantés eux aussi par leur passé, ils refusent d'entrer dans une logique de terreur et d'épuration qui rappelle les heures sinistres de la Convention. Sur les conseils avisés de Cambacérès, Bonaparte décide de les contourner en utilisant le Sénat, la chambre la moins nombreuse et la plus docile, celle sur laquelle il a le plus de prise

1. Miot de Mélito cite largement dans ses Mémoires le discours virulent qu'il tient pour tenter de justifier l'épuration : « Il existe à Paris et dans toute la France environ quatre à cinq cents individus, couverts de crimes, sans asile, sans occupation et sans ressources. Ces hommes sont une armée continuellement agissante contre le gouvernement : ce sont eux qui ont été les instruments du 31 mai, des massacres de Septembre, des massacres de Versailles. Ils ont fait la conspiration de Babeuf, celle du camp de Grenelle. Ils ont attaqué le Directoire ; ils attaquent le gouvernement qui lui a succédé. Ce sont les ennemis de tout ordre de choses, quels qu'en soient les principes, de toute idée libérale, de toute forme de gouvernement. Ils existent et sont connus ; ils ont leurs réunions, leurs intelligences, des moyens d'action puisés dans l'habitude qu'ils ont du crime. Cette poignée de loups enragés, disséminés dans la société entière, signalés partout, portant sur leurs fronts les cachets du crime, y répandent une terreur sans cesse renaissante [...]. Il est impossible que cet état de choses dure plus longtemps : il faut enfin purger la société de ce fléau ; il faut que d'ici cinq ou six jours, vingt ou trente de ces monstres expirent et que deux ou trois cents autres soient déportés. Quant à moi, je suis prêt à prendre sur moi tout le poids et tous les risques d'une semblable mesure et je ne vois rien que d'honorable dans un tel acte de salut public. »

avec le Conseil d'Etat. Or, d'après la Constitution de l'an VIII, la chambre haute veille, encore une idée de Sieyès, à la constitutionnalité des lois. Il suffit d'une simple extension de pouvoir pour la mettre en situation de changer les institutions, en accord avec le gouvernement. L'acte, baptisé sénatus-consulte, va devenir l'arme favorite pour occulter les chambres basses et servir de paravent légal à la marche vers le pouvoir absolu. Utilisé en janvier 1801 pour la première fois, il autorise la déportation d'une centaine de Jacobins. « Tous n'ont pas été pris le poignard à la main, mais tous sont universellement connus pour être capables de l'aiguiser et de le prendre », précise Fouché dans son rapport préliminaire afin de tenter de justifier la mesure. Dans la foulée, la loi du 18 pluviôse an IX (7 février 1801) autorise le gouvernement à créer dans les départements de son choix — il y en aura trente-deux en tout — un tribunal criminel spécial, associant militaires et civils, qui condamne sans appel. Réplique aux attentats, la mesure marque un retour vers la justice expéditive de sinistre mémoire au nom de la raison d'Etat et du salut public, prétextes commodes à tous les abus de pouvoir, ce qui n'échappe pas à Benjamin Constant, lors de son discours au Tribunat : « Le projet est inconstitutionnel ; sa rédaction est obscure ; plusieurs articles sont inintelligibles ; il embrasse tous les délits ; il anéantit l'institution des jurés ; il livre les accusés pour toute espèce de crimes, à l'arbitraire du tribunal spécial et du commissaire du Gouvernement ; il n'offre aucun recours contre les informalités que le tribunal pourrait commettre. »

Comme toujours dans notre histoire, la peur de voir disparaître le héros est mise à profit pour mieux renforcer son pouvoir. Ceux qui ont cru l'abattre se font ainsi involontairement les complices de son élévation. Miot de Mélito rend parfaitement la conviction dominante de l'opinion en la matière : « Le besoin de repos et de stabilité était si pressant, l'avenir si inquiétant, la crainte du terrorisme si grande, le retour des Bourbons, ayant tant de vengeances à exercer, paraissait si redoutable qu'on saisissait avidement tout ce qui pouvait écarter des dangers contre lesquels on ne voyait aucun autre moyen de se prémunir. »

*

Cette dérive autoritaire s'avère d'autant plus dangereuse qu'elle va de pair avec le renforcement de la police, orchestré de main de maître par Fouché. Véritable armée secrète, à la fois pieuvre et caméléon, elle s'infiltre à tous les étages de la société avec pour objectif de prévenir les complots et de briser l'opposition intérieure. Assisté par des collaborateurs de grand talent, comme Réal, Desmarets ou l'ancien bagnard Vidocq, le futur duc d'Otrante remporte rapidement d'importants succès, notamment dans la mise en œuvre de la pacification de la Vendée et la répression du brigandage, un des fléaux du Directoire, dont il vient à bout en quelques années. Mais la contrepartie s'avère lourde à payer en termes de libertés individuelles : ouverture systématique du courrier par le cabinet noir de Lavalette, arrestations arbitraires, espionnage et tortures jalonnent l'histoire secrète d'un ministère qui marie sur le modèle de Bonaparte la crainte avec la séduction ; la récompense dans une main, le châtiment dans l'autre.

Fouché joue de la peur comme d'une arme tactique dissuasive. Aussi préfère-t-il obliger plutôt que sévir [1]. Protecteur naturel des Jacobins, il n'hésite pas à se transformer en saint-bernard de nombreux émigrés. Le boucher de Lyon métamorphose par là même son image, se faisant passer pour un modérateur dont la sagesse contraste avec l'agressivité de son maître. Double, triple jeu qui lui apporte un réseau impressionnant et fait de lui le pivot indispensable de toutes les combinaisons politiques ultérieures. Il n'empêche : la sécurité retrouvée satisfait la majeure partie de

1. « La police telle que je la conçois, écrit Fouché à Bonaparte en l'an VIII, doit être établie pour prévenir et empêcher les délits, pour contenir et arrêter ceux que les lois n'ont point prévu. » Dès la première année de son ministère, la police secrète, dirigée par Desmarets, s'augmente de plus de trois cents mouchards.

la nation. Le ministre s'attire bientôt une réputation et une fortune immenses.

La poigne de fer gouvernementale s'exerce particulièrement à l'encontre des journaux dont l'ambition de représenter la nation constitue pour le Premier consul une menace redoutable. Comme lecteur assidu des libelles de la fin des Lumières puis comme rédacteur des proclamations et des journaux d'Italie et d'Egypte, il a pu tout à loisir apprécier la force d'impact de la presse sur l'opinion. Plus agréable et rapide que le livre, à la fois incisive et informative, elle permet de contester n'importe quel pouvoir en temps réel et a joué un rôle majeur dans la mobilisation des masses révolutionnaires. Si la liberté d'imprimer a subi de nombreux accrocs depuis 1792, la pluralité des opinions — hormis durant la Terreur — est restée la règle. A peine parvenu au sommet, Bonaparte avertit Bourrienne : « Si je lâche la bride à la presse, je ne resterai pas trois mois au pouvoir. » Sur l'impulsion de Fouché, un arrêté du 17 janvier 1800 réduit le nombre de journaux à treize, soixante-treize titres étant supprimés. Le texte de sa circulaire, écrite pour justifier la mesure, est demeuré célèbre : « Les journaux ont toujours été le tocsin des révolutions ; ils les annoncent, les préparent et finissent par les rendre indispensables. Leur nombre étant diminué, ils seront plus facilement surveillés et dirigés plus sûrement vers l'affermissement du régime constitutionnel. » Aucune feuille nouvelle ne peut désormais paraître sans avoir reçu l'autorisation du ministère de la Police. Il est également interdit de publier des articles sur les grands problèmes politiques.

Mais le régime est trop habile pour se cantonner à la répression. Le meilleur moyen de faire taire ses adversaires consiste à prendre soi-même la parole. Tandis que la censure tait les bavures, la propagande célèbre avec emphase les succès, n'hésitant pas à falsifier l'information pour parvenir à ses fins. Telle est la tâche du *Moniteur universel.* Placé sous l'autorité directe de Maret, il célèbre la politique du gouvernement, ce qui lui vaut d'être surnommé « le menteur universel » par les opposants. Napoléon y compose lui-même de nombreux articles, en particulier ceux tournés contre l'Angleterre. Avec un art consommé, le gouvernement parvient à préserver l'illusion de la liberté d'expression. Elle est entretenue par le ton nerveux des articles, ceux-ci autorisés à polémiquer sur des sujets secondaires, et le maintien de sensibilités divergentes au sein des journaux survivants, ce que Mme de Staël appelle la « tyrannie bavarde ».

En quelques mois, la presse est ravalée au même rang que le Parlement. Divisée, épiée et sous contrôle, elle se cantonne au rôle d'auxiliaire docile. Là comme ailleurs, le triomphe d'Amiens autorise la mise en chantier d'une nouvelle étape [1]. Le 27 septembre 1803, un arrêté précise que « pour assurer la liberté de la presse [*sic*], aucun libraire ne pourra vendre un ouvrage avant de l'avoir présenté à une commission de révision, laquelle le rendra s'il n'y a pas lieu à censure ». Cette compression de la liberté d'opinion n'épargne même pas le théâtre, lui aussi soumis à la pression du gouvernement qui utilise souvent les ciseaux, mutilant les répliques suspectes quand il n'interdit pas purement et simplement les pièces sulfureuses [2]. On assiste dès lors au spectacle consternant d'une presse servile, réduite à camoufler ce qui lui reste d'autonomie en utilisant le biais des critiques littéraires. Les ouvrages de Chateaubriand et Mme de Staël font ainsi l'objet de polémiques virulentes où l'on retrouve, cachée sous les injures, la cicatrice toujours suppurante entre révolution et contre-révolution. Les « écrivains » sont vite condamnés à la louange absurde, faute d'être réduits au silence, bannis ou enfermés

1. Le 16 février 1803, Constance de Cazenove d'Arlens note avec une amertume visible dans son *Journal* : « Les journaux français n'impriment que ce que Bonaparte veut, très exactement. Jamais aucun souverain n'a été si despotique, si détesté, si redouté et si bassement servi. Quelle nation ! Il fallait cette main de fer pour vous conduire, Messieurs les Français ! »

2. Georges Pariset cite le cas de la comédie des *Deux gendres*, pourtant écrite par Etienne, un des plus fervents soutiens du régime. Aux vers incriminés :

« Cependant je connais des gens très élevés
Et qui de mon côté se sont fort bien trouvés »,

on substitue ceux-ci :

« Cependant je connais des gens fort importants
Et qui de mon crédit ne sont pas mécontents. »

dans un asile comme Sade ou le médiocre Joseph Desorgues placé à Charenton pour ses gras calembours : « Je n'aime pas l'écorce [les Corses]. » Quitte à trousser des vers de mirliton, mieux vaut encenser le nouveau César, comme sait si bien le faire le *Journal de Paris* de l'obséquieux Roederer :

« Mais quel prodigieux et quel vaste génie
A chassé le chaos, recréé une patrie ?
Tout renaît, tout s'anime à sa puissante voix ;
Il marche environné de ses nombreux exploits.
C'est lui, c'est Bonaparte ; il vaut tous ces grands hommes.
Il est l'honneur du monde et du siècle où nous sommes ;
Et l'Etat qui soutient le bras de ce héros,
Lui doit la Paix, son Dieu, sa gloire et son repos. »

Juste récompense, le nombre des abonnés fond de moitié, de 60 000 en janvier 1800 à 30 000 à la naissance de l'Empire.

En 1805, après une nouvelle vague de suppressions, Napoléon boucle la boucle en dotant chaque titre d'un censeur particulier. Le Consul-Empereur s'inspire d'une certaine façon de son propre cas pour éviter qu'il ne se reproduise. Cet enfant des Lumières veut éviter toute émergence d'une nouvelle philosophie critique dont il connaît mieux les effets que quiconque pour les avoir éprouvés. Au bout du compte, il aspire à expulser les écrivains de la sphère politique pour les cantonner à leur spécialité. « Dans les idées de Napoléon, résume Norvins, la littérature était une mésalliance avec les affaires. »

Le « roi de la République » n'hésite plus à dauber sur son cher Jean-Jacques :

« Il eût mieux valu pour le repos de la France que cet homme n'eût pas existé, avoue-t-il un jour à Stanislas de Girardin.

— Et pourquoi citoyen Consul ?, réplique son interlocuteur.

— C'est lui qui a préparé la Révolution française.

— Je croyais, citoyen Consul, que ce n'était pas à vous de vous plaindre de la Révolution.

— Eh bien !, conclut Napoléon, l'avenir apprendra s'il n'eût pas mieux voulu pour le repos de la terre, que ni Rousseau, ni moi, n'eussions jamais existé... »

Désormais, Bonaparte loue Voltaire, conseiller des princes et intellectuel organique, adepte du despotisme éclairé à l'inverse de l'auteur du *Contrat social*, catalogué comme faux et dangereux. « Plus je lis Voltaire et plus je l'aime, confie-t-il par exemple à Roederer en janvier 1803. C'est un homme toujours raisonnable ; point charlatan, point fanatique [...]. Voltaire est fort pour les gens mûrs. Jusqu'à seize ans, je me serais battu pour Rousseau contre tous les amis de Voltaire. Aujourd'hui, c'est le contraire. Je suis surtout dégoûté de Rousseau depuis que j'ai vu l'Orient. L'homme sauvage est un chien. »

*

Dès les premières semaines, Bonaparte juge intolérables les rares velléités d'opposition manifestées par la minorité du Tribunat. « Le gouvernement actuel est le représentant du peuple souverain, et il ne peut pas y avoir d'opposition contre le souverain », tranche-t-il. « Les institutions populaires ne lui paraissaient que des obstacles, les corps représentatifs que des empêchements à la marche du gouvernement, constate Thibaudeau. Sénat, Corps législatif, Tribunat, tout cela n'était pour lui que des instruments qui devaient rendre fidèlement ses sons, des presses destinées à reproduire exactement les pensées qu'il leur transmettait, à leur donner le type légal et à les mettre en circulation. » Pourtant, le Tribunat n'émet en deux ans que sept vœux défavorables contre... quatre-vingt-sept en faveur des projets du gouvernement. C'en est tout de même trop pour Bonaparte qui s'impatiente à la lecture des discours de la minorité libérale, entre 20 et 30 voix selon les circonstances, dont les figures de proue se nomment Benjamin Constant, Daunou, les oubliés Chazal et Garat-Mailla ou l'économiste Jean-Baptiste Say[1]. Edifiée pour relayer les

1. Son *Traité d'économie politique* (1803) fait figure de bible du libéralisme économique.

doléances et discuter les projets de loi, cette chambre l'inquiète d'autant plus qu'elle regroupe en son sein l'élite politique du temps, soit une majorité d'anciens parlementaires de la Révolution et d'idéologues, « ces phraseurs » qu'il n'a jamais pu supporter. Sans pouvoirs, elle n'en demeure pas moins prestigieuse donc influente, notamment dans les salons frondeurs par essence et avides de retrouver leur puissance perdue.

Aussi escompte-t-il réduire l'opposition à néant à la première occasion. Son antiparlementarisme foncier s'inscrit dans sa vision unitaire du pouvoir et traduit, une nouvelle fois, sa peur de la chute héritée de son expérience révolutionnaire. Pour avoir vu les parlements ébranler la monarchie et la Constituante l'abattre, Napoléon connaît leur pouvoir de nuisance et redoute la force que confère l'esprit de corps galvanisé par la certitude de représenter la nation. Entre aussi dans son jugement son mépris pour les régicides. Enfin, le parlementarisme évoque chez lui le libéralisme anglo-saxon qui l'horripile par sa prétention à incarner la morale et le juste milieu. Arguant des exemples de la Constituante et du Directoire, il le juge contraire à l'intérêt national, à la fois incapable de freiner les pulsions populaires et producteur de division, donc facteur de crises. Parlementaires pour parlementaires, il préfère encore la Convention, soit l'assemblée qui a vidé la liberté de discussion et la représentativité de toute substance en confisquant le pouvoir au sein des comités. Elle, au moins, estime-t-il, a su conduire la guerre et gouverner le pays.

« Si j'ai le bonheur de mettre le pied en France, le règne du bavardage est fini », promettait-il avant de partir d'Egypte. Le Consul a pris d'emblée, on l'a vu, ses précautions en coupant le représentant de l'électeur et en divisant le pouvoir législatif en quatre entités distinctes. Dès janvier 1800, il a réduit les marges de manœuvre du Tribunat en limitant le temps de discussion des lois et en le dotant d'un règlement intérieur coercitif. Il n'en demeure pas moins aux aguets, redoute une coalition de ses opposants à l'image du 9 Thermidor qui avait vu gauche et droite conventionnelles s'unir contre Robespierre. Il sait aussi la force d'attraction du parlementarisme sur des élites davantage tentées par le partage du pouvoir que par la tyrannie du sauveur. Le retour de la paix, en le rendant moins nécessaire, réveille les appétits et confirme ses doutes. Thermidoriens et libéraux s'allient fin 1801 pour rendre aux parlementaires leur statut de contre-pouvoir effectif.

La crise monte d'un cran lorsque les deux premiers titres du Code civil sont repoussés par la première chambre. Un anticlérical notoire, Charles François Dupuis, auteur d'un ouvrage oublié sur l'origine des cultes, est élu à la présidence du Corps législatif le 22 novembre, ce que tous les esprits interprètent comme une censure du Concordat. La fronde semble même gagner le Sénat qui élit en décembre suivant Grégoire, candidat du Corps législatif, plutôt que le général Jourdan, créature du Premier consul. Le modéré Daunou, ennemi personnel de Bonaparte depuis Brumaire, se présente à la chambre haute et semble à son tour sur le point d'être élu. Plutôt que de laisser faire, Bonaparte contre-attaque sans attendre en commençant par l'intimidation : « Je vous déclare que si vous nommez M. Daunou, sénateurs, je prendrai cela pour une injure personnelle et vous savez que je n'en ai jamais souffert aucune », menace-t-il à une poignée d'interlocuteurs choisis à dessein le 2 janvier 1802. Il met ensuite les chambres, comme il le dit, à la « diète », en retirant tous les projets de loi en discussion. « C'est une vermine que j'ai sur mes habits, fulmine-t-il au sujet de l'opposition. Il ne faut pas croire que je me laisserai faire comme Louis XVI. Je suis soldat, fils de la Révolution, et je ne souffrirai pas qu'on m'insulte comme un roi. »

Le Concordat signé, la paix d'Amiens en vue, l'assurent de l'appui de l'opinion. Les succès consulaires ont renforcé l'antiparlementarisme, ancré dans les consciences qui assimilent toujours les représentants du peuple à la Terreur et à l'anarchie. Aussi les appels de la minorité libérale ne sont-ils que cris dans le désert. Reste à se débarrasser de Constant et de ses coryphées. Cambacérès, comme souvent, trouve la parade légale. Mandaté par Bonaparte en janvier 1802, il utilise l'article 38 de la Constitution en vertu duquel un cinquième du Tribunat et du Corps législatif doit être prochainement renouvelé. Plutôt que d'opérer un tirage au sort, procédure la plus équitable qui avait prévalu durant le Directoire, il le fait désigner par le Sénat, naturellement télécommandé par les Consuls pour éliminer qui de droit. Bonaparte triomphe auprès de Bailleul : « Vous avez élevé une opposition intempestive : on a prétendu me tenir la dragée haute. Je suis homme et je n'ai pas la prétention d'être parfait. Je ne suis pas d'humeur à souffrir qu'on me brave. J'ai toujours attaqué le premier, et je m'en suis bien trouvé. C'est ce que j'ai fait. » En mars 1802, le Tribunat se voit ainsi « écrémé », selon le mot adéquat de Mme de Staël, et un nouveau règlement, voté dans la foulée, interdit quasiment la publicité de ses débats. Il est suivi un mois plus tard par le Corps législatif bien que celui-ci ait déjà été privé du droit à la parole. « Dès lors, constate Thibaudeau, s'évanouit l'ombre du gouvernement représentatif que la constitution avait conservée dans le Tribunat, et la dernière trace du caractère essentiel de ce gouvernement, la discussion libre et politique des lois. »

Le Consulat à vie

On peut logiquement considérer, à peine plus de deux ans après son accession au pouvoir, que Bonaparte a réduit l'opposition à néant en supprimant tous les contre-pouvoirs. Pour gouverner, il s'appuie exclusivement sur le Conseil d'Etat et le Sénat ainsi que sur ses ministres, placés sous le contrôle du secrétaire d'Etat Maret[1]. Chef d'état-major civil, celui-ci concentre entre ses mains les projets des ministres, qui lui remettent leurs portefeuilles, et dont il rend compte quotidien-

1. Maret était totalement dévoué à son maître dont il disait : « Son opinion est pour moi une ornière de marbre où je marche en sécurité sans m'écarter », ce qui lui valut d'être l'objet d'un des meilleurs mots de Talleyrand : « Je ne connais qu'un homme plus bête que M. Maret, c'est le duc de Bassano. » On aura compris qu'il s'agit du titre dont fut honoré Maret après l'établissement de la noblesse d'Empire.

nement à son chef. Maître de l'amont, il dirige également l'aval en expédiant les minutes des décrets à ses collègues. A travers ce double contrôle — enregistrement et promulgation —, le Premier consul ne laisse aucune autonomie à ses ministres [1]. Ployant sous le labeur, soumis à une pression quotidienne, ils sont instamment priés de ne faire preuve d'aucune initiative, ce qui les ravale au rang de commis.

Le printemps d'Amiens ayant levé ses dernières inhibitions, Bonaparte commence à prêter une oreille favorable aux conseils de sa « droite brumairienne », ces Fontanes, Roederer, Lucien, Talleyrand, Fiévée ou Regnaud de Saint-Jean-d'Angély qui le somment de couronner son œuvre, dans tous les sens du terme, en rétablissant l'hérédité à son profit. Une campagne publique est en outre orchestrée depuis plusieurs mois. En 1801, un certain Chas publie un *Tableau historique et politique des opérations militaires et civiles de Bonaparte* qui appelle clairement à un renforcement des pouvoirs du premier magistrat de la République. Hagiographie pesante, l'ouvrage s'échine à séparer Bonaparte des « terroristes jacobins », insiste sur son humanité, sa modération et son respect de l'adversaire, ce qui le conduit à passer sous silence les massacres d'Egypte ou à rejeter la responsabilité d'Aboukir sur le seul amiral Brueys. Brumaire devient sous sa plume un acte de légitime défense accompli pour sauver la République de la conspiration des poignards : « Bonaparte terminera la révolution par ses travaux politiques : l'amour, la reconnaissance et les bénédictions du peuple français ; voilà sa récompense », affirme le texte. Après une divertissante apologie de la Constitution de l'an VIII — modèle d'équilibre entre les pouvoirs... puisqu'elle établit la suprématie de l'exécutif —, le publiciste à gages récapitule les bienfaits consulaires, en occultant la part véritable de Desaix à Marengo ou le rôle consultatif des autres Consuls. L'auteur, et ce n'est pas un hasard, termine sur la machine infernale. Devant l'émotion populaire, Bonaparte « a dû sentir toute l'importance de ses

1. Comme il l'a dit élégamment : « Un homme que je fais ministre ne doit pas pouvoir aller pisser au bout de quatre ans. »

devoirs, et tout ce qu'il doit faire pour consolider le bonheur d'un peuple si digne de son amour et de sa sollicitude ». Et de conclure : « La France, heureuse de tant de bienfaits, élèvera un monument éternel à la gloire de son premier magistrat ; elle comprendra qu'il est de son intérêt et de sa reconnaissance de lui décerner une grande rémunération, digne de ses exploits guerriers et de ses travaux politiques. »

En dépit de ces approches, Bonaparte demeure longtemps dans l'expectative. Il écoute encore Joséphine et Fouché qui s'opposent au projet comme contraire à l'esprit d'une révolution assise sur le régicide. Pris entre deux feux, le Premier consul décide finalement d'approcher les sénateurs pour qu'ils procèdent à l'extension de ses pouvoirs, fixés à dix ans par la Constitution de l'an VIII. A défaut de la royauté, il adopte le pouvoir viager comme le juste milieu adapté aux circonstances. Cela lui permet de préserver l'avenir et de consolider encore son pouvoir. César, pour des raisons similaires, avait fait de même, passant du Consulat décennal à la dictature à vie. L'hérédité, confie-t-il alors à Thibaudeau, reste décidément « absurde, non pas dans ce sens qu'elle n'assure pas la stabilité de l'Etat, mais parce qu'elle est impossible en France. Elle y a été établie pendant longtemps, mais avec des institutions qui la rendaient praticable, qui n'existent plus et qu'on ne peut ni ne doit rétablir ». Surtout, le clivage entre néoroyalistes et républicains, Talleyrand et Fouché pour simplifier, fait toujours passer la fracture révolutionnaire à travers le personnel politique consulaire. Il ne peut prendre le risque de restaurer en donnant raison à un parti contre l'autre. En un mot comme en cent, il est encore trop tôt.

*

La proclamation de la paix d'Amiens donne l'occasion au Tribunat, poussé par Cambacérès, d'affirmer le 7 mai 1802 vouloir donner « un gage éclatant de la reconnaissance nationale au Premier consul ». Le vœu est déféré au Sénat qui prépare un sénatus-consulte en ce sens le lendemain[1]. C'est alors que Fouché entre en scène. Il agite sa clientèle qui circonvient les hésitants en jurant que Bonaparte ne veut qu'une prolongation de dix années. Comme dans une mauvaise comédie de boulevard, Roederer, ayant appris les menées du ministre de la Police, se rue à la chambre haute pour tenter de corriger le tir pendant qu'il en est encore temps. Mais le mal est déjà fait et l'imbroglio complet entre ce Sénat dupé par le ministre et un Premier consul furieux et qui fait mine dans un premier temps de refuser le vote. C'est encore Cambacérès, appâté par la perspective de devenir lui aussi Consul à vie, qui trouve la parade constitutionnelle. Bonaparte, susurre-t-il, ne peut accepter un tel présent sans consulter son seul souverain : le peuple, dont il ne saurait être question de brider la volonté en circonvenant un mandat à une période donnée. S'il veut toujours de son chef, ce dont personne ne doute, ce n'est pas seulement pour dix années supplémentaires. Un plébiscite sur le Consulat à vie doit en conséquence être organisé au plus vite. Il sera d'autant plus apprécié que, pour la première fois, la nation ne sera plus seulement amenée à ratifier un texte mais à faire œuvre constituante en corrigeant la résolution d'une assemblée et en investissant directement le chef de l'Etat. Pour briser les hésitations des notables, Napoléon investit le peuple du pouvoir souverain comme le fera le général de Gaulle en 1962[2].

1. Selon Cambacérès, qui eut de nombreux entretiens préparatoires avec les sénateurs, nombre d'entre eux s'avouèrent prêts à élever Bonaparte au trône dès cette époque : « Je me souviens, écrit-il dans ses Mémoires, que l'un d'entre eux me dit nettement : "Veut-il être roi ? Je n'y mettrai pour mon compte aucun obstacle. Tous mes collègues de l'Assemblée constituante en feront autant. Nous regardions alors comme une chimère le projet d'établir en France une République et aucun de nous n'a changé d'avis." » Rendant compte au Premier consul, celui-ci « n'en fut ni surpris, ni flatté ».

« La majorité du Sénat est toujours prête à faire plus qu'on ne lui demande, dit-il à son bras droit. Ne paraissez pas mettre trop d'importance au succès de la délibération que les sénateurs vont prendre. » Et de conclure : « Ils iront plus loin que vous ne pensez. »

2. « Le recours au peuple, résume-t-il à Thibaudeau, a le double avantage de légaliser la prorogation et de purifier l'origine de mon pouvoir, autrement il aurait toujours paru équivoque. » La question est libellée comme suit : « Napoléon Bonaparte sera-t-il Consul à vie ? » On notera que, pour la première fois, le nom de Napoléon apparaît dans une pièce officielle.

Une fois la tactique fixée, Bonaparte n'a plus qu'à laisser entrer la délégation sénatoriale et à prononcer le discours convenu : « Le suffrage du peuple m'a investi de la suprême magistrature. Je ne me croirais pas assuré de sa confiance, si l'acte qui m'y retiendrait n'était encore sanctionné par son suffrage. [...] L'intérêt de ma gloire et celui de mon bonheur sembleraient avoir marqué le terme de ma vie publique au moment où la paix du monde est proclamée. Mais la gloire et le bonheur du citoyen doivent se taire quand l'intérêt de l'Etat et la bienveillance publique l'appellent. Vous jugez que je dois au peuple un nouveau sacrifice ; je le ferai si le vœu du peuple me commande ce que votre suffrage autorise. » Roederer fait ensuite adopter par les trois autres conseils — Tribunat, Corps législatif, Conseil d'Etat — ce plébiscite en l'occurrence anticonstitutionnel puisque seul le Sénat, puni pour sa maladresse en se voyant écarté de la délibération, pouvait l'ordonner. Mais la sacralité du peuple souverain couvre tout[1]. Sur la pression de la famille, on ajoute au Consulat à vie la possibilité pour Bonaparte de désigner son successeur.

Comme prévu, le plébiscite est un triomphe : trois millions cinq cent mille *oui*, ce qui s'avère supérieur d'environ deux millions aux chiffres réels de la consultation de 1800. Vote emblématique de la réconciliation nationale : la Vendée n'enregistre que 6 *non* contre 17 079 *oui*.

Rares sont ceux qui osent encore relever la tête, ces 8 394 *non* venus du dernier carré des libéraux ou des républicains intransigeants. La Fayette écrit directement au Premier consul pour justifier son refus : « Il est impossible que vous, général, le premier dans cet ordre d'hommes qui, pour se comparer et se placer, embrassent tous les siècles, vouliez qu'une telle révolution, tant de victoires et de sang, de douleurs et de pro-

1. « [...] C'est au nom de la souveraineté du peuple, qui n'est rien si elle n'est permanente et imprescriptible, qu'on demandait au peuple d'abdiquer » s'indigne Larousse.

diges, n'aient pour le monde et pour vous d'autre résultat qu'un régime arbitraire. » Thibaudeau lui adresse de même une note courageuse dans laquelle il le met en garde dans des termes prophétiques sur les dangers d'une « fausse situation » qui brise non seulement la république, mais surtout les hommes et l'esprit de la Révolution, laissant le champ libre aux royalistes [1]. Mais sa voix, comme celle de Camille Jordan, auteur d'une brochure audacieuse immédiatement saisie, sombre dans l'indifférence, la presse ne leur accordant aucun écho.

Le 16 août, le plébiscite achevé, Bonaparte rebondit sur la nouvelle en faisant adopter une révision constitutionnelle d'envergure. Comme il le dit sans ambages au Conseil d'Etat : « Une constitution doit être faite de manière à ne pas gêner l'action du gouvernement, et à ne pas le forcer à la violer. Aucune institution n'est restée telle qu'elle a été faite ; sa marche est toujours subordonnée aux hommes et aux circonstances. » Le « toilettage » conduit à une nouvelle extension de ses pouvoirs qui s'accompagne du renforcement du Sénat au

1. Elle mérite d'être longuement citée : « Si la France doit avoir un roi, je vous donne ma voix ; je ne connais personne plus digne que vous du trône. Vous n'avez qu'à dire un mot, et la nation, éblouie de votre gloire, vous y place. Mais ce n'est rien de tuer tout d'un coup la République, on tue en même temps la Révolution. Toutes les institutions féodales viendront environner votre trône. Probablement, vous ne les voudrez pas ; elles y viendront malgré vous et vous finirez par vous y soumettre. Ce seront les anciens privilégiés qui accourront, les hommes de la Révolution, moi peut-être, qui, ne pouvant plus s'opposer à la contre-révolution, viendront vous aider à la faire, n'espérant plus trouver qu'en vous une garantie. Quand cela sera consommé, nous serons effrayés de notre fausse situation ; peut-être ne serez-vous pas sans inquiétude sur la vôtre ; mais on ne pourra plus rétrograder, on n'en aura plus ni la volonté ni la force. L'ancienne aristocratie seule se trouvera à sa véritable place. Alors, si vous veniez à nous manquer, qui viendrait occuper le trône ? Votre successeur désigné ? Vous savez ce qu'on fit du testament de Louis XIV ? Votre héritier ? S'il n'a pas votre génie, quel titre opposera-t-il, devant une nation déchue de son énergie et de sa souveraineté, aux titres de l'ancienne dynastie soutenue par toutes celles de l'Europe ? Quels poids auront alors les hommes qui, après avoir renversé la monarchie, auront relevé le trône ? Où seront les pères de la Révolution, les fondateurs de la République, les héros qui ont combattu pour elle ?

« [...] Il faut donc que vous ayez la ferme volonté de respecter et de faire respecter les grands corps de l'État, de borner vous-même votre puissance, de ne pas en franchir les limites, de ne pas tout attirer à vous, responsabilité, gloire, autorité, considération. Sans cela, les grands pouvoirs publics seront de plus en plus avilis, et tout sera étouffé par le vôtre ; il sera grand, fort, terrible, mais il demeurera seul, et si vous disparaissiez, que resterait-il ? Rien. Rien de la Révolution, de la liberté, de la gloire nationale, de la vôtre, que d'amers souvenirs et des déchirements. »

détriment surtout du Tribunat, qui, châtié pour sa témérité, se trouve réduit à 50 membres. Le Corps législatif perd quant à lui le droit de fixer la durée de ses sessions. En conséquence, ses débats s'amenuisent jusqu'au ridicule : cinquante jours par an en moyenne. Les deux chambres perdent enfin le droit de présenter des candidats au Sénat et de discuter les traités de paix ou d'alliance. Autant dire qu'elles ne pèsent plus rien.

Bonaparte accroît en regard ses pouvoirs de nomination et de décision. Seul maître à bord en matière extérieure, il nomme désormais les juges de paix, qui cessent donc d'être élus, les maires et adjoints ou les membres du Tribunal de cassation. La suppression des listes de confiance de Sieyès au profit de nouveaux collèges électoraux lui bénéficie pleinement puisqu'il en nomme là encore les présidents et peut ajouter dix membres supplémentaires dans chaque collège d'arrondissement et vingt dans ceux de département[1]. Il hérite à nouveau du droit de grâce, disparu avec Louis XVI, acte qui en dit long sur la monarchisation en cours des mœurs et la personnalisation du pouvoir qui l'accompagne. Est également créé un conseil privé, sur le mode de l'Ancien Régime, dont il nomme les membres à l'exception des deux Consuls, « commis d'office ». Cet organisme l'aide notamment pour la préparation des sénatus-consultes et la discussion des traités, ce qui entraîne un recul sensible du rôle du Conseil d'Etat.

L'accroissement des pouvoirs du Sénat fonctionne comme un trompe-l'œil démocratique. Certes, la chambre haute peut dissoudre les autres chambres, suspendre les lois dans un département tandis qu'elle continue à nommer tribuns et députés. Surtout, elle a désormais la haute main sur les séna-

1. Il existe désormais trois collèges : de canton, d'arrondissement et de département. Le premier seul rassemble la quasi-totalité des citoyens mais joue un rôle mineur puisqu'il ne sert à présenter des candidats qu'aux postes de juges de paix et de conseillers municipaux des villes de moins de cinq mille habitants. Il désigne également les membres des deux autres collèges mais doit, pour le collège du département, obligatoirement les choisir parmi les 600 citoyens les plus imposés. Le caractère viager des collèges assure encore la mainmise du pouvoir en remplaçant une oligarchie mobile par une « caste fixe » comme le remarque Larousse qui conclut : « En réalité, c'était le chef du gouvernement qui devenait le seul électeur. »

tus-consultes organiques qui corrigent ou complètent la Constitution. Mais les sénateurs sont dans la main du maître de l'heure, sans doute échaudé par le faux pas du printemps précédent. D'abord, il se réserve dorénavant la présentation des candidats à la chambre haute, trois par poste vacant, auxquels il ajoute la possibilité de nommer directement quarante membres supplémentaires venant s'ajouter aux quatre-vingts existants[1]. Ensuite, il convoque la chambre qu'il préside ou, à défaut, Cambacérès ou Lebrun, ce qui n'était pas le cas auparavant. Enfin, il conserve l'initiative de ces fameux sénatus-consultes, interdisant également aux « gardiens de la Constitution » de les amender, ce qui équivaut à ravaler le Sénat au rang de chambre d'enregistrement[2]. Ce nettoyage institue de fait une dictature au sens antique du terme : le pouvoir d'un seul homme.

*

Reste à franchir la dernière marche vers l'hérédité. Elle n'en demeure pas moins la plus difficile à grimper, la plus contraire en apparence non seulement à l'esprit de la Révolution, mais à l'image même de Bonaparte, travailleur acharné méprisant la vanité des honneurs et les costumes d'apparat, amoureux d'une femme dont il ne peut pas avoir d'enfants, assorti d'une famille de médiocres qui figurent de biens piètres héritiers. L'homme des masses de granit a pour habitude de bâtir à partir d'un terrain solide. Or comment construire une monarchie sans noblesse, pilier indispensable dont l'hérédité conforte celle du trône ? Certes, la mode des

1. Les consuls et les membres du Grand Conseil de la Légion d'honneur deviennent membres de droit. Comme il n'y a alors que 66 membres en fonction, 14 sont derechef ajoutés.

2. Sa mainmise s'accroît encore par deux sénatus-consultes ultérieurs, comme le rappelle l'historien Jean-Louis Halperin : « Le premier de ces textes institua un vice-président du Sénat, désigné pour un mois par le Premier consul et chargé de présider l'assemblée quand elle remplissait ses fonctions électorales. Le second créa, pour administrer l'assemblée et ses biens, deux préteurs, un chancelier et un trésorier nommés pour six ans par le Premier consul. Ce dernier présidait également le conseil d'administration du Sénat qui arrêtait tous les ans les dépenses de l'assemblée. La dépendance du Sénat à l'égard du pouvoir exécutif était donc inscrite dans les textes. »

pantalons en coton « démocratique » cède le pas au retour des bas de soie et des souliers à boucle, mais cela ne suffit pas à monarchiser les mœurs d'un pays, comme le constate Miot de Mélito, de retour à Paris en novembre 1802 après deux ans d'absence : « La gaucherie des uns, inaccoutumés à ces modes de cour, chez quelques autres l'irrégularité d'une partie de leur vêtement, où se démêlaient encore quelques traces de celui qu'on venait de quitter, présentaient un coup d'œil assez bizarre », ironise-t-il. La passion égalitaire semble toujours interdire, même au profit de Bonaparte, tout retour rapide vers la royauté.

« Comment, résume le chef de l'Etat, concilier l'hérédité de la première magistrature avec le principe de la souveraineté du peuple ? Comment persuader que cette magistrature est une propriété ? Lorsque la couronne était héréditaire, il y avait grand nombre de magistratures qui l'étaient aussi. Cette fiction était une loi générale ; il n'en reste plus rien[1]. » En outre, le personnel politique de la Révolution n'est, à l'entendre, pas encore à la hauteur : « Des hommes sortis de la fange n'auront jamais la considération et l'éclat dont il faut que de pareils corps soient environnés. Je comprends bien comment le fils du Premier consul héritera de son pouvoir en héritant de son nom. Mais je ne puis concevoir comment les enfants de ces marauds que j'ai faits sénateurs pourront leur succéder. [...] J'ai rétabli la religion, parce qu'elle existait encore. Je ne puis refaire une noblesse qui n'existe plus. Dans cette position, je suis obligé de tenter des essais divers afin d'arriver peu à peu à mes fins. C'est dans cette vue que je me suis déterminé à donner le dernier sénatus-consulte. Mon but principal a été d'assurer et d'augmenter ma puissance. Si cela ne réussit pas à mon gré, j'y substituerai autre chose. Je veux cependant bien consentir à mettre quelques barrières au pouvoir absolu, mais après moi seulement. Tant que j'y serai, je prétends être le maître[2]. »

1. Le propos, tenu devant Thibaudeau, est rapporté par Prosper Duvergier de Hauranne dans le premier volume de sa monumentale *Histoire du gouvernement parlementaire*.
2. Cette conversation particulière de Bonaparte est extraite des *Relations secrètes des agents de Louis XVIII à Paris sous le Consulat (1802-1803)*.

Il décide en conséquence d'attendre encore avant de franchir le Rubicon. La peur a fait Brumaire, la gloire de Marengo l'a consacré. La paix, civile et extérieure, a permis le Consulat à vie. Reste à attendre l'occasion qui permet le passage à l'Empire.

L'attente stratégique

Pendant toute l'année 1803, Bonaparte veille à ne progresser qu'à coup sûr en continuant à travailler l'opinion : « Dans l'espace immense qui séparait son point de départ de celui auquel il allait parvenir [...] l'écueil du ridicule était surtout celui qu'il voulait éviter aux yeux des autres cours et à ceux de la nation française », écrit Mollien avant de préciser qu'il « craignait plus les sarcasmes que les injures »[1]. 1803 occupe ainsi une sorte d'entre-deux : d'un côté, le Premier consul teste ses hypothèses dynastiques dans des conversations particulières ; d'un autre côté, il laisse filtrer informations et confidences dans le public : « Sa tactique en pareil cas, note Molé, était de laisser l'opinion se fatiguer, s'épuiser d'avance en conjectures et en critiques, de manière que l'événement le trouvât pour ainsi dire amorti et indifférent. »

Cette année-là, sa dotation personnelle est multipliée par douze, passant de 500 000 francs à 6 millions. L'étiquette ressuscite par à-coups avec la réapparition des livrées dès 1802 à l'occasion de la proclamation du Concordat. Quant à Joséphine, elle reçoit des dames du palais et passe protocolairement devant les deux autres Consuls[2]. Autre signe qui ne

1. Le même Mollien dresse dans ses Mémoires un état précieux de la « société » durant l'hiver 1803-1804. Il précise qu'à l'exception de la famille toute l'élite était soumise, à commencer par les généraux : « Déjà il ne restait plus entre eux et lui aucune trace de la familiarité que conservent les compagnons d'armes ; ils ne l'abordaient qu'avec l'extérieur du respect ; tout était auprès de lui en état de soumission [...]. » Les récalcitrants sont éloignés comme ambassadeurs (Brune à Constantinople, Ney en Suisse, MacDonald au Danemark) ou dans un commandement lointain (Decaen en Inde) ; les irréductibles mis à la retraite.

2. Le changement s'accomplit à l'automne 1802. La première pierre curiale a été posée en novembre précédent par un arrêté qui nomme Duroc gouverneur du palais. Ce dernier est assisté de quatre préfets, eux-mêmes commandant à des huissiers et messagers d'Etat.

trompe pas, le Premier consul oblige tous ses serviteurs à prendre le deuil pour la mort du général Leclerc, son beau-frère [1], victime de la tragique expédition de Saint-Domingue. La mise en circulation du franc germinal voit apparaître son effigie, à l'image des défunts rois. Aussitôt de mauvais plaisants tracent une raie sur son cou, lui promettant la guillotine.

Méditant sur le discrédit de la royauté des Lumières — coupée de la nation car enfermée à Versailles —, Bonaparte entend se montrer à son peuple et il entreprend un voyage à partir de juin 1803, visitant quatre-vingts villes et dix-sept départements. Le ministre des Cultes fait modifier le cérémonial des prières publiques pour l'occasion. Au lieu de la mention collective du triumvirat consulaire, seul Bonaparte reçoit désormais l'hommage des fidèles. « Ce changement n'étonna personne. Il était la suite du plan arrêté pour nous conduire au but que l'on voulait atteindre », constate Cambacérès, visiblement amer. A Compiègne, Abbeville, Amiens, Boulogne, Dunkerque, Lille, Sedan, Bruxelles ou Anvers, il reçoit un accueil euphorique qui lui confirme qu'il peut tout oser.

La mise aux normes d'un pouvoir autocratique s'achève parallèlement. Le Corps législatif, jusqu'alors préservé, connaît une réforme de ses statuts. Il perd le droit d'élire son président, ce dernier est maintenant désigné par le Consul sur une liste de cinq noms. Amant d'Elisa, sœur de Napoléon, orateur fécond et courtisan-né, Fontanes est désigné pour la présidence. La curialisation du Sénat se poursuit avec l'institution des sénatoreries le 4 janvier 1803. Il s'agit de véritables fiefs dont l'octroi, naturellement réservé au Premier consul, entraîne d'importants revenus et privilèges. En limitant leur nombre à une vingtaine, soit un cinquième des sénateurs, Bonaparte entend à la fois créer une émulation dans la servilité et poser le premier jalon d'une aristocratie future. La répu-

1. Il était marié avec Pauline. « Les journaux ont fait savoir que Bonaparte a fixé à dix jours le temps de deuil ; c'était, sous l'Ancien Régime, la durée du deuil d'un beau-frère du roi. Les fonctionnaires porteront le crêpe au bras », remarque Reichardt dans une lettre datée du 11 janvier 1803.

blique des lettres n'échappe pas à la purge : l'Académie des sciences morales est supprimée en janvier 1803 et ses membres dispersés dans les autres académies. Mme de Staël — qu'il déteste comme personne et redoute comme symbole — subit à son tour ses foudres [1], après la publication par Necker de ses *Dernières vues de politique et de finances*. Dans ce testament politique, l'ancien ministre de Louis XVI se livre à un réquisitoire policé contre le dérapage dictatorial en cours, celui-ci favorisé par la Constitution de l'an VIII contre laquelle il dresse ses batteries avant de défendre son cher modèle anglais. « [...] On a oublié le temps pour la circonstance, et la sagesse de la loi, pour l'homme dont la France avait besoin. »

En découvrant l'ouvrage, que l'ancien ministre a eu l'impudeur ou la naïveté de lui adresser, Napoléon sursaute. Quoi, Necker, ce « régent de collège, bien lourd et bien boursouflé [2] », s'autorise à lui donner des leçons alors qu'il s'est montré incapable de pousser la monarchie dans la voie des réformes nécessaires puis de canaliser la Révolution ? Le Premier consul orchestre d'abord une vigoureuse campagne de presse contre Necker avant d'expulser sa fille. Celle-ci vient justement de publier *Delphine*, son nouveau roman, en décembre 1802. Toujours en quête d'effet, elle s'adresse dans sa préface à « la France silencieuse mais éclairée », ce qui est

1. L'aversion est réciproque comme en témoigne le célèbre portrait inséré par Mme de Staël dans ses *Dix années d'exil* : « Dès les premiers moments, il m'inspira le sentiment de crainte le plus prononcé que jamais créature m'ait fait éprouver. J'avais vu des hommes féroces et des hommes respectables. Il n'y avait rien dans l'effet que Bonaparte produisit sur moi qui pût ressembler à l'impression que j'avais reçue par eux. [...] Il ne hait pas plus qu'il n'aime, car il n'y a que lui pour lui et les hommes n'agissent sur son âme que comme des faits ou comme des choses, jamais comme des semblables. Sa force consiste dans un imperturbable égoïsme que ni la pitié, ni l'attrait, ni la religion, ni la morale ne peuvent détourner un instant de sa direction. [...] C'est un habile joueur d'échecs dont la partie adverse est le genre humain et qui se propose de le faire échec et mat. »

2. Ce célèbre jugement est rapporté par Las Cases : « un idéologue, un fou, un vieux maniaque » dira-t-il à son petit-fils Auguste de Staël, venu plaider la cause de sa mère en 1807, avant d'ajouter : « C'est votre grand-père qui est la cause des saturnales qui ont désolé la France ; tout le sang versé dans la Révolution doit retomber sur lui. »

interprété comme une déclaration de guerre. Apprenant qu'elle s'apprête à revenir dans la capitale, Bonaparte écrit le 3 octobre 1803 à Régnier[1] : « L'arrivée de cette femme, comme celle d'un oiseau de mauvais augure, a toujours été le signal de quelque trouble. Mon intention n'est pas qu'elle reste en France. »

D'abord reléguée à la campagne, elle sera à l'automne 1810 sommée de quitter le territoire[2]. Le sort de Germaine vaut pour tous les écrivains. Bonaparte ne supporte plus la contradiction, comme le constate également Charles Nodier, incarcéré en décembre 1803 pour son pamphlet en vers intitulé *La Napoléone*.

Bonaparte ne rencontre plus maintenant de résistance sérieuse : il a fait le vide autour de lui. Rentré dans la capitale après seize mois d'absence, Norvins a l'impression de ne plus vivre dans le même pays : « J'avais retrouvé en velours toutes les carmagnoles, écrit-il dans ses Mémoires. Les chemises sanglantes des régicides et des proconsuls étaient garnies de dentelles : Fouché, le mitrailleur de Lyon, avait le faubourg Saint-Germain dans ses salons. On allait à la cour chez le citoyen et la citoyenne Bonaparte. » Miot de Mélito, admis en audience un dimanche à Saint-Cloud[3], confirme cette curialisation galopante. Devant les notables, généraux, ministres ou évêques rangés dans la grande galerie, Bonaparte se rend à la messe avant, à son retour, d'adresser la parole à la plupart d'entre eux et de recevoir des pétitions : « Tout se passa avec la plus scrupuleuse étiquette et les second et troisième consuls y étaient soumis comme les autres : ils étaient dans cette galerie, non comme collègues du premier, mais comme courtisans. Nulle suite ne les distinguait de la foule, leur habit neuf seul les faisait reconnaître, tandis que Bonaparte, entouré d'aides de camp, de préfets du palais, d'officiers de ses gardes, rassemblait sur lui seul toute la représentation. »

1. Le grand juge, soit ministre de la Justice.
2. L'ordre d'exil intervient dans la lignée de la saisie de son ouvrage, *De l'Allemagne*, dont la lecture a indigné Napoléon.
3. Le Premier consul séjourne pour la première fois à Saint-Cloud en septembre 1802.

Selon Joseph, sa décision est prise : « Le projet de régner seul et de prendre un titre qui soit en harmonie avec ceux que portent les chefs des Etats de l'Europe est arrêté dans la tête de mon frère », confie-t-il à l'un de ses intimes. Toute sa politique forme « la suite d'un calcul pour familiariser l'opinion et la plier au changement qu'il prépare ». Et l'aîné d'ajouter : « Il pense que, pour lui, la meilleure marche à suivre est d'obtenir de la docilité et de la faiblesse d'une population qu'il méprise au fond de son âme pour sa servilité [...] persuadé que, lorsqu'on a acquis une fois la réalité du pouvoir, le pas à faire pour obtenir la dénomination qui l'exprime est bien facile. »

Le vaste complot de 1804, financé par Londres, va lui offrir le moyen, convoité en vain depuis quatre ans, de couronner son œuvre en s'élevant à l'Empire.

La dernière marche

En voulant abattre le Consul pour restaurer Louis XVIII, Cadoudal et ses complices vont, selon le mot du principal intéressé, faire un empereur. Leur tentative révèle à la France entière la fragilité du régime, poussant dès lors à l'hérédité, moyen paradoxal de garantir la Révolution en couronnant son fils. « Ce que nous entreprenons, ce capital que nous risquons, cette maison que nous bâtissons, ces arbres que nous plantons, que deviendraient-ils s'il allait finir ? », interroge Roederer avant d'en tirer la conclusion suivante : « On est [...] presque épouvanté de sa grandeur, car elle demande une barrière au-devant du gouffre, un soutien, un appui au sommet de sa gloire. »

Le Consulat ne tient qu'à un fil : cette conviction est partagée par les cours étrangères. Celles-ci portent alors un regard mitigé sur Bonaparte. Si son ambition les inquiète, tout le monde lui sait gré de contenir un jacobinisme dont le prosélytisme idéologique menace de mort la vieille Europe monarchique. Mais la digue, eu égard aux menaces diverses qui l'assaillent, paraît bien fragile, interdisant toute perspective d'alliance. « Le grand aventurier, une fois mort, qui peut prévoir les suites qui en résulteront ? Et qui peut garantir, dans ce moment, l'existence d'un être doué d'une mauvaise santé, accablé par le travail, rongé par l'ambition et entouré d'assassins ? », écrit par exemple le diplomate russe Rostopchine. La survie de Bonaparte obsède décidément tout le monde. Et pour cause. Depuis son élévation, il ne se passe pas une année sans qu'il ne faille démanteler un complot sérieux. Grâce à la vigilance de Fouché et à son infiltration dans son milieu d'origine, les tentatives jacobines ont été facilement muselées. Il en va tout autrement pour les royalistes, pour la plupart réfugiés dans les fins fonds du bocage ou émigrés, donc difficilement logeables par les agents du ministre auxquels ils opposent de surcroît leur propre expérience du réseau et du secret, acquise à la rude école de dix ans d'épreuves et de clandestinité.

*

Les ponts entre Louis XVIII et Bonaparte ont été rompus depuis l'automne 1800. Jusqu'alors, le Premier consul avait laissé flotter une certaine ambiguïté sur ses intentions futures. Les royalistes, encouragés par les premières mesures pacificatrices, espéraient qu'il serait un nouveau Monck. Joséphine passait pour sensible à leur cause tout comme le troisième consul Lebrun. Pendant plusieurs mois, Bonaparte avait laissé planer le mystère en différant sa réponse à la belle lettre que lui avait adressée le prétendant juste après Brumaire : « Depuis longtemps, mes yeux sont fixés sur vous. Depuis longtemps, général, vous devez savoir que mon estime vous est acquise. Si vous doutiez que je fusse susceptible de reconnaissance, marquez votre place, fixez le sort de vos amis. Quant à mes principes, je suis français, clément par caractère, je le serai encore par raison. Non, le vainqueur de Castiglione et d'Arcole, le conquérant de l'Italie, de l'Egypte ne peut pas préférer à la gloire une vaine célébrité. [...] Général, l'Europe vous observe, la gloire vous attend et je suis impatient de rendre la paix à mon peuple. »

Conforté par Marengo, Bonaparte lève enfin l'ambiguïté par une réponse cinglante, formulée comme « un roi à un sujet » selon la juste expression de Bourrienne : « J'ai reçu, Monsieur, votre lettre ; je vous remercie des choses honnêtes que vous m'y dites. Vous ne devez pas souhaiter votre retour en France. Il vous faudrait marcher sur 100 000 cadavres. Sacrifiez votre intérêt au repos et au bonheur de la France. L'histoire vous en tiendra compte. Je ne suis pas insensible aux malheurs de votre famille. Je contribuerai avec plaisir à la douceur et à la tranquillité de votre retraite. »

En janvier 1803, Napoléon tente une démarche audacieuse, preuve qu'il songe déjà fortement à la couronne. Par l'intermédiaire du gouvernement prussien, il fait sonder le frère de Louis XVI sur la possibilité d'une renonciation à ses droits, moyennant compensation. Louis XVIII, comment s'en étonner, refuse avec superbe. Prenant l'Europe à témoin, il publie son point de vue en des termes qui lui font honneur : « Je ne confonds pas M. Bonaparte avec quelques-uns de ceux qui l'ont précédé. J'estime sa valeur et ses talents militaires, je lui sais gré de plusieurs actes d'administration, car le bien qu'on fait à mon peuple me sera toujours cher. Mais il se trompe, s'il croit m'engager à transiger sur mes droits ; loin de là, il les établirait lui-même s'ils pouvaient être litigieux, par la démarche qu'il fait en ce moment. » La suite est de la même valeur : « J'ignore quels sont les desseins de Dieu sur ma race et sur moi ; mais je connais les obligations qu'il m'a imposées par le rang où il lui a plu de me faire naître. Chrétien, je remplirai ces obligations jusqu'à mon dernier soupir ; fils de Saint Louis, je saurai, à son exemple, me respecter jusque dans les fers ; successeur de François Ier, je veux du moins pouvoir dire comme lui : tout est perdu, fors l'honneur ! »

La guerre des légitimités se trouve dès lors déclarée. Des deux côtés, la même foi en son destin, tranquille chez Louis XVIII, ardente chez le fils de ses propres œuvres angoissé par la fragilité des temps. La même haine froide, traduction d'une évidente jalousie réciproque. Le « roi » rêve de posséder un peu du génie créatif de Bonaparte. Plus âgé [1], presque obèse et déjà impotent — la goutte le cloue au lit de plus en plus

1. Il est né en 1755, soit quatorze ans avant lui.

souvent —, il envie sa gloire et sa santé. Le prétendant n'a ni bilan à présenter, ni succès à revendiquer. Oublié par l'Europe, ignoré par la France, il n'est plus qu'un symbole auquel Talleyrand donnera un nom : « la légitimité ». C'est pourtant ce symbole que le Consul envie car il incarne un principe qui défie le temps, car il se confond avec notre histoire, comme le résume la fameuse formule : « Le roi ne meurt jamais. » Bonaparte contemple avec rage cette légitimité ancienne, fortifiée par le malheur et qu'il sait ne pas pouvoir évoquer. Il n'ignore pas davantage combien son autorité, privée de cette assise, serait exposée à la concurrence redoutable d'une dynastie dépouillée de sa morgue contre-révolutionnaire et prête à la réconciliation.

Heureusement pour lui, le royalisme demeure à l'époque intransigeant et vengeur, incapable de tendre la main, ce qui lui a pourtant coûté assez cher depuis le manifeste de Brunswick qui a précipité la chute de Louis XVI en août 1792, et la proclamation de Vérone, en 1795, qui fustigeait tous les « complices » de la Révolution, menaçait d'exécution les régicides et annonçait la volonté de rétablir l'Ancien Régime « moins les abus ».

Division en chapelles rivales et radicalisation idéologique ont pavé la voie à de multiples échecs politiques et militaires. En adoptant systématiquement la politique du pire, la royauté s'est engagée dans une impasse où le miracle consulaire va achever de l'enfermer. La cause royale, pâtissant de la pacification de la Vendée, du Concordat et des retours massifs d'émigrés engendrés par l'amnistie de 1802, perd l'essentiel de ses partisans. Son histoire depuis dix ans nourrit les accusations d'intolérance et d'inconséquence prodiguées à son encontre. Militairement vaincue, politiquement esseulée, elle n'a même plus d'armée à son service depuis que le corps du prince de Condé, salarié par la Russie, a été dissous en 1801. La même année, Louis XVIII est expulsé de Mittau par le fantasque Paul Ier. Devenu le paria de l'Europe[1], il est à peine

1. Le ministre autrichien Thugut estime la cause de Louis XVIII perdue : « Il n'a pas de partisans dans son royaume, confie-t-il à un chef royaliste. Ses principes sont un obstacle à la contre-révolution, parce qu'il veut traiter avec la dernière rigueur ceux qui ont géré la révolution. Il ne connaît pas la France. »

toléré à Varsovie, dans les Etats du roi de Prusse, sous réserve de prendre un nom d'emprunt : comte de Lille [1].

Ecœurés par les fautes commises, ostracisés par les « purs », les modérés sont les premiers à quitter le navire royal en perdition. En butte à la rivalité des futurs ultras, l'agence royaliste de Paris, dirigée par Royer-Collard, préfère cesser ses activités faute d'espérer être entendue. La légitimité demeure en conséquence défendue par les plus durs, ces faucons qui n'ont plus rien à perdre, ne jurent plus que par l'exécution du Corsicain et l'éradication de tout ce qui a été accompli depuis 1789 et se regroupent autour du comte d'Artois. Premier émigré d'envergure — il a quitté la France au lendemain du 14 Juillet —, le prince cadet a structuré l'émigration à son image. Prototype du prince jouisseur, joueur invétéré, aimant les femmes et le luxe, perclus de dettes, il incarne jusqu'à la caricature l'Ancien Régime dans ce que la nouvelle France révolutionnaire a toujours détesté : la vanité, l'arrogance, la légèreté et le privilège. Comme tout courtisan, Artois a hérité de Versailles le goût de l'intrigue et la manie des complots. Sauf qu'on ne renverse pas la Révolution comme on a chassé Turgot ou Necker. Le prince a déjà pu le constater à ses dépends. En 1792, il a participé à la piteuse équipée de l'armée des princes qui s'est immobilisée dans les boues du Nord et de la Champagne avant de faire retraite dans la panique après Valmy. Trois ans plus tard, il a porté un coup fatal à sa cause en refusant de débarquer à Quiberon pour diriger le corps anglo-émigré comme il s'y était engagé. Sa dérobade a flétri sa réputation et frappé d'infamie une légitimité dont la bravoure forme une des valeurs centrales. Pourtant, Artois n'a pas renoncé. Il ne renoncera d'ailleurs jamais. A ses yeux, ce n'est pas l'intransigeance mais l'excès de faiblesse qui a perdu la royauté et précipité l'exécution de son

1. Chassé par le gouvernement prussien en 1805 pour avoir protesté contre l'avènement de Napoléon au trône, il est à nouveau accueilli à Mittau jusqu'à Tilsit avant de trouver refuge en Angleterre. Auparavant, le « comte de Lille » avait successivement séjourné à Coblence (1791-1792), Hamm (1792-1793), Turin (fin 1793-printemps 1794), Vérone (1794-1796), enfin Blanckenberg dans le duché de Brunswick (1796-1798).

malheureux frère. Son entourage rassemble des hommes de main formés à la lutte par la guerre de Vendée et la guérilla chouanne. Bonaparte admire en eux la fidélité à une cause perdue, cette mystique royaliste de l'engagement qui place l'honneur et l'esprit chevaleresque avant toute chose. N'ayant pu les séduire, il se résout à les détruire, notamment ce colosse de Cadoudal qui devient l'ennemi public numéro un, la cheville ouvrière de tous les complots, et qui ne manque pas à l'appel du lys en 1804.

*

Le personnage de Cadoudal, célèbre pour sa bravoure et la fermeté de ses convictions, n'a jamais cessé de faire l'objet d'un culte de la part de l'historiographie contre-révolutionnaire. D'origine modeste, cet hercule paysan prouve que la cause royale ne se limite pas à l'aristocratie arrogante de Coblentz, mais a su mobiliser les plus humbles. Comme tout personnage historique, l'homme se révèle complexe, composite de mystères et d'ambiguïtés. Son aspect massif, presque brutal, contraste avec la vivacité de son esprit et une capacité à l'intrigue dont témoigne par exemple le chef de l'espionnage anglais Windham : « Georges a le maintien, la voix et l'aspect d'un rustre ; mais il possède cette aisance et cette assurance naturelles qui sont la marque d'un esprit supérieur ; de tous ceux que j'ai vus engagés dans les affaires royalistes, précise-t-il, c'est lui qui me donne le plus la sensation qu'il est né pour devenir grand. » La reprise de la guerre avec l'Angleterre apporte au géant de la Vendée le soutien financier et logistique du gouvernement de Pitt. Ce dernier demeure partisan de l'assassinat : « Je vois toutes les grandes et toutes les petites passions fatales à la tranquillité publique réunies dans le sein d'un seul homme », déclare-t-il alors. Sans doute encouragé par le comte d'Artois[1], « Monsieur Georges » fait passer plusieurs dizaines d'agents sur le sol français à partir

1. « Monsieur » s'est toujours défendu de cette accusation avec la dernière énergie, tout comme Hyde de Neuville.

d'août 1803[1]. Son objectif consiste à enlever Bonaparte sur la route de la Malmaison pour s'en défaire ou l'expédier en Angleterre. Le Consulat décapité, un gouvernement provisoire serait mis en place pour préparer le terrain à la restauration de Louis XVIII.

Le « géant de la Vendée » s'est associé le général Pichegru, ancienne gloire républicaine fructidorisé en 1797 et dont les liens avec les royalistes ont été alors rendus publics[2]. Or Pichegru est une vieille connaissance de Moreau, le rival de gloire de Bonaparte depuis sa victoire à Hohenlinden[3]. Il espère l'entraîner dans le complot, sa popularité pouvant constituer un atout majeur pour les conjurés qui rêvent de lui confier la succession du Premier consul dans l'attente prochaine de l'arrivée du roi. A la différence de Pichegru, déconsidéré depuis que sa trahison a été révélée, l'ancien chef de l'armée du Rhin jouit encore d'une immense popularité non seulement dans l'armée, mais aussi parmi les républicains dont il est resté proche en raison de son opposition à Bonaparte. Cette dernière est à l'époque de notoriété publique. A la rivalité militaire s'ajoute la jalousie politique suscitée par l'élévation au pouvoir du « vaincu d'Egypte ». S'y greffe une haine féminine entretenue par la mère et la femme de Moreau,

1. Ils débarquent par petits groupes successifs sur la falaise de Biville.

2. Pichegru débarque à Biville le 16 janvier 1804 où il est accueilli par Cadoudal en personne. Fils de cultivateur, il avait été répétiteur de mathématiques à Brienne où il côtoya Bonaparte enfant. La Révolution le sort de l'anonymat pour en faire un militaire prestigieux dont le principal fait d'armes reste la capture de la flotte hollandaise, prisonnière des glaces, par sa cavalerie en 1794. Successivement général en chef des armées du Nord et du Rhin, il s'abouche avec le prince de Condé en 1795. Démissionnaire en mars 1796, il est élu député puis président du Conseil des Cinq-Cents. Sa « trahison », révélée au moment du coup d'Etat de Fructidor, lui vaut d'être déporté à la Guyane dont il s'évade en 1798... pour gagner Londres.

3. Moreau, qui lui succède au commandement de l'armée du Nord puis du Rhin, doit beaucoup à Pichegru, notamment son grade de général de division. Par reconnaissance, et sans doute par prudence, il « oublie » longtemps de faire parvenir au Directoire les papiers de Pichegru saisis en 1797 dans les bagages du général autrichien Klinglin et qui établissent sa complicité avec le prince de Condé en vue d'une restauration. La plupart des historiens soupçonnent Moreau d'avoir eu, comme son prédécesseur et peut-être en liaison avec lui, une conduite suspecte durant ses campagnes à l'armée du Rhin de 1796-1797. Mais sa trahison, et partant son ralliement au royalisme, n'a jamais été formellement établie. N'en demeure pas moins que le soupçon pesait et que Moreau fut révoqué pour cette raison de son commandement à l'issue du coup d'Etat du 18 fructidor.

issues d'une famille créole rivale des Tascher de La Pagerie. Quelques négligences protocolaires brochées sur le sentiment d'inutilité ressenti par le rival malheureux font le reste et précipitent Moreau dans la haine et la provocation frondeuse. Refusant de paraître aux Tuileries comme à la plupart des cérémonies, il commence par bouder avant de multiplier les propos de plus en plus violents contre le maître de l'heure. A partir du Concordat, il ne se contient plus. Pour ridiculiser la croix, qu'il fustige comme un retour déguisé à la noblesse, il « honore » par exemple son cuisinier du titre de « chevalier de la casserole ». L'extermination du corps expéditionnaire à Saint-Domingue, composé pour l'essentiel d'anciens de « son » armée du Rhin, est interprétée dans ce contexte comme un coup volontaire, porté par le tyran pour le priver de tout appui.

En résumé, la situation de Moreau présente des analogies avec celle de Bonaparte avant Brumaire. Il bénéficie d'accointances dans tous les partis, jouit d'un immense capital de gloire et passe pour intègre, son honnêteté contrastant avec la « débauche » du clan Bonaparte. Prudent, il s'est rapproché des royalistes depuis le Directoire sans jamais se compromettre avec eux. Comme le résume l'agence royaliste de Paris dès juillet 1802 : « Il était le point de mire de tous les mécontents. » Fouché, toujours bien informé en dépit de son éviction du ministère de la Police, écrit alors à Bonaparte : « L'air est rempli de poignards[1]. »

La mise en œuvre se révèle fatale au plan élaboré par Cadoudal. S'il déteste Bonaparte, Moreau refuse pourtant d'entrer dans le complot, sauf à travailler pour son propre compte. C'est ce qu'il dit sans ambages à Pichegru et Cadoudal qu'il rencontre secrètement à trois reprises, le 27 janvier puis les 1er et 6 février 1804. Le chef chouan, ulcéré, décide alors de revenir à son plan primitif. Il s'apprête à le mettre à

1. Afin de punir Fouché de son opposition au Consulat à vie, le Premier consul a supprimé le ministère de la Police en septembre 1802.

exécution lorsque la machination s'écroule. Deux de ses comparses, capturés, ont en effet dévoilé le complot en février[1].

En l'apprenant, Bonaparte tombe de haut. Surpris par la résolution des royalistes qu'il croyait hors d'état de nuire, il l'est encore plus par la révélation du rôle de son rival pour lequel il fait montre d'un profond mépris, le jugeant trop faible pour passer à l'acte : « Moreau ! s'écrie-t-il, quoi ! Moreau dans une conjuration semblable ! Lui, le seul qui eut des chances contre moi, se perdre aussi maladroitement ! J'ai une étoile[2] ! » Décidément, pense-t-il, ces généraux sont tous les mêmes, prêts à accomplir un nouveau Brumaire à la première occasion. Pour couper court, il décide de frapper vite et fort. Certes, Moreau est arrêté le 15 février mais le 28, Bonaparte ordonne la mise en place de l'état de siège à Paris : « Paris se crut ramené au temps de la Terreur », écrit Barante qui juge cet effroi exagéré. « Ce qui est vrai, poursuit-il, c'est que les investigations de la police furent, pendant un mois, une cause de vexations pour tous. Il y avait sans cesse et partout des visites domiciliaires, exécutées sans discernement, avec une rigueur inutile et stupide. »

Pichegru appréhendé le 29 février, reste Cadoudal qui change de cache chaque jour, multiplie les fausses identités et semble longtemps insaisissable. Son signalement répandu dans tout Paris frappe encore par sa précision : « 33 à 34 ans, n'en paraissant pas davantage, 5 pieds 3 pouces. Extrêmement puissant. Très ventru. Beau teint, frais et blanc, coloré ; peau très unie, lisse et propre, yeux gris point expressifs. Cheveux châtains très clairs assez fournis à la Titus, les oreilles bien découvertes. Nez aplati du haut, assez large du bas, bouche bien. Dents très blanches, sourcils légèrement marqués et

1. Il s'agit de Quérelle et surtout de Bouvet de Lozier. Ce dernier, traumatisé par une tentative manquée de suicide, dit tout au grand juge Régnier qui vient l'interroger le 13 février 1804 : la présence de Cadoudal et de plusieurs dizaines de ses hommes dans les environs de la capitale, la tentative d'assassinat, les pourparlers ébauchés avec Moreau et Pichegru, l'attente prochaine de l'arrivée d'un prince.

2. Le propos est rapporté par Ségur dans son autobiographie intitulée *Histoire et mémoires*.

séparés, cheveux rabattus sur le front, la joue pleine sans rides, barbe pas très épaisse, favoris presque roux, assez fournis, mais n'étant pas larges, ni longs, menton renforcé et cou court. Parlant bien, sans accent, voix douce. Démarche en se balançant, les bras tendus de manière que la main soit en dehors. Habit bleu, boutons jaunes (cependant il en fait faire un autre dont on ignore la couleur), habit large à revers, collet de même, gilet noir de satin uni et des gilets blancs piqués ; cravate jaune ; portant une paire de pistolets. » Finalement localisé le 9 mars, il oppose une résistance farouche et n'est saisi qu'au prix d'une course-poursuite épique. Au total, près de cent personnes sont internées, Cadoudal échouant au Temple, soit dans le lieu même où avait été détenue la famille royale après la chute de la monarchie.

Bonaparte décide de profiter de l'occasion pour faire établir la monarchie par le canal des corps constitués. « Ils veulent tuer Bonaparte ; il faut le défendre et le rendre immortel », écrit alors son fidèle Regnaud de Saint-Jean-d'Angély, résumant le sentiment dominant au sein de sa garde rapprochée. Or la manœuvre va s'avérer beaucoup plus difficile à exécuter que prévu, obligeant Bonaparte à surmonter un début de crise intérieure lié sur sa droite à l'assassinat du duc d'Enghien et sur sa gauche au sort particulier de Moreau, dont le procès tourne à l'épreuve de force. A l'instar des thermidoriens, Bonaparte demeure sous la menace d'un effet cymbale, conjugaison des oppositions royaliste et républicaine. Comme en Brumaire, la victoire annoncée risque de l'affaiblir à nouveau au lieu de le conforter.

CHAPITRE VI

LA LÉGITIMITÉ INTROUVABLE

« C'est avec une affliction profonde que j'ai vu cet illustre guerrier porter le sceptre des rois. Tout me prédit que cet instrument de tyrannie causera sa perte et la ruine de la France. »

Baron LARREY,
Mémoires.

Le crime

Le sort de Moreau provoque une émotion que reflètent tous les témoignages. Le 17 février, le chef de la police secrète Desmarets reçoit la missive suivante d'un informateur nommé Candide : « Aujourd'hui, on s'empresse d'annoncer que l'ex-général Morceau vient d'être arrêté. Cette arrestation marquante produit dans le public une sensation qu'il est difficile de rendre ; les troupes commencent à s'en apercevoir et les murmures sont fréquents. » Les protestations partent soit « du nombre de ses partisans, qui est incalculable », soit « de l'amitié et de la confiance que le peuple lui porte, et surtout des militaires ». Beaucoup pensent alors que le Premier consul a monté le complot de toutes pièces pour se débarrasser de son dernier rival d'envergure. « Je me souviens, confirme Marbot, que cette arrestation fit le plus mauvais effet dans le public, parce que Georges et Pichegru n'étant pas encore arrêtés, personne ne les croyait en France ; aussi disait-on que Bonaparte avait inventé la conspiration pour perdre Moreau. »

Refusant de se laisser abattre, Moreau nie tout en bloc avec d'autant plus de facilité que Pichegru, par loyauté, et Cadoudal, pour embarrasser le Premier consul, refusent de le mettre en cause. Les rares aveux obtenus sont démentis par les complices qui finissent par accuser la police de tortures.

Dans ce contexte, la mort de Pichegru, trouvé pendu dans sa cellule, jette encore de l'huile sur le feu. « La police déclara qu'il s'était étranglé ; tout Paris s'écria qu'il l'avait été par la police », résume Albert Sorel. Or, sauf si Pichegru détenait des preuves accablantes contre lui — on a parfois parlé de pièces établissant d'anciennes liaisons avec des royalistes —, Bonaparte n'avait aucun intérêt à faire disparaître le principal témoin à charge contre Moreau, dont de surcroît il se doutait bien qu'on lui attribuerait la disparition. Enfin, il le jugeait trop déconsidéré pour représenter un danger quelconque, comme le confirme le général Thiébault qui lui prête une phrase terrible : « On ne se salit pas les mains avec une pièce qui n'a plus cours. » Il n'empêche, dans l'opinion, Pichegru demeurait « le conquérant légendaire de la Hollande, le général qui prend les flottes avec de la cavalerie, sur les golfes glacés ». Pour la première fois depuis cinq ans, l'opinion semble basculer contre Bonaparte parce que, ignorant tout de la conspiration de 1795, elle rend le Premier consul responsable du suicide. L'opposition conjugue une large partie de l'armée, les Parisiens et la plupart des élites jacobines, royalistes et libérales. Le tout cumulé n'est pas sans rappeler la conjuration hétéroclite de Brumaire, même si Bonaparte peut compter sur un noyau dur de fidèles. Il n'empêche. La situation soumet le régime à une menace triple : attentat, pronunciamiento et révolution populaire qui constituent le répertoire de la crise politique depuis 1789. Le prédateur semble devenu une proie.

Ebranlé, Bonaparte se montre d'une irritabilité extrême qui rappelle ses mauvais moments de Brumaire. Il se défoule à de multiples reprises contre le mauvais esprit et l'ingratitude des Parisiens, se révolte de vivre dans une angoisse continuelle face à cet « ennemi qu'il ne pouvait devancer, envelopper, écraser ; dans le souci misérable des briseurs de serrure, des voleurs de papier, des assassins. A la lecture des rapports de Police, il s'emportait hors de lui-même, battant les buissons, frappant à l'aveugle, furieux et honteux, autant de sa fureur même que de son impuissance »[1]. La révélation de la collusion entre les deux extrêmes, républicains et royalistes, la complicité évidente de l'Angleterre, le manque d'efficacité de sa police, tout lui prouve la fragilité de l'œuvre accomplie. D'un calme olympien dans un Conseil des ministres, il perd ses nerfs dès qu'il se trouve confronté à l'imprévu ou à l'hostilité physique. Il ne supporte pas le climat d'angoisse et d'incertitude indissociable d'un complot et semble gagné par la panique. Marie-Louise, peut-être pas aussi sotte que la légende a voulu le faire croire, a écrit qu'il « avait une sensibilité que lui donnait la peur, et une faiblesse de nerfs pardonnable dans une femme, mais non dans un homme[2] ». Revenant inlassablement sur le sujet à Sainte-Hélène — ce qui prouve assez à quel point il l'a marqué —, il ne cesse de vouloir se justifier en plaidant la légitime défense : « J'étais assailli de toute part et à chaque instant, dira-t-il par exemple. C'étaient des fusils à vent, des machines infernales, des complots, des embûches de toute espèce. Je saisis l'occasion de leur renvoyer la terreur jusque dans Londres, et cela me réussit [...]. Le sang appelle le sang [...]. Malheur à qui le provoque. » A nouveau placé sur la défensive et sous l'emprise de la peur, il quitte le manteau du pacificateur pour chausser ses bottes de 93 et céder, comme la Convention, à la pente fatale de la violence préventive.

Il décide de riposter par une manœuvre en deux temps : « Terroriser les terroristes », passer à l'hérédité pour garantir

---

1. Albert Sorel, *L'Europe et la Révolution française*. Dans son essai sur Napoléon, Elie Faure oppose sa quiétude devant la mort militaire, « risque normal, et qu'il accepte sans broncher », à sa hantise de l'attentat civil, « risque inutile qui n'augmente pas d'un atome le poids de son autorité, mais l'énerve au contraire, entrave l'harmonie du développement logique qu'il lui rêve, — un grain de sable dans les rouages de la montre, un brusque caillot dans le cœur ».

2. « Je l'ai vu prêt à se trouver mal en voyant un postillon blessé, et, dans le même instant, il aurait ordonné l'emprisonnement d'un homme de sang-froid », ajoute-t-elle. Cet extrait de ses papiers intimes est cité par José Cabanis dans son ouvrage intitulé *Le Sacre de Napoléon*.

son pouvoir et à travers lui les intérêts de la Révolution. Frapper puis rassurer, incarner cette dialectique bien française qui unit la peur avec le pouvoir, la violence avec la légitimité. Etrange inversion des rôles entre des royalistes devenus « régicides » et des « bonapartistes », le mot se répand depuis 1802, qui captent le principe monarchique pour barrer la route aux Bourbons.

L'antinomie semble toujours aussi insurmontable entre hérédité et révolution, deux mots qui s'excluent depuis 1793, posant depuis lors la question nodale de la légitimité qui n'a cessé de hanter Napoléon et demeure une des problématiques majeures de la politique contemporaine. L'Ancien Régime avait construit la sienne sur deux piliers complémentaires : la religion — le roi est représentant de Dieu sur terre — et la tradition, forgée au creuset d'une histoire partagée depuis Hugues Capet. Napoléon, on le sait, entend y substituer trois éléments : la réconciliation accomplie, la gloire, la volonté du peuple manifestée par plébiscite, soit trois facteurs strictement conjoncturels et qui peuvent donc à l'occasion se retourner contre lui. Aussi sa puissance n'autorise aucun droit à l'erreur.

Les biens nationaux, qu'il s'agit encore et toujours de garantir, augurent une nouvelle hérédité sociale à laquelle doit finalement correspondre une nouvelle hérédité monarchique. Le pacte de 1799 avec les nouvelles élites est scellé par ce « retour au passé pour garantir l'avenir »[1]. Comme tout dynaste, Napoléon promet les avantages de l'hérédité du pouvoir. Ses laudateurs modernisent pour ce faire l'argumentaire des nombreux théoriciens de la monarchie, des légistes aux avocats du despotisme éclairé. En élevant le souverain au-dessus de ses semblables, l'hérédité dépassionne la politique en sanctuarisant son cœur. Placé à l'écart des débats, celui-ci sert d'ancre de salut, sa permanence offrant une stabilité d'au-

1. L'expression est de François Furet. Napoléon apparaît, note Balzac dans *les Paysans*, comme « l'homme qui assurait la possession des biens nationaux. Son sacre fut trempé dans cette idée ».

tant plus nécessaire après le chaos révolutionnaire. Symbole de l'unité française, accomplie par la guerre et la centralisation, l'hérédité serait consubstantielle à une nation qui aurait le sentiment de sublimer ses divisions par l'incarnation dans un exécutif fort, à la fois arbitre et protecteur. Sans oser le dire, beaucoup espèrent que la couronne rendra Napoléon plus sage, calmera cette anxiété qui se traduit par une boulimie d'actions et une nervosité qui en inquiète plus d'un. En outre, elle couperait court aux complots en les rendant inutiles. Si Napoléon reste sans enfants, la couronne reviendra à Joseph, très apprécié des brumairiens pour son pacifisme affiché tandis que ses velléités libérales en font le souverain de cœur du groupe de Coppet. Entre enfin dans la décision la volonté de rassurer l'Europe par l'alignement de la « République viagère » sur les régimes en place, comme s'il n'y avait pas d'autre possibilité : « Je comptais garder encore le Consulat deux ans, quoique avec cette forme de gouvernement les mots jurassent avec les choses... Mais cette conspiration a pensé remuer l'Europe : il a donc fallu détromper l'Europe et les royalistes. J'avais à choisir entre une persécution de détail ou un grand coup. Mon choix ne pouvait être douteux. J'ai donc imposé silence pour toujours aux royalistes et aux jacobins. »

*

Les interrogatoires des comploteurs ont révélé le prochain débarquement d'un prince. Plutôt que le comte d'Artois ou un de ses deux fils, les ducs de Berry et d'Angoulême, les soupçons de la police s'orientent rapidement vers le duc d'Enghien, réfugié depuis septembre 1801 à Ettenheim, dans le pays de Bade, à quelques kilomètres seulement de la frontière française. Petit-fils du prince de Condé, généralissime des émigrés, fils du médiocre duc de Bourbon, il a quitté la France en leur compagnie dès juillet 1789. Il n'a cessé depuis lors de jouer un rôle de premier plan au sein de l'émigration militaire, s'illustrant par sa bravoure et un humanisme qui l'a fait chérir par ses hommes. Contrairement aux autres princes de la maison, impotents comme Louis XVIII, trop âgés comme son grand-père ou discrédités par leur pusillanimité à l'instar de son propre père et du comte d'Artois, Enghien revendique l'héritage chevaleresque d'Henri IV, « Bourbon à cheval », galant et vaillant, modèle du prince français dont la notoriété fait de l'ombre à sa propre famille et... peut inquiéter le Premier consul avec lequel il partage jeunesse, obstination et courage. Pourtant, Enghien ne constitue plus un danger, tout juste une menace. A l'image de nombreux émigrés, il se sent depuis lors inutile. Interdit de France, paria de l'Europe, il souffre cruellement de l'isolement dans lequel il se trouve confiné, et qu'il exprime de manière poignante dans une lettre à son père, le 3 juin 1800 : « Bonaparte est sur le trône, respecté, craint, et admiré de tous les souverains, et le roi légitime est à peine toléré dans un coin de la Pologne obligé de témoigner sa reconnaissance au souverain qui veut bien lui accorder un asile ignoré. Qu'espérer après cela, il faut absolument se naturaliser étranger quelque part, devenir quelque chose car être émigré français n'est être rien. On n'est plus ni aimé ni estimé et l'on vous regarde comme un être dangereux, comme un pestiféré qui apporte avec lui le venin et la contagion du mal qui l'a frappé. »

Une enquête bâclée le présente multipliant les allées et venues suspectes, rencontrant de troubles émissaires et accueillant le général Dumouriez, ancien ministre de la Guerre, vainqueur à Jemmapes et réputé membre influent de la mouvance orléaniste. Que Dumouriez n'ait jamais été présent à Ettenheim — l'espion a déformé le nom d'un certain Thumery, un intime du prince —, que le petit-fils du prince de Condé se console de son inactivité forcée dans les bras de sa maîtresse Charlotte de Rohan, ce qui explique ses nombreux déplacements, tout cela importe peu. La psychose règne alors dans l'entourage consulaire, prêt à accueillir n'importe quel ragot pour convaincre l'opinion de la réalité du complot. Bouc émissaire de la raison d'Etat, Enghien devient la victime désignée d'une police débordée en quête de coupable pour faire pardonner ses erreurs et justifier la chape de plomb qu'elle fait peser sur le pays.

Arrêté le 15 mars par une escouade française qui n'a pas hésité pour l'occasion à violer un territoire neutre et indépendant, le duc est ramené séance tenante à Vincennes, devant une commission militaire qui le décrète coupable et le condamne, sentence exécutée immédiatement le 21 mars à trois heures du matin. « Qu'il est affreux de périr ainsi de la main des Français », déclare le malheureux avant de tomber, seulement pleuré par son chien dont la déchirante plainte près du cadavre de son maître résonne comme en écho funèbre à celle du quadrupède de Lodi.

Les conditions dans lesquelles l'acte a été décidé et accompli ont donné lieu à des centaines d'ouvrages et de mémoires justificatifs des principaux protagonistes. Sans doute l'insuffisance ou l'excès de zèle de certains des subordonnés, comme Savary, colonel de la gendarmerie, Réal, responsable de la police, ou Murat, alors gouverneur de Paris, ont-ils accéléré le processus, empêchant Bonaparte d'exercer son droit de grâce. Sans doute le rapport fautif des espions d'Ettenheim est-il à l'origine de l'erreur judiciaire. Bien sûr, Fouché et surtout Talleyrand ont poussé à l'exécution du prince de toute leur influence[1]. Comme l'a parfaitement vu Bourrienne, le premier mouvement de Bonaparte est toujours violent, le second plus réfléchi. En découle la nécessité d'avoir à ses côtés des collaborateurs le connaissant bien et capables d'inertie afin de freiner son emportement et lui laisser le temps de revenir sur sa décision initiale. Or, ce même Bourrienne ayant été renvoyé, le Premier consul serait encerclé de zélateurs dont l'empressement n'aurait d'égal que la soif de parvenir. Ces propos ne semblent pas qu'autojustifications, si l'on se tient à l'appréciation concordante de Desmarets, le chef de la

1. « J'avais les oreilles rebattues de cette maxime que la nouvelle dynastie ne serait jamais établie tant qu'il resterait un Bourbon. Talleyrand ne déviait jamais de ce principe. C'était le fondement, la pierre angulaire de son credo politique. J'examinai cette idée avec une extrême attention, et le résultat de mes réflexions fut de me ranger entièrement à l'opinion de Talleyrand », dira Napoléon, qui ne cessera jamais de charger son ministre de la paternité morale du crime. Le même Talleyrand l'aurait ensuite dissuadé de lui faire grâce en lui disant : « Quand le vin est tiré, il faut le boire. »

police secrète, lui aussi convaincu que le Premier consul a réagi d'instinct et pris sa décision au reçu du rapport fautif mettant en cause le duc d'Enghien.

Toujours est-il que Napoléon reste bel et bien le seul responsable d'un acte dont il a d'ailleurs toujours assumé la paternité jusqu'à son testament : « J'ai fait arrêter et juger le duc d'Enghien, parce que cela était nécessaire à la sûreté et à l'intérêt du peuple français, lorsque le comte d'Artois entretenait de son aveu, soixante assassins à Paris ; dans une semblable circonstance, j'agirais de même [1]. » A l'issue du conseil de gouvernement qui se tient le 10 mars dans l'après-midi, c'est lui seul qui ordonne l'arrestation et fixe le mode de procédure, sans appel et expéditif. Il refuse sa grâce à Joséphine, venue la réclamer à genoux [2], exécute Cambacérès — qui le

1. On nuancera le propos en citant en regard cette confession faite à Montholon en janvier 1816 et dans laquelle Napoléon rejette la responsabilité sur ses entours : « La raison d'Etat doit dominer avant toute chose dans la pensée d'un souverain. J'ai toujours eu horreur de répandre le sang ; je n'en ai jamais fait répandre inutilement par ma volonté. Le duc d'Enghien a été fusillé dans le temps que j'envoyais Réal à Vincennes avec mission de me l'amener s'il pouvait le décider à demander à me voir ; j'ignorais que de lui-même il en avait écrit le désir sur le procès-verbal de son interrogatoire ; je voulais lui faire grâce, et en cela ma politique était d'accord avec mes sentiments d'homme privé. Un zèle mal entendu l'a fusillé aussitôt l'arrêt prononcé. Sa mort a été un crime inutile ; la postérité me le reprochera, elle aura tort, j'en suis innocent : c'est Talleyrand qui est cause de son enlèvement à Ettenheim ; c'est le zèle irréfléchi de Hullin [président du tribunal] qui a précipité l'exécution du jugement, qui aurait dû m'être communiqué, et surtout n'être légalement exécuté que par l'ordre du gouverneur de Paris, après les délais d'appel. Quand Murat, gouverneur de Paris, me fit son rapport sur la composition du conseil de guerre, j'écrivis en marge de ce rapport : "Respectez la loi, qu'elle ne soit violée en rien ; je ne veux pas que vous changiez l'ordre du tableau qui appelle aux fonctions de juges les officiers de la garnison de Paris." Sans doute, je voulais qu'il fût condamné. Du moment où Talleyrand et Fouché m'avaient fait commettre la faute de le faire enlever, sa condamnation était une nécessité ; mais j'étais si loin de vouloir son sang, que ma secrète pensée était de lui donner l'épée de connétable pour en finir avec l'émigration. » (C'est nous qui soulignons.)

2. On peut se reporter, sur ce point comme sur de nombreux autres, aux Mémoires de Pasquier dont le témoignage recoupe celui de Bourrienne. « Il [Bonaparte] avait pris, pour être plus sûr de n'y pas céder, le parti de se tenir enfermé dans son cabinet, pendant la plus grande partie du jour qui précéda celui de l'exécution, et il en avait interdit l'entrée à tout le monde. Sa femme y pénétra cependant, et je tiens de M. de Rémusat, qui remplissait ce jour-là les fonctions de chambellan et par qui elle se fit presque de force ouvrir la porte, qu'il y eut entre elle et son mari la scène la plus vive ; il ne fit d'autre réponse à toutes ses supplications que celle-ci : "Allez-vous-en, vous êtes une enfant ; vous n'entendez rien aux devoirs de la politique." Bien plus, se réveillant à cinq heures du matin, il dit à Mme Bonaparte qui était à ses côtés : "A l'heure qu'il est, le duc d'Enghien a cessé de vivre." Elle poussa les hauts cris, versa beaucoup de larmes, et eut encore pour toute réponse : "Allons, tâche de dormir, tu n'es qu'une enfant." »

somme de ne pas commettre l'irréparable — d'un cinglant : « Vous êtes devenu bien avare du sang des Bourbons. »

Il n'y a pas une, mais trois raisons essentielles à cet acte : l'une passionnelle, la vengeance d'un homme aux abois contre le représentant de la famille qui a, selon lui, voulu le tuer ; les deux autres, politiques, contribuant pleinement à la réalisation de l'Empire : ôter toute espérance aux Bourbons, donner des gages aux Jacobins par un second régicide, pacte de sang qui le lie à la Convention et place sa nouvelle hérédité dans la droite ligne de la république.

Le complot de 1804 a atteint Bonaparte en lui prouvant que les royalistes et l'Angleterre ne désarment pas. On l'entend s'indigner : « Suis-je donc un chien que l'on peut assommer dans la rue tandis que mes meurtriers seront des êtres sacrés ? On m'attaque au corps ! Je rendrai guerre pour guerre[1] ! » Face aux assassins, il réplique par une vendetta, Bonaparte contre Bourbons, famille contre famille dans la plus pure tradition corse. Ses confidences à Miot valent tous les commentaires : « Je ne serai tranquille sur le trône que lorsqu'il n'existera plus un seul Bourbon, et celui-ci en est un de moins. C'est le reste du sang du grand Condé, c'est le dernier héritier du plus beau nom de cette maison. Il était jeune, brillant, valeureux et, par conséquent, mon plus redoutable ennemi : c'était le sacrifice le plus nécessaire à ma sûreté et à ma grandeur. Que reste-t-il actuellement ? Deux fils du comte d'Artois, sans enfants, dont l'un n'est pas marié et l'autre ne trouvera pas de femme même parmi nos ennemis [...]. J'ai donc réduit autant que possible le nombre de chances qui étaient contre moi. Non seulement si ce que j'ai fait était à faire je le ferais encore, mais demain même si le hasard m'offrait pour les deux derniers rejetons de cette famille, une occasion favorable, je ne la laisserais pas échapper. »

En même temps, fidèle à l'esprit de 1793, Bonaparte tue parce qu'il s'estime en état de légitime défense politique : « Il

1. Le propos est rapporté par Desmarets dans ses *Témoignages historiques*.

a fallu faire voir aux Bourbons, au cabinet de Londres, à toutes les cours de l'Europe, que ceci n'est pas un jeu d'enfants. Les circonstances dans lesquelles nous nous sommes trouvés n'étaient point de nature à être traitées chevaleresquement. Cette manière, dans les affaires d'Etat, serait puérile », explique-t-il par exemple devant le Conseil d'Etat. En montrant sa résolution, il assure la sécurité du régime et évite de nouveaux complots : « J'ai versé du sang, je le devais, j'en répandrai peut-être encore, mais sans colère, et tout simplement parce que la saignée entre dans les combinaisons de la médecine politique. Je suis l'homme de l'Etat, je suis la Révolution française... », lance-t-il à Mme de Rémusat.

Fouché, qui s'était montré le principal opposant au Consulat à vie, devient dès lors le premier défenseur de cet empire fondé par le crime. Le rétablissement de l'hérédité passe d'autant mieux à ses yeux qu'elle s'inscrit en rupture absolue avec l'ancienne dynastie : « Vous et les vôtres, lui aurait dit Napoléon le 20 mars, n'avez-vous pas dit cent fois que je finirais par être le Monck de la France et par rétablir les Bourbons ? Eh bien ! il n'y aura plus moyen de reculer. Quelle plus forte garantie puis-je donner à la Révolution que vous avez cimentée du sang d'un roi ? Il faut d'ailleurs en finir : je suis environné de complots ; il faut inspirer la terreur ou périr. »

Comme lors du procès de Louis XVI, il s'agit de rendre tout retour en arrière impossible non seulement pour Napoléon, mais pour tous ceux qui vont poursuivre l'aventure à ses côtés, désormais complices d'un monarque dont la pourpre se teint du sang d'un innocent. Comme l'avait exprimé le conventionnel Bazire à la tribune, les régicides avaient fait un pacte avec la mort auquel Napoléon, avec dix ans de retard, venait de se rallier. Une anecdote rapportée par Albert Sorel fait bien ressortir l'importance de ce gage faustien dans le classement politique de l'époque. Elle se déroule sous le Directoire et prend la forme d'un dialogue entre Treilhard, régicide, et le royaliste modéré Mathieu Dumas. En quête de réconciliation, ce dernier interroge son collègue sur les garanties qu'il juge nécessaires pour faire montre de son ralliement aux thermidoriens :

« Montez à la tribune, lui répond Treilhard, et déclarez que si vous aviez été membre de la Convention, vous auriez, comme nous, voté la mort de Louis XVI.

— Vous exigez l'impossible.

— Non. La partie n'est pas égale ; nos têtes sont en jeu », conclut le « votant ».

Désormais, la tête de l'Aigle est suspendue au même crochet que celles des Treilhard, Sieyès, Carnot ou Fouché. La marche à l'Empire marque ainsi une inflexion à gauche, en grande partie tactique puisqu'elle lui permet de fonder son assise sur le groupe à la fois le plus dangereux et le plus puissant, ces « thermidoriens de gauche », régicides puis révisionnistes, qui l'ont porté en Brumaire et avec lesquels il sent la nécessité de sceller un nouveau bail : « Le Concordat, les radiations m'ont rapproché des émigrés, et tout à l'heure, je le serai complètement, car vous allez voir comment les allures de cour vont les attirer, précise-t-il à Mme de Rémusat. C'est avec le langage qui rappelle les habitudes qu'on gagne les nobles ; mais avec les Jacobins, il faut des faits. Ils ne sont pas hommes à se prendre aux paroles. Ma sévérité nécessaire les a contentés. » Il faut ajouter qu'il a eu largement l'occasion d'apprécier le sens de l'Etat d'un cénacle qui lui a fourni avec Fouché, Cambacérès ou Merlin de Douai ses meilleurs éléments. Napoléon doit alors songer avec amertume au destin d'un Henri IV qui, lui, était parvenu au trône grâce à la réconciliation religieuse. Comment dans de telles conditions bâtir une légitimité durable ?

Le crime de 1804 est le frère maudit de Brumaire. C'est pourtant lui qui a permis l'Empire en sacrant la Révolution. Toujours prudent, Napoléon s'évertue dans le même temps à rassurer sa droite en donnant au crime un caractère d'exception, indispensable pour terroriser les royalistes et calmer les Jacobins. Le châtiment vaut cependant avertissement pour tous les notables. S'ils l'abandonnent, il s'appuiera sur les terroristes et régnera par le fer et le sang. « Il se peut, conclut le diplomate Lucchesini fin mars, que Bonaparte connaisse les Français mieux qu'ils ne se connaissent eux-mêmes, et que l'exemple du cardinal de Richelieu lui ait prouvé qu'en France les coups d'Etat les plus hardis au lieu d'ébranler l'autorité suprême, la consolident. »

La crise

Prêt à tout pour retrouver son portefeuille, Fouché, décidément omniprésent, s'agite au Sénat pour lancer ce qu'il faut bien appeler une mascarade parlementaire eu égard à l'état de servilité auquel sont réduites les différentes chambres depuis la révision de 1802. Le 28 mars 1804, une semaine jour pour jour après l'exécution du duc d'Enghien, une adresse de la chambre haute invite explicitement au passage à l'acte : « Vous fondez une ère nouvelle mais vous devez l'éterniser : l'éclat n'est rien sans la durée. Nous ne saurions douter que cette grande idée ne vous ait occupé, car votre génie créateur embrasse tout et n'oublie rien. Mais ne différez point [...]. Grand homme, achevez votre ouvrage en le rendant immortel comme votre gloire. Vous nous avez tirés du chaos du passé, vous nous faites jouir des bienfaits du présent, garantissez-nous de l'avenir. »

Le message est aussitôt relayé par une vigoureuse campagne destinée à entretenir l'illusion d'une attente populaire incompressible. Bonaparte laisse passer un mois, prétend qu'il ne se décidera que « dans le seul but de l'intérêt de la nation » et qu'il n'a « plus rien à désirer ». Pendant ce temps, des centaines d'adresses enthousiastes des maires, généraux et corps constitués affluent aux Tuileries[1], et le Premier consul laisse

1. Thibaudeau, alors préfet des Bouches-du-Rhône, rédige un texte qui vaut la peine d'être cité comme emblématique du ton et de l'argumentaire employés pour justifier le passage à l'Empire :

« Citoyen Premier consul,

« Un complot atroce a mis en péril vos jours et la destinée de la France.

manœuvrer les chambres par ses frères et Fouché afin d'être sûr du résultat. Toute sa tactique vise à donner l'impression qu'il est forcé, n'accepte le trône qu'à son esprit défendant, par fidélité à la Révolution et afin de couper l'herbe sous le pied des royalistes. Le terrain déminé, il peut répondre au Sénat le 25 avril, avec une fausse humilité stupéfiante, de lui faire connaître sa pensée tout entière[1].

On décide finalement de sortir du formol le Tribunat, réputé plus indépendant, pour offrir à l'opinion l'illusion d'un débat. Comme le révèle Miot de Mélito, le choix des orateurs est soigneusement pesé : un ancien régicide, le bien-nommé Curée, dépose le 30 avril une motion « tendant à ce que Napoléon Bonaparte, actuellement Premier consul, fût déclaré Empereur des Français et à ce que la dignité impériale fût déclarée héréditaire dans toute sa famille ». Un ancien royaliste fructidorisé, Siméon, la soutient à son tour, donnant l'illusion de l'union sacrée, si nécessaire alors devant la dégradation récente de l'opinion. Seul Carnot a le courage de se prononcer contre, son plaidoyer surnageant dans l'océan de flagornerie qui caractérise les autres dis-

---

« L'arrestation des conspirateurs n'a pas calmé les alarmes.

« Le supplice des coupables ne rétablira point la sécurité.

« Les citoyens craindront toujours pour leur propre existence, pour leurs propriétés, pour la patrie. Il manque une barrière entre le pouvoir et les ambitieux, entre vous et les poignards, entre la sûreté de la France et les implacables ennemis de sa force et de sa gloire.

« Cette barrière... tous les Français la réclament, la voix du peuple vous l'indique.

« Que l'hérédité du pouvoir suprême qu'il vous a confié soit donc proclamée !

« La nation ne rétrograde point vers l'esclavage, elle veut l'hérédité comme le plus sûr moyen de cimenter la liberté qu'elle a conquise.

« Elle ne se repent point de la Révolution ; elle en déteste les crimes ; elle en veut conserver les bienfaits.

« En fondant une nouvelle dynastie, elle veut ôter tout espoir aux restes méprisables de celle qu'elle a renversée.

« Le sort de tous les grands Etats, la fin de toutes les révolutions qui les ont agités, sont marqués dans l'histoire. L'esprit du siècle et la force des choses y ramènent la France. »

1. Sa réponse n'est rendue publique que le 6 mai. Bonaparte lève cependant le voile en lui donnant le titre de message « relatif à l'hérédité de la suprême magistrature ». Il y affirme son désintéressement (« Le peuple français n'a rien à ajouter aux honneurs et à la gloire dont il m'a environné ») et sa volonté « d'assurer à ses enfants les avantages qu'il a acquis par cette révolution qui lui a tant coûté, surtout par le sacrifice de ces millions de braves morts pour la défense de ses droits. »

cours[1] : « On propose de faire à Bonaparte une propriété absolue et héréditaire d'un pouvoir dont il n'avait reçu que l'administration. Est-ce là l'intérêt bien entendu du Premier consul lui-même ? Je ne le crois pas... Tout ce qui a été dit jusqu'à ce jour sur le pouvoir absolu prouve seulement la nécessité d'une dictature momentanée dans les crises de l'Etat mais non celle d'un pouvoir permanent et inamovible ».

Le vœu, adopté le 3 mai, est transmis au Sénat qui renchérit par la voix de l'ancien ministre et directeur François de Neufchâteau, celui-ci rappelant que la chambre haute a donné l'impulsion en la matière. Le « débat » ne vaut que par le discours hostile de Grégoire dont le vote négatif rejoint celui de deux brumairiens d'envergure, Volney et Sieyès, tandis que deux des plus illustres idéologues, Cabanis et Choiseul-Praslin, choisissent de s'abstenir. Ainsi, une poignée d'irréductibles a encore le courage de défendre la République, le reste court après les honneurs et justifie son apostasie au nom de la nécessité de barrer la route aux Bourbons et de garantir les biens nationaux. Toutefois, le don n'est pas gratuit. Pour prix de leurs services, les sénateurs multiplient les exigences et susurrent leurs premières doléances. Sous prétexte de fortifier l'Empire naissant, ils réclament plus de pouvoir et de considération, à commencer par l'extension de l'hérédité en leur faveur. Napoléon s'y oppose vertement devant le Conseil d'Etat, prononçant à l'occasion ces paroles prophétiques : « Quelque jour le Sénat profitera de la faiblesse de mes successeurs pour s'emparer du gouvernement. On sait ce que c'est que l'esprit de corps, cet esprit le poussera à augmenter, par tous les moyens, ses pouvoirs. Il détruira, s'il le peut, le

1. On trouvera les textes des orateurs dans le *Recueil des pièces et actes relatifs à l'établissement du gouvernement impérial héréditaire*, imprimé par ordre du Sénat en 1804 et dont la Fondation Napoléon a donné une nouvelle édition scientifique. Tous insistent sur la filiation entre la Révolution et le nouvel Empire, conservatoire de ses acquis et préservatoire de ses intérêts, contre une hypothétique restauration des Bourbons qualifiée par l'obscur Carret de « race déshonorée au-dedans et méprisée au-dehors ». L'« hérédité nationale » (Jaubert) permet d'accomplir « le pacte solennel demandé et promis en 1789. Et c'est ainsi que la révolution doit rentrer dans sa carrière, terminer sa course, et remplir son objet » (Duveyrier).

corps législatif, et si l'occasion s'en présente, il pactisera avec les Bourbons aux dépens des libertés de la nation. »

Le 18 mai 1804, un nouveau sénatus-consulte ratifie la métamorphose en confiant le destin de la République à un empereur. Comme en 1802, un nettoyage constitutionnel en 142 articles renforce encore les pouvoirs du souverain, notamment sur le Sénat dont il nomme dorénavant seul les membres et en nombre illimité. Pour complaire aux vœux discrets émis par les chambres en faveur d'un plus grand libéralisme, Napoléon désormais Ier, ex-Premier consul, consent à créer deux commissions sur la liberté de la presse et la liberté individuelle qui ne joueront aucun rôle significatif. Dans le même ordre d'idées, le Corps législatif, éperdu de reconnaissance, retrouve le droit à la parole, avec d'autant plus de facilité qu'il ne sera presque plus jamais convoqué et qu'il délibérera en comité secret. En revanche, le Tribunat voit ses dernières marges de manœuvre anéanties puisqu'il perd le droit d'élire son président et de discuter les lois en séance plénière.

Le même jour, le bureau du Sénat se rend à Saint-Cloud en grandes pompes complimenter le nouveau souverain. Cambacérès l'y appelle « Sire » pour la première fois, enterrant du même coup son propre Consulat qui lui avait pourtant été déféré à vie deux ans plus tôt. Le régicide entonne l'éloge de la monarchie avec l'emphase qui sied aux circonstances. « J'accepte le titre que vous croyez utile à la gloire de la nation, lui répond Napoléon. Je soumets à la sanction du peuple la loi d'hérédité. J'espère que la France ne se repentira jamais des honneurs dont elle environnera ma famille. Dans tous les cas, mon esprit ne serait plus avec ma postérité, le jour où elle cesserait de mériter l'amour et la confiance de la grande nation. » Phrases cruellement prémonitoires quand on connaît la suite de l'aventure. Le sang-froid dont Napoléon fait montre durant la cérémonie impressionne les contemporains : « Il paraissait le moins gêné de tous », résume Miot de Mélito qui dépeint l'embarras des assistants commençant leurs phrases par l'ancien « citoyen Premier consul » avant de tenter de rattraper la gaffe en braillant le « Sire » ou « Votre Majesté » désormais en vigueur. Toujours aux avant-postes, le valet de chambre Constant dépeint une journée heureuse : « Tout le monde était ivre de joie dans le château, chacun se faisait l'effet d'être monté subitement en grade, précise-t-il dans ses Mémoires. On s'embrassait, on se complimentait, on se faisait mutuellement part de ses espérances et de ses plans pour l'avenir ; il n'y avait si mince subalterne qui ne fût saisi d'ambition : en un mot l'antichambre, sauf la différence des personnages, offrait la répétition exacte de ce qui se passait dans le salon. »

Et pourtant, cet enthousiasme de façade le dispute chez beaucoup à l'amertume ou à l'indignation. Commentant la cérémonie, le général MacDonald, réputé républicain et proche de Moreau, écrit ainsi au frère rebelle : « Qu'avez-vous fait Lucien, ou plutôt qu'avons-nous laissé faire ? », avant de prédire la reprise de la guerre qui mènera « à la perte de nos libertés politiques et peut-être individuelles achetées si chèrement ». Décidément bon prophète, le futur maréchal, déplorant le caractère du maître, redoute son intoxication par le « flux et reflux des courtisans avides des faveurs nouvelles d'un nouveau pouvoir absolu ». Avant de conclure : « C'en est donc fait ; nous n'avons plus, au lieu de chamarrer nos uniformes, qu'à porter le deuil de nos libertés. » Le député Biot, écrivant au même Lucien, précise qu'une partie des « républicains purs » ont échangé « de biens singuliers regards », oscillant du rire aux larmes.

Le titre d'empereur, en lieu et place de celui de roi, vise avant tout à établir le caractère original du nouveau régime, enfant naturel de Rome et de Charlemagne plutôt qu'héritier des Capétiens. Rome antique à laquelle on emprunte l'aigle comme emblème [1] et ce titre d'imperator, soulignant la puis-

1. « C'est pourtant l'aigle au repos, d'origine romaine, que retient Napoléon pour la herpe des drapeaux ; et c'est l'aigle aux ailes déployées, de tradition carolingienne, qui ornera le sceau », précise Jean Tulard dans sa préface au *Procès-Verbal du Sacre*. Au rapace s'ajoute l'abeille mérovingienne, préconisée par Cambacérès, qui symbolise la patiente reconstruction de l'Etat et l'œuvre intérieure accomplie. Dans les discussions préalables, qui ont eu lieu devant le Conseil d'Etat, Napoléon a rejeté le coq car il est « de basse-cour » et « trop faible ».

sance de son détenteur et annonçant de nouvelles conquêtes. Mais Charlemagne n'est pas oublié, conquérant et législateur, père de cet empire d'Occident auquel aspire le maître de la France. La magie du titre doit également faire rêver et oublier la médiocre extraction du parvenu couronné. Encore humain, celui-ci se confie alors souvent à Mme de Rémusat : « Talleyrand voulait que je me fisse roi ; c'était le mot de son dictionnaire. Il se serait cru tout de suite redevenu grand seigneur sous un roi ; mais je ne veux de grands seigneurs que ceux que je ferai ; et puis le titre de roi est usé, il porte avec lui des idées reçues, il ferait de moi une espèce d'héritier ; je ne veux l'être de personne. Celui que je porte est plus grand, il est encore un peu vague, il sert l'imagination. Voici une révolution terminée, et doucement, je m'en vante. Savez-vous pourquoi ? C'est qu'elle n'a déplacé aucun intérêt et qu'elle en éveille beaucoup. » Et le nouveau César d'ajouter ces phrases terribles sur notre peuple : « Il faut toujours tenir vos vanités en haleine à vous autres ; la sévérité du gouvernement républicain vous eût ennuyés à mort. Qu'est-ce qui a fait la Révolution ? C'est la vanité. Qu'est-ce qui la terminera ? Encore la vanité. La liberté est un prétexte. L'égalité, voilà votre marotte, et voilà le peuple content d'avoir pour roi un homme pris dans les rangs des soldats. »

En élevant l'ancien lieutenant famélique au rang suprême, la nouvelle France se couronne par procuration et conserve l'illusion de demeurer maîtresse de son destin. En ce sens, elle légitime une Révolution qui prouve à travers son ascension qu'elle a changé la face du monde en créant une nouvelle société fondée non plus sur la naissance mais sur le mérite. Ambigu de bout en bout, l'Empire demeure d'ailleurs une république comme l'attestent les premiers en-têtes officiels : « République française. Napoléon Ier empereur. » Pour beaucoup, la véritable rupture est intervenue avec le Consulat à vie et la possibilité pour le chef de l'Etat de choisir son successeur. Seule une minorité comprend que la césure fondamentale se joue alors, dans ce passage forcé du pouvoir viager à la naissance d'une dynastie. Contrairement aux apparences, 1804 ne marque pas le prolongement mais plutôt la fin d'un cycle ; donc le prologue d'un nouveau cycle qui n'aura plus la France mais le monde pour cadre. En clair, l'Empire annonce l'impérialisme.

*

L'avènement est paradoxalement salué par une importante baisse de la Bourse, la rente passant de 59 à 52. La chute du baromètre de la confiance prouve que les notables s'inquiètent, le malaise persistant depuis l'arrestation de Moreau. Selon Barante, le sénatus-consulte est accueilli avec morosité tandis qu'une pièce sur Pierre le Grand de Carrion-Nisas, louange à peine déguisée du souverain, doit être retirée de l'affiche au bout de deux jours tant le public la siffle, empêchant même le grand Talma de la jouer. L'assassinat du duc d'Enghien indigne toujours des élites qui, pourtant, n'osent déjà plus protester ouvertement. « Paris ; sauf le Paris encore révolutionnaire fut en deuil », note Norvins, pourtant un inconditionnel de Napoléon avant de préciser : « Chacun disait "Bonaparte a flétri sa vie."[1] »

Il a ruiné cette confiance patiemment conquise... par sa modération : « La tragédie européenne amorcée en 1793 se noua en 1804 », écrit Marc Fumaroli dans sa préface à la *Vie de Napoléon* par Chateaubriand, avant d'ajouter : « Le centaure Napoléon vient du monde héroïque par le génie ; mais par le cynisme qui l'allie à Fouché, il participe du monde moderne, il le prépare. »

Le complot de 1804 lui a confirmé la précarité de son pouvoir, sujet à la rivalité des autres généraux, à la pusillanimité des élites et à la volatilité du peuple. La dégradation

1. Norvins fut le premier historien d'envergure de Napoléon. Cette tonalité indignée se retrouve naturellement chez un libéral comme Barante : « On vivait depuis quatre ans sous un régime raisonnable, régulier, despotique peut-être, mais dont l'honneur était d'avoir repoussé les exemples de la révolution. Le prestige s'évanouissait soudainement. Quelle illusion on s'était faite sur le Premier consul ! De quoi était-il capable ? Qu'allait-on devenir, si avec son immense puissance, il entrait dans les voies de la cruauté ? On se figurait la guillotine relevée et le sang répandu à flots. »

de l'esprit public renforce son mépris pour Paris, éternelle capitale de la fronde, des sarcasmes et de la frivolité. Ulcéré par sa bouderie, il envisage même de la dégrader au rang de métropole régionale pour s'installer à Lyon, jugeant la capitale des Gaules plus centrale et surtout plus fidèle. Le charme est rompu. Il a perdu dans l'affaire bien des partisans sur sa droite comme sur sa gauche. Comme Chaptal ou Roederer, Miot de Mélito commence à se détacher de lui : « Tant de sang versé, tant de fortunes détruites, de sacrifices... n'avaient abouti qu'à nous faire changer de maître, qu'à substituer une famille inconnue il y a dix ans, et qui, au moment où commença la révolution était à peine française, à la famille qui régnait depuis huit siècles sur la France », écrit-il dans ses Mémoires. Rouget de Lisle, le célèbre auteur de *la Marseillaise*, lui adresse une note touchante et prémonitoire : « Bonaparte ! Vous vous perdez et ce qu'il y a de pire, vous perdez la France avec vous [...]. Quels que soient vos projets, ils vous traînent à une catastrophe d'autant plus terrible qu'elle sera méritée. » Une anagramme circule alors : « Napoléon empereur des Français. Ce fol empire ne durera pas un an. »

Révulsé par l'exécution du duc d'Enghien, Chateaubriand démissionne du corps diplomatique et rejoint dans l'opposition Benjamin Constant et Mme de Staël. La république des lettres, hormis les folliculaires de circonstance et autres poètes de pacotille avides de pension, se tait, faute de pouvoir critiquer : « J'ai pour moi la petite littérature, et contre moi la grande » déplore l'auteur du *Souper de Beaucaire*. Ce divorce avec l'Empereur de la littérature s'avère d'autant plus regrettable que Napoléon et Chateaubriand partagent beaucoup : mêmes origines aristocratiques, éducation philosophique, refus des contingences, traumatisme de la Terreur, génie visionnaire, orgueil incommensurable. Flambeau du « parti clérical », qui était aussi celui de l'hérédité puisqu'il groupait Fontanes et Lucien Bonaparte, l'auteur d'*Atala* personnifiait le ralliement des royalistes, acté par l'amnistie et la nouvelle alliance de l'Etat et de l'Autel[1]. René aurait pu être le Bossuet d'un Empire qui n'aura pas davantage de Corneille ou de La Fontaine tant la censure et la stérilisation de la pensée ont tué toute transcendance et liberté de juger. L'Empereur a beau ironiser — « Mon embarras n'est point d'acheter M. de Chateaubriand, mais de le payer ce qu'il s'estime[2] » —, il ne lui reste qu'à vitupérer : « Nous n'avons pas de littérature, c'est la faute du ministère de l'Intérieur. »

Autre conséquence néfaste, l'assassinat l'a brouillé avec la Russie, la seule puissance à avoir fait montre de son indignation en prenant le deuil et en exigeant crânement des explications. Mandaté par son maître qui juge l'ingérence scandaleuse, Talleyrand adresse une réponse cinglante d'ironie quand on sait le rôle trouble joué par le tsar Alexandre Ier lors de l'assassinat de son père : « On se demandera si lorsque l'Angleterre méditait l'assassinat de Paul Ier, on eût connaissance que les auteurs de ce complot se trouvaient à une lieue des frontières, on n'eût pas été empressés de les faire saisir. » Le tsar blêmit devant l'insulte et entame les conversations tous azimuts qui aboutiront sous peu à la formation d'une nouvelle coalition. Quant aux autres cours, comme la Prusse et l'Autriche, elles gardent un silence gêné mais n'en pensent pas moins. Toutes perçoivent la naissance de l'Empire comme une menace et redoutent la dérive conquérante du maître de la France.

Louis XVIII, qui a renvoyé sa Toison d'or au roi d'Espagne, alors notre allié, fulmine une proclamation à la nou-

1. René avait dédicacé au Premier consul la deuxième édition du *Génie* en ces termes : « On ne peut s'empêcher de reconnaître, dans vos destinées, la main de cette Providence qui vous avait marqué de loin pour l'accomplissement de ses desseins prodigieux. Les peuples vous regardent. La France, agrandie par vos victoires, a placé en vous ses espérances. »

2. « Chateaubriand fait de l'opposition parce que je ne veux pas l'employer. [...] Il s'est offert vingt fois à moi ; mais comme c'était pour me faire plier à son imagination, qui toujours le conduit à faux, et non pour m'obéir, je me suis refusé à ses services, c'est-à-dire à le servir. »

velle de l'établissement de l'Empire [1]. Pour la première fois, le prétendant s'y montre conciliant, annonce d'une révolution culturelle qui mettra plus de dix ans à porter ses fruits [2]. Dans l'immédiat, elle ne rencontre aucun écho, pas plus que les dizaines de pamphlets et chansons hostiles qui circulent sous le manteau. L'une d'entre elles est d'autant plus intéressante qu'elle démontre bien la connexion nouvelle entre les deux extrêmes opposants, les royalistes tendant la main aux républicains pour abattre celui qu'on commence à appeler « l'usurpateur » :

L'indivisible citoyenne
Qui ne devait jamais périr
N'a pu supporter sans mourir
L'opération césarienne.
Grands-Parents de la République
Grands raisonneurs de politique
Dont je partage la douleur
Venez assister en famille
Au grand convoi de votre fille
Morte en couches d'un Empereur.

Autre production typique de l'époque, le pamphlet connaît une nouvelle jeunesse. Maîtres dans ce genre qu'ils pratiquent en orfèvre depuis la Fronde, les « aristocrates » surpassent la pesante armada officielle par la vigueur de leurs traits et leur sens des formules assassines. Un certain abbé Coulon publie de Londres un *Discours sur le couronnement de Buonaparte* qui contient déjà tous les ingrédients de la légende noire : « parjure, apostat, homicide, distributeur de rapines », l'usur-

1. Il s'agit de la proclamation dite de Kalmar, datée du 2 décembre 1804. Elle s'inscrit dans la continuité de la lettre de protestation adressée aux souverains le 6 juin précédent : « Monsieur mon frère et cousin, en prenant le titre d'empereur, en voulant le rendre héréditaire dans sa famille, Buonaparte vient de mettre le dernier sceau à son usurpation. Ce dernier acte d'une révolution où tout, dès l'origine, a été nul, et dont les trônes sont tous ébranlés, par les principes dangereux que le Sénat de Paris vient de mettre en avant, ne peut sans doute infirmer nos droits. Mais, comptable de ma conduite à tous les souverains dont les droits ne sont pas moins lésés que les miens, à la France, à ma famille, à mon propre honneur, je croirais trahir la cause commune en gardant le silence en cette occasion. »

2. Le prétendant s'engage notamment à abolir la conscription et à réduire les impôts. Par ailleurs, il promet une large amnistie et garantit pour l'essentiel le Code civil et le maintien des réformes consulaires. Enfin il rend hommage à l'armée.

pateur, « né dans la poussière et la misère », de surcroît « sorti d'une nation dont les anciens Romains ne voulaient pas même tirer leurs esclaves », fonde sur la violence et le crime une tyrannie militaire qui ajoute à sa souillure fondatrice « tous les excès du luxe et de la débauche ». Mais son règne n'est qu'éphémère, tout comme celui de la cohorte de parvenus qui l'accompagne. Le roi reviendra, « l'ordre sera rétabli ; et la confusion ne laissera plus que le souvenir de ses horreurs et l'horreur de son souvenir ». L'auteur conclut par l'apologétique de ce paradis blanc qui succédera à l'apocalypse impériale comme « le soleil vient dissiper l'orage ». Sécurité et confiance renaîtront « sous les rayons bienfaisants de votre majesté, ramenant avec elles la douce jouissance du calme et de la concorde que la sagesse de nos lois laissait aux esprits ; de toute part on s'écriera avec les sentiments d'une sincère et mutuelle félicitation : que le ciel qui l'a rendu à nos vœux, ce digne fils de nos rois, le conserve pour notre bonheur ! »

*

Le procès de la conspiration intervient juste après la proclamation de l'Empire dans ce climat troublé. Quarante-sept accusés, dont Moreau et Cadoudal, comparaissent du 25 mai au 9 juin. La bravoure crâne du chef chouan impressionne d'entrée l'auditoire. Le président Thuriot, ancien régicide, l'interpellant sur le portrait de Louis XVI qu'il gardait en sa possession, Cadoudal lui répond du tac au tac : « Et toi, Tue-Roi, qu'est-ce que tu as fait de l'original ? » Assumant ses responsabilités, le géant de la Vendée est naturellement condamné à mort. Il refuse la grâce que lui propose discrètement le nouvel empereur sous réserve qu'il en fasse la demande : « Ce bougre-là voudrait m'avilir », dit-il pour tout commentaire. Le 12 juin, il monte sur l'échafaud, partageant son sort avec une dizaine de complices. Fier jusqu'au bout, il exige d'être guillotiné le premier : « Et maintenant, dit-il à ses compagnons avant de quitter la Conciergerie, il s'agit de montrer aux Parisiens comment meurent des chrétiens, des royalistes et des Bretons. »

Quoique couvert par les conjurés royalistes et rassuré par la mort de Pichegru, Moreau apparaît après le duc d'Enghien comme la victime annoncée de la vendetta impériale. Conforté par l'absence de preuves de l'accusation, le vainqueur d'Hohenlinden incarne pour tous les opposants l'idéal républicain sacrifié sur l'autel de l'Empire. « Il y eut, rapporte Bourrienne, une séance dont l'effet électrique fut prodigieux. » Le général Lccourbc, vicil ami dc Morcau, cntrc dans la sallc d'audiences portant un enfant. « Il le prend, l'élève dans ses bras, et s'écrie d'une voix forte mais émue : soldats, voilà le fils de votre général ! A ce moment imprévu, tout ce qu'il y avait de militaires dans la salle se leva spontanément et lui présenta les armes, et en même temps, un murmure flatteur parcourt tout l'auditoire. Certes, si en ce moment Moreau eût dit un mot, l'explosion était telle en sa faveur que le tribunal s'en allait être renversé et les prisonniers libres. » Or « Moreau garda le silence et seul parut ne pas prendre part à ce mouvement ». L'alerte n'en a pas moins été chaude. Comme le résume Desmarets, chef de la police secrète : « Le procès devient plus menaçant que la conjuration. » « Je n'ai jamais vu, confirme Roederer, de dispositions plus sinistres pour le gouvernement ; j'ai suivi tous les mouvements, du barreau et du peuple ; l'esprit n'en était pas plus farouche. »

Ecartelé entre les objurgations répressives de l'Empereur[1] et l'absence de preuve, le tribunal opte pour une solution médiane en condamnant finalement Moreau à deux ans de prison, « comme un voleur de mouchoirs », s'indigne Napoléon. Après avoir envisagé de casser le jugement et faire exécuter le général, il décide finalement de jouer la carte de l'indulgence et le bannit le 24 juin[2] : « Que voulez-vous que

1. Un premier vote concluant à l'acquittement est rejeté sur ordre... obligeant à une seconde délibération !

2. Moreau s'exile immédiatement aux Etats-Unis. Il les quitte en 1813 pour servir le tsar, et trouver la mort après avoir été frappé par un boulet... français durant la bataille de Dresde.

j'en fasse ?, dit-il à ses confidents. Le garder ? ce serait encore un point de ralliement. Qu'il vende ses biens et quitte la France ! Que ferais-je de lui au Temple ? J'en ai assez de lui. » De même, il prononce la grâce de plusieurs condamnés à mort issus de la haute noblesse royaliste, à commencer par les frères Polignac et Rivière, proches du comte d'Artois. Maintenant en position de force, il pratique la clémence d'Auguste. Il tue ainsi dans l'œuf les rumeurs naissantes sur sa folie néronienne et paraît renouer avec la pacification consulaire. La fièvre populaire retombe d'ailleurs aussitôt.

Les sacres

Tout au long de cette incroyable année 1804, Napoléon s'efforce de façon désespérée de croiser les légitimités pour mieux conjurer la fragilité de son nouvel édifice. Bonaparte devenu Napoléon fait feu de tout bois. Il châtie les complots, frappe sur sa gauche et sa droite, se fait appeler par les notables, en appelle au peuple.

Prolongement naturel du sacre parlementaire, le rituel plébiscitaire marque un infléchissement certain par rapport à celui de 1802. « Réduite à mettre au monde un être qu'elle n'avait pas conçu » selon l'expression du général Thiébault, la France réelle peine à se rendre aux urnes. Manipulations diverses et gonflement massif des votes de l'armée permettent seuls d'atteindre à nouveau trois millions et demi de *oui*[1].

1. « Quand Portalis lui déclara le 18 octobre qu'il y avait 2 959 891 voix pour l'hérédité et seulement 2 567 contre, auxquelles s'ajoutaient 120 302 voix dans l'armée et 16 224 dans la flotte [...], Napoléon biffa carrément les deux derniers nombres qu'il remplaça respectivement par 400 000 et 50 000 et indiqua comme résultat final 3 400 000 votants », rapporte l'historien F. Kircheisen dans sa biographie de Napoléon. Le bilan définitif est établi par Thierry Lentz dans sa *Nouvelle Histoire du Consulat et de l'Empire* : « 3 524 254 oui contre seulement 2 579 non. La participation dépassait les 40 %. Autant dire que le plébiscite était officiellement un succès, même si le oui avait perdu 80 000 partisans depuis l'an X et si la participation avait reculé de 5 à 6 %. » Toutes manipulations déduites, « on doit réduire le chiffre des oui à moins de trois millions de votants. »

« Je n'ai détrôné personne Monsieur, disait Napoléon à Ségur ; j'ai trouvé, j'ai relevé la couronne dans le ruisseau et le peuple l'a mis sur ma tête : qu'on respecte ses actes. » Au défunt droit divin, il substitue la souveraineté du peuple comme fondatrice d'une légitimité héréditaire. Alchimie inédite mais contradictoire. Si la *vox populi* est bien la *vox dei*, rien ne lui interdit de renverser ce qu'elle a élu. L'Empire passe en force mais l'Empereur se sait dépendant de la volatilité de l'opinion. Au point que l'on peut se demander si Napoléon, en rétablissant la royauté, ne va pas à contre-courant de l'histoire. Sa soif d'éternité jure avec l'esprit du temps, caractérisé par le rejet de l'hérédité, la passion de l'égalité, l'émergence de l'individualisme, le refus des contingences et le dégoût de la guerre ; autant de sentiments antinomiques avec l'édification d'un Empire autoritaire qui soumet l'individu à l'Etat, répudie l'égalité au profit des nouveaux notables, muselle la liberté d'expression par la conjonction d'une police active et d'une presse aux ordres. Pour l'instant, la fracture n'apparaît pas car Napoléon a gouverné dans le sens de l'opinion et demeure extrêmement populaire. Il n'en est pas moins menacé à brève échéance, sachant qu'il a réalisé ses promesses et accompli sa mission ; perdant sa raison d'être par l'ampleur même de ses succès, sommé de trouver un nouvel élan sous peine de décliner par la coalition de l'ennui et du conservatisme qui menace tout pouvoir installé. Dans l'immédiat et à l'instar de Brumaire, il sort de la crise plus faible qu'à son commencement.

A défaut d'une solidarité de cœur, Napoléon se rabat sur une servilité de cour, exclusivement assise sur l'intérêt. Les honneurs pleuvent pour mieux acheter les âmes et les consciences : désignation de six grands dignitaires ; des grands officiers militaires et civils [1], mais aussi octroi de séna-

1. Les six premiers grands dignitaires sont Joseph (grand électeur), Cambacérès (archichancelier), Lebrun (architrésorier), Eugène (archichancelier d'Etat), Louis (grand connétable) et Murat (grand amiral). S'y ajoutent les grands officiers militaires

toreries, titres et gratifications en tout genre. L'ensemble des élites — politiques, civiles et militaires — doit être intéressé dans la partie qui se joue, non seulement les fidèles qu'il veut récompenser mais aussi les opposants qu'il faut promouvoir pour les rendre solidaires du régime. Institué en mai, le maréchalat récompense bien sûr les amis et les fidèles — Murat, Lannes, Berthier — mais n'oublie pas ces « Spartiates de l'armée du Rhin » (Ségur) qui s'affichent républicains, demeurent proches de Moreau et dont il s'agit de payer le silence comme Augereau, Ney ou Bernadotte. Couronnement du mérite, la nouvelle institution militaire demeure fidèle à l'esprit consulaire mais instaure un ferment de vanité, ver rongeur manifeste dans les prérogatives honorifiques qui l'accompagnent : le bâton étoilé, le titre de monseigneur, la place élevée dans la nouvelle hiérarchie régie par la fraîche étiquette actée par un décret sur les honneurs et préséances.

Le sacre militaire, pendant du sacre civil, en appelle lui aussi aux notabilités et aux ilotes, aux officiers supérieurs et aux soldats. Rassemblés pour l'occasion, ils reçoivent la Légion d'honneur lors d'une somptueuse cérémonie orchestrée au camp de Boulogne le 16 août 1804 au nez et à la barbe de la flotte anglaise [1]. La grande parade réunit une centaine de milliers d'hommes déployés en éventail autour du trône, adossé à la Manche. Puisées dans le casque de Du Guesclin et le bouclier de Bayard, les décorations récompensent les plus grands comme les plus simples, établissent l'égalité dans la bravoure, rendent hommage à l'ancienne chevalerie dont il entend ressusciter l'esprit au profit du nouvel Empire. L'héroïque cohabite ainsi avec le politique comme l'Aigle menaçant avec la pacifique abeille.

(maréchaux, inspecteurs et colonels-généraux) et civils : Talleyrand (grand chambellan), Caulaincourt (grand écuyer), Ségur (grand maître des cérémonies), Fesch (grand aumônier), Duroc (grand maréchal du palais) et Berthier (grand veneur).

1. Une première cérémonie a eu lieu le 15 juillet 1804 aux Invalides.

Bonaparte ne se satisfait pas de ce bric-à-brac, de cet enchevêtrement de cérémonies et d'adresses qui scandent le printemps et l'été. Le doute transparaît dans son recours permanent à la justification, publique ou privée : « Avant la révolution, l'autorité était tombée en quenouille, nous avions un roi imbécile, il a été pendu, on a chassé sa famille. Nous relevons le trône et nous fondons l'Empire. J'ai une force et des avantages que mes successeurs ne pourront conserver. Il faut que j'en profite pour établir un bon gouvernement, un bon système d'administration. » A l'exception de l'armée, dont il enregistre l'adhésion massive avec enthousiasme, il ressent le caractère factice de sa « monarchie de huit jours », comme il la qualifie lui-même.

Il lui faut quelque chose de plus grand, de plus fort, de plus inouï qui le délivrera du poids de l'assassinat du duc d'Enghien, comme Marengo, le Concordat ou la paix d'Amiens ont su faire oublier Brumaire. Il se décide alors à franchir le pas. Il ose le sacre, ce mariage religieux avec la France dont le plébiscite a été le préambule civil. Charlemagne ayant été couronné par le pape en 800, soit mille ans auparavant, il veut renouveler le précédent, plus fort que les rois, plus grand même que l'Empereur à la barbe fleurie qui s'était déplacé jusqu'au souverain pontife. Cette fois, c'est le pape qui viendra à lui, soulignant la reconnaissance du chef de l'Eglise pour le restaurateur du culte, inclinant sa puissance spirituelle devant le nouveau maître de la France. Elu du peuple, élu de Dieu, détenteur des deux légitimités, populaire et monarchique, il fusionne la république et la royauté par une nouvelle alchimie surpassant le passé, déjà portée vers la postérité. Mais il entend aussi subjuguer l'Europe comme il le confesse en son Conseil d'Etat, réticent devant la venue du pontife : « Messieurs, leur dit-il, vous délibérez à Paris, aux Tuileries. Supposez que vous délibériez à Londres dans le cabinet britannique, que vous soyez les ministres du roi d'Angleterre et que l'on vous apprenne que le pape passe en ce moment les Alpes pour sacrer l'empereur des Français, regarderiez-vous cela comme une victoire pour l'Angleterre ou pour la

France ? » Napoléon est donc poussé au sacre par sa quête de légitimité. Plutôt que d'avouer sa faiblesse, il tente de forcer le destin en fondant — après les Mérovingiens, les Carolingiens et les Capétiens — cette quatrième dynastie annoncée par Brumaire, consacrée le 2 décembre 1804 par le successeur de saint Pierre.

Chaque acte de la cérémonie est l'objet d'une âpre négociation avec le pape. Le temps proprement religieux (le sacre) sera suivi d'un couronnement comprenant un serment de fidélité à la Révolution. Toute la journée conjugue rite, mythe et représentation, mariant histoire et magie des souvenirs avec l'esprit du temps. Le rôle du souverain pontife a été limité autant que faire se peut. Le 22 novembre, Pie VII arrive à Fontainebleau où Napoléon vient ingénument à sa rencontre pour le conduire dans sa voiture jusqu'à la capitale. Accouru « comme un aumônier que son maître appelle pour dire la messe », il accepte *in fine* de procéder à une bénédiction plus qu'à un véritable sacre[1].

Tout est en effet calculé, pesé, pour éviter d'affaiblir Napoléon devant le chef de l'Eglise. Le pape accepte ainsi d'abandonner le pontifical romain, qui assurait la soumission du roi au représentant de Dieu, au profit d'un cérémonial spécial concocté par Portalis et l'omniprésent Cambacérès. Ce dernier prévoit par exemple deux onctions, sur la tête et les mains, au lieu des neuf traditionnellement pratiquées sur l'élu prosterné au sol[2]. Napoléon, lui, ne se prosterne pas. Tout au plus consent-il à s'agenouiller pour recevoir la bénédiction. Mais il ne communiera pas, ce qui ôte, comme le note justement Frédéric Masson, toute valeur religieuse à la cérémonie et donc invalide le sacre pour un catholique. Enfin, geste specta-

1. L'expression est due au cardinal Consalvi. Le pape essaye en vain de négocier le retrait des articles organiques, d'inspiration gallicane et qui reconnaissent le principe « sacrilège » de la liberté des cultes. Mais l'Empereur se montre inflexible.

2. De nombreuses autres modifications sont recensées par Frédéric Masson dans son ouvrage de référence sur le sacre : « Après le serment, l'oraison que prononce le pape sera tirée du pontifical ; mais les termes essentiels en seront modifiés. Le pontifical porte *Eligimus* (que nous avons choisi ou élu) ; on y substitue *In Imperatorem consecraturi sumus* (que nous allons consacrer comme Empereur). »

culaire entre tous, Napoléon se couronnera lui-même avant de sacrer l'impératrice. « Ainsi, récapitule le même historien, les jours qui précédèrent le sacre furent marqués par une petite guerre protocolaire avec pour résultat de soumettre la légitimité pontificale à la volonté impériale. » Indigné, Joseph de Maistre s'élève avec vigueur contre ce « pape régicide » : « Les forfaits d'un Alexandre Borgia sont moins révoltants que cette hideuse apostasie de son faible successeur », écrit-il. A l'autre bout de l'échiquier politique, Stendhal dénonce dans son journal intime « cette alliance si évidente de tous les charlatans, la religion venant sacrer la tyrannie et tout cela au nom du bonheur des hommes ».

Pie VII obtient seulement satisfaction sur deux points : Talleyrand, nouveau grand chambellan mais toujours évêque apostat pour le pape, n'essuiera pas les onctions apposées avec le saint chrême comme le cérémonial le prévoyait. Surtout, et l'élément aura son importance pour la suite, Napoléon doit épouser religieusement Joséphine, ce qu'il s'est abstenu de faire jusqu'alors. Manœuvrant avec astuce, la belle Créole s'en était ouverte au pape qui refuse naturellement d'officier dans ces conditions et impose le mariage devant Dieu. Il est célébré en catimini la veille du grand jour.

Le dernier débat porte sur le lieu de la cérémonie. En dépit de sa détestation pour les Parisiens, Napoléon finit par se résoudre à se faire sacrer dans sa capitale. Reims aurait passé pour un plagiat de la royauté ; Lyon, un temps envisagé, comme une parodie. Car Paris a fait la Révolution, domine la France et concentre tous les pouvoirs, l'Aigle n'a en réalité pas le choix. En revanche, il se montre intransigeant sur l'emplacement. Plusieurs de ses conseillers prônent le Champ-de-Mars car il a été le cadre de la fête de la Fédération et sied bien, ne serait-ce que par son nom, au caractère militaire du nouveau régime. Or c'est justement cette filiation que Napoléon veut faire oublier comme il l'explique devant son entourage : « On a songé au Champ-de-Mars par réminiscence de la Fédération mais les temps sont bien changés : le peuple alors était souverain, tout devait se faire devant lui : gardons-nous de lui donner à penser qu'il en est toujours ainsi. Le peuple aujourd'hui est représenté par les pouvoirs légaux. Je ne saurais voir d'ailleurs le peuple de Paris, encore moins le peuple français, dans vingt ou trente mille poissardes, ou autres gens de cette espèce qui envahiraient le Champ-de-Mars : je n'y vois que la populace, ignare et corrompue d'une grande ville. Le véritable peuple en France, ce sont les présidents de canton et les présidents de collèges électoraux ; c'est l'armée dans les rangs de laquelle sont des soldats de toutes les communes de France. »

Pas question donc d'une cérémonie populaire. Le peuple sera spectateur et non acteur du couronnement qui aura pour cadre l'édifice religieux le plus prestigieux de la capitale — Notre-Dame — et rassemblera les seuls notables dont l'emplacement et le rôle seront déterminés par le protocole spécialement concocté pour l'occasion par Ségur, le nouveau grand maître des cérémonies.

*

Paris, dimanche 2 décembre 1804, 11 frimaire an XIII de l'ancien calendrier révolutionnaire encore en vigueur. A neuf heures du matin, le cortège du pape s'ébranle et quitte le Carrousel. Après avoir revêtu ses ornements à l'archevêché, Pie VII pénètre à Notre-Dame au son du *Tu es Petrus* de Lesueur vers dix heures et demie. L'homme en blanc y attend l'Empereur pendant près de deux heures, recueilli « dans l'attitude d'un pontife qui médite profondément sur les choses du ciel et pour le bonheur de la terre » [1]. De son côté, le maître de la France a quitté les Tuileries à dix heures pour offrir aux 500 000 Parisiens, présents en dépit du froid très vif, le spectacle de sa puissance.

Huit escadrons de carabiniers et de cuirassiers en grand uniforme ouvrent la marche, suivis du régiment des chasseurs à cheval de la garde et du déjà légendaire escadron de mame-

1. *Journal des débats*, 3 décembre 1804.

louks. Suit une série de voitures à six chevaux, « toutes d'or glacé de vert et de rose ». Elles transportent les grands dignitaires, ministres et princesses. Vient enfin le carrosse impérial dessiné par l'architecte Fontaine. « C'est un monde qui roule, écrit Frédéric Masson ; le corps de la voiture, tout doré, est décoré de frises à médaillons représentant les départements de l'Empire que lie un chaînon de palmettes ; sur les portières, les grandes armoiries. Quatre figures allégoriques soutiennent le ciel, qui est tendu de velours vert brodé de branches d'olivier et de laurier, et cerné par une guirlande de lauriers en bronze doré arrêtée par des aigles d'or. L'intérieur est tendu de velours blanc brodé en or ; sur le plafond, foudre ailé, entouré d'une double couronne d'oliviers et de lauriers ; au fond et devant, branches de lauriers autour d'un N couronné ; au bas des portières, sous les glaces, guirlandes de chêne, enfermant une couronne de seize étoiles, avec au centre l'étoile de la légion teintée de la lettre N. Partout, lauriers et semis d'abeilles, et les grandes armoiries ciselées et dorées au mont... » Autour de l'écrin volent des nuées de pages et d'aides de camp. Une nouvelle série de voitures, escortées par les grenadiers, gendarmes d'élites de Savary et cuirassiers à cheval, ferme la marche fantastique.

Il faut trois quarts d'heure à l'Empereur et à l'impératrice pour se changer à l'archevêché. Napoléon délaisse sa « petite tenue » du matin pour revêtir son « grand costume » de cérémonie : manteau de velours pourpre doublé d'hermine et parsemé d'abeilles d'or, écharpe de satin blanc « brodée et garnie de torsades en or », robe de satin blanc brodée d'or, cravate et col de chemise en dentelle, couronne de lauriers, cothurnes de soie elles aussi brodées d'or. A ses côtés l'épée sertie du Régent, le plus gros diamant du monde. A son cou le grand collier de la Légion d'honneur. Napoléon, qui déteste l'apparat, croule sous les broderies, mal à l'aise. Encore lucide, il craint à juste titre ce ridicule qui côtoie à tout moment le sublime dans cette journée pas comme les autres. A cet instant, il semble à mi-chemin entre César et un acteur de boulevard : « Quand vous m'emmailloterez dans tous ces habits-là, j'aurai l'air d'un magot, a-t-il dit à son entourage. Avec vos habits impériaux vous n'en imposerez pas au peuple de Paris qui va à l'Opéra où il en voit de plus beaux à Laïs à Chéron qu'ils portent mieux que moi. » L'accumulation des honneurs, placés dans les mains des maréchaux, frise le trop-plein. Rome, Clovis, Charlemagne, les Bourbons : toutes ces références et ces emprunts contiennent trop d'or et trop d'emblèmes, comme si Napoléon tentait d'étouffer la fragilité de sa situation par la surcharge des symboles. Le globe du Saint Empire tenu par Berthier[1], le sceptre de Charlemagne[2], la couronne de laurier copiée sur César, le saint chrême des Bourbons. Trop de légitimité n'étouffe-t-elle pas une légitimité si jeune, qui n'a pas besoin de tant d'apparat puisqu'elle est assise sur la gloire et la pacification[3] ?

Heureusement, l'acteur principal se révèle à la hauteur de l'enjeu et sauve la journée par la qualité de sa prestation. Depuis Marengo, le Bonaparte frêle et maladif au teint cireux du Directoire s'est assagi sans s'alourdir. Les portraits consulaires d'Ingres ou de Gros[4] soulignent la métamorphose que reflète le célèbre tableau de David. Napoléon arbore le visage

1. « Le globe était une nouveauté, car il ne figurait pas dans les insignes des rois de France. Il était destiné à évoquer le sacre des empereurs du Saint Empire qui utilisaient cet objet depuis le XIIe siècle », précise Thierry Lentz.

2. Le sceptre est tenu par Pérignon, Kellermann portant la couronne et Lefebvre l'épée. A ces honneurs de Charlemagne s'ajoutent les « honneurs de l'Empereur » : Eugène de Beauharnais tient l'anneau, Berthier le globe et Bernadotte le collier. Napoléon porte le sceptre et la main de Justice qu'il remet entre les mains respectives de Lebrun et Cambacérès au début de la cérémonie. Talleyrand porte quant à lui la corbeille destinée à recevoir le manteau de l'Empereur, ce dernier soutenu par Joseph, Louis, Cambacérès et Lebrun.

3. A l'unisson de nombreux témoins, le général Boulart juge la cérémonie « gigantesque, mais sans prestige. Sous le masque ou plutôt le déguisement théâtral de chaque personnage, poursuit-il, je voyais toujours l'homme et ses antécédents, je voyais mon semblable ; et Bonaparte, général en chef de l'armée d'Italie, me semblait plus grand que Napoléon se faisant oindre, pour régner en vertu d'un prétendu droit divin ». S'interrogeant sur les raisons de sa froideur, il conclut : « C'est qu'il y a au-dedans de moi un sentiment profond d'aversion et de dégoût pour le mensonge et que tout ce que je voyais était mensonge et hypocrisie. »

4. Dans les deux cas, la pose est similaire : habit rouge, main droite avec les deux doigts posés sur une table surmontée de papiers signifiant le bourreau de travail ; main gauche posée sur l'estomac asseyant la posture de chef d'Etat. Mais là où la main de Gros n'est que posée, celle d'Ingres est pleinement enfoncée afin de conférer une impression d'autorité renforcée par le regard de face.

dominateur et serein quand il pénètre peu avant une heure dans la cathédrale par la galerie de bois, récemment aménagée par l'architecte Fontaine. « Je vois encore, écrira Thiébault, la figure éternellement imposante de cet homme au puissant regard et qui ne semblait plus homme que par la forme. » Tous les invités l'y attendent, offrant un panorama chamarré et luxueux, mis en valeur par la majesté des lieux. La duchesse d'Abrantès, sans doute aidée par la plume de Balzac, se souvient de « ces milliers de plumes flottantes qui ombrageaient le chapeau des sénateurs, des conseillers d'Etat, des tribuns, ces cours de judicature avec leur costume riche et sévère à la fois, et ces uniformes brillants d'or, puis ce clergé dans toute sa pourpre, tandis que dans les travées de l'étage supérieur de la nef et du chœur, des femmes jeunes, belles, étincelantes de pierreries et vêtues en même temps avec cette élégance qui n'appartient qu'à nous, formaient une guirlande ravissante au coup d'œil ». Au son de la musique composée par Lesueur, Paesiello et l'abbé Roze, la cérémonie se déroule à un rythme lent, adapté à la solennité de l'instant [1].

Quand Napoléon s'empare de la couronne et la place majestueusement sur sa tête, l'assistance passe du recueillement protocolaire à l'émotion : « Ce geste, il sut le rendre si noble et si grand que tous les assistants sentirent qu'il appartenait à l'histoire », résume Jacques Bainville avant d'ajouter : « Là encore se manifestait ce système de conciliation des contraires sur lequel avait reposé le Consulat et reposait la nouvelle monarchie. L'élu de la volonté populaire devenait l'élu de

1. On peut en reconstituer les étapes à partir du *Procès-verbal du sacre* : chant du *Veni creator* lors de l'arrivée de l'Empereur, profession de foi sur l'Evangile, oraison papale, récitation des litanies, triple onction, « l'une sur la tête, les autres dans les deux mains », faite par Pie VII sur l'Empereur puis sur l'impératrice, grand-messe, « qui était la messe votive solennelle de la Vierge pendant l'Avent », bénédiction par le pape des armements impériaux suivie de leur remise à Napoléon, autocouronnement de l'Aigle suivi du couronnement de Joséphine, marche au grand trône, *Vivat Imperator in aeternam* repris en chœur par l'assistance, *Te Deum*, oraison finale, offrande, élévation, nouvelle offrande et baiser de paix portée de la part de Pie VII à Napoléon par le grand aumônier, fin de la messe, prestation du serment, proclamation par le chef des hérauts d'armes : « Le très glorieux et très auguste Empereur Napoléon, Empereur des Français, est couronné et intronisé ; Vive l'Empereur ! », acclamation par l'assistance, départ.

Dieu, il appelait à lui les forces spirituelles du catholicisme sans renier celles de la révolution[1]. »

Vient enfin le couronnement de Joséphine. Rajeunie par un maquillage habile, elle irradie dans sa robe de satin blanc, décorée d'abeilles d'or et surmontée d'un majestueux manteau de velours rouge. Amie de longue date, Laure « d'Abracadabrantès » (Dumas) ressuscite l'instant de grâce unissant le couple : « Il jouissait en regardant l'Impératrice s'avancer vers lui et lorsqu'elle s'agenouilla, lorsque les larmes, qu'elle ne pouvait retenir, roulèrent sur ses mains jointes qu'elle élevait bien plus vers lui que vers Dieu, dans ce moment où Napoléon, ou plutôt Bonaparte, était pour elle sa véritable providence, alors il y eut entre ces deux êtres une de ces minutes fugitives, uniques dans toute une vie et qui comblent le vide de bien des années. » Quand Pie VII prononce la formule rituelle, *Vivat Imperator in aeternam*, ce sont des milliers de voix qui s'élèvent en écho pour lui répondre.

Comme convenu, le pape se retire, laissant le champ libre au dernier acte de la cérémonie. Napoléon délaisse le « petit trône » proche de l'autel pour « le grand trône » aménagé près du parvis et surélevé afin d'être vu par tous. Après Dieu, l'Empereur prend à témoin la France[2] devant laquelle il s'engage par serment : « Je jure de maintenir l'intégrité du territoire de la République, de faire respecter les lois du Concordat et de la liberté des cultes ; l'égalité des droits ; la liberté politique et civile ; l'irrévocabilité des ventes de biens nationaux ; de ne lever aucun impôt, de n'établir aucune taxe en vertu de la loi ; de maintenir l'institution de la Légion d'honneur ; de gouverner dans la seule vue de l'intérêt, du bonheur et de la gloire du peuple français. »

Il est quatre heures de l'après-midi quand la cérémonie

1. « Dans ce moment, il [Napoléon] était vraiment beau, précise la duchesse d'Abrantès. Sa physionomie, toujours expressive, avait un feu et un jeu de muscles tout particuliers, à cet instant unique dans sa vie. »

2. La nation est en cet instant « représentée » par les présidents des chambres, soit François de Neufchâteau (Sénat), Fontanes (Corps législatif), Fabre de l'Aude (Tribunat) et Defermon (doyen des présidents de section du Conseil d'Etat).

s'achève par un *Te Deum*. Par un long trajet, passant successivement devant le Palais de Justice, le Châtelet puis empruntant la rue Saint-Denis et la place de la Concorde, le cortège regagne enfin les Tuileries vers six heures et demie du soir [1]. Le *Moniteur* et la presse officielle présentent une foule nombreuse, acclamant le cortège à la lueur des flambeaux. Garant des intérêts de la Révolution et de l'intégrité du territoire, le nouvel empereur juge sans doute accomplie la promesse faite au lendemain de Brumaire : « Citoyens, la Révolution est fixée aux principes qui l'ont commencée : elle est finie. »

*

La postérité n'a pas eu conscience de la faiblesse originelle du nouveau régime. Conquise par le lyrisme du *Mémorial*, la magie des images d'Epinal, les flamboyances de Léon Bloy ou la caméra d'Abel Gance, elle assimile la cérémonie au tableau de David dont la célébrité a fini par occulter les centaines de témoignages écrits laissés sur cette journée sans pareille. L'imaginaire a vampirisé la vérité de l'événement, sanctuarisé par la mémoire collective sous le jour faste et serein qui transparaît dans la toile. Luxe des costumes, douceur du visage de Pie VII, sérénité de celui de Napoléon, voisinent avec l'émotion ressentie à la contemplation de Joséphine agenouillée. Une grande toile ne vaut pas seulement par ce qu'elle représente mais surtout par ce qu'elle suggère. En dehors du trio central, pénétré par la majesté de l'instant,

1. Selon le général Thiébault, le retour « à la lueur de mille flambeaux et au bruit des fanfares et de cris dont l'on ne peut rendre l'expression » fut plus « étourdissant » qu'à l'aller : « J'ai vu depuis ce jour plusieurs cortèges de souverains français, qui firent dans Paris de ces marches triomphales, mais sans triomphe qu'ils pussent invoquer, poursuit-il dans ses Mémoires. Eh bien, je sens encore l'ennui, la fatigue de ces cérémonies et le déplaisir produit par la crainte du parti que pouvait en tirer la critique ennemie, alors que cette marche impériale continue à vivre en moi avec tous ces prestiges. En effet, dans cette circonstance, les proportions colossales de l'homme élevaient tout à lui, tandis que, dans les autres, la petitesse des principaux acteurs ravalait tout à leur niveau. C'étaient des pygmées singeant un géant, piétinant mesquinement une arène où il avait fait voler superbement la poussière, et cherchant vainement dans une légitimité caduque quelque chose de comparable à cette éternelle légitimité du génie et de la gloire, seules et impérissables grandeurs devant lesquelles toutes les autres grandeurs tombent et s'anéantissent. »

l'agrégat des figures forme un ensemble raide et figé. Comme si tous les acteurs se sentaient mal à l'aise et que la cérémonie n'était qu'une mascarade. Cette impression de gêne diffuse se confirme si l'on passe à l'étude de détail. Parmi la galerie des illustres figurants, un visage se détache, celui de Talleyrand qui contemple la scène d'un sourire narquois. Mirant les courtisans avec mépris, il semble aussi rire de lui-même. Sans doute se souvient-il du sacre de Louis XVI en 1775, si différent de celui-ci alors qu'une génération seulement s'est écoulée. Mais cette génération compte pour dix. Entre-temps se sont accomplis la Révolution, la Terreur, Thermidor, le Directoire, le 18 Brumaire et le Consulat ; soit trois types de régime, quatre constitutions, huit coups d'Etat et grandes journées révolutionnaires. Tour à tour évêque, constituant, émigré et ministre, « le diable boiteux » synthétise à lui seul l'extraordinaire des temps et la sinuosité de la plupart des itinéraires [1].

Personne ne connaît mieux que lui ce passé proche dont la démence, la fièvre et la peur hantent encore les mémoires. Terreur et Empire, feu révolutionnaire et immobilité du sacre, le contraste habite alors tous les esprits et nourrit le doute sur la viabilité de l'expérience. Personne ne connaît encore la suite de l'histoire mais tout le monde s'interroge sur les paradoxes et ambiguïtés de cette étrange cérémonie qui prétend terminer la Révolution par la mort de la république.

En dépit des comptes rendus officiels présentant le spectacle de foules enthousiastes, les historiens penchent plutôt pour une assez large indifférence de la nation. Certes, on recense des acclamations mais pas d'adhésion massive et spontanée, sauf chez la garde et la poignée d'idolâtres du Grand Homme. Chez Napoléon, le recours à la propagande de masse joue toujours un rôle compensatoire, sachant qu'elle sert également à fausser le regard d'une postérité qui — travaillant sur les matériaux qu'il a façonnés — aura tendance à

1. Pour mémoire, il assistera à un troisième sacre, celui de Charles X à Reims en 1825, ce après avoir été ministre de Louis XVIII... et avant de terminer sa carrière comme ambassadeur de Louis-Philippe à Londres après les Trois Glorieuses.

prendre pour argent comptant les seules sources qu'il aura bien voulu lui laisser.

Un mois de fêtes ininterrompues — bals populaires, carnaval, feux d'artifice, lâchers de ballons — doivent faire oublier les soubresauts du passé pour offrir une image joyeuse et pacifique, associer l'avènement de l'Empire à une nouvelle ère de bonheur et de prospérité. Comme à Rome, il faut du pain et des jeux, des sons et des lumières, de la joie et des fêtes pour donner le change et nourrir l'illusion. Le 3 décembre, des héraults d'armes distribuent un peu partout des pièces d'or et d'argent tandis que le soir un immense feu d'artifice illumine la Concorde [1].

La remise des aigles, le 5 décembre 1804, complète le sacre et prélude au nouvel âge de la conquête. La dernière grande cérémonie se déroule devant l'Ecole militaire, permettant à Napoléon de mesurer l'ampleur du chemin parcouru en vingt ans : « Ces Aigles d'or étaient des dieux, comme ceux de Rome, des dieux sortis de l'homme et nourris de sang humain ; c'étaient des êtres que chaque soldat animait du souffle de son âme », s'enflamme Albert Sorel. David a encore peint la scène. Napoléon en grand costume de cérémonie pointe la main droite, désignant d'autorité la foule d'officiers et de soldats qui gravissent les marches avec fougue en portant les aigles en triomphe. Entre les deux, les maréchaux chamarrés élèvent leur bâton en signe de joie et de fidélité. Berthier, avec une emphase qui frise le ridicule, porte la main droite sur son cœur dans un geste théâtral, ce qui lui vaut un regard méprisant de Bernadotte.

1. Les spectacles, superbes, s'étalent sur plusieurs jours : « On avait élevé sur la place Louis XV, qui s'appelait alors place de la Concorde, quatre grandes salles carrelées, en charpente et en menuiserie, pour la danse et les valses, témoigne Constant dans ses Mémoires. Des théâtres de pantomime et de farces étaient placés sur les boulevards de distance en distance ; des groupes de chanteurs et de musiciens exécutaient des airs nationaux et des marches guerrières ; des mâts de cocagne, des danseurs de corde, des jeux de toute espèce, arrêtaient les promeneurs à chaque pas, et leur faisaient attendre sans impatience le moment des illuminations et du feu d'artifice. » Le mémorialiste vante ensuite la qualité de ces jeux de lumière : « Depuis la place Louis XV jusqu'à l'extrémité du boulevard Saint-Antoine régnait un double cordon de feux de couleurs en guirlandes. L'ancien Garde-Meuble, le palais du Corps législatif, resplendissaient de lumières ; les portes Saint-Denis et Saint-Martin étaient couvertes de lampions depuis le haut jusqu'en bas. »

La cérémonie, imprégnée de mémoire romaine, souligne bien entendu la prépondérance de l'armée et le caractère militaire de l'Empire. Elle ambitionne à la fois de galvaniser les troupes et d'impressionner l'Europe en lui révélant la puissance de la France armée, unie derrière son chef. Il s'agit enfin d'enterrer le souvenir des divisions récentes, d'oublier Moreau et la république, pour sceller un nouveau pacte qui a la gloire comme ciment et la conquête comme appât. En ce sens, la cérémonie, qui conclut la marche à l'Empire, incarne le passage de témoin entre le temps de la réforme consulaire et l'esprit guerrier qui dominera la décennie à venir. Naturellement occulté par David, le temps calamiteux qui préside au spectacle et le gâche fait pourtant figure de mauvais présage, comme si le ciel déchaînait ses foudres pour faire rentrer sous terre les aigles déployées [1].

Les virus

Ce qui frappe le plus, dans l'établissement de la nouvelle hérédité, est d'abord l'absence d'héritier. Atteignant le cap fatidique de la quarantaine, il est de notoriété publique que Joséphine ne peut plus avoir d'enfants. Drôle de monarchie si l'on considère que le souverain n'est que le cadet, obligé d'inverser l'ordre de succession en plaçant son aîné à sa suite. Drôle de monarchie où le souverain reste pour le moment le seul à bénéficier de l'hérédité, toutes les grandes dignités

1. « La journée la plus désastreuse de tout l'hiver », estime Fontaine, qui précise dans son *Journal* : « Les toiles peintes couvertes de neige fondue ont fait eau de toutes parts. Les sièges de l'Empereur et de l'Impératrice n'ont pu être garantis de la pluie que par des précautions infinies. Les assistants transis de froid, mouillés de l'eau qui pénétrait à travers les toiles ont quitté leurs rangs, et sont allés chercher en désordre des places où ils espéraient trouver des abris. L'armée couverte de boue et trempée de la pluie la plus froide a défilé sans éclat, et les chefs en recevant sous les yeux du souverain les aigles que leur ont distribués les maréchaux de l'Empire n'ont pas laissé apercevoir leur enthousiasme que le mauvais temps avait glacé. Enfin la fête du Champ-de-Mars qui par le beau temps eût été l'une des plus magnifiques de celles qui ont eu lieu jusqu'ici n'a été qu'une corvée pénible pour les assistants, qu'un sujet de mauvaise humeur pour l'Empereur, et de reproches peu mérités pour nous. Il n'était resté sur le lieu que ceux qui n'avaient pu s'en aller. Le Champ-de-Mars paraissait un champ de boue au milieu duquel a défilé une armée sans spectateurs. »

demeurant alors viagères. Drôle d'empire qui n'en est pas un puisque la France demeure cantonnée dans ses frontières naturelles. Drôle de monarchie enfin si l'on regarde de plus près l'état de la famille Bonaparte, inconnue hier, déchirée par les querelles internes et critiquée en raison de ses frasques et de son goût ostentatoire pour le luxe et les dépenses somptuaires [1]. Napoléon se trouve écartelé entre exaspération et solidarité, volonté de régner sans entrave et nécessité d'élever les siens afin de renforcer sa propre légitimité, maintenant indissociable de celle de sa famille. Or il s'avère incapable de tenir un juste équilibre entre fermeté et tendresse, sans laquelle il n'y a pas d'autorité réelle.

Intelligente et plutôt discrète, Elisa a joué un rôle non négligeable dans le ralliement des néoroyalistes au régime. Pauline, en dépit de dépenses immodérées et d'une consommation d'amants préjudiciable, illumine par sa beauté la cour impériale. Veuve du général Leclerc, elle a été remariée avec le prince Borghèse, première union de prestige conclue par le clan et dont s'enorgueillit Napoléon, même s'il méprise son beau-frère qu'il considère comme un parfait imbécile. Reste enfin Caroline qui a conclu un mariage d'amour avec le fringant Murat. Comme Elisa, elle est d'une grande intelligence mais elle surpasse sa sœur par une ambition frénétique. Elle a obtenu pour son mari une des dignités les plus convoitées, en l'occurrence celle de grand amiral, alors même que Murat n'a jamais mis les pieds sur un bateau. Amusé, l'Aigle cède, croyant bien à tort pouvoir compter sur les liens du sang.

Autant de problèmes d'intendance, au fond secondaires au regard des contentieux avec ses quatre frères. Au moment du sacre, Napoléon se trouve brouillé avec deux d'entre eux et semble en passe de l'être avec les deux autres. Lucien et Jérôme sont écartés de la succession, tous deux pour avoir osé braver l'autorité du maître en contractant à son insu un mariage qu'il juge indigne.

---

1. Frédéric Masson a écrit l'ouvrage définitif sur le sujet : *Napoléon et sa famille*, qui ne comporte pas moins de treize volumes.

Si le sort de Jérôme, marié avec une Américaine, une certaine Mlle Patterson, n'intéresse personne — il finit d'ailleurs par divorcer afin de rentrer en grâce —, il en va tout autrement pour Lucien, l'autre illustration de la famille qui vient de claquer la porte et est parti se réfugier à Rome, en avril 1804, après une altercation avec son frère. Veuf de son premier mariage, le sauveur de Brumaire avait épousé le 26 octobre 1803 Alexandrine de Bleschamp. Réputée à tort de mœurs légères, sa nouvelle femme est divorcée, ce qui contrarie à la fois les ambitions de bon genre de la fraîche dynastie et la stratégie matrimoniale de Bonaparte, lequel avait prévu de le marier avec une princesse européenne. Après avoir passé ses nerfs sur le notaire qui avait conclu le contrat de mariage sans son autorisation, il décrète l'omerta envers le couple. Hortense, sa belle-fille, et sa sœur, Caroline, coupables d'être allées leur rendre visite, subissent une scène terrible. « Il nous reprocha d'avoir appelé du nom de sœur une femme dont la réputation n'était pas digne, nous dit que non seulement nous avions manqué à ce que nous devions à lui, comme chef de la famille, mais aussi à ce que nous nous devions à nous-mêmes, rapporte sa belle-fille. “Comment ! disait-il dans le salon sans même nous regarder, je veux rétablir les mœurs et l'on m'amène une telle femme dans ma famille ! Je suis le chef d'une nation à laquelle je dois compte non seulement de mes actions, mais des exemples que je lui donne : je ne souffrirai pas qu'elle ait à s'irriter des vices au lieu des vertus qu'elle a le droit d'attendre de ceux qu'elle élève et qu'elle place à sa tête. Le peuple français est moral. Ses chefs doivent l'être aussi. Assez longtemps la France a été gouvernée par des grands qui se croyaient tout permis. Qui ne marche pas avec moi est contre moi. J'ai des devoirs et je les remplirai. Je serai inexorable. En vérité, je regrette de ne pas être bâtard. Je devrais l'être, moi, car personne ne me comprend” et il sortit sans nous dire adieu[1]. »

1. Hortense de Beauharnais, *Mémoires*.

Sommé de renvoyer sa femme, Lucien se cabre. Napoléon lui ayant reproché les facéties galantes de son épouse, le rebelle rétorque qu'au moins la sienne est jeune et jolie. Selon la duchesse d'Abrantès, Lucien aurait vitupéré contre la métamorphose monarchique en cours et serait allé jusqu'à piétiner sa montre en annonçant à son aîné : « Vous serez brisé comme ceci. » Partant « la haine dans le cœur », comme il l'écrit à Joseph, il quitte aussitôt le territoire pour aller se réfugier à Rome. Le fossoyeur du Directoire colore sa disgrâce d'une hypocrite fidélité à la république, lui qui n'a cessé de militer pour la marche à l'Empire. Convaincu de l'avoir élevé au trône par son énergie en Brumaire, il se répand un peu partout en invectives contre l'ingratitude de son frère, dénonce son despotisme tracassier et l'instabilité de son caractère. Madame Mère, qui, contrairement à ce qu'expose David, n'assiste pas au sacre, est la seule à prendre publiquement sa défense.

Un vent de révolte secoue le clan Bonaparte, frères et sœurs réunis pour défendre leurs « droits » à la Couronne et évincer le clan Beauharnais, cette Joséphine et ses deux enfants qui focalisent leur haine, haine d'autant plus incompréhensible que la stérilité de l'impératrice favorise leur position. Il faut reconnaître que les privilèges dont jouissent Hortense et Eugène, comparés au traitement sévère infligé à la famille de sang, n'arrangent rien. Entraîné par Madame Mère, le clan n'a jamais désarmé contre la Créole légère dont les infidélités multiples ont selon eux souillé l'honneur de la famille et failli compromettre la carrière de « Nabulione ». Dès 1799, Joseph et surtout Lucien ne cessent de pousser au divorce, harcelant la pauvre Joséphine de questions odieuses sur son infécondité tandis qu'ils pressent leur frère de jeter « la vieille », comme ils la surnomment entre eux. Pour se défendre, Joséphine fait courir le bruit que son illustre mari est stérile. Un mot court, attribué à la femme infidèle : « Bonaparte n'est bon à rien », injure suprême pour Madame Mère qui fera de son éviction une affaire personnelle.

La marche à l'Empire provoque un regain de tension qui se focalise autour de leur statut particulier et du couronnement de

Joséphine, précédé ne l'oublions pas d'un mariage religieux qui semble condamner le divorce. Titrés princes et princesses français, dotés d'une maison et de revenus considérables, les sept autres enfants Bonaparte n'ont de cesse de faire pression sur Napoléon afin qu'il renonce à ce droit d'adoption, cette soupape de sécurité qu'il s'est réservée pour choisir son successeur[1]. « Ne dirait-on pas que je frustre ma famille de l'héritage de feu roi notre père ? », ironise un empereur moitié agacé, moitié amusé par les prétentions légitimistes du clan. Il commence à ne plus sourire du tout quand Louis, marié à Hortense en 1802, refuse fermement de lui laisser adopter leur fils, ce qui a toujours été le plus cher de ses désirs[2]. Autoritaire et irritable, le futur roi de Hollande, élevé par son aîné et longtemps son préféré, a contracté avec la fille de Joséphine un mariage forcé qui ne lui laisse que de la rancœur. C'est pourtant le mariage du cœur selon Bonaparte puisque les enfants à naître seront ainsi, à l'image du futur Napoléon III, petits-fils de Joséphine et neveux de Napoléon Ier. Jusqu'alors soumis, Louis se rebelle avec d'autant plus de véhémence qu'une rumeur infecte, vulgarisée par la presse anglaise, fait de Napoléon le père du fils d'Hortense, mortifiant un peu plus le père légitime qui craint de devenir la risée de l'Europe. Par vengeance, il mène une vie impossible à sa femme, l'éloigne du monde et lui inflige une surveillance tracassière qu'elle supporte de plus en plus mal. A la demande de Joséphine Napoléon intervient ; il morigène plusieurs fois Louis qui s'empresse de le faire payer à Hortense par un redoublement d'interdits et de colères.

Derrière Louis, c'est bien sûr Joseph qui tire les fils de ce complot de famille. Le sacre de Joséphine, événement dans

1. Napoléon a d'abord rejeté les termes « hérédité dans les descendants de la famille Bonaparte », ce qui mortifie naturellement Joseph. Il finit par céder mais contrebalance la concession en se réservant l'usage du droit d'adoption, ce qui choque presque autant sa famille, celle-ci redoutant particulièrement l'« avènement » d'Eugène.

2. Napoléon persiste dans son dessein jusqu'à la mort de l'enfant, atteint par le croup en 1807. Son décès rend le divorce indispensable.

l'événement puisque aucune reine n'a bénéficié d'un tel honneur depuis Marie de Médicis, entraîne une dispute vigoureuse à la limite de la rupture. Napoléon ne pardonne pas à son aîné d'avoir fait montre de son opposition dans un conseil privé. Joseph, déjà ulcéré par les tentatives d'adoption du fils de Louis et d'Hortense, semble décidé à aller jusqu'au bout. Roederer et Miot de Mélito, tous les deux proches conseillers du futur roi d'Espagne, ont laissé des témoignages précieux de la colère impériale. Elle est jupitérienne. Devant Roederer, l'Empereur attaque ce frère, jusqu'alors si proche qui « ose me dire que ce couronnement est contraire à ses intérêts » puisque les enfants de Louis seraient favorisés plutôt que les siens [1].

Joseph subit à son tour directement la foudre. D'homme à homme, Napoléon le somme de se soumettre. Pour qui se prend-il ? Pour qui le prend-il ? Les mots prononcés sont terribles : « Tout vous manque et je vous anéantirai. Car enfin vous serez obligé de paraître aux Tuileries : je vous verrai et je vous dirai : bonjour, prince Egalité ! — et ce mot vous tuera. » Que l'aîné change d'attitude avant qu'il soit trop tard : « Placez-vous dans une monarchie héréditaire et soyez mon premier sujet ! C'est un assez beau rôle à jouer, que d'être le second homme de la France, peut-être de l'Europe. Tout se justifie alors par l'importance du résultat, et ce résultat — vous ne le connaissez pas encore tout entier. Je suis appelé à changer la face du monde ; je le crois du moins. Quelques idées de fatalité se mêlent peut-être à cette pensée, mais je ne la repousse pas ; j'y crois même, et cette confiance me donne les moyens du succès. »

---

1. Il faut préciser que Joseph n'a que des filles, ce qui l'éloigne un peu plus du trône.

Dans son précieux *Journal*, Roederer rapporte la célèbre tirade en entier : « C'est me blesser dans mon endroit sensible : rien ne peut effacer cela de mon souvenir ; c'est comme s'il eût dit à un amant passionné qu'il a b... sa maîtresse, ou simplement qu'il espère réussir auprès d'elle. [...] Ma maîtresse c'est le pouvoir. J'ai trop fait pour sa conquête, pour me la laisser ravir, ou souffrir même qu'on la convoite. Quoique vous disiez que le pouvoir m'est venu comme de lui-même, je sais ce qu'il m'a coûté de peines, de veilles, de combinaisons. »

La fronde contre Joséphine aboutit à l'inverse du résultat escompté. Non seulement elle a été sacrée mais ses belles-sœurs ont dû soutenir sa traîne en signe de soumission[1]. « Si Madame Joseph ne veut pas porter la robe de l'Impératrice, Madame Girardin, veuve d'un duc et pair dira qu'elle ne veut pas porter la robe d'une bourgeoise de Marseille[2]. » Le sacre de Joséphine est acte d'amour autant que de reconnaissance, quel qu'en soit le prix à payer : « Ils disent que ma femme est fausse, et que les empressements de ses enfants sont étudiés. Eh bien ! je le veux, ils me traitent comme un vieil oncle ; cela fait toujours la douceur de ma vie ; je deviens vieux, j'ai trente-six ans, je veux du repos. [...] Ma femme est une bonne et douce femme qui ne leur fait point de mal. Elle se contente de faire un peu l'Impératrice, d'avoir des diamants, de belles robes, les misères de son âge. Je ne l'ai jamais aimée en aveugle. Si je la fais Impératrice, c'est par justice. Je suis surtout un homme juste. Si j'avais été jeté dans une prison, au lieu de monter au trône, elle aurait partagé mes malheurs. Il est juste qu'elle participe à ma grandeur. Dernièrement, elle s'est humiliée jusqu'à s'excuser avec Joseph. Oui, elle sera couronnée ! Elle sera couronnée, dût-il m'en coûter 200 000 hommes. »

Tout finit par rentrer dans le rang, mais les blessures laissent des traces indélébiles. A l'indignation des Bonaparte, Eugène est élevé en février 1805 à la dignité de vice-roi d'Italie, après que Joseph eut refusé de ceindre la couronne des Lombards... par peur de perdre son statut d'héritier de l'Empire[3]. Pauvre Joseph ! Napoléon, encore et toujours, vitupère

1. Et non pas « porter » la traîne comme il en avait été question : « Quels cris on entendit à Saint-Cloud et de quelles colères ce manteau fut cause ! Il a fallu que l'Empereur se fâchât, et non pas une fois ; qu'il imposât le manteau ou l'exil. Les princesses donc *soutiennent* le manteau le moins possible, mais en échange de leur mission, elles ont chacune un porte-queue, officier de leur maison », précise Frédéric Masson dans son ouvrage sur le sacre.

2. L'Empereur fait ici une allusion blessante à l'origine commerçante des Clary.

3. En cas d'acceptation, Joseph aurait été obligé d'abandonner ses droits sur la couronne de France.

ce clan insatiable : « Tous les sentiments d'affection cèdent actuellement à la raison d'Etat, dit-il à Miot de Mélito. Je ne reconnais pour parents que ceux qui me servent. Ce n'est point au nom de Bonaparte qu'est attachée ma fortune, c'est au nom de Napoléon. C'est avec mes doigts et ma plume que je fais des enfants. Je ne puis aimer aujourd'hui que ceux que j'estime. » A travers les premières difficultés avec sa famille, il rencontre déjà un obstacle à ses ambitions, une opposition sourde qui empoisonne l'existence de la plupart des dynastes. S'il se fait craindre, il ne parviendra jamais tout à fait à se faire obéir. Comme le remarque Hortense dans ses Mémoires, il humilie trop mais ne punit pas assez.

*

A cela s'ajoute le virus naissant de l'esprit de cour, poison et fléau des monarchies qui, après les Bourbons, le menace à son tour. Fasciné par l'exemple du Roi-Soleil avec lequel il partage le culte de l'Etat, le mépris des hommes et l'obsession de la gloire, Napoléon profite du passage à l'Empire pour orchestrer la résurrection d'une cour. Comme Louis XIV, il entend par là même tout à la fois accroître son pouvoir, renforcer son prestige et mieux surveiller ses proches. Marqué par l'épreuve de la Fronde, qui lui avait révélé la précarité de son pouvoir, le fils de Louis XIII n'avait eu de cesse de marginaliser la noblesse, dont l'effacement politique s'était concrétisé par son regroupement à Versailles tandis que le pouvoir réel était transféré à l'Etat par le canal des intendants. Coupée de ses racines provinciales, l'aristocratie perdait son autonomie pour devenir l'esclave du monarque, seul dispensateur des places et des honneurs. La métamorphose du pouvoir avait en conséquence laissé place à la chasse aux privilèges, soulignant la dégénérescence du guerrier en courtisan avec pour corollaire la transformation progressive de la monarchie en absolutisme. L'étiquette et les différents rites curiaux, décryptés par Norbert Elias[1], mettaient en scène la solennité du monarque

1. Son ouvrage sur *La Société de cour* reste la référence.

en majesté et la soumission de ses entours. Etonnante leçon de pouvoir que professent notamment les célèbres Mémoires du roi qui devaient, et ce n'est pas un hasard, être imprimés en 1806 pour la première fois.

En multipliant les dignitaires, son « successeur » croit de même s'assurer une clientèle fidèle, servile et d'autant plus dévouée que son existence dépend de la survie du nouvel édifice. Au premier regard, le pouvoir impérial paraît même plus puissant que celui du Roi-Soleil, limité par les coutumes, la vénalité des charges et une plus grande opacité de l'espace ; autant de freins qui ont lâché après la vague révolutionnaire et avec le développement des routes. La destruction de l'aristocratie et des corps intermédiaires profite pleinement à Napoléon qui a réalisé à son avantage l'unité du pouvoir : verticalité politique par la centralisation et la mise au pas des chambres, unité de la loi par le Code civil, uniformité religieuse par le Concordat.

Maître de l'élévation sociale, Napoléon dispose librement de centaines de places à attribuer, avec leurs intitulés prestigieux, leurs costumes d'apparat et leurs rémunérations somptuaires ; l'ensemble tient les vanités en haleine. « Il joue plus encore qu'aucun roi du passé sur la passion nationale des places, assure François Furet. Cette transfiguration démocratique des pratiques absolutistes a été le dernier secret du gentilhomme corse ; elle réintégrait dans la nation, à sa manière, l'héritage de cour que la Révolution avait détesté et voulu abolir. »

Dans ses *Dix années d'exil*, Mme de Staël fustige ce travers national, source de notre fragilité politique et de notre fracture sociale : « La grande force des chefs de l'Etat en France, c'est le goût prodigieux qu'on y a pour occuper des places ; la vanité les fait encore plus désirer que le besoin d'argent. Tout ce qui distingue un homme d'un autre est particulièrement agréable aux Français » écrit-elle pour mieux en déduire leur inaptitude à l'égalité : « Ils l'ont proclamée pour prendre la place des anciens supérieurs ; ils voulaient changer d'inégalité, mais non se résigner au seul code politique possible, digne d'être admiré, celui qui rend tous les hommes égaux devant la loi. » L'esprit de cour ou le cœur du mal français, l'incarnation d'une obsession du pouvoir qui ferme la porte à la méritocratie et contrebat l'idéal révolutionnaire d'une société libre, égale en droit et fraternelle. En devenant démocratique, le mal n'a pas disparu mais s'est métamorphosé, le virus infectant les nouvelles élites avant de contaminer la société entière[1]. A l'aristocratie fermée s'est substituée une oligarchie en réseau, encore plus conservatrice car fragile et marquée par les purges en cascade de la régénération robespierriste. La peur de perdre engendre une dérive suspicieuse qui banalise la pratique du complot, arme de cour par excellence au profit de la conservation des hommes et des mentalités voulue par la minorité consanguine accrochée au pouvoir. La vanité, la jalousie, le lucre sont ses mobiles ; la flatterie, l'intrigue et la corruption ses moyens ; le courage, la sincérité et l'esprit de service ses ennemis. Bonaparte, qui prend les hommes tels qu'ils sont, escompte mettre leurs défauts à son profit en jouant des rivalités et des divisions, quitte à les aviver pour mieux préserver sa suprématie.

---

1. Dans un chapitre de *De la démocratie en Amérique*, justement intitulé *De l'esprit de cour aux Etats-Unis*, Tocqueville déplore son expansion par le biais de la « tyrannie de la majorité », synonyme d'un populisme destructeur de l'indépendance d'esprit : « Dans les gouvernements absolus, les grands qui avoisinent le trône flattent les passions du maître et se plient volontairement à ses caprices. Mais la masse de la nation ne se prête pas à la servitude ; elle s'y soumet souvent par faiblesse, par habitude ou par ignorance ; quelquefois par amour de la royauté ou du roi. On a vu des peuples mettre une espèce de plaisir et d'orgueil à sacrifier leur volonté à celle du prince et sacrifier ainsi une sorte d'indépendance d'âme jusqu'au milieu même de l'obéissance. » Au contraire, dans les républiques démocratiques, « où le souverain est abordable de toutes parts, où il ne s'agit que d'élever la voix pour arriver jusqu'à son oreille, on rencontre beaucoup plus de gens qui cherchent à spéculer sur ses faiblesses et à vivre aux dépens de ses passions, que dans les monarchies absolues. Ce n'est pas que les hommes y soient naturellement pires qu'ailleurs, mais la tentation y est plus forte et s'offre à plus de monde en même temps. Il en résulte un abaissement bien plus général dans les âmes. » Au bout du compte : « Les républiques démocratiques mettent l'esprit de cour à la portée du grand nombre et le font pénétrer dans toutes les classes à la fois. C'est un des principaux reproches que l'on peut leur faire.

« Cela est surtout vrai dans les Etats démocratiques organisés comme les républiques américaines, où la majorité possède un empire si absolu et si irrésistible, qu'il faut en quelque sorte renoncer à ses droits de citoyen, et pour ainsi dire à sa qualité d'homme, quand on veut s'écarter du chemin qu'elle a tracé. » Et d'en conclure, quel que soit le gouvernement : « [...] La bassesse s'attachera à la force, et la flatterie au pouvoir. Et je ne connais qu'un moyen d'empêcher que les hommes ne se dégradent : c'est de n'accorder, à personne, avec la toute-puissance, le souverain pouvoir de les avilir. »

« *Nec pluribus impar* », « A nul autre pareil ». La devise de Louis XIV semble parfaitement appropriée au nouvel empereur des Français. Mais, à la différence du Roi-Soleil, l'Empereur n'est pas un porphyrogénète, né dans un siècle où la légitimité du souverain était ancrée dans les consciences. Il va lui falloir en conséquence user d'une rigueur accrue afin de mieux marquer les distances[1]. Exercice difficile eu égard à l'évolution des mœurs, à l'absence de culture curiale de ses nouvelles élites, et surtout à la force du sentiment égalitaire encore très présent chez les militaires. Là comme ailleurs, il lui faut s'inspirer de l'Ancien Régime tout en s'en démarquant avec ostentation, persuader le peuple qu'il s'agit encore de consacrer la Révolution en distinguant ses plus illustres défenseurs. La marge de manœuvre reste étroite entre la vindicte égalitaire d'un côté, le mépris des anciennes élites de l'autre. Ces dernières, rassemblées dans les salons du faubourg Saint-Germain, s'échinent à frapper de ridicule la nouvelle cour, contrefaçon de Versailles, à coups de bons mots, saillies et quolibets, provoquant la rage de Bonaparte, d'autant plus furieux qu'il est impuissant à les interdire.

Le Consulat a permis de préparer les esprits. On « procéda pas à pas mais sans relâche », constate Thibaudeau. L'installation aux Tuileries en 1800, l'instauration de dames du palais en 1802, la restauration de livrées et la messe dominicale contemporaine du Concordat, l'élaboration de règles protocolaires toujours plus strictes, l'abolition du tutoiement et la prise du deuil officiel, à l'occasion de la mort de Leclerc en 1803, contribuent progressivement à élever le Premier consul au-dessus du commun des mortels et à inspirer le respect pour l'homme autant que pour la fonction.

1. C'est ce qu'il avoue à Las Cases dans une des plus célèbres tirades du *Mémorial* : « Situé ainsi que je l'étais, sans l'autorité héréditaire de l'antique tradition, privé du prestige de ce qu'ils appellent la légitimité, je ne devais pas permettre l'occasion d'entrer en lice vis-à-vis de moi, je devais être tranchant, impérieux, décisif. Vous me dites qu'on a dit de moi, dans votre Faubourg : que n'était-il légitime ! Si je l'eusse été, je n'aurais pas fait davantage, sans doute ; mais il m'eût été permis alors d'avoir plus de bonhomie. »

Préparé par l'instauration des grands dignitaires et des maréchaux, la restauration d'une cour est officialisée par le décret sur les préséances et l'étiquette du 13 juillet 1804. L'Empereur demeure alors le seul pouvoir héréditaire, ce qui renforce d'autant son poids. S'il tient en haleine par l'intérêt, il compte subjuguer par l'étiquette, celle-ci « rabaissant » chaque élévation en l'encadrant dans un maillon réglementaire destiné à mieux établir la supériorité du monarque. Napoléon revient souvent sur le sujet dans la logorrhée du *Mémorial* : « Je sortais de la foule ; il me fallait, de nécessité, me créer un extérieur, me composer une certaine gravité, en un mot, une étiquette, autrement l'on m'eût journellement frappé sur l'épaule. En France, nous sommes naturellement enclins à une familiarité déplacée, et j'avais à me prémunir surtout contre ceux qui avaient sauté à pieds joints sur leur éducation. Nous sommes très facilement courtisans, très obséquieux au début, portés d'abord à la flatterie, à l'adulation ; mais bientôt arrive, si on ne la réprime, une certaine familiarité qu'on porterait très aisément jusqu'à l'insolence. »

L'appel à de nombreux membres de l'ancienne noblesse procède de cette éternelle quête de légitimité. Napoléon la favorise ouvertement, ce qui prouve encore son mépris pour le personnel politique révolutionnaire et sa fascination inavouable pour la royauté défunte. « Eux seuls savent servir », dira-t-il souvent pour justifier sa prédilection pour les descendants des plus illustres familles de la vieille France. Joue aussi une vanité un peu puérile, l'orgueil d'être secondé « comme » les Bourbons par les mêmes noms et selon les mêmes règles. Entre enfin en ligne de compte cette angoisse de la chute qui le pousse à vouloir fortifier le présent par l'appel aux illustrations du passé. Chaque ralliement oblige à la solidarité, donc à la rupture avec les Bourbons et l'ordre ancien[1]. Reste à passer de la théorie à la pratique.

1. « Ce n'était pas assez d'avoir avili le parti républicain en le dénaturant tout entier ; il voulut encore ôter aux royalistes la dignité qu'ils devaient à leur persévérance et à leur malheur, raille Mme de Staël dans ses *Considérations sur la Révolution*

Or les premières manifestations de la Cour en majesté révèlent les dégâts causés par la Révolution. Menés à la baguette comme un régiment, les courtisans ne supportent pas la comparaison avec leurs prédécesseurs, pliés par une longue expérience aux charmes de la civilité et à la grâce de la représentation. « La caque sent toujours le hareng », tranche l'Empereur, qui, toujours pressé, ne facilite pas, c'est le moins que l'on puisse dire, la tâche des maîtres de cérémonies. Lui-même dépareille tant il semble mal à l'aise : « On imaginerait difficilement plus de gourderie dans la tenue que Napoléon n'en avait dans un salon », raille Metternich[1]. En réalité, la comédie des apparences l'exaspère, même s'il la juge indispensable. Claire de Rémusat, observatrice avisée de l'époque, multiplie dans ses passionnants Mémoires les récits drolatiques de ces cérémonies durant lesquelles l'impatience de l'Empereur bouleverse sans cesse le ballet prévu et péniblement exécuté. Ainsi ce croquis de la première parade impériale : « Au jour donné, l'Empereur se plaça donc sur son trône avec l'impératrice à sa gauche, les princesses, la dame d'honneur sur des tabourets, et les grands officiers debout des deux côtés. Les dames du palais, les femmes des maréchaux, les grands officiers, des ministres, défilèrent lentement en habit de cour très pompeux, et vinrent jusqu'aux pieds du trône faire leur silencieuse révérence. Les hommes suivirent

---

française. Il fit occuper la plupart des charges de sa maison par des nobles de l'Ancien Régime ; il flattait ainsi la nouvelle race en la mêlant avec la vieille, et lui-même aussi réunissant les vanités d'un parvenu aux facultés gigantesques d'un conquérant, il aimait les flatteries des courtisans d'autrefois, parce qu'ils s'entendaient mieux à cet art que les hommes nouveaux, même les plus empressés. Chaque fois qu'un gentilhomme de l'ancienne cour rappelait l'étiquette du temps jadis, proposait une révérence de plus, une certaine façon de frapper à la porte de quelque antichambre, une manière plus cérémonieuse de présenter une dépêche, de plier une lettre, de la terminer par telle ou telle formule, il était accueilli comme s'il avait fait faire du progrès au bonheur de l'espèce humaine. Le code de l'étiquette impériale, conclut-elle, est le document le plus remarquable de la bassesse à laquelle on peut réduire l'espèce humaine. »

1. « Les peines qu'il se donnait pour corriger les défauts de sa nature et de son éducation ne faisaient que d'autant plus ressortir tout ce qui lui manquait », estime le chancelier autrichien avant d'ajouter : « Je suis persuadé qu'il eût fait de grands sacrifices pour pouvoir hausser sa taille et ennoblir sa tournure, qui, à mesure que son embonpoint augmentait, devenait plus commune. Il marchait de préférence sur la pointe des pieds ; il s'était donné une espèce de mouvement de corps qu'il avait copié des Bourbons. »

après. La cérémonie fut très longue. Elle charma d'abord l'Empereur qui, par vanité, se complaisait alors dans l'étiquette, surtout, parce qu'elle était de son invention ; mais cela finit par l'ennuyer mortellement. On pressa tout le monde vers la fin ; on eut assez de peine à lui demander de demeurer sur son trône jusqu'au bout et peu s'en fallut qu'il ne prît de l'humeur contre nous de l'obligation qu'il nous avait pourtant imposée, assurément par le fait de sa seule volonté [1]. » Tous les témoins décrivent à l'unisson cette cour compassée, oppressée, ennuyeuse à mourir, vivant dans la terreur du maître dont le caractère difficile accentue la dérive servile. « Galère où l'on ramait à l'ordonnance » résume Chaptal pour décrire le climat ambiant.

Pour l'heure, cette cour consacre encore le mérite, renouvelle les élites et regroupe les illustrations essentiellement militaires de la nouvelle France. Augereau est fils de domestique, Murat fils d'aubergiste, Ney avait un père tonnelier, celui de Lannes était paysan. A travers leur exemple, chaque Français peut espérer accéder à l'élite administrative et militaire. Substitut à l'absence de lien social, la jeune cour mêle les conditions et rapproche les caractères dans une représentation somptueuse qui flatte le pays et stimule l'économie par la largesse de ses commandes, comme si Napoléon « se trouvait lui-même conduit à croire que le luxe des fêtes pouvait devenir aussi un moyen d'indemnité pour le commerce, et d'encouragement pour l'industrie », précise Mollien. Reflet de l'alchimie impériale, comprimée par la poigne de fer du maître, elle demeure pour l'instant au service de l'Empereur, « un des seuls pouvoirs qui aient réussi à subjuguer, à discipliner les vanités », constate alors

1. Parlant de « cour hérissée », le même témoin déplore la sévérité militaire qui règne au palais : « Le cérémonial s'exécutait comme s'il était dirigé par un roulement de tambour ; tout se faisait, en quelque sorte, au pas de charge ; et cette espèce de précipitation, cette crainte continuelle qu'il inspirait, jointes au peu d'habitude des formes d'une bonne moitié de ses courtisans donna à sa cour un aspect plutôt triste que digne, et marqua sur tous les visages une impression d'inquiétude qui se retrouvait au milieu des plaisirs et des magnificences dont, par ostentation, il voulut sans cesse être entouré. »

Rémusat, responsable des théâtres. Ainsi, Bonaparte veille à ce qu'il n'y ait jamais de favori et ne tolère pas les cabales qui ont tant contribué à discréditer la monarchie[1]. Aucune coterie n'ose apparaître, même si, déjà, rivalités personnelles et manque de sincérité faussent le regard du pouvoir, troublent ou déforment le jugement de l'Empereur qui n'aime pas entendre ce qui lui déplaît : « L'atmosphère des cours est trop nébuleuse pour que, quoi qu'on fasse, il soit possible de rester constamment dans la bonne route. Le bon choix est une véritable loterie pour le souverain, l'intrigue trouve sans relâche à miner la route sous les pas du mérite », confessera-t-il à Montholon.

Derrière la Cour souffle déjà l'esprit de cour. Attachée à sa conservation, elle est prête à tout pour rester dans l'orbite du pouvoir, obsédée par son seul intérêt. Les courtisans d'hier et de toujours ne reculent devant aucun sacrifice, à commencer par celui de leur amour-propre, afin de s'élever dans la hiérarchie. A l'image de leur maître, les nouveaux dignitaires se sentent mal à l'aise. Ils se jugent déjà trop nombreux pour se partager les honneurs et prébendes. Plutôt que d'inclure, ils vont exclure, pressés de refermer sur eux les portes du temple, odieux avec les nouveaux entrants, préférant la médisance à la saine émulation[2]. C'est cette peur de perdre, démultipliée

1. « Le métier de courtisan auprès de Bonaparte était nul, confirme Mme de Rémusat. Comme il ne menait à rien, il n'avait aucune valeur ; il y avait du risque à rester homme en sa présence, c'est-à-dire à conserver l'exercice de quelques-unes de ses facultés intellectuelles ; il fut donc plus court et plus facile pour tout le monde, ou à peu près tout le monde de se donner l'attitude de la servitude. » La même souligne dans un passage ultérieur de ses Mémoires que la compression s'aggrava avec les années : « Il a toujours tendu à imposer un joug, et pour y parvenir, il n'a pas négligé les moyens de séduction ; mais dès qu'il s'est aperçu que son pouvoir était établi, il ne s'est jamais occupé de se rendre agréable. Du moins, la situation dépendante et contrainte dans laquelle il tenait sa cour eut cet avantage : c'est qu'on n'y connut à peu près rien de ce qui aurait ressemblé à de l'intrigue. »

2. Consubstantielle à l'esprit français, la culture curiale est plus forte que les hommes ou que le système. Sa permanence découle paradoxalement de la tragique instabilité politique d'un pays déchiré depuis toujours par les conflits et les complots, suscitant une peur récurrente qui engendre un rapport malsain avec le pouvoir, rarement conçu comme une mission, mais plutôt comme un port qu'il faut gagner par tous les moyens. Une fois atteint, ce dernier devient un abri puis une citadelle dans laquelle on s'enferme, prêt à repousser par la force quiconque menace son statut.

par la guerre et la Révolution, qui suscite l'esprit de conservation, inhérent au sommet et qui a pour corollaire l'exclusion et l'immobilisme. Il se traduit par un conformisme réducteur, ce « despotisme doux » redouté par Tocqueville, car il s'impose par petites touches, composite invisible entre l'uniformisation des mœurs, du langage et des attitudes qui finit par atrophier la pensée.

Un tel détournement explique le rapport si difficile entre la France et ses élites, la rancœur de la première suscitant le repli des secondes, cet esprit de caste qui, après avoir été l'apanage de la noblesse, caractérise la bourgeoisie conquérante du XIXe siècle. Dans ce contexte, les élites ne se renouvellent guère et repoussent toute velléité de réforme comme un prélude à une nouvelle révolution. Voilà pourquoi, en dépit des bonnes intentions et du volontarisme de l'Empereur, la cour impériale se congélera aussi vite que sa devancière, avant de participer au blocage général de la société.

Autour de Napoléon, peu de vrais fidèles, seulement des clients qui dissimulent leur trahison future derrière un flot d'encens. Là comme ailleurs, Marengo a donné le *la* d'un style « Empire » sur lequel il n'est pas nécessaire de s'étendre tant il est dégradant pour ceux qui le prodiguent. On l'associe souvent à la figure de Fontanes, président du Corps législatif qui a commencé son ascension fulgurante par un hommage à Washington, empli de basses flatteries à l'endroit du Premier consul. Son homologue du Sénat François de Neufchâteau ne demeure pas en reste : « Son esprit nous entend ; son génie nous devine et son cœur nous répond », s'est-il émerveillé dans un discours prononcé en 1804 pour synthétiser les qualités de l'Empereur.

Des écrivains emboîtent honteusement le pas, célébrant le nouveau César sans la moindre retenue, sans la moindre dignité. On souffre notamment en lisant la poésie officielle qui mérite le mot terrible formulé par Rivarol sur son compte : « Prose où les vers se sont mis. » Roederer, dans son *Eloge de Bonaparte* publié un an après Brumaire, pousse encore plus loin l'hyperbole. A le lire, « il y a plus de savoir dans cette tête et plus de grandes œuvres réunies dans dix ans de cette vie, que dans toute une dynastie de rois de France ». Et aussi : « On le trouve toujours plus grand que soi, quand il parle, quand il pense, quand il agit. [...] S'il parle, on l'écoute, parce qu'il parle en homme instruit, en homme supérieur. S'il se tait, on respecte son silence même. » Le clergé franchit à son tour les bornes de la décence quand le vicaire général Jalabert salue dans Napoléon la « providence visible » ou lorsque le pasteur Marron distingue en lui « le messie qu'attendaient les juifs ». Le général-préfet La Chaise peut conclure sereinement : « Dieu fit Napoléon et se reposa. » Le mensonge est la rançon de l'absolutisme. Avec le temps, plus personne n'ose lui dire la vérité en face. Même les bulletins de police, censés refléter l'opinion du pays réel, sont volontairement maquillés par Fouché qui a tout intérêt, pour préserver sa situation, à présenter l'image d'un pays pacifié, quitte de temps en temps à manipuler l'information à des fins personnelles. Ainsi, Napoléon se trouve progressivement coupé du peuple, ce d'autant plus que la guerre le privera bientôt de la possibilité de multiplier les voyages, seul moyen direct pour le chef de l'Etat de percevoir l'évolution de l'opinion.

Napoléon est trop averti pour se laisser encore duper complètement : « Je vous dispense de me comparer à Dieu », écrit-il à son ministre Decrès qui avait, après tant d'autres, salué en lui le nouveau messie. L'esprit de cour lui cache pourtant une partie de la société, ses peurs, ses souffrances et surtout ses doutes sur la suite de l'aventure. Seul le dernier carré des fidèles comme Lannes ou Rapp peut encore faire contrepoids au paravent des égoïsmes et à cette enflure de la grandiloquence qui reflète la bassesse de l'âme. Dépendants de la survie du régime, Talleyrand et Fouché, quand leur intérêt immédiat n'est pas en cause, donnent encore quelques utiles conseils, en se gardant d'aller trop loin, sous peine de tout perdre comme l'amiral Bruix, disgracié pour avoir commenté le énième projet de statue en faveur du sauveur d'un définitif : « Faites-le tout nu ; vous aurez plus de facilité à lui baiser le derrière. »

La courtisanerie galopante s'avère enfin dramatique par les conséquences qu'elle engendre sur le caractère de l'Empereur, chaque jour plus autoritaire, déjà à la limite de l'insupportable[1]. Comme bien des politiques, Napoléon prétend aimer la rude franchise et entendre les vérités qui blessent. En réalité, l'homme demeure un angoissé, gangrené par le doute, obsédé par la chute, uniquement soucieux d'entendre ce qui lui plaît et le rassure. Quand elle ne l'abuse pas, la flatterie l'écœure et renforce encore son mépris des hommes. L'encens d'un côté, l'anxiété de l'autre, conspirent à le pousser à la dictature. Celle-ci a pour corollaire une suspicion tracassière qui se traduit dans le rétablissement symbolique du ministère de la Police en faveur de Fouché, rentré en grâce pour son rôle actif dans les derniers événements. Cette mesure s'accompagne de nouvelles restrictions de la liberté de la presse[2]. En soumettant les hommes, Napoléon contribue à les dégrader et à en faire des médiocres, sans idées ni initiatives. L'autoritarisme refuse l'originalité et décourage la fidélité. Bientôt son entourage ne comportera plus, sauf exception, qu'une cohorte d'incompétents ou de traîtres potentiels. L'Aigle porte ainsi une lourde part de responsabilité dans ses malheurs ultérieurs. « Jupiter-Scapin » (Pradt) croit tenir par l'intérêt en poussant les siens à s'endetter pour mieux les contrôler. Il oublie simplement que ces proches, une fois arrivés, s'appliquent à oublier qu'ils sont ses obligés et que la faveur, surtout prodiguée sans délicatesse, génère immanquablement l'ingratitude. L'or et les titres sécrètent infailliblement cet esprit de conservation qui engendre un pacifisme inconciliable avec le mouvement impérial. A l'image de l'Ancien Régime, la Cour, servile, deviendra hostile quand la politique suivie remettra en cause ses intérêts, critiquant à mots couverts la « guerromanie » insatiable du maître. La soif de jouissances s'enracine dans le goût du lucre, bien loin des rudesses de la guerre et de la volonté

1. Il s'emporte par exemple devant Joséphine dans ces termes (rapportés par Mme de Rémusat) : « Vous devez vous soumettre à toutes mes fantaisies et trouver tout simple que je me donne de pareilles distractions [des maîtresses]. J'ai le droit de répondre à toutes vos plaintes par un éternel moi. Je suis à part de tout le monde, je n'accepte les conditions de personne. »

2. A partir de 1805, chaque journal est flanqué d'un censeur. De même, les imprimeurs doivent prendre un brevet, révocable, et prêter serment au régime.

de conquête qui sont au cœur de l'élévation napoléonienne. Malgré la création de la Légion d'honneur, une caste prend déjà la place de l'autre, le notable détrône le noble.

*

Le malentendu entre Napoléon et les élites est déjà palpable, comme l'a révélé la teneur des adresses parlementaires. Toutes réclament un surcroît de pouvoir et la garantie des libertés. Incapables d'exiger, les notables quémandent l'ordre et la paix mais Napoléon ne veut pas partager, ce qui l'oblige à entretenir la peur pour demeurer le sauveur. Les masses de granit peuvent se lasser de lui et orchestrer sa chute au profit d'une oligarchie, d'une nouvelle famille régnante ou, qui sait, du placide Joseph. Leurs intérêts garantis, elles entendent maintenant récupérer le pouvoir dont elles ont été privées et risquent de secouer l'édifice si elles parviennent à se fédérer. Tel est par exemple le cas du Sénat, à propos duquel Roederer redoute dès 1804, anticipant de dix ans sur les événements, qu'« après avoir servi longtemps à autoriser des volontés arbitraires », il « pourra bien se croire en droit d'avoir ses volontés propres ; un corps qui aura tout autorisé se croira tout permis ; après avoir été employé par le prince à détruire les pouvoirs constitutionnels, il pourra bien se croire en droit de détruire le prince [1] ».

La dialectique infernale entre la gloire et la chute piège déjà l'Empereur. Il n'y a pas d'entente possible entre l'Europe et l'Empire comme il n'existe pas de synthèse durable entre l'hérédité et la passion égalitaire. Usurpateur de la Révolution pour les républicains et de l'Ancien Régime pour les royalistes, le « parvenu couronné » vit en permanence sur le fil du rasoir, obligé à un dangereux numéro d'équilibriste qui le précipitera dans le vide à la première fausse manœuvre. Toute pause, toute concession risque d'agiter les ambitions et

1. Cette prophétie est rapportée par Prosper Duvergier de Hauranne dans son *Histoire du gouvernement parlementaire*.

de l'obliger à lâcher du lest. Justifiée par la peur, la dictature ne peut logiquement survivre qu'en suscitant de nouvelles peurs. Ayant soigné les maux intérieurs, elle doit en conséquence faire dériver l'angoisse vers les champs de bataille, puiser dans la guerre cette légitimité de relais qui lui donnera les moyens d'accroître son emprise de fer. L'insécurité consulaire trouve ainsi son prolongement naturel dans la conquête. Elle présente l'avantage de donner un second souffle à l'épopée de la Grande Nation en exportant le virus révolutionnaire, tout juste contenu en France, dans l'ensemble du continent ; elle maintient l'armée en activité, ranime l'ambition des généraux et leur évite de succomber à la tentation du complot. Sauf qu'en élargissant son cadre, de la France à l'Europe, le jeu devient encore plus complexe, donc dangereux. Il lui faut maintenant gérer la psychologie des peuples, les rivalités entre les puissances, connaître les forces et les faiblesses de chaque Etat, trouver le juste milieu entre force et séduction tout en veillant à conserver le soutien de son peuple. Le défi semble d'emblée impossible à relever.

Représentant du roi de Sardaigne auprès du tsar, Joseph de Maistre prophétise déjà l'apocalypse de l'usurpateur. L'Empire, écrit-il au moment du sacre, ne peut être qu'une parenthèse bénéfique : « Laissez faire Napoléon. Laissez-le frapper les Français avec sa verge de fer ; laissez-le emprisonner, fusiller, déporter tout ce qui lui fait ombrage ; laissez-le faire une Majesté et des Altesses Impériales, des maréchaux, des sénateurs héréditaires, et bientôt, n'en doutez pas, des chevaliers de l'ordre, laissez-le graver des fleurs de lys sur son écusson vide », écrit-il avant de conclure : « Rien ne pourra être plus utile que l'ascension passagère de Bonaparte qui hâtera sa propre chute et rétablira toutes les bases de la monarchie sans qu'il en coûte la moindre défaveur au prince légitime[1]. »

1. Dès octobre 1802, l'agence royaliste de Paris écrivait ces phrases tout aussi prophétiques à Louis XVIII : « On ne peut s'empêcher d'admirer la confiance et l'orgueil qui dominent cet homme extraordinaire. Plus on l'observe, plus on se

Napoléon semble à nouveau hanté par le doute : « Tout ceci durera autant que moi ; mais après moi, mon fils s'estimera heureux, peut-être s'il a quarante mille francs de rente » confesse-t-il en juillet 1804. Alors que, pour les contemporains, l'Empire paraît une fin, le principal intéressé n'y voit toujours qu'un commencement : la conquête, adaptée à un nouvel espace, l'Europe et peut-être demain le monde. Comment ne pas penser à Charles Quint et à ses deux devises successives : *« nordum »* (pas encore) s'effaçant devant *« plus ultra »*. La première pourrait être celle du Consulat, la seconde celle de l'Empire. Comme l'écrit André Suarès, sous l'inspiration de Clausewitz : « La guerre l'a mené à la politique ; et la politique le rend toujours à la guerre, dont elle est le dernier mot et la raison suprême. »

---

persuade qu'il n'est réellement qu'un instrument dans les mains de la Providence, qu'une verge dont elle se sert pour châtier le monde et qu'elle brisera ensuite au temps marqué dans ses décrets. Ce temps est-il encore bien éloigné ? Il n'est certainement pas au pouvoir de l'homme d'en fixer l'époque, mais en rapprochant toutes les probabilités qui naissent de la marche des choses, on peut conjecturer avec vraisemblance que ce colosse effrayant finira pas succomber sous son propre poids. » Dénonçant l'ivresse de puissance dont il faisait déjà montre, les agents concluaient : « Au milieu de ce vertige, il tentera tout, il bouleversera tout et se creusera à lui-même le précipice qui doit l'engloutir. »

LIVRE III

LE BASCULEMENT

« Soyez toujours, mon fils, en état de vous faire craindre par les armes, mais ne les employez qu'au besoin, et souvenez-vous que votre puissance, lors même qu'elle est à son comble, pour être plus redoutée, doit être plus rarement éprouvée. »

LOUIS XIV,
Mémoires.

CHAPITRE VII

LA PUISSANCE

> « Les anciennes dynasties ne peuvent souffrir les nouvelles qu'autant que celles-ci les effrayent. Elles accordent à la peur ce qu'elles ne peuvent pas donner à l'affection. »
>
> NAPOLÉON.

L'héritier

Le lendemain de son sacre, Napoléon converse avec son ministre de la Marine, Decrès :

« Je suis venu trop tard ; les hommes sont trop éclairés : il n'y a plus rien à faire de grand !

— Comment Sire ! Votre destinée me semble avoir assez d'éclat : quoi de plus grand que d'occuper le premier trône du monde, quand on est parti du rang de simple officier d'artillerie ?

— Oui, répond-il, ma carrière est belle, j'en conviens, j'ai fait un beau chemin ; mais quelle différence avec l'antiquité ! Voyez Alexandre : après avoir conquis l'Asie et s'être annoncé aux peuples comme fils de Jupiter [...] à l'exception d'Aristote et de quelques pédants d'Athènes, tout l'Orient le crut. Eh bien, moi, si je me déclarais aujourd'hui fils du Père éternel et que j'annonçasse que je vais lui rendre grâce à ce titre, il n'y a pas de poissarde qui ne me sifflât sur mon passage : les peuples sont trop éclairés, il n'y a plus rien de grand à faire. »

Aussi prestigieux soit-il, le sacre ne suffit pas à enflammer l'imaginaire de la nation. Seule la reprise du conflit donnera à Napoléon l'occasion de demeurer le sauveur et justifiera la pérennisation de la dictature par de nouvelles victoires. L'Aigle sait qu'il a comprimé la Révolution bien qu'il ait prétendu la terminer. Son pouvoir peut être interprété comme une course perpétuelle contre le temps et le vide. Comme en 1800, il lui faut d'abord survivre pour espérer pourvoir durer : « Mon pouvoir tient à ma gloire, et ma gloire aux victoires que j'ai remportées. Ma puissance tomberait si je ne lui donnais pour base encore de la gloire et des victoires nouvelles. La conquête m'a fait ce que je suis ; la conquête seule peut me maintenir[1]. » Elle seule peut faire ployer l'Europe et maintenir l'union sacrée autour du maître de guerre, elle seule entretient la peur fondatrice, légitimant par sa poursuite la marche infernale qui a mené à la dictature. Elle seule enfin donne encore un sens à l'aventure, désormais justifiée par la régénération du continent via l'exportation du Code civil et l'abolition des privilèges.

Napoléon est poussé vers sa pente naturelle par l'état de l'Europe. Toujours divisée, elle souffre en outre d'un déficit d'hommes d'Etat, en particulier entre la mort de Pitt (1806) et l'avènement de Metternich (1809). Enfin, elle demeure militairement en retard et idéologiquement sur la défensive, incarnation d'un modèle monarchique déclinant face à la jeune alchimie impériale qui donne une seconde chance à l'hérédité royale en la conjuguant avec la souveraineté du peuple et l'élévation au mérite[2]. La tentation de la puissance s'avère

---

1. Ce fameux propos de Napoléon est rapporté par Bourrienne dans ses Mémoires.
2. Cette volonté de réconciliation par l'alchimie des héritages est souvent rappelée par l'Aigle déchu à Sainte-Hélène. « Quand j'ai reçu de la nation française le mandat de la gouverner, j'ai compris la nécessité de mettre son organisation sociale en harmonie avec celle des autres nations de l'Europe, afin de fermer le gouffre des révolutions et d'opérer la réorganisation de tous, en me servant des rois pour satisfaire les intérêts légitimes des peuples. Ce système, exécuté avec fermeté, modération et bonne foi, devait avoir pour résultat infaillible d'accroître la splendeur et la nécessité de la royauté, tout en donnant aux libertés publiques toute satisfaction ; seulement son application devait être plus ou moins libérale, suivant le degré de développement de l'intelligence et de la civilisation des peuples auxquels il s'appliquerait. Jamais pensée plus vaste, et tout à la fois plus royale et plus populaire, ne fut conçue pour la réconciliation de deux grands intérêts devenus ennemis par les effets de la révolution française, les vieilles royautés et les peuples », confie-t-il notamment.

d'autant plus forte que l'Empereur dispose de la meilleure armée du monde et se sait stratège supérieur à ses rivaux.

Claire de Rémusat avance l'hypothèse d'un empereur voulant étourdir une nation incapable de constance. « Il voyait surtout dans les Français des enfants mobiles qu'on détourne de leurs intérêts par la vue d'un jouet nouveau. » L'ambiguïté de Brumaire a été levée par la proclamation de l'Empire : « C'est alors qu'après avoir découvert son secret à la France, il ne lui est resté, pour la distraire de l'impression qu'elle en avait reçue, que ce funeste appât de gloire militaire qu'il a lancé au milieu d'elle. »

Alibi de la dictature, la guerre s'impose également à ses yeux comme l'antidote de l'esprit de cour et de la conservation, le moyen pour le mérite de survivre en donnant une chance à chacun de s'élever par les plus grandes valeurs qui soient : la bravoure et l'esprit de sacrifice. Comme la Légion d'honneur corrige le Code civil, la conquête complète l'ordre intérieur en permettant de maintenir l'égalité révolutionnaire dont le souffle est déporté vers un nouvel espace et un nouvel idéal. Car enfin, et peut-être surtout, demeure dans la « folie impériale » une part profonde de rêve et d'utopie : bâtir une Europe française fédérée par la législation révolutionnaire, à l'opposé de ces privilèges qui continuent à domestiquer le reste du continent. En somme, la gloire joue chez Napoléon le même rôle que la vertu chez Robespierre. Le rêve européen lui permet de poursuivre l'idéal méritocratique en le parant des valeurs militaires, morales et sacrificielles dont il veut imprégner l'ensemble de la société.

« La France arrivait au port. Il s'empara du navire et le rejeta en haute mer » selon la formule percutante de René Grousset. Repoussant les tenants d'une politique modérée, il renoue avec le rêve carolingien de l'Empire d'Occident. « Impossible n'est pas Français », comme il aime à le dire. Comme César ou Alexandre, Napoléon appartient à la race des conquérants, ces perpétuels insatisfaits obsédés par le pouvoir et rongés par le doute, toujours en quête et en mouvement, prêts à tout perdre pour relever de nouveaux défis.

« Un Premier consul, avait-il dit à Thibaudeau, ne ressemble pas à ces rois par la grâce de Dieu qui regardent leurs Etats comme un héritage. Il a besoin d'actions, d'éclat et par conséquent de la guerre. » Qu'est-ce alors pour un « Empereur » dont la symbolique toute militaire — Aigle, références à Rome et Charlemagne, Légion d'honneur — annonce l'intention de tirer l'épée contre l'Europe des rois ? Le serment du sacre avait pourtant promis de défendre l'intégrité du territoire, considérablement agrandi par la Révolution et le Consulat. Est-ce à dire qu'il veut aller au-delà ou se contenter de conserver ce qui a déjà été obtenu depuis 1789 ? Tout le débat porte sur cette question, prolongeant le conflit apparu depuis des décennies entre partisans des anciennes limites et défenseurs des frontières naturelles. Sur ce point, Napoléon reste tributaire et, dans un certain sens, prisonnier d'une histoire dont il est l'héritier et doit demeurer le garant. Mais il doit aussi composer avec les autres Etats européens, liés par leur commune hostilité à la Révolution, ainsi qu'avec une opinion majoritairement hostile à la reprise du conflit.

*

La France de 1804 n'est pas un Empire, comme les voisins Habsbourg ou Romanov, soit un conglomérat de nationalités unies sous un sceptre commun, mais un Etat-nation, délimité par un espace géographique restreint — grossièrement l'Océan, le Rhin, les Alpes et les Pyrénées —, soudé par une langue qui gagne sur les différents patois, domestiqué au cours des siècles par un pouvoir central qui s'est imposé sur les décombres de la féodalité puis des communes. L'Etat royal s'est renforcé par la guerre, celle-ci justifiant l'unité de commandement par le besoin de lever des hommes et des impôts, les deux nerfs du conflit.

Exposée par sa géographie à l'invasion, la France a commencé par se défendre contre les Vikings, les Arabes puis les Anglais, avant d'être suffisamment puissante pour passer à l'offensive. Le rêve italien de la Renaissance marque l'envol de l'esprit de conquête qui, après la tragédie des guerres de

Religion, prend un nouvel élan avec Louis XIII et Richelieu. Alternant victoires et revers, Louis XIV atteint les frontières voulues, « pré carré » s'approchant de la situation actuelle [1], défendu par des lignes de fortifications, cette « ceinture de fer » bâtie par Vauban. Louis XV y ajoute la Corse et la Lorraine.

Le siècle des Lumières ouvre devant l'opinion le débat entre conservateurs et partisans d'extensions nouvelles ; « colombes » contre « faucons ». Les premiers, arguant notamment des difficultés financières de la royauté, estiment raisonnable de s'en tenir aux conquêtes du Roi-Soleil souvent critiqué pour avoir aspiré à la monarchie universelle, et, comme il l'a reconnu lui-même, trop aimé la guerre. Auteur fécond et brillant, le marquis d'Argenson écrit par exemple : « Ce n'est plus le temps des conquêtes, la France... a de quoi se contenter de sa grandeur et de son arrondissement. Il est temps enfin de commencer de gouverner, après s'être tant occupé d'acquérir de quoi gouverner. » Cette prudence anime tout un courant de pensée, jusqu'à Talleyrand. On y retrouve la plupart des figures politiques du siècle, notamment celles de Fleury, principal ministre de Louis XV au début de son règne, du cardinal de Bernis et, plus tard, de Necker qui s'opposera à l'intervention française aux côtés des insurgents américains tandis que Vergennes, artisan de l'intervention, prêche cependant la modération au nom d'un nécessaire équilibre européen : « La France placée en quelque sorte au cœur de l'Europe, forte par la contiguïté et l'ensemble de ses provinces, par la richesse et la population de son sol ; environnée de forteresses qui couvrent ses frontières, et de voisins qui, pris isolément, sont hors d'état de les attaquer ; la France, dis-je, n'a besoin ni d'agrandissement ni de conquêtes. » Et le dernier grand ministre des Affaires étrangères de l'Ancien Régime d'avertir Louis XVI avec solennité : « Toutes ses vues

1. Le Roi-Soleil a notamment conquis l'Alsace, l'Artois, la Franche-Comté, la Flandre et le Roussillon. Le royaume atteint 500 000 km^2 à la fin de son règne contre 450 000 au traité du Cateau-Cambrésis (1559).

et toute son influence doivent donc être dirigées au maintien de l'ordre public, et à prévenir que les différents pouvoirs qui composent l'équilibre de l'Europe ne soient point détruits [1]. » On trouve un parfait résumé de leur doctrine dans le beau texte de Rivarol publié en 1784 sur l'*Universalité de la langue française* : « La France, qui a dans son sein une subsistance assurée et des richesses immortelles, agit contre ses intérêts, méconnaît son génie quand elle se livre à l'esprit de conquête. Son influence est si grande dans la paix et dans la guerre que, toujours maîtresse de donner l'une ou l'autre, il doit lui sembler doux de tenir dans ses mains la balance des empires, et d'associer le repos de l'Europe au sien. Par sa situation, elle tient à tous les Etats ; par sa juste étendue, elle touche à ses véritables limites. Il faut donc que la France conserve et soit conservée ce qui la distingue de tous les peuples anciens et modernes. »

Certains, empruntant la voie ouverte en 1713 par l'abbé de Saint-Pierre dans son *Projet pour rendre la paix perpétuelle en Europe*, vont même plus loin et appellent à une union pacifique au sein d'une structure continentale commune [2]. Mais ce courant, souvent jugé utopique, demeure marginal au sein d'une Europe nobiliaire régie par la religion de la gloire et l'impôt du sang. Son existence n'en révèle pas moins l'apparition d'un courant pacifiste qui ira crescendo avec le siècle pour culminer avec Kant [3]. Outre Montesquieu [4], Mably [5] et Rousseau [6], on y retrouve la figure du baron d'Holbach qui intitule *Folie des conquêtes* l'un des chapitres de sa *Politique naturelle* (1773).

---

1. *Mémoire au Roi*, mars 1784.
2. L'abbé de Saint-Pierre s'inspire du Grand Dessein prêté par Sully à Henri IV. Publié dans *Les Œconomies royales*, il constitue le premier appel à l'union européenne.
3. Son célèbre projet *Pour la paix perpétuelle* date de 1795.
4. Ses *Considérations sur les causes de la grandeur des Romains et de leur décadence* ainsi que ses *Réflexions sur la monarchie universelle en Europe* mettent en garde contre les abus de la conquête en des termes étonnamment modernes.
5. Il publie en 1757 *Des principes des négociations pour servir d'introduction au droit public de l'Europe, fondé sur les traités.*
6. Le philosophe de Genève publie en 1761 des extraits critiques commentés de l'ouvrage de l'abbé de Saint-Pierre.

Majoritaire chez les politiques et les philosophes, ce parti de la paix a dominé le siècle, même si, de-ci, de-là, quelques voix se sont fait entendre pour réclamer une plus grande activité, au nom de la grandeur de la France. Tel est le cas notamment de l'obscur Chauvelin, bras droit puis rival malheureux de Fleury[1], ou du publiciste Favier qui compose plusieurs mémoires critiquant le renversement des alliances de 1756 dont il estime qu'il précipite notre déclin en nous plaçant à la remorque des Habsbourg[2]. Opposés à l'Autriche, frustrés par la perte des colonies, ces « faucons » inspirent l'intervention française en Amérique, revanche éclatante contre l'Angleterre et le traité de Paris, même s'il n'entraîne aucun gain territorial d'envergure. Le rêve du Rhin hante déjà certaines consciences. Dans son traité sur les institutions politiques, publié au milieu du XVIIIe siècle, le marquis de Biefeld estime légitime que la France atteigne le fleuve charnière qui marquait les limites de l'ancienne Gaule. Mais, il avertit solennellement : « Si elle y parvient, sa puissance ne sera que trop formidable au reste de l'Europe ; si elle porte ses vues ambitieuses plus loin, elle excitera la jalousie de toutes les autres nations ; ses conquêtes au-delà du Rhin seront d'une trop difficile garde, et le moindre revers de fortune, tels que les ont éprouvés les plus formidables empires, sera l'époque de sa décadence. »

1. Hostile à la politique pacifique de Fleury, acharné contre l'Autriche, il fut finalement chassé de son secrétariat d'Etat et relégué dans ses terres en 1737.

2. Rédigés sous couvert du comte de Broglie, l'homme du Secret du Roi, ses *Conjectures raisonnées* (1773) dénoncent « la dégradation rapide du crédit de la France dans les cours de l'Europe » qu'il attribue à la conclusion de l'alliance franco-autrichienne de 1756, alliance dont il démontre qu'elle a profité à la seule Autriche, cobénéficiaire du premier partage de la Pologne après avoir essuyé sans trop de dégâts les conséquences de sa défaite lors de la guerre de Sept Ans. Broglie ne cesse en conséquence de pousser Louis XV à une guerre de revanche contre l'Angleterre dans la Correspondance secrète qu'il lui adresse de 1756 à la fin de son règne : « Nul peuple, écrit-il par exemple le 16 juin 1765, n'est plus propre que le vostre, Sire, à l'offensive ; l'humiliation qu'il ressent lorsqu'il est réduit à la défensive se tourne en ennui et dans une espèce de découragement dont les suites sont presque toujours funestes. »

On en est là quand la Révolution bouleverse la donne en imprimant à l'Europe une secousse sans équivalent depuis les guerres de Religion. Le combat recouvre une fracture idéologique qui démode le conflit policé entre puissances rivales pour déboucher sur une lutte à mort entre deux conceptions du monde. Non contente de préconiser la destruction de la société d'ordres, la Révolution invente l'idée moderne de nation, communauté soudée par la langue, l'histoire et la volonté de vivre ensemble. Celle-ci défie ouvertement la « vieille Europe » absolutiste, truffée d'empires édifiés à coups de conquêtes contre la volonté des peuples, à l'image de la Pologne dépecée entre l'Autriche, la Prusse et la Russie. Contrairement à la révolution anglaise, aristocratique et localisée, contrairement à l'américaine, pacifique et libérale, 1789 impose d'emblée un caractère universaliste dans la théorie et violent dans la pratique, qui aurait dû souder d'emblée les monarchies contre elle. Or il n'en fut rien.

Au contraire, les puissances rivales accueillent au début sans déplaisir les avatars qui bouleversent la première puissance du continent et fragilisent cette arrogante maison de Bourbon qui les a si souvent menacées par le passé. Les rivalités intérieures ont toujours fait le jeu des ennemis de la France. De surcroît, la Constituante les rassure par une déclaration de paix au monde : « La nation française renonce à entreprendre aucune guerre dans la vue de faire des conquêtes et n'emploiera jamais ses forces contre la liberté d'aucun peuple. » Ce décret du 22 mai 1790, intégré tel quel dans la Constitution, ne résiste pourtant pas longtemps à l'épreuve des faits.

Le comte d'Artois, à la tête de l'émigration depuis juillet 1789, pousse l'Europe à entrer en croisade contre une Révolution qui, à travers le trône de son aîné, menace selon lui chaque prince en prônant la souveraineté du peuple et ce terrible droit des peuples à disposer d'eux-mêmes qui risque de pousser chaque nationalité minoritaire vers l'indépendance. Le célèbre Burke, que Catherine II surnomme « le Démosthène de l'Europe », prédit la chute de toutes les royautés dès lors que Louis XVI se retrouve ramené de force à Paris après les journées d'octobre 1789. Mais ses avertissements ainsi que ceux de Rivarol et du premier carré contre-révolutionnaire ne rencontrent à peu près aucun écho [1].

Toutefois, la question du droit des peuples à disposer d'eux-mêmes — traduction des droits de l'homme dans les relations internationales — balaie l'échiquier diplomatique lorsque, en juin 1790, les « patriotes » des Etats pontificaux s'emparent d'Avignon et réclament son rattachement à la France. Après avoir louvoyé, la Constituante donne suite à leur demande en septembre 1791. En ouvrant la boîte de Pandore des nationalités, l'assemblée inquiète d'autant plus que ce revirement va de pair avec la radicalisation de la Révolution.

Il faut attendre la fuite manquée à Varennes pour qu'un semblant de réaction s'esquisse. Le 25 août 1791, le roi de Prusse et l'empereur d'Autriche signent la déclaration de Pillnitz, mise en garde pour le moins mesurée à la France puisqu'ils « regardent la situation où se trouve le roi de France comme un objet d'intérêt commun ». C'est pourtant de cette dernière que vient la rupture, plus précisément des Girondins qui dominent la Législative et les premiers mois de la Convention. A l'inverse de Talleyrand ou de Mirabeau [2], les amis de Brissot [3] prônent depuis l'été 1791 une conception agressive de la Révolution, « croisade de la liberté universelle » selon leur mentor, qui doit permettre de mettre l'Europe en feu tout en faisant tomber Louis XVI, obligé de découvrir ses liens secrets avec l'Autriche et les émigrés en cas de conflit. « Le Français

1. Successeur de Joseph II au trône d'Autriche, Léopold II (1790-1792) refuse par exemple d'entendre les appels à l'aide de Marie-Antoinette : « J'ai une sœur en France, mais la France n'est pas ma sœur » déclare-t-il pour justifier son attentisme.

2. Partisan d'une révolution pacifique, Mirabeau déclare par exemple dans son discours du 25 août 1790 : « L'influence tôt ou tard irrésistible d'une nation forte de 24 millions d'hommes parlant la même langue et ramenant l'art social aux notions simples de liberté et d'équité qui, douées d'un charme irrésistible pour le cœur humain, trouvent dans toutes les contrées du monde des missionnaires et des prosélytes, l'influence d'une telle nation conquerra sans doute l'Europe entière à la vérité, à la modération, à la justice, mais non pas toute à la fois, non pas en un seul jour, non pas en un seul instant. »

3. « La Révolution française sera le foyer sacré d'où partira l'étincelle qui embrasera toutes les nations dont les maîtres oseront s'approcher » déclare-t-il dès le 10 juillet 1791.

est devenu le peuple le plus marquant de l'univers : il faut que sa conduite réponde à sa nouvelle destinée », clame le Girondin Isnard en novembre 1791 avant de menacer : « Disons à l'Europe [...] que si les cabinets des cours étrangères tentent de susciter une guerre des rois contre la France, nous leur susciterons une guerre des peuples contre les rois. Disons-lui que dix millions de Français, embrasés du feu de la liberté, armés du glaive, de la plume, de la raison, de l'éloquence, pourraient seuls, si on les irrite, changer la face du monde et faire trembler tous les tyrans sur leurs trônes. » A l'exception célèbre de Robespierre partisan de la paix car convaincu que la Révolution doit d'abord se fortifier à l'intérieur et qui prédit une future dictature militaire si la guerre se prolonge[1], la majorité de l'Assemblée et, pour une raison inverse — l'espoir de la défaite —, la famille royale se liguent pour déclarer la guerre à François II, « roi de Bohême et de Hongrie » le 20 avril 1792. Si la Prusse se range derrière les Habsbourg, Catherine II préfère s'abstenir afin de combattre les Ottomans et mettre la main sur la Pologne.

Après une alternance de succès et de revers[2], « l'épidémie française » (Léopold d'Autriche) se répand le long de la rive gauche du Rhin et en Belgique, conquise grâce à la victoire remportée le 26 juin 1794 par Jourdan à Fleurus. En s'emparant de la Hollande l'année suivante, Pichegru scelle l'échec de la première coalition et par contrecoup la consécration de la République. Car elle sauve le régime et éclipse la Terreur par la gloire ; la guerre devient consubstantielle à la Répu-

1. « L'Incorruptible » déclare notamment en janvier 1792, visant Brissot : « La plus extravagante idée qui puisse naître dans la tête d'un politique est de croire qu'il suffise à un peuple d'entrer à mains armées chez un peuple étranger pour lui faire adopter ses lois et sa Constitution. Personne n'aime les missionnaires armés [...] Avant que les effets de notre révolution se fassent sentir chez les nations étrangères, enchaîne-t-il, il faut qu'elle soit consolidée. Vouloir leur donner la liberté avant de l'avoir nous-mêmes conquise, c'est assurer à la fois notre servitude et celle du monde entier ; c'est se former des choses une idée exagérée et absurde, de penser que, dès le moment où un peuple se donne une Constitution, tous les autres répondent au même instant à ce signal. »

2. Le conflit se déroule sur fond de guerre de Vendée et de luttes sanglantes entre Girondins et Jacobins, suivies de la révolte fédéraliste : la défaite de Dumouriez à Neerwinden le 16 mars 1793, la perte de Valenciennes en juillet, la perte et la reprise de Toulon à la fin de l'année, la victoire de Wattignies (16 octobre) en forment les principales étapes.

blique : « Il y avait deux France : l'une horrible à l'intérieur, l'autre admirable à l'extérieur, résume Chateaubriand ; on opposait la gloire à nos crimes, comme Bonaparte l'opposa à nos libertés. Nous avons toujours rencontré pour écueil devant nous nos victoires. » En décrétant la guerre aux rois et la paix aux nations, selon la célèbre formule de Merlin de Thionville[1], la Révolution ennoblit enfin la conquête par un message universaliste qui rencontre de larges échos, notamment en Italie et sur la rive gauche du Rhin.

Si l'idéal de la Grande Nation fraternelle confère une aura morale à la toute jeune République, nos buts de guerre démentent nos principes en renouant avec l'ambition inachevée de la monarchie, soit la conquête des frontières naturelles. Ces dernières sont revendiquées par le tonitruant Danton dans son célèbre discours du 31 janvier 1793 : « Les limites de la France sont marquées par la nature. Nous les atteindrons dans les quatre points : à l'Océan, au Rhin, aux Alpes, aux Pyrénées ! » Et de chanter la croisade révolutionnaire : « Aucune puissance ne peut nous arrêter. C'est en vain qu'on nous menace de la colère des rois. Vous leur avez jeté le gant. Le gant est la tête d'un roi. C'est le signal de leur mort prochaine[2]. » Le prosélytisme émancipateur masque ainsi un unilatéralisme conquérant, posant l'incompatibilité entre démocratie et conquête. L'idéal d'une Europe des peuples dressés contre les rois sert ainsi de cheval de Troie à un impérialisme forgé à la plus vieille tradition monarchique. L'enivrement des victoires fait taire les dernières voix récalcitrantes comme celles de Carnot et Barthélemy dont le « pacifisme » joue un rôle déci-

1. Un décret, voté par la Convention le 19 novembre 1792, accorde « fraternité et secours à tous les peuples qui voudront recouvrer leur liberté ».

2. « Oh ! surenchérit Robespierre devant la Convention en novembre 1793, qui de nous ne sent pas agrandir toutes ses facultés, qui de nous ne croit s'élever au-dessus de l'humanité même en songeant que ce n'est pas pour un peuple que nous combattons, mais pour l'univers ? [...] Au reste, dût l'Europe entière se déclarer contre vous, vous êtes plus forts que l'Europe. La République française est invincible comme la raison ; elle est immortelle comme la vérité. Quand la liberté a fait une conquête telle que la France, nulle puissance humaine ne peut l'en chasser. »

sif dans leur ostracisation par le Directoire en Fructidor[1]. Déjà, ces hommes d'expérience ont compris que la pérennisation des conquêtes sous-tend le maintien global de l'équilibre entre les puissances[2]. Au moment où la Toscane, l'Espagne et la Prusse signent enfin la paix en 1795, le programme de Danton est en grande partie atteint puisque, par plébiscite ou annexion, la France s'est déjà accrue d'Avignon et du comtat Venaissin, de la Savoie et de Nice auxquels s'ajoutent le Luxembourg et surtout la Belgique, cette dernière vainement convoitée depuis Richelieu.

*

Face à cette croisade, l'Europe n'oppose aucun programme commun d'envergure à la religion de l'individu émancipé. Libéral ou théocratique, le royalisme se définit d'abord en réaction contre la Révolution avant de se penser comme tel. Critiques de la Constituante, anathèmes contre la Convention puis le Directoire s'additionnent pour empêcher toute prospective sereine et la formation d'un corpus doctrinal. A de rares exceptions près, le royalisme se réduit donc aux cris d'orfraie de la contre-révolution ou au désespoir du libéralisme, ce dernier rongé par l'introspection douloureuse à l'instar des *Recherches sur les causes qui ont empêché les Français de devenir libres et sur les moyens qui leur restent pour acquérir la liberté*, publiées en 1792 par Mounier[3].

1. Le coup d'Etat est logiquement interprété comme une victoire de la gauche belliciste tenante des limites naturelles (Barras, Rewbell) contre la droite pacifique, rassemblant royalistes modérés et républicains d'ordre au sein de « la faction des anciennes limites », également qualifiées de « petites limites » par les contemporains.

2. L'« organisateur de la victoire » publie en juillet 1794 une brochure dans laquelle il refuse même la ligne du Rhin car « la France ne pourrait que s'affaiblir et se préparer une guerre interminable par un agrandissement de cette nature ». Kléber pense de même comme en témoigne la lettre suivante, adressée au Directoire en septembre 1796 : « Soldat de la Révolution, je n'avais pris les armes que pour conquérir la liberté et éloigner nos ennemis des frontières. La liberté conquise, l'ennemi était loin de nos frontières, la Patrie était satisfaite, je n'ai contracté qu'avec elle. Je ne veux être, je ne serai jamais l'instrument passif d'aucun système de conquête. »

3. Le désenchantement touche aussi de nombreux humanistes allemands comme Goethe ou Wieland. Celui-ci, au printemps 1791, écrit une lettre qui résume bien la désillusion de l'ensemble des élites européennes : « Un peuple qui veut être libre et

Ce vide idéologique explique pour beaucoup la cécité de la vieille Europe monarchique, de surcroît minée par les rivalités entre ses principales puissances. Alors que l'aube du nouvel âge du monde se lève à l'ouest, elle demeure obsédée par ses rivalités d'antan ; chaque Etat rêve d'évincer son voisin afin d'exercer l'hégémonie continentale à laquelle chacun croit pouvoir prétendre. En conséquence, elle continue, et pour longtemps, à voir la France sous le prisme louis-quatorzien traditionnel d'une rivale davantage redoutable par ses armées que par ses idées. Seule une poignée d'écrivains comprend la teneur explosive des nouvelles doctrines et le danger de mort qu'elles font peser sur l'ensemble des monarchies du continent.

Mallet du Pan est le premier à montrer dans ses *Considérations sur la nature de la Révolution de France et sur les causes qui en prolongent la durée* comment la guerre n'aboutit qu'à galvaniser les Français et à conforter la République. Ce disciple de Burke déplore l'aveuglement des royautés qui donnent par leur intransigeance de précieuses armes à leur adversaire alors qu'elles devraient retourner l'idéologie révolutionnaire contre elle-même en dénonçant ses atteintes répétées contre les libertés et un droit international fondé depuis les traités de Westphalie sur l'équilibre continental et la recherche permanente de la paix. Ce n'est pas pour la cause des rois, martèle-t-il, mais bien pour la sauvegarde de l'Europe que les monarchies doivent se dresser contre l'expansionnisme révolutionnaire[1]. Trahie par les Jacobins, la cause de la

qui en deux pleines années n'a pas appris que la liberté, sans une obéissance absolue et illimitée à l'égard des lois, est en théorie une absurdité et dans la pratique un état infiniment plus honteux et pernicieux que l'esclavage antique, un peuple qui se targue de liberté et qui, à tout instant, se laisse exciter et entraîner par une faction aux plus sauvages excès, à des actes dont rougiraient des cannibales, un pareil peuple, pour employer les termes les plus bénins, n'est pas encore mûr pour la liberté et, selon toutes apparences, il devra surmonter mainte convulsion effroyable, avant que son sort soit décidé d'une façon ou de l'autre. »

1. « On a trop souvent follement répété que c'était ici la cause des rois : ce propos d'antichambre a passé de la bouche des courtisans dans celle des anarchistes [...] Je le prononce hautement ; s'il en était ainsi la révolution serait indestructible ; mais elle périra, car elle est un attentat sur les peuples encore plus que sur les gouvernements car elle est conjurée contre les droits des nations, beaucoup plus qu'en faveur des droits de l'homme. »

liberté doit être récupérée par la royauté, à charge pour elle de se réformer en établissant des constitutions garantissant l'équilibre des pouvoirs et le respect des libertés fondamentales.

En 1796, Calonne, Montlosier et Burke lui emboîtent le pas. Dans son *Tableau de l'Europe*[1], Calonne vitupère de concert l'avidité des puissances et l'intransigeance stérile de l'émigration pour réclamer l'édification d'une nouvelle « guerre d'opinion ». Joignant « la persuasion à la force », celle-ci doit « conquérir les esprits » égarés par la propagande jacobine. Pour y parvenir, il préconise notamment le pardon à tous les repentis, « de profiter habilement de toutes les dissidences de parti, pour gagner les moins déraisonnables ; de ne rien épargner pour acheter des correspondances utiles dans l'intérieur ; de soutenir, par tous les moyens possibles, les insurrections royalistes [...] ; d'opposer ainsi la France à la France, pour la sauver d'elle-même [...][2] ». Afin de prouver sa modération, il réclame l'acceptation de la monarchie constitutionnelle, également demandée par le monarchien Montlosier[3]. La conclusion de la paix, jugent-ils de concert, pourra seule briser l'élan révolutionnaire et frayer la voie au retour de Louis XVIII.

Dans le registre plus polémique qu'il affectionne, Burke reprend la plume pour sonner le tocsin. La doctrine républicaine est incompatible avec l'Europe monarchique clame-t-il dans ses *Lettres [...] sur les négociations de paix ouvertes avec le Directoire*. Elle repose sur trois bases « diamétralement opposées à celles qui servent de fondement aux autres Etats », soit « le régicide, le jacobinisme et l'athéisme ». La

1. Le titre complet est : *Tableau de l'Europe*, en 1795, et *Pensées sur ce qu'on a fait et qu'on aurait pas dû faire ; sur ce qu'on aurait dû faire, et qu'on a pas fait ; sur ce qu'on devrait faire et que, peut-être on ne fera pas.* L'ouvrage fut publié à Londres en 1796.

2. A l'instar de Burke, Calonne martèle qu'il n'y a pas de paix possible avec la République : « Une guerre bien conduite, une campagne plus heureuse que les précédentes, rendraient les Français plus traitables sur les conditions de la paix ; mais ne déracineraient pas le système démocratique ; et jusqu'à ce qu'il soit renversé, il n'y aura pas de gouvernement stable en France, il n'y aura pas de paix en Europe » écrit-il toujours dans le même ouvrage.

3. Dans ses *Vues sommaires sur les moyens de paix pour la France, pour l'Europe, pour les émigrés,* Londres, 1796.

première met à l'index la royauté [1], la seconde attaque la propriété [2], la troisième atomisant la religion. Cette attaque en règle de la civilisation s'ordonne autour d'une théologie civile qui sanctuarise les pseudo-droits de l'homme en opposition au christianisme, le principal pilier de l'identité européenne. En conséquence : « Nous sommes en guerre avec un système qui, par essence, est l'ennemi de tous les autres gouvernements, et qui fait ou la paix ou la guerre, selon que l'un ou l'autre conduit plus directement à leur subversion. C'est avec une doctrine armée que nous luttons. »

L'appel des polémistes à l'union sacrée ne rencontre encore que l'indifférence polie des souverains et de leurs ministres. Certes, ils n'aiment pas la Révolution et renforcent l'appareil répressif de leurs Etats pour éviter la contagion. Mais ils n'ont pas encore pris conscience de l'ampleur du danger. Dans le couple infernal entre la Révolution et la puissance, c'est toujours la seconde qu'ils craignent.

L'exploitant

La série de traités négociés par Bonaparte achève le programme de Danton et consacre le triomphe de « la moderne Sodome », telle que la qualifie la reine Marie-Caroline de Naples, l'une de ses plus tenaces adversaires. Non content de garantir les frontières naturelles et d'obtenir la reconnaissance de la République, le Premier consul pose les jalons de ses

1. « J'appelle une république régicide qui pose comme loi fixe de la nature, et comme conséquence des droits de l'homme, que tout gouvernement non démocratique est une usurpation, que tout roi comme roi est un usurpateur, et peut, et doit pour cela même être mis à mort avec sa femme, sa famille et ses alentours. L'Etat qui agit d'après ces principes, et qui après avoir aboli toutes les fêtes religieuses fait une commémoration solennelle de l'acte le plus flagrant, d'un meurtre et d'une trahison régicide, et force tout le peuple à l'observer : cet Etat, conclut Burke, je l'appelle régicide par institution. »

2. « Le jacobinisme est la révolte des talents entreprenants contre la société [...] quand c'est sur cette violation de propriétés qu'il établit sa principale force et qu'il massacre [...] ceux qui luttent pour leur ancien gouvernement et leurs possessions légitimement acquises héréditaires, j'appelle tout cela le jacobinisme par institution. »

conquêtes ultérieures en profitant de l'année de paix, entre 1802 et 1803, pour prendre sérieusement pied en Italie, en Suisse et en Allemagne[1].

Napoléon veut l'Italie, « but principal et constant de ma politique ». Comme souvent chez lui, son attachement à la péninsule conjugue nostalgie sentimentale et volonté de puissance. Berceau de sa famille, l'Italie a été le théâtre de ses premiers exploits et de son apprentissage du pouvoir. Mais elle est aussi la clé de voûte de la Méditerranée et la base géopolitique du rêve oriental. La proie s'avère d'autant plus tentante qu'elle est faible. Kyrielle d'Etats rivaux sans unité politique, la péninsule se divise en trois grandes zones : nord sous influence autrichienne (jusqu'à Campoformio), centre sous tutelle du pape, sud où règnent les Bourbons de Naples sous la protection de plus en plus pesante des Anglais. Dès sa première campagne, Bonaparte n'a cessé de bâtir, pierre à pierre, une Italie française dont l'existence vient d'être consolidée par le traité de Lunéville, fruit de Marengo.

Le 24 janvier 1802, il se fait élire par une consulte réunie à cet effet président de la République cisalpine[2]. Celle-ci prend pour l'occasion le nom à forte charge émotive d'Italienne alors qu'elle ne regroupe que des Etats du nord de la péninsule. A l'automne suivant, l'annexion du Piémont, divisé en six départements, l'entrée des troupes françaises dans le duché de Parme, l'annexion de l'île d'Elbe, enfin la remise de l'Etrurie (Toscane) à l'allié espagnol, prouvent que la France consulaire ne compte pas s'arrêter là. En juin, la République ligurienne (Gênes) renforce ses liens avec sa puissante protectrice en modifiant ses institutions sur son modèle et d'après ses volontés. Beaucoup y voient le prélude à une annexion prochaine.

---

1. En octobre 1801, il inspire en outre l'octroi d'une nouvelle Constitution à la République batave ; celle-ci naturellement destinée à accroître sa vassalisation à l'égard de la France.
2. Son mandat est de dix ans, les institutions de la nouvelle république étant calquées sur celles de la France.

La même méthode d'« approfondissement » est employée à l'encontre de la République helvétique. Théoriquement neutre depuis les traités de Westphalie, elle a en réalité déjà été placée dans l'orbite de la Grande Nation par le Directoire, qui a annexé Genève et imposé un « traité d'alliance » après avoir envoyé un corps expéditionnaire en charge d'appuyer les « patriotes » helvètes en 1798[1]. Jouant des divisions internes[2] avec la complicité de Talleyrand, le Premier consul parachève l'opération en imposant l'Acte de médiation du 19 février 1803 qui place la confédération sous notre protectorat[3] tout en lui rendant son caractère fédéral dont le Directoire l'avait privée[4]. Napoléon, qui s'en fait proclamer le médiateur, impose une alliance défensive assortie d'un contingent de 16 000 hommes particulièrement appréciable eu égard aux qualités universellement reconnues des combattants helvètes. Le voilà maintenant doté d'un client précieux entre l'Italie et l'Allemagne, à la fois glacis protecteur de la frontière de l'Est et base avancée pour les futures campagnes.

Cette grande offensive diplomatique est parachevée le 25 février 1803 par le recès de Ratisbonne qui réforme entièrement la carte des Etats germaniques en faveur des clients de la France. Une volonté de rationalisation bouscule l'ordre établi par les traités de Westphalie : 268 Etats disparaissent, 82... seulement subsistent. S'il enraye l'anarchie, le Premier consul veille ainsi à maintenir la division des Allemagne, table de la loi d'une diplomatie française obsédée par sa volonté de contrecarrer les Habsbourg en leur disputant l'hégémonie sur le Saint Empire. Trois millions d'hommes changent de souve-

1. Bonaparte a chaudement appuyé l'intervention, notamment voulue par Rewbell.
2. La rivalité entre « unitaires », proches des Jacobins, et « fédéralistes », étiquetés contre-révolutionnaires, s'est déjà traduite par plusieurs coups d'Etat.
3. Au printemps 1802, il a obtenu en outre que le Valais soit déclaré indépendant... sous la protection conjointe de la France et de la République italienne, ce qui est aussitôt interprété comme une annexion déguisée (elle deviendra effective en 1810).
4. « La nature a fait votre Etat fédératif. Vouloir la vaincre ne peut être d'un homme sage » affirme-t-il aux délégués suisses réunis sur son ordre à Paris en décembre 1802 pour accoucher des nouvelles institutions.

rains. Nos amis fidèles du duché de Bade, du Wurtemberg et de la Bavière [1] sortent considérablement renforcés tout comme la Prusse, récompensée pour sa neutralité bienveillante depuis 1795 [2] et que Bonaparte, en digne héritier de la fascination française pour Frédéric II, cherche à attirer dans son camp.

La grande perdante de l'opération se nomme à nouveau l'Autriche. Soumise à la puissance montante des Etats protestants [3], elle est désormais assurée de perdre la couronne du Saint Empire romain germanique, rendu par là même obsolète et condamné à disparaître. « On a souvent cité le mot de Voltaire : "Le corps germanique s'appelait le Saint Empire romain, tandis que réellement il n'était si saint, ni empire, ni romain". Saint, il n'avait jamais eu la prétention de l'être ; romain, il ne l'était devenu que pour opprimer Rome ; empire, il ne l'avait été par intervalles qu'au Moyen Age, il ne l'était plus à l'époque de la Révolution française. Si l'on cherche cet empire, on ne le trouve nulle part », tranche Albert Sorel. Talleyrand, principal négociateur, a parfaitement manœuvré en marginalisant le vieil ennemi sans pour autant assurer une prépondérance indiscutable à l'un de ses rivaux. La France devient l'arbitre des destinées germaniques, groupement de puissances moyennes trop faibles pour se passer d'elle, assez puissantes cependant pour contenir François II d'Autriche.

Bonaparte, qui connaît bien les problèmes de la monarchie autrichienne pour les avoir constatés de visu depuis la campagne d'Italie, a profité de la situation pour renforcer la puissance de son jeune gouvernement. Mais, certain que le conflit reprendra, il compte déjà mobiliser l'opinion dans cette perspective. Il existe une ambiguïté certaine de la nation à ce sujet,

1. Fidèle cliente de la France monarchique, la Bavière gagne en territoires, en habitants et en unité, le recès lui permettant d'abolir les nombreuses enclaves qui subsistaient sur son sol.

2. Elle gagne environ 400 000 habitants répartis sur plusieurs évêchés et abbayes ainsi que la ville de Munster.

3. A l'occasion du recès, le nombre d'électeurs pour la couronne impériale est porté à dix dont six protestants contre huit, dont cinq catholiques, auparavant.

mélange d'immense fierté face à la gloire amassée et aux territoires acquis mais aussi de lassitude extrême devant le prix à payer et la prolongation d'un conflit qui semble ne devoir jamais finir. C'est pourquoi certains adeptes initiaux de l'expansionnisme ont réclamé dès la fin de la Convention la paix raisonnable qui ramènerait la Grande Nation à un niveau de puissance compatible avec celui des grandes monarchies du continent[1].

La synthèse, tel que le Premier consul l'a ébauchée sous le Consulat, paraît encore possible. Elle s'appelle la paix dans l'honneur. A l'abri derrière ses frontières, déjà dotée de forts glacis protecteurs en Allemagne et en Italie, la nouvelle France semble autrement plus inexpugnable que celle protégée par la ceinture de fer. D'un avis général, il faut en rester là ; avis que ne partage pas le futur empereur mais qu'il ne peut rendre public sous peine de désaffection immédiate[2]. « Votre foutue paix est signée. Que vais-je devenir ? », avait-il dit à Talleyrand lors de la signature du traité d'Amiens. En réalité, la France de la Révolution est déjà devenue celle de la conservation et de la paix bourgeoise. En Bonaparte, elle vénère davantage le pacificateur que le conquérant, l'arbitre d'Amiens que le condottiere d'Arcole, même si elle sait qu'il n'y a pas de paix durable sans capacité de dissuasion. Cette

1. Tel est le cas par exemple de Merlin de Thionville. Son rapport de mai 1795 au Comité de salut public est largement cité par Albert Sorel dans *L'Europe et la Révolution française*. « Nous succombons pour ainsi dire sous le poids de nos victoires [...] Et cependant l'Europe est à nos genoux. Le monde nous demande la paix, quand un seul échec pourrait nous faire perdre en un seul instant tout notre éclat antérieur... Pourquoi avons-nous pris les armes ? Pour conquérir notre liberté, pour ramener la paix, l'abondance et le bonheur. » Il conclut avec force : « Donnez-nous la paix, dussions-nous même rentrer dans nos anciennes limites : nous serions encore assez grands, plus grands même, puisque nous prouverions que nous n'avons pris les armes que pour la liberté. Voilà mon opinion, je la crois seule salutaire. Puisse-t-elle prévaloir sur les projets gigantesques des hommes qui ont oublié à quoi tiennent les existences des Empires ! »

2. En envoyant le traité d'Amiens au Corps législatif, il laisse percer des regrets dans son message : « Bien des années s'écouleront désormais pour nous, sans victoires, sans triomphes, sans ces négociations éclatantes qui font la destinée des Etats. [...] Mais le bonheur de la France s'accroîtra des chances de gloire qu'elle aura dédaignées. » Molé, qui cite le texte dans ses *Souvenirs de jeunesse*, commente à juste titre : « L'Europe et la France durent frémir de l'accent profondément mélancolique dont Napoléon annonçait au monde cette paix pour laquelle l'espèce humaine soupirait depuis si longtemps. »

France pacifique ne voit pas, ou ne veut pas voir, la nature héroïque, tragique et guerrière de son jeune héros. Elle croit avoir adopté un nouvel Henri IV alors qu'elle remet son destin entre les mains d'un émule des grands conquérants antiques, pionniers de cet « esprit d'aventure » (G. Ferrero) modernisé par l'esprit chevaleresque de la monarchie avant de s'incarner dans l'expansionnisme universaliste de la Révolution.

Pour le moment, le malentendu n'apparaît pas car Napoléon hérite des guerres de la Révolution et s'affiche comme un ardent partisan de la paix [1]. Mais cette politique, contraire à sa nature, ne saurait durer longtemps. Heureusement, l'Angleterre va venir à son secours et lui permettre de reprendre les armes...

Le défi anglais

De nombreux orateurs britanniques ont dénoncé d'emblée les conditions actées à Amiens comme beaucoup trop favorables à la France. Un certain Edouard Cook, ancien ministre, écrit ainsi à son ami Castlereagh une lettre ouverte dans laquelle il juge la reprise de la guerre préférable à « une paix qui ruinera l'Angleterre, anéantira ses finances, renversera sa puissance sur terre et sur mer » [2]. Furieuse du refus consulaire

1. A sa demande, Talleyrand compose en liaison avec d'Hauterive un *Etat de la France à la fin de l'an VIII*. Le texte, fidèle expression de la politique extérieure du Premier consul, justifie les annexions par l'agression de l'Europe et la nécessité de restaurer un équilibre continental qui a évolué à notre détriment au cours du siècle des Lumières. « La France fait la guerre pour détruire des alliances ennemies du repos de l'Europe ; elle fait la guerre pour avoir la paix » affirme notamment le texte, qui se conclut par un appel à la formation d'une vaste coalition contre l'Angleterre, la véritable ennemie de l'Europe en raison de son hégémonie maritime et qui menace à terme toutes les puissances. En résumé, les monarques se sont trompés d'ennemi en s'alliant contre la France.

2. « Nous permettons à la France, accrue des Pays-Bas, de former un système politique et commercial avec la Hollande, l'Espagne, la Suisse, l'Italie ; nous lui rendons le commerce des Antilles, voilà soixante-dix millions de livres engloutis ! s'indigne Cook dans la même missive. Nous avions des traités de commerce avec tous ces pays, nous n'en avons plus qu'un seul, avec Naples ! La France va monopoliser le trafic qui échappe, ruiner notre industrie qui émigrera avec ses capitaux, car l'argent n'a pas de patrie. » A l'opposé, la guerre « maintiendrait notre monopole commercial, notre suprématie aux colonies ; elle ménagera des débouchés immenses à nos produits ».

de conclure un nouveau traité de commerce [1], inquiète de l'activisme forcené de Bonaparte en politique extérieure, troublée par sa tentative de reconquête coloniale à Saint-Domingue [2] et son ambitieuse politique navale, elle considère bientôt la paix d'Amiens comme une trêve « précaire et trompeuse », selon le mot de Lord Fitz-William, dont elle serait la dupe avant d'en devenir la victime : « La situation de Bonaparte et l'organisation de son pouvoir sont telles, accuse Sheridan, qu'il doit entrer avec ses sujets dans un terrible échange ; il faut qu'il leur promette de les rendre les maîtres du monde, afin qu'ils consentent à être ses esclaves. » Bonaparte, de son côté, s'indigne de la liberté d'une presse anglaise qui l'accable à coups de pamphlets et de caricatures. Aussi, après en avoir interdit la diffusion en France, exige-t-il du gouvernement britannique qu'il mette fin à ce qu'il juge comme une campagne calomnieuse. Le dessin féroce d'un Gillray, maître en la matière, le présente toujours sous les traits d'un nain maléfique et sanguinaire, lâche et violent, ridicule parvenu flanqué d'un énorme sabre trop lourd pour lui et qu'il traîne péniblement. Le *Morning Post* du 1er février 1803 attaque en lui l'héritier du jacobinisme, incarnation d'« une usurpation violente du pouvoir et de la propriété, au détriment des grands et des riches, par des hommes de sac et de corde ». En dépit des justifications mielleuses de l'ambassadeur anglais qui lui explique que son gouvernement, ignorant la censure, ne peut prétendre réduire la liberté d'expression, le Premier consul ne veut rien entendre. Ayant initié des poursuites contre le polémiste royaliste Peltier, réfugié à Londres et auteur d'articles assassins à son encontre, il s'indigne que le pamphlétaire ne soit condamné qu'à une peine infime et croit déceler, derrière cette clémence, la main du gouvernement anglais, à ses yeux simple marionnette entre les mains de la City.

1. En outre, Bonaparte taxe lourdement les denrées coloniales, notamment par le tarif douanier de 1803 qui frappe le sucre et les textiles.

2. Elle fut comme chacun sait un échec terrible en raison de l'épidémie qui ravagea le corps expéditionnaire, causant notamment la mort de son général en chef (et beau-frère du Premier consul) le général Leclerc, qui était pourtant parvenu à réduire la révolte dirigée par Toussaint-Louverture. A Sainte-Hélène, Napoléon considérera l'expédition comme une des plus grandes fautes qu'il ait commises. L'inquiétude anglaise se nourrit également de l'envoi du général Decaen aux Indes.

Ulcéré, il réplique par des articles maladroits, notamment l'insertion dans le très officiel *Moniteur* d'un brûlot de Sebastiani. Ce général et diplomate prétend que l'Egypte pourrait être facilement reconquise au moyen de quelques milliers d'hommes, ce qui prouve le peu de cas que notre gouvernement fait des troupes britanniques, et passe, à juste titre, pour une provocation inutile. Le ton monte quand l'Angleterre, contrairement aux stipulations du traité, refuse d'évacuer Malte et réarme. Le 23 octobre 1802, le Premier consul l'avait déjà fait avertir solennellement par le truchement de notre ambassadeur en Angleterre : « Laissez entendre que le premier coup de canon peut créer subitement l'esprit gaulois. Donnez à entendre jusqu'à quel degré une nouvelle guerre peut porter la gloire et la puissance du Premier consul. Il a trente-trois ans et il n'a encore détruit que des Etats de second ordre, qui sait ce qu'il lui faudrait de temps, s'il y était forcé, pour changer de nouveau la face de l'Europe et ressusciter l'Empire d'Occident ? » Tout est prédit pour qui veut bien se donner la peine de lire.

Reste à légitimer la reprise du conflit en faisant porter l'intégralité de la faute sur l'Angleterre. Dans un entretien privé aux Tuileries avec le nouvel ambassadeur anglais, Bonaparte s'est expliqué sur ce sujet sans ambiguïté : « Croyez-vous que je m'abuse à l'égard du pouvoir que j'exerce aujourd'hui sur l'opinion de la France et de l'Europe ? dit-il à Lord Whitworth. Non, ce pouvoir n'est pas assez grand pour me permettre impunément une agression non motivée. L'opinion de l'Europe se tournerait à l'instant contre moi, mon ascendant politique serait perdu ; et quant à la France, j'ai besoin de lui prouver qu'on m'a fait la guerre, que je ne l'ai point provoquée, pour obtenir d'elle l'élan, l'enthousiasme que je veux exciter contre vous, si vous m'amenez à combattre. Il faut, conclut-il, que vous ayez tous les torts, et que je n'en aie pas un seul. »

L'Angleterre continuant à faire la sourde oreille, Napoléon décide de franchir un cap supplémentaire en prenant l'opinion à témoin. Tel est l'objet de la scène publique qu'il inflige en mars 1803 à l'ambassadeur anglais devant le corps diplomatique au grand complet. Les yeux transperçants, le verbe tranchant, il fixe son interlocuteur et l'agresse en récapitulant tous les manquements au traité : « Malte ou la guerre », menace-t-il avant d'ajouter : « Les Anglais veulent la guerre, mais s'ils sont les premiers à tirer l'épée, je serai le dernier à la remettre. Ils ne respectent pas les traités. Il faut dorénavant couvrir les traités de crêpe noir ! [...] Malheur à ceux qui ne respectent pas les traités. Ils seront responsables devant toute l'Europe. » Il lui dit également, parlant en réalité pour sa propre personne : « Vous pourrez peut-être tuer la France mais jamais l'intimider. » Le moindre recul, et c'est la raison pour laquelle Malte revêt à ses yeux une importance vitale, le ridiculiserait devant l'opinion. La moindre atteinte à son prestige anéantirait, à ses yeux, son pouvoir dont il dira maintes fois qu'il ne repose que sur la crainte qu'il inspire [1].

Après d'ultimes simulacres de négociation, l'Angleterre nous déclare la guerre le 16 mai 1803 en saisissant nos navires de commerce. L'opinion s'indigne et soutient le Premier consul quand il réplique en décrétant d'arrestation tous les citoyens britanniques en France puis fait occuper le Hanovre, ce petit royaume allemand appartenant au roi d'Angleterre qui en est originaire [2]. En mai 1804, Pitt reprend les rênes du gouvernement britannique [3], signe que le conflit s'annonce sans trêve et sans pitié. Pour le Premier ministre du roi George, Napoléon incarne le mal absolu : « Depuis quand, s'exclamait-il dès février 1800, a-t-on découvert que le jacobinisme

1. Pour l'historien Georges Pariset, les torts sont partagés : « Jusqu'au dernier moment, la rupture pouvait être évitée, écrit-il dans son histoire de la période. Elle a été provoquée moins peut-être par la volonté des deux adversaires que par la manière dont la discussion avait été engagée, au sujet de la paix, mais en marge du traité. Le ton était devenu de plus en plus vif, et il avait fini par exclure toute possibilité de compromis honorable. Dans le bilan des responsabilités, les paroles les plus graves sont à la charge de Bonaparte, les actes les plus graves à la charge de l'Angleterre. »

2. Il fait également occuper Otrante et Tarente afin de protéger l'Italie en contenant le royaume de Naples, satellisé depuis longtemps par l'Angleterre.

3. Il a déjà été Premier ministre de décembre 1783 à mars 1801.

de Robespierre, de Barras, des cinq Directeurs, du triumvirat, a disparu parce qu'il réside tout entier dans un seul homme, élevé et nourri dans son sein, qui est à la fois le fils et le champion de toutes ces atrocités ? » A la différence de la plupart de ses contemporains, le fils de Lord Chatham juge que la personnalisation du pouvoir au profit du Premier consul rend la France encore plus belliciste et dangereuse.

*

Derrière la lutte armée se joue la domination de l'Europe et du monde. D'un point de vue militaire, chacun des deux pays a pris l'ascendant dans un domaine spécifique : la marine pour l'Angleterre, l'infanterie pour la France, devenue la première puissance continentale au XVIIe siècle tandis qu'Albion avait assuré son imperium sur les océans par sa victoire contre l'« Invincible Armada » espagnole dès 1588.

L'histoire de la relation franco-anglaise reste alors celle d'une rivalité ancestrale, nourrissant une mémoire de la haine[1]. « En réalité, s'enflamme Albert Sorel, ce sont sept cents ans d'histoire d'Angleterre qui continuent la guerre avec sept cents ans d'histoire de France [...]. William Pitt et Bonaparte

1. Dans son *Siècle de Louis XV*, Pierre Gaxotte consacre sous le titre *La Terre et l'Eau*, un chapitre à la rivalité franco-anglaise dans lequel il résume avec maestria l'histoire de l'affrontement entre les deux puissances à partir de la Glorious Revolution. « Au XVIe et au XVIIe siècles, la France et l'Angleterre avaient vécu tantôt en bons termes, tantôt en mauvais, selon les combinaisons du moment. Mais, à partir de 1688, tout change. La guerre est la règle, la paix une trêve qui permet aux combattants de refaire leurs forces. Le compte est facile à établir : en 1688, guerre de la Ligue d'Augsbourg qui dure neuf ans, jusqu'en 1697 ; en 1702, guerre de la Succession d'Espagne qui dure onze ans, jusqu'en 1713 ; en 1741, guerre de la Succession d'Autriche qui dure sept ans, jusqu'en 1748 ; en 1756, guerre de Sept Ans, jusqu'en 1763 ; en 1778, guerre de l'Indépendance des Etats-Unis qui dure cinq ans, jusqu'en 1783 ; en 1793, premières coalitions contre la Révolution, jusqu'à la paix d'Amiens en 1802, soit neuf ans de guerre ; en 1803, dernières coalitions contre Napoléon, qui durent douze ans, jusqu'en 1815. Durant ces cent vingt-sept ans, la France soutint donc contre l'Angleterre sept grandes guerres qui durèrent en tout soixante ans. Si l'on excepte les années 1713 à 1741 qui correspondent chez nous à la Régence et au ministère de Fleury, en Angleterre aux ministères de Stanhope et de Walpole, l'Angleterre, pendant plus d'un siècle, n'a pas cessé d'être à la tête de nos ennemis. L'hostilité anglaise est le fait dominant de notre histoire pendant cette période. C'est aussi le fait dominant de l'histoire du monde. »

ne sont que les noms nouveaux de ces coryphées de la guerre de sept siècles, qui se sont appelés Guillaume le Conquérant et Henri Plantagenêt, le prince Noir et Du Guesclin, Louis XIV et Guillaume d'Orange, Chatham et La Fayette. L'esprit perturbateur du vieux monde de la Révolution française, l'esprit conservateur de l'"Europe établie" chcz les Anglais, le prosélytisme conquérant de la France, l'expansion commerciale et mercantile des Anglais, ne firent que rcnouvclcr, sous unc formc plus passionnéc, cctte rivalité séculaire. »

La lutte entre l'« Empire des mers » et l'Etat-nation forgé par la conquête semble d'autant plus inévitable qu'elle oppose deux modèles économiques et politiques radicalement différents et partant inconciliables. D'un côté une France, catholique et centralisée, bâtie sur la destruction de l'aristocratie par l'alliance de la royauté et des communes d'abord, par la révolution ensuite. A l'unité de son pouvoir répond une société essentiellement terrienne, défiante envers le commerce et protectionniste. De l'autre, une île portée à la colonisation par sa géographie, puissance tout entière tournée vers l'économie et la conquête de nouveaux marchés, rebelle à toute influence extérieure, forgée par sa rupture avec le catholicisme lors du schisme d'Henry VIII, assise sur une aristocratie mobile dans son mouvement mais conservatrice dans ses mentalités.

Leurs révolutions respectives, hors la décapitation commune de leurs rois, sont en tout point incomparables. Les deux révolutions anglaises du XVIIe siècle — 1640 et 1688 — ont débouché sur la prépondérance de l'aristocratie et la consécration des libertés individuelles par l'Habeas Corpus. La royauté, finalement dévolue à Guillaume d'Orange, s'est effritée tout au long du siècle des Lumières — notamment en raison de la folie du roi George et de la perte des Etats-Unis d'Amérique — au profit du Premier ministre assis sur une représentation nationale oligarchique, que ce soient les lords héréditaires ou les communes désignées par un suffrage censitaire. Son histoire se lit ainsi à l'époque en sens inverse de celle de la Révolution française qui s'est soldée par la destruction de la noblesse et des corps intermédiaires sur le cadavre de ces libertés individuelles que l'Angleterre a réussi à sacraliser. Egalitaire et unitaire, notre révolution a renforcé la mainmise du pouvoir central sur une société nivelée, modifiée dans ses élites à l'inverse d'Albion où la noblesse s'est placée à la tête de la révolution industrielle, conservant un « leadership » alliant tradition politique et modernité économique. Comme l'explique Renan : « La liberté en Angleterre ne vient pas de Cromwell ni des républicains de 1649 ; elle vient de son histoire entière [...] [1]. »

En résulte une monarchie pondérée, enracinée par l'histoire et dans les mentalités, garante d'un réel équilibre des pouvoirs qui autorise un Burke à marteler que la révolution anglaise, légitime car déclenchée pour défendre la tradition libérale, s'est victorieusement terminée tandis que la française n'a abouti qu'à substituer un despotisme à un autre. On comprend mieux l'anathème jeté par Robespierre en 1794 : « Je hais le peuple anglais. » L'imprécateur de l'égalité savait qu'Albion était parvenu à réaliser l'alliance entre la liberté et le trône au profit de l'aristocratie ; soit l'inverse exact de la table rase jacobine qui avait pris pour cible l'hérédité et rejeté toute forme de compromis avec les élites traditionnelles.

Forte de sa « Glorious Revolution », l'Angleterre est devenue le modèle obligé de la philosophie des Lumières. Cette anglophilie des élites exaspère Napoléon, à l'unisson d'une opinion qui voit toujours dans le royaume de Pitt l'ennemi héréditaire, la patrie du prince Noir, ordonnatrice du martyre de Jeanne d'Arc. Sa propre histoire pèse pour beaucoup dans sa vindicte. Ce sont les Anglais qui se sont trouvés derrière Paoli pour le priver de la Corse avant de lui barrer en Egypte la route du rêve oriental. Il les hait d'autant plus qu'il ne les comprend pas. Autoritaire, militaire et protectionniste, son

---

1. « La France suivit la marche opposée, précise Renan. Le roi avait depuis longtemps fait table rase du droit des seigneurs et des communes ; la nation fit table rase des droits du roi » (*La Monarchie constitutionnelle en France*, 1869).

esprit est à l'opposé de celui d'une contrée conjointement mercantile, conservatrice et libérale, incarnation de ce capitalisme émergent qui lui répugne comme consacrant l'enrichissement individuel. Pour le Premier consul, dont l'anglophobie doit également beaucoup à Rousseau[1], Albion représente un libéralisme de façade au service d'une oligarchie arrogante uniquement portée par l'appât du gain. Il confie par exemple à Mme de Rémusat : « En France, au fond, il y a bien plus de liberté qu'en Angleterre ; car ce qu'il y a de pire pour une nation, c'est de pouvoir exprimer son vœu sans qu'il soit écouté. Ce n'est au bout du compte qu'une comédie offensante, une simagrée de liberté. » Cornaqué par le maître, le *Moniteur* s'exclame avec dédain le 10 septembre 1802 : « Quelle différence entre un peuple qui fait des conquêtes par amour de la gloire et un peuple de marchands qui devient conquérant ! »

Pour lutter devant le tribunal de l'opinion, le Consul n'hésite pas à monter une contre-propagande par articles et pamphlets interposés[2]. Il envoie en observateur le brillant Joseph Fiévée ramener de méchantes *Lettres sur l'Angleterre* (1801) qui ont les honneurs de la presse officielle. La diabolisation de l'ennemi héréditaire permet de tisonner le feu sacré et prépare à l'acceptation du conflit ultérieur. Albion sert de bouc émissaire commode qui soude les Français autour de leur sauveur

1. « Le peuple anglais pense être libre, il se trompe fort : il ne l'est que durant l'élection des membres du Parlement ; sitôt qu'ils sont élus, il est esclave, il n'est rien » écrit par exemple Jean-Jacques dans le *Contrat social*.

2. Il faut encore consulter l'habile *De l'état de la France à la fin de l'an VIII* dans lequel il fait accuser l'Angleterre d'être la seule responsable du conflit par sa prétention à l'hégémonie mondiale. « La domination de l'Angleterre est bien établie sur une sorte d'accord passif de la part de toutes les nations, à la laisser jouir seule des avantages qu'elle retire de leur indolence et de leurs discordes. Mais la fin de cette domination ne tient pas à la nécessité d'un concert général pour rompre cet accord d'inertie. Il peut être rompu par l'énergie seule d'une grande puissance, qui en brisant ses entraves, donne l'éveil à celles qui sont plus disposées, plus à portée de suivre son exemple ; et la France est cette puissance » affirme le texte. En conséquence : « C'est aux gouvernements [...] à juger si leurs vœux s'égarent quand ils s'attachent à la cause d'un gouvernement qui fonde sa domination sur les dommages de leur commerce et sur la ruine de leur puissance, plutôt qu'à celle d'un gouvernement qui ne veut être puissant que de leur indépendance et de la sienne, de l'affranchissement de toutes les industries nationales et de la sienne, de la richesse et de la prospérité de tous les pays et du sien. »

et détourne les frustrations intérieures contre « l'étranger », coupable de la perpétuation de la guerre et des misères du temps, de la pénurie alimentaire comme du sentiment général d'insécurité. La haine fanatique de l'Anglais sert ainsi à la fois de paratonnerre au pouvoir et d'antidote au pacifisme ambiant.

De l'autre côté de la Manche, la répulsion s'avère tout aussi vive envers la nation prédatrice et le chef qui la dirige. « A bas les Français !, s'exclame par exemple Nelson. Je les hais tous, royalistes et républicains. » L'exécution de Louis XVI a choqué, tout comme la Terreur et la déchristianisation. Le protectorat déguisé sur la Hollande et, comme on l'a assez dit, l'annexion de la Belgique touchent ses intérêts économiques vitaux. A l'instigation de Burke, une large partie de la gauche whig rejoint les tories dans leur volonté de s'opposer à l'« impérialisme niveleur » par tous les moyens disponibles. Pitt, puis Wellington et Castlereagh, incarnent cet esprit de résistance poussé jusqu'au paroxysme, indifférent à la souffrance eu égard à la grandeur de l'enjeu. Annonçant l'entrée en guerre contre la France le 23 février 1793, il avait prédit une « guerre d'extermination ». La petite minorité pacifique, dirigée par James Fox, le chef parlementaire des whigs, semble irrémédiablement condamnée par l'échec d'Amiens. « Boney », comme les Anglais surnomment Bonaparte, se voit inlassablement dénoncé pour sa barbarie. On le charge notamment avec vigueur lors de l'exécution du duc d'Enghien tandis que la proclamation de l'Empire suscite sarcasmes et accusations de mégalomanie.

Les buts de guerre de l'Angleterre n'ont jamais varié : mainmise sur les colonies, retour de la France à ses frontières de l'Ancien Régime, restauration des Bourbons à condition qu'ils entérinent les principales réformes de la Révolution par une Constitution proche de leur propre organisation politique. Pour régner économiquement sur le monde, Albion veut depuis toujours une Europe divisée[1], fondée sur l'équilibre entre la France à l'ouest, l'Autriche et la Prusse au centre ; la Russie à l'est ayant vocation à contenir la Porte sans jamais pouvoir prétendre la réduire en miettes. Quiconque menace cet équilibre doit être brisé. Ce pourquoi elle a contré la volonté hégémonique de l'Espagne au XVIe siècle avant de s'attaquer à la France à partir du règne de Louis XIV. Les objectifs de Napoléon sont encore plus faciles à résumer : destruction de l'empire colonial britannique, liquidation de sa flotte. « Pendant treize années, c'est-à-dire jusqu'à sa chute, il marchera vers le même but », affirme Molé. « C'est, disait-il, la lutte de Rome et de Carthage, et, dans l'état actuel de l'Europe, le monde entier doit subir la loi du vainqueur. »

*

Les forces et les faiblesses des deux puissances donnent au conflit renaissant le caractère d'une « drôle de guerre » résultant de leur difficulté à s'envahir réciproquement. A la maîtrise de la mer britannique répond la puissance terrestre française, chacune interdisant finalement à l'autre l'entrée de son territoire.

Existe également une sorte de complexe d'infériorité réciproque avivé par l'histoire récente entre les deux nations. Battue sévèrement à Fontenoy, en 1745, puis dans la plupart des batailles de la guerre civile américaine, l'armée de terre britannique semble beaucoup trop faible pour oser défier les glorieuses phalanges du vainqueur d'Arcole. Quant à la marine française, récemment étrillée par la Navy à Aboukir, elle semble d'autant plus hors d'état de nuire à sa rivale que son retard s'est accru durant la Révolution. L'émigration massive

1. « On doit regarder les Anglais comme l'âme et le modèle de tout ce qui se trame en Europe contre la France et il faut avouer qu'ils ne font en cela que ce qu'il est naturel d'attendre de leur part, écrivait déjà le maréchal de Noailles en 1751 [...]. Les Anglais, ajoutait-il, n'ont point d'intérêt direct dans les guerres de continent qu'autant qu'elles leur fournissent l'occasion d'envahir et de s'emparer de tout le commerce. Le système anglais est connu ; c'est d'arriver par la supériorité des richesses à celle de la puissance. »

des officiers, jointe à la passivité d'une Convention focalisée sur la guerre continentale, ont ruiné les efforts de redressement entrepris par le ministre Sartine durant le règne de Louis XVI. En 1803, l'infériorité s'avère écrasante puisque la France ne peut aligner qu'environ soixante-dix vaisseaux et frégates contre plus de deux cents pour l'Angleterre. Notre alliance avec l'Espagne, conclue l'année suivante, double ce nombre même si l'état de délabrement de la flotte ibérique relativise largement le renfort. Ce déséquilibre quantitatif n'est pourtant rien en regard de l'efficacité des deux flottes : mieux armés, les bâtiments de la Navy sont surtout beaucoup mieux commandés, plus mobiles, enfin mieux servis par des matelots entraînés et expérimentés, rapides à la manœuvre et habiles au tir.

Ces rappels permettent de mieux comprendre les enjeux. Chacun cherche à pallier ses défaillances : les Anglais en suscitant des alliances terrestres qui leur permettent d'agir par procuration ; Napoléon en renforçant sa flotte dans le but d'envahir l'Angleterre. N'oublions pas qu'au retour d'Italie, il a été pressenti pour procéder à une opération de ce type et l'avait jugée impraticable à l'issue d'une brève inspection.

Connaissant la difficulté, Napoléon lance pourtant un plan de grande envergure dès la rupture de la paix d'Amiens. Il concentre aux alentours de Boulogne plus de cent mille hommes qu'il destine à l'invasion, misant sur une diversion de sa flotte pour occuper la Navy pendant qu'il passera tranquillement la Manche. En cas d'échec, il se jettera à la conquête du continent, sûr de l'adhésion d'un pays qui s'estime en état de légitime défense, en butte à la vindicte d'une Europe à la solde de l'ennemi éternel.

En voyage en Normandie, peu de temps avant la reprise du conflit, le Premier consul avertit le préfet de Rouen que l'affrontement sera sans merci et bouleversera le long fleuve tranquille d'une histoire diplomatique restée figée au concept d'équilibre continental issu des traités de Westphalie : « Beugnot... Vous verrez ce que sera cette guerre ! Je ferai tout pour l'éviter ; mais, si on m'y force, je renverserai tout ce que je trouverai devant moi. Je ferai une descente en Angleterre, j'irai à Londres, et si cette entreprise devait manquer, je bouleverserai le continent : j'asservirai la Hollande, l'Espagne, le Portugal, l'Italie ; j'attaquerai l'Autriche, et j'irai jusqu'à Vienne détruire toute espèce d'appui de cette odieuse puissance ; on verra ce que je peux faire et ce que je ferai. J'en frémis d'avance, mais on me connaîtra. »

Cette manœuvre à double détente connaît rapidement un début d'exécution qui s'accompagne de la construction de centaines de navires à fond plat, indispensables pour procéder au débarquement[1]. Reste à écarter la Navy, ce qui suppose la parfaite coordination des escadres franco-espagnoles. « Soyons maîtres du détroit six heures et nous sommes maîtres du monde », résume le nouvel empereur dans une lettre à l'amiral Latouche-Tréville. A la rage croissante de l'Aigle, les plans échouent pourtant les uns après les autres. Bloquées dans leurs ports respectifs par les Anglais, nos escadres ne parviennent jamais à sortir durablement et encore moins à faire leur jonction pour venir ensuite se positionner dans la Manche. Napoléon découvre le caractère aléatoire de la guerre sur mer, dépendante des marées, tempêtes, avaries et dispersions qui multiplient les retards, empêchant la synchronisation parfaite qui fait la force de ses mouvements terrestres[2]. Après deux ans d'efforts infructueux, Napoléon entrevoit le but quand, au printemps 1805, l'escadre commandée par l'amiral Villeneuve parvient à s'échapper de Toulon et à se réunir avec celle de l'amiral espagnol Gravina : « L'heure de l'Angleterre a sonné », fanfaronne-t-il devant Ségur avant d'appeler à venger Poitiers, Crécy et Azincourt. « Les Anglais sont maîtres de l'univers ! poursuit-il. On peut, en une nuit, se mettre à

1. Il fait également procéder à de multiples exercices combinés entre la flotte et l'armée de terre afin de réduire au minimum le temps nécessaire à l'embarquement et au débarquement.

2. Les lettres se durcissent progressivement à l'encontre des amiraux : « Je ne puis qu'être mécontent de l'immobilité de l'escadre qui est sous vos ordres. [...] Ce ne sont point des phrases et des promesses que j'ai le droit d'attendre de vous, ce sont des faits et de l'activité » écrit-il par exemple à l'amiral Truguet le 25 mai 1804.

leur place ! Ils ont conquis la France sous un roi fou ; nous conquerrons l'Angleterre sous un roi en démence[1]. » Malheureusement, Villeneuve se laisse enfermer dans Cadix où il se trouve bientôt bloqué par Nelson. Au même moment, la conjoncture internationale se dégrade, découvrant la perspective imminente de l'entrée en guerre de l'Autriche.

Le 13 août 1805, c'est un Napoléon à bout de nerfs qui exige le désarmement des forces de François II : « Je veux, écrit-il à Talleyrand, que les troupes de la maison d'Autriche se rendent en Bohême et en Hongrie, et qu'on me laisse faire tranquillement la guerre avec l'Angleterre. » Obligé de passer à la seconde phase de son plan, la guerre continentale, il se venge en démettant brutalement Villeneuve, trouvant à son encontre des accents qu'il emploiera plus tard contre le général Dupont, le malheureux vaincu de Baylen[2].

Le solde de cette triste affaire se joue le 21 octobre 1805, alors que la Grande Armée converge dans un ordre parfait vers Vienne. Apprenant son renvoi, Villeneuve, écartelé entre honneur bafoué et désespoir, décide de prendre le large avec son escadre. A Trafalgar, il rencontre Nelson, le vainqueur d'Aboukir, sans aucune illusion sur ses chances de succès. Trop séparés les uns des autres, les navires franco-espagnols forment une cible parfaite pour les Anglais qui percent leur ligne en attaquant sur deux colonnes, comme une charge de cavalerie, chacune se rabattant ensuite sur un peloton de navires trop esseulés pour espérer offrir une résistance efficace. La tactique de Nelson ressemble à s'y méprendre à celle de Napoléon et réussit avec autant de succès. A la fin de la journée, vingt-quatre vaisseaux franco-espagnols sur trente-trois engagés sont détruits ou mis hors d'état de nuire. Plus de cinq mille hommes sont morts, dix fois plus que les Anglais qui perdent cependant Nelson, mortellement atteint au début de la bataille.

1. Ces propos sont tenus au début du mois d'août 1805. Ségur, qui les rapporte dans ses Mémoires, précise que l'Empereur était alors d'une « anxiété extrême ».

2. Il le qualifie par exemple de « misérable qu'il faut chasser ignominieusement » et de « Jean-foutre » auprès de Daru.

Le résultat s'avère irréparable. Selon Jacques Bainville : « Trafalgar, qui est définitif, annule Ulm et Austerlitz, qui seront toujours à recommencer. » L'Angleterre échappe pour des années à toute menace d'invasion. Libérée de cette épée de Damoclès, elle peut maintenant se consacrer à la lutte contre l'Empereur sur le continent. Dominant les mers, elle peut porter le danger dans toute l'Europe par le bombardement de ports ou le débarquement d'un corps cxpéditionnaire sur n'importe quelle côte. Grand argentier des coalitions, elle mène la guerre par allié interposé, ce qui lui permet de préserver ses propres forces et d'augmenter sa puissance... en usant mieux celle des autres. La peur vient de changer de camp. Après Actium, triomphe d'Octave sur Marc-Antoine et Cléopâtre en 31 avant J.-C., et la victoire de 1588 sur l'Invincible Armada, Trafalgar devient la troisième grande bataille navale de l'histoire de l'humanité par les conséquences qu'elle engendre. L'Empereur vient de perdre la première manche de la bataille d'Angleterre. Interdit d'océan et donc de monde, il ne peut plus espérer triompher que sur le très long terme, par l'étouffement de son commerce avec le continent, ce qui l'oblige à conquérir l'ensemble de l'Europe. Tâche immense, certes, mais pas aussi insurmontable qu'elle le paraît eu égard à la puissance dont il dispose.

Le maître de guerre

Définissant la nature de la guerre dans son célèbre traité, Clausewitz la considère « faite d'une merveilleuse trinité. On y retrouve la violence originelle de son élément faite de haines et d'hostilité, qui opèrent comme un instinct naturel aveugle, le jeu des probabilités et du hasard, qui en font un libre jeu de l'esprit ; et sa nature subordonnée d'instrument politique, par laquelle elle appartient à l'entendement pur ». Elle conjugue les passions, le courage et les talents au service d'objectifs politiques, précise toujours le même stratège dont la réflexion se nourrit de bout en bout du magister napoléonien. L'originalité de Napoléon tient à ce qu'il fusionne l'ensemble de ces critères qu'on peut aussi appeler l'instinct, le risque et le calcul. Son intelligence, à la fois empirique et pratique, sied parfaitement à la polémologie, conjugaison complexe de paramètres fixes et de facteurs mobiles[1] ; ensemble mouvant qui nécessite l'alliage entre une stratégie résolue et une grande souplesse tactique, le tout au service d'une finalité diplomatique à la fois ambitieuse et réaliste. Curieux de tout, Napoléon maîtrise à la perfection l'ensemble gigantesque qu'il meut avec d'autant plus de facilité qu'il en connaît les moindres rouages. Chaque corps, chaque régiment, chaque bataillon est, sur ses ordres, enregistré sur des livrets spécifiques régulièrement tenus à jour. Ils forment une des lectures favorites de l'Empereur qui mémorise au fur et à mesure le nombre de fusils, de chevaux et de souliers dont il dispose, l'état de ses dépôts et de ses approvisionnements. On le voit ainsi fréquemment orienter des unités perdues ou redresser des généraux distraits sur l'état réel des effectifs dont ils disposent.

Napoléon doit pour beaucoup cette maîtrise de la connaissance à son expérience personnelle — on se souvient qu'il fut canonnier, monta la garde et attendit trois mois son grade de sous-lieutenant — et à sa formation. Capable de combiner les mouvements, à la fois verticalement, du corps d'armée au peloton, et horizontalement entre ses différents corps, aussi bon tacticien que stratège[2], il présente un alliage qu'on n'a plus connu depuis Alexandre le Grand et César. Selon Jomini, il incarne le général d'armée idéal. Dans son fameux *Précis*

---

1. « La guerre, loin d'être une science exacte, est un drame terrible et passionné, soumis il est vrai à trois ou quatre principes généraux, mais dont le résultat est subordonné à une foule de complications morales et physiques » précise l'autre grand stratège du temps, le suisse Jomini, dans son *Précis de l'art de la guerre*.

2. Clausewitz, dans *De la guerre*, procède à une définition fameuse des deux termes : « Dans notre classification, la tactique sera la théorie de l'emploi de la force armée dans l'engagement, et la stratégie la théorie de l'emploi de l'engagement au service de la guerre. » Jomini, de son côté, définit la stratégie comme les combinaisons qui « embrassent l'ensemble du théâtre de la guerre » tandis que la tactique recouvre « les manœuvres d'une armée sur le champ de bataille, ou de combat, et les diverses formations pour mener les troupes à l'attaque ».

de l'art de la guerre, le grand stratège, qui fut la tête pensante du maréchal Ney avant de rejoindre la coalition en 1813, distingue quatre qualités essentielles à l'exercice du commandement : « Un grand caractère, ou courage moral qui mène aux grandes résolutions ; puis le sang-froid, ou courage physique qui domine les dangers. Le savoir n'apparaît qu'en troisième ligne, mais il sera un auxiliaire puissant [...] On ne doit pas attendre par là une vaste érudition, il faut savoir peu, mais bien, et surtout se pénétrer fortement des principes régulateurs. » Vient enfin le « caractère personnel » : « Un homme brave, juste, ferme, équitable, sachant estimer le mérite des autres au lieu de le jalouser, et habile à le faire servir à sa propre gloire sera toujours un bon général, et pourra même passer pour un grand homme. »

*

Bonaparte invente la guerre-éclair en modernisant les théories offensives des Lumières. Le comte de Guibert, auteur en 1772 d'un brillant *Essai général de tactique*, eut une influence certaine sur lui en prônant la guerre de mouvement, la nécessité d'une meilleure liaison entre les différents corps et l'utilisation de l'artillerie comme force de frappe et de rupture[1]. Il préconise enfin la nécessité pour emporter la victoire de concentrer ses forces sur les points charnières dont la possession décide du sort des batailles. L'Aigle doit aussi beaucoup aux travaux de Bourcet (pour la guerre de montagne), du général Du Theil, de Mauvillon, à Lloyd, introducteur des lignes d'opérations comme principe stratégique, et au maréchal de Saxe, pionnier de la guerre offensive et de la modernisation de l'artillerie[2]. Il admire enfin Frédéric II pour sa

1. « L'objet de l'artillerie, résume Guibert, ne doit point être de tuer les hommes sur la totalité du front de l'ennemi ; il doit être de renverser, de détruire les parties de ce front soit vers les points où il peut venir attaquer le plus avantageusement, soit vers ceux où il peut être attaqué avec le plus d'avantages. » Guibert l'influence également en prônant la constitution d'armées nationales et la nécessité pour elles de vivre directement sur les pays envahis.

2. Il faut enfin mentionner les travaux de Jean-Charles de Folard, théoricien de la bataille décisive et maître à penser de Frédéric II qui lui a consacré un livre (*L'esprit du chevalier de Folard*).

capacité à improviser en pleine bataille et sa prédilection pour l'offensive, tranchant avec le pragmatisme pusillanime des stratèges vieillissants de la guerre en dentelles. Le « roi de guerre » lui a également appris à mépriser les traités conçus comme des trêves ponctuelles, simples photographies de l'état respectif des puissances et qui ont à ce titre vocation à être bouleversés. Avec lui, la force prime le droit comme en témoigne son « rapt » de la Silésie, accompli contre l'Autriche en 1740, ou son rapprochement diplomatique avec l'Angleterre qui a obligé son allié français, brutalement délaissé, à tendre la main aux Habsbourg à l'orée de la guerre de Sept Ans.

S'il est débiteur de ses aînés, le Napoléon chef de guerre y a ajouté une inventivité sans précédent : nul n'a su à ce point transmuter sa pensée en acte, la combinaison échafaudée dans le silence de la méditation en victoire décisive. La campagne impériale recouvre deux grands types de manœuvres selon son exégète le général Hubert Camon[1] : « l'attente stratégique sur la position centrale » et « la manœuvre sur le derrière ». La première permet de rester concentré avant de s'enfoncer entre les corps d'armée afin de les couper et de les battre séparément. La seconde[2] résulte dans un vaste débordement qui permet de s'emparer des arrières de l'ennemi, de lui couper sa retraite et ses lignes de communication, de l'affamer enfin par la saisie de ses magasins avant de le prendre en étau[3].

Dans les deux cas, l'Aigle enchaîne une séquence en trois temps : manœuvre audacieuse afin de déstabiliser l'ennemi

1. Il est l'auteur d'une synthèse qui fait toujours autorité. Elle s'intitule *La guerre napoléonienne. Précis des campagnes*.

2. Elle suppose une supériorité numérique eu égard à sa complexité et aux risques qu'elle entraîne, l'attaquant pouvant par exemple être pris à son propre piège en se retrouvant isolé à l'arrière des lignes ennemies. En revanche « l'attente stratégique sur la position centrale » (que Jomini qualifie de « manœuvre sur les lignes d'opération intérieures ») est employée presque systématiquement en cas d'effectifs inférieurs. Son principe consiste à attaquer une partie de l'ennemi avec l'ensemble de ses forces, en bref de compenser l'infériorité globale par une supériorité ponctuelle.

3. L'Aigle a varié de registre selon les campagnes, précise Jomini dans son *Précis de l'art de la guerre* : « Dans l'offensive [...] on aura à suivre le système qui assure les succès de Napoléon en 1800, 1805, 1806, par la direction donnée à ses forces sur une extrémité du front stratégique de l'ennemi, ou bien celui de la direction sur le centre, qui lui réussit si bien en 1796, 1809, 1814. »

— ce que Liddell Hart appelle « l'approche indirecte » — et de prendre l'avantage psychologique. Suit la bataille, « événement » ou instant guerrier proprement dit qui marque le tournant de la campagne. Vient enfin la poursuite, nouvel enchaînement de manœuvres qui permet de capitaliser les avantages acquis et met l'adversaire à genoux.

Le génie de l'Empereur apparaît d'autant plus en lumière qu'il est exposé sans fioritures. Trois considérations — l'offensive, la vitesse et la centralité de la bataille — retiennent en priorité son attention : l'offensive car elle donne l'initiative stratégique, préserve le pays et dope le moral[1], la vitesse car elle est la condition du succès ; le combat enfin car il permet de jouer le sort de la campagne sur « un coup de tonnerre » qui doit anéantir l'adversaire. Bonaparte rompt par ce triptyque dynamique avec la conception classique d'une guerre lente privilégiant la conquête des places fortes et multipliant les engagements limités. Lui cherche au contraire à créer le choc frontal qui permet de conclure la campagne dans des délais records[2] : « En guerre comme en amour, disait-il, pour en finir, il faut se voir de près. »

Pour ce faire, il dote son armée d'un maximum de mobilité. Son « système », assure Jomini, « était de faire dix lieues par jour, de combattre et de cantonner ensuite au repos. Il m'a dit lui-même, qu'il ne connaissait pas d'autre guerre que celle-là. » Selon Liddell Hart, les Français marchent et combattent à la cadence de 120 pas minute contre 70 pour leurs adversaires,

1. « L'offensive, considérée moralement et politiquement, est presque toujours avantageuse, parce qu'elle porte la guerre sur le sol étranger, qu'elle ménage son propre pays, diminue les ressources de l'ennemi et augmente les siennes : elle élève le moral de l'armée et impose souvent la crainte à son adversaire », résume Jomini.

2. Dans un des meilleurs chapitres de son *Précis*, intitulé « Du principe fondamental de la guerre », Jomini décline en quatre temps le processus offensif qui conduit à la bataille : « 1° A porter, par des combinaisons stratégiques, le gros des forces d'une armée, successivement sur les points décisifs d'un théâtre de guerre, et autant que possible sur les communications de l'ennemi sans compromettre les siennes. 2° A manœuvrer de manière à engager ce gros des forces contre des fractions seulement de l'armée ennemie. 3° Au jour de la bataille, à diriger également, par des manœuvres tactiques, le gros de ses forces sur le point décisif du champ de bataille, ou sur la partie de la ligne ennemie qu'il importerait d'accabler. 4° A faire en sorte que ces masses ne soient pas seulement présentes sur le point décisif, mais qu'elles y soient mises en action avec énergie et ensemble, de manière à produire un effort simultané. »

multipliant ainsi « la masse par la vitesse ». Ce à l'inverse des coalisés dont les grandes unités s'alourdissent du poids de leurs convois et des milliers de femmes et d'enfants qu'elles traînent à leur suite. La Grande Armée se subdivise en corps d'armée autonomes, le plus souvent confiés à des maréchaux. Chacun, fort d'environ 20 000 hommes, forme une armée en tant que telle, réunissant artillerie, cavalerie et infanterie. Plus petites, donc plus mobiles, ces entités sont allégées au maximum au nom d'un principe, la guerre doit nourrir la guerre : « Au contraire de l'armée prussienne, l'armée française vit sur le pays, écrit le général Camon. Depuis la Révolution, comme l'avait demandé Guibert [...], nos convois sont réduits aux stricts nécessaires ; aussi les corps peuvent-ils faire des marches énormes. » Et pénétrer plus facilement des terrains difficiles d'accès comme les bois ou les montagnes.

Plus rapides, les corps peuvent aussi se replier facilement s'ils se trouvent en état d'infériorité numérique. Mais le grand art de l'Aigle réside dans sa capacité à les combiner afin qu'ils ne perdent jamais de vue l'ennemi. Eloignés mais toujours en contact, ils peuvent être regroupés en un temps-éclair avant la bataille. Car « la science militaire est le calcul des masses sur un point donné » rappelle le maître et « le secret des grandes batailles consiste à savoir s'étendre et se concentrer à propos ». Comme l'explique Jomini, « la fin consistera à imprimer à ses masses la plus grande activité et la plus grande mobilité possibles, afin que par leur emploi successif et alternatif sur les points où il importe de frapper on atteigne le but capital de mettre en action des forces supérieures contre des factions seulement de l'armée ennemie ». Au bout du compte, il s'agit toujours d'obtenir la supériorité numérique, déterminante eu égard à la similitude globale des armements qui caractérise l'époque : « A peu d'exceptions près, confirme Bonaparte à Arnault dès le printemps 1797, c'est à la troupe la plus nombreuse que la victoire est assurée. L'art de la guerre consiste donc à se trouver en nombre supérieur sur le point où l'on veut combattre. Votre armée est-elle moins nombreuse que celle de l'ennemi, ne [lui] laissez pas le temps de réunir ses forces ; surprenez-le dans ses mouvements ; et vous portant avec rapidité sur les divers corps que vous aurez eu l'art d'isoler, combinez vos manœuvres de manière à parvenir à opposer dans toutes ces rencontres votre armée entière à des divisions d'armée. C'est ainsi qu'avec une armée moitié moins forte que celle de l'ennemi, vous serez toujours plus fort que lui sur le champ de bataille ; c'est ainsi que j'ai successivement anéanti les armées de Beaulieu, de Wurmser, d'Alvinzi et du prince Charles. »

La botte secrète impériale réside dans sa capacité à garder des réserves fraîches afin de guetter l'instant propice pour les jeter dans la fournaise. Dans cette optique, tout l'art consiste à économiser ses propres forces tout en usant celles de l'adversaire. « Une bataille est une action dramatique qui a son commencement, son milieu et sa fin. L'ordre de bataille que prennent les armées, les premiers mouvements pour en venir aux mains sont l'exposition, les contre-mouvements que fait l'armée attaquée forment le nœud, ce qui oblige à de nouvelles dispositions et amène la crise finale d'où naît le résultat ou dénouement. » L'arrivée d'un corps en renfort au cœur de l'action, comme celui de Desaix à Marengo, constitue une variante redoutable qui crée la panique par l'effet de surprise. Doté d'un fantastique coup d'œil, le « maître des batailles » sait toujours deviner l'instant psychologique où il peut décupler l'ardeur de ses troupes afin d'enlever la position décisive : « Dans toutes les batailles, précise-t-il, il survient un moment où les troupes les plus braves, après de grands efforts, se sentent disposées à fuir. Cette terreur provient d'un manque de confiance dans leur propre courage ; et il suffit d'une légère occasion, d'un prétexte pour leur rendre confiance. L'art consiste à faire naître l'occasion et à inventer le prétexte. A Arcole, j'ai gagné la bataille avec vingt-cinq cavaliers. Je saisis ce moment de lassitude, je fis prendre un clairon à chaque cavalier, et je remportai la victoire avec cette poignée d'hommes. Deux armées, voyez-vous, sont deux corps qui se rencontrent et qui tâchent de s'effrayer l'un l'autre ; il arrive un moment de panique, et c'est ce moment dont il s'agit de tirer partie. Quand un homme a assisté à plusieurs affaires, il saisit ce moment sans difficulté ; c'est aussi facile que d'opérer une addition. » L'art de la guerre passe d'abord par la capacité à surmonter sa propre fatigue nerveuse et à contrôler ses émotions. Capable de dormir sur le champ de bataille comme d'oublier l'horreur du spectacle en cours, l'Aigle possède la faculté de deviner les projets de l'ennemi, d'apprécier à leur juste poids les rapports que lui fournit un excellent réseau d'espions, dont la postérité a retenu le mystérieux Schulmeister. Fort de sa connaissance des forces de l'ennemi et de la psychologie de leurs généraux, il peut ainsi anticiper leurs mouvements et préparer la riposte adéquate.

S'il vampirise les regards, l'Empereur n'est pourtant pas seul. L'ennemi possède aussi quelques chefs d'envergure [1] et des régiments d'élite, telle la garde impériale russe, capables d'emporter la décision. Lui aussi manœuvre et varie les approches, marche, charge et canonne afin d'obtenir la victoire. La variété des coups et le nombre d'aléas introduisent toujours cette part d'imprévisible que souligne Clausewitz : « Nous constatons ainsi que l'absolu, le prétendument mathématique, ne trouve jamais pied ferme dans les calculs de l'art de la guerre, et que d'entrée de jeu, la guerre à travers sa trame et sa chaîne entière est un jeu de possibilités, de probabilités, de chance et de malchance, et que de toutes les manifestations de l'activité humaine, c'est du jeu de cartes qu'elle se rapproche le plus. »

Pour contrer l'imprévu, l'Empereur entend préserver le plus possible sa liberté d'action. Sa virtuosité se traduit par sa capacité à improviser sans jamais perdre de vue l'objectif : « Malheur au général qui vient sur le champ de bataille avec un système. » Contrairement à la plupart de ses adversaires, rivés sur leur schéma tactique et esclaves de théories éculées, il demeure toujours en mouvement, en quête de la variante

1. Bagration, Barclay de Tolly et Koutouzov pour la Russie, Wellington en Angleterre, Blücher pour la Prusse, Schwarzenberg et l'archiduc Charles en Autriche sont autant d'adversaires redoutables.

qui fera une nouvelle fois basculer le destin de son côté : « Le grand art des batailles est de changer, pendant l'action, sa ligne d'opération : c'est une idée de moi, qui est tout à fait neuve [1]. » Pour optimiser ses chances, il multiplie les reconnaissances de l'ennemi, la dernière effectuée à l'aube même de l'engagement. Il peut ainsi changer jusqu'à la dernière minute son ordre de bataille.

L'innovation impériale se manifeste enfin dans l'art d'exploiter la victoire. Contrairement à ses devanciers, satisfaits de rester maîtres du champ de bataille, il engage pendant plusieurs jours une poursuite impitoyable, souvent plus décisive que la victoire elle-même [2]. Abattus par la défaite, les vaincus perdent souvent toute discipline. C'est alors que quelques escadrons de cavalerie, déployés à bon escient, peuvent faire des ravages et capturer plusieurs milliers de prisonniers, convois, drapeaux et canons. Murat se fait une spécialité de cette séquence à la tête de l'avant-garde.

1. « Celui qui sait remporter la victoire en modifiant sa tactique selon la situation de l'ennemi mérite de passer pour divin » écrivait déjà Sun Tzu dans l'*Art de la guerre*. Le maréchal Gouvion-Saint-Cyr rapporte dans ses Mémoires une conversation avec Napoléon datant de 1813. L'ayant interrogé sur ses recettes tactiques : « Il me répondit qu'il n'accordait aucune préférence à l'attaque du centre sur celle des ailes ; qu'il avait pour principe d'aborder l'ennemi avec le plus de moyens possibles ; que les corps les plus à proximité étant engagés, il les laissait faire sans trop s'inquiéter de leurs bonnes ou mauvaises chances ; qu'il avait seulement grand soin de ne pas céder trop facilement aux demandes de secours de la part de leurs chefs [...]. Il ajouta que ce n'était que vers la fin de la journée, quand il s'apercevait que l'ennemi fatigué avait en jeu la plus grande partie de ses moyens, qu'il réunissait ce qu'il avait pu conserver en réserve, pour lancer sur le champ de bataille une forte masse d'infanterie, de cavalerie, et d'artillerie ; que l'ennemi ne l'ayant pas prévu, il faisait ce qu'il nommait un événement, et que par ce moyen, il avait presque toujours obtenu la victoire. »

2. « [...] l'Empereur était un adversaire redoutable, terrible, pour un ennemi en retraite, écrit le général-baron Boulart dans ses Mémoires. Son inspiration était prompte, soudaine et l'exécution qui la suivait, rapide dans sa prodigieuse activité ; il s'attachait à l'ennemi comme à une proie ; il le harcelait, le pressait sans cesse et ne lui laissait ni le temps de s'établir, ni celui de respirer. » Sans doute s'est-il inspiré là encore de César : « Un de ses principes en matière de tactique était de poursuivre sans hésiter les troupes en retraite dans le cadre d'une "politique d'extermination radicale". L'armée battue ou qui se repliait ne devait avoir ni le temps ni la force de se rassembler et de se reformer » écrit un de ses derniers biographes, E. Horst.

En résumé, Bonaparte possède pleinement ce que Clausewitz qualifie de « courage d'esprit » dans lequel il voit un « produit du tempérament ». Jomini insiste sur sa plasticité, alliage de pragmatisme et d'instinct, qui lui permet d'échapper à l'approche rigide des « planificateurs » de l'art militaire. Selon le « devin » suisse, les « opérations les plus brillantes » de Napoléon « semblent appartenir bien plus au domaine de la poésie qu'à celui des sciences exactes : la cause en est simple, c'est que la guerre est un drame passionné et nullement une opération mathématique ». Sa confiance en lui jure avec la fébrilité de ses adversaires qui semblent obnubilés par un complexe d'infériorité. Défier le nouveau César engendre deux types d'attitudes tout aussi catastrophiques : l'audace suicidaire ou la prudence poussée jusqu'à la lâcheté. Celui-ci est alors à l'apogée de ses capacités. L'impatience et l'impulsivité sont équilibrées par sa créativité et son pragmatisme. Le Napoléon du sacre reste encore l'homme du risque mesuré, capable de reculer si nécessaire. En un mot comme en cent, l'ivresse du succès n'a pas encore gâté son caractère.

*

En 1805, l'Aigle a déjà remporté plus de vingt victoires. Son aura d'invincibilité imprègne l'armée et galvanise cet « esprit guerrier » cher à Clausewitz. L'épopée impériale, derrière le chef qui l'incarne, forme aussi une grande aventure collective, nourrie par le lien très fort qui unit l'Empereur à ses hommes. L'affection et l'émulation alimentent une transcendance qui habitera les troupes jusqu'à la chute.

L'aura exceptionnelle dont jouit « le petit caporal » résulte pour beaucoup de l'alliage entre sa supériorité incontestée et sa simplicité dans les manières. Comme il se sait vénéré, Napoléon peut déposer le masque dur et autoritaire qu'il se croit obligé d'adopter envers sa cour. Son naturel agréable, franc et spontané, s'y exprime sans retenue, ce qui lui attire tous les cœurs. Alors que le chef politique suinte parfois le parvenu, le « père des soldats » tire l'oreille, tutoie, discourt librement à la veillée et ne répugne pas aux grivoiseries. Il se montre attentif à la qualité de la soupe et aux problèmes de la vie quotidienne. On touche ici au cœur de la nouvelle légitimité d'adhésion issue de la Révolution. Quand elle est définitivement acquise, ce qui est le cas au sein de cette Grande Armée, elle devient tranquille et juste car forte de son assise. C'est bien quand elle demeure sujette à cautions qu'elle devient tyrannique, suspicieuse, sévère jusqu'à l'injuste, toujours tendue car précaire et hantée par la peur.

Un soir de campagne il vient comme souvent s'asseoir au milieu de ses hommes : « La véritable gloire, leur dit-il, consiste à se mettre au-dessus de son état. Moi, mes amis, j'ai une bonne place ; je suis empereur. Je pourrais vivre au milieu des délices de ma capitale, me livrer aux jouissances de la vie... Eh bien, je fais la guerre pour la gloire de la France ; je suis au milieu de vous, au bivouac, dans les combats ; je puis être tout comme un autre atteint d'une balle... Je me mets au-dessus de mon état. » Connaissant le caractère volontiers frondeur de ses hommes, Napoléon les conquiert par une camaraderie bonhomme proche de la familiarité. « Les manières paternelles, qui faisaient du simple soldat le compagnon de guerre du maître de l'Europe ; ces façons qui reproduisaient les usages toujours regrettés de la République, les transportèrent, résume Ségur. C'était un monarque ; mais c'était celui de la Révolution, et ils aimaient un soldat parvenu qui faisait parvenir. » Il suffit d'ouvrir les Mémoires célèbres des compagnons de la gloire pour comprendre à quel point « Monsieur Sire » était adulé et pouvait en conséquence tout demander à ses hommes : « C'était l'homme le plus dur et le meilleur ; tous tremblaient et tous le chérissaient », écrit par exemple le fameux Coignet.

On comprend mieux pourquoi le héros de la légende n'est pas le Bonaparte civil du Consulat mais le Napoléon de l'Empire, immortalisé par Job, Detaille et l'imagerie d'Epinal d'une IIIe République obnubilée par la revanche. Les écrits fourmillent d'exemples du lien quasi paternel entretenu par « la capote grise » avec les « grognards ». On peut, entre mille, se référer à l'histoire du sergent Léon Aube. Fort de ses cinq blessures et nombreux faits d'armes, ce brave écrit pour se plaindre d'avoir été oublié dans une promotion. La réponse de Bonaparte, assorti d'un brevet de sous-lieutenant dans la garde, est émouvante : « Au brave Léon. J'ai reçu votre lettre mon brave camarade. Vous n'aviez pas besoin de me parler de vos actions. Vous êtes le plus brave grenadier après la mort du brave Benezette. Vous avez un de ces cents sabres sur ceux que je distribue à l'armée. Tous les soldats étaient d'accord que vous étiez le modèle du régiment. Je désire beaucoup de vous voir, le ministre de la Guerre vous en envoie l'ordre. Je vous aime comme un fils. »

Ainsi le maître s'incline spontanément devant la bravoure et la religion de l'honneur, le terme n'est pas trop fort, qui imprègne l'ensemble de son armée[1]. La société militaire forme, ne serait-ce que par son langage, un monde à part dont les valeurs — la gaieté, la vaillance, le mépris de l'individualisme et le culte de la patrie — incarnent le meilleur de l'esprit français : « Il n'est rien qu'on n'obtienne des Français par l'appât du danger ; il semble leur donner de l'esprit ; c'est leur héritage gaulois. La vaillance, l'amour de la gloire sont chez les Français un instinct, une espèce de sixième sens, confie-t-il à Las Cases. Combien de fois dans la chaleur des batailles, je me suis arrêté à contempler ces jeunes conscrits se jetant dans la mêlée pour la première fois : l'honneur et le courage leur sortaient par tous les pores. » Cet esprit de sacrifice est soigneusement entretenu par l'Empereur. Il décore en personne les « braves entre les braves » de la Légion d'honneur. Pour distinguer les plus méritants, Napoléon parcourt les troupes formées en carrés et leur demande de désigner les meilleurs pour être promus. Chaque cérémonie revêt une grande solennité destinée à entretenir la flamme et la sacralité du lien. La plus caractéristique est sans nul doute la remise des Aigles, « le coucou » n'étant attribué qu'aux régiments

1. On en trouve la quintessence dans cette magnifique phrase du colonel de Brack : « Ce n'est pas mépriser la vie, que lui préférer l'honneur. C'est estimer l'honneur ce qu'il vaut. »

qui se sont suffisamment illustrés pour le mériter. A cette occasion, l'Empereur se place avec son état-major au milieu des heureux élus en grande tenue, rangés sur trois côtés, drapeaux déployés. Le régiment, ainsi honoré, jure fidélité à son chef et s'engage à conserver son emblème jusqu'à la mort. Les noms des victoires auxquelles il a contribué viendront se graver en lettres d'or sur son étendard[1].

Dans le même esprit, il multiplie les revues et parades tant pour galvaniser ses hommes que flatter l'opinion et impressionner l'Europe : « Quand les troupes étaient rassemblées, écrit Molé, il descendait de cheval et parcourait à pied tous les rangs ; il s'arrêtait devant chaque soldat, examinait sa tenue, appelait par leur nom ceux qu'il reconnaissait — et il y en avait toujours un grand nombre —, leur rappelait les affaires où ils s'étaient signalés, recevait avec bonté leurs demandes, sans pourtant se prononcer sur aucune d'elles. Nulle part, à mon avis, il ne se montrait plus simple ni plus grand, et plus profond dans l'art de conduire les hommes. » Un acte de bravoure accompli sous ses yeux vaut récompense immédiate.

Napoléon joue ainsi sur tous les registres, de l'individuel au collectif en passant par l'esprit de corps qu'il prend soin d'entretenir par une émulation savamment dosée : « Je disais aux voltigeurs : "Vous êtes des couyons : un grenadier vaut soixante voltigeurs." Je disais aux grenadiers : "Vous n'êtes que de grands capons, bons pour manger, mais vivement les voltigeurs pour se battre !" Avec cela, on fait tuer tout le monde. Voilà la véritable éloquence militaire[2]. » Facile

1. « Ç'a été un des caractères du génie de Bonaparte de distinguer le mérite mieux qu'on ne l'avait fait avant lui et de particulariser les braves en rendant à chacun de leurs pas leur bravoure évidente à tous, écrit Jean Morvan, l'historien de référence du *Soldat impérial*. Pour cela, poursuit-il, il n'a pas dépensé que du parchemin. Plus visible que le titre, il a mis la croix, et derrière cette croix — invisible — la pension qui, si médiocre qu'elle soit, permet de se remplir le ventre, par suite de bomber la poitrine et de regarder en face l'avenir. Les armes, par lesquelles le plus humble des conscrits parvenait général et le plus ignorant chevalier, se sont ennoblies grâce à lui. Et grâce à lui, les actes des soldats sont sur ce modèle apparent, cette "armature" que Montesquieu avait attribuée à l'aristocratie de l'Ancien Régime, et qui, quoique souvent décevant et équivoque, en était l'âme : l'honneur. »

2. Ces propos sont rapportés par Bertrand dans ses *Cahiers de Sainte-Hélène*.

d'accès, il reçoit librement les pétitions individuelles et questionne ses hommes : « Ne me cachez aucun de vos besoins, leur disait-il, ne me taisez aucun des reproches que vous pourriez avoir à adresser à quelqu'un de ceux qui sont au-dessus de vous. Je suis là pour rendre justice à tous, et le plus faible doit être surtout protégé par moi. » Les invalides bénéficient de pensions et d'emplois, les veuves et orphelins sont pris en charge par l'Etat. Sur tous ces points, Napoléon institue une sorte de « sécurité familiale[1] », sachant que chaque blessure vaut un quartier de noblesse pour le chef adulé. « Ainsi, constate Charles de Gaulle dans *la France et son armée*, Napoléon anime de son propre souffle les forces morales des soldats. Honneur, discipline, récompenses et même justice, tout procède de lui, se ramène à lui, resplendit de sa gloire. Le devoir comme l'ambition, l'effort comme le mérite, soumis à son seul arbitrage, n'ont plus d'autre objet que de le satisfaire. Sa pensée remplit les esprits : “Est-il content ? Ne l'est-il pas ?”. Voilà pour l'armée la grande affaire et dont on discute à tous les échelons. Une troupe vaut deux fois plus qui combat sous ses yeux. »

Soudée par la conviction d'appartenir à une famille et de servir la grandeur de la France, cette Grande Armée avale des étapes infernales avec le sourire, combat avec un courage qui assure sa réputation devant l'Europe entière. « Il y avait, dans cette armée d'élite, un esprit de corps admirable. Il ne s'agissait pas d'arriver le premier, mais d'arriver ensemble. La valeur y était compacte, indivisible », s'enthousiasme Norvins avant de conclure : « Qu'il était beau alors d'être Français ! »

1. « Dans une mesure sans exemple ailleurs en Europe, la société civile reconnaît ses obligations envers les soldats qui ont cessé de combattre », remarque Stuart Woolf qui précise : « Plus de 4 500 soldats et officiers blessés touchent des pensions qui vont de 500 à plus de 4 000 francs. Malgré le Code civil, les biens des officiers sont protégés contre la saisie, leurs filles sont éduquées aux frais de l'Etat, leurs fils ont des bourses pour les écoles militaires (à partir de 1812, ces bourses leur sont réservées). Les officiers retraités sont employés dans l'administration civile, surtout aux niveaux inférieurs, comme chefs de bureau dans la police, les douanes et l'administration fiscale, sans doute parce qu'on pense qu'anciens militaires, ils sauront montrer la force et la discipline requises. »

Les chroniqueurs de l'épopée compilent à l'infini les exemples d'héroïsme : volontaires partant sans ciller vers une mort certaine, mourants poursuivant le combat [1], amputés hurlant « Vive l'Empereur », le cri rituel qui augure chaque bataille. La « cérémonie » est attendue par chacun avec impatience. Elle marque l'apogée de la campagne, l'épreuve de vérité où chacun espère se surpasser pour être, honneur convoité entre tous, distingué par le petit caporal. Les hommes sont portés par cet esprit d'émulation dont Napoléon veut imprégner la France entière. « Il n'y avait pas de sous-lieutenant qui ne crut fermement qu'en se battant bien et ne rencontrant pas de boulet, il ne devint un jour maréchal d'Empire », résume Stendhal avant d'ajouter : « Le culte de la gloire, l'imprévu, un entier enthousiasme de gloire qui faisait qu'un quart d'heure après l'on se faisait tuer avec plaisir, tout éloignait l'intrigue [2]. »

« Vraie législation des Français », selon le même auteur, la gloire s'inscrit à rebours des valeurs mercantiles et individualistes de l'Angleterre honnie. Sa quête auréole le patriotisme d'une légitimité morale. Elle renforce la fierté d'appartenir à la Grande Nation et de servir le « petit tondu ». Cet élan collectif explique pour une large part les victoires à répétition d'une armée qui se sent porteuse d'un idéal et a confiance en elle. Elle contraste avec les forces du reste de l'Europe, truffées de mercenaires, sclérosées par des règlements datant du XVIIIe siècle, cloisonnées par la séparation rigide entre officiers nobles et soldats plébéiens. La guerre d'alors, loin de la

1. Constant rapporte qu'à Ulm, Napoléon « se trouva près d'un grenadier blessé grièvement. Ce brave grenadier criait comme les autres "En avant ! En avant !". L'empereur s'approcha de lui et lui jeta son manteau militaire en disant : "Tâche de me le rapporter, je te donnerai en échange la croix que tu viens de gagner." Le grenadier, qui se sentait mortellement blessé, répondit à Sa Majesté que le linceul qu'il venait de recevoir valait bien la décoration, et il expira enveloppé dans le manteau impérial. Le combat terminé, l'empereur fit relever le grenadier, qui était un vétéran de l'armée d'Egypte, et voulut qu'il fût enterré dans son jardin. » Les anecdotes similaires abondent chez les autres mémorialistes.

2. Rappelons que Stendhal participa à de nombreuses campagnes aux côtés de son parent Daru comme commissaire des guerres. Il nuance ensuite son propos en affirmant que l'esprit d'émulation s'arrêtait au grade de général de brigade : « On s'apercevait, alors, dans l'antichambre du prince connétable [Berthier], qu'à moins de faire une belle action immédiatement sous les yeux du grand homme, il n'y avait d'espoir que dans l'intrigue » écrit-il dans sa *Vie de Napoléon*.

modernité technologique qui prévaut aujourd'hui, demeure une affaire d'hommes où la valeur du combattant prime sur toute autre considération. A armements égaux, c'est bien le facteur moral — courage et motivation — qui domine. A l'aurore de l'Empire, l'armée française, dopée par la Trinité du patriotisme, du culte de l'Empereur et de la soif de gloire, ne rencontre aucune rivale sérieuse.

Proclamations et ordres du jour contribuent à nourrir le lien au quotidien. A partir de la campagne de 1805, Napoléon y ajoute le fameux *Bulletin de la Grande Armée* dont l'ambition consiste à la fois à stimuler les hommes, à expliquer *a posteriori* les batailles à des combattants accaparés par leur tâche sur un bout de terrain et à enorgueillir la France en l'associant aux victoires. Le style en est à la fois limpide, familier, pédagogique et nerveux. La botte secrète réside dans la « phrase-clé », autrement dit la formule éloquente qui résume la journée pour les contemporains avant de passer à la postérité. Les vainqueurs d'Austerlitz demeurent toujours ces « braves » qu'il a baptisés le soir du triomphe. Selon Metternich, ces bulletins valent à l'Empereur une armée de 300 000 hommes [1].

Le « grand communicateur », qui tient la plume en ces circonstances, se veut tout autant chroniqueur de l'épopée qu'instituteur de la nation. Soucieux d'expliquer les événements en cours, il veille toujours à rejeter les responsabilités de la guerre sur l'Angleterre, les rois et leurs coteries. Albert Sorel, résumant les bulletins de 1805, vante ces « écrits prestigieux où il excellait, racontant, au jour le jour, l'histoire de sa geste, conseillant les rois, assignant l'Europe à ses assises, annonçant les destinées ; puis, tout à coup, s'ouvrant à ses soldats, au peuple français, des desseins de sa diplomatie ; résumant en quelques traits significatifs pour tous ses négociations ; peignant les hommes, semant çà et là l'anecdote chère aux Parisiens ; mêlant, avec ce naturel, cette familiarité popu-

1. « C'est un fait nouveau dans l'histoire que celle d'un souverain qui s'entretient directement et fréquemment avec le public. Napoléon a inauguré cette méthode et il en a tiré de grands avantages » résume le chancelier autrichien dans ses Mémoires.

laire qui n'est que le propre des écrivains de génie, le ton de l'épopée et celui de la chronique, la polémique la plus acerbe à l'envolée de l'histoire ». En leur parlant comme à des égaux, l'Empereur flatte sciemment l'esprit républicain d'une troupe à laquelle il doit sans cesse « vendre » l'Empire comme la « meilleure des Républiques ». Chaque campagne n'est jamais présentée autrement que par la nécessité de défendre la patrie de l'égalité face à la coalition des privilégiés. La nouvelle *Marseillaise*, « Veillons au salut de l'Empire », avertit dans le plus pur style jacobin : « Si l'Europe conspire, conspirons la perte des rois. » Issue de l'épopée révolutionnaire, la Grande Armée en a conservé l'esprit rebelle, rétif à la discipline, ce qu'indique assez le terme de « grognards » inventé par Napoléon pour baptiser ses hommes. « Ce n'est point une machine qu'il s'agit de faire mouvoir, c'est un être raisonnable qu'il faut diriger, précise l'Empereur. Le soldat français a une bravoure impatiente et un sentiment d'honneur qui le rend capable des plus grands efforts ; mais il a besoin d'une sévère discipline et il ne faut pas le laisser longtemps dans le repos[1]. »

Les colonnes de César

S'ils sont déterminants, le génie de l'Empereur et la qualité des troupes n'expliquent cependant pas tout. La puissance du nombre d'une part, résultant de la démographie et de la conscription, la qualité de l'organisation et du commandement de l'autre, y ajoutent un supplément quantitatif et qualitatif qui achève de surclasser la Grande Armée par rapport à ses rivales.

Forte de vingt-neuf millions d'habitants au moment de la proclamation de l'Empire, la France se situe juste derrière la

1. Selon Georges Lefebvre : « Le soldat napoléonien n'a rien du soldat de caserne ; c'est un combattant improvisé comme celui de la Révolution ; il garde le même esprit d'indépendance ; les officiers sortis du rang étaient ses camarades de la veille, et lui-même pouvant être promu demain, il s'empreint fort peu d'esprit "militaire" ; la discipline extérieure et mécanique lui est insupportable ; il discute sans scrupules pour revenir à son heure, et n'obéit volontiers qu'au feu. »

Russie et légèrement devant le kaléidoscope autrichien[1]. Sachant qu'une partie de la Russie n'est pas européenne, elle constitue donc la puissance la plus peuplée du continent, laissant loin derrière elle les dix-sept millions d'Italiens ou les dix millions d'Espagnols. Quant à l'Angleterre et à la Prusse, elles ne comptent alors respectivement qu'environ huit et sept millions d'hommes et de femmes. La France paraît d'autant plus forte qu'elle est jeune, les trois quarts de ses habitants ayant moins de vingt ans, ce qui explique au passage pourquoi ils ont si facilement oublié l'Ancien Régime. Elle l'est d'autant plus qu'elle seule bénéficie d'une armée nationale, levée régulièrement depuis l'introduction de la conscription par la loi Jourdan en 1798. C'est l'Empereur qui, chaque année, fixe seul le nombre des appelés sous couvert de sénatus-consultes de complaisance. Les recrutements, dirigés par les préfets, se font par tirage au sort, les plus fortunés pouvant s'acheter un remplaçant dont le prix monte avec les années. Alors que les autres armées restent peuplées de mercenaires et se recrutent par la force, la française, surtout au début, s'assemble sans difficulté, souvent avec enthousiasme. Jusqu'en 1806, le Consul puis l'Empereur demeure modéré, ne prélevant que ce qui est strictement nécessaire. A partir d'Austerlitz, l'Aigle lève par anticipation, prélude à un dérapage explicable à la fois par l'augmentation des effectifs engagés et l'expansion de l'Empire.

Passée de 165 000 hommes en 1789 à plus d'un million en 1793[2], l'armée de citoyens s'est aguerrie. La politique militaire, essentiellement orchestrée par Carnot, reste le joyau de l'héritage révolutionnaire. Outre les armées de masse et une doctrine résolument offensive, « l'organisateur de la victoire » a légué à son successeur une force de frappe expérimentée, confiante et solidaire dont le subtil Mallet du Pan a pu écrire qu'elle était animée par deux passions : « celle de vaincre et

1. L'Empire des tsars et celui des Habsbourg comptent respectivement trente et vingt-huit millions d'habitants.
2. Le chiffre chute ensuite pour revenir à un peu plus de 300 000 en Brumaire.

celle de s'avancer »[1]. Après quatre ans de pause consulaire, la reprise de la guerre est attendue dans les rangs avec impatience. Outre l'attirance de l'ailleurs et la moins noble perspective du pillage, les soldats rêvent d'un avancement qui dépend de l'héroïsme personnel et des vides créés par les combats. Les rivalités entre armées, notamment celles opposant les « italiens » de Bonaparte à l'armée du Rhin de Moreau, se sont estompées lors du regroupement au camp de Boulogne, de 1803 à 1805 : « Nous avions l'armée du Rhin, l'armée d'Italie, l'armée de Hollande, il n'y avait point l'armée française ; maintenant elle existe et nous la verrons agir » s'enthousiasme l'Empereur, qui a multiplié les allers et retours sur place pour parfaire la formation de ses légions.

Selon ce dernier, la forte part d'officiers sortis du rang explique pour beaucoup l'osmose accomplie entre les compagnons d'hier : « Pourquoi l'armée française est-elle aujourd'hui devenue la plus redoutable au monde ?, interroge-t-il. C'est que les officiers s'en étant allés en émigration, les sous-officiers les remplacèrent et par suite ont été généraux et maréchaux de France. C'est avec les sous-officiers qu'on mène le monde ; c'est avec eux qu'on le remue parce qu'ils en sont. » Ils assurent une solidarité et une discipline qui fortifient l'esprit de corps. La soif d'honneur s'y conjugue avec la fraternité des combats pour pousser chacun à donner le meilleur de lui-même et entretenir cette surprenante bonne humeur qui transparaît dans les Mémoires, moyen efficace de sublimer le quotidien et de conjurer la peur.

Au sommet les dix-huit nouveaux maréchaux sont destinés au commandement des corps. Héritée de l'Ancien Régime, l'institution incarne la volonté d'alchimie et de sélection par

1. Le même auteur précise, toujours dans ses notes à la cour de Vienne : « Une vanité martiale sans bornes a remplacé l'ancien honneur du soldat. Tous les grades, depuis le généralat jusqu'au porte-drapeau, étant remplis par des officiers de fortune, le spectacle de tant de promotions subites généralise dans l'armée cette émulation désordonnée qui de tout temps forma le caractère français, et par l'énergie de laquelle la queue tend sans cesse à dévorer la tête. »

le mérite chère à l'Empereur. Venus de tous les horizons — politiques, sociaux et militaires —, ils incarnent l'élévation sociale rendue possible par la Révolution conquérante. Tous partagent un même manteau de gloire qui fait taire les critiques et suscite l'émulation de leurs subordonnés. La Révolution est leur mère commune, justifiant le mot, sans doute un peu trop beau pour être vrai, attribué à Lefebvre : « C'est moi qui suis un ancêtre. » S'ils se révèlent rarement des stratèges, tous sont des braves, exemplaires au feu, et dont le panache entraîne l'adhésion des troupes. Le fameux Marbot, le plus célèbre mémorialiste de l'épopée, rapporte le cas de Lannes voulant absolument s'emparer d'une échelle d'assaut pour conquérir Ratisbonne durant l'éprouvante campagne de 1809 où il devait trouver la mort : « A la vue d'un maréchal de l'Empire disputant avec ses aides de camp à qui monterait le premier à l'assaut, un cri d'enthousiasme s'éleva dans toute la division. Officiers et soldats voulurent marcher en tête, et réclamèrent cet honneur, ils nous poussaient, mes camarades et moi, en cherchant à s'emparer des échelles, mais en les cédant, nous aurions eu l'air d'avoir joué une comédie pour exciter l'élan des troupes ; le vin était tiré, il fallait le boire, quelque amer qu'il pût être ! » Lannes n'eut plus d'autre solution que de laisser faire « bien qu'il s'attendît à voir exterminer une grande partie de son état-major qui devait marcher en tête de cette périlleuse attaque ». Même bravoure chez Oudinot, surnommé le « Bayard de la Grande Armée », couvert de plus de vingt blessures ; chez Ney, dit le « brave des braves » en raison de sa capacité à s'exposer en première ligne ou chez Murat, le paladin de l'aventure toujours au premier rang, entraînant dans son sillage d'autres sabreurs de légende comme les généraux Lassalle, Pajol, Guyot ou d'Hautpoul.

Cette « furia francese », le terme revient souvent dans la bouche de l'Empereur, s'avère d'autant plus redoutable qu'elle s'appuie sur une excellente organisation, surtout durant les premières années. La chaîne de commandement répond à la centralisation civile, efficace et rapide. Berthier, ministre de la Guerre et chef de l'Etat-Major général, suit l'Empereur comme son ombre et le décharge de tous les détails. Travailleur méthodique et inépuisable, rigoureux et sévère, il assure la transmission des ordres et veille qu'ils soient exécutés en temps voulu. La tâche, contrairement aux apparences, se révèle complexe eu égard à la longueur des distances et aux nombreux aléas de la guerre. Le prince de Neuchâtel s'y emploie parfaitement. Il envoie plusieurs aides de camp pour faire passer chaque message afin d'être certain qu'il parvienne bien à destination et orchestre la mise à jour des précieux livrets. Il forme avec Napoléon le couple militaire parfait : la tête et les jambes, le créateur et le scribe d'autant plus appréciable qu'il ne discute jamais ses ordres. « Fondée sur une utilité réciproque, écrit Arnault, leur union était de celle que le temps ne peut que fortifier : c'était celle du génie et de l'intelligence. Berthier devait sa gloire à ce qu'il avait compris le génie de Bonaparte, et la gloire de Bonaparte s'était accrue de ce qu'il avait été compris par Berthier. Personne n'a mieux traduit et transmis ses ordres que Berthier, qui était pour lui ce que la parole est à la pensée. » Toute sa philosophie se résume dans cette lettre qu'il expédie à Ney le 18 janvier 1807 : « L'Empereur n'a pas besoin ni de conseils ni de plans de campagne ; personne ne connaît ses idées et nous n'avons qu'à obéir. »

Derrière lui, Bacler d'Albe dirige en expert le cabinet topographique. Il dresse des cartes d'une précision exceptionnelle sur lesquelles Napoléon se couche durant des heures afin d'y deviner les mouvements de l'ennemi et ordonner les siens en conséquence. Daru, intendant général à partir d'octobre 1806, veille au recouvrement des contributions et au ravitaillement des troupes, assisté de 143 commissaires des guerres, dont son jeune cousin Stendhal, appliquant avec les moyens du bord la maxime du maître selon laquelle la guerre doit nourrir la guerre.

Il ne saurait être question d'évoquer la Grande Armée sans mentionner la garde impériale, élite de l'élite qui suit toujours l'Empereur et constitue sa meilleure réserve, celle qu'il ne « dépense » qu'à la dernière extrémité. « La garde n'a pas donné » termine la plupart des bulletins, signifiant que la victoire n'a pas été difficile à emporter. Inspirée des prétoriens romains, issue de la garde consulaire, elle reçoit son organisation définitive le 29 juillet 1804 [1]. Elle présente un échantillon des meilleures troupes de chaque corps, « la gloire de l'armée et la majesté de l'Empire » selon le général Foy. Pour y rentrer, il faut mesurer au moins un mètre soixante-sept, avoir cinq ans de service et pouvoir prouver sa participation à un minimum de quatre campagnes. La bravoure, la valeur et la fidélité forment le tronc commun de cette troupe réputée, « chevalerie populaire » selon les propres termes de l'Empereur : « Vous devez partir du principe qu'il faut avoir pour me garder [entrer dans la garde] quatre quartiers de noblesse, c'est-à-dire quatre blessures reçues sur le champ de bataille, écrit-il à Fouché en 1809. Je ne consentirai jamais à admettre de service auprès de moi des muscadins n'ayant pas noirci sous le harnais ; [...] J'ai mes vieux soldats, je n'en admets pas d'autres à l'honneur de me garder. »

En septembre 1805, Napoléon la dote de privilèges spécifiques afin de renforcer son magister au sein de la troupe. Chaque soldat et sous-officier obtient deux rangs supérieurs dans la ligne — le grenadier vaut un sergent — et touche la solde afférente. Logés, nourris et vêtus en priorité, les « messieurs de la garde » suscitent de nombreuses jalousies parmi les soldats qui respectent cependant en eux les vieilles moustaches, toujours admirables au champ d'honneur. A la fois garde personnelle, force de rupture, vitrine de la puissance et miroir de la gloire, elle devient mythe de son vivant. Son apparition sur le champ de bataille, comme à Eylau, suffit à tétaniser l'adversaire.

La formule va être victime de son succès. A l'origine, la garde ne compte qu'une dizaine de milliers d'hommes. Puis les effectifs enflent : 30 000 en 1809, plus de 50 000 en 1812, près de 100 000 en 1813. Si l'esprit augural demeure dans la

---

1. Désormais appelée garde impériale, elle est placée sous le commandement de quatre colonels-généraux, tous maréchaux. Il s'agit en l'occurrence de Davout (grenadiers à pied), Soult (chasseurs à pied), Mortier (artilleurs et marins), enfin Bessières (cavaliers).

« vieille garde », elle se voit doublée d'une moyenne et d'une jeune garde qui ne respectent plus les conditions d'ancienneté et de bravoure requises à l'origine. Nulle mieux qu'elle ne résume l'histoire d'une armée sans cesse plus nombreuse, la dégénérescence d'une symbiose entre armée de métier et conscription en une masse où la quantité ne supplée pas au déclin de la qualité ; fournaise dévorante que ne compense pas l'entrée en ligne progressive des canons.

En développant le train attelé, Napoléon renforce en effet la mobilité et le poids de l'artillerie, toujours plus meurtrière au fur et à mesure des campagnes. Réformée au siècle précédent par Gribeauval qui l'a allégée sans réduire sa puissance de frappe, elle bénéficie de surcroît d'excellents officiers, certains formés sous le règne de Louis XVI à l'instar de Bonaparte. A l'image de l'armée, elle doit pouvoir se concentrer en des points stratégiques du champ de bataille afin de faire brèche dans les bataillons resserrés de l'ennemi et créer les conditions, par le bruit et la peur qu'elle engendre, d'un effondrement psychologique de l'adversaire.

*

Forte d'environ 200 000 hommes au moment où elle s'apprête à entrer en campagne, la Grande Armée présente pourtant plusieurs handicaps qui vont aller s'aggravant avec les années. L'intendance suit en s'adaptant tant bien que mal à la guerre de mouvement voulue par l'Empereur mais elle opère encore près des frontières dans des pays riches, Italie et Allemagne. Qu'en sera-t-il quand l'armée s'éloignera toujours plus loin, obligeant à l'extension croissante de ses lignes de communication ? Qu'en sera-t-il quand elle quittera les terres fertiles pour s'enfoncer vers l'est ? Qu'en sera-t-il enfin quand il ne s'agira plus de nourrir 200 000 mais 500 000 puis un million d'hommes ? Loin de l'image d'Epinal des troupes en grande tenue, uniformes rutilants, chevaux superbes, musique militaire entraînée par le gigantesque tambour-major ou mamelouk en costume des mille et une nuits, la vie quotidienne du soldat en campagne souffre de conditions physiques et d'hygiène insupportables. Sacs de quarante kilos et plus, chaussures usées, uniformes rapiécés, soldes irrégulières, nourriture souvent inexistante ou quasiment infâme forment son ordinaire[1].

L'armement demeure vétuste à l'image du fusil, modèle 1777, ou du canon qui reste celui utilisé par Gribeauval à la fin de l'Ancien Régime. Pour tirer, un soldat doit d'abord déchirer la cartouche avec ses dents, verser la poudre dans le canon du fusil, ensuite la bourrer avec sa baguette de fer avant d'introduire le projectile dans le canon. Ce n'est pas fini. Il lui faut encore, selon Jean Morvan, « la pousser jusqu'au contact de la bourre ce qui est parfois difficile, l'arme s'encrassant vite, puis armer, verser le pulvérin dans le bassinet et dans le canal de lumière. Ces opérations faites, il peut espérer que le coup partira si le silex donne une étincelle, ce qui rate d'habitude une fois sur quinze et si la lumière n'est pas obstruée par les coups précédents [...]. Mais lorsque le tir se prolonge, qu'il lui faut décrasser son arme comme il peut — le plus souvent en pissant dans le canon — et désobstruer le canal de lumière au moyen de l'épinglette, sa vitesse de tir est notablement réduite ». Les meilleurs tirent au mieux un coup à la minute ; trois pour le canonnier. Autant dire que dans ces conditions, on tue le plus souvent à l'arme blanche, baïonnette pour l'infanterie, sabre tranchant des mamelouks et épée lourde des cuirassiers, lances effilées des lanciers maniées avec une dextérité particulière par les Polonais qui savent aussi bien « pointer » directement que « tirer » en jetant leur pointe à petite distance.

1. L'institution des inspecteurs aux revues (1800) et de trésoriers-payeurs militaires corrigent certains abus mais ne peuvent suppléer aux défauts décrits. Outre les déficiences multiples, qui vont en s'aggravant au fur et à mesure des semaines de campagne, la fraude atteint des proportions gigantesques chez les employés des vivres que les soldats affublent des sobriquets de « ripainsel » (riz-pain-sel), ou « céleris » (sel-riz). Alain Pigeard, un des meilleurs historiens de l'armée impériale, détaille la ration quotidienne fixée par l'arrêté du 12 septembre 1801 : « ration de pain à 750 g, ration de biscuit à 550 g, ration de viande fraîche ou de bœuf salé à 250 g, ration de riz à 30 g, ration de légumes secs à 60 g, ration de sel à 1/60e de Kg, un litre de vin pour quatre hommes, un litre d'eau-de-vie pour seize hommes, un litre de vinaigre pour vingt hommes. » Passés les premiers jours de combats, le soldat impérial doit souvent marauder pour se procurer le minimum vital.

L'alchimie militaire napoléonienne opère pleinement sur des distances limitées, mais dans des conditions précaires, dépendantes de la dureté du climat, de la régularité de l'intendance, du maintien d'un minimum d'hygiène collective, de la qualité du commandement ainsi que de la parfaite transmission et exécution de ses ordres. Formée pour l'attaque, exaltée par la fièvre des passions, la Grande Armée reste un instrument magnifique mais fragile. Napoléon le sait parfaitement : « L'art des retraites est plus difficile avec des Français qu'avec des soldats du Nord, dit-il par exemple à Chaptal. Une bataille perdue lui ôte ses forces et son courage, affaiblit sa confiance en ses chefs et les pousse à l'insubordination [1]. »

Déjà, certains maréchaux semblent d'une fidélité toute relative. Augereau et Bernadotte, les anciens Jacobins, n'ont jamais caché leur hostilité envers l'Empire qu'ils considèrent comme une usurpation. D'autres dignitaires, gorgés d'honneurs et d'argent, aspirent à jouir de leurs biens et répugnent à la reprise des hostilités, ce dès 1805. A défaut de transcendance, il lui faut aussi motiver par l'intérêt. Là encore, la conquête s'avère un recours pour détourner les esprits et intéresser ses lieutenants à la conservation de son trône en leur faisant miroiter une part du gâteau territorial. « Ce que j'ai fait jusqu'ici [...] n'est rien encore, confie-t-il alors à son frère [Joseph] et à quelques généraux de son intimité. Il n'y aura de repos en Europe que sous un seul chef, sous un empereur qui aurait pour officiers des rois, qui distribuerait des royaumes à ses lieutenants, qui ferait l'un roi d'Italie, l'autre de Bavière, celui-ci landammann de Suisse, celui-là stadhouder de Hollande, tous ayant des charges dans la maison impériale avec les titres de grand échanson, grand panetier, grand écuyer, grand veneur, etc. On dira que ce plan n'est

1. « Les Français sont les plus braves qu'on connaisse ; dans quelque position qu'on les essaie ils se battront ; mais ils ne savent pas se retirer devant un ennemi victorieux. S'ils ont le moindre échec, ils n'ont plus ni tenue ni discipline ; ils vous glissent dans la main » confirme-t-il plus tard à Las Cases. D'où le succès de stratégies de harcèlement comme la guérilla espagnole ou les hourras des Cosaques durant la retraite de Russie.

qu'une imitation de celui sur lequel l'empire d'Allemagne a été établi, et que ces idées ne sont pas neuves : mais il n'y a rien d'absolument nouveau ; les institutions politiques ne font que rouler dans un cercle, et souvent il faut revenir à ce qui a été fait [1]. » Pour l'heure trentenaires, les chefs militaires ne sont pas encore indifférents à la religion de l'honneur et partagent une même soif de gloire. Mais qu'en sera-t-il quand ils seront devenus princes et millionnaires, repus de titres et d'argent ? L'esprit de conquête, quand il a atteint son but, dégénère infailliblement en esprit de conservation.

1. Le propos est consigné par Miot de Mélito dans ses Mémoires. « Vous n'y entendez rien, disait-il au même Joseph qui l'entretenait de la nécessité de signer la paix avec les commissaires américains à Lunéville. D'ici deux ans, nous serons les maîtres du monde. Que les rois fassent la paix : ils sont perdus ; deux ans de prospérité en France anéantiront leur puissance. »

CHAPITRE VIII

LA GLOIRE

> « Sachez pour toujours qu'en fait de royaume on prend quand on peut et qu'on a jamais tant quand on n'est pas obligé de rendre. »
>
> FRÉDÉRIC II.

Le réveil de l'Europe

L'Europe de 1805 souffre d'un handicap ancien dans sa confrontation avec la France impériale : sa division. Les vieilles rivalités entre Etats sont réapparues après l'alliance des têtes couronnées au dernier quart d'heure de la monarchie française. L'Autriche et la Prusse ont repris leur lutte pour la domination des Allemagne ; l'Angleterre se satisfait de sa supériorité navale ; la Russie regarde toujours vers l'Orient. Seuls quelques rares pionniers comme Pitt et Metternich comprennent d'emblée le danger que fait peser l'établissement du nouvel Empire. Une nouvelle Rome est en marche, estime par exemple Metternich dans une note qu'il adresse au Prussien Hardenberg le 11 janvier 1805. En conséquence : « Le sort de l'Europe dépend de la détermination des Souverains de l'Autriche, de la Russie et de la Prusse ; de la sincérité, de l'énergie qu'ils mettront dans leur union ; du point de vue élevé qu'ils donneront à leur concert. Le maintien de la paix ne saurait exister sans l'union des grandes puissances. »

La situation actuelle « ne saurait être considérée comme un état de paix ; c'est au contraire un état de guerre d'autant plus dangereux, que la partie attaquante est la seule à employer les armes, à s'assurer des conquêtes sans coup férir, pouvant braver ainsi, sans aucun danger de résistance isolée ou tardive, jusqu'à l'époque où même la réunion des puissances affaiblies ne suffirait plus pour arrêter le torrent. » Ces « faucons » tentent d'unir l'ensemble des monarchies contre l'expansionnisme français. L'Europe, à les entendre, doit comprendre qu'en faisant mine de se rapprocher d'elle par l'instauration de l'hérédité, l'Empire figure un concurrent bien plus redoutable que la République, déconsidérée par la Terreur et ridiculisée par son instabilité. Napoléon est d'autant plus redoutable qu'il a su tirer le meilleur de la Révolution pour fonder un despotisme éclairé, d'essence démocratique et de réalité monarchique, alliant la vigueur de l'une à l'ordre de l'autre. Centralisé, efficace et puissant, le nouvel Etat garantit l'égalité des droits, démembre la grande propriété par le Code civil, offre par la guerre un vaste champ d'émulation ouvert à la gloire et aux talents. Que peuvent en face ces vieilles monarchies, bâties par les âges sur la noblesse et les privilèges ou assises sur le servage comme la Russie des tsars ? La dissémination des valeurs de 1789, qui gagne déjà les élites rhénanes et italiques, la facilité avec laquelle la France s'est emparée de l'Italie et de la Belgique sont autant de signes avant-coureurs. Pourtant, l'Europe demeure passive, indécise, oscillant entre neutralité hostile et neutralité tout court. A défaut de relever la tête, elle se venge par des calembours et sobriquets contre le parvenu couronné, sa famille et sa cour de malandrins.

Dernière venue dans le concert européen, la Russie d'Alexandre Ier décide la première de se rapprocher d'Albion. Jusqu'alors dominée par son conflit contre l'Empire ottoman [1], qui l'a amenée à se rapprocher de l'Autriche, elle s'est contentée dans un premier temps de financer l'émigration, sans pour

---

1. Il remonte au XVIe siècle et a pour enjeu la conquête de Constantinople et la domination des détroits. Sous Catherine II, les armées russes ont gagné deux longues guerres (1768-1774 ; 1787-1791) qui leur ont notamment permis d'acquérir la Crimée.

autant rejoindre la croisade contre la « jacobinière ». Cette politique de soutien sans participation lui permet de mettre à profit les guerres de la coalition pour s'étendre sans risques.

Monté sur le trône en 1801, Alexandre Ier reste d'abord confiné dans une prudente neutralité. Mais semblable en cela à notre pays, l'Empire russe demeure porté vers la conquête[1]. « Durant les trois cents ans d'existence de la dynastie Romanov, l'empire de Russie s'agrandit à la vitesse de cent quarante kilomètres carrés par jour, écrit Michel Heller. Par leurs dimensions, les conquêtes territoriales de Catherine II surpassent celles de Pierre le Grand. » Il lorgne depuis trois siècles vers Constantinople dont Moscou, se revendiquant la troisième Rome, s'affirme l'héritière. Mais il convoite également la Baltique et la Pologne dont il vient d'arracher une partie substantielle lors des trois partages de 1772, 1793 puis 1795 : « La Russie ne pouvait respirer, prospérer et croître qu'en s'ouvrant les routes de la civilisation et les routes du commerce. La route du commerce, c'était la Baltique, et les Suédois la fermaient. La route de la civilisation, c'était la vieille Europe, et la Pologne en occupait tous les passages. De là, pour la Russie, un antagonisme primordial avec les Suédois et les Polonais aussi bien qu'avec les Turcs » précise Albert Sorel.

Pour avancer encore, notamment en Europe centrale, il lui faut des alliés. Tout pousse le tsar vers l'Angleterre, à commencer par la volonté — obsédante dans son cas — de ne pas subir le sort de son père assassiné, on s'en souvient, avec la bénédiction active de Londres. Principale puissance militaire du continent avec la France, la Russie a besoin de l'or anglais pour financer son expansion et soumettre le rival ottoman dont le pays de Pitt — toujours soucieux d'équilibre — favorise le maintien. Son immense empire, peuplé d'une moitié de serfs, dépourvu de bourgeoisie urbaine, s'ap-

1. On connaît le célèbre jugement de Custine : « Le peuple russe a dû devenir inepte à tout, excepté à la conquête du monde. [...] Sans cette arrière-pensée, avouée ou non, et à laquelle bien des hommes obéissent peut-être à leur insu, l'histoire de Russie me paraîtrait une énigme inexplicable » écrit-il dans *La Russie en 1839*.

puie sur l'armée et la grande noblesse terrienne, les deux foncièrement hostiles à une révolution jugée satanique. Une forte colonie d'émigrés — parmi lesquels on distingue le futur général Langeron [1] et le gouverneur d'Odessa, Emmanuel de Richelieu [2] — y défend les intérêts des Bourbons. « Louis XVIII » se trouve ainsi recueilli par Alexandre en 1804. L'autocratie romanovienne se sent proche de la monarchie de droit divin des petits-fils de Saint Louis avec laquelle elle partage un même socle guerrier et religieux [3]. Le ferment des nationalités gangrène ses nouvelles provinces polonaises qui subissent le joug dans l'espoir de recouvrir leur indépendance perdue.

Pour toutes ces raisons, le tsar cherche à s'agréger à la nouvelle coalition. En échange d'une alliance, il espère recevoir la souveraineté complète sur la Pologne, soit absorber les provinces prussiennes et autrichiennes de l'ancien royaume. Au surplus, l'assassinat du duc d'Enghien a marqué un tournant décisif dans la relation franco-russe. A l'unisson de sa cour, Alexandre considère désormais Bonaparte comme un voyou. Seul en Europe, il fait prendre le deuil pour signifier son mécontentement.

En octobre 1804, les relations diplomatiques sont rompues avec la France. Le 6 novembre suivant, une convention anglo-russe s'oppose formellement à tout nouvel agrandissement de l'Empire républicain. Le 11 avril 1805, une alliance en bonne et due forme est enfin signée entre les deux puissances [4]. L'Angleterre n'est plus seule. Cependant, l'éloignement de la Russie et l'infériorité de son armée par rapport à la française l'obligent à trouver un autre partenaire d'envergure, qui ne peut être que la Prusse ou l'Autriche.

1. Il deviendra l'un des meilleurs officiers supérieurs de l'armée russe. Abel Gance, qui en fait l'incarnation du traître, le représente de façon caricaturale dans son *Austerlitz*.

2. Il sera président du Conseil de Louis XVIII à deux reprises, de 1815 à 1818 puis de 1820 à 1821.

3. De surcroît, le grand-duc de Bade était le beau-père du tsar. Or, c'est sur son territoire que le duc d'Enghien avait été enlevé.

4. Elle fut cependant difficile à conclure, l'Angleterre refusant de céder Malte au mécontentement d'Alexandre.

Le concours des Hohenzollern paraît peu probable. Si la Prusse s'est déjà opposée à la France durant la guerre de Sept Ans ou la première coalition, elle figure traditionnellement parmi nos partenaires, l'axe Paris-Berlin visant à contrer la mainmise de l'Autriche sur les Etats allemands. Napoléon l'a toujours ménagée. Dans la lignée de la quasi-totalité des philosophes et hommes d'Etat du siècle de Louis XV, il admire cette principauté guerrière devenue royaume puissant par le fer et le génie d'un homme, ce Frédéric II dont il a à la fois ausculté les batailles et le système de gouvernement. On se souvient qu'il l'a favorisée lors du recès de 1803, au détriment de la catholique Autriche, en renforçant les princes protestants dont la Prusse demeure le chef de file. Il est même allé, à plusieurs reprises, jusqu'à lui offrir une alliance en bonne et due forme, amenant en dot le Hanovre conquis sur l'Angleterre[1]. Alléché par l'offre, Frédéric-Guillaume a pourtant préféré rester neutre, augurant cette politique de louvoiement qui marquera son règne. Le grand choix — entre alliance russe et alliance française — divise sa famille, sa cour et son état-major en deux clans. Si un de ses conseillers, Lombard, le supplie dès 1800 de « détruire ce repaire de brigands »[2], nombreux sont ceux qui poussent à l'entente avec le Consul, escomptant au passage des gains supplémentaires en Allemagne du Nord. Incapable d'arbitrer, le roi de Prusse tergiverse, espérant jouir le plus longtemps possible d'une neutralité à l'opposé de l'esprit de conquête de ses prédécesseurs.

En octobre 1804, il paraît pourtant sur le point de rompre avec Napoléon. L'enlèvement par la France du chargé d'affaires anglais à Hambourg, un nommé Rumboldt, manque de

1. Le roi d'Angleterre est originaire du Hanovre et continue à régner sur cette contrée à titre personnel.

2. L'année précédente, Haugwitz écrivait déjà dans le même sens au roi : « L'Europe et avec elle la Prusse ne connaît qu'un seul ennemi. Une seule calamité afflige la terre, un seul danger par conséquent menace la Prusse [...] Tant que la France reste en possession des pays situés entre la Moselle et la Meuse d'un côté, le Rhin et l'Ems de l'autre, la sûreté de la Prusse sera menacée. Et avec cela, la France reste une puissance révolutionnaire. »

mettre le feu aux poudres. La Prusse exige réparation d'un acte contraire aux usages diplomatiques et qui rappelle les agissements détestables contre Enghien. Son principal ministre Hardenberg déclare alors à l'ambassadeur d'Autriche, un certain Metternich : « [...] que le fou qui se trouve à la tête du plus puissant Empire du continent tend à une monarchie universelle ; il veut nous accoutumer tous à nous regarder comme faisant partie de son domaine et devant nous plier au gré de toutes ses conceptions extravagantes. » Auprès de Paris, la Prusse fait beaucoup moins la fière afin de ménager Napoléon... qui s'empresse de remettre Rumboldt en liberté. La crise se termine aussitôt au plus grand bonheur du roi de Prusse qui peut prétendre avoir fait reculer le monstre d'un froncement de sourcils. Sa vanité satisfaite, Frédéric-Guillaume retourne à son attentisme, ce qui oblige les Anglo-Russes à lorgner du côté de l'Autriche.

L'empire des Habsbourg, en revanche, n'a subi que des humiliations depuis 1789. Le sentiment antifrançais s'y est nourri de l'exécution de Marie-Antoinette et des récentes défaites subies pour prendre un caractère phobique. La Révolution et le Consulat l'ont déjà chassé de la Belgique et ont réduit son poids en Allemagne et en Italie. Son armée exsangue et son trésor ruiné l'empêchent longtemps de réagir. Principal victime du tourbillon napoléonien lors des campagnes d'Italie, il craint de perdre ses derniers bastions s'il défie à nouveau le géant français. Le titre d'empereur décerné à Napoléon constitue un nouveau camouflet pour François II, empereur de papier d'un Saint Empire romain germanique rayé de la carte par le recès de 1803. Humilié, il réplique en reconnaissant tardivement Napoléon puis en se proclamant lui-même empereur... d'Autriche le 10 août 1804, réaction très controversée puisqu'elle consiste à inventer une dignité impossible — l'Autriche est province d'un empire — pour espérer se hisser à la hauteur d'un « roi de comédie, d'un régicide, d'un parvenu », selon Gentz. Autant dire qu'il accueille avec transport la perspective d'une alliance avec « l'ami russe » financée par l'or britannique.

La motivation diplomatique de l'hérédité — rassurer l'Europe — aboutit ainsi à l'inverse du résultat escompté par Napoléon. C'est pourtant un Empereur serein qui s'exprime devant Chaptal auquel il annonce la reprise imminente des hostilités : « Cinq ou six familles se partagent les trônes de l'Europe, et elles voient avec douleur qu'un Corse est venu s'asseoir sur l'un d'eux. Je ne puis m'y maintenir que par la force ; je ne puis les accoutumer à me regarder comme leur égal qu'en les tenant sous le joug ; mon empire est détruit, si je cesse d'être redoutable. Je ne puis donc laisser rien entendre sans le réprimer. Je ne puis pas permettre qu'on me menace sans frapper. Ce qui serait indifférent pour un roi de vieille race est très sérieux pour moi. »

*

Surmontant sa peur, l'Autriche se rapproche donc du duo anglo-russe, décidé à intervenir contre la prochaine usurpation de « Buonaparte ». Ce dernier ne les fait pas attendre longtemps et procède par une série de provocations calculées [1]. Sur les refus de Joseph puis de Louis [2], il se couronne le 26 mai 1805 roi d'Italie à Milan [3], plaçant Eugène à ses côtés comme

1. Son expansionnisme choque d'autant plus qu'il continue officiellement à multiplier les proclamations pacifiques. Ainsi affirme-t-il le 18 mars 1805 aux sénateurs ne prendre la couronne italienne qu'à titre provisoire : « Tout ce que nous avons jugé inutile pour le rétablir [l'équilibre général] nous l'avons rendu, et par là, nous avons agi conformément au principe qui nous a constamment dirigé, de ne jamais prendre les armes pour de vains projets de grandeur, ni par l'appât des conquêtes » leur dit-il notamment.

2. Joseph refuse car Napoléon lui demande en échange de renoncer à ses droits sur la couronne de France. Napoléon se retourne alors vers Louis auquel il offre d'adopter son fils et de le faire roi d'Italie sous le nom de Napoléon II. Le cadet refuse par une lettre très sèche : « Tant que j'existerai, je ne consentirai ni à l'adoption de mon fils avant qu'il ait atteint l'âge fixé par le sénatus-consulte, ni à aucune disposition qui, en le plaçant à mon préjudice sur le trône de Lombardie, donnerait par une faveur aussi marquée une nouvelle vie aux bruits répandus dans le temps au sujet de cet enfant. » Tout au plus consent-il... à prendre le trône pour lui.

3. La couronne lui a « officiellement » été offerte le 15 mars par les députés de la « république italienne » emmenés par leur vice-président Melzi. Il promet qu'il transmettra le sceptre italien à l'un des siens lorsque l'Angleterre aura évacué Naples, Malte et les îles Ioniennes, ce qu'il sait impossible. La provocation envers l'Europe est donc manifeste.

vice-roi. Désormais, à l'image des Habsbourg, l'Aigle est à la fois empereur et roi, détenteur de la légendaire couronne de fer qu'il ceint avec autorité après avoir prononcé les paroles rituelles : « Dieu me l'a donnée, gare à qui la touche. » Dans la foulée, il annexe Gênes, les duchés de Parme et Plaisance, ainsi que la principauté de Lucques, cette dernière attribuée à Elisa comme fief d'Empire.

La francisation de l'Italie lève les derniers scrupules de l'Autriche : « Si nous ne nous opposons pas à ses projets, affirme son principal ministre Cobenzl, nous cessons d'exister[1]. » Le 9 août 1805, elle adhère à la coalition qui regroupe également la Suède de Gustave IV, fer de lance de la contre-révolution depuis l'origine[2], et les Bourbons de Naples, inquiets de perdre leur trône. L'ensemble groupe des forces supérieures aux Français même si elles possèdent l'inconvénient d'être trop dispersées[3].

Sous l'influence de l'Angleterre, les alliés entérinent des buts de guerre qui ne varieront pas : retour de la France à ses anciennes limites, érection d'Etats tampons à ses frontières du Nord et de l'Est, renversement de l'Ogre et restauration des Bourbons, répartition des territoires reconquis par un congrès général en constituent le tronc commun. Alexandre entend cependant profiter de la victoire pour fixer le droit international sur des bases originales puisqu'il subordonne les questions territoriales à un impératif moral combinant le respect des « droits sacrés de l'humanité » et les principes d'équilibre

---

1. Cobenzl, qui a remplacé Thugut en 1800, demeure aux affaires jusqu'en 1809 où il laisse la place à Metternich.

2. La rupture des relations diplomatiques entre la France et la Suède a été prononcée dès l'été 1804, l'alliance entre l'Angleterre et la Suède scellée le lendemain même du sacre. Gustave IV, qui hait l'Aigle, refuse même de reconnaître sa nature de chef de l'Etat et lui écrit sous l'intitulé « Monsieur Napoléon Bonaparte », soit comme à un simple particulier.

3. On peut globalement se fier au rapport de force tel qu'il est établi par Jean Thiry dans son *Ulm, Trafalgar, Austerlitz*. Selon lui la Grande Armée comprend « 186 000 hommes dont 38 000 cavaliers. Elle possédait 340 bouches à feu. Il fallait y ajouter 25 000 Bavarois, 8 000 Badois et Wurtembergeois. L'ensemble se montait donc à 224 000 Français et 33 000 Allemands. En face de lui, l'Empereur avait 250 000 Autrichiens, 200 000 Russes, 50 000 Anglais, Suédois, Napolitains, soit 500 000 hommes, le double de l'armée française ».

européen par le nécessaire concert des puissances. Pour garantir la paix, Alexandre entend notamment « fixer sur des principes clairs et précis les prescriptions du droit des gens » et propose d'« insérer l'obligation de ne jamais commencer la guerre qu'après avoir épuisé les moyens qu'une tierce médiation peut offrir ». Esquisse de la future Sainte-Alliance, le projet russe constitue un schéma de type napoléonien où la diplomatie et le respect revendiqué du droit des gens habillent l'ambition cxpansionnistc[1].

Pour séduire l'opinion française, la diplomatie européenne joue d'entrée double jeu en cantonnant les dispositions spoliatrices dans des articles secrets tandis qu'elle se contente de publier les conditions les plus conciliantes et affiche sa volonté de paix. Ainsi, dès le départ, l'Europe prétend faire la guerre au seul Napoléon, soulignant sa volonté de préserver la France, dans l'espoir évident de séparer la nation de l'Empereur. Sauf qu'ils commettent l'erreur de lui déclarer la guerre et permettent à Napoléon de se présenter en état de légitime défense comme de faire oublier ses provocations.

Manque cependant toujours à l'appel la Prusse, en dépit des efforts pressants d'Alexandre qui va jusqu'à se rendre à Berlin pour jurer avec le couple royal amitié éternelle sur la tombe du Grand Frédéric. Or, si la reine Louise s'avoue gagnée à la croisade contre « le Corsicain », Frédéric-Guillaume freine toujours des quatre fers, appuyé par la majorité de son état-major qui considère l'armée prussienne inapte à entrer en campagne. Sa volonté de dominer l'Allemagne, et par consé-

---

1. Dans *Les Chemins de la paix*, Henry Kissinger détaille le plan échafaudé en 1805 par Pitt en réponse aux propositions d'Alexandre Ier. Réaliste avant tout, le Premier ministre anglais propose un accord concret, préservant le libre arbitre de l'Angleterre. Il ramène en conséquence « les propositions russes à trois objectifs de base avec lesquels il était d'accord ; a) délivrer ces pays que la France a subjugués depuis le début de la Révolution, et réduire la France à ses frontières antérieures ; b) une fois recouvrés les territoires actuellement soumis à la domination française, faire qu'ils retrouvent le calme et la félicité, et que du même coup, ils constituent une barrière plus efficace contre toute tentative d'empiètement de la part de la France ; c) la paix revenue, mettre sur pied un accord général qui garantisse la protection et la sécurité mutuelle des puissances participantes, et qui restaure en Europe un système fondé sur le droit public ».

quent sa rivalité avec l'Autriche, l'emporte sur son envie d'éradiquer la puissance montante et à travers elle la révolution régicide. En outre, Frédéric-Guillaume se souvient des cuisantes défaites essuyées lors de la première coalition et n'a guère envie de sortir de l'attentisme qui lui a déjà valu de substantiels agrandissements territoriaux. Mieux vaut donc laisser la France et l'Autriche se déchirer entre elles, quitte à se vendre ensuite au plus offrant.

Après avoir tergiversé durant de longs mois, il se rapproche cependant de la coalition à la suite de la violation d'une partie de son territoire par les troupes de Bernadotte[1]. De concert avec le tsar, il offre sa médiation, prélude à l'entrée en guerre en cas de refus prévisible de Napoléon. Marbot rapporte dans ses Mémoires qu'il fut contraint de jouer la comédie afin de circonvenir Haugwitz, envoyé en mission au quartier général de Napoléon. Pour l'impressionner, l'Empereur lui demanda de rapporter à haute voix — car le Prussien était en partie sourd — la nouvelle de la défaite d'un corps autrichien alors que l'événement datait de plusieurs jours. Outrageant son propos, Marbot réussit à déprimer Haugwitz, ce qui eut pour effet de calmer les velléités guerrières à Berlin. Les victoires françaises achèveront de le faire rentrer dans le rang, suscitant les sarcasmes de l'Aigle : « Voilà un compliment dont le destinataire a changé d'adresse », dira-t-il en accueillant l'émissaire prussien au lendemain d'Austerlitz.

Le soleil d'Austerlitz

Le plan de campagne de la coalition, inspiré par le général Mack, prévoyait de profiter de la concentration de la Grande Armée à Boulogne pour la surprendre en attaquant, sans attendre l'armée russe. Début septembre, les 75 000 hommes du général autrichien envahissent notre allié bavarois tandis

1. Napoléon a eu en effet le tort de traiter l'affaire à la légère, ce qui exaspère Frédéric-Guillaume. Un accord prusso-russe est scellé le 3 novembre 1805 à Potsdam à la suite de la visite du tsar.

que les 90 000 soldats de l'archiduc Charles attaquent l'Italie[1]. Napoléon a anticipé l'événement : « L'Autriche arme, je veux qu'elle désarme, écrit-il le 12 août à Cambacérès ; si elle ne le fait pas, j'irai avec 200 000 hommes lui faire une bonne visite dont elle se souviendra longtemps[2]. » A la fin août, il fait pivoter de Boulogne ses « sept torrents »[3] et les jette vers le Rhin, atteint un mois plus tard. La première proclamation aux troupes révèle une agressivité diplomatique nouvelle : « Nous ne ferons plus de paix sans garantie. Notre générosité ne trompera plus notre politique. » Tandis qu'il fixe Mack par une diversion, ses gros le débordent sur sa gauche afin de l'encercler. Ney le bat à Elchingen le 14 octobre, l'obligeant à s'enfermer dans Ulm où il capitule piteusement six jours plus tard. Napoléon, radieux, reçoit la reddition de près de trente mille hommes. « Votre maître, dit-il aux officiers autrichiens, a voulu me faire ressouvenir que j'étais un soldat ; j'espère qu'il conviendra que la pourpre impériale ne m'a point fait oublier mon ancien métier. » Le défilé, qui dure cinq heures, enivre les soldats de fierté : « On se fera difficilement une idée des sentiments qui nous animaient dans ce moment et de l'enthousiasme que nous éprouvions en voyant cette armée si considérable défiler devant nous, déposer ensuite ses armes, nous abandonner ses chevaux, son artillerie, ses drapeaux. Quel est l'homme qui n'aurait pas été fier d'être Français dans un si beau moment », écrit par exemple Béchet de

1. L'archiduc Jean, avec 22 000 hommes, devait assurer la liaison entre les deux armées autrichiennes. L'alliance franco-bavaroise a été signée à Munich le 24 août 1805 mais ne fut officiellement ratifiée par Maximilien que le 12 octobre, soit après l'agression de l'Autriche, avec laquelle la Bavière était longtemps restée en coquetterie. Un autre traité avec le Wurtemberg est signé le 5 octobre, deux autres nous liant avec les duchés de Bade et de Hesse-Darmstadt.

2. « Dès ce moment, je change de batteries, précise-t-il quelques jours plus tard à Talleyrand : il ne faut plus d'audace, il faut de la pusillanimité, afin que j'aie le temps de me préparer. [...] Il s'agit de me gagner vingt jours, et d'empêcher les Autrichiens de passer l'Inn pendant que je me posterai sur le Rhin. » Napoléon ajoute avec une humilité qui ne lui est pas familière : « Je n'aurais pas cru les Autrichiens aussi décidés ; mais je me suis tant trompé en ma vie, que je n'en rougis pas. »

3. Les fameux sept corps (Bernadotte, Soult, Marmont, Davout, Lannes, Ney et Augereau) auxquels s'ajoutent la garde et la cavalerie de Murat. S'y adjoindront ultérieurement 30 000 hommes fournis par nos alliés allemands. 25 000 hommes restent à Boulogne pour contenir les Anglais. L'Empereur quitte Boulogne le 2 septembre. Après un séjour à Paris, il part le 24 pour prendre la tête de son armée sur le Rhin.

Léocour dans ses souvenirs. En moins d'un mois, la principale armée autrichienne a été réduite à néant, ses débris étant facilement capturés les jours suivants par la cavalerie de Murat. L'événement bloque les velléités guerrières de la Prusse et oblige l'armée autrichienne d'Italie, contenue par les 50 000 hommes de Masséna, à retraiter.

Parcourant quarante kilomètres par jour en moyenne, la nouvelle Grande Armée[1] bénéficie de l'entraînement continu accompli au camp de Boulogne depuis la rupture de la paix d'Amiens. « Cette armée, la plus belle qu'on ait jamais vue, était moins redoutable encore par le nombre de ses soldats, que par leur nature : presque tous avaient fait la guerre et remporté des victoires, explique Marmont, alors chef du 2e corps. Il y avait un reste du mouvement et de l'exaltation des campagnes de la Révolution : mais ce mouvement était régularisé ; depuis le chef suprême, les chefs de corps d'armée, et les commandants de division jusqu'aux simples officiers et soldats, tout le monde était aguerri. Le séjour de dix-huit mois dans de beaux camps avait donné une instruction, un ensemble qui n'a jamais existé depuis au même degré, et une confiance sans bornes. Cette armée, conclut-il, était probablement la meilleure et la plus redoutable qu'aient vue les temps modernes. » La parfaite synchronisation entre les corps lui permet de dérouter les « autres chiens »[2] en conservant de bout en bout l'initiative. Heureuse d'échapper à l'embarquement pour l'Angleterre, qu'elle appréhende comme une sorte de captivité et redoute en raison de la réputation de la Navy, « l'armée s'ébranla et marcha vers l'Allemagne, comme on va à la noce[3] ». Face à elle, les régiments des Habsbourg, disciplinés mais trop lents et commandés par des

1. L'armée française d'Allemagne reçoit le nom de Grande Armée le 6 octobre 1805. Le lendemain paraît le premier *Bulletin de la Grande Armée*.

2. Un des sobriquets donnés par les grognards aux Autrichiens. Selon Alain Pigeard, ils les surnomment également les « soldats à la crème » (en raison de leurs uniformes blancs) ou les « kaiser licks ».

3. Grivel, *Mémoires*.

chefs routiniers, font piètre figure : « Ce sont de beaux chiens, mais ils ne mordent pas », persifle un témoin auprès du baron de Comeau, émigré français passé au service de la Bavière.

*

Napoléon caracole maintenant vers l'est afin d'empêcher la jonction redoutée des Autrichiens avec les Russes. Réussissant là où les Ottomans ont échoué, il entre à Vienne le 15 novembre. C'est, avant Berlin, Madrid et Moscou, la première occupation par ses armes d'une capitale européenne, de surcroît symbole du Saint Empire et réputée imprenable.

Lannes et Murat, par un mensonge savant — ils n'ont pas hésité à dire que la paix était en voie de conclusion —, se sont assurés par surprise des ponts sur le Danube dont la destruction aurait compromis la poursuite. Néanmoins, les 40 000 Russes de Kutusov, usant d'un stratagème similaire, ont pu s'échapper des griffes de Murat et joindre leurs renforts commandés par Buxhowden. Les derniers corps autrichiens se rallient également dans la seconde quinzaine de novembre en Moravie. Murat, en laissant échapper Kutusov, a risqué de tout compromettre, car Napoléon n'a plus en cet instant que 75 000 hommes sous la main. Le rapport de force, déjà défavorable, risque de devenir insupportable, sachant que les alliés attendent de nouveaux régiments et que les Prussiens paraissent sur le point d'entrer en lice. Trop éloigné de ses bases, en nette situation d'infériorité numérique, l'Aigle ne peut prendre le risque d'une campagne d'hiver. C'est alors qu'il décide de transformer ses handicaps en atout. En exposant sa faiblesse, il provoque l'ennemi et prend le pari d'engager la bataille décisive autour du plateau de Pratzen qu'il a préalablement inspecté. Afin de parvenir à ses fins, le lion sait se faire renard. Il sonde Alexandre en faveur de la paix et simule même un début de retraite. Alléché, le tsar lui dépêche un émissaire, Dolgorouki, qui lui confirme que Napoléon s'apprête au repli. Ce freluquet, dont l'arrogance a exaspéré Napoléon [1], convainc l'état-major allié d'attaquer en dépit de l'avis contraire de Kutusov, trop expérimenté pour ne pas flairer le piège.

La « bataille des trois Empereurs [2] » consacre la réussite, rare à ce point, du plan de l'Empereur. Ce dernier dégarnit volontairement sa droite, qui couvre la route de Vienne, afin que les alliés y livrent leur attaque principale. En agissant de la sorte, ils affaiblissent leur centre qu'il compte, fidèle à sa méthode, perforer avant de se rabattre sur les ailes. Le 1er décembre, observant les manœuvres de son adversaire, il devine qu'il a gagné : « C'est un mouvement honteux, ils se livrent. Avant demain soir, cette armée est à moi », proclame-t-il. La veillée le découvre disert, aimable, déjà sûr de la victoire. Ses aides de camp l'entendent disserter sur Corneille et la tragédie : « C'est la politique, affirme-t-il, qui doit être le grand ressort de la tragédie moderne » et « remplacer, sur notre théâtre, la fatalité antique » tant elle fournit une foule de sujets potentiels par les choix qu'elle engendre [3]. Comme ceux de devoir vaincre et tuer pour ne pas mourir, de livrer une course éperdue contre le temps et l'espace, fatalité du destin qui l'entraîne vers les plaines de Moravie pour protéger Paris.

L'aube du 2 décembre revêt une solennité bien rendue par le grognard Barrès, ancêtre de l'écrivain : « Ce calme si extraordinaire, après une soirée aussi bruyante, aussi folle, avait

---

1. Il lui a posé avec mépris des conditions de paix insultantes. Napoléon parvient à garder son calme jusqu'à ce que son interlocuteur exige l'abandon de la rive gauche du Rhin : « Quoi !, s'écrie Napoléon, Bruxelles aussi ! mais nous sommes en Moravie, et vous seriez sur les hauteurs de Montmartre que vous n'obtiendriez pas Bruxelles ! »

2. Alexandre Ier et François II sont présents et commandent officiellement leurs armées.

3. Napoléon développe sa démonstration devant Ségur. Il affirme : « Que c'était une erreur de croire les sujets tragiques épuisés ; qu'il en existait une foule dans les nécessités de la politique ; qu'il fallait savoir sentir et toucher cette corde ; que dans ce principe, source abondante d'émotions fortes, germe fécond des situations les plus critiques, autre fatalité aussi impérieuse, aussi dominatrice que la fatalité des anciens, on en retrouverait les avantages ; qu'il ne s'agissait que de placer ses personnages contradictoirement à d'autres passions ou à d'autres penchants, sous l'influence absolue de cette nécessité puissante ! Qu'ainsi tout ce qu'on appelait coup d'Etat, crime politique, deviendrait un sujet de tragédie, où, l'horreur étant tempérée par la nécessité, un intérêt nouveau et soutenu se développerait. »

quelque chose de solennel, d'une majestueuse soumission aux décrets de Dieu » écrit-il dans ses Mémoires. Bénéficiant d'une nappe de brouillard propice à la manœuvre, les forces de Soult se massent silencieusement à l'abord du plateau de Pratzen, centre névralgique du dispositif ennemi. « On n'eût jamais pensé, écrira Savary, qu'il y avait autant de monde et de foudres enveloppés dans un si petit espace. » Les préparatifs à peine achevés, le brouillard se dissipe comme par enchantement pour laisser apparaître un soleil radieux dont le caractère inattendu — on est en décembre et à l'Est — contribuera à la mythification de l'Aigle et baptisera la journée pour la postérité. L'apparition donne l'impression que celui-ci commande aux éléments comme aux hommes. Le soleil surgit en effet au moment stratégique nécessaire, donnant à l'Empereur une parfaite visibilité pour lire le champ de bataille. Le fait qu'il se lève le premier jour anniversaire du sacre renforce la foi en son étoile et la confiance des hommes. L'astre du Premier Empire se lève sur l'hiver des monarchies.

Tolstoï dans *La Guerre et la Paix* dépeint l'Empereur aux aguets, prêt à fondre sur sa proie : « Vêtu de la capote bleue qu'il portait au cours de la campagne d'Italie, il se tenait un peu en avant de ses maréchaux sur un petit cheval arabe gris et examinait en silence les collines qui semblaient émerger de la mer de brouillard et où se déplaçaient au loin les régiments russes, et il prêtait l'oreille à la fusillade dans le ravin. Pas un muscle de son visage encore maigre ne bougeait, ses yeux brillants fixaient un seul point. Ses suppositions se trouvaient justifiées : une partie des troupes russes était déjà descendue dans le ravin, se dirigeant vers les étangs et le lac ; une autre partie abandonnait ces hauteurs de Pratzen qu'il avait l'intention d'attaquer, les considérant comme la clef de la position. [...] Les renseignements qu'il avait reçus la veille au soir, les bruits de roues et de pas entendus la nuit aux avant-postes, les mouvements désordonnés des colonnes russes, tout lui montrait clairement que les alliés le supposaient bien loin devant eux, que les colonnes en marche près de Pratzen constituaient le centre de l'armée russe et que ce centre était déjà suffisamment affaibli pour qu'on put l'attaquer avec succès. Cependant, il n'engageait pas encore le combat. Ce jour était pour lui un jour solennel ; l'anniversaire de son couronnement. Vers le matin, il avait dormi quelques heures d'un sommeil léger, et reposé, joyeux, il était monté en selle dans cette heureuse disposition d'esprit où tout paraît possible et où tout réussit. Immobile, il tenait les yeux fixés sur les hauteurs qui dominaient le brouillard et son visage froid reflétait cette assurance, cette confiance en un bonheur bien mérité qu'on voit à des adolescents amoureux et comblés. Les maréchaux derrière lui n'osaient distraire son attention. Il regardait tantôt le plateau de Pratzen et tantôt le soleil qui sortait de la brume. Quand le soleil, complètement dégagé, éclaboussa d'une lumière aveuglante les champs et le brouillard, Napoléon (comme s'il n'attendait que cet instant) retira son gant de sa belle main blanche, l'agita dans la direction des maréchaux et donna l'ordre d'engager le combat[1]. »

Entraînant ses colonnes au pas de charge, Soult prend l'ennemi de flanc, « en flagrant délit », et s'empare de la position. Au son de la musique militaire et des tambours, qui battent la charge « à rompre les caisses », l'armée culbute l'adversaire et se trouve maître du plateau en fin de matinée[2]. Kutusov jette la magnifique garde russe, laissée en réserve, dans la bataille pour colmater les trous. Mais elle ne compte que 10 000 hommes alors que Napoléon a conservé un tiers de ses forces, soit environ 25 000 hommes, pour créer l'événement. Entraînée par Rapp, la cavalerie impériale massacre en un

1. Passant sur le front des troupes juste avant la bataille, Napoléon trouve comme toujours les mots nécessaires pour les transcender : « Soldats, leur dit-il, il faut finir cette campagne par un coup de tonnerre qui confonde l'orgueil de nos ennemis. »

2. On peut se reporter au pittoresque récit de Coignet : « Nous étions 25 000 bonnets à poil, et des gaillards. Nos bataillons montèrent cette côte l'arme au bras et, arrivés à distance, ils souhaitèrent le bonjour à la première ligne par des feux de bataillon, puis la baïonnette croisée sur la première ligne des Russes en battant la charge. Contrairement à l'habitude, l'Empereur avait ordonné que les musiciens restassent à leur poste au centre de chaque bataillon. Les nôtres étaient au grand complet avec leur chef en tête, un vieux troupier d'au moins soixante ans. Ils jouaient une chanson bien connue de nous : On va leur percer le flanc, / Ran, ran, ran, rantamplan, tirelire, / Rantamplan tirelire en plan ! / On va leur percer le flanc, / que nous allons rire ! / Ran, tan, plan, tirelire, / Que nous allons rire ! [...] Les tambours et la musique se mêlaient. C'était à entraîner un paralytique. »

quart d'heure le corps des « chevaliers-gardes », élite de l'élite du tsar.

La charge se conclut par l'attaque des grenadiers à cheval de Bessières. A treize heures, comme convenu, le front ennemi se trouve coupé en deux. Bagration, à droite de l'armée austro-russe, entame sa retraite dans l'urgence, de peur d'être écrasé, tandis que Napoléon concentre ses efforts sur la gauche commandée par Buxhowden qui s'épuise toujours à entamer notre droite, composée des dix mille hommes de Davout et de Friant qui, en contenant l'adversaire au sacrifice de leurs vies, jouent un rôle décisif dans la victoire. Craignant à son tour l'encerclement, la gauche russe se débande enfin, une partie empruntant un étang gelé sur lequel Napoléon fait tirer par l'artillerie, perçant la glace et transformant la retraite en déroute. Dans son *Histoire du XIXe siècle*, Michelet rapporte une anecdote peu connue qu'il tient directement du page de l'Empereur : celui-ci était juste derrière Napoléon « lorsqu'il vit l'ennemi [...] s'engouffrer dans les glaces. C'est ce qu'il avait prévu. Et, comme il arrive au chasseur qui voit le gibier lui venir, il eut un excès de sauvage hilarité. Dans ces moments, Napoléon avait un tic désagréable : il chantonnait. Cette fois, il lui revint un certain air d'opéra-comique, où un sot tombe de lui-même au piège préparé ; on chante : "Ah ! comme il y viendra !" Le désaccord si choquant de cette chanson vulgaire, chantée par une voix fausse, dans ce moment effroyable, frappa l'enfant de manière à ne l'oublier jamais ». A neuf heures du soir, les Austro-Russes comptent plus de 15 000 tués ou blessés, le double des Français, et laissent environ 20 000 prisonniers, 180 canons et 40 drapeaux entre nos mains. C'est une des plus grandes déroutes de l'histoire militaire : l'Autriche n'a plus d'armée, ce qui reste de la russe se replie en désordre vers ses frontières[1].

1. Dans ses *Vues sur Napoléon*, Suarès peut écrire : « Campagne et bataille, Austerlitz est un incomparable chef-d'œuvre dans l'œuvre de l'action. Le jeu s'y élève aux plus pures proportions du drame, au plus haut de l'art. Tout y est : le calcul infaillible et l'intention la plus prompte ; la ruse et la foudre ; la stratégie, expression parfaite de la politique, et la tactique, parfaite expression de la stratégie. L'imagination est si féconde et si forte qu'elle fait naître l'événement. [...] L'esprit seul fera la décision, et le génie la victoire. »

Napoléon triomphe. La troisième coalition a été anéantie en un temps record[1]. Diplomate chevronné formé par Choiseul, d'Hauterive confesse son admiration à Talleyrand dont il est devenu le principal collaborateur : « Vous allez, lui écrit-il, faire une négociation de quelques heures pour mettre fin à une guerre de quelques jours, la guerre la plus grande et la plus courte, la plus étonnante et la plus simple, la plus méthodique et la plus rapide, la plus décisive et la moins meurtrière dont il soit fait mention dans l'histoire[2]. » La « bataille des trois empereurs » laisse l'Aigle sans rival sur le continent et fait oublier Trafalgar. C'est alors qu'il rédige la célèbre proclamation pour commémorer l'événement. Elle commence par le légendaire : « Soldats, je suis content de vous. Vous avez, à la journée d'Austerlitz, justifié tout ce que j'attendais de votre intrépidité. Vous avez décoré vos aigles d'une immortelle gloire. » Après avoir récapitulé les différentes phases de la bataille et vanté la supériorité de notre armée sur la russe, il conclut sur la sacralité du lien qui l'unit à ses troupes : « Soldats, lorsque le peuple français plaça sur ma tête la couronne impériale, je me confiais à vous pour la maintenir toujours dans ce haut état de la gloire qui seul pouvait lui donner du prix à mes yeux. Mais dans le même moment nos ennemis pensaient à la détruire et à l'avilir [...] Projets téméraires et insensés que, le jour même de l'anniversaire du couronnement de votre Empereur, vous avez anéantis et confondus ! Vous leur avez appris qu'il est plus facile de nous braver et de nous menacer que de nous vaincre. Soldats, lorsque tout ce qui est nécessaire pour assurer le bonheur et la prospérité de la patrie sera accompli, je vous ramènerai en France ; là vous serez l'objet de mes plus tendres sollicitudes. Mon peuple vous

1. Le temps général des conflits semble alors évoluer vers un rétrécissement régulier depuis le Moyen Age : guerre de Cent Ans, guerre de Trente Ans (1618-1648), guerre de Sept Ans (1756-1763), trois ans pour la première coalition (1792-1795), un an et demi pour la seconde, deux mois pour la troisième. Malheureusement, il ne s'agit que d'une illusion comme le prouvent assez les quatre ans de la Première Guerre mondiale et les cinq ans et demi de la seconde.

2. Cette lettre, en date du 20 décembre 1805, est citée par A. de Montor dans sa biographie du comte d'Hauterive.

Huile sur toile d'Anne-Louis Girodet-Trioson, 1800. Musée Napoléon d'Arenenberg, Suisse. © akg-images/Erich Lessing

Napoléon Bonaparte en premier consul.

Les masses de granite.

Huile sur toile d'Anne-Louis Girodet-Trioson, 1800, détails. Musée Napoléon d'Arenenberg, Suisse. © akg-images/Erich Lessing

Huile sur toile de Joseph-Léon de Lestang-Parade, vers 1834. Châteaux de Versailles et de Trianon. © RMN/Gérard Blot

Signature du Concordat entre la France et le Saint-Siège, 16 juillet 1801.

Huile sur toile de Nicolas André Monsiau, 1808. Châteaux de Versailles et de Trianon. © Giraudon/The Bridgeman Art Library

La création des Républiques sœurs, 26 janvier 1802.

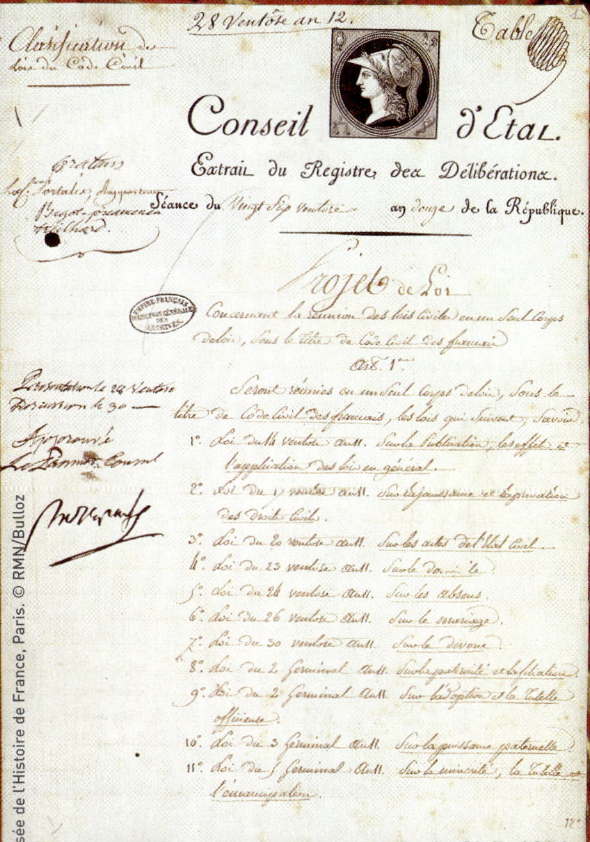
28 Ventôse an 12.

Table

Classification des Lois du Code Civil

Conseil d'Etat.

Extrait du Registre des Délibérations.

Séance du Vingt-Sept Ventôse an douze de la République.

Orateurs Portalis, Bigot-Préameneu, Treilhard

Projet de Loi

Concernant la réunion des lois civiles en un seul corps de loi, sous le titre de Code civil des français.

Art. 1er

Seront réunies en un seul corps de loi, sous le titre de Code civil des français, les lois qui suivent, savoir.

1°. Loi du 14 ventôse an 11. Sur la publication, les effets et l'application des lois en général.

2°. Loi du 17 ventôse an 11. Sur la jouissance et la privation des droits civils.

3°. Loi du 20 ventôse an 11. Sur les actes de l'état civil.

4°. Loi du 23 ventôse an 11. Sur le domicile.

5°. Loi du 24 ventôse an 11. Sur les absents.

6°. Loi du 26 ventôse an 11. Sur le mariage.

7°. Loi du 30 ventôse an 11. Sur le divorce.

8°. Loi du 2 germinal an 11. Sur la paternité et la filiation.

9°. Loi du 2 germinal an 11. Sur l'adoption et la tutelle officieuse.

10°. Loi du 3 germinal an 11. Sur la puissance paternelle.

11°. Loi du 5 germinal an 11. Sur la minorité, la tutelle et l'émancipation.

Présenté le 28 ventôse
Discussion le 30

Approuvé
Le Premier Consul

Projet de loi concernant le Code Civil, 1804.

Napoléon reçoit à Saint-Cloud le sénatus-consulte qui le proclame empereur des Français, 18 mai 1804

Napoléon et ses maréchaux. Table commandée après Austerlitz.

Porcelaine et bronze, manufacture de Sèvres, 1808-1810. Châteaux de Versailles et de Trianon. © akg-images/ Erich Lessing

2 décembre 1804, la symbolique du Sacre.

Serment de l'armée fait à l'Empereur après la distribution des aigles au Champs-de-Mars, 5 décembre 1804.

Huile sur toile de Jacques Louis David, 1810. Châteaux de Versailles et de Trianon. © akg-images/Erich Lessing

© J.-C. Varga / Keystone-France

Blason de Napoléon commémorant la Légion d'honneur avec les aigles et la couronne impériale, 18 mai 1804.

L'indispensable
onction papale.

Huile sur toile de Jacques-Louis David, 1806-1807. Musée du Louvre. © akg-images/Erich Lessing

Même la mère de l'Empereur,
absente le 2 décembre, est
convoquée.

Huile sur toile de Louis Lejeune, 1808. Châteaux de Versailles et de Trianon. © Giraudon/ The Bridgeman Art Library

Huile sur toile d'Horace Vernet, 1836. Château de Versailles et de Trianon. © akg-images/Visioars

Huile sur toile d'Antoine Jean Gros, 1808. Musée du Louvre. © Giraudon/The Bridgeman Art Library

Huile sur toile d'Horace Vernet, 1835-1836. Châteaux de Versailles et de Trianon. © RMN/DR

Les quatre victoires sur l'Europe.

Le bivouac à la veille de la bataille d'Austerlitz, 1er décembre 1805.

La bataille d'Iéna, 14 octobre 1806.

La bataille d'Eylau, 9 février 1807.

Napoléon Ier sur le champ de bataille à Friedland, 14 juin 1807.

Entrevue de Tilsit entre Napoléon Ier et le tsar Alexandre Ier de Russie sur le fleuve Niémen, le 25 juin 1807.

Le « partage du monde » ?

ratifié par ... français, Roi d'Italie et par S. M. l'Empereur de toutes les Russies.

L'échange des ratifications aura lieu dans cette ville dans le délai de quatre jours.

Fait à Tilsit le sept juillet (vingt-cinq juin) mil huit cents sept.

Charles Maurice Talleyrand prince de Benevent

Le Prince Alexandre Kourakin

Le Prince Dmitri Labanoff de Rostoff

Le traité de Tilsit, 7 juillet 1807.

reverra avec joie, et il vous suffira de dire, “j’étais à la bataille d’Austerlitz”, pour que l’on réponde : “voilà un brave”. » En témoignage de reconnaissance, il fait adopter tous les enfants des militaires tués au combat et verser des pensions à leurs veuves [1].

Le 4 décembre, près de son bivouac, Napoléon rencontre un François d’Autriche rampant aux pieds de son vainqueur, jurant qu’il ne lui déclarerait jamais plus la guerre, suppliant au point que Napoléon lâche à ses officiers : « Nous allons revenir à Paris, la paix est faite. » Mais la ruse sert aussi aux vaincus. Même après Austerlitz, moins d’un an plus tard, la guerre recommence.

La paix manquée

Le « coup de tonnerre » d’Austerlitz foudroie Pitt. Il meurt le 23 janvier 1806 en murmurant : « Ma patrie ! Dans quel état je laisse ma patrie ! » Le grand argentier des coalitions est remplacé par un cabinet plus ouvert dirigé par Grenville, le francophile Fox héritant du ministère des Affaires étrangères, ce qui facilite l’ouverture des pourparlers avec la France. Entre-temps ont été conclus des traités avec l’Autriche et la Prusse ainsi qu’un armistice avec la Russie. Pour beaucoup de contemporains, on semble à la veille d’un nouvel Amiens. Sauf que rien ne va se dérouler comme prévu.

Comme sous le Consulat, Napoléon met à profit la paix retrouvée pour procéder à de nouvelles avancées stratégiques en direction de l’Allemagne, de la Hollande et de l’Italie. Cette fois, il n’y a plus d’ambiguïté : la provocation est de son fait, le choix diplomatico-stratégique revendiqué. Le Grand Empire, sa logique expansionniste et son déséquilibre en prin-

1. « Les garçons devaient être élevés au palais de Rambouillet et les filles au palais de Saint-Germain. Ils pouvaient joindre le nom de Napoléon à leur nom de baptême » précise Jean Thiry.

cipe fédérateur, scelle l'adieu aux frontières naturelles. En profitant de la faiblesse de ses adversaires pour engranger des territoires, Napoléon vient en réalité de perdre la paix.

Le traité de Presbourg, signé le 26 décembre 1805 avec l'Autriche, lui apporte en dot la riche Vénétie mais aussi l'Istrie et la Dalmatie, les bouches du Cattaro et les îles de l'Adriatique, marquant sa volonté de contrôler l'ensemble des côtes. Le jeune roi d'Italie capitalise Austerlitz pour évincer les Habsbourg et les Bourbons de Naples de la « botte » : « Toute mon attention, précise-t-il au diplomate Lucchesini en 1806, est tournée vers l'Italie ; c'est une maîtresse dont je ne veux que personne ne partage les faveurs. Le Pape sera mon vassal, et je ferai la conquête de la Sicile. »

Napoléon n'avait d'ailleurs pas caché ses ambitions à la reine de Naples un mois jour pour jour après son sacre : « Que Votre Majesté écoute ma prophétie : à la première guerre dont elle serait cause, elle et ses enfants errants iraient mendier dans les différentes contrées de l'Europe des secours de leurs parents. » Promesse exécutée par la proclamation du 27 décembre 1805 qui chasse les Bourbons d'Italie comme des laquais : « La dynastie de Naples a cessé de régner. Son existence est incompatible avec le repos de l'Europe et l'honneur de ma couronne. » Pour la première fois, Napoléon décapite une dynastie de sa propre autorité. Joseph reçoit l'ordre d'occuper son nouveau royaume : « Je veux sur ce trône asseoir un prince de ma maison ; vous d'abord, si cela vous convient ; un autre si cela ne vous convient pas. » Et l'Aigle d'ajouter : « Vous m'aiderez puissamment à être maître de la Méditerranée, but principal et constant de ma politique. » Le promu conserve sa fonction de grand electeur en France, marque supplémentaire de sa vassalité envers son frère. Difficilement conquis par Masséna, son royaume lui est remis le 15 février 1806. Un mois plus tard, Pauline hérite du territoire de Guastalla tandis qu'Elisa arrondit sa principauté par l'acquisition de Massa et Carrare.

Demeure encore en dehors de sa sphère d'influence le petit royaume d'Etrurie, donné à l'infant d'Espagne par le traité de Saint-Ildefonse en octobre 1800. Voilà la Toscane dans l'œil du cyclone tout comme les Etats pontificaux, désormais encerclés par les Etats napolitains et le royaume d'Italie. Le ton monte bientôt avec Pie VII, prélude à la crise future. Furieux de n'avoir rien obtenu en récompense à sa venue lors du sacre, le pape a adressé un message comminatoire à la veille d'Austerlitz. La réponse foudroyée en février 1806 est sans appel : « Votre Sainteté est souveraine de Rome, mais j'en suis l'Empereur. » Menace assortie de l'exigence, renouvelée à plusieurs reprises, que le saint-père ferme sans plus attendre ses ports aux Anglais. Ce dernier refusant, Napoléon fait occuper Civitta-Vecchia par son armée le 25 juin suivant. La désignation au même moment du « catholicide » Talleyrand à la principauté de Bénévent, ancien fief pontifical, finit d'exaspérer Pie VII qui refuse en rétorsion de reconnaître Joseph. Le second acte se jouera après Tilsit.

Non content de les chasser d'Italie, Napoléon oblige les Habsbourg à céder d'importants territoires aux trois alliés de la France, soit la Bavière, le Wurtemberg et Bade. Les deux premiers se transmuent en « royaumes », sortes de tour de guet sous influence française des manœuvres viennoises. Cumulée avec les cessions italiennes, l'Autriche perd en tout trois millions de sujets et soixante-cinq mille kilomètres carrés auxquels s'ajoutent quarante millions d'indemnités. « Pour la France, résume Albert Sorel, c'est Campo-Formio complété. » Le premier traité de l'Empire n'en rompt pas moins avec ceux du Consulat à la fois par son intransigeance et son expansionnisme.

Mais Napoléon entend pousser jusqu'à la constitution d'une Allemagne française, ce vieux rêve monarchique d'une Germanie soudée à la terre de France par le Rhin et, notamment en Bavière, par la communauté de foi catholique[1]. Il en pose

1. Marcel Dunan, en ouverture de son ouvrage, *Napoléon et l'Allemagne*, rappelle que la France n'a cessé de rechercher l'alliance bavaroise depuis Richelieu. Il cite notamment une instruction royale de 1704 affirmant qu'« il est de l'intérêt de la France d'agrandir en Allemagne un électeur de Bavière et d'opposer à la Maison d'Autriche une puissance assez considérable pour arrêter ses entreprises ».

les jalons en renouant avec la politique matrimoniale de l'Ancien Régime : le 17 janvier 1806, le fidèle Eugène de Beauharnais épouse la princesse Augusta, fille aîné du roi de Bavière. Cette première union d'un bonapartide avec une ancienne maison régnante est suivie en avril du mariage du prince héritier de Bade avec Stéphanie de Beauharnais. Joséphine, à la rage du clan, vient encore de marquer son avantage. Mais l'essentiel n'est pas là pour l'Aigle qui estime avoir scellé par le sang sa jeune légitimité et par là même œuvré pour son intégration au sein d'une Europe monarchique remodelée par ses soins.

En mars, il nomme son beau-frère Murat grand-duc de Berg et de Clèves tandis que le fidèle Berthier reçoit la principauté de Neufchâtel[1]. Le 12 juillet suivant, seize princes allemands se séparent du Saint Empire romain germanique pour fonder une Confédération du Rhin dont Napoléon est nommé protecteur[2]. Dirigeant la politique extérieure et la défense, il bénéficie d'un contingent annuel de 63 000 hommes. Négocié par Talleyrand, le pacte place la confédération sous l'autorité nominale d'un client de la France, le prince primat Dalberg qui préside la Diète, réunie à Francfort pour régler les affaires communes aux différents Etats membres. Napoléon choisira librement son successeur à sa mort, mais se réserve déjà le droit d'admettre de nouveaux membres. Forte de sept millions d'habitants, cette « troisième Allemagne », fédérale, menace l'Autriche et la Prusse qui en sont exclues. En attendant le ralliement de la Saxe et la création du royaume de Westphalie, le principal pilier en est la Bavière.

Fondé par Othon Ier en 962, le Saint Empire rejoint Byzance et les Capétiens au cimetière des légitimités défuntes. Pourtant « [...] cet immense événement fut à peine remarqué, constate

1. Le 5 juin, Louis, l'acariâtre mari d'Hortense, devient roi d'une Hollande définitivement placée sous l'orbite française. Seul Lucien, toujours en disgrâce, et Jérôme ne possèdent pas encore de royaumes à gouverner.

2. Le prince primat Dalberg, les rois de Bavière et de Wurtemberg, les grands-ducs de Berg et de Hesse-Darmstadt, les princes de Salm-Salm et de Liechtenstein constituent les principaux fondateurs. S'y joindront notamment les années suivantes : les rois de Saxe et de Westphalie, les ducs de Weimar, de Saxe-Gotha, de Saxe-Cobourg et d'Oldenbourg.

Chateaubriand ; après la Révolution française, tout était petit ; après la chute du trône de Clovis, on entendait à peine le bruit de la chute du trône germanique ». Seul le roi de Suède proteste par une lettre énergique et étonnamment visionnaire : « Si les liens les plus sacrés qui ont maintenu plus de mille ans la cohésion de l'Empire allemand, sont maintenant rompus, malgré tout, la nation allemande ne saurait être détruite et par la grâce du Très-Haut, l'Allemagne un jour sera de nouveau unie, et se restaurera dans sa puissance et son prestige. »

*

En six mois, la France révolutionnaire des frontières naturelles s'est métamorphosée en un empire continental. Si l'on y ajoute le protectorat suisse et la satellisation en cours de l'Espagne, elle contrôle déjà l'Europe de l'Ouest et du Sud, soit la moitié la plus riche du continent, réduisant la Prusse et l'Autriche au rang de puissances secondaires. On peut alors parler de grande peur de l'Europe. La prise de conscience du danger français déborde le cadre étriqué de la minorité politique et intellectuelle dans laquelle elle était confinée jusqu'alors. La hantise devient générale et commence à pénétrer les peuples. Peur du conquérant qui aspire à la monarchie universelle, peur du révolutionnaire couronné qui risque de propager les doctrines égalitaires par l'exportation du Code civil dont il commence à doter ses vassaux. Acculé, le continent tremble puis s'indigne. L'esprit de conquête suscite à partir du printemps 1806 un réflexe de légitime défense qui prélude à la quatrième coalition, d'autant que Fox meurt prématurément en septembre 1806, sa disparition enterrant toute chance de paix.

Si l'Autriche ne paraît plus en état de reprendre la lutte, il en va tout autrement pour la Russie, immense réservoir d'hommes à peine écorné par Austerlitz. Alexandre vient de chasser en août 1806 son négociateur Oubril, signataire avec Talleyrand d'une paix qu'il refuse de ratifier. L'été vire donc à la guerre, ce d'autant plus que la Prusse mobilise à son tour.

Choquée par la création de la Confédération du Rhin, elle se sent coupable de sa pusillanimité passée et veut racheter ses torts auprès du tsar qui la somme d'entrer à nouveau dans la danse. Surtout, Frédéric-Guillaume dénonce le traité « négocié » avec Napoléon en décembre 1805 à Potsdam[1], car il se découvre roulé par l'Empereur. Celui-ci lui accordait comme promis le Hanovre en échange de la cession de Neufchâtel à Napoléon, Bayreuth et Ansbach revenant à la Bavière qui cédait en échange Clèves et Berg. Ce troc complexe, en principe favorable aux Hohenzollern[2], cesse d'apparaître comme tel quand Berlin apprend que Napoléon s'est engagé à restituer le Hanovre à l'Angleterre lors des négociations préalables avec Fox. Cette fois, le roi de Prusse ne peut plus contenir l'indignation de sa cour et de son état-major. Le parti de la guerre, toujours animé par la reine Louise, bénéficie de l'appui de Blücher et des principaux généraux. Forte de 200 000 hommes, l'armée prussienne, avec l'appui de la Russie, demeure sûre de réussir là où sa rivale autrichienne a échoué. N'ayant jamais affronté Napoléon, les généraux prussiens ont maintenant hâte d'en découdre à l'instar d'un Hohenlohe qui fanfaronne : « J'ai battu les Français dans plus de soixante affaires et ma foi ! Je battrai Napoléon. »

Ce dernier méprise trop la diplomatie prussienne pour la juger capable d'un passage à l'acte : « L'idée que la Prusse puisse s'engager seule contre moi me paraît si ridicule qu'elle ne mérite même pas d'être examinée », écrit-il par exemple à Talleyrand le 12 septembre 1806. Contrairement à l'Autriche,

---

1. Après avoir tergiversé selon son habitude, le roi de Prusse l'avait finalement ratifié en mars 1806.

2. Rencontrant Haugwitz après Austerlitz, Napoléon lui a à nouveau offert une alliance formelle. Il se livre durant l'entretien à un tour d'horizon diplomatique du plus grand intérêt lorsqu'on connaît la suite de l'aventure : « Point d'alternative, affirma l'Empereur, je veux la paix du continent ; je la veux pour en finir avec l'Angleterre. J'ai le choix entre l'alliance de l'Autriche, de la Prusse ou de la Russie... Vous pensez bien qu'il ne m'en coûterait pas d'avoir celle de l'Autriche. Mais, il me répugne de m'allier à une puissance que je viens d'abattre [...] Du reste cette alliance n'est pas du goût de ma nation, et, quant à celui-là, je le consulte plus qu'on ne pense. La Russie, je l'aurai, non pas aujourd'hui, mais dans un an, dans deux, dans trois ans d'ici. Le temps passe l'éponge sur tous les souvenirs, et ce serait peut-être, de toutes les alliances, celle qui me conviendrait le plus. »

qui avait l'Italie à récupérer et l'Allemagne à défendre, elle n'a rien — juge-t-il — à gagner au conflit. Le fiasco des négociations des derniers mois lui enlève ses dernières illusions et le rend à sa solitude tragique : « Je ne puis avoir d'alliance réelle avec aucune des grandes puissances de l'Europe, fulmine-t-il toujours dans la même lettre, celle que j'ai avec la Prusse est fondée sur la crainte. Ce cabinet est tellement méprisable, son souverain tellement sans caractère, et sa cour tellement dominée par de jeunes officiers qui voudraient tenter des aventures qu'il n'y a pas à compter sur cette puissance. Elle agira constamment comme elle l'a fait : elle armera et désarmera ; elle armera, restera en panne pendant qu'on se battra et s'arrangera avec le vainqueur. » Or, alliée avec la Saxe, la Prusse entre en lice moins d'un mois plus tard sans attendre les Russes, commettant ainsi la même erreur de précipitation que les Autrichiens l'année précédente. En trois fortes colonnes, les Prussiens avancent au point de jonction des armées françaises, toujours stationnées en Allemagne, dans l'espoir de les couper en deux.

Aux courriers de l'Empereur, qui croit jusqu'à la dernière minute pouvoir sauver la paix[1], la Prusse répond fin septembre par un ultimatum. Elle exige dans un délai de quinze jours la retraite de la Grande Armée derrière le Rhin ainsi que la constitution sous son égide d'une confédération des Etats allemands du Nord, pendant de cette confédération germanique dont Napoléon vient de se proclamer le protecteur. Des officiers prussiens viennent aiguiser leurs sabres sur les

1. Le 12 octobre 1806, il écrira encore au roi de Prusse : « Sire, Votre Majesté m'a donné rendez-vous le 8 : en bon chevalier, je lui ai tenu parole ; je suis au milieu de la Saxe. Qu'elle m'en croie, j'ai des forces telles que toutes ses forces ne peuvent balancer longtemps la victoire. Mais pourquoi répandre tant de sang ? A quel but ? Sire, Votre Majesté, sera vaincue ; elle aura compromis le repos de ses jours, l'existence de ses sujets, sans l'ombre d'un prétexte. Elle est aujourd'hui intacte et peut traiter avec moi d'une manière conforme à son rang ; elle traitera, avant un mois, dans une situation différente [...] Sire, je n'ai rien à gagner contre Votre Majesté. Je ne veux rien et n'ai rien voulu d'elle. La guerre actuelle est une guerre impolitique [...] Je prie votre Majesté de ne voir dans cette lettre que le désir que j'ai d'épargner le sang des hommes et d'éviter à une nation qui, géographiquement, ne saurait être l'ennemie de la mienne, l'amer repentir d'avoir écouté des sentiments éphémères qui s'excitent et se calment avec tant de facilité chez les peuples. »

marches de l'ambassade de France à Berlin. Ce fait d'armes leur vaut de recevoir les félicitations de leur colonel qui s'écrie : « Il n'y a pas besoin de sabres, des gourdins suffiraient pour abattre ces chiens de Français. » Une nouvelle fois, la coalition commet l'erreur d'agresser la première, laissant comme d'habitude Napoléon plaider la légitime défense devant sa propre opinion [1].

Quelques voix isolées, comme celle de Metternich, nouvel ambassadeur d'Autriche en France, espèrent que les Habsbourg rejoindront la lutte dès les premières victoires. Gentz réclame déjà la chute de Napoléon comme nécessaire au salut de l'Europe : « La guerre, écrit-il alors, sera une guerre nationale dans toute l'acceptation du mot : sous peu l'Allemagne tout entière y participera [...] Au premier succès remporté par les Prussiens, on verra partout de nouvelles vêpres siciliennes. » Encore faudrait-il qu'il y ait, à cet instant, un sentiment national allemand.

« La guerre des sept semaines [2] »

Redoutable sous Frédéric II, l'armée prussienne n'a plus évolué depuis la guerre de Sept Ans et va en payer le prix fort. Les Prussiens ne comprennent pas que l'heure n'est plus à la discipline comme principe tactique et aux savantes manœuvres de la guerre en dentelles mais au mouvement et à la guerre patriotique de masse. Or, leurs régiments restent peuplés de mercenaires [3], naturellement dépourvus de cette transcendance patriotique qui fait la force de la Grande

1. S'adressant au Sénat, l'Empereur déclare : « Dans une guerre aussi juste, où nous ne prenons les armes que pour nous défendre, que nous n'avons provoquée par aucun acte, par aucune prétention, et dont il nous serait impossible d'assigner la véritable cause, nous comptons entièrement sur l'appui des lois et sur celui de nos peuples. »
2. Napoléon forge l'expression pour souligner la brièveté de la campagne.
3. « En 1711, les étrangers sous les drapeaux prussiens étaient au nombre de 26 000 contre 50 000 sujets du roi. En 1751, sous Frédéric II, la proportion était renversée : 50 000 Prussiens sur une armée totale de 132 000 hommes » précise Raymond Aron.

Armée[1]. Leurs chefs ont vieilli à l'image du duc de Brunswick — soixante et onze ans — ou du feld-maréchal Moellendorff — quatre-vingts ans —, la plupart au moins sexagénaires, tous issus des cadres frédériciens. Avec l'âge, l'esprit guerrier s'est dégradé en conservatisme pusillanime : « La direction supérieure des affaires militaires n'avait pas d'âme, note Clausewitz[2]. Les soldats eux-mêmes étaient en partie trop vieux, car un mercenaire qui a supporté jusqu'à 40 ou 50 ans les fatigues de l'existence (les soldats servaient 25 à 30 ans avant d'être déclarés invalides) n'apporte plus à la guerre qu'un corps et un esprit dont les forces sont épuisées. L'armement était plus vétuste qu'aucun en Europe ; le matériel de l'artillerie, à l'exception des pièces elles-mêmes, n'était pas meilleur. La nourriture et l'habillement du soldat étaient au-dessous du nécessaire ; l'équipement pour la guerre était un modèle vieilli, surchargé par les besoins du temps de choses inutiles. » Comme si cela ne suffisait pas, « l'instruction était bornée, limitée à ce qui touchait la Prusse, sans qu'on tint compte des événements militaires les plus récents. En tout, donc, une obscurité rare qui assoupissait même les soucis d'une appréhension naturelle. » La séparation rigide entre officiers nobles et soldats nuit considérablement à l'émulation. Augereau, qui a servi dans l'armée prussienne avant la Révolution, rencontrera son ancien régiment durant la campagne. Quelle ne sera pas sa surprise de constater qu'il possède toujours le même capitaine et le même sergent-major, tandis que lui, alors simple soldat, est devenu entre-temps maréchal d'Empire ! Enfin, le commandement est divisé. Nominalement dirigés par Frédéric-Guillaume et le duc de Brunswick, les chefs et leurs principaux conseillers se déchirent sur la stratégie à suivre. Clausewitz peut conclure : « L'armée ne présentait plus qu'une belle façade derrière laquelle tout était vermoulu. »

---

1. « Les soldats français, constate un officier allemand après Iéna, sont petits, chétifs ; un seul de nos Allemands en battrait quatre. Mais ils deviennent au feu des êtres surnaturels ; ils sont emportés par une ardeur inexprimable, dont on ne voit aucune trace chez nos soldats... Que voulez-vous faire avec des paysans menés au feu par des nobles, dont ils partagent tous les dangers, sans partager ni leurs passions, ni leurs récompenses ? »
2. *Notes sur la Prusse dans sa grande catastrophe.*

*

Selon une stratégie identique à celle suivie contre l'Autriche, Bonaparte orchestre un gigantesque mouvement tournant sur la gauche, en direction de Berlin, afin de couper les trois colonnes d'attaque prussiennes de leur approvisionnement et de les séparer des Russes, déjà en marche [1]. Pour se garantir contre toute avancée sur le Rhin, il place son frère Louis à la tête de 80 000 hommes autour du fleuve. Tout se passe comme prévu, avec encore plus de facilité qu'en 1805. A la fois trop lentes et éloignées les unes des autres, les armées prussiennes sont défaites dès les premiers engagements. Le 9 octobre à Schleiz, Murat écrase un corps de 9 000 hommes ; le 10, le prince Louis de Prusse, un des principaux artisans de la guerre, périt à la tête de ses troupes à Saafeld. Napoléon exulte : « Les affaires vont ici tout à fait comme je les avais calculées, il y a deux mois à Paris, marche par marche, presque événement par événement, écrit-il à Talleyrand. Je ne me suis trompé en rien [...] Leurs généraux sont de grands imbéciles. On ne conçoit pas comment le duc de Brunswick auquel on accorde des talents, dirige d'une manière aussi ridicule les opérations de cette armée. »

Débordée d'entrée, l'armée prussienne a perdu l'initiative. Démoralisée et sur la défensive, elle retraite dans les pires conditions, tandis que Napoléon ravive à son usage les mythes de la Nation en armes. Dans sa première proclamation, le 6 octobre, il dénonce « la même faction, le même esprit de vertige qui, à la faveur de nos discussions intestines, conduisit, il y a quatorze ans, les Prussiens au milieu des plaines de la Champagne ». Il récidive une semaine plus tard : « L'incertitude, l'alarme et l'épouvante paraissent déjà succéder à l'arrogance, à l'inconsidération et à la folie. »

1. 50 000 hommes sous le général Rechel à droite, 75 000 au centre sous le commandement du duc de Brunswick, 62 000 à gauche avec Hohenlohe.

La Prusse armée s'essaye maintenant à gagner la Silésie, cette grande province de l'est de son royaume vers laquelle les Russes convergent pour faire leur jonction. Mais Napoléon ne lui en laisse pas le temps. A Iéna, le 14 octobre 1806, il se jette sur l'armée de Hohenlohe tandis que le même jour, à vingt-huit kilomètres de là, Davout et ses 26 000 hommes du 3e corps se trouvent en présence de la principale armée prussienne, commandée en personne par le roi et le duc de Brunswick et forte d'environ 60 000 hommes.

Si Napoléon remporte une victoire facile, il en va tout autrement pour Davout qui résiste difficilement aux offensives de l'ennemi avant de contre-attaquer. A un contre trois, il remporte un combat que beaucoup auraient jugé perdu d'avance même si l'indécision de Brunswick, incapable de passer résolument à l'attaque et qui a annulé son avantage numérique en fractionnant ses troupes en plusieurs vagues d'assaut successives, lui a grandement facilité la tâche. L'Empereur, de son côté, a vite déséquilibré son adversaire. Bénéficiant à nouveau d'un brouillard propice, il opère sa concentration avant d'enfoncer le dispositif prussien. Pour comble, les deux armées en retraite s'entremêlent dans un désordre inextricable, chacune se débandant à la vue de la débâcle de sa voisine : « A Auerstaedt, résume Raymond Aron, on n'eut pas l'audace de vouloir résolument une victoire qui était sûre et à Iéna on croyait pouvoir compter sur une victoire qui était impossible. »

Comme à Austerlitz, Napoléon a broyé l'adversaire en un jour. Il décrète aussitôt la dispersion de ses corps pour lancer une poursuite déployée, d'abord pour ramasser les fuyards puis pour réduire à néant les places fortes et les dernières divisions des « gascons de l'Allemagne[1] ». On assiste alors durant le mois suivant à une incroyable chasse à l'homme. Le 28 octobre, les 16 000 hommes de Hohenlohe sont capturés. Le lendemain, Lassalle avec seulement 700 cavaliers obtient

1. Un des sobriquets donnés aux Prussiens par les grognards.

à la première sommation la reddition de Stettin, place forte dotée d'une garnison de 5 000 hommes. Nulle part la moindre velléité de résistance ne se manifeste.

Henri Heine pourra écrire : « L'Empereur siffla et la Prusse n'exista plus. » Seul Blücher sauve l'honneur, mais, pourchassé l'épée dans les reins, il doit à son tour capituler avec ses 20 000 hommes à Lübeck le 7 novembre. Le même jour, Magdebourg se rend à Ney. En trente jours, 100 000 prisonniers ont été capturés, au terme de ce que Henry Houssaye peut justement qualifier de « poursuite rayonnante ». « Sire, le combat est fini, faute de combattants » écrit Murat dont la cavalerie a accompli des prodiges. Seuls 20 000 Prussiens, soit un dixième des effectifs engagés au début de la campagne, ont pu passer à travers les mailles du filet et opérer leur jonction avec les avant-gardes russes.

Le 27 octobre 1806, Napoléon entre à Berlin par la porte de Brandebourg et fait défiler ses troupes en grande tenue aux sons de *La Marseillaise* et du *Ça ira*. Son apparition méduse, au sens propre, les Berlinois autant que les Européens : ce que les grognards prenaient pour la déférence et l'humilité des vaincus représentait en fait la première « apparition » d'un individu en politique, capable à la fois de capter toute l'attention par son charisme singulier et de passer pour l'incarnation de la volonté générale. Cette alchimie particulière aux dictateurs modernes, un homme semble la subodorer. Hegel, qui l'a entrevu à Iéna quelques jours plus tôt, rédige ces lignes fameuses : « J'ai vu l'Empereur, cette âme du monde sortir de la ville pour aller en reconnaissance. C'est effectivement une sensation merveilleuse de voir un pareil individu qui, concentré ici sur un point, assis sur un cheval, s'étend sur le monde et le domine. »

L'Aigle, avant d'entrer à Berlin, a pris soin de se rendre à Potsdam et de faire connaître qu'il se recueillerait devant la tombe du Grand Frédéric. Pendant dix longues minutes, il réfléchit en silence. Au-delà de l'intention toujours propagandiste — se placer dans les pas conquérants du roi de fer —, Napoléon médite peut-être sur la singulière situation où il se trouve. D'un côté, il a « fini » l'histoire de l'Europe, pour paraphraser encore Hegel, mais, de l'autre, celle qu'il a commencé d'écrire n'est tolérée que sous la contrainte des armes. En fait de légitimité, c'est à la fortune versatile du combat qu'il doit sa domination. Mais contre qui combattre quand il n'y a plus d'adversaires continentaux ? Comment imaginer des « masses de granit » à l'échelle européenne quand celles-ci reposeraient sur le vide des régimes décapités et l'absence des élites ? « Finir l'histoire » suppose un accord sur un destin et des règles communes, la définition d'un intérêt général. En fait d'intérêt, même le sien semble émoussé.

Les jours qui suivent Iéna le découvrent sombre, presque à bout de nerfs, comme s'il pressentait la vanité du triomphe et voyait déjà l'abîme s'entrouvrir sous ses pas. Contrairement à son habitude, il se montre impitoyable dans la victoire. En seigneur de la guerre, il prélève les emblèmes du Grand Frédéric — épée, ceinture, cordon de l'Aigle noir et drapeaux de sa garde —, et les expédie aux Invalides. « J'en ferai présent au gouverneur des Invalides, qui les gardera comme un témoignage mémorable des victoires de la Grande Armée et de la vengeance qu'elle a tiré des désastres de Rossbach. » Poussé par une volonté de revanche, il ordonne la destruction du monument commémoratif de notre défaite de 1757 et décrète le 23 octobre que Brunswick, mortellement atteint à Auerstaedt, a cessé de régner sur ses terres. Non content d'avoir poussé à la dernière guerre, le généralissime prussien avait déjà dirigé les coalisés en 1792 et contribué, par son célèbre manifeste menaçant Paris d'une « vengeance exemplaire », à faire tomber du trône Louis XVI et Marie-Antoinette. « La loi du talion ne me permet-elle pas de faire à Brunswick, ce qu'il voulait faire dans ma capitale ? » plaide Napoléon. Par le châtiment du récidiviste, le vainqueur d'Iéna revendique opportunément sa fidélité à la mémoire révolutionnaire, mais il crache surtout, de dépit et de fureur, au visage de cette Europe monarchique qui lui refuse la paix.

Le pari du blocus

Cette campagne, encore plus rapide que la première, frappe l'imaginaire et assoit la réputation d'invincibilité de la Grande Armée et de son chef. C'est dans ce contexte que Napoléon prend, après le sacre, la décision la plus importante de son règne : décréter le blocus de l'Angleterre. Le mot paix a disparu du vocabulaire impérial. La proclamation du 26 octobre 1806, célébrant l'entrée à Berlin, est révélatrice de son état d'esprit : « Nous ne serons plus désormais les jouets d'une paix traîtresse, et nous ne poserons plus les armes que nous n'ayons obligé les Anglais, ces éternels ennemis de notre nation, à renoncer au projet de troubler le continent et à la tyrannie des mers. » Certain d'étriller la Russie lors de la campagne d'hiver qui s'annonce, il ne veut plus de faux-semblants.

Le 16 mai, l'amirauté britannique avait officiellement placé les côtes de France en état de blocus. De Berlin, au sommet de sa puissance, Napoléon lui répond le 21 novembre 1806 par le célèbre décret qui, « considérant que l'Angleterre n'admet point le droit des gens suivi universellement par tous les peuples civilisés [1] », la place dans le même état, déclarant de bonne prise tous les produits saisis et prisonniers de guerre tous les ressortissants britanniques en France. « Ce décret paraissait fou, il n'était qu'immense », commente Chateaubriand. Fou, il l'est en effet si l'on considère l'impossibilité de menacer l'Angleterre sur mer depuis Trafalgar. Immense car Napoléon, faute de pouvoir aller en Angleterre, tente de l'enfermer sur son aire en lui interdisant tout commerce avec l'Europe, d'où le terme choisi à dessein de « blocus continen-

1. Napoléon expose au préalable huit considérants, tous destinés à prouver que le blocus constitue un acte de légitime défense contre une puissance qui veut imposer son hégémonie et viole pour ce faire toutes les lois et usages en vigueur. Le ton va crescendo jusqu'au dernier point affirmant : « qu'il est de droit naturel d'opposer à l'ennemi les armes dont il se sert, et de le combattre de la même manière qu'il combat, lorsqu'il méconnaît toutes les idées de justice et tous les sentiments libéraux, résultant de la civilisation parmi les hommes : Nous avons résolu d'appliquer à l'Angleterre les usages qu'elle a consacrés dans sa législation maritime. »

tal ». « Je veux, précise-t-il dans une formule célèbre, conquérir la mer par la puissance de la terre. » L'idée n'était pas précisément neuve puisque la Convention et le Directoire l'avaient envisagée[1]. Elle n'avait jamais cessé de hanter son esprit depuis dix ans[2]. Sauf que l'utopie devenait possible en raison des récentes victoires.

En annonçant la prohibition d'Albion, Napoléon espère l'abattre par le truchement du crédit dont elle s'est servie pour dominer le continent. Un tiers de ses revenus provenant de son commerce extérieur avec l'Europe, Napoléon escompte la ruiner dans des délais brefs en asséchant une de ses principales sources de profit. Eu égard à l'importance de sa dette publique, il espère déclencher une crise de confiance doublée d'une crise de surproduction qui entraînera une débâcle financière et obligera le gouvernement adverse à entrer en négociation sous peine de banqueroute. Pour étrangler sa rivale, Napoléon franchit un cap supplémentaire avec les décrets de Fontainebleau et de Milan qui durciront les textes initiaux, notamment à l'encontre des neutres, à l'automne 1807[3].

---

1. Le blocus s'inscrit en prolongement de nombreuses mesures de rétorsion réciproques prises depuis 1793. Par exemple, une loi du 18 janvier 1798 autorisait la saisie de tout bâtiment, même neutre, qui commerçait avec Albion.

2. En mars 1800, il écrivait par exemple à Lucien : « Ne nous flattons pas d'avoir la paix tant que Pitt restera au ministère. Cet homme n'abandonnera pas un atome de l'Empire des mers, à moins d'y être forcé par la guerre, et je ne reconnaîtrai jamais cette injuste domination de nos rivaux tant que je pourrai manier une épée [...] C'est en dominant sur tous les rivages de l'Europe que nous pourrons amener Pitt à une paix honorable [...] Si les mers nous échappent, il n'est point de port, point d'embouchure de fleuve qui ne soit à portée de notre gloire. »

3. Les Anglais avaient étendu le blocus aux alliés de Napoléon et tenté de limiter le commerce des neutres en leur imposant des droits de transit exorbitants dans les ports britanniques. En rétorsion : « Le décret de Fontainebleau (13 octobre 1807) et le premier décret de Milan (23 novembre 1807) qui en renouvela les dispositions renforcèrent celui de Berlin : étaient déclarées anglaises, de par leur nature, les denrées coloniales et nombre de marchandises, sauf présentation de certificats d'origine ; de plus, tout navire ayant touché un port anglais serait confisqué avec sa cargaison. Les ordres du conseil britannique, qui aggravèrent les servitudes des neutres à l'égard de l'Angleterre, incitèrent Napoléon à franchir le dernier pas. Le second décret de Milan (17 décembre 1807) stipule que tout navire neutre qui se soumettrait aux exigences anglaises serait tenu pour dénationalisé et donc propriété britannique de bonne prise, même en haute mer » précise Albert Soboul.

Napoléon avait jusqu'au serment du sacre conféré à sa diplomatie une légitimité, un but avouable : la défense de la Révolution et des frontières naturelles. Par le blocus, il finit de rompre avec cette politique et s'impose une tâche offensive : la destruction de l'Angleterre, ce qui entraîne la mainmise sur tous les ports du continent. La métamorphose est décisive puisqu'elle marque le passage de la « conquête-défense » à la « conquête-puissance », de la légitime défense à l'agression. Selon l'analyse faite par Louis de Carné, on enlace désormais « par des liens indissolubles tout le système politique de l'Empire à une théorie économique dont le succès ne devenait possible qu'autant que de Naples à Archangel on parviendrait à imposer à tous les peuples la transformation de leur vie matérielle : tentative incroyable qui subordonnait l'existence même du grand Empire à la substitution de la betterave à sucre et du pastel à l'indigo, qui plaçait les Russes, les Danois, les Suédois et tous les peuples tributaires, soit en état de guerre, soit en état de quasi-insurrection contre lui, chaque fois qu'ils sucraient une tasse de thé ou qu'ils prenaient une prise de tabac ». Réussir suppose de contraindre tous les Etats européens à épouser un système qui va à l'encontre de leurs intérêts vitaux. Déjà, il s'est rendu maître des côtes italiennes et allemandes. La Hollande et l'Espagne sont ses alliées. Mais le Portugal, la Russie, le Danemark et la Suède continuent à commercer avec la patrie de Pitt. Il faudra nécessairement aller plus loin, séduire ou réduire les derniers récalcitrants, offrir des alliances ou entrer en guerre. Cette décision révolutionne donc la politique extérieure de la France. Jusqu'alors riposte à l'agression extérieure ou usufruit de la victoire, l'extension territoriale devient désormais un but en tant que tel. Le blocus marque là encore une rupture fondamentale d'échelle et de valeur puisque l'on quitte avec lui une politique de sphère d'influence pour déboucher sur un véritable impérialisme.

On peut encore se demander si l'Aigle compte légitimer ce nouveau cap en exportant les principes de la Révolution ou s'il se contentera, comme tous les conquérants, de pressurer ses nouveaux peuples sans contreparties notables. Dans l'immédiat, le blocus pose une autre question majeure : Napoléon n'est-il pas aveuglé par la fascination qu'exerce sur lui l'Antiquité, à rebours de la civilisation moderne caractérisée par l'émergence des Etats-nations et le respect des droits de l'individu ? En résumé l'Empire ne va-t-il pas à contresens de l'histoire ?

Alors que l'Aigle trône à Berlin, personne ne sait quel sort il va réserver à la Prusse, ni de quelle manière il va gérer ses dernières conquêtes. Toute l'Europe craint qu'il ne révolutionne le continent en imposant le Code civil et l'arsenal législatif révolutionnaire, abolisse le servage et libère la paysannerie de la tutelle seigneuriale. Derrière le conquérant insatiable, elle redoute toujours le fils prodigue de la Révolution. Désormais, son regard sur Napoléon paraît fixé : c'est un nouveau Gengis Khan qu'il faut arrêter aussi vite que possible. L'extension de l'Empire, le détrônement des Bourbons de Naples et le châtiment des Habsbourg ont achevé d'éclairer les esprits : « Il veut nous accoutumer tous à nous regarder comme faisant partie de son domaine et devant nous plier au gré de toutes ses conceptions extravagantes. » Napoléon fait peur à tout le monde, notamment à cette Autriche sans cesse battue par lui depuis 1796. Son ambassadeur à Paris, Metternich, n'imagine même pas de schéma diplomatique ou de coalition classiques pour l'heure efficaces : « Le destin de l'Europe est consommé, écrit-il par exemple le 17 novembre 1806, et ce n'est que de ses cendres que pourra renaître un nouvel ordre. » L'armée russo-prussienne, cantonnée en Pologne, paraît condamnée d'avance. Chaque souverain tremble pour son trône maintenant que le Blocus continental atteste d'un nouvel élan de la volonté de puissance du « Corsicain ». « Bonaparte dans le cours de ses succès toujours croissants semblait appelé à changer les dynasties royales, à rendre la sienne la plus âgée de toutes », note Chateaubriand qui ajoute : « A sa voix, les rois entraient ou sortaient par les fenêtres. » Mais, et c'est une première lueur d'espoir pour ses opposants, quelques voix discordantes commencent à se faire entendre en France.

*

Le conflit traditionnel entre défenseurs de la paix et avocats de la conquête a changé de cadre sans pour autant changer de nature. A l'opposition traditionnelle entre partisans des frontières naturelles et des anciennes limites se substitue un nouveau clivage entre impérialistes et nationalistes. Pour les premiers, la France a pour vocation de régénérer l'Europe en poursuivant par la guerre l'œuvre émancipatrice de la Révolution. Inconditionnels de l'Empereur, ils se reposent sur son génie pour aller châtier les Russes avant de réduire les Anglais. Le rêve d'une Europe française prend corps avec le nouveau Charlemagne[1]. Pour les seconds, notre pays reste un Etat-nation qui ne peut s'étendre démesurément sous peine d'imploser et de tomber sous les coups de ses adversaires réunis. En effet, estiment-ils, la France ne peut dominer seule à long terme et a nécessairement besoin d'alliés. Comment peut-elle en espérer si elle persiste sur cette voie suicidaire ? Tel est notamment l'avis de Talleyrand qui, dès octobre 1805, a mis en garde Napoléon en lui demandant de ménager l'Autriche. Son mémoire n'ayant eu aucun succès, il revient à la charge jusqu'à la conclusion de la paix : « Votre Majesté peut maintenant briser la monarchie autrichienne ou la relever, insiste-t-il après Austerlitz. Une fois brisée, il ne serait plus au pouvoir de Votre Majesté elle-même d'en rassembler les débris épars et d'en recomposer une seule masse. Or l'existence de cette masse est nécessaire. Elle est indispensable au salut futur des nations civilisées. L'Empereur peut la briser, mais brisée, elle ne se rétablira plus. Qu'il la conserve, qu'il lui tende une main généreuse, qu'il lui offre l'alliance et la rende possible et sincère en la rendant profitable. La France est assez grande... »

1. « En conquérant le monde au christianisme, Charlemagne avait restauré l'Empire d'Occident. Napoléon estima possible de le relever pour la deuxième fois par la puissance des armes, combinée avec celle de l'égalité civile, dont il était l'éclatant symbole » résume Louis de Carné dans ses *Etudes sur l'histoire du gouvernement représentatif.*

En excellent diplomate d'Ancien Régime, le ministre des Affaires étrangères réclame *mezzo voce* le retour aux frontières naturelles par la séparation de la couronne d'Italie avec celle de France. Il protège les Habsbourg en fidèle disciple de Choiseul, à la fois soucieux de contenir l'Etat-nation prussien, dont il redoute l'activisme, et surtout la Russie, empire dont l'esprit de conquête vers l'ouest lui inspire l'idée d'un royaume tampon, la Pologne indépendante ressuscitée. Talleyrand refuse la perpétuation de la politique de conquête, prélude immanquable selon lui à de nouvelles guerres : « La France doit donc rester circonscrite dans ses propres limites : elle le doit à sa gloire, à sa justice, à sa raison, à son intérêt et à celui des peuples qui seront libres par elle », écrivait-il déjà de Londres au gouvernement républicain le 25 novembre 1792. Selon lui, le Grand Empire s'avère une utopie inapplicable tant en raison de l'hostilité de l'Europe que de l'incompatibilité entre l'émancipation de ses principes et sa réalité oppressive. La Révolution prône une souveraineté des peuples antinomique avec toute forme d'impérialisme. Cette contradiction fondatrice génère une tension permanente entre le centre et la périphérie, illustrée par l'écartèlement des rois-frères entre leur soumission à Napoléon et leur volonté d'être populaires qui les oblige à tenir compte des aspirations de leurs sujets[1].

L'inquiétude grandissante du « ministre de la paix » reflète celle de la nouvelle aristocratie issue de la Révolution. A son image, la France des notables prend peur devant un expansionnisme impérial, déclencheur probable d'une autre guerre

1. « Quand Napoléon donnait une couronne, il voulait que le nouveau roi restât lié au système de cette domination universelle, de ce Grand Empire dont j'ai déjà parlé, écrit toujours Talleyrand dans ses Mémoires. Celui, au contraire, qui montait sur le trône, n'avait pas plutôt saisi l'autorité qu'il la voulait sans partage et qu'il résistait avec plus ou moins d'audace à la main qui cherchait à l'assujettir. Chacun de ces princes improvisés se croyait placé au niveau des plus anciens souverains de l'Europe, par le seul fait d'un décret et d'une entrée solennelle dans sa capitale occupée par un corps d'armée français. Le respect humain qui lui commandait de se montrer indépendant en faisait un obstacle plus dangereux aux projets de Napoléon que ne l'aurait été un ennemi naturel » analyse Talleyrand avec son acuité coutumière.

de Cent Ans, étendue à l'échelle du continent et peut-être demain au monde par colonies interposées. D'accord pour punir l'Autriche et la Prusse, elle ne l'est plus pour s'aventurer à l'est, ni pour mater l'Angleterre par le biais d'un blocus synonyme de privation économique et d'impôts supplémentaires. Rassurée à l'intérieur, elle commence à maudire cette guerre qui prolonge le sentiment d'insécurité et lui interdit de regarder l'avenir avec sérénité. Mais Napoléon refuse de l'entendre : « La paix est un mot vide de sens ; c'est une paix glorieuse qu'il nous faut », écrit-il par exemple à son frère Joseph le 15 décembre 1805. Son aîné ayant prétendu exprimer les vœux pacifiques des Parisiens, Napoléon lui répond en des termes révélateurs de la métamorphose césarienne en cours. Après l'avoir accusé de faiblesse et de suivisme, il manifeste son mépris coutumier des Parisiens avant de marteler : « Je ferai la paix lorsque je croirai de l'intérêt de mon peuple de la faire, et les vieilleries de quelques intrigants ne l'accélèreront ni même la retarderont d'une heure. Mon peuple sera toujours unanime quand il saura que je suis content, parce qu'il sentira que c'est la marque que ses intérêts sont à couvert. Le temps où il délibérait dans les sections est passé. La bataille d'Austerlitz aura couvert de ridicule ce grand éclat que je n'avais pas ordonné et je donnerai, s'il le faut, encore plus d'une bataille pour arriver à une paix qui me donne une garantie. Je ne donne rien au hasard ; ce que je dis, je le fais toujours, ou je meurs. »

Le malentendu de Brumaire prend une nouvelle dimension. Plus que jamais l'opinion désire la paix, chaînon manquant pour terminer la Révolution, garantir la tranquillité des propriétaires et la non moins indispensable prospérité économique. Dès novembre 1805, le diplomate d'Hauterive écrivait à Talleyrand : « La gloire même militaire a perdu le pouvoir de rasséréner les esprits [...] seule la perspective de paix plus ou moins rapprochée peut guérir les blessures profondes dont l'esprit public est atteint. »

L'illusion d'un nouvel Amiens, entrevue après Austerlitz, s'est évanouie lors de la rupture des pourparlers avec l'Angleterre et la reprise de la guerre avec la Prusse. Le néo-Jacobin Réal, bras droit de Fouché et serviteur loyal du régime, écrit sans ambages le 5 décembre 1806 : « Cette campagne ne produit pas le quart de l'effet qu'a produit l'autre ; nulle admiration, pas même d'étonnement parce qu'on est blasé de la gloire. » Napoléon a beau se lamenter de la versatilité, pour ne pas dire de l'ingratitude de ses peuples, le « mal de guerre » s'installe tandis que monte en puissance la conscription et ses ravages sur l'opinion. On trouve une belle illustration de ce désenchantement naissant dans le tableau de Louis-Léopold Boilly intitulé *Le Départ des conscrits de 1807*. Exposé en 1808, il laisse transparaître le mécontentement ambiant, manifeste dans la gravité des faciès et les pleurs de la plupart des familles. L'éloignement croissant du front vers l'est, du Rhin à la Pologne, fait naître les pires craintes. « J'eus le malheur de naître et de grandir à cette époque funeste, écrira Michelet, et je puis dire que la France ne fut jamais dupe qu'à moitié de Bonaparte. Tous, en suivant des yeux le grand prestidigitateur dans les nuages où il se balançait, disaient toujours : "Cela finira mal."[1] »

L'élévation des frères à la royauté ne suscite, loin s'en faut, aucun enthousiasme populaire. Il ne s'agit plus de verser son sang pour la patrie et la Révolution mais pour des inconnus, plutôt médiocres et dépourvus de toute légitimité. Le mariage d'Eugène avec la princesse de Bavière provoque en outre de nouveaux soubresauts à l'intérieur de la famille, notamment une réaction courroucée de Murat qui écrit à Napoléon une lettre vengeresse. Derrière la jalousie haineuse du mari de Caroline à l'encontre du fils Beauharnais, la missive met pourtant l'accent sur un point crucial, l'éloignement d'avec l'esprit égalitaire de la Révolution : « La France, quand elle vous a élevé sur le trône, a cru trouver en vous un chef populaire, décoré d'un titre qui devait la placer au-dessus de tous les souverains de l'Europe. Aujourd'hui, vous rendez hommage

1. *Histoire du XIXe siècle.*

à des titres de puissance qui ne sont pas les vôtres, qui sont en opposition avec les nôtres, et vous allez seulement montrer à l'Europe combien vous mettez de prix à ce qui nous manque à tous, l'illustration de la naissance[1]. »

Renforçant sa famille par les traités, les trônes et les alliances, l'Aigle continue non à privilégier une légitimité sur une autre, mais à vouloir les cumuler pour mieux assurer sa pérennité. Le doute, toujours et encore le doute. Sa conception de l'Europe demeure fondamentalement ambiguë, écartelée entre deux objectifs contradictoires : d'une part son souhait de diffuser les institutions nouvelles, ce par quoi il reste fidèle à la Révolution ; de l'autre des velléités « légitimistes » et la nécessité d'une guerre totale avec l'Angleterre qui le conduisent à dominer par la force l'ensemble du continent, ce en quoi il trahit cette même Révolution fondée sur le droit des peuples à disposer d'eux-mêmes. Déjà, pour ménager ses premiers alliés, il laisse subsister certains privilèges, en particulier pour les souverains de la Confédération du Rhin. Toute l'ambiguïté de sa politique apparaît justement dans cette confédération allemande au sein de laquelle coexistent des monarchies absolues, filles de l'Ancien Régime, et des Etats nouveaux, grand-duché de Berg ou royaume de Westphalie, qui appliqueront le Code civil et serviront de vitrines au modèle français. A ce grand écart idéologique s'ajoute un hiatus entre un court terme oppressif, qui exige de l'argent et des hommes, et l'horizon lointain du rêve fédéral européen, tel qu'il apparaîtra magistralement exposé dans le *Mémorial*. Dans l'immédiat, Napoléon sacrifie le sens à la puissance. Moyennant paiement de sa rente en hommes et la stricte application du blocus — ruineuse pour ces principautés —, la confédération laisse chaque souverain libre de ses actes. Napoléon l'affirme sans ambages à Dalberg en août 1806 :

1. Napoléon lui répond durement : « Monsieur le prince Murat, je vous vois toujours avec confiance à la tête de ma cavalerie. Il ne s'agit pas ici d'une opération militaire, il s'agit d'un acte de politique et j'y ai bien réfléchi. Ce mariage vous déplaît. Il me convient, et je le regarde comme un grand succès, comme un succès égal à la victoire d'Austerlitz. »

« Les affaires intérieures de chaque Etat ne nous regardent pas. Les princes de la Confédération du Rhin sont des souverains qui n'ont pas de suzerains. »

La France impériale retrouve avec la conquête le même dilemme que la Révolution a affronté entre idéal libéral et réalité conflictuelle, émancipation des principes et autoritarisme du régime. La liberté sert de cheval de Troie pour bouleverser l'Europe. Mais l'ivresse de la puissance aujourd'hui, comme l'obsession du pouvoir hier, conduit à nier la théorie dans la pratique, soit à étouffer les peuples par la conscription et la fiscalité en renvoyant à l'avenir les promesses d'émancipation qui passent dès lors pour hypocrites et produisent un rejet à la hauteur de l'espoir suscité.

On l'observe déjà en Hollande où Louis Bonaparte, en dépit de sa bonne volonté, ne dispose d'aucune marge de manœuvre et doit se contenter de faire peser la chape de plomb voulue par son frère, ruinant son nouveau royaume qui a toujours vécu du commerce avec l'Angleterre. On le voit aussi à Naples — rurale, royaliste et catholique — où la Grande Armée impose par la terreur un Joseph Bonaparte qui commence la carrière de roi mal-aimé qu'il devait poursuivre en Espagne. Refusant la régénération promise, les Napolitains opposent une guérilla impitoyable aux colonnes impériales. Pour la première fois, un peuple se dresse contre la Grande Nation. Les lazzaroni et autres bandits calabrais, tel le fameux Fra Diavolo, annoncent le futur guépier espagnol même si leur nombre est limité. Pour en venir à bout, Napoléon n'a pas balancé à préconiser une répression impitoyable : exécution d'otages et destruction de villages dénaturent les âmes et flétrissent l'épopée[1]. Les oukases fusent : « Ils ne savent donc plus faire la guerre ?, écrit-il à propos de ses généraux. Des révoltes ! Qu'est-ce que

1. Pénétrant en Calabre avec son corps d'armée, Masséna fait par exemple incendier la petite ville de Lauria qui lui avait opposé une vigoureuse résistance. Selon Bouillé, un des meilleurs chroniqueurs de cette campagne méconnue, 9 000 personnes périrent dans les flammes.

des révoltes de paysans contre des colonnes mobiles et de la décision ? Avec quelques exécutions sévères, ils n'y reviennent plus. Ne vous en ai-je pas donné l'exemple ? A-t-on oublié Jaffa ? [...] ; j'ai fait fusiller là, tout à la fois, plus de trois mille hommes ! Cela est affreux ! C'est un massacre ! Mais sans cela mon armée était perdue ! [...] Les Napolitains, c'est comme les Corses, il faut, pour les dompter, une volonté de fer et de feu ! Sans quoi mon frère périra ou sera chassé de son royaume. » Or, au lieu de châtier, Joseph pardonne. Il tente de ménager ses nouveaux sujets et s'échine à conquérir leur affection, ce qui lui vaut de recevoir des missives incendiaires de Napoléon[1].

Décidément, 1806 est l'année charnière. L'agressée devient agressive, subordonnant tout à son but de guerre : l'extinction de l'Angleterre par l'étouffement économique. Sa réussite militaire fulgurante conduit Napoléon à prendre l'initiative, à vouloir créer ces circonstances dont il s'est ingénié à paraître jusque-là le profiteur. Le terme d'Empire prend désormais toute sa réalité en actant la poursuite de la conquête, bien en avant de ces frontières naturelles dont il réfute désormais le dogme comme impropre à son génie et limitatif de sa gloire : « Je veux élever la gloire du nom français si haut qu'il devienne l'envie des nations ; je veux un jour, Dieu aidant, qu'un Français voyageant en Europe croie se trouver toujours chez lui. »

Mais la vision de Napoléon est-elle encore celle de son peuple ? Peut-elle convenir aux autres nations conquises ou en passe de l'être ? Tandis qu'il se projette dans l'avenir radieux d'une Angleterre vaincue et d'un nouvel Empire carolingien, le prix à payer dans le présent se décline dans la souffrance et s'incarne dans trois fléaux : la conscription, les impôts, enfin ce blocus qui ruine les ports et les commerçants.

1. 8 mars 1806 : « Ce n'est pas en cajolant les peuples qu'on les gagne [....]. Si vous ne vous faites pas craindre dès le commencement, il vous arrivera des malheurs. [...] Vos proclamations au peuple de Naples ne sentent pas assez le maître. Vous ne gagnerez rien en caressant trop. »

Pour quel résultat concret ? Des Bonapartes sur les trônes dont le sort n'intéresse personne, des nationalités humiliées, une révolution mise entre parenthèse. Continent désuni, l'Europe ne peut encore conduire une politique économique commune. Constant termine *De l'esprit de conquête et de l'usurpation* (1814) par une constatation : « Comme conquérant, Napoléon s'est plaint d'être né trop tard. Pour régir l'économie et par elle pétrir la masse humaine, sans doute est-il né trop tôt. » Prématuré et bâti trop vite, l'Empire s'éloigne de la Révolution sans pour autant se rapprocher de l'Ancien Régime, incapable en fait de trouver une troisième voie entre légitimité héréditaire et démocratique.

Le blocus met donc le doigt dans l'engrenage fatal de l'impérialisme. « Mon pouvoir tient à ma gloire, et ma gloire aux victoires que j'ai remportées. Ma puissance tomberait, si je ne lui donnais pour base encore de la gloire et des victoires nouvelles. La conquête m'a fait ce que je suis, la conquête seule peut me maintenir. » S'étendre pour survivre. Certes. Mais jusqu'où ? « J'aurais fait les Etats-Unis d'Europe, répondra-t-il à Sainte-Hélène. [...] Ma destinée n'est pas accomplie ; je veux achever ce qui n'est qu'ébauché ; il me faut un code européen, une Cour de cassation européenne, une même monnaie, les mêmes poids et mesures, les mêmes lois ; il faut que je fasse de tous les peuples de l'Europe un même peuple et de Paris la capitale du monde. » Ces propos que l'on tient de nos jours pour prophétiques montrent en fait l'impasse programmatique dans laquelle s'est fourvoyé Napoléon. Empereur, il rêve d'un imperium à la romaine ; révolutionnaire, il l'imagine refondé sur les acquis des Lumières ; soldat, il ne le conçoit qu'établi de force.

Un tableau d'Ingres représentant l'Empereur en 1806 le peint en nouveau César byzantin drapé de pourpre, en pesant costume de cérémonie, sceptre et main de justice dressés, regard fixe dont le vague inquiète. N'est-il pas déjà trop tard ? « L'Empire fédératif, avec ses immenses frontières, va perdre cette unité, cet ensemble, qui lui a toujours donné tant de force, écrit dès 1806 le comte de Bray ; en renonçant à ces limites que la nature et l'art ont rendues si difficiles à franchir, Bonaparte acquiert plus d'Etats à protéger sans acquérir un soldat de plus sur lequel il pourra compter. La France en pleine paix sera toujours en état de guerre. Elle rappellera l'Italie du temps des Romains s'épuisant à enfanter des légions pour mettre l'univers dans les fers », conclut le ministre bavarois.

L'objectif semble d'autant plus impossible à atteindre que la « Grande Nation » donne ses premiers signaux de lassitude. Napoléon compte l'entraîner par les appâts traditionnels de la conquête : culte de la gloire, vanité des honneurs, cupidité de l'intérêt. Alors que Iéna révèle sa toute-puissance, il se sait condamné à un succès rapide au moment où s'ouvre la deuxième phase de la campagne. Contrairement à 1805, il n'a vaincu qu'un des deux alliés. La Prusse à terre, il doit cette fois engager une campagne d'hiver pour aller chercher les Russes non plus en Moravie, mais bien plus loin en Pologne, toujours plus à l'est, toujours plus éloigné de Paris.

Le 19 octobre 1806, d'Hauterive écrit à son ministre de tutelle une lettre dont l'avenir allait révéler la justesse : « J'ai bien étudié la valeur du mot coalition et celle du mot empire français. Ces deux choses ne peuvent exister de longues années ensemble. Il faut que l'une tue l'autre [...]. Il faut ou que la France périsse ou qu'elle détrône assez de rois pour que ce qui en reste ne puisse composer une coalition [...]. La coalition aura détruit l'Empire français le jour où elle l'aura fait rétrograder ; car dans cette marche on ne s'arrête pas. Si nous reculons, ce sera pour revenir à l'ancienne monarchie par toutes les crises et toutes les horreurs de temps que nous avons une fois traversées. »

CHAPITRE IX

L'IVRESSE

« L'aspiration à la domination universelle est dans sa nature même ; elle peut être modifiée, contenue ; mais on ne parviendra jamais à l'étouffer. »

METTERNICH.

L'alerte

Maître de Berlin, la Prusse envolée, son armée « disparue comme un brouillard d'automne au lever du soleil[1] », Napoléon espère vaincre maintenant les 100 000 Russes qui atteignent la Vistule en novembre. Comme en 1805, leur arrivée tardive favorise les desseins de l'Empereur, qui dispose d'une large supériorité numérique et escompte le soulèvement de la Pologne prussienne. Effectivement, Murat est accueilli en libérateur à Varsovie où il pénètre le 28 novembre. Plusieurs milliers de Polonais s'engagent dans la Grande Armée sous la férule de Joseph Poniatowski. Tous attendent le rétablissement de leur patrie, dépecée entre la Russie, l'Autriche et la Prusse par trois partages successifs au couchant du XVIIIe siècle. Napoléon laisse espérer mais ne promet rien, subordonnant son attitude à la hauteur de l'engagement des Polonais pour leur patrie : « Je suis surpris de cette ardeur patriotique qui survit encore si longtemps après la conquête, dit-il par exemple à

1. L'image figure dans le *Bulletin de la Grande Armée* du 25 octobre 1806.

une députation à Varsovie. Je vois qu'il n'est pas si aisé de détruire une nation. Ce que je fais est moitié pour vous, moitié pour moi. Mais il faut se battre ; il faut que tous les nobles montent à cheval. Un sabre et du sang, voilà ce que vous devez à votre patrie ! Vous avez à reconquérir votre indépendance[1] ! » En réalité, il refuse d'aller trop loin afin de ne pas s'aliéner les autres puissances. « [...] la mèche une fois allumée, qui sait où s'arrêtera l'incendie ? confie-t-il à Rapp. Mon premier devoir est envers la France ; je ne dois pas la sacrifier à la Pologne ; il faut s'en remettre au souverain qui régit tout, le temps ; lui seul nous apprendra ce que nous aurons à faire. »

Les opérations militaires s'engagent plutôt mal. Les Russes se révèlent de remarquables combattants, méprisant la mort, indifférents au froid, à la faim et à la fatigue qui épuisent la Grande Armée et commencent à miner son moral. Ils bénéficient notamment d'une excellente artillerie et de l'efficacité des Cosaques. Bien montés, habiles au tir et à la lance, ces « mamelouks du Nord » procèdent par brusques coups de main, frappant de préférence les convois et unités isolés avant de disparaître à la faveur de la neige ou de la nuit.

La tension entre la gloire et la chute, au cœur de l'aventure napoléonienne, n'a jamais été aussi présente que durant l'hiver de 1806-1807. Débarrassée de la Prusse, la Grande Armée perd pied dans les plaines de la Pologne, souffrant tant au physique du climat qu'au moral de l'éloignement de ses bases. « Depuis l'Oder, témoigne Marbot, plus de grandes routes : nous marchions dans les sables mouvants ou dans une boue affreuse. La plupart des terres étaient incultes, et le peu d'habitants que nous trouvions étaient d'une saleté dont rien ne peut donner une idée. Le temps [...] devint affreux. Nous ne vîmes plus le soleil ; il pleuvait ou neigeait constamment, les

1. Napoléon se contente de créer le 14 janvier 1807 un gouvernement provisoire de sept membres qui prend le titre peu compromettant de commission de gouvernement. Le 6 décembre 1806, il avait écrit à Murat : « Continuez à tenir le même langage, que je ne proclamerai l'indépendance de la Pologne que lorsque je reconnaîtrai qu'ils la veulent véritablement soutenir, quand je verrai 30 à 40 000 hommes sous les armes, organisés et la noblesse à cheval, prête à payer de sa personne. »

vivres devinrent fort rares ; plus de vin, presque jamais de bière, encore était-elle atrocement mauvaise ; de l'eau bourbeuse, pas de pain, et des logements qu'il fallait disputer aux vaches et aux cochons !... Aussi les soldats disaient-ils : "Quoi ! les Polonais osent appeler cela une patrie !..." »

Marches et contremarches s'enchaînent face à des Russes insaisissables. Deux manœuvres successives d'encerclement échouent, les premiers engagements à Pultusk et Golymin s'avèrent indécis et meurtriers. Les boues se transforment en sables mouvants : « Nous nous enfoncions jusqu'aux genoux, écrit Coignet. Il fallait prendre des cordes pour attacher nos souliers sur le cou-de-pied, et quand nous arrachions nos jambes de ce sable mouvant, les cordes cassaient, et les souliers restaient dans la boue détrempée. Parfois, il fallait prendre la jambe de derrière pour l'arracher comme une carotte, puis la porter en avant, et aller rechercher l'autre avec ses deux mains et la rejeter aussi en avant, avec nos fusils en banderole pour pouvoir nous servir de nos mains. » Affamées, usées, décimées, les troupes grommellent, y compris en la présence de l'Empereur. Le froid s'y conjugue avec les insuffisances de l'intendance, explicables par l'éloignement croissant de la France et la politique de terre brûlée pratiquée par les Russes. La violence de guerre devient proprement insupportable : « Tous les jours se battre. Quantité d'hommes se sont suicidés par excès de souffrance, même dans la Garde, écrit Aubry dans ses Mémoires. Trois sous-officiers de chez nous se sont brûlé la cervelle, un peu aussi pour le chagrin de ne pas avoir d'avancement. Je n'ai rien vu de plus terrible que les champs de bataille de Czarnowo, Pultusk, Golymin, Nasielk ; on se serait cru à la fin du monde. » La discipline se relâche, les désertions se multiplient, notamment au sein des contingents alliés, de plus en plus présents à chaque campagne. Fezensac, attaché à l'état-major de Ney, peut écrire : « L'étoile de Napoléon commençait alors à pâlir. Le moment des demi-succès, des triomphes incomplets était arrivé [1]. » En

1. Ses *Souvenirs militaires de 1804 à 1814* constituent une source de premier ordre

cessant d'être française, la Grande Armée perd l'esprit de conquête et la solidarité qui l'a rendue invincible. L'état-major s'inquiète à l'exemple de Berthier dont les observations sont rejetées par Napoléon d'un définitif : « Vous seriez donc bien contents d'aller pisser dans la Seine ? »

Dix semaines après l'entrée en campagne, c'est à une Grande Armée exsangue que le généralissime russe Bennigsen accepte de faire front à Eylau, petite ville de Prusse-Orientale[1]. 60 000 Russes font face à 40 000 Français, ce qui oblige Napoléon à rappeler d'urgence les corps de Davout et de Ney[2]. La bataille, engagée le soir du 7 février par l'attaque du cimetière d'Eylau, se prolonge toute la journée du 8. Dès l'aube, une terrible canonnade[3], presque à bout portant, met les deux armées à rude épreuve. D'emblée, les Russes attaquent avec vigueur, dans l'intention de maximiser leur supériorité numérique. Heureusement l'arrivée matinale de Davout permet d'accabler leur gauche. Comme l'escompte Napoléon, Bennigsen doit affaiblir son centre contre lequel il lance vers dix heures le 7e corps d'armée d'Augereau. Mais une terrible tempête de neige brouille sa marche : « Ceux qui n'ont pas habité le Nord ne peuvent se faire une idée de la violence de ces sortes d'ouragans, écrit Berthezène ; l'obscurité est souvent si profonde que l'on ne peut pas se voir à deux pas de distance. » Totalement perdus, des milliers d'hommes se retrouvent soudain nez à nez devant la principale batterie russe de 72 pièces qui, recevant la neige de dos, distingue clairement nos troupes et ouvre sur elles un feu meurtrier. En une poignée de minutes, les cinq sixièmes du corps sont anéantis,

1. Désormais russe, elle porte le nom de Bagrationovsk et se trouve insérée dans l'enclave de Kaliningrad.

2. Celui de Bernadotte, également convoqué, ne parviendra pas à temps sur le champ de bataille. Contrairement à son habitude, Napoléon s'est abstenu de reconnaître le terrain la veille de la bataille, ce qui explique pour beaucoup ses tâtonnements initiaux. « J'ai fait là une grande faute, avouera-t-il à Davout [...] j'ai fait l'Empereur ! Je me suis laissé ménager. »

3. Les Russes disposent de près de 400 canons, contre seulement 200 pour la Grande Armée.

ouvrant une brèche dans laquelle s'engouffrent les colonnes russes. Napoléon riposte en envoyant toute sa cavalerie disponible. Cinquante-deux escadrons enlevés par Murat sabrent les premières lignes de l'ennemi et le font reculer. Sous les ordres du général Dorsenne, un bataillon de la garde repousse à la baïonnette une formidable attaque des grenadiers russes devant le cimetière d'Eylau. Napoléon, admiratif devant la bravoure de ses adversaires, s'exclame : « Quelle audace ! quelle audace ! ».

Vers trois heures, l'arrivée du seul corps prussien encore en état de combattre, dirigé par le général Lestocq, déconcerte l'Empereur qui envisage alors la retraite[1]. Les combats se poursuivent avec acharnement, indécis, sauvages. A sept heures du soir, Ney arrive enfin avec ses dix mille hommes à hauteur de la droite russe. Bennigsen, qui n'a plus de réserves, met à profit la nuit pour se retirer dans un ordre parfait. « Ainsi se termina la journée la plus sanglante, la plus horrible boucherie d'hommes qui ait eu lieu depuis le commencement des guerres de la Révolution. Les pertes furent énormes dans les deux armées, et quoique vainqueurs, nous étions aussi maltraités que les vaincus » résume le vélite Barrès.

La bataille anticipe la boucherie de la Moskova et surtout la tragédie de Waterloo. Par l'ampleur des pertes — un tiers de chacune des armées jonche le terrain[2] —, l'âpreté du combat et son issue hasardeuse, elle marque une césure dans l'histoire militaire de l'Empire. Certes, Napoléon gagne car il reste maître du champ de bataille, mais il n'est pas parvenu à détruire l'adversaire comme à Austerlitz ou Iéna. Plus ou peu de manœuvres brillantes mais un choc frontal, soulignant l'importance croissante de l'artillerie. A l'exception du final — Ney arrive, lui —, le déroulement du combat annonce le 18 juin 1815 : attaque de diversion sur l'aile suivie d'une

1. L'Aigle confie alors à Jomini : « Ney ne vient pas. Bernadotte est à deux marches en arrière. Eux seuls ont leurs troupes et leurs munitions intactes. [...] Si l'ennemi ne se retire pas à la nuit tombante, nous partirons à 10 heures du soir. »
2. Environ 27 000 Prussiens et Russes contre 20 000 Français.

tentative sévèrement repoussée au centre, immense charge de cavalerie, entrée en scène de la garde, arrivée d'un corps prussien en plein milieu de la bataille scandent cette demi-victoire au goût amer.

Pour la première fois Napoléon gagne par défaut. L'Aigle ne vole plus que d'une aile, selon l'heureuse trouvaille du général Thiébault. A bout de souffle, la Grande Armée ne peut même pas poursuivre les troupes de Bennigsen qui, avec un rare culot, ose écrire au tsar qu'il a été vainqueur.

Pour rassurer l'opinion, Napoléon rédige sa propre relation de la bataille [1] et demeure huit jours sur place afin de souligner qu'il reste maître du terrain. D'autorité, il minore les pertes à 1 500 tués et fait répandre le bruit d'une grande victoire. Le célèbre tableau de Gros composé à cet effet souligne cependant le trouble de l'Empereur devant l'hécatombe symbolisée par le monceau de cadavres et d'agonisants qui s'agglutinent au premier plan. S'il s'agit de faire œuvre de propagande, en montrant l'humanité de « l'Ogre » face à ses nombreux détracteurs [2], la représentation correspond aux notations des acteurs, tel Fezensac : « Les maisons étaient remplies de blessés auxquels on ne pouvait donner aucun secours, les rues pleines de morts, les habitants en fuite ; nous-mêmes n'ayant littéralement rien à manger. Il faisait un temps épouvantable, et ceux qui ont fait la guerre savent combien cette circonstance augmente la fatigue, et rend plus sensibles les privations. » C'est un Napoléon bouleversé qui s'exprime dans le 58e *Bulletin de la Grande Armée* et écrit à Joséphine le 14 février : « Je suis toujours à Eylau, ce pays est toujours couvert de morts et de blessés. Ce n'est pas la plus belle partie de la guerre. » « Le spectacle, conclut le bulletin, est fait pour inspirer aux princes l'amour de la paix et l'horreur de la guerre. »

---

1. Il tente d'avancer masqué en faisant croire qu'elle est due à un « témoin oculaire » allemand. Le texte est publié avec d'autres pièces dans un court ouvrage de propagande intitulé *Bataille de Preussich-Eylau, gagnée par la Grande-Armée* [...] *sur les armées combinées de Prusse et de Russie le 8 février 1807* (Paris, 1807).

2. Napoléon livide et ému semble bénir le champ de bataille. L'œuvre vaut aussi réhabilitation de la Grande Armée, présentée comme une horde de barbares sanguinaires par la propagande anglaise. Dans cette optique, on montre par exemple un chirurgien français venir porter secours à un blessé russe.

Le lendemain du drame, il visite le champ de bataille : « Jamais tant de cadavres n'avaient couvert un si petit espace, note le chirurgien Percy dans ses Mémoires. La neige était partout teinte de sang ; celle qui était tombée et qui tombait encore commençait à dérober les corps aux regards affligés des passants. Les cadavres étaient amoncelés partout où il y avait quelques bosquets de sapins, derrière lesquels les Russes avaient combattu. Des milliers de fusils, de bonnets, de cuirasses étaient répandus sur la route ou dans les champs. Au déclin d'une montagne dont l'ennemi avait sans doute choisi le revers pour mieux se défendre, il y avait des groupes de cent corps ensanglantés ; des chevaux estropiés mais vivants, attendaient que la faim vînt les faire tomber à leur tour sur ces monceaux de morts. » La neige ensanglantée, le conglomérat de cadavres, les cris des mourants signent la fin du temps des miracles, de ces victoires étincelantes remportées à moindres frais. L'émotion atteint son paroxysme quand Napoléon découvre les restes du 14e de ligne, perdu au milieu des lignes russes et massacré au terme d'une résistance héroïque : « La mort n'avait rien dérangé de l'ordre où se tenait ce glorieux corps [...] témoigne Billon. Officiers, sous-officiers et soldats morts, chacun gardait la place qu'il occupait vivant. La neige autour d'eux et sous eux était rouge de sang. » L'Empereur se recueille en silence. « J'entendis le maréchal Bessières s'écrier tout haut : “Ils sont rangés comme des moutons.” — Dites comme des lions, répondit l'Empereur ; cette demi-brigade, sur le plateau de Rivoli, je l'avais surnommée La Brave ; à Eylau elle a mis le comble à son illustration. » Toute son attitude prouve qu'il tente d'exorciser le doute qui le gagne. Révélation devant l'atrocité du spectacle ? Les cadavres mutilés qui se décomposent sous ses yeux en raison du redoux, l'odeur infecte, quelques cris de « vive la paix » ou « du pain et la paix » poussés par les grognards exsangues, tout conspire à lui suggérer une pause. Peut-être décide-t-il alors, admiratif devant la bravoure russe, de tendre la main au tsar... quand la victoire ne pourra plus lui être discutée.

*

En attendant, la Grande Armée recule jusqu'à la Vistule où elle prend ses quartiers d'hiver. La déréliction des régiments, aggravée par les déficiences multiples de l'intendance, oblige à abandonner les plus faibles. Pour la première fois, l'instinct de survie prend le pas sur la solidarité. Béchet de Léocour se souvient « d'une immense quantité de fourgons abandonnés, leurs conducteurs ne pouvant les arracher des boues dans lesquelles les roues étaient enfoncées jusqu'au moyeu ». Les chevaux dételés, reste à évacuer les nombreux blessés qui se sont agglutinés pour tenter de lutter contre le froid. « [...] Ces infortunés passaient les mains à travers les toiles qui couvraient ces fourgons en invoquant notre secours et en nous suppliant de ne pas les abandonner à une mort horrible et certaine. Il y a bien des années que cette catastrophe s'est passée et je vois encore ces mains livides tendues vers nous, j'entends encore ces cris déchirants qui imploraient notre pitié, mais que pouvions-nous faire ? » Si certains cavaliers acceptent d'être démontés pour laisser leurs montures aux blessés, ces derniers demeurent trop nombreux pour pouvoir être tous secourus. « Nous fûmes donc réduits à faire un choix d'autant plus pénible que c'était prononcer un arrêt de mort contre ceux que nous ne pouvions prendre. Dans une position aussi embarrassante, nous étions surtout déterminés par le plus ou moins d'espoir de guérison qu'ils présentaient ! »

Voilà Napoléon contraint à une campagne d'été. Prussiens et Russes crient déjà victoire. Roumiantsov, ministre du tsar, écrit au jeune duc de Richelieu : « L'étoile de Bonaparte est devenue stationnaire, au lieu de conserver le cours de redoutable comète et dévastatrice qu'elle était jusqu'alors... cette guerre va devenir la guerre, c'est-à-dire une guerre ordinaire qui, à chance égale, sera cent fois plus ruineuse et plus difficile à faire pour les Français que pour nous ; ils finiront, je me flatte, par se dégriser sur le compte du moderne Charlemagne auquel, très positivement, il manque un peu de la sagesse qui distinguait son prédécesseur. » Encore faut-il emporter la décision. Or, l'Autriche commet la même erreur que la Prusse en 1805 en tergiversant au lieu d'agir[1] : « Battez-le encore deux fois et je me déclare » dit l'empereur François aux émissaires russes venus le conjurer de prendre ses responsabilités.

Habituée à la victoire-éclair, l'opinion interprète le demi-succès d'Eylau comme une défaite. La trop longue absence de l'Empereur ajoute au défaitisme ambiant. En dépit de son expérience et de son sérieux, Cambacérès ne jouit pas de l'autorité nécessaire pour diriger le gouvernement et orienter l'esprit public. A ses côtés des ministres impuissants et sans initiative, à l'exception de Talleyrand et Fouché qui poussent de concert à la paix. Napoléon, qui n'a jamais autant écrit, tente de reprendre la situation en main et tance vertement le duc d'Otrante : « Il faut donner à l'opinion une direction plus ferme. Il n'est pas question de parler sans cesse de paix. C'est le bon moyen de ne pas l'avoir. »

Replié à Osterode puis au château de Finkenstein, où il demeure du 1er avril au 6 juin 1807, l'Empereur distribue ses journées entre conduite des opérations militaires et suivi des affaires intérieures qu'il connaît au moyen des nombreuses estafettes qui lui parviennent depuis la capitale. Une nouvelle fois, Napoléon révèle l'ampleur de son génie dans la crise. Au lieu de l'abattre, les difficultés le dopent et le stimulent. Il s'emploie à sceller des alliances de revers en recevant un émissaire perse[2] et en renforçant ses liens avec la Porte par le canal de son ambassadeur Sebastiani[3]. Il améliore l'appro-

1. « Si l'Autriche avait fait déboucher 100 000 hommes de la Bohême sur l'Oder, c'en eût été fait, selon les plus grandes probabilités, de la toute-puissance de Napoléon ; son armée eût été trop heureuse de se faire jour pour regagner le Rhin, et tout porte à croire qu'elle n'y eût pas réussi » estime Jomini dans son *Précis de l'art de la guerre*.

2. Il a adressé plusieurs lettres au shah en lui proposant de sceller une alliance à trois avec le sultan afin de prendre les Russes à revers et récupérer la Géorgie. Fatah Ali envoie en conséquence un ambassadeur nommé Mirza Reza qui est reçu à Finkenstein fin avril 1807. Napoléon expédie en retour le général Gardanne à la tête d'une mission diplomatique.

3. Celui-ci parvient à engager le sultan dans une guerre contre l'Angleterre et la Russie... ce qui a pour heureux effet de distraire plusieurs divisions russes du front prussien. Excellent stratège, Sebastiani parvient également à faire repousser une tentative de débarquement anglais aux Dardanelles.

visionnement, procède à une nouvelle levée de 80 000 conscrits [1] et sollicite l'envoi des contingents alliés. Allemands de la Confédération du Rhin, Italiens et Espagnols, rejoignent les nombreux Polonais que lui amène le chef patriote Dombrowski. Rassuré par la prise de Dantzig — la dernière place forte prussienne d'envergure tombe le 26 mai 1807 après un long siège conduit par Lefebvre —, il a maintenant près de 400 000 hommes en lice, deux fois plus qu'en 1806, même si l'inexpérience des nouvelles recrues et la moindre qualité des troupes étrangères affaiblit l'ensemble.

*

La rencontre décisive intervient à Friedland [2], « pays de la paix », le 14 juin 1807. C'est un nouveau Marengo que Napoléon, sept ans plus tard, entend gagner. Il multiplie les allusions à sa fortune du 14 juin et galvanise ses officiers pour mieux renouer le fil des victoires salvatrices. Lannes, avec son corps d'armée, sert d'appât à Bennigsen dont l'armée campe de l'autre côté de l'Alle, appuyée sur la petite ville de Friedland qui assure le passage d'une rive à l'autre. Le général russe, croyant écraser à peu de frais un corps isolé, fait franchir le fleuve à ses gros et attaque Lannes qui oppose une résistance héroïque dans l'attente de l'arrivée de Napoléon. A midi, l'Empereur débouche, bientôt rejoint par la garde et trois corps d'armée. En dépit de l'heure tardive — la concentration s'achève vers cinq heures de l'après-midi —, il refuse de remettre la bataille au lendemain : « On ne reprend pas deux fois l'ennemi en pareille faute » s'exclame-t-il. Aussi lance-t-il directement Ney sur la ville afin de couper toute retraite aux Russes : « Voilà le but, lui dit-il en indiquant la cité, marchez sans y regarder autour de vous ; pénétrez dans cette masse épaisse, quoi qu'il puisse vous en coûter ; entrez dans

1. Il appelle pour ce faire la classe 1808 par anticipation ; les 80 000 conscrits de la classe 1807 ayant déjà été levés par le sénatus-consulte du 4 décembre 1806.
2. Aujourd'hui la ville russe de Pravdinsk. Un premier engagement à Heilsberg ne fut pas décisif.

Friedland, prenez les ponts, et ne vous inquiétez pas de ce qui pourra se passer à droite, à gauche, ou sur vos derrières. L'armée et moi serons là pour y veiller. » Payant de sa personne, « le rougeaud » s'exécute avec son ardeur coutumière. « Cet homme-là est un lion » s'incline Napoléon tandis que l'artillerie, dirigée de main de maître par le général Sénarmont, pilonne les positions ennemies [1]. « Ses masses étaient amoncelées en avant de Friedland ; acculées à la ville, elles formaient le centre d'un demi-cercle dont nous occupions presque toute la circonférence. Chaque coup de nos canons portait et démolissait les carrés russes l'un après l'autre » constate Savary. Submergés par l'arrivée successive des divisions françaises, rompus par les colonnes de Ney qui, baïonnette au canon, s'emparent de la ville au crépuscule, les Russes retraitent, obligés de se jeter dans le fleuve pour éviter d'être capturés. 25 000 de leurs hommes sont mis hors de combat contre seulement 7 000 des nôtres. Le succès venge Eylau et ouvre à deux battants les portes du grand empire russe. A cet instant, Napoléon n'a plus d'ennemis en état de le combattre sur le continent. Le 19 juin, l'Aigle triomphant signe sa lettre à Cambacérès de Tilsit sur le Niémen : « J'espère que la campagne que je viens de terminer en huit jours de temps fera plaisir à mon peuple. L'armée russe est plus écrasée et battue que ne l'a jamais été l'armée autrichienne. »

Retiré de l'autre côté du fleuve-frontière, Bennigsen sait qu'il ne peut plus continuer la lutte. Revenu de ses forfanteries, il supplie le grand-duc Constantin d'intercéder auprès de son frère pour qu'il demande l'armistice : « Demandez-lui s'il ne veut pas arrêter l'effusion de sang ; ce n'est plus un combat, mais une véritable boucherie. » Alexandre n'hésite pas longtemps à abonder dans son sens. Non seulement il n'a plus d'armée, mais la Pologne russe s'agite. Déjà battu à Austerlitz, le tsar redoute la vengeance de Napoléon. Or, à son

1. « En moins de trois heures, Sénarmont tira 2 600 coups de canon dont 400 à mitraille. Il faisait avancer ses batteries par bonds successifs à mesure que la gauche russe s'ébranlait sous cet ouragan » précise Jean Thiry.

heureuse surprise, le vainqueur s'empresse non seulement de signer l'armistice, mais lui offre aussitôt un projet d'alliance. Recevant Labanov, le plénipotentiaire dépêché par les soins d'Alexandre Ier, l'Aigle déroule une carte d'Europe et pose soudain son doigt sur la Vistule : « Voici la limite entre les deux empereurs, lui dit-il, d'un côté doit régner votre souverain, moi de l'autre[1]. » Le tsar, gagné par cette magnanimité, fait répondre qu'« un système entièrement nouveau doit remplacer celui qui a existé jusqu'ici » et propose un tête-à-tête pour l'élaborer de concert. L'entrevue est immédiatement fixée au jeudi 25 juin 1807. « Le sort du monde flottait sur le Niémen, où plus tard il devait s'accomplir » pourra écrire Chateaubriand.

Le mirage

Un Yalta avant la lettre. Le triomphe de Tilsit est d'autant plus éclatant que la Russie, par son immensité, sa population et la valeur de son armée, surclasse toutes les autres puissances. Napoléon paraît d'autant plus enthousiaste que l'entrevue a pris d'emblée un caractère fraternel, loin des habitudes guindées des sommets traditionnels. Entre Alexandre et Napoléon s'est manifestée immédiatement une estime réciproque, une complicité, ce fameux « esprit de Tilsit » qui doit désormais régir le monde, car c'est bien du monde dont il est question dans les nombreux entretiens qui réunissent les deux souverains, le plus souvent en tête à tête. A Alexandre, l'Orient, à Napoléon, l'Occident. Le marché est trop beau pour être refusé.

L'alliance vaut pour Napoléon un nouveau sacre, une parité avec le monarque le plus puissant de l'Univers, ouvrant de formidables perspectives de conquête. La rencontre des deux souverains au milieu du fleuve-frontière, devant les armées

1. Le geste fait écho à celui accompli par Paul Ier qui, au reçu d'une proposition d'alliance de Bonaparte, avait plié une carte d'Europe par le milieu avant de déclarer : « C'est comme ça seulement que nous pourrons être amis. »

massées sur les rives opposées, occupe une place de choix dans la mythologie napoléonienne. Sur le radeau flanqué d'une maisonnette, ornée du chiffre couronné des deux « maîtres de l'univers » (Tolstoï), l'impossible prend corps. L'usurpateur, le monstre, le Corsicain scelle en quinze jours une alliance ambitieuse avec le « sphinx du Nord », petit-fils de la Grande Catherine, pilier des deux dernières coalitions. Alliance sincère, fruit d'une amitié naissante et de l'intérêt bien entendu ou « comédie des apparences » jouée tant par Napoléon que par Alexandre dans l'attente du conflit majeur qui ne manquera pas d'opposer les deux géants ? Le débat n'a jamais cessé.

En apparence, Tilsit aboutit à une entente historique, prélude à un partage du monde. L'axe franco-russe semble commandé par l'histoire et la géopolitique. Les deux premières puissances du continent ne lorgnent pas vers la même direction. La Russie cherche depuis un siècle à s'étendre à la fois au nord, vers la Suède, au centre, vers l'ancienne Pologne, et surtout au sud, vers Constantinople et les Balkans. La France impériale ambitionne l'Europe centrale et méditerranéenne. Moyennant le verrouillage des ports russes au commerce anglais, soit l'adhésion de la Russie au blocus, l'entente semble facile. En outre, les deux Empires partagent une même histoire chaotique qui nourrit un goût partagé pour le pouvoir fort et l'esprit de conquête. Saint-Pétersbourg se veut l'héritier de Constantinople comme le nouveau Paris celui de la Rome impériale. Derrière la réunion flotte ainsi un lourd parfum d'histoire, ranimant le mythe de l'union des deux Césars — celui d'Orient et d'Occident —, l'orthodoxe et le catholique au service d'un nouvel ordre mondial chrétien.

Au surplus, dès leur première rencontre, se dégage une sorte de supplément d'âme entre les deux autocrates. A la fois doux, sensible, humble et charmeur, Alexandre séduit Napoléon, flatté de ne plus être traité avec condescendance comme un parvenu par une tête couronnée. Elevé par le philosophe libéral d'origine suisse La Harpe, le tsar ne partage pas les répulsions de la vieille Europe pour le César victorieux qui vient de défaire son armée. Il admire le chef de guerre et découvre l'homme d'Etat. En retour, Napoléon estime ce jeune souverain qui semble l'écouter avec respect et intérêt, ni arrogant, ni courtisan. Leurs histoires personnelles rapprochent les deux monarques. Tous deux sont des rois de hasard, élevés l'un par l'assassinat de son père, l'autre par un coup d'Etat. Nourris par l'idéalisme de la philosophie des Lumières, parvenus par l'usurpation, ils ont fait le deuil de leurs rêves de jeunesse par l'apprentissage du pouvoir et la tragique solitude qu'il engendre. Tous deux règnent par la peur, peur fondatrice qui les sert autant qu'elle les fragilise. Chacun se sent mal à l'aise, sous la menace quotidienne d'une bombe, d'un coup de poignard ou d'une révolution de palais. Ils ont conscience d'appartenir à l'espèce rare des survivants, toujours sur le fil du rasoir, obligés de pousser jusqu'au paroxysme la séparation entre homme d'Etat et personnalité, monarque et homme. Perpétuels insatisfaits dévorés l'un par le doute, l'autre par les remords, ils regardent de concert vers la postérité, espérant par la gloire ou la réforme obtenir le rachat de leurs fautes. En réalité, ces deux âmes encore jeunes sont rongées par le malheur et se sentent illégitimes, à la fois terriblement seules et menacées. Cette communauté de destin pourrait donner naissance à une véritable fraternité... à condition que les deux hommes acceptent de tomber le masque extérieur du mensonge, de la dissimulation et de la représentation, ces boucliers du paraître qui sont devenus pour eux comme une seconde nature. Leur première rencontre dure près de deux heures, ce qui est de bon augure. Selon la légende, Alexandre aurait dit en ouverture : « Sire, je hais les Anglais autant que vous. » « Dans ce cas, la paix est faite » aurait répondu Napoléon.

Pendant vingt jours, dans la ville prussienne neutralisée, les deux ténors multiplient les tête-à-tête, tenant à l'écart leur hôte forcé, Frédéric-Guillaume III, qui va faire les frais du nouveau pacte appelé à bouleverser l'univers. « Je serai votre secrétaire et vous serez le mien » dit Napoléon au tsar, ravi de cette simplicité de ton et de manière, en apparence vite mis en confiance par le mélange de faconde et d'abandon avec lequel l'empereur d'Occident se confie à lui. A Savary, envoyé à Saint-Pétersbourg, Alexandre dira bientôt : « Je n'ai jamais eu plus de préventions contre quelqu'un que j'en ai eu contre lui, mais après trois quarts d'heure de conversation avec lui, elles ont toutes disparu comme un songe [1]. » Prusse et Autriche sont écartées du partage. « J'ai souvent couché à deux, jamais à trois », précise l'Aigle à son nouvel ami qui trouve le mot « charmant ». Les souverains, comme les troupes, font assaut de courtoisie. Avant de partir, Napoléon décore un grenadier russe de la Légion d'honneur. Alexandre distingue de même un grognard d'élite en déposant la croix de Saint-Georges sur sa poitrine. La garde impériale accueille son homologue russe à un banquet de la réconciliation et de la fraternité.

Le traité de paix franco-russe, signé le 7 juillet 1807 traduit une évidente volonté de concorde [2]. Comme dans toute négociation digne de ce nom, chacun a fait des concessions de taille. Alexandre reconnaît formellement Napoléon comme empereur, Joseph à Naples, Louis en Hollande, et Jérôme nouveau roi de Westphalie. Il accepte d'avance les modifications ultérieures de la Confédération du Rhin et assure en secret Napoléon de son appui s'il veut conquérir l'Espagne. Surtout, il lui promet de déclarer la guerre à Albion et d'appliquer strictement le blocus si sa médiation, que Napoléon accepte, est rejetée par l'Angleterre.

En échange, Napoléon offre le même service : la médiation armée suivie, en cas d'échec, d'une déclaration de guerre à la Turquie, rivale séculaire de la Russie dans les Balkans. Il accorde à son ennemi d'hier, au vaincu de Friedland, une paix blanche, la cession de Cataro et des îles Ioniennes à la France

1. Du côté de Napoléon, les jugements sont alors tout aussi élogieux. Il qualifie notamment le tsar de « héros de roman », de « fort beau, bon et jeune empereur ». « C'est Apollon ! » se serait-il écrié en le voyant pour la première fois.

2. Il se double d'un traité d'alliance secret. Le traité franco-prussien est signé deux jours plus tard afin de bien souligner son caractère à la fois « négligeable » et subordonné au maintien de l'amitié franco-russe.

étant compensée par l'octroi à la Russie de quelques districts en Pologne prussienne. Mais il l'intéresse superbement en lui offrant son appui pour conquérir la Finlande contre la Suède et les principautés balkaniques, Moldavie et Valachie, au détriment de la Porte. Ainsi, Alexandre pourra vanter les bienfaits de l'alliance et la générosité de l'empereur des Français auprès de sa cour. Venu vaincu, il repartira vainqueur.

Toujours pour complaire au tsar, Napoléon maintient les Hohenzollern sur le trône de Prusse. « C'est un vilain roi, une vilaine nation, une vilaine armée, une puissance qui a trompé tout le monde, et qui ne mérite pas d'exister. Tout ce qu'elle garde, elle le doit à vous » dit-il à son nouvel ami. Le roi de Prusse, timide et servile, a fortement déplu : « Un homme entièrement borné, sans caractère, sans moyens, un vrai benêt... un balourd, un ennuyeux » à entendre Napoléon[1]. Afin de sauver sa couronne, Frédéric-Guillaume a convié sa superbe femme, la reine Louise, dont le charme doit amadouer le tyran et au moins préserver Magdebourg de l'occupation française. En dépit de sa dignité, qui l'impressionne, et de sa beauté, Napoléon refuse de « faire le galant ». Il lui parle de ses robes et lui offre des roses pour mieux la laisser à l'écart des discussions, n'oubliant jamais qu'elle a été à la tête du parti de la guerre, l'humiliant en réalité par ces excès de prévenance qui contrastent avec la dureté des conditions qu'il impose à son pays[2].

C'est en effet la Prusse qui va payer le prix fort. Elle perd à la fois les provinces polonaises et celles situées à l'ouest de

1. « Le roi de Prusse est une bête et nous a tellement ennuyés qu'Alexandre et moi nous avons souvent pris le galop pour nous débarrasser de lui » dira-t-il à O'Meara. Ce dernier lui ayant demandé si Frédéric-Guillaume était un homme de talent, Napoléon se mit à rire aux éclats : « Lui, un homme de talent ? C'est la plus grande bête de la terre ; un ignoratarcio che non ha né talento, né informazione [...] ; un don quichotte par la mine. Je le connais bien. Il n'est pas capable de soutenir une conversation de cinq minutes. »

2. Consciente d'avoir été bernée, elle quitte la scène après avoir confessé au prince de Bénévent : « Il n'y a que deux personnes qui regrettent que je sois venue ici : c'est moi et c'est vous. Vous n'êtes pas fâché, n'est-ce pas, que j'emporte cette opinion ? Les larmes d'attendrissement et d'orgueil que j'avais dans les yeux furent ma réponse » écrit le « diable boiteux » dans ses Mémoires.

l'Elbe. En tout, plus de la moitié de son territoire et la moitié de sa population, ramenée de 10 à 5 millions d'habitants. Le royaume, qui sera occupé jusqu'au paiement d'une indemnité qui reste à fixer, perd son statut de grande puissance[1]. Après avoir amputé l'Autriche, il décapite la Prusse mais ne la tue pas, créant sur notre flanc est un nouvel ennemi irréconciliable[2]. Ses immenses dépouilles servent essentiellement à créer deux nouveaux territoires : grand-duché de Varsovie confié au nouvel allié saxon ; royaume de Westphalie, donné à Jérôme. Le petit dernier demeurait le seul membre du clan à rester sans couronne. Le voici récompensé pour avoir finalement divorcé de Miss Patterson, l'épouse américaine dont Napoléon n'a jamais voulu. Rentré dans le rang, il épouse en août la fille du roi de Wurtemberg, Catherine, scellant par le sang l'alliance des bonapartides avec les potentats de la Confédération du Rhin. L'Allemagne devient définitivement française, repoussant la Prusse à l'est, marginalisant l'Autriche. La Westphalie rejoint naturellement la confédération tout comme le grand-duché de Berg de Murat.

Marches militaires tournées contre la Prusse, ces derniers Etats devront servir de vitrines du modèle français en introduisant le plus vite possible le Code civil. « Les bienfaits du Code Napoléon, la publicité des procédures, l'établissement des jurys seront autant de caractères distinctifs de votre monarchie, écrit l'Aigle à Jérôme. Et s'il faut vous dire ma pensée tout entière, je compte plus sur leurs effets, pour l'extension et l'affirmation de votre monarchie que sur le résultat des plus

1. L'indemnité est finalement fixée à 120 millions de francs auxquels s'ajoute l'entretien des troupes d'occupation françaises.

2. « Après la faute d'attaquer la Prusse et de se priver du seul contre-poids qu'on put opposer en Allemagne à la haine éternelle de l'Autriche, il n'y en avait pas de plus grande à commettre que de la laisser vivre estime Louis de Carné dans ses *Etudes sur l'histoire du gouvernement représentatif en France de 1789 à 1848*. Mieux valait détruire cet Etat que de lui imposer des conditions qui allaient préparer au peuple le plus fier de son passé d'indescriptibles souffrances. Ecraser de contributions de guerre des populations pauvres, interdire à la plus militaire des puissances allemandes de porter son armée au-delà d'un chiffre fixé par le vainqueur, se saisir de ses meilleures places pour en faire les points d'appui de la domination française en Europe, c'était rendre la nation aussi irréconciliable que l'était déjà son gouvernement, c'était charger de sa propre main les canons que, par une irrésistible impulsion populaire, le général Yorck pointerait un jour contre nos soldats décimés » conclut-il.

grandes victoires. Il faut que vos peuples jouissent d'une liberté, d'une égalité, d'un bien-être inconnus aux peuples de la Germanie, et que ce gouvernement libéral produise, d'une manière ou d'une autre, les changements les plus salutaires au système de la Confédération. »

Le sort du grand-duché de Varsovie traduit les ambiguïtés de Napoléon à l'encontre de la Pologne. Reconnaissant des immenses efforts consentis par les Polonais, sensible à leur patriotisme, l'amant de Marie Walewska ne peut laisser sans réponse l'aspiration de millions d'habitants. En revanche, il exclut de leur offrir un Etat souverain, ce qui mettrait le feu à la Galicie, province polonaise de l'Autriche, et surtout à la Lituanie désormais russe et qui recouvre la moitié de l'ancien royaume de Stanislas Leszczynski. Alexandre, qui ambitionne déjà de reconstituer la Pologne, mais à son seul profit, s'oppose de près ou de loin à tout ce qui peut favoriser le mouvement indépendantiste. Napoléon, pour lui complaire, se contente de forger un grand-duché autonome recouvrant 13 % de l'ancien royaume et deux millions d'habitants. Il est rattaché non à la Westphalie, ce qui serait placer un Bonaparte à sa tête, mais à la Saxe qui jouera donc le rôle d'Etat tampon entre les deux empires [1]. L'Aigle subordonne ainsi la suite des événements à la tournure que prendra l'alliance avec Alexandre, exerçant sur lui un chantage réel en faisant peser l'épée de Damoclès d'une possible renaissance polonaise. Il n'en déçoit pas moins les Polonais — auxquels il a fait miroiter l'indépendance lorsqu'il avait besoin d'eux — sans pour autant satisfaire le tsar.

*

Napoléon va-t-il jouer le jeu ou va-t-il se contenter d'utiliser son nouvel allié à des fins strictement personnelles ?

1. « Ainsi les pays situés entre le Niémen et l'Elbe seront la barrière qui séparera les grands empires et amortira les coups d'épingle qui entre les nations [...] précèdent les coups de canon » écrit Napoléon à Alexandre le 4 juillet 1807.

Alexandre est-il sincère ou joue-t-il un double jeu ? De ces questions dépend désormais l'avenir du monde.

En dépit des apparences, les deux souverains continuent à se méfier sous le couvert de leurs protestations d'amitié. Certes, Napoléon sauve la Prusse mais la tient entièrement sous sa coupe. Certes, il marginalise la Pologne mais n'en crée pas moins une marche militaire à ses frontières. L'alliance qu'il a promise contre la Porte compte pour peu dès lors qu'il s'oppose à la conquête, par les Russes, de Constantinople et ses détroits, clés de la mer Noire, la « mare nostrum » orthodoxe [1]. « Non ! se serait récrié Napoléon, Constantinople, jamais, car c'est l'empire du monde. » Au-delà de l'exagération du propos, confirmé à Sainte-Hélène [2], celui-ci révèle à la fois la vision européenne de Napoléon et les faiblesses du négociateur. Son Europe se confond avec un Occident catholique identifié à la « civilisation » contre les « barbares du Nord » que sont les Russes et « ces animaux de Turcs », tous deux obnubilés par leur expansionnisme vers l'Ouest. Ce positionnement centripète et défensif, combiné avec son égocentrisme, explique pourquoi il ne sait pas se mettre à la place de son interlocuteur dans une négociation, ce qui constitue la condition de toute alliance pérenne, et inquiète évidemment Alexandre. Incapable de payer le prix, il donne toujours de mauvaise grâce, exige plus qu'il n'offre et, surtout, se croit plus malin que son alter ego, ce qui l'humilie et l'exaspère. Dans l'immédiat, il attend pour voir, croit allécher le tsar quand il lui déclare, au reçu d'une dépêche lui annonçant le renversement du sultan Sélim [3] : « C'est un décret de la Provi-

1. « La Pologne et Constantinople m'ont toujours apparu comme deux intérêts français, précisera-t-il à Montholon. La Pologne, parce que, aussi longtemps que ce royaume ne serait pas rétabli, l'Europe occidentale serait sans frontières du côté de l'Asie ; Constantinople, parce que c'est le marais qui empêche de tourner la droite française. »

2. « J'ai pu partager l'empire turc avec la Russie ; il en a été plus d'une fois question entre nous. Constantinople l'a toujours sauvé. Cette capitale était le grand embarras, la vraie pierre d'achoppement. La Russie la voulait ; je ne devais pas l'accorder : c'est une clef trop précieuse ; elle vaut à elle seule un empire : celui qui la possèdera peut gouverner le monde. »

3. Une des nombreuses révolutions de palais, qui jalonnent l'histoire de l'Empire ottoman, a renversé Sélim le 27 mai 1807.

dence qui me dit que l'Empire turc ne peut plus exister. » César veut-il le partage ou l'Empire du monde ?

Le doute vaut tout autant pour Alexandre. Toute une littérature napoléonâtre présente, face à un Empereur sincère et généreux, un tsar fourbe, « grec du Bas-Empire » à l'attitude byzantine que stigmatisera bientôt un Napoléon revenu de ses premiers emballements. Pour Louis Madelin, le tsar a dès l'origine joué la comédie : « En supposant le tsar tout à fait sincère avant les conférences — et il ne l'était pas —, entièrement séduit au cours de conférences — et il ne l'était pas —, et enthousiaste de l'alliance — et il ne l'était pas —, il fût resté dans cette alliance, un fatal élément de dissolution. Alexandre s'est engagé pour son peuple, mais son peuple ne le suivra jamais. »

Effectivement, la société russe dans son ensemble déteste Napoléon. *La Guerre et la paix* atteste de l'hostilité farouche de sa noblesse à la France révolutionnaire, régicide et athée, comme à son Empereur, une espèce de Satan moderne qui menace par ses réformes l'orthodoxie et les castes, les deux piliers de la Russie des tsars. A l'opposé de la France royale, où le pouvoir du monarque s'est élevé au détriment du second ordre, la noblesse russe demeure une puissance, assise sur d'immenses domaines fonciers, autonome envers son souverain contre lequel elle n'hésite pas à conspirer le cas échéant. Elle peuple seule le corps des officiers, clefs de la puissance et du pouvoir des Romanov. Meurtris par la défaite, ces derniers n'en demeurent pas moins avides de vengeance. Imposée par Friedland, l'alliance avec l'assassin du duc d'Enghien est vécue comme une humiliation et un reniement. D'ailleurs, Alexandre ne vient-il pas, en gage de bonne volonté, d'expulser Louis XVIII de Mittau où il lui avait donné un palais et une pension ? Jusqu'où s'abaissera-t-il ? La popularité du tsar, déjà écornée par les défaites, subit un contrecoup sensible. Or, l'histoire russe, à commencer par la plus récente, prouve que le monarque, tout absolu qu'il soit, ne peut jouer impunément avec les nerfs de ses élites.

L'autocratie s'y trouve contrariée non pas par des contre-pouvoirs comme dans l'Occident, mais par la tradition, la religion et la violence. « Despotisme mitigé par la strangulation » selon la célèbre formule de Mme de Staël, le tsarisme demeure sous la menace des coups d'Etat et assassinats comme le prouve assez le sort réservé six ans plus tôt à Paul Ier. Si la folie sanguinaire du précédent tsar avait suffi pour armer le bras des meurtriers, son entente subite avec Bonaparte, alors Premier consul, avait joué son rôle dans la décision du passage à l'acte. Par un étrange paradoxe, l'autocrate se trouve limité dans ses marges de manœuvre alors que l'empereur des Français, représentant d'une révolution fondée sur la haine du despotisme, règne sans entrave en dépit de la persistance des chambres.

Reste à s'interroger sur la conviction profonde du tsar, sur une personnalité que chacun s'accorde à reconnaître duale, insaisissable, écartelée entre volonté autocratique et tentation libérale, conservatisme et réforme, Orient et Occident. Cette dualité est consubstantielle à la Russie, elle-même écartelée entre Europe et Asie, disparate dans ses peuples mais unitaire dans sa foi et son patriotisme, à la fois fataliste et exaltée, conquérante et soumise, barbare et raffinée, oscillant perpétuellement entre les extrêmes à l'image de son climat : « Chez lui [Alexandre] se rencontraient toutes les aspirations et les contradictions de son époque, une des plus troublées de l'histoire, et l'une des plus faites pour troubler les âmes de bonne volonté. Chez lui aussi se montraient au grand jour toutes les facultés et tous les contrastes du russe moderne, du russe civilisé, souvent en lutte et en désaccord avec lui, tel qu'il est sorti des réformes du dix-huitième siècle. Comme Pierre le Grand, mais à un autre titre et par d'autres côtés, Alexandre Ier, avec sa nature si bizarrement mêlée de force et de mollesse, “de qualités viriles et de faiblesses féminines” avec ses nobles engouements et sa facilité à s'éprendre tour à tour des idées les plus diverses, avec ses alternatives enfin d'illusions et de découragements, d'énergie et d'abandon, d'action et d'apathie, ce prince au caractère énigmatique, si diversement et parfois si injustement apprécié, pourrait être donné comme un des types historiques du tempérament national » résume Anatole Leroy-Beaulieu, l'analyste de *L'Empire des tsars*.

Il existe bien un mystère russe comme il y a un mystère français. On a évoqué le tronc commun — ordonnancement de la peur par l'absolutisme, la religion et la conquête — mais les divergences, résultant de l'histoire et de l'immensité de l'espace, paraissent l'emporter. La Russie n'a pas été touchée, ni même effleurée par le grand souffle révolutionnaire. Appuyée sur une noblesse forte de la sueur de millions de serfs, elle conserve une immense foi dans l'orthodoxie. Cette religiosité intense favorise une mystique de l'autocratie qui a disparu en France avec la déchristianisation puis la chute de la monarchie. Le moujik divinise le tsar avec une ferveur dont n'a même pas bénéficié Louis XIV, pourtant servi par sa gloire, Versailles et la rhétorique de Bossuet.

Si la France connaît des disparates, elle n'en bénéficie pas moins d'une certaine uniformité résultant de la pondération du climat et d'un tissage urbain assez harmonieux. L'immense empire de l'Est demeure à l'inverse une terre de contrastes violents entre la rudesse de la Sibérie et le luxe de Saint-Pétersbourg, le moujik et le grand seigneur, riche de milliers d'hectares, entre le Tatar de Crimée et le Polonais de Lituanie. Ces écarts n'empêchent pas la confiance dans le système mais n'en demeurent pas moins source d'inquiétude pour tous les souverains. A commencer par l'insoluble question du servage : le ravalement de l'homme qu'il engendre génère une démotivation qui aggrave son retard économique sur les autres pays d'Europe. Mais l'abolir ruinerait la noblesse et obligerait d'associer la moitié des Russes à la vie de l'Empire, soit à révolutionner l'Etat, ce qui paraît suicidaire depuis 1789. A cela s'ajoute « la tentation de l'Occident », soupape expansionniste au système autant que levier de quelques changements, quoique la volonté réformatrice des tsars se heurte toujours à la coalition de l'espace et du conservatisme des élites. En résultent un écartèlement et d'incessantes contradictions qu'illustre justement le fils de Paul Ier.

Déchiré entre l'affection de sa grand-mère, la fameuse Catherine II, et l'hostilité de son père, le prince héritier a vite appris la nécessité de dissimuler pour survivre. Il en retire une réputation de fausseté qui ira en s'aggravant avec l'âge : « En politique, fin comme la pointe d'une épingle ; aigu comme la lame d'un rasoir et faux comme l'écume de mer », dira de lui le diplomate suédois Lagerbielke. L'impératrice disparue en 1796, il subit sans mot dire l'humeur fantasque de son père, le climat d'insécurité permanent entretenu à coups d'exécutions, de déportations et de disgrâces. Tenu à l'écart, parfois menacé, Alexandre éprouve la peur jusqu'à songer à s'expatrier : « Je ne me sens pas tout à fait pour la place que j'occupe en ce moment, et encore moins pour la place qui m'est destinée, écrit-il en 1796. Un jour, j'irai m'établir avec ma femme aux bords du Rhin, où je vivrai tranquille en simple particulier, faisant consister mon bonheur dans la société de mes amis et l'étude de la nature. » Et c'est en tremblant qu'il approuve le projet de complot qui se développe en catimini, à l'abri de la police du tsar. Les conjurés le poussent à s'emparer du trône. Le tsarévitch accepte, à la condition expresse que la vie de Paul Ier soit épargnée. Or le petit groupe qui s'introduit une nuit de 1801 dans la chambre à coucher du népote n'a pas d'autre choix que de l'abattre, en raison de la résistance acharnée opposée par le souverain. Déchiré entre l'indignation et la peur de devenir victime à son tour, le prince de vingt-trois ans n'a pas d'autre choix que de ceindre, malgré ses convulsions nerveuses, la couronne sanglante qui lui est offerte. Comme Napoléon, il est un survivant, élevé au trône grâce à un coup d'Etat. Sauf que l'Aigle a été l'acteur et le tsarévitch l'esclave de son destin.

Toute l'ambiguïté de son caractère s'exprime déjà dans le traitement qu'il réserve aux régicides. Il les écarte mais ne les tue pas, certains, comme Bennigsen, appelés à de hauts commandements dans l'armée. Cette sorte d'Hamlet couronné, selon Alexandre Herzen, portera toute sa vie le deuil et un écrasant remords, la honte du meurtre dont il ne supporte pas qu'on évoque le souvenir en sa présence[1]. Hanté par le spectre, il l'est tout autant par la peur de finir à son tour sous le coup des poignards. A la fois instable, paranoïaque et torturé, il donne le change grâce à son éducation, masquant sa mélancolie derrière une civilité curiale faussement affable, séducteur vénéré comme un ange par ses rares proches. En résulte un être peut-être plus mystérieux encore que Napoléon tant sa capacité de dissimulation devient chez lui une seconde nature. Metternich estime que c'est justement l'Aigle qui l'a le mieux jugé, à l'occasion d'une conversation soigneusement consignée dans ses Mémoires : « L'Empereur Alexandre, lui dit Napoléon en 1810, est une de ces figures qui vous attirent et qui semblent faites pour exercer un charme tout particulier sur ceux qui viennent à être en contact avec elles. Si j'étais homme à me laisser aller à des impressions purement personnelles, je pourrais m'attacher à lui de tout cœur. Mais à côté de ses grandes qualités intellectuelles et de cet art de captiver ceux qui l'entourent, il y a en lui quelque chose que je ne puis définir. C'est un je ne sais quoi que je ne pourrais mieux expliquer qu'en vous disant qu'en tout il lui manque toujours quelque chose. »

Sa politique, elle aussi, présente un caractère inachevé dont l'apparence contradictoire résulte de son écartèlement entre absolutisme et tentation libérale. A l'image de Catherine, férue de Diderot et autocrate impitoyable, Alexandre vénère sa patrie et sa religion mais ne reste pas insensible aux sirènes de la philosophie des Lumières et aux principes qu'elle véhicule. Ils lui offrent un moyen de se détester moins et de donner un sens à son règne qu'il vit de bout en bout comme une possible rédemption. L'élève de La Harpe a rêvé d'abolir le servage, de régénérer l'Empire par l'alliance d'une morale civique et religieuse à la fois respectueuse des droits de

1. Dans son ouvrage sur *Alexandre Ier et sa Sainte-Alliance*, l'historien F. Ley cite plusieurs témoignages significatifs d'intimes du tsar, dont celui-ci : « [Sa complicité] suffit pour le remplir de troubles et de remords ; et, tandis qu'à l'anniversaire de son avènement au trône, les ministres sont en fête, seul, retiré, il se livre à une douleur qui va jusqu'à lui faire pousser des cris » (prince Kosloffsky, 1816).

l'homme et des canons de l'orthodoxie. Vivant sa mission comme un sacerdoce, cet autre fils des Lumières possédé par la passion du bien public rêve d'être populaire et sauvé par le jugement de Dieu et de la postérité. Mais il n'est qu'un héritier là où Napoléon a eu l'immense privilège d'être un fondateur, architecte du Consulat, alors que lui se heurte au mur d'airain de la tradition et d'une société figée.

A Tilsit, une véritable joute à fronts renversés oppose parfois le libéral autocrate au despote révolutionnaire : « Croira-t-on jamais, disait l'Empereur, ce que j'ai eu à débattre avec lui : il me soutenait que l'hérédité était un abus dans la souveraineté, et j'ai dû passer plus d'une heure [...] à lui prouver que cette hérédité était le repos et le bonheur des peuples. Peut-être aussi me mystifiait-il ; car il est fin, faux, adroit ; il peut aller loin. » Napoléon met en garde son interlocuteur, un peu trop idéaliste à son goût, contre les écrivains, la liberté de la presse et surtout les parlementaires. Le tsar, qui a congédié son « comité de salut public » — réunion informelle de jeunes seigneurs avec laquelle il préparait la régénération de son empire[1] —, songe encore à installer une constitution d'essence française et libérale qui définirait une stricte répartition des pouvoirs. Il rêve surtout à un nouvel ordre diplomatique, tant la politique extérieure lui sert d'exutoire aux transformations intérieures avortées. Le réformateur manqué pose au sauveur de l'Europe, porteur d'une vision universelle du monde contraire à celle de Napoléon, même si elle s'avère au bout du compte tout aussi redoutable pour le monde d'hier, comme l'a souligné Henry Kissinger[2].

---

1. Siégeant de mai 1801 jusqu'à septembre 1804 sous le nom de « Comité intime », il comprend son cousin Nikolaï Novossiltsev, Paul Stroganov, Victor Kotchoubei et surtout Adam Czartoryski. Tenant de la Pologne russe, ce dernier deviendra ministre des Affaires étrangères.

2. « Napoléon et Alexandre sont des révolutionnaires en ce sens qu'ils veulent modeler une Europe à l'image de leur volonté, écrit notamment Kissinger dans *Le Chemin de la paix*. On pourrait objecter que là où le premier prétend recourir à la domination universelle, le second préfère en appeler à la réconciliation de l'humanité ; mais l'argumentation d'un prophète est parfois aussi corrosive que celle d'un conquérant. A quoi vise le prophète, en effet, sinon à la perfection, et celle-ci entraîne l'uniformité. L'utopie ne se peut réaliser que par un processus de nivellement et de dislocation qui fait disparaître tout le réseau d'obligations préexistant. Chacun à sa

A Tilsit, le tsar reste un souverain déçu là où Napoléon a enchaîné réforme réussie de l'Etat et triomphes militaires. Cette inégalité de départ fausse l'alliance à la base. Tilsit procède de Friedland, donc d'une défaite. En situation de faiblesse, Alexandre n'a pas d'autre solution que de courber l'échine et sceller le pacte qui sauve ses Etats et préserve l'avenir.

Sans doute, une partie de son âme succombe à la célèbre séduction impériale et à la magnanimité du vainqueur : « Dieu nous a sauvé, écrit-il de Tilsit à sa sœur adulée Catherine. Au lieu de sacrifices, nous sortons de la lutte avec une sorte de lustre. Mais que direz-vous de tous ces événements ? Moi ! passer mes journées avec Bonaparte, être des heures entières en tête à tête avec lui ! Je vous demande un peu si tout cela n'a pas l'air d'un rêve. » Mais le rêveur reste éveillé. Il jaugera l'alliance à la seule aune de l'intérêt russe. Les trois Alexandre — le libéral, l'autocrate et l'impérialiste — n'oublient pas qu'en 1804, ils se sont unis contre les trois Napoléon : le despote, le fils de la Révolution et le conquérant dont l'ivresse de puissance menace le monde. Commentant l'élévation viagère de 1802, le tsar avait écrit à La Harpe une lettre qui aurait pu être signée par Necker ou Constant : « Depuis son Consulat à vie, le voile est tombé... Il s'est privé de la plus belle gloire réservée à un humain, et qui seule lui restait à cueillir : celle de prouver qu'il avait travaillé sans aucune vue personnelle, pour le bonheur et la gloire de sa patrie, et fidèle à la Constitution qu'il avait jurée lui-même, remettre, après les dix ans, le pouvoir qu'il avait en main. Au lieu de cela, il a préféré singer les cours, tout en violant la constitution de son pays. Maintenant, c'est un des tyrans les plus fameux que l'histoire ait produits. »

---

manière, le Conquérant et le Prophète sont les deux grands ennemis de l'ordre établi. L'un en appelle à l'universalité, l'autre à l'éternité. La paix qu'apporte le premier passe par l'impuissance, celle du second par la béatitude. » L'éminent auteur oppose à ces figures démiurgiques celle de l'homme d'Etat dont Castlereagh et surtout Metternich forment selon lui l'archétype. Avec eux « le tout est possible s'oppose au tout est relatif. D'un côté, la volonté d'échapper au temps ; de l'autre la nécessité de survivre dans le cadre temporel. La lutte est tragique et ne peut avoir d'issue décisive ».

En multipliant les conseils sans y être invité, Napoléon blesse le tsar qui en rajoute dans la flatterie mais n'en pense pas moins : « Avec tout son génie, il a un côté vulnérable, la vanité », écrit-il à sa mère. Cette dernière insistant sur les critiques que sa nouvelle politique suscite à la Cour, le tsar précise qu'il a agi pour le mieux : « Il serait criminel de ma part de renoncer à ce que j'estime utile aux intérêts de l'empire, en réponse aux bavardages médisants que le public s'autorise sans aucune connaissance des circonstances. » L'esprit de Tilsit, souvent invoqué par les deux empereurs dans leur correspondance, ne cadre pas avec l'étroitesse du traité : une alliance secrète pour l'instant limitée à une double médiation. Son évolution sera conditionnée par la conjoncture et la bonne volonté des souverains. Solide d'apparence, elle n'en demeure pas moins fragile, précaire, viciée d'ambiguïté. Le meilleur biographe d'Alexandre, K. Walizsewski, constate avec finesse que « leur entrevue aura trouvé une expression symbolique dans ce radeau du Niémen où ils auront pris contact décor de théâtre, dressé sur le flot mouvant, avec des profondeurs d'abîme en dessous ».

La démesure

D'un avis unanime, Tilsit consacre l'apogée de l'Empire[1]. Pour la première fois depuis 1789, la France possède un allié d'autant plus solide en apparence que sa sphère d'influence ne recoupe pas la nôtre et qu'Alexandre Ier, à la différence des autres monarques européens, admire l'œuvre napoléonienne et souhaite réformer son empire sur le modèle français. Reine en Italie du Nord et maîtresse de l'Allemagne via la Confédération du Rhin, la France n'a jamais été aussi grande. La

1. Napoléon le reconnaîtra à Sainte-Hélène en désignant l'événement comme marquant le moment le plus heureux de sa vie : « J'avais éprouvé des vicissitudes, des soucis, des revers. Eylau m'avait rappelé que la fortune pouvait m'abandonner, et je me trouvais victorieux, dictant la paix, ayant des Empereurs, des rois, pour me faire la cour. »

guerre reste encore une bonne affaire économique : la Bourse, baromètre des notables, s'élève alors 93 francs, le plus haut cours du règne contre 11 en Brumaire et 30 en 1800. La Grande Armée semble invincible, à l'image de ses maréchaux qui entraînent dans leur sillage officiers et soldats. Soult à Austerlitz, Davout à Auerstaedt, Lannes et Ney à Friedland, Murat à Eylau, se sont révélés de remarquables seconds, Bayard d'une gloire qui vient de conquérir la paix et la puissance. Les ministres — Talleyrand aux Affaires étrangères, Fouché à la Police, Maret à la secrétairie d'Etat, Mollien et Gaudin au Trésor et aux Finances — forment un aréopage civil dont l'Europe entière loue la valeur. Respectée, la France vient en outre de rompre le cercle de fer des coalitions.

L'espoir change de camp quand s'esquisse, dans la foulée de Tilsit, une alliance contre Albion. En septembre 1807, la Navy bombarde Copenhague, jetant le Danemark dans les bras français. Le tsar ulcéré lui déclare la guerre le 31 octobre et applique loyalement le blocus. La Prusse puis l'Autriche, cette dernière menacée d'invasion en cas de refus, lui emboîtent le pas sans enthousiasme. Le continent, sauf la Suède et secrètement le Portugal [1], se ferme au commerce anglais. Le contrecoup est sensible et immédiat puisque ses exportations diminuent de 25 % du premier au second semestre 1807 [2]. Un pareil succès justifie le blocus. Menacée d'asphyxie, l'Angleterre connaît déjà une montée du chômage et, au printemps 1809, des premiers troubles sociaux dans le Lancashire. Encore quelques mois et elle sera à genoux, obligée de venir quémander la paix.

La France à l'apogée croit en avoir fini avec la conquête et espère une libéralisation du régime. Elle a atteint une étendue de territoires dont elle n'aurait jamais osé rêver. L'exportation

1. Contraint d'adhérer au blocus fin 1807, il ne l'applique pas dans la réalité, ce qui provoquera l'intervention de Napoléon.
2. Le chiffre est avancé par François Crouzet (*L'Economie britannique et le Blocus continental*).

du Code civil dans les royaumes-frères et alliés doit permettre à terme de renverser pacifiquement l'édifice vermoulu des dernières monarchies d'Ancien Régime comme l'Autriche et la Prusse. Enfin, il faut du temps pour assimiler nos nouveaux départements et laisser reposer la Grande Armée. Il ne reste plus à l'Empereur qu'à suivre les sages préceptes de Montesquieu : « L'objet de la guerre, c'est la victoire : celui de la victoire, la conquête ; celui de la conquête, la conservation. La conquête est une acquisition ; l'esprit d'acquisition porte avec lui l'esprit de conservation et d'usage et non celui de destruction. »

C'est bien mal connaître Napoléon. Pour lui, Tilsit n'est en rien une fin mais bien l'aurore d'une nouvelle phase d'expansion qui doit permettre de bâtir l'empire d'Occident. Fort de son alliance, Napoléon croit pouvoir tout oser. Or, constate Pontécoulant, « il est un degré de prospérité qui dépasse sans doute les facultés bornées de la nature humaine [...]. On dirait qu'une sorte de vertige [...] s'empare des plus grands hommes en ce moment critique et jette le désordre dans toutes leurs facultés. [...] Napoléon ne fut pas à l'abri de cette terrible épreuve où avaient succombé tant de héros qu'il venait de surpasser, et si l'on peut fixer à Tilsit le point culminant de sa merveilleuse carrière, c'est aussi au même lieu qu'on peut rattacher le premier anneau de cette longue chaîne d'erreurs et de fatalités qui le précipitèrent dans un abîme d'autant plus profond qu'il était tombé d'une plus incommensurable hauteur[1] ». Impérialisme et despotisme se donnant toujours la main, Napoléon prend soin de commencer par renforcer la dictature avant de se lancer dans une nouvelle phase d'expansion.

1. *Souvenirs historiques*. Cinq ans plus tôt, un agent royaliste avait prédit : « Arrivé au faîte de la puissance et de la gloire, les efforts mêmes qu'il fera pour s'élever plus haut ne serviront qu'à préparer sa chute [...] Il est dans l'ivresse, [...] il se regarde comme un Dieu sur terre et qu'il ne croit pas que rien puisse lui résister. Au milieu de ce vertige, il tentera tout, il bouleversera tout, et se creusera à lui-même le précipice qui doit l'engloutir. » Le rapport, en date du 6 octobre 1802, est cité par le comte Remacle, éditeur des *Relations secrètes des agents de Louis XVIII*.

*

De retour à Paris le 27 juillet 1807, l'Aigle peut enfin réinvestir le champ intérieur après dix mois d'absence. D'après Mollien, il annonce « qu'après avoir fait assez longtemps le général d'armée, il était pressé de reprendre ses fonctions de premier ministre ». Avec la paix, beaucoup attendent de Tilsit l'assouplissement de son autoritarisme, un vent frais et nouveau de quiétude. « La main de fer » de l'Empereur n'a plus de raison d'être tant l'opposition s'est évanouie. Les Jacobins ont disparu, les royalistes sont ralliés. Il n'y a plus de complot, aucun risque d'attentat. Personne alors n'accuse Napoléon de folie meurtrière. Maintenant que la guerre est finie, maintenant que l'ordre est assuré, les notables, comme en Brumaire, soupirent après la liberté. Ses ressorts détendus, tous espèrent retrouver le Napoléon réformateur et bâtisseur du Consulat, garant de la Révolution et de la propriété.

Or, le retour se traduit à l'inverse par un durcissement notable. « Si Austerlitz avait été le véritable établissement de l'Empire, Tilsit fut l'acceptation universelle du despotisme, remarque Barante ; il n'y eut plus d'examen ni de critique. Ce n'était pas seulement la parole qui était contrainte : la pensée, elle aussi, était obséquieuse, l'admiration aveugle et servile. L'ambition de chacun prenait aussi un nouvel élan, et les espérances d'avancement et de fortune se mesuraient sur l'échelle des vastes conquêtes. » Comme si l'alliance avec le colosse russe avait libéré l'Aigle de toute retenue tant envers les peuples qu'envers les hommes. A l'image de son frère russe, « Napoléon le Grand » « ne voulait plus pour frères que des rois, ne pouvait plus vouloir que des esclaves pour sujets, et en demandant à la France le sacrifice de ce qui lui restait de ces libertés conquises par la plus sanglante des révolutions, il croyait n'exiger que le prix mérité de ses dernières victoires » juge Pontécoulant. Il faut dire que ses sujets le poussent vers sa pente en hissant la flagornerie officielle à son acmé. Le vainqueur de Friedland reçoit durant plusieurs jours des oraisons dégoulinantes d'obséquiosité des corps constitués et des ministres. « Napoléon est au-delà de l'histoire humaine, s'enflamme ainsi

Séguier, premier président de la Cour d'appel : il appartient aux temps héroïques ; il est au-dessus de l'admiration. Il n'y a que l'amour qui puisse s'élever jusqu'à lui ! » L'Empereur, grisé par le succès, semble s'être métamorphosé, au physique comme au moral. Alourdi et odieux, il revient méprisant les hommes, insultant ses proches, impatient et irascible.

Cette transformation saisit les témoins. Napoléon dit adieu à Bonaparte. Elle est saisie avec une justesse particulière, toujours sous la plume de Pontécoulant : « Tous les hommes de sens et de réflexion qui avaient approché Napoléon depuis son retour de Tilsit, avaient été frappés du prodigieux changement qui s'était fait dans sa personne comme dans ses manières pendant les neuf mois qu'avait duré son absence de Paris, écrit-il dans ses souvenirs. Sa figure avait pris plus d'embonpoint, ses yeux avaient toujours la même profondeur dans le regard, mais ils avaient perdu de leur vivacité ; des pensées graves semblaient siéger sur son front soucieux ; son corps n'était plus grêle et débile comme au temps du Consulat, un commencement d'obésité hâtive en appesantissait les mouvements ; il régnait dans toute sa démarche une espèce de contrainte, une sorte de raideur, qui imposaient la crainte plus encore que le respect et tenaient à distance ses plus intimes familiers. » Le Consul savait consulter, écouter et attendre. N'avait-il pas patienté trois ans pour prendre le pouvoir et quatre pour passer du Consulat à l'Empire ? Désormais, Napoléon n'écoute plus, n'entend plus, commande et entend qu'on s'exécute.

Colérique par nature, il le devient par tempérament, ne supportant plus le moindre retard, ni la moindre contrariété. Sa manière de conduire la conversation est symptomatique de cette dérive puisque le monologue — qui peut atteindre jusqu'à deux heures — remplace le jeu de questions-réponses consulaire, révélant un égocentrisme et une autosatisfaction de plus en plus prononcés[1]. La vanité monte avec l'extension

1. « Il terminait la plupart de ses confabulations (comme les nommait M. de Talleyrand) en demandant aux assistants désintéressés s'il n'avait pas raison, et il ne manquait jamais dans ce cas de trouver toute raison soumise à la sienne. Quelquefois aussi, après des digressions de deux heures, pendant lesquelles il avait parlé seul, il disait en montrant son fauteuil et en regardant avec une sorte de bonhomie ironique ceux qui l'écoutaient : "Convenez qu'on a bien facilement de l'esprit sur un tel siège" » témoigne Mollien.

de cet Empire qui, selon Frédéric Masson, « perd chaque jour en profondeur ce qu'il gagne en étendue ». Bien sûr, il sait encore séduire et écouter en tête à tête les rares critiques des fidèles. Mais les éclaircies se raréfient. On pourrait composer un livre des récits de toutes les colères impériales, feintes ou réelles. « *Commediante, tragediante* » aurait souri Pie VII, destiné à devenir un abonné des dérives césariennes. Parmi ses spécialités : le jet de chapeau, afin d'observer qui va s'abaisser jusqu'à le ramasser, suivi de son piétinement en cas de crise grave. Napoléon vire à l'enfant gâté. Sauf que ses crises n'amusent plus personne, surtout si elles s'accompagnent d'une bordée d'injures [1].

Il existe un point de rupture dans l'humiliation, celui qui tue net toute fidélité, que Napoléon franchit de plus en plus souvent. Berthier, certes vaniteux mais collaborateur précieux, loyal et infatigable, subit la foudre. En février 1806, il lui transmet cet ordre comminatoire : « Tenez-vous strictement aux ordres que je vous donne, moi seul je sais ce que je dois faire. » Six ans plus tard, alors que l'hiver russe s'abat sur l'Empire, le bras droit militaire conjure son vieux camarade de l'emmener avec lui, suppliant, au bord des larmes. La réponse sera sans appel : « Je sais bien, moi, que vous n'êtes bon à rien ; mais on ne le croit pas et votre nom est de quelque effet sur l'armée. » Comme les autres, le prince de Neufchâtel, gorgé d'honneurs, de terres et d'argent, l'abandonnera à Fontainebleau. Mais, à de rares expressions près, ses foucades n'entraînent pas de sanctions. Napoléon veut toujours laisser la porte ouverte et croit d'une suprême habileté de marier l'invective et la bonhomie, le fouet et les caresses ; en un mot la séduction et la peur. Face à une telle dérive, les vrais amis s'éloignent tandis que les flatteurs seuls demeurent prêts à tout subir pour récolter ce qui tombera de l'escarcelle impériale. Ainsi, il disgracie Rémusat qui refuse d'espionner la Cour pour son compte, jugeant inique de jouer les agents de police auprès de ses proches. « J'en suis bien fâché, commente le souverain, mais Rémusat n'avancera guère, car il n'est point à moi comme je l'entends. »

1. Un jour, après une scène injuste faite à Montbrun, il brise son épée et termine l'entretien par un retentissant : « Allez tous vous faire foutre. »

Que s'est-il passé dans cet extraordinaire cerveau ? La vanité, portée au paroxysme par Tilsit, semble avoir estompé le doute et nourri sa certitude en son infaillibilité. L'étoile de Lodi, qui scintille au firmament après avoir été éclipsée par la brume d'Eylau, l'aveugle pour la première fois. « Il s'est fait un changement total dans les formes de Napoléon depuis peu, remarque le perspicace Metternich en octobre 1807. Il paraît croire avoir atteint le point où toute mesure ne lui offrirait plus qu'une gêne inutile [1]. »

Il frise le parvenu en croyant atteindre le grandiose : « Faites bien sentir aux Polonais, écrit-il à Murat, que je ne viens pas mendier un trône pour l'un des miens. Je ne manque pas de trônes à donner à ma famille. » Devenu geôlier de Ferdinand d'Espagne à Valençay, Talleyrand recevra bientôt cette surprenante missive : « Le prince Ferdinand en m'écrivant, m'appelle Mon cousin. Tâchez de faire comprendre au ministre San Carlos que cela est ridicule, et qu'il doit m'appeler simplement : Sire. »

Bien sûr, il n'est pas et ne sera jamais tout à fait dupe. Il sait sa légitimité toujours précaire et à la merci des revers [2]. Cette fragilité le mine et l'obsède d'autant plus qu'il n'a pas d'enfants. En résulte une amertume, presque un désespoir d'autant plus vif qu'il ne peut le partager. En réalité, le doute se conjugue avec l'ivresse pour achever d'aigrir son caractère. Sa vision de l'homme s'est gâtée au contact de ces civils dont l'obséquiosité tranche avec la bravoure sacrificielle

1. Stendhal, décidément un des plus fins analystes de l'épopée, abonde dans le même sens : « La prospérité avait graduellement changé et vicié son caractère. Il avait le tort de trop s'étonner de ses succès et de ne pas assez mépriser les rois, ses confrères. Il buvait à longs traits le poison de la flatterie. Il ne put plus supporter la contradiction et bientôt la moindre observation lui parut une insolence, et de plus, une bêtise. »

2. En témoigne une anecdote rapportée par le baron de Comeau dans ses souvenirs. Napoléon croise un jour à Munich le roi de Bavière discutant tranquillement avec ses paysans comme un particulier quelconque. L'Aigle marquant sa surprise, le roi « lui raconte que les autres princes d'Allemagne en font souvent autant ; que jamais il n'a reçu le moindre manque de respect. Napoléon garde un moment le silence puis il dit . "Voilà ce que c'est, cependant, que d'être souverain par la grâce de Dieu, ou de l'être seulement par sa permission !" ».

de ses soldats. Alors qu'à l'armée, ses ordres s'exécutent avec la rapidité de l'éclair, à la Cour il lui faut subir le spectacle consternant de l'incapacité à servir, à faire don de sa personne. La compétence, celle d'un Talleyrand ou d'un Fouché, n'y rencontre jamais la gratuité ; l'avidité perce à chaque instant, l'intrigue affleure. En symbiose avec ses grognards, Napoléon reste perpétuellement en défiance et sur la défensive dans le civil. Il n'espère plus gagner les cœurs. Alors, il règne par les cris et la peur, par ce mépris qu'il ne peut plus et ne sait plus masquer : « Les hommes méritent le mépris qu'ils m'inspirent. » Sauf qu'une telle attitude, prodiguée sans nuance, affecte la petite poignée qui reste là pour lui : « Bientôt ses ministres ne durent plus paraître faire autre chose que rédiger servilement ses idées. Les hommes d'un vrai talent s'éloignèrent ou feignirent de ne plus penser, et en secret se moquaient de lui » assure Stendhal.

Il ne trouve pas la bonne attitude, le juste milieu entre colère et faiblesse, passe de l'une à l'autre sans transition, ce qui achève de déstabiliser l'entourage. Handicapé par son défaut de légitimité, il tente de le compenser par un complexe de supériorité, démesure de l'ego aggravée par l'attitude d'un entourage dont la servilité attise son mépris et, quoiqu'il s'en défende, sa vanité : « Dans un pays où la courtisanerie est une tradition nationale, constate François Furet, la flatterie exerce ses ravages sur un caractère qui ne cesse de la susciter et en est très tôt intoxiqué : de là, à côté du fameux sourire de charme, cette impatience de la contradiction, cette verve violente et sombre, ces colères, cette grossièreté dans l'insulte dont Bonaparte abuse très tôt. Selon une dialectique très française, le même homme qui a divinisé la souveraineté abstraite de l'Etat est celui qui l'a fragilisée en l'incarnant comme si elle était tout entière en lui. Napoléon est le Louis XIV de l'Etat démocratique. » Comme le Roi-Soleil, il développe en domestiquant sa cour une politique où les anti-valeurs, l'intérêt, la fourberie, la lâcheté, la délation, finissent par détrôner toute morale et tuer le souffle augural de l'aventure. Son mépris des hommes l'a poussé à les traiter en faisant appel à leurs pires instincts — la soif de parvenir, l'obsession de l'argent — au lieu d'essayer de les élever. Comme elle paraît déjà loin cette aube consulaire où il voulait bâtir le « gouvernement de la jeunesse et de l'esprit ».

« La crainte et l'espoir de fortune et de faveurs devaient exister seuls entre eux et moi. J'ai fait des courtisans, je n'ai jamais prétendu me faire des amis » avoue-t-il d'ailleurs à Chaptal. Admettant depuis longtemps n'aimer personne, affichant la hargne et l'insensibilité, comment peut-il espérer être payé en retour ? Comment s'étonner que chacun n'ait plus songé qu'à ses intérêts personnels ? Napoléon n'est plus servi pour ce qu'il incarne mais pour ce qu'il rapporte. Quand il ne sera plus utile, il sera jeté par-dessus bord sans le moindre remords, souvent avec jubilation par tous ceux, et ils sont légion, qui ont eu à souffrir de son caractère.

Régie militairement par un Duroc « n'admettant pas la sortie d'un bouillon ou d'un verre de porto hors de l'office sans un bon écrit de sa main », la Cour s'ennuie quand elle ne subit pas la poigne de fer du maître. Simple ornement du pouvoir, reflet de la puissance de l'Empereur par son luxe byzantin, elle produit ses effets pervers habituels, isolant le prince de son peuple ; peuple qu'il n'entend plus et ne voit pas sauf à l'armée. Elle lui masque les réalités d'une France avide de paix et d'une société en voie de cloisonnement, les nouveaux privilégiés d'un côté, les humbles de l'autre. Certes, sa concentration autour de l'Empereur permet à ce dernier, tout comme Louis XIV, de surveiller ses entours et de mieux se prémunir contre d'éventuels complots. Mais il ne peut pas tout voir, ni tout contrôler. A peine a-t-il le dos tourné que l'on raille et chuchote, que l'on cabale en faveur de tel ou tel ministre, auprès de Maret, Berthier, Talleyrand ou Fouché, chacun entretenant son réseau de relations qu'il utilise en temps voulu. La Cour demeure par essence un théâtre d'ombres, où passent, silhouettes courbées, des conseillers avides. Ce système clanique trompeur est mu par une civilité de la bassesse, conglomérat putride d'égoïstes absolus prêts à tout pour grandir leurs petits pouvoirs, méprisant l'intérêt général au seul profit de leurs carrières. Ce virus infecte par capillarité toute la société des notables, avide d'avoir sa part du gâteau. Enfin, la Cour n'aime pas les nouveaux venus et tente par tous les moyens de cadenasser le système en fermant les écoutilles qui permettent l'afflux de sang neuf. Elle bloque l'ascenseur social au dernier étage. L'étroitesse du nombre de privilégiés y garantit la maximisation du profit.

Pour mieux comprendre ce mal qui commence à gangrener l'empire de France, on choisira l'exemple de Murat. Le sympathique bretteur, héros éponyme de l'aventure, cache derrière le sabreur émérite et le cavalier sans peur un arriviste sans scrupules. Maréchal, grand dignitaire, grand-duc de Berg, il rêve, poussé par sa femme Caroline, de « passer roi » comme on dit à la Grande Armée. En 1808, il est enfin exaucé. Napoléon lui offre un trône : au choix Naples ou le Portugal, ajoutant avec ironie : « Vous me direz que vous préféreriez rester auprès de moi. » Il faut lire attentivement sa réponse, mélange édifiant de bassesse et d'ambition effrénée : « Sire, je reçois la lettre de Votre Majesté du 2 mai et des torrents de larmes coulent de mes yeux en vous répondant. Vous avez bien connu mon cœur quand Votre Majesté a pensé que je lui aurais demandé à rester auprès d'elle : oui je le demande ; oui je l'implore. [...] Habitué à vos bontés, accoutumé à vous voir chaque jour, à vous admirer, à vous adorer, à recevoir de vous toute chose, comment pourrais-je jamais seul, livré à moi-même, remplir des devoirs aussi étendus, aussi sacrés ? Je m'en crois incapable. Par grâce, laissez-moi auprès de vous. La puissance ne fait pas toujours le bonheur ; le bonheur ne se trouve que dans l'affection. Je le trouve près de Votre Majesté ! » Après tant d'amour et de grands sentiments, voici la chute... édifiante : « Sire, après avoir exprimé à Votre Majesté ma douleur et mes désirs, je dois me résigner, je me mets à vos ordres. Pourtant, usant de la permission que vous me donnez de choisir entre le Portugal et Naples, je ne saurais hésiter [...] je préfère Naples et je dois faire savoir à Votre Majesté qu'à aucun prix je n'accepterai la couronne du Portugal. »

*

De fin juillet 1807 à mars 1808, date de son intervention directe dans la crise espagnole, Napoléon parfait l'organisation intérieure de l'Empire. Si une nouvelle loi sur le cadastre, la création de la Cour des comptes et la publication d'un code de commerce parachèvent l'œuvre économique du Consulat et sont accueillies avec faveur, il n'en va pas de même des autres réformes qui vont toutes dans le sens de la compression des libertés [1]. Comme l'écrit encore Pontécoulant : « Le règne du despote enivré par la fortune et par l'orgucil allait commencer. »

La disparition symbolique de la mention République de tous les actes officiels prélude à la suppression du Tribunat, pourtant réduit à peu de chose mais dont Napoléon ne supporte décidément plus l'existence. Il l'annonce cavalièrement par un article du *Moniteur*, accusant les pauvres tribuns, depuis longtemps aphones, de conserver « quelque chose de cet esprit inquiet et démocratique qui avait longtemps agité la France [2] ». « Voilà ma dernière rupture avec la République » clame-t-il enjoué à Mme de Rémusat. A l'armée, *La Marseillaise* jacobine s'éclipse devant le nouvel hymne officiel « Veillons au salut de l'Empire ». Les principaux journaux reçoivent de nouveaux censeurs tandis que la rédaction de la *Décade philosophique*, dernier bastion de l'idéologie, est absorbée par le *Mercure de France*. En novembre 1807, Fouché interdit par circulaire l'insertion d'articles politiques, à l'exception de ceux recopiés du *Moniteur*. La justice connaît à son tour une épuration sévère, signe d'une reprise en main

---

1. Il est nécessaire d'établir une brève chronologie des principales décisions prises entre l'été 1807 et le printemps 1808 : réduction du nombre de théâtres (1er août), renvoi de Talleyrand (9 août), suppression du Tribunat (19 août), nouvelle loi sur le cadastre (15 septembre), création de la Cour des comptes (16 septembre), décrets de Fontainebleau durcissant le blocus (13 octobre puis 17 décembre), épuration de la justice (14 octobre), entrée en vigueur du code de commerce (1er janvier 1808), institution de la noblesse d'Empire (sénatus-consulte du 1er mars 1808), nomination du néoroyaliste Fontanes comme grand maître de l'Université (18 mars 1808).

2. Le Corps législatif sera pris à partie l'année suivante. L'impératrice l'ayant qualifié de « Corps qui représente la nation », Napoléon corrige sévèrement par une note qu'il fait insérer au *Moniteur* le 15 décembre 1808 : « L'Impératrice n'a point dit cela [...] elle connaît trop bien nos constitutions, elle sait trop bien que le premier représentant de la nation, c'est l'Empereur [...] Le corps législatif devrait être appelé conseil législatif puisqu'il n'a pas la faculté de faire les lois, n'en ayant pas la proposition. »

qui s'accentuera en 1810 par la réforme de l'ordre des avocats et des cours d'assises. Au sein du Conseil d'Etat, la liberté de ton qui faisait le délice de ses membres s'efface devant la démesure de Jupiter tonnant, accablant son auditoire de monologues toujours brillants mais souvent interminables. Le dernier pouvoir consultatif se mue à son tour en chambre d'enregistrement.

Le ministère est remanié début août avec le départ de Talleyrand et l'arrivée, à l'Intérieur et aux Cultes, de Cretet et de Bigot de Préameneu[1]. Clarke, prototype du courtisan, hérite quant à lui de la Guerre laissée vacante par Berthier. Le secrétaire d'Etat Maret fait plus que jamais figure de principal ministre. Toutes les décisions, ou presque, transitent par lui, ce qui en fait l'intermédiaire obligé entre Napoléon et les ministres[2]. En résulte un échelon supplémentaire qui coupe un peu plus Napoléon de la réalité et renforce l'esprit de cour, non plus au profit de l'astre mais de son principal satellite qui devient une puissance à part entière dans l'univers de la cour impériale. Stendhal commente avec son acidité coutumière : « La faveur des ministres avait des phases d'un mois ou six semaines. Quand un de ces pauvres gens voyait qu'il ne plaisait plus au maître, il redoublait de travail, devenait jaune et redoublait de complaisance envers le duc de Bassano [Maret]. Tout à coup et à l'improviste, leur faveur revenait ; leurs femmes étaient invitées au cercle et ils étaient ivres de joie. Cette vie tuait, mais n'admettait pas l'ennui. Les mois passaient comme des journées. » L'auteur de *La Chartreuse de Parme* accuse l'Empereur d'avoir « eu sur le trône trois des faiblesses de Louis XIV. Il aima jusqu'à l'enfantillage la pompe de la Cour, il prit des sots pour ministres et, s'il ne

1. Champagny passe de l'Intérieur aux Affaires étrangères. Bigot de Préameneu remplace Portalis, mort en 1807. Montalivet succédera bientôt à Cretet, mort d'épuisement.

2. On connaît les fameux propos du *Mémorial* à son sujet : « Du ministre Secrétaire d'Etat émanaient tous les actes. C'était le ministre des ministres, donnant la vie à toutes les actions intermédiaires ; le grand notaire de l'Empire, désignant et légalisant toutes les pièces. »

croyait pas les former, comme Louis XIV disait de Chamillart, il crut du moins que quelle que fut l'ineptie des rapports qu'ils lui faisaient, il saurait démêler le vrai jour de l'affaire. Enfin Louis XIV craignit les talents ; Napoléon ne les aimait pas ». Plus l'Empire croît, moins Napoléon délègue. En résulte un ministère tyrannisé, miné par la jalousie de ses membres, incapable de prendre la moindre initiative en son absence. Comme l'avouera ingénument Molé à son maître : « Chacun est tellement habitué à recevoir de vous l'inspiration et le mouvement que personne, dans le péril, n'ose se sauver lui-même et prendre l'initiative en présence du danger. »

Enfin, le contrôle de l'Etat sur l'Education, assuré depuis 1806 par la création de l'Université impériale, est renforcé par la nomination à sa tête du néoroyaliste Fontanes. Flatteur et obséquieux, l'ami de Chateaubriand s'est depuis longtemps distingué par la « qualité » de ses harangues. Un *Eloge de Washington*, prononcé au début du Consulat, lui a valu la faveur du maître qui l'a propulsé à la tête du Corps législatif. Ecrivain classique jouissant d'une grande notoriété, le nouveau Bossuet possède l'art particulier d'ennoblir la bassesse par la limpidité de la langue et la sonorité des phrases. Zélé et travailleur, il n'a jamais cessé d'œuvrer pour la « royalisation de l'Empire », défendant avec acharnement la Légion d'honneur, le Concordat, le sacre et l'instauration des royautés fraternelles. Son élévation comme grand maître de l'« Education nationale » entraîne une épuration des Jacobins au profit de ses amis royalistes et une accélération du culte de la personnalité en faveur du sauveur.

L'expression de la pensée, la littérature et les arts, sont coulés dans ce moule laudateur, « faux et fade byzantinisme de l'époque » (Michelet) qui interdit l'esprit critique et nuit évidemment au talent. Seule la peinture, où la propagande n'exclut pas le génie, produit sous la tutelle davidienne quelques chefs-d'œuvre. La superbe toile du baron Gros, représentant Napoléon à Eylau, joue sur les ombres et la lumière, le positionnement et les couleurs pour offrir un Napoléon rajeuni, proche de Bonaparte, dont la pâleur des traits respire l'émotion tandis que sa centralité dans la toile rappelle la puissance. On glissera bientôt vers la légende comme dans le tableau de Charles Meynier : *Retour de Napoléon dans l'île de Lobau après la bataille d'Essling*, qui présente un empereur thaumaturge bénissant des blessés qui tendent leurs mains vers lui et l'implorent du regard. Talma pour le théâtre et Canova pour la statuaire relaient David comme maîtres d'un art officiel, féru de romanité, célébrant l'héroïsme et la puissance, louangeant jusqu'à l'absurde l'empereur d'Occident, regard de braise, foudre de guerre et faiseur de miracles. Le style Empire, luxueuse copie de l'Antique, s'orchestre sous la haute autorité de Vivant Denon, ministre de la Culture sans le titre, qui « prélève » les plus belles pièces du continent afin d'enrichir le Louvre destiné à devenir le plus grand musée du monde et le conservateur de la mémoire de la gloire. Talleyrand reproche à Napoléon d'avoir eu le sentiment du grand et non pas celui du beau. « Il voulait, corrige Louis Madelin, que tout concourût à inspirer à la nation l'orgueil d'être elle-même, un orgueil sans vaine gloriole, mais, tout au contraire, générateur de force et, dans le sens antique du mot, de vertu. Le ressort de la nation devait être l'honneur, et la fin serait la gloire ; c'était dans une atmosphère épique que devait vivre la France nouvelle. »

Malheureusement pour lui, Napoléon n'eut jamais ni Corneille, ni Racine, sachant qu'il n'aurait jamais toléré un La Fontaine ou un Molière à ses côtés. Réduits en nombre [1], soumis à une censure de fer, leurs répertoires fixés par le ministère de l'Intérieur, leurs programmes soumis à Fouché, les théâtres sont réduits à présenter des pièces de circonstance à la gloire du grand homme, des gaudrioles sans intérêt ou des tragédies du Grand Siècle, célébrant les valeurs de morale, d'honneur et d'émulation chères à l'Empereur. Autant dire que les écrivains officiels, Népomucène Lemercier, Jay, Jouy

1. Les trois quarts des théâtres sont supprimés par le décret du 1er août 1807 qui en ramène le nombre à huit pour la capitale.

ou Etienne, sont rapidement tombés dans l'oubli. L'Empire génère une récession oppressante de la pensée, un terrain vide uniquement empli des articles du *Moniteur*, des bulletins de la Grande Armée et des poésies amphigouriques composées pour scander chaque grand événement du règne. « La louange officielle a fait plus de mal à Napoléon que ne lui en eussent fait vingt journaux hostiles », estime George Sand avant d'ajouter : « On était las de ces dithyrambes ampoulés, de ces bulletins emphatiques, de la servilité des fonctionnaires et de la morgue mystérieuse des courtisans. On s'en vengeait en rabaissant l'idole dans l'impunité des causeries intimes, et les salons récalcitrants étaient des officines de délation, de propos d'antichambre, de petites calomnies, de petites anecdotes qui devaient plus tard rendre la vie à la presse, sous la Restauration. »

Pourtant une voix s'élève, celle de Chateaubriand tapi dans sa thébaïde de la Vallée-aux-Loups. Plutôt que d'attaquer frontalement, ce qui vaut emprisonnement, il prend prétexte d'un banal compte-rendu d'un ouvrage de voyage[1] pour se livrer à une diatribe en règle contre le régime. Publiée dans le *Mercure de France* du 4 juillet 1807, sa philippique constitue le seul manifeste digne de ce nom qui ait pu passer à travers les mailles de la censure : « Lorsque dans le silence de l'abjection, l'on n'entend plus retentir que la chaîne de l'esclave et la voix du délateur, lorsque tout tremble devant le tyran, et qu'il est aussi dangereux d'encourir sa faveur que de mériter sa disgrâce, l'historien paraît chargé de la vengeance des peuples. C'est en vain que Néron prospère, Tacite est déjà né dans l'Empire[2]. » Aussitôt publié, l'article fait le tour du

1. *Voyage pittoresque et historique de l'Espagne par* Alexandre de Laborde.
2. La suite, moins souvent citée, s'avère tout aussi transparente : « Bientôt toutes les fausses vertus seront démasquées par l'auteur des *Annales* ; bientôt il ne fera voir, dans le tyran déifié, que l'histrion, l'incendiaire et le parricide : semblable à ces premiers chrétiens d'Egypte, qui, au péril de leurs jours, pénétraient dans les temples de l'idolâtrie, saisissaient au fond d'un sanctuaire ténébreux la divinité que le crime offrait à l'encens de la peur, et traînaient à la lumière du soleil, au lieu d'un Dieu, quelque monstre horrible. Mais si le rôle de l'historien est beau, il est souvent dangereux ! Il ne suffit pas toujours, pour peindre les actions des hommes, de se sentir une

faubourg Saint-Germain. Il est porté à Coppet par Guizot qui le lit avec une vibrante émotion devant Mme de Staël et son cénacle. Détestant être pris pour un imbécile, Napoléon a d'abord la tentation de faire subir à Chateaubriand le sort de Sénèque, parlant même de le faire sabrer sur les marches des Tuileries. Mais, espérant sans doute séduire l'auteur dont il admire le talent, il se ravise aussitôt et se contente de châtier le journal. En dépit de nouvelles allusions blessantes contenues dans *Les Martyrs*[1], l'Empereur pousse la condescendance jusqu'à faire élire l'auteur à l'Académie française. Chateaubriand répliquera par son célèbre discours d'intronisation dans lequel il flétrit le régicide à travers la personne de son prédécesseur Marie-Joseph Chénier. Napoléon, après avoir lu le texte, interdit qu'il soit prononcé, Chateaubriand s'étant refusé à tout retranchement. « René » persistera dans son opposition avec hardiesse jusqu'à la publication de son terrible pamphlet *De Buonaparte et des Bourbons* qui demeure l'un des piliers de la légende noire. Que dire de plus si ce n'est que le *Mémorial de Sainte-Hélène* n'aurait jamais pu paraître sous la tyrannie impériale. On comprend mieux pourquoi le romantisme, porteur de feu et de liberté, naîtra dans l'opposition au règne, homme et style officiel confondus. La compression aura été trop forte.

En brisant les derniers contre-pouvoirs et en mutilant la liberté d'expression, l'Empire devient un régime totalitaire alors même que la victoire et la paix laissaient augurer une évolution libérale. C'est la preuve qu'une nouvelle étape se prépare, nécessitant l'absolu contrôle de l'Etat et de l'esprit public. Au lieu d'une fin, Tilsit n'a donc marqué qu'une pause. La restauration d'une noblesse, qui suit de quelques mois la retraite de Talleyrand, atteste d'une dérive « royaliste » du régime, prélude à un nouvel élan expansionniste qui jure avec le pacifisme de plus en plus manifeste de l'opinion.

âme élevée, une imagination forte, un esprit fier et juste, un cœur compatissant et sincère : il faut encore trouver en soi un caractère intrépide ; il faut être préposé à tous les malheurs et avoir fait d'avance le sacrifice de son repos et de sa vie. »

1. Le portrait à charge de Dioclétien est en réalité celui de Napoléon, Hiéroclès servant de paravent à celui de Fouché.

La fuite en avant

La disgrâce de Talleyrand, effective quelques jours après Tilsit[1], témoigne d'un dernier reniement : celui de la légitimité de la conquête, d'une politique extérieure prétendument soucieuse de paix et d'équilibre européen. Surnommé « le ministre de la paix », le patron de la diplomatie française incarne une ligne qui rassure l'Europe. On le sait soucieux d'établir une paix durable avec l'Angleterre. Il a désapprouvé le démembrement de la Prusse, dédaigne le système des royautés-frères ; autant d'éléments qui à ses yeux compromettent l'avenir de la France et lui préparent de nouvelles guerres en ôtant à ses ennemis vaincus des territoires vitaux pour leur prestige et leur indépendance. Son système prône l'équilibre européen sous dominante franco-anglaise, entente obligée entre les principales puissances terrestre et maritime du monde. Il faut également à la France un allié continental : l'Autriche s'impose à ses yeux par son ancienneté et sa vocation fédératrice dans une Europe centrale menacée d'atomisation sous la double pression russe-ottomane[2]. En outre, elle contient la Prusse, Etat-nation qu'il redoute jusqu'à son écrasement en 1806. Quant à la Russie, il ne veut pas en entendre parler. Pour lui, l'empire des tsars reste une puissance barbare, avide de conquêtes, incapable de sincérité. Pour la contenir, il préconise l'alliance avec la Porte et la reconstitution de la Pologne. Le diplomate contre le guerrier en somme. Aussi Talleyrand a-t-il tout fait pour éviter Tilsit — « un expédient

1. Selon Emmanuel de Waresquiel, son dernier biographe, le retrait de Talleyrand a été directement négocié par celui-ci auprès de Napoléon dès Tilsit avant d'être officialisé à son retour. Si le prince de Bénévent a bien pris l'initiative, c'est Napoléon, et lui seul, qui en a réglé les modalités dans un sens contraire aux intentions de son ministre. Dans cette affaire, « le diable boiteux » semble avoir voulu jouer au plus fin avec Napoléon puisqu'il tente de cumuler l'octroi d'une grande dignité avec la conservation « officieuse » de son portefeuille. Or Napoléon ruine ses espérances, d'abord en lui refusant la possibilité de travailler en direct avec lui — ce qui l'affaiblit devant la Cour et l'Europe — puis en élevant également Berthier à une grande dignité (ce sans en avoir préalablement averti Talleyrand), ce qui abaisse d'autant sa promotion.
2. Il la qualifie de « chambre des pairs de l'Europe ».

qu'on veut faire passer pour un système » dit-il à Metternich. Mais, comme il l'explique à son amie et confidente Claire de Rémusat, l'Aigle ne l'écoute plus beaucoup : « L'Empereur ne veut pas voir qu'il était appelé par sa destinée à être partout et toujours l'homme des nations, le fondateur des nouveautés utiles et possibles [...]. Mais l'ambition, la colère, l'orgueil, et quelques imbéciles qu'il écoute, l'aveuglent souvent. Il me soupçonne dès que je lui parle modération, et, s'il cesse de me croire, vous verrez quelque jour par quelles imprudentes sottises, il se compromettra, lui et nous [1]. »

Frustré de ne pas avoir été grand dignitaire à la proclamation de l'Empire, Talleyrand n'a cessé d'œuvrer en ce sens, espérant sans doute conserver son ministère en le cumulant avec ses nouvelles fonctions. Il donne ainsi l'occasion à Napoléon de cacher sa disgrâce derrière une promotion. Car c'est bien ainsi que l'entend l'Empereur en le nommant vice-grand électeur, certes, mais en le privant de son portefeuille et surtout du droit de travailler directement avec lui, privilège réservé à Champagny, le nouveau chef de la diplomatie qui sera ainsi un ministre de plein droit et non la potiche décorative qu'escomptait « le diable boiteux ».

Les remontrances pacifiques de Talleyrand l'exaspèrent, toutes enrobées qu'elles soient de vernis courtisan et de louanges. D'autre part, l'Empereur lui reproche sa vénalité. Talleyrand a tiré des millions de l'Espagne, du Portugal, de l'Autriche et de la Prusse à l'occasion des divers traités qu'il a négociés. « Clarke, annonce-t-il dès 1807 à son nouveau

1. « Cependant, j'y veillerai jusqu'à la fin, ajoute-t-il (cette confession se situe juste avant sa disgrâce). Je me suis attaché à cette création de son empire ; je voudrais qu'elle tînt comme mon dernier ouvrage, et, tant que je verrai jour à quelque succès de mon plan, je n'y renoncerai point. » La même mémorialiste rapporte que Talleyrand aurait répliqué à Napoléon qui l'accusait un jour de faire passer les intérêts de l'Autriche avant ceux de la France : « Vous vous trompez. C'est à l'intérêt de la France que je veux sacrifier l'intérêt de vos généraux dont je ne fais aucun cas. Songez que vous vous rabaissez en disant comme eux et que vous valez assez pour n'être pas seulement militaire. »

ministre de la Guerre, je vous défends de vous lier avec ce Talleyrand ; car ce n'est que de la merde ; il vous salirait[1]. »

Si la concussion de son ministre a joué son rôle, elle paraît un peu courte comme explication, sachant que l'Empereur connaît ce travers depuis longtemps et ne s'en est pas offusqué jusqu'alors. Il paraît plus logique d'y voir une nouvelle conséquence de Tilsit. L'alliance russe nécessite un ministre qui lui soit favorable. D'autre part, et Napoléon l'a assez montré, il veut désormais agir et décider seul[2]. Or non seulement Talleyrand lui fait de l'ombre en raison de son immense réputation en Europe, mais ses manœuvres de coulisse rendent la politique impériale peu compréhensible. Aussi opte-t-il pour la solution qui lui semble la plus sage : l'affaiblir sans le mettre à l'écart, le convoquer de temps à autre pour solliciter ses avis sur les affaires en cours. Cette manière de faire est à la fois d'un style politique très moderne et typiquement impériale dans sa volonté de ne jamais fermer la porte. Le tacticien de l'âme qu'est resté Napoléon ne compte pas se priver des lumières d'un homme qu'il n'aime plus depuis longtemps, mais dont il a toujours goûté les avis et apprécié la finesse : « Talleyrand n'est point un génie transcendant, dira-t-il à Montholon, mais il a le talent bien rare de ne pas parler et de faire parler. »

Encore proche du souverain et toujours parfaitement renseigné, le disgracié demeure une puissance mais n'est plus un serviteur. Comme conseiller du Maître, il conserve une influence tant auprès de Napoléon que de l'Europe. Comme grand dignitaire, il demeure l'un des maîtres de la Cour dont il incarne la dégénérescence morale, de l'esprit de service à

1. C'est sa vénalité, selon Pasquier, qui explique son soutien à l'Autriche, « aucun cabinet ne sachant mieux que celui de Vienne faire à propos les sacrifices nécessaires ».

2. « Il [Talleyrand] s'imaginait [...] que je ne pouvais me passer de lui pour ma politique ; qu'il y avait des hommes qui avaient, chacun, leur rôle fixé : Mollien pour le Trésor, Fouché pour la Police, lui pour la politique. Il s'est trompé » affirmera-t-il à Bertrand.

la seule poursuite de l'intérêt. A son image, l'inquiétude a déjà remplacé l'admiration et laissera bientôt place à l'hostilité. Après avoir incarné l'ordre, le sauveur des notables commence à leur faire peur. Ainsi, la mise à l'écart de son ministre modérateur provoque un vent de panique. Tout le monde pressent que s'ouvre le temps de la conquête absolue, sans frein ni patience. Car c'est enfin cela que signifie la mise à l'écart du « ministre de la paix ». Désormais, il pousse le blocus vers sa pente naturelle : la domination de l'Europe par la force, seul moyen de faire rendre gorge à l'Angleterre. « Ce qui causait dans les rangs une inquiétude vague, résume Mme de Chastenay, c'est que rien ne semblait ni stable ni sacré. »

*

Avant d'attaquer cette nouvelle phase impérialiste, il se décide à donner un nouvel élan à l'esprit d'émulation en procédant à sa dernière grande réforme intérieure. Mal à l'aise entre une ancienne noblesse, qu'elle copie et jalouse à la fois, et un peuple dont elle usurpe la souveraineté mais redoute le réveil, la Cour semble aussi précaire que son créateur, à la merci des bourrasques de la révolution et des orages de la guerre. Là comme ailleurs, il faut à Napoléon ses masses de granit. Or il n'y a pas de cour sans noblesse comme il n'existe pas de monarchie héréditaire sans aristocratie transmissible, en communauté de valeurs et d'intérêts avec le trône : « C'est le vrai, le seul soutien d'une monarchie, son modérateur, son levier, son point résistant : l'Etat sans elle est un vaisseau sans gouvernail, un vrai ballon dans les airs [1]. » L'instauration d'une noblesse complétera son système, cette « œuvre de réorganisation monarchique de la France » qu'il vantera à Sainte-Hélène auprès de Montholon [2]. Un titre donné équivaut à une

1. *Mémorial*.

2. Le sujet revient souvent dans les monologues de Longwood : « Chez les peuples et dans les révolutions, l'aristocratie existe toujours, dit-il par exemple ; la détruisez-vous dans la noblesse, elle se place aussitôt dans les maisons riches et puissantes du tiers état ; la détruisez-vous dans celles-ci, elle surnage et va se réfugier dans les chefs d'ateliers et du peuple. Un prince ne gagne rien à ce déplacement de l'aristocratie ; il remet au contraire tout en ordre en laissant subsister dans son état naturel, en reconstituant les anciennes maisons sur les nouveaux principes. »

famille gagnée, cimentée au trône dont la survie conditionne désormais leur statut.

Toutefois, l'Empereur n'ignore pas la difficulté de la tâche. Vaniteuse, la France demeure comme il le dit sans cesse passionnément attachée à l'égalité. C'est la haine du privilège qui a fait la Révolution, bien davantage que l'hostilité au clergé ou à Louis XVI, emportés dans le tourment des passions. Or le privilège reste assimilé à l'hérédité, à cette noblesse condamnée par Sieyès, brisée par la nuit du 4 Août, ostracisée enfin par l'émigration où sa prise d'armes contre la France nouvelle a achevé de la placer au banc de la nation. Si Napoléon a pu passer outre en imposant le sacre, en sera-t-il de même pour ses serviteurs ? Comment l'opinion tolérera-t-elle le rétablissement de ce qu'elle a abattu avec tant de rage et semble-t-il d'unanimité ?

Se souvenant que l'instauration de la Légion d'honneur avait rencontré de vives oppositions sous le Consulat, Napoléon a longuement préparé l'opinion depuis 1804 : création des sénatoreries et de grands dignitaires, rétablissement de la Cour et de l'étiquette, naissance des royautés-frères et des grands fiefs italiques, élévation en 1806 de Talleyrand, Bernadotte et Berthier au principat sont autant de jalons successivement posés. Le premier titre ducal est volontairement conféré le 28 mai 1807 à Lefebvre, incarnation de l'ascension sociale rendue possible par la gloire et la Révolution. Le nouveau duc de Dantzig, butor et jureur, tranche avec l'image policée, poudrée et précieuse, que l'on a conservée de la noblesse[1].

Le tournant officiel n'intervient cependant qu'après Tilsit, par le décret du 1er mars 1808. Tout est fait pour dissocier la nouvelle noblesse de l'ancienne. Elle n'entraîne plus aucun privilège, s'ouvre à tous les talents. A entendre l'Empereur, elle détrône sa devancière comme lui a effacé les Bourbons

1. Il se trouve de surcroît marié avec « Madame Sans-Gêne » qui s'annonce « la femme à Lefebvre » auprès des huissiers et somme un factionnaire récalcitrant de la laisser entrer d'un définitif : « Ferme ta gueule, ouvre ta grille. »

par le sacre. « En révolution, on ne détruit que ce qu'on remplace ; ce qu'on supprime sans le remplacer n'est pas détruit pour autant, explique-t-il par exemple à Rambuteau. En abolissant les titres et les privilèges, vous avez cru avoir fait beaucoup, et vous avez seulement grandi les noms historiques sans rien mettre à la place. Qu'importe à un Montmorency, à un La Rochefoucauld d'être comte, duc ou marquis ? Leur nom me suffit. Mais un titre leur donne un égal. [...] Fidèle à l'égalité dont on est si fier en France, tandis que la liberté est une affaire de caprices ; fidèle, dis-je, à l'égalité non qui abaisse mais qui élève, j'ai permis à chacun d'arriver à tout, de partout, sans pouvoir dire à celui qui vient derrière : "tu ne monteras pas plus haut !", j'ai fait une chose populaire parce qu'elle consacrait l'égalité du départ : talent, courage et fortune décident du reste [1]. »

Sa conception, précise-t-il à Mme de Rémusat, s'inscrit à rebours de la féodalité car elle ne s'attache ni à la terre, ni à la naissance, mais aux services rendus à l'Etat et à sa personne : « La liberté, lui dit-il, est le besoin d'une classe peu nombreuse et privilégiée, par la nature, de facultés plus élevées que le commun des hommes. Elle peut donc être contrainte impunément. L'égalité au contraire plaît à la multitude. Je ne la blesse point en donnant des titres qui sont accordés à tel ou tel sans égard pour la question, usée aujourd'hui, de la naissance. Je fais de la monarchie en créant une hérédité, mais je reste dans la Révolution, parce que ma noblesse n'est point exclusive. Mes titres sont une sorte de couronne civique ; on peut les mériter par les œuvres. D'ailleurs, les hommes sont habiles quand ils donnent à ceux qu'ils gouvernent le même mouvement qu'ils ont eux-mêmes. Or tout mon mouvement à moi est ascendant, il en faut un pareil qui agite de même la nation. » Nouveau sacre du mérite, nou-

1. En digne rejeton de l'ordre défunt, Napoléon chérit la noblesse d'épée, acquise par l'impôt du sang, mais méprise les robins : « Je voulus relever les familles qui avaient quelque illustration, dira-t-il à Sainte-Hélène. Je les cherchais partout... Mais des gens qui n'ont rien fait ! Qui ont acquis de la noblesse dans des places de maires ou de secrétaires du roi ont une noblesse ridicule... Personnellement, je n'ai jamais fait aucun cas de cette noblesse. »

velle garantie de la Révolution, la réforme couronne à l'entendre son système intérieur, cette égalité du possible[1] autant éloignée du jacobinisme niveleur que des privilèges de l'Ancien Régime ; « aristocratie nécessaire » car ouverte aux talents et fondée sur l'émulation : « Tout Français pouvait se dire, sous mon règne : je serai ministre, je serai maréchal de France, je serai grand officier de l'Empire, duc, comte ou baron, si je le mérite ; roi même. »

Napoléon a enfin eu l'intelligence de ne titrer personne en France : « La nation avait tant de haine pour l'ancienne noblesse, que la création d'un titre... aurait excité le mécontentement général, et malgré ma puissance, je n'osais pas m'y exposer[2]. » Titres et dotations vont être pris dans les Etats inféodés ou annexés, ce qui a pour avantage de rendre les heureux bénéficiaires solidaires des conquêtes et d'enraciner celles-ci devant la postérité en les identifiant avec le nom d'un des grands dignitaires. Bénévent (Talleyrand) vient des Etats du pape, Otrante (Fouché), Bassano (Maret) et Parme (Cambacérès) d'autres fiefs italiens. Pour les officiers supérieurs, le titre est associé à la principale victoire remportée par l'heureux élu. Lannes devient ainsi duc de Montebello, Masséna duc de Rivoli, Ney duc d'Elchingen puis prince de La Moskova. Napoléon laisse « en blanc » ses plus belles victoires afin que nul ne puisse lui en contester la paternité. Il n'y aura pas plus de duc d'Austerlitz que de prince d'Iéna ou de Friedland. Comme un aveu, Eylau est oublié[3].

---

1. « Tout ce qu'il est possible de donner d'égalité, dans l'acceptation du mot, les Français l'ont reçu de moi, confiera-t-il à Montholon. L'égalité doit être sans réserve ni restriction aucune devant la loi ; hors de là, elle n'est qu'un rêve, qu'une déception. Ni Robespierre, ni Danton, ni Marat, n'avaient d'égaux, quand “Liberté, égalité ou la mort” se lisaient en lettres de sang sur toutes les bannières françaises ; ils étaient les premiers d'une aristocratie terrible, dont la livrée était teinte journellement par la hache du bourreau. »

2. « C'est que cela aurait produit un grand mécontentement parmi le peuple, précisera-t-il à O'Meara. Si, par exemple, j'avais fait un de mes maréchaux duc de Bourgogne, au lieu de lui donner un titre emprunté à une de mes victoires, cela eût suscité beaucoup d'alarme en Bourgogne, parce qu'on aurait pensé que quelques droits féodaux étaient attachés à ce titre et que le duc les réclamerait. » Une exception est toutefois faite en faveur de Kellermann qui devient duc de Valmy.

3. « De 1808 à 1814, 3 600 titres furent conférés par lettres patentes, dont 388 de comtes et 1 090 de barons. Les militaires fournirent 59 % de l'effectif ; les hauts

D'après Mme de Rémusat, « Napoléon voulait atteindre trois buts importants : amalgamer la France ancienne avec la France nouvelle ; réconcilier celle-ci avec l'Europe ; faire disparaître dans cette même Europe les traces de la féodalité, en rattachant les idées de noblesse aux services rendus à l'Etat ». On retrouve dans ces exigences l'ambition impériale par excellence : fusion des élites, oubli du passé, alchimie des héritages, quête de légitimité. L'Empereur tente de renouer avec l'esprit chevaleresque des origines : bravoure, sacrifice, service, fidélité ; esprit gangrené quand selon la formule percutante de Chateaubriand la noblesse est passée de l'âge de l'honneur à celui des privilèges avant de s'enfoncer dans celui des vanités. « La seule différence entre eux et moi, aurait dit Junot, nouveau duc d'Abrantès, c'est qu'ils sont des descendants, et que, moi, je suis un ancêtre. »

Pourtant, en dépit de sa noble ambition, en dépit du luxe de précautions mis en œuvre pour le faire accepter, le projet est interprété d'emblée comme un pas rétrograde vers la contre-révolution. Tout est dans la symbolique du retour, au sein d'une nation nivelée, d'une élite distinguée par le souverain, d'un titre « noble » dont la mémoire évoque l'Ancien Régime, ce qui suffit à flétrir la mesure auprès de la majorité de l'opinion.

Plusieurs éléments semblent venir à l'appui de cette condamnation. D'abord la volonté affichée de copier l'Europe en adaptant une de ses principales institutions, inconciliable avec l'esprit de 1789. Au lieu de révolutionner le monde, Napoléon royalise la France et donne l'impression, comme n'importe quel parvenu, de s'abaisser à quêter l'approbation de ses ennemis en les singeant. Ensuite, la subordination de l'hérédité à l'argent. En effet, les titres ne sont transmissibles qu'à condition d'établir un majorat, soit un patrimoine éche-

---

fonctionnaires (conseillers d'Etat, préfets, magistrats, évêques), 22 % ; les notables (sénateurs, maires, membres des collèges électoraux) 17 % ; mais 1,5 % les talents (ainsi les membres de l'Institut) ; 0,5 % le commerce et l'industrie » précise Albert Soboul. Pour plus de détails, on se réfèrera à l'ouvrage définitif écrit par Jean Tulard sur *Napoléon et la noblesse d'Empire*.

lonné à proportion du titre : 3 000 francs pour les chevaliers, 200 000 francs pour les princes et ducs. Somme le plus souvent payée par Napoléon qui y trouve un autre moyen de contrôler ses élites. La succession revenant au fils aîné[1], la disposition combine donc droit d'aînesse et puissance censitaire, violant l'égalité de succession inscrite dans le Code civil. En associant l'hérédité à la richesse, Napoléon trahit à la fois la tradition chevaleresque fondée sur l'honneur et l'esprit révolutionnaire assis sur le mérite. En résumé, il tourne le dos à la Révolution sans pour autant se rapprocher de l'Ancien Régime. L'inégalité persiste dans l'attribution des dotations puisque les 10 % les plus favorisés — la famille, les ministres et les maréchaux — se partagent 80 % du tout. La cour impériale aura ses grands, ses privilégiés.

Doublement enrichie — par le majorat et les dotations —, la nouvelle noblesse oublie l'honneur pour l'argent, ce qui est le contraire même de son essence : le service de l'Etat. Elle aura aussi ses armoiries, conférées par le Conseil des sceaux des titres, présidé par Cambacérès. Vaniteux comme un paon, l'archichancelier, prince de Parme, illustre par son attitude le caractère parfois ridicule de cette noblesse de fraîche date. Chacun connaît la réflexion qu'il fit à son cher ami d'Aigrefeuille : « Quand nous sommes entre nous, lui dit-il, ne vous servez pas de ce vain titre ; continuez de me traiter en ami, et bornez-vous à m'appeler Monseigneur. » Les Mémoires du temps regorgent de sarcasmes contre ces apprentis gentilshommes qui tapissent leurs hôtels de leurs armoiries et se rengorgent de leurs titres. Pasquier, membre du nouveau Conseil, rapporte qu'il a « tenu entre ses mains un assez grand nombre de requêtes dans lesquelles on demandait de l'avancement dans la noblesse, comme on en aurait demandé dans

1. Aîné qui, autre particularité de la réforme, porte le titre immédiatement inférieur à celui de son père, le decrescendo continuant jusqu'aux cadets si possible. La règle est aménagée par le décret du 13 mars 1810 : « Le fils aîné d'un possesseur de majorat pourra prendre le titre immédiatement inférieur au sien. Les puînés n'auront que le titre de chevalier. »

l'armée[1] ». Pourtant, en dépit de ses railleries, l'ancienne noblesse se rallie massivement, ce qui inquiète les anciens républicains comme Fouché ou Thibaudeau. Napoléon, même s'il ne l'avoue jamais, jouit d'être reconnu par cette vieille France qu'il respecte en son for intérieur. Un grand nom à sa cour, c'est une légitimité de plus et un adversaire de moins. Le pli néoroyaliste est pris, qui s'aggravera après le mariage avec Marie-Louise. Déjà Versailles relève la tête, donne le ton aux Tuileries et commence à peupler les états-majors. Constant remarque finement : « Il en est au reste de cette institution, comme de toutes les institutions que l'on créa dans ce siècle. On fait des plaisanteries et l'on pense à part soi au moyen de s'y faire recevoir. »

Grande réforme ou faute majeure ? Si le sacre n'était pas une comédie, Napoléon devait à plus ou moins long terme s'appuyer sur un réseau de familles solidaires, élevées par lui, intéressées dans tous les sens du terme, que ce soit par les honneurs ou l'argent, à sa conservation. L'échec de la noblesse d'Empire illustre le décalage temporel entre la décision et sa perception pour la société ; l'écart entre la logique d'une mesure, commandée par une vision, et sa réception par les contemporains qui constitue l'un des handicaps majeurs du politique. Certain d'avoir raison dans sa volonté de réformer l'aristocratie en la rendant acceptable par tous, Napoléon ne voit pas ou ne veut pas voir la déception générale qu'il suscite dans l'immédiat. La noblesse est une institution fondée sur la tradition dont l'intérêt — susciter l'émulation générale, préserver le trône tout en le modérant — n'apparaît au mieux qu'au bout d'une génération, temps nécessaire pour qu'elle

1. Napoléon refuse que les écussons soient, selon l'usage, surmontés d'une couronne signifiant le titre : « Il semblait voir une usurpation de ses droits dans la possession de cet insigne, précise Pasquier. Jamais sa susceptibilité sur ce point ne put être vaincue, et il nous fallut, pour remplacer la couronne, imaginer des panaches variés par le nombre des plumes, depuis une jusqu'à sept, suivant l'élévation du titre. Ceci fut peu agréable à l'archichancelier, qui trouvait qu'une couronne aurait figuré on ne saurait mieux sur les panneaux de sa voiture. »

puisse faire ses preuves et conquérir sa place d'intermédiaire entre le trône et la société. Or, ce temps, Napoléon ne l'aura jamais. Pis, il lui est interdit car il a besoin, comme on l'a vu, d'entretenir un mouvement permanent pour rester au pouvoir et légitimer la dictature. Dans ce contexte, l'instauration d'une noblesse, vingt ans seulement après le déclenchement de la Révolution, se révèle un contresens et une faute de tact puisqu'elle humilie de concert les royalistes et les républicains.

Elle encourage davantage les vanités que l'émulation, y compris au sein de l'armée où le culte de la gloire laisse place à l'intrigue et à la soif de l'avancement comme le constate Blaze en quelques phrases teintées d'amertume : « Pour compléter sa position, chacun faisait la cour à son chef, parce que c'était de ce chef que dépendait toujours son sort. C'était lui qui proposait des candidats à l'Empereur ou au ministre ; il fallait donc être dans ses bonnes grâces, sous peine de rester dans un honteux statu quo. » En conséquence « depuis le caporal jusqu'au maréchal de l'Empire, tout le monde courtisait celui qui tenait la feuille des bénéfices. Toutes les courbettes qu'il fallait faire avaient peu à peu changé le caractère de notre armée. La soif des baronnies et des dotations avait donné à nos vieux officiers, jadis républicains, toutes les habitudes des courtisans de Versailles, et souvent, dans la plus humble baraque, il s'est passé des scènes digne de "l'œil-de-bœuf" ».

Surtout, l'esprit d'émulation, une fois repu, dégénère immanquablement en esprit de conservation. Ce phénomène, qui a déjà joué pour les biens nationaux, se répète pour la conquête. La noblesse d'Empire, majoritairement issue des élites révolutionnaires, trahira — comme elle a abandonné la Convention puis le Directoire — lorsque la politique deviendra antinomique avec ses intérêts. Napoléon refusant de lui offrir un rôle politique conforme à son rang social, elle poignardera son bienfaiteur et pactisera avec l'ennemi d'hier. A la dernière heure, l'immense majorité des anoblis ralliera sans vergogne un « Louis le Désiré » qui aura la sagesse de garantir leurs nouveaux titres. Comme le craignait Napoléon, « sa » noblesse avait pris « l'esprit de son état ».

Dans l'immédiat, il n'anticipe pas le danger. En ressuscitant une noblesse après avoir congédié Talleyrand, l'Empereur pense avoir préparé cet empire d'Occident qu'il compte édifier aussi vite qu'il a assis le Consulat et fortifié son trône. Il vient en réalité de sceller les instruments de sa perte. Le restaurateur de la Cour périra par l'esprit de cour, le conquérant par la conquête, le protecteur de Talleyrand par les intrigues de l'homme qu'il aura élevé à ses côtés. En croyant faire des obligés, il aura nourri des ingrats. Le tournant de Tilsit, en actant l'apogée, marque en réalité le commencement de la fin.

Huit mois après Austerlitz, le général Thiébault croit comme tout le monde à l'infaillibilité de l'Empereur : « Je ne voyais plus de limite qui pût être imposée à la toute-puissance du vainqueur du monde. » Sa profession de foi choque son interlocuteur d'un jour, un oublié de l'histoire nommé Morin. Celui-ci étaye son incrédulité par une tirade qui mérite d'être largement reproduite eu égard à sa perspicacité. D'accord avec Thiébault pour convenir du génie militaire de Napoléon et de la force de la Grande Armée, Morin ne l'est plus sur la portée de victoires dont il estime qu'elles « lui ont fait plus d'ennemis qu'elles ne lui ont donné de gloire ». En conséquence, chaque acquisition « l'affaiblit plus qu'elle ne le consolide », ce d'autant plus que s'il « sait soumettre, il ne sait pas rallier ». « On ne lui pardonnera ni ses succès, ni son origine, poursuit Morin. Il n'est pas un roi qui ne soit révolté de lui voir une couronne, pas un peuple qui la lui pardonne, pas une population qui ne soit humiliée d'avoir été foulée par lui, personne qui ne soit exaspéré par son orgueil, qui ne soit épouvanté de son ambition. » Les termes de « grand empire », « grand peuple », « grande armée », « proclament petit tout ce qui n'est pas lui ou n'émane pas de lui ». Comme il est incapable de s'arrêter, ses ennemis n'ont plus qu'à attendre. « En ce moment l'impuissance seule les arrête ; mais leur haine se propage ; je ne dis pas cependant qu'il touche à sa ruine, je me borne à dire qu'il y marche. Je ne nie pas même qu'il ne puisse accroître encore sa trompeuse puissance et s'élever davantage ; mais ce ne sera que pour tomber dans un plus profond abîme. Croyez-moi, son édifice perd en fondation, en solidité, tout ce qu'il gagne en étendue et en exhaussement. » La lutte finira par sa destruction « parce que, d'un côté, il y a vingt nations, et que, de l'autre, il n'y a qu'un homme. Enfin, son premier revers sera le signal d'une croisade à laquelle la France elle-même, la France alors fatiguée et épuisée, ne restera pas étrangère. Or ce revers, il est impossible qu'il ne l'éprouve pas, attendu que tout s'épuise, et que l'enthousiasme qui le divinise aujourd'hui s'usera comme le reste ». Et le prophète improvisé de conclure : « Je ne comprends pour lui que dix ans de règne. »

CONCLUSION

LA FORCE VAINE

« La guerre n'est pas le dernier mot de sa politique, mais sa politique elle-même. »

André SUARÈS.

Sur le radeau de Tilsit, l'Aigle triomphant peut se flatter d'avoir accompli le serment de Brumaire, soit terminer la Révolution par la conjugaison du retour à l'ordre intérieur et la conclusion d'une paix glorieuse qui établit l'hégémonie française en Europe. Pourquoi dès lors poursuivre l'aventure et se jeter, dès 1808, dans le guêpier espagnol qui va creuser le gouffre dans lequel ira s'engloutir le Grand Empire ?

Si Napoléon refuse de s'arrêter, c'est parce qu'il estime être incapable de le faire sous peine de tout perdre. C'est donc de la psychologie impériale qu'il faut partir pour comprendre la chute. L'image sereine, répandue par une presse aux ordres et une peinture à gages, ne doit pas abuser. L'anxiété de Napoléon croît à mesure des succès remportés. Elle traduit une conscience aiguë de son déficit de légitimité, d'un despotisme éclairé dépassé et d'une Révolution qui le piège à la fois par son héritage et ses principes puisqu'elle proclame la sacralité des libertés individuelles et le droit des peuples à disposer d'eux-mêmes, soit le contraire même d'un Empire qui allie la dictature et la conquête. Libéralisme et pacifisme se conjuguent ainsi pour le placer en porte-à-faux. Or Napoléon refuse d'ouvrir les vannes de la liberté tant il est convaincu que la

France demeure un volcan égalitaire dont la prochaine éruption menacera non seulement la nation, mais tout le continent. En poussant le raisonnement jusqu'au bout, il se considère comme le sauveur de l'Europe, le seul capable de fusionner l'Ancien Régime et la Révolution par l'alliance de l'ordre avec le mérite. La guerre, dont il a eu besoin pour parvenir au pouvoir, lui demeure donc indispensable pour façonner la nouvelle synthèse qui pacifiera le monde. Le rétablissement de la noblesse s'inscrit dans cette perspective réconciliatrice qui ambitionne à terme de le faire adouber par l'Europe avec laquelle il demeure pourtant irréconciliable. Ecartelé entre légitimité introuvable et paix impossible, Napoléon est encore pris au piège de ses propres victoires et du mythe qu'il a créé. Tout recul étant exclu, toute pause menaçante, il préfère encore prendre le risque d'extensions supplémentaires, commandées à ses yeux par le Blocus continental. La France s'affaiblissant à chaque campagne, l'« impuissance de la victoire » (Hegel) précipite la chute.

G. Ferrero diagnostique une « peur agressive » dans laquelle il voit « l'essence de toute la politique napoléonienne ». Selon l'auteur de *Pouvoir* : « Il se voit entouré par des monstres, moitié réels, moitié imaginaires, qui veulent le dévorer, il lutte infatigablement contre eux ; mais plus il en tue, plus ils se multiplient. Dès qu'il a abattu un monstre devant lui, il faut qu'il se tourne, derrière lui un nouveau monstre a apparu. S'il débarrasse sa gauche, il se voit attaqué tout de suite après à sa droite. Véritable enfer, dont il ne peut sortir. Mais la peur ne se dissipe jamais, parce que sa source est en lui, non dans les choses. Sa force immense, au lieu d'apaiser ses inquiétudes, les surexcite : tragique renversement, qui est la réplique extérieure et l'aboutissement d'un autre renversement, celui que le gouvernement révolutionnaire a fait dans le principe de légitimité démocratique. »

En dépit de sa puissance apparente, le Grand Empire à son apogée n'est donc qu'un colosse aux pieds d'argile. Pour espérer durer, la puissance doit s'enraciner dans l'imaginaire des hommes par un principe transcendant qui légitime son existence et fédère l'ensemble de ses habitants. Rome avait développé un modèle de civilisation conjuguant intégration citoyenne et unification juridique. Byzance, le Saint Empire romain germanique, les Empires russe et ottoman s'appuyaient sur l'unité religieuse et la permanence de la guerre contre des voisins hostiles. Nouveau venu dans le concert des puissances, l'Empire français innove car il véhicule une idéologie universaliste qui prône l'égalité des hommes... et la liberté des peuples. Sauf que ces grands principes sont antinomiques avec l'idée même d'Empire. L'opposition entre l'altruisme des idéaux et l'oppression de la force pose l'incompatibilité entre démocratie et conquête : « [...] un empire dont la métropole est une nation démocratique est contradictoire, résume Raymond Aron, puisque la puissance impériale ne peut se maintenir qu'en se reniant. »

A ce point de départ vicié s'ajoute une pratique liberticide. Le Code civil et la réforme de l'Etat, exportés pour séduire les Européens, ne peuvent produire leurs effets que sur le long terme. En revanche, le poids de l'occupation napoléonienne s'avère immédiatement perceptible. A défaut d'un nouveau Consulat, les peuples conquis subissent les trois fléaux du blocus qui les ruine, de la conscription qui les décime et de l'occupation qui les humilie. L'histoire de la domination française reste largement à écrire. Ce que l'on en connaît révèle une multitude d'abus engendrant une violence en chaîne paroxystique. La contradiction s'avère d'autant plus forte que la logique de guerre oblige à différer les réformes sur l'autel de l'impératif militaire. Dépossédés de leur indépendance, les peuples doivent payer le prix fort pour le triomphe d'un système dont ils deviennent les premières victimes. Pris dans l'engrenage de la lutte contre l'Angleterre, l'Aigle sacrifie la régénération du continent à l'obsession de la victoire. « Les grandes idées de Napoléon ne se concilient pas. Il ne peut à la fois fédérer l'Europe et la contraindre aux restrictions » insiste à juste titre Jacques Bainville.

*

La maladie de la puissance gangrène la citadelle impériale de l'intérieur. Parce qu'il s'étend trop loin et s'agrandit trop vite, l'Empire devient progressivement ingérable. Le rythme de la conquête s'accélère avec les années. Aux accroissements mesurés de la Révolution et du Consulat touchant pour l'essentiel des populations francophones, l'après-Austerlitz inaugure l'expansionnisme massif aux dépens d'entités italiques, germaniques, slaves et ibériques. La domination française s'y heurte à la triple barrière de la langue, des traditions et de l'espace, rendant l'intégration à la fois plus longue et difficile. En outre, le tissu sociétal diffère profondément, la plupart de ces Etats ignorant la classe moyenne qui forme l'ossature de la France nouvelle. Naples ou la Pologne demeurent ainsi sous l'emprise d'une aristocratie terrienne d'autant plus prépondérante que l'urbanisation demeure marginale. Dans ces conditions, ce qui a marché pour la France ne peut être décalqué sur l'Europe. Composite de civilisations, religions et nationalités différentes, déséquilibré par ses bouleversements incessants, le Grand Empire ne présente bientôt plus aucun ferment d'unité. En résumé, il abandonne son ciment national sans pouvoir donner corps au rêve européen.

La crise s'avère d'autant plus grave que sa puissance militaire s'affaiblit à mesure de l'espace conquis. Les effectifs de la Grande Armée ont beau gonfler à proportion, celle-ci perd en qualité ce qu'elle gagne en quantité. A la place des bataillons décimés dans la neige d'Eylau et qui suivaient l'Empereur depuis Lodi, se trouvent des recrues encore inexpérimentées et des contingents alliés qui n'ont pas la même valeur et surtout la même motivation. « L'armée conquérante est pareille à la flamme d'une lampe : plus baisse le niveau d'huile qui l'alimente, plus la flamme diminue avant de s'éteindre » remarque justement Clausewitz.

En conséquence, la supériorité tactique des premières campagnes laisse place à un type de bataille plus conventionnelle où la puissance supplée la manœuvre comme l'atteste l'utilisation croissante de l'artillerie. Les tours de magie de l'enchanteur commencent également à s'éventer.

Au sommet, le chef d'orchestre de l'Etat-nation consulaire peine à se transformer en régent de l'Europe occidentale. L'expansion multiplie le nombre de décisions à prendre, lui posant sans cesse des problèmes inédits. Pour relever le gant, Napoléon n'a pas d'autres choix que d'inventer une architecture du pouvoir. Afin de réussir la métamorphose vers l'Empire fédéral, il devrait déléguer l'essentiel pour se cantonner à un rôle d'arbitre suprême, sollicité pour trancher les différends graves ou désavouer ses lieutenants en cas d'abus manifestes. La création de la Confédération du Rhin et des royautés-frères entretient l'illusion d'un partage du pouvoir... qui s'évanouit aussitôt. En effet, Napoléon n'a jamais su ni pu déléguer. Pis, sa nature suspicieuse et autoritaire s'aggrave avec les années. Il faut lire sa correspondance pour voir à quel point il intervient sur tout et tout le temps, marginalisant les uns, désavouant les autres[1]. Déjà, la France ressent le contrecoup de ses absences répétées — dix mois entre Iéna et Tilsit —, sachant que Cambacérès ne peut le suppléer puisqu'il demeure cantonné à l'expédition des affaires courantes. Alors, que dire de cette empire hybride en perpétuelle extension ? L'espace dévore son temps et obscurcit son esprit. Peur, prétention et isolement se conjuguent pour lui ôter la lucidité dont il a jusqu'alors fait preuve. Alors qu'il ne peut plus tout savoir, il ne veut plus rien entendre. Désormais, « l'Ogre » ne voit plus le monde tel qu'il est mais selon sa volonté.

Napoléon possède le génie de la conquête mais pas celui de la conservation qui nécessite pragmatisme, conciliation et prudence[2]. La force seule se révèle non seulement vaine, mais contre-productive. La conquête n'est tolérée qu'à condition de

1. Il annule souvent les décisions de ses frères, ce qui leur ôte toute crédibilité auprès de « leurs peuples » et retarde d'autant la mise en place des réformes. Selon Marmont, qui rejoint sur ce point Mme de Rémusat, sa nature présente un côté destructeur qui l'a poussé à « altérer très promptement son propre ouvrage [...] il avait dans le caractère quelque chose de vague et d'indéterminé qui l'empêchait de rien finir ».

2. « Les deux héros de l'histoire allemande, Frédéric II et Bismarck, durent leur succès à la force et à la ruse, mais aussi à la modération. Les Français s'obstinent à traiter en héros Louis XIV et Napoléon, auxquels manquèrent par-dessus tout sagesse et mesure », s'étonne Raymond Aron dans *Penser la guerre*.

faire éclore un sentiment de libération et de se traduire par une amélioration de la vie quotidienne. Rien de tel avec le Grand Empire, dirigé par la poigne de fer d'un maître qui s'obstine à voir dans ces peuples des inférieurs, donc des vassaux [1]. Il les considère « avec la supériorité d'un Français "éclairé" du dix-huitième siècle, qui prend ses "lumières" pour la vérité même » remarque Albert Sorel. A le lire, les Napolitains sont des « lazzaroni », les Espagnols des sauvages, les Hollandais des contrebandiers en puissance. Tous abêtis et partant faciles à soumettre par un mélange de séduction et de fermeté, tous prêts à succomber aux sirènes de la régénération sous l'égide du « grand peuple » et de son chef. En un mot comme en cent, il refuse de voir, et par là même de comprendre, l'émergence des nationalismes dont il se prétendra plus tard le héraut.

A l'impatience et l'arrogance, qui le ferment et l'enferment, s'ajoute enfin l'obsession « légitimiste » du parvenu couronné qui le pousse à rechercher la reconnaissance de l'Europe dynastique. Toujours déroutant et contradictoire, le destructeur des trônes s'échine à être adoubé par ses victimes, comme s'il ne croyait pas lui-même à la solidité de son édifice. En pastichant les royautés traditionnelles, Napoléon perd et trahit son identité révolutionnaire sans jamais parvenir à gagner la confiance d'une Europe qui verra toujours en lui l'héritier de Robespierre et l'assassin du duc d'Enghien.

L'effritement des piliers prépare la chute de l'édifice. L'Aigle est mal servi par ses frères dont il entendait pourtant faire la clef de voûte de son système. Avides de pouvoir, ils supportent mal sa tutelle et entendent régner sans encombres. Au nom de l'intérêt de leurs nouveaux sujets, ils s'opposent ainsi à la mise en place du blocus et rechignent à fournir leurs

1. « Montrez pour la nation que vous gouvernez une estime qu'il convient de manifester d'autant plus que vous découvrirez les motifs de l'estimer moins » écrit-il par exemple à Eugène, nouveau vice-roi d'Italie, dans les instructions qu'il lui dicte en juin 1805.

contingents. A défaut de son génie, tous possèdent son orgueil : « Je n'ai pas eu le bonheur de Gengis Khan avec ses quatre fils, qui ne connaissait d'autre rivalité que celle de bien le servir, soupirera Napoléon auprès de Las Cases. Moi, nommais-je un roi, il se le croyait tout aussitôt par la grâce de Dieu, tant le mot est épidémique. Ce n'était plus un lieutenant sur lequel je devais me reposer, c'était un ennemi de plus dont je devais m'occuper. » « Aussi suffisant qu'insuffisant », selon le mot de Talleyrand, Joseph plastronne en Italie tout comme Louis en Hollande. Décidément incorrigible, Jérôme se pavane en Westphalie tandis que le ménage Murat commence à conspirer à Naples. S'ils sont vaniteux et ingrats, leurs griefs n'en soulignent pas moins l'injustice de ce Grand Empire uniquement bâti pour asseoir l'hégémonie française en pressurant ses alliés.

L'intérêt supérieur de la France s'avérant antinomique avec celui de ses satellites, ces derniers refusent logiquement de collaborer. A l'exception d'une poignée de familles, aussitôt honnies par leurs pairs, les élites restent terrées chez elles ou s'opposent frontalement, animant les résistances locales. Ce déficit de réseaux oblige à recourir à l'envoi de nombreux administrateurs hexagonaux, le plus souvent issus du Conseil d'Etat. Salicetti devient ainsi ministre à Naples tandis que Lebrun administrera la Hollande après l'abdication de Louis Bonaparte. Leur présence avive encore l'hostilité des populations qui l'interprètent comme l'amorce d'une colonisation prochaine.

La dérive impérialiste suscite le détachement progressif de l'opinion française. Elle s'éloigne du maquignon de Bayonne ou de cet « antéchrist » qui voudrait détrôner le pape. Avide de paix, elle ne suit plus l'Empereur tout simplement car elle ne comprend plus ses raisons. Elle rechigne d'autant plus que le prix, économique et humain, s'alourdit avec les années. Pour beaucoup, le sauveur devient « l'Ogre », dramatique inversion de l'imaginaire collectif qui déchire le pacte de Brumaire. La conscription rencontre ainsi une résistance symptomatique dont témoignent la désertion galopante ou l'accroissement du nombre de mariages et de mutilations volontaires. Ruinés par le blocus, les villes portuaires — Bordeaux ou Marseille — passent les premières à l'opposition.

Petit à petit, le premier cercle gouvernemental — ministres, sénateurs et maréchaux — se détourne de lui pour mieux préserver ses intérêts. En corrompant l'engagement par la faveur, en substituant les honneurs à l'honneur, l'Empereur favorise les trahisons qui vont l'abattre. « Ceux qu'il avait comblés de bienfaits lui savaient mauvais gré de ce qu'en se mettant en péril lui-même, il les troublait dans la jouissance des faveurs qu'il leur avait accordées » résume Benjamin Constant avant d'ajouter : « Les hommes puissants se trompent quand ils croient s'assurer de la fidélité de leurs adhérents en ne mettant point de bornes à leur munificence ; au contraire, ils leur donnent plus de choses à conserver et par là même ils multiplient en eux les motifs d'abandonner le pouvoir déchu et de capituler avec la fortune [1]. »

L'esprit de cour remplace l'esprit de conquête, l'esprit de sacrifice s'estompe au royaume éphémère des vanités et de l'obsession du pouvoir. Talleyrand, bientôt suivi par Fouché, est le premier à comprendre que la paix étant impossible, la chute de Napoléon est inéluctable. Dans ces conditions, la meilleure façon de ne pas insulter l'avenir est d'y contribuer en utilisant sa position à l'intérieur du système pour le saborder. Trahir l'Empereur devient le meilleur moyen pour sauvegarder les acquis de l'Empire.

*

A la différence des masses de granit consulaires, le Grand Empire ne dispose donc d'aucune fondation stable. Aussi s'affaiblit-il au fur et à mesure qu'il s'élève : « La France de la Révolution, âme des armées impériales, se dissout dans ces armées cosmopolites ; la France se noie dans sa conquête. Les

1. *Fragments sur la France du 14 juillet 1789 au 31 mars 1814.*

causes de l'élévation posent les causes de la chute. Napoléon, par le jeu même de son génie, devient l'instrument de la catastrophe, comme il l'a été de la grandeur. En cela, véritablement, il est l'homme du destin », analyse Albert Sorel avec sa vista coutumière.

Deux ans avant la campagne de Russie, le major baron von Wolzongen rédige pour le tsar un mémoire prophétique dans lequel il préconise une « guerre de mouvement défensive » pour venir à bout de Napoléon. Refuser les batailles et se retirer devant lui, établir des lignes de repli et des magasins éloignés afin d'affamer la Grande Armée et éviter d'être tourné, conserver des réserves disponibles, pratiquer le harcèlement par des partisans, constituent les nouvelles règles dont l'emploi conjugué l'épuisera infailliblement : « Son système est d'ailleurs trop distendu et se distendra chaque jour davantage, estime l'analyste. Dominer despotiquement et simultanément au Portugal, en Italie et sur la Vistule est une tâche dont la solution n'est plus à la mesure de ses moyens. » Comme il brûle ces derniers impunément, « il les épuisera pour des générations, voire pour toujours. Un gérant intelligent ne puise dans son bien que dans la mesure où il peut fructifier dans l'avenir. Napoléon ne cueille pas seulement les fruits ; il coupe le tronc et il ne ménage même pas les racines. Ce système de destruction porte en lui-même le germe de la dépravation qui le détruira lui-même ».

L'étonnant Wolzongen s'interroge enfin sur le terme de l'aventure. A la différence de la plupart de ses contemporains, il se veut résolument optimiste : « Son armée, là où il ne commande pas lui-même, peut subir de gros revers (par exemple Dupont en Espagne). Ses alliés peuvent lui faire défection. Des insurrections peuvent éclater. Tout cela est possible et nullement improbable avec la haine générale qui s'attache à sa personne. Son embarras en augmentera de nouveau. Il voudra se donner de l'air en se risquant encore plus dans des aventures téméraires. Son tempérament inflexible voudra briser ce qui se refuse de plier. Des tensions aussi vives, exercées dans des moments difficiles, pour trancher le nœud gordien, peuvent provoquer sa chute brutale justement parce qu'il aura trop bandé son arc. N'oublions pas que son trône n'existe que par la foi en son invincibilité et qu'il s'effondrera, dès que la foi en lui s'éteindra. »

La libération approche : « Deux à trois défaites décisives, et les légions de Napoléon s'enfuiront derrière le Rhin ; l'Allemagne prendra tout à coup une autre forme. La France, en supportant sur son propre sol le poids de la guerre, se fatiguera vite de sacrifier ses fils et ses trésors à une ambition insatiable. Elle consent pour l'instant à des sacrifices pour l'heureux conquérant, sans murmurer, même si ce n'est pas de bon gré, tant qu'elle se complaît dans sa gloire. » On vient de lire par anticipation le récit de la terrible retraite de dix-huit mois qui scande la chute en trois temps forts successifs : 1812 signe la fin de la Grande Armée ; 1813 celle du Grand Empire ; 1814 enfin abat l'Aigle à l'issue de cette immortelle campagne de France qui voit son génie retrouvé retarder l'échéance jusqu'à l'agonie de Fontainebleau. Le fracas de la chute rejoint l'extraordinaire de l'ascension par sa rapidité et sa dimension titanesque. Meurtrie par les deux traités de Paris, la France doit faire le deuil de son rêve hégémonique et rejoindre à son tour le cimetière des empires défunts. La leçon prouve que la force préside à la puissance mais jure avec sa pérennité.

CHRONOLOGIE SOMMAIRE

1769

15 août
Naissance de Bonaparte.

1774

10 mai
Mort de Louis XV. Avènement de Louis XVI.

1776

12 mai
Chute de Turgot.

1779

1er janvier
Arrivée de Joseph et Napoléon à Autun.

15 mai
Entrée à Brienne.

1781

19 mai
Démission de Necker.

19 octobre
Victoire des Franco-Américains à Yorktown.

1783

3 septembre
Traité de Versailles entre la France et l'Angleterre. Reconnaissance de l'indépendance américaine.

1784

19 octobre
Entrée à l'Ecole militaire de Paris.

1785

24 février
Mort de Charles Bonaparte.

Début novembre
Arrivée à Valence comme lieutenant en second au régiment de La Fère.

1786

15 septembre
Premier retour en Corse.

1787

9 avril
Chute de Calonne consécutive à l'échec de ses projets de réformes devant l'Assemblée des notables.

12 septembre
Départ de Bonaparte de la Corse (fin du premier séjour).

29 novembre
Edit de tolérance.

1788

1er janvier
Début du deuxième séjour en Corse.

Fin mai
Bonaparte quitte l'île de Beauté pour rejoindre son régiment à Auxonne.

7 juin
Journée des Tuiles à Grenoble.

27 août
Retour de Necker au ministère.

1789

5 mai
Première séance des Etats généraux.

20 juin
Serment du Jeu de paume.

11-14 juillet
Emeutes à Paris ponctuées par la prise de la Bastille et le retour de Necker au ministèrc.

4 août
Abolition des privilèges.

26 août
Déclaration des droits de l'homme et du citoyen.

9 septembre
Bonaparte quitte Auxonne pour retourner en Corse. Ce troisième séjour, qui s'étend jusqu'à la fin janvier 1791, est le plus long qu'il ait effectué sur l'île.

5-6 octobre
La famille royale ramenée de force de Versailles à Paris.

22 décembre
Décret divisant la France en départements.

1790

14 juillet
Fête de la Fédération.

17 juillet
Retour de Paoli en Corse.

Novembre
Publication des *Réflexions sur la Révolution de France* de Burke, premier texte contre-révolutionnaire d'envergure.

1791

Début février
Bonaparte de retour à Valence puis à Auxonne.

Fin février
Parution de la *Lettre à Buttafuoco*.

Mi-juin
Bonaparte de nouveau affecté à Valence comme premier lieutenant du 4e régiment d'artillerie.

Fin juin
Fuite manquée de Louis XVI, arrêté à Varennes.

17 juillet
La Fayette et Bailly ordonnent à la garde nationale de tirer sur la foule rassemblée au Champ-de-Mars pour réclamer la destitution de Louis XVI. L'événement scelle le divorce entre la droite et la gauche révolutionnaires ; libéraux contre Jacobins.

3 septembre
Adoption de la première constitution française.

Septembre
Nouveau départ de Bonaparte pour la Corse (quatrième séjour) où il demeure jusqu'en mai 1792.

30 septembre
Dernière séance de la Constituante. Lui succède la Législative.

1792

1er mars
Mort de l'empereur Léopold II d'Autriche. Avènement de François II.

1er avril
Bonaparte élu lieutenant-colonel en second du 2e bataillon des volontaires corses d'Ajaccio.

20 avril
Déclaration de guerre de la France « au roi de Bohême et de Hongrie ».

28 mai
Bonaparte de retour à Paris.

20 juin 1792
Bonaparte témoin de l'humiliation de Louis XVI, obligé de revêtir le bonnet rouge et de trinquer à la santé de la nation par la foule venue envahir les Tuileries.

10 juillet
Bonaparte est nommé capitaine.

25 juillet
Déclaration du duc de Brunswick.

10 août
Bonaparte assiste à la prise des Tuileries : chute de la monarchie et autodissolution de la Législative.

20 septembre
Valmy.

22 septembre
La nouvelle Convention nationale proclame la République.

Octobre
Début du cinquième et dernier séjour en Corse (jusqu'en juin 1793).

6 novembre
Victoire de Dumouriez à Jemmapes.

27 novembre
Réunion de la Savoie à la France.

1793

21 janvier
Décapitation de Louis XVI.

1er février
La France déclare la guerre à l'Angleterre.

18-28 février
Fiasco de la conquête des îles de la Madeleine. Rupture entre Bonaparte et Paoli.

7 mars
La France déclare la guerre à l'Espagne.

Mars
Début de la guerre de Vendée.

2 avril
Décret de la Convention mettant Paoli hors la loi.

2 juin
Chute des Girondins.

23 mai
Sac de la maison des Bonaparte par les paolistes.

11 juin
Bonaparte et sa famille s'embarquent pour Toulon.

Fin juillet
Rédaction du *Souper de Beaucaire*.

23 août
La Convention décrète la levée en masse.

5 septembre
Sur la pression des Jacobins, la Convention met la Terreur à l'ordre du jour.

Septembre-décembre
Siège de Toulon.

1794

7 février
Bonaparte nommé commandant de l'artillerie de l'armée d'Italie.

5 avril
Exécution de Danton et Camille Desmoulins.

8 juin
Fête de l'Etre suprême.

27 juillet – 9 thermidor an II
Arrestation de Robespierre. Il est exécuté le lendemain en compagnie de Saint-Just, Couthon et de son frère.

9 août
Arrestation de Bonaparte à Nice. Il est libéré le 20 août et retourne à l'armée d'Italie.

1795

3 février
Création de la République batave.

28 mars
Début du procès de Fouquier-Tinville.

1er avril – 12 germinal
Insurrection jacobine. Des sans-culottes envahissent la salle de la Convention avant d'être évacués.

5 avril
Signature du traité de Bâle entre la Prusse et la République.

16 mai
Traité de La Haye entre la France et la République batave.

20 mai – 1er prairial
Nouvelle journée insurrectionnelle à Paris où les sans-culottes envahissent la Convention et assassinent le député Féraud avant d'être délogés par la garde nationale.

25 mai
Bonaparte de retour à Paris.

8 juin
Mort de Louis XVII au Temple.

15 juin
Bonaparte, qui vient de refuser le commandement d'une brigade d'infanterie à l'armée de l'Ouest, obtient d'être mis en congé.

24 juin
Proclamation de Vérone de « Louis XVIII ».

22 juillet
Signature de la paix à Bâle entre l'Espagne et la République.

18 août
Adoption du décret des deux tiers.
Bonaparte, sans affectation depuis son retour à Paris, est rattaché au bureau topographique.

22 août
Adoption de la Constitution de l'an III par la Convention.

15 septembre
Destitution de Bonaparte par le Comité de salut public.

1er octobre
Annexion de la Belgique votée par la Convention.

5 octobre – 13 vendémiaire
Sous la houlette de Barras, Bonaparte écrase l'insurrection royaliste à Paris.

16 octobre
Bonaparte général de division.

25 octobre
Création de l'Institut.

26 octobre
Nomination de Bonaparte comme commandant en chef de l'armée de l'Intérieur.

31 octobre
Election du Directoire par les Conseils.

30 novembre
Publication du *Manifeste des Plébéiens* dans *Le Tribun du peuple* de Babeuf.

1796

28 février
Fermeture du club du Panthéon par Bonaparte sur ordre du Directoire.

2 mars
Nomination de Bonaparte comme général en chef de l'armée d'Italie.

9 mars
Mariage de Bonaparte et de Joséphine de Beauharnais.

11 mars
Départ de Bonaparte pour l'Italie.

6 avril
Publication du *Manifeste des Egaux*.

10 avril
Débuts de la campagne d'Italie.

12 avril
Victoire de Montenotte.

13 avril
Victoire de Millesimo.

27 avril
Publication de *De la force du gouvernement actuel et de la nécessité de s'y rallier* par Benjamin Constant.

28 avril
Bonaparte signe l'armistice de Cherasco avec les représentants du roi de Sardaigne.

10 mai
Victoire de Lodi.
Arrestation de Babeuf.

15 mai
Entrée de Bonaparte dans Milan.

3 août
Victoire de Bonaparte contre Qasdanovitch à Lonato.

5 août
Victoire de Bonaparte sur Wurmser à Castiglione.

4 septembre
Nouvelle victoire de Bonaparte à Roveredo.

8 septembre
Victoire de Bonaparte sur Wurmser à Bassano.

15 septembre
Victoire de La Favorite. Elle contraint Wurmser à se réfugier dans Mantoue.

10 octobre
Traité de paix entre Naples et la France.

16 octobre
Création de la République cispadane comprenant Modène et le nord des Etats pontificaux.

7 novembre
Mort de Catherine II. Avènement de Paul Ier.

17 novembre
Bataille d'Arcole.

1797

14 janvier
Victoire de Bonaparte contre Alvinczy à Rivoli.

2 février
Prise de Mantoue.

19 février
Paix de Tolentino signée entre Bonaparte et le pape Pie VI.

Mars
Parution des *Considérations sur la France* de Joseph de Maistre.

18 avril
Signature des préliminaires de paix entre Bonaparte et l'Autriche à Leoben.

27 mai
Exécution de Babeuf.

29 mai
Publication de *Des effets de la terreur* par Benjamin Constant.

14 juin
Fondation de la République ligurienne.

9 juillet
Fondation de la République cisalpine.

4 septembre – 18 fructidor an V
Coup d'Etat de la majorité directoriale contre Carnot, Barthélemy et les députés royalistes.

19 septembre
Mort de Hoche.

17 octobre
Signature de la paix de Campoformio avec l'Autriche.

16 novembre
Mort du roi de Prusse Frédéric-Guillaume II. Avènement de Frédéric-Guillaume III.

28 novembre
Ouverture du congrès de Rastadt.

5 décembre
Retour de Bonaparte à Paris.

10 décembre
Réception du conquérant de l'Italie par le Directoire.

25 décembre
Election de Bonaparte à l'Institut au fauteuil de Carnot.

1798

1er mars
Réunion de Mulhouse à la France.

Février
Tournée d'inspection au nord entreprise par Bonaparte. Il en revient convaincu de l'impossibilité de débarquer en Angleterre.

21 avril
Proclamation de la République helvétique.

4 mai
Départ de Bonaparte pour l'expédition d'Egypte.

11 mai – 22 floréal an VI
Annulation par le Directoire de l'élection d'une centaine de députés jacobins.

17 mai
Réunion de Genève à la France.

19 mai
Embarquement à Toulon de l'armée d'Egypte.

11 juin
Prise de Malte.

2 juillet
Prise d'Alexandrie.

21 juillet
Victoire de Bonaparte sur les mamelouks aux Pyramides.

24 juillet
Entrée de l'armée française au Caire.

1er août
Destruction par Nelson de la flotte française à Aboukir.

22 août
Création de l'Institut d'Egypte.

9 septembre
Déclaration de guerre de la Turquie à la France.

21 octobre
Insurrection du Caire.

29 décembre
L'Angleterre, Naples et la Russie scellent un traité d'alliance.

1799

26 janvier
Proclamation de la République napolitaine dite « Parthénopéenne ».

25 février
Entrée de Bonaparte à Gaza.

7 mars
Prise de Jaffa par Bonaparte suivie du massacre de la garnison.

11 mars
Visite de Bonaparte aux pestiférés de Jaffa.

12 mars
La France déclare la guerre à l'Autriche.

19 mars
Début du siège de Saint-Jean-d'Acre.

9-18 avril
Elections législatives marquées par le succès des Jacobins.

16 avril
Victoire de Bonaparte au Mont-Thabor.

28 avril
Assassinat de deux plénipotentiaires français à Rastatt.

16 mai
Remplacement de Rewbell au Directoire par Sieyès.

17 mai
Levée du siège de Saint-Jean-d'Acre.

16-19 juin
Elimination par les Conseils de trois Directeurs (Treilhard, La Révellière-Lépeaux et Merlin de Douai) remplacés par Gohier, Roger Ducos et Moulin.

28 juin
Vote d'un emprunt forcé de 100 millions sur les riches.

12 juillet
Vote d'une loi des otages d'inspiration jacobine.

20 juillet
Remaniement ministériel d'envergure marqué par la sortie de Talleyrand et l'entrée de Cambacérès (Justice) et de Fouché (Police).

25 juillet
Victoire de Bonaparte contre l'armée ottomane à Aboukir.

15 août
Défaite et mort du général Joubert à Novi.

23 août
Départ de Bonaparte d'Egypte.

14 septembre
Démission de Bernadotte du ministère de la Guerre.

19 septembre
Victoire de Brune à Bergen.

26 septembre
Victoire de Masséna à Zurich.

9 octobre
Arrivée de Bonaparte à Saint-Raphaël.

16 octobre
Bonaparte à Paris.

23 octobre
Election de Lucien Bonaparte à la présidence du Conseil des Cinq-Cents.

9 novembre – 18 brumaire
Transfert des Conseils à Saint-Cloud et élévation de Bonaparte au commandement des troupes de Paris.

10 novembre – 19 brumaire
Coup d'Etat à Saint-Cloud. Bonaparte, Sieyès et Roger Ducos consuls provisoires.

11 novembre
Composition du ministère : Berthier à la Guerre, Gaudin aux Finances, Fouché conserve la Police et Cambacérès la Justice.

13 novembre
Abrogation de la loi des otages.

18 novembre
Abrogation de l'emprunt forcé.

22 novembre
Retour de Talleyrand au ministère des Relations extérieures.

12 décembre
Adoption du projet de Constitution et désignation comme Consuls de Bonaparte, Cambacérès et Lebrun.

15 décembre
Promulgation de la Constitution de l'an VIII qui marque les débuts officiels du Consulat.

22 décembre
Installation du Conseil d'Etat.

25 décembre
Remaniement ministériel. Laplace remplacé à l'Intérieur par Lucien Bonaparte, Cambacérès par Abrial à la Justice, Maret nommé à la secrétairerie d'Etat.

26-27 décembre
Entrevues de Bonaparte avec le chef chouan Hyde de Neuville, rejoint le lendemain par Andigné.

1800

1er janvier
Début de la session du Tribunat et du Corps législatif.

17 janvier
Suppression de 60 journaux.

9 février
Cérémonie aux Invalides en l'honneur de Washington.

13 février
Fondation de la Banque de France.

17 février
Création des préfets.

19 février
Les Consuls abandonnent le Luxembourg pour s'installer aux Tuileries.

3 mars
Clôture de la liste des émigrés.

14 mars
Election du pape Pie VII.

18 mars
Réforme judiciaire.

6 mai
Départ du Premier consul pour la campagne d'Italie.

9 mai
Rencontre entre Bonaparte et Necker.

14 juin
Marengo. Mort de Desaix. Le même jour Kléber est assassiné au Caire.

2 juillet
Bonaparte de retour à Paris.

22 septembre
Transfert des cendres de Turenne aux Invalides.

1er octobre
Traité de Sainte-Ildefonse entre la France et l'Espagne.

3 octobre
Traité de Mortefontaine entre la France et les Etats-Unis.

10 octobre
Démantèlement de la conspiration des poignards.

20 octobre
Limitation des catégories d'émigrés.

5 novembre
Lucien renvoyé du ministère de l'Intérieur. Il part comme ambassadeur à Madrid et est remplacé le lendemain par Chaptal.

3 décembre
Victoire de Moreau sur les Autrichiens à Hohenlinden.

24 décembre
Attentat de la machine infernale.

1801

7 février
Création des tribunaux d'exception.

9 février
Paix de Lunéville entre la France et l'Autriche.

14 mars
Démission de Pitt.

18 mars
Traité de paix de Florence entre la France et Naples.

21 mars
Traité d'Aranjuez entre la France et l'Espagne.

24 mars
Assassinat du tsar Paul Ier. Son fils Alexandre lui succède.

Nuit du 15 au 16 juillet
Signature du Concordat.

15 août
Bref pontifical (*Tam multa*) exigeant la démission des évêques de l'Ancien Régime.

31 août
Capitulation du général Menou à Alexandrie. L'Egypte est perdue pour la France.

8 septembre
Le Premier consul ratifie le Concordat.

1er octobre
Préliminaires de Londres préparant la paix franco-anglaise.

8 octobre
Traité de paix entre la Russie et la France.

24 octobre
Nomination de Leclerc à la tête de l'expédition de Saint-Domingue.

20 novembre
Création du poste de gouverneur des Tuileries au profit de Duroc.

1802

4 janvier
Mariage de Louis Bonaparte et d'Hortense, fille de Joséphine.

25 janvier
Bonaparte, élu par une consulte réunie à Lyon, président de la République cisalpine. Le lendemain, il la qualifie d'italienne, soulevant l'enthousiasme de l'assistance.

Mi-mars
Epuration du Tribunat et du Corps législatif par Sénat interposé.

25 mars
Traité d'Amiens.

3 avril
Adoption des articles organiques qui complètent et corrigent le Concordat dans un sens gallican.

14 avril
Parution du *Génie du christianisme.*

18 avril
Promulgation du Concordat célébrée à Notre-Dame.

26 avril
Amnistie des émigrés.

1er mai
Loi sur l'instruction publique marquée par l'institution des lycées.

6 mai
Le Tribunat demande qu'un gage éclatant de reconnaissance nationale soit donnée à Bonaparte.

8 mai
Sur l'inspiration de Fouché, le Sénat donne dix années de mandat supplémentaire au Premier consul.

10 mai
Annonce d'un plébiscite sur le Consulat à vie.

19 mai
Vote difficile de la Légion d'honneur par le Corps législatif.

20 mai
En liaison avec l'expédition de Saint-Domingue, une loi rétablit l'esclavage dans les colonies.

7 juin
Capture de Toussaint-Louverture.

25 juin
Traité de paix entre la France et la Porte.

2 août
Napoléon proclamé Consul à vie.

4 août
Constitution de l'an X.

15 août
Première célébration de l'anniversaire du Premier consul.

11 septembre
Réunion du Piémont à la France.

13 septembre
Le ministère de la Police est supprimé, Fouché cesse en conséquence d'être ministre.

20 octobre
Révocation de Bourrienne.

29 octobre-14 novembre
Voyage triomphal en Normandie du couple consulaire.

2 novembre
Mort du général Leclerc, beau-frère du Premier consul par son mariage avec Pauline, à Saint-Domingue.

22 novembre
Joséphine reçoit quatre dames d'honneur, premier embryon de la future cour.

1803

4 janvier
Institution des premières sénatoreries.

10 janvier
Bonaparte décrète un deuil officiel de dix jours pour la mort de Leclerc.

24 janvier
Suppression de l'Académie des sciences morales et politiques.

30 janvier
Parution dans le *Moniteur* du rapport de Sebastiani, provocant pour l'Angleterre.

18 février
Première scène publique de Bonaparte à l'ambassadeur d'Angleterre.

19 février
Bonaparte médiateur de la Confédération helvétique.

13 mars
Seconde et grande scène de Bonaparte devant Whitworth.

24 mars
Recès de Francfort. Il affaiblit l'Autriche et condamne à terme le Saint Empire romain germanique.

28 mars
Création du franc germinal.

9 avril
Nomination des premiers auditeurs au Conseil d'Etat.

14 avril
Privilège d'émission des billets pour quinze ans en faveur de la Banque de France.

3 mai
Vente de la Louisiane aux Etats-Unis d'Amérique.

20 mai
Reprise de la guerre entre la France et l'Angleterre.

27 mai
Occupation du Hanovre par une armée française.

25 juin – 11 août
Voyage triomphal dans le Nord, en Belgique et dans l'Est.

20 août
Cadoudal débarque en France.

24 septembre
Dernière célébration de la fête de la République.

27 septembre
Etablissement d'une censure préalable pour la librairie.

15 octobre
Expulsion de Mme de Staël à au moins quarante lieues de Paris.

5 novembre
Mariage de Pauline Bonaparte avec Camille Borghèse.

28 novembre
Capitulation de Rochambeau devant les Anglais à Saint-Domingue.

1er décembre
Rétablissement du livret ouvrier.

1804

16 janvier
Débarquement de Pichegru à Biville.

27 janvier
Première rencontre entre Moreau et Pichegru. Deux autres suivront les 1er et 6 février ; la dernière en présence de Cadoudal.

15 février
Arrestation de Moreau.

26 février
Arrestation de Pichegru.

9 mars
Arrestation de Cadoudal.

10 mars
Bonaparte ordonne d'arrêter le duc d'Enghien.

21 mars
Exécution du duc d'Enghien.
Promulgation du Code civil.

27 mars
Le Sénat appelle le Premier consul à rendre son ouvrage immortel comme sa gloire.

6 avril
Pichegru est retrouvé étranglé dans sa cellule.

25 avril
Napoléon répond au Sénat en l'invitant à lui faire connaître sa pensée toute entière.

26 avril
Le Sénat réclame l'Empire.

28 avril
Dépôt de la motion de Curée au Tribunat sur le passage à l'Empire.

3 mai
Vote de la motion de Curée à l'unanimité moins Carnot.

10 mai
Pitt revient à la tête du gouvernement anglais.

18 mai
Adoption du sénatus-consulte qui proclame Napoléon empereur des Français et modifie la constitution.

19 mai
Nomination de 18 maréchaux.

25 mai
Ouverture du procès de la conspiration Cadoudal.

10 juin
Cadoudal et ses principaux complices condamnés à mort. Moreau à deux ans de prison. Napoléon lui fait grâce quinze jours plus tard mais l'oblige à quitter le territoire.

28 juin
Exécution de Cadoudal.

10 juillet
Restauration du ministère de la Police au profit de Fouché.

11 juillet
Publication de la loi de mai 1802 sur la Légion d'honneur.

13 juillet
Décret sur les « honneurs et préséances ».

15 juillet
Première distribution de Légions d'honneur aux Invalides.

27 juillet
L'aigle éployée devient l'emblème de l'Empire.

29 juillet
Organisation de la garde impériale.

2 août
Fin du dépouillement du plébiscite.

8 août
Champagny succède à Chaptal au ministère de l'Intérieur.

11 août
François II prend le titre d'empereur d'Autriche.

16 août
Distribution de Légions d'honneur à l'armée réunie au camp de Boulogne. Les croix sont puisées dans le casque de Bayard.

18 juillet – 12 octobre
Voyage dans le Nord puis sur la rive gauche du Rhin.

7 septembre
L'Empereur s'incline devant le tombeau de Charlemagne à Aix-la-Chapelle.

1er décembre
Proclamation des résultats du plébiscite.
Dans la nuit, mariage religieux entre Napoléon et Joséphine.

Dimanche 2 décembre
Sacre.

5 décembre
Distribution des aigles au Champ-de-Mars.

1805

17 mars
Une consulte réunie à Paris proclame Napoléon roi d'Italie.

18 mars
Elisa reçoit la principauté de Piombino. C'est le premier territoire donné à un membre de la famille.

11 avril
Alliance entre l'Angleterre et la Russie (convention de Saint-Pétersbourg).

26 mai
Napoléon est sacré à Milan roi d'Italie.

4 juin
Annexion de Gênes et de la Ligurie à la France.

7 juin
Eugène de Beauharnais, vice-roi d'Italie.

24 juin
La république de Lucques devient une principauté confiée (encore) à Elisa.

9 août
L'Autriche rejoint la coalition austro-russe.

25 août
Au camp de Boulogne, Napoléon apprend que l'escadre de l'amiral Villeneuve est enfermée à Cadix.
Alliance franco-bavaroise.

27 août
L'armée de Boulogne pivote, en « sept torrents », pour se porter vers l'Allemagne.

9 septembre
Suppression du calendrier républicain, à partir du 1er janvier 1806.

23 septembre
Premier appel par anticipation de 60 000 conscrits.

5 octobre
Alliance entre la France et les électeurs de Bade et de Wurtemberg.

6 octobre
L'armée française prend le nom de Grande Armée.

7 octobre
Premier *Bulletin de la Grande Armée.*

14 octobre
Victoire d'Elchingen.

19 octobre
Capitulation de Mack à Ulm.

21 octobre
Trafalgar.

13 novembre
La Grande Armée entre à Vienne.

20 novembre
Naples déclare la guerre à la France.

2 décembre
Austerlitz.

6 décembre
Signature de l'armistice entre la France et l'Autriche.

10-11 décembre
Les électeurs de Bavière et de Wurtemberg prennent le titre de roi avec l'accord de Napoléon.

26 décembre
Traité de Presbourg entre l'Autriche et la France.

1806

13 janvier
Mariage d'Eugène de Beauharnais avec Augusta, la fille du roi de Bavière.

23 janvier
Mort de Pitt. Un ministère Grenville-Fox lui succède.

26 janvier
Retour de Napoléon à Paris.

27 janvier
Destitution de Barbé-Marbois comme ministre du Trésor au profit de Mollien.

15 février
Joseph Bonaparte « nommé » roi de Naples.

15 mars
Murat grand-duc de Berg.

30 mars
Erection de 21 duchés grands fiefs en Italie. Berthier est fait prince de Neuchâtel ; Pauline princesse de Guastalla.

31 mars
Erection d'un statut de la famille impériale naturellement très favorable à Napoléon.

4 avril
Promulgation du « catéchisme impérial ».

8 avril
Mariage de Stéphanie de Beauharnais avec le fils du grand-duc de Bade.

10 mai
Création de l'Université de France.

5 juin
Louis, roi de Hollande. Le même jour Bernadotte est fait prince de Ponte-Corvo ; Talleyrand, prince de Bénévent.

8 juin
Réduction du nombre des théâtres dans la capitale.

21 juin
Occupation du port de Civitavecchia — partie intégrante des Etats pontificaux — par un corps français.

12 juillet
Création de la Confédération du Rhin.

20 juillet
Signature d'un accord franco-russe.
6 août : François II renonce à son titre impérial germanique, pour demeurer François Ier empereur d'Autriche, ratifiant du même coup la mort du Saint Empire.

14 août
Sénatus-consulte autorisant l'érection de majorats héréditaires en faveur des familles sénatoriales.

15 août
Célébration de la Saint-Napoléon, désormais fête nationale.
Pose de la première pierre de l'Arc de Triomphe.

3 septembre
Alexandre refuse de ratifier l'accord franco-russe et désavoue son négociateur Oubril.

12 septembre
L'armée prussienne entre en Saxe.

13 septembre
Mort de Fox.

25 septembre
Napoléon quitte Paris pour aller combattre la Prusse.

14 octobre
Victoires simultanées de Napoléon à Iéna et de Davout à Auerstaedt.

26 octobre
Napoléon s'incline à Potsdam devant le tombeau de Frédéric II.

27 octobre
La Grande Armée entre à Berlin.

7 novembre
Capitulation de Blücher.

21 novembre
Lancement du Blocus continental par le décret de Berlin.

28 novembre
Murat entre à Varsovie.

26 décembre
Difficiles victoires contre les Russes à Golymin et Pultusk.

10 décembre
Traité de paix et d'alliance franco-saxon. L'électeur, Frédéric-Auguste, y gagne le titre de roi et intègre la Confédération du Rhin. Il sera le plus fidèle allié de Napoléon.

1807

1er janvier
Rencontre de Napoléon et Marie Walewska.

4 février
Ouverture du Grand Sanhédrin.

8 février
Eylau.

21 février
Napoléon s'installe à Osterode.

7 mars
Démission de Grenville au profit d'un cabinet nominalement dirigé

par Portland mais dont les deux personnalités-phares sont Canning (Affaires étrangères) et Castlereagh (guerre).

1er avril
L'Empereur s'installe à Finkenstein. Il y demeure jusqu'au 6 juin.

24 mai
Capitulation de Dantzig.

27 mai
Détrônement de Sélim III par un coup d'Etat à Constantinople.

14 juin
Friedland.

25 juin
Entrevue d'Alexandre Ier et Napoléon au milieu du Niémen.

4 juillet
Célèbre article de Chateaubriand dans le *Mercure de France*. Comparant Napoléon à Néron, il fait figure de manifeste pour tous les opposants à l'Empire.

7 juillet
Signature du traité de Tilsit scellant la nouvelle alliance entre la France et la Russie. Le traité de paix franco-prussien (dit second traité de Tilsit) est signé deux jours plus tard.

22 juillet
Naissance du grand-duché de Varsovie.

9 août
Talleyrand perd son portefeuille mais devient vice-grand électeur. Son départ s'inscrit dans le cadre d'un vaste remaniement.

16 août
Jérôme, roi de Westphalie.

19 août
Suppression du Tribunat.

23 août
Mariage de Jérôme avec Catherine, fille du roi de Wurtemberg.

2 septembre
Bombardement de Copenhague par la flotte anglaise.

15 septembre
Publication du Code de commerce.

16 septembre
Erection de la Cour des comptes.

21 septembre
Napoléon va à Fontainebleau où il demeure jusqu'au 16 novembre.

5 octobre
Stein prend les rênes du gouvernement prussien.

12 octobre
Junot reçoit le commandement d'une armée pour envahir le Portugal.

13 octobre
Décret de Fontainebleau durcissant le Blocus continental.

30 octobre
Traité d'alliance entre la France et le Danemark.

2 novembre
Louis XVIII, chassé de Mittau, débarque en Angleterre. Il y demeure jusqu'en 1814.

7 novembre
La Russie déclare la guerre à l'Angleterre.

23 novembre
Premier décret de Milan, aggravant encore les dispositions du blocus. Il sera suivi d'un second, promulgué le 17 décembre. Suppression du royaume d'Etrurie.

30 novembre
Junot entre à Lisbonne.

13 décembre
A Berlin, Fichte prononce le premier de ses *Discours à la nation allemande*.

BIBLIOGRAPHIE SÉLECTIVE

Mémoires et écrits contemporains

ABRANTES Duchesse d'. *Mémoires*. Paris, Garnier, 1893, 10 vol. (tomes I à VI).

ANDIGNE Comte d'. *Mémoires*. Paris, Plon, 1900-1901, 2 vol.

ANTOMMARCHI F. *Mémoires ou les derniers moments de Napoléon*. Paris, Barrois, 1825, 2 vol.

ARNAULT A.-V. *Souvenirs d'un sexagénaire*. Paris, Dufey, 1833, 4 vol. (tomes II à IV).

BARANTE Baron de. *Souvenirs. 1782-1866*. Paris, Calmann-Lévy, 1890-1901, 8 vol. (tome I).

BARRAS. *Mémoires*. Paris, Hachette, 1895-1896, 4 vol.

BARRES J.-B. *Souvenirs d'un officier de la Grande Armée*. Paris, Plon, 1923.

BAUSSET Baron de. *Mémoires anecdotiques sur l'intérieur du palais et sur quelques événements de l'Empire depuis 1805 jusqu'au 1er mai 1814, pour servir à l'histoire de Napoléon*. Paris, Baudouin frères, 1827-1829, 4 vol. (tomes I et IV).

BECHET DE LEOCOUR Général. *Souvenirs*. Paris, Teissèdre, 2000.

BERTRAND Général. *Cahiers de Sainte-Hélène*. Paris, Sulliver-Albin Michel, 1949-1959, 3 vol.

BIGARRE Général. *Mémoires*. Paris, Kolb, 1893.

BILLON F. *Souvenirs d'un vélite de la garde sous Napoléon Ier*. Paris, Plon, 1905.

BLAZE E. *La Vie militaire sous l'Empire, ou mœurs de la garnison, du bivouac et de la caserne*. Paris, Moutardier, Desforges, 1837, 2 vol.

BOIGNE Comtesse de. *Récits d'une tante. Mémoires*. Paris, Emile Paul, 1921-1925, 5 vol. (tome I).

BONAPARTE Louis. *Documents historiques et réflexions sur le gouvernement de la Hollande*. Paris, Aillaud, 1820, 3 vol. (tomes I et III).

BONAPARTE Lucien. *Révolution de brumaire, ou Relation des principaux événements des journées des 18 et 19 brumaire*. Paris, Charpentier, 1845.

BOUILLÉ Marquis de. *Souvenirs et fragments pour servir aux mémoires de ma vie et de mon temps*. Paris, Picard, 1906-1911, 3 vol. (tomes II et III).

BOULART Général baron. *Mémoires militaires sur les guerres de la République et de l'Empire*. Paris, Tallandier, 1992.

BOURRIENNE. *Mémoires sur Napoléon, le Directoire, le Consulat, l'Empire et la Restauration*. Paris, Ladvocat, 1829, 10 vol. (tomes I à VII).

CAMBACÉRÈS. *Mémoires*. Paris, Perrin, 1999, 2 vol.

CAULAINCOURT Général, duc de Vicence. *Mémoires*. Paris, Plon, 1933, 3 vol. (tome I).

CAZENOVE d'ARLENS C. de. *Deux mois à Paris et à Lyon sous le Consulat*. Journal (février-avril 1803). Publié pour la société d'histoire contemporaine par A. de Cazenove. Paris, Picard. 1903.

CHAPTAL. *Mes souvenirs sur Napoléon*. Paris, Plon, 1893.

CHAS J. *Tableau historique et politique des opérations militaires et civiles de Bonaparte, Premier consul de la République française*. Paris, Arthus Bertrand, An X – 1801.

CHASTENAY Mme de. *Mémoires. 1771-1815*. Parıs, Plon, 1896-1897, 2 vol.

CHATEAUBRIAND. *Vie de Napoléon. Précédé de . Le Poète et l'Empereur*, par Marc Fumaroli. Paris, De Fallois, 1999.

CHEVALIER Lieutenant. *Souvenirs des guerres napoléoniennes*. Paris, Hachette, 1970.

CHOISEUL-GOUFFIER Comtesse de. *Mémoires historiques sur l'Empereur Alexandre et la cour de Russie*. Paris, Leroux, 1829.

CLAUSEWITZ Carl von. *Notes sur la Prusse dans sa grande catastrophe*. Paris, Ivrea, 1999.

CLAUSEWITZ. *La Campagne d'Italie*. Préface de Gérard Chaliand. Paris, Pocket, 1999.

CLAUSEWITZ. *De la guerre*. Edition abrégée et présentée par Gérard Chaliand. Paris, Perrin, 1999.

COIGNET Capitaine. *Les Cahiers. 1799-1815*. Paris, Hachette, 1899.

COMEAU Baron de. *Souvenirs des guerres d'Allemagne pendant la Révolution et l'Empire*. Paris, Plon, 1900.

CONSTANT. *Mémoires intimes de Napoléon Ier par son valet de chambre*. Paris, Mercure de France, 1967, 2 vol. (tome I).

CONSTANT B. *De la force du gouvernement actuel et de la nécessité de s'y rallier*, 1796. *Des réactions politiques*. 2e éd. augmentée de *Des effets de la Terreur*, 1797. Préface de Ph. Raynaud. Paris, Flammarion, « Champs », 1988.

CONSTANT B. *Portraits. Mémoires. Souvenirs*. Paris, Champion, 1992.

CONSTANT B. *Ecrits politiques*. Textes choisis, présentés et annotés par Marcel Gauchet. Paris, Folio Essais, 1997.

[COULON Abbé]. *Discours sur le couronnement de Buonaparte. Dédié à tous les amis de la justice et de l'honneur*. Londres, 1805.

DENON V./ Abdel Rahman EL-GABARTI. *Sur l'expédition de Bonaparte en Egypte. Témoignages croisés et commentés par Mahmoud Hussein*. Arles, Actes Sud, 1998.

DELLARD Général baron : *Mémoires militaires sur les guerres de la République et de l'Empire*. Paris, Librairie illustrée, 1892.

DESMARETS P.-M. *Témoignage historique ou quinze ans de haute police sous Napoléon*. Paris, Levasseur, 1833.

DUMAS Général comte. *Souvenirs de 1770 à 1836*. Paris, Gosselin, 1839, 3 vol. (tome III).

FAIN Baron. *Mémoires*. Paris, Arlea, 2001

FANTIN DES ODOARDS Général. *Journal. 1800-1830*. Paris, Plon, 1895.

FEZENSAC R.-E.-Ph.-J. de Montesquiou, duc de. *Souvenirs militaires de 1804 à 1814*. Paris, Dumaine, 1863.

[FIERRO A.]. *Les Français vus par eux-mêmes. Anthologie des mémorialistes du Consulat et de l'Empire*. Paris, Robert Laffont, « Bouquins », 1998.

FIÉVÉE J. *Correspondance et relations avec Bonaparte pendant onze années (1802 à 1813)*. Paris, Desrez et Beauvais, 1836, 3 vol. (tomes I et II).

FONTAINE P.-F.-L. *Journal (1799-1853)*. Paris, Ecole nationale des beaux-arts, 2 vol. (tome I).

FOUCHÉ Joseph. *Mémoires*. Paris, Lerouge, 1824, 2 vol.

FRANÇOIS Capitaine. *Journal. 1792-1830*. Paris, Tallandier, 2003.

FRÉNILLY Baron de. *Souvenirs d'un ultraroyaliste*. Paris, Perrin, 1987.

GIRARDIN Comte de. *Discours et opinions, journal et souvenirs*. Paris, Moutardier, 1828, 4 vol. (tomes III et IV).

GOETHE. *Ecrits autobiographiques. 1789-1815.* Préface de J. Le Rider. Paris, Bartillat, 2001.

GONNEVILLE Colonel de. *Souvenirs militaires.* Paris, Didier, 1875.

GOURGAUD Général baron. *Sainte-Hélène. Journal inédit de 1815 à 1818.* Edition augmentée d'après le manuscrit original. Préface et notes d'Octave Aubry. Paris, Flammarion, 1947, 2 vol.

[HAUTERIVE E. d']. *La Police secrète du premier Empire. Bulletins quotidiens adressés par Fouché à l'Empereur. 1804-1810.* Paris, Perrin, puis R. Clavreuil, 1908-1964, 5 vol. (tomes I à III).

HORTENSE DE BEAUHARNAIS. *Mémoires de la reine Hortense.* Paris, Plon, 1927, 3 vol. (tome I).

HUGO Général. *Mémoires.* Paris, Ladvocat, 3 vol. (tome I).

HUMBOLDT. *Journal parisien (1797-1799).* Arles, Actes Sud, 2001.

HYDE DE NEUVILLE Baron. *Mémoires et souvenirs.* Paris, Plon 1888, 3 vol. (tome I).

JOMINI H. de. *Les Guerres de la Révolution (1792-1797) de Jemmapes à la campagne d'Italie.* Paris, Hachette, « Pluriel », 1998.

JOMINI. *Précis de l'art de la guerre.* Présentation de Bruno Colson, Paris, Perrin, 2001.

JOSEPH BONAPARTE. *Mémoires et correspondance politique et militaire.* Paris, Perrotin, 1853-1854, 10 vol. (tome I).

[KERAUTRET (M., dir.)]. *Les Grands Traités du Consulat (1799-1804).* Paris, Nouveau Monde Editions/ Fondation Napoléon, 2002.

[KERAUTRET (M., dir.)]. *Les Grands Traités de l'Empire.* Paris, Nouveau Monde Editions/ Fondation Napoléon, 2004 (tome I).

LAREVELLIERE-LEPEAUX. L.-M. *Mémoires.* Paris, Hetzel, 1873, 3 vol. (tomes I et II).

LAS CASES. *Mémorial de Sainte-Hélène.* Paris, L'auteur, 1823, 8 vol. Les autres « confessions impériales » sont disséminées dans les Mémoires d'Antommarchi, Bertrand, Gourgaud, Montholon et O'Meara (voir à ces noms).

MAISTRE Joseph de. *Considérations sur la France*, 1796. Suivi de : *Essai sur le principe générateur des constitutions politiques.* Présentation de P. Manent. Bruxelles, Complexe, 1988.

MALLET DU PAN J. *Correspondance inédite avec la cour de Vienne (1794-1798).* Préface d'H. Taine. Paris, Plon, 1884, 2 vol.

MARBOT Général baron de. *Mémoires.* Paris, Plon, 1891, 3 vol. (tome I)

MARMONT Maréchal, duc de Raguse. *Mémoires de 1792 à 1832*. Paris, Perrotin, 1857, 9 vol. (tomes I à III).

MÉNEVAL Baron de. *Mémoires pour servir à l'histoire de Napoléon Ier depuis 1802 jusqu'à 1815*. Paris, Dentu, 1893-1894, 3 vol. (tomes I et II).

MERCIER L.-S. *Le Nouveau Paris*. Paris, Mercure de France, 2000.

METTERNICH. *Mémoires*. Paris, Plon, 1880-1884, 8 vol. (tomes I et II).

MIOT DE MELITO Comte. *Mémoires*. Paris, Michel Lévy, 1858, 3 vol. (tomes I et II).

MOLÉ Comte. *Souvenirs de jeunesse (1793-1803)*. Introduction et notes de J.-C. Berchet. Paris, Mercure de France, 1991.

MOLLIEN Comte. *Mémoires d'un ancien ministre du Trésor public de 1800 à 1814*. Paris, Guillaumin, 1878, 3 vol.

MONTESQUIOU Comte de. *Souvenirs sur la Révolution, l'Empire, la Restauration et le règne de Louis-Philippe*. Paris, Plon, 1961.

MONTHOLON. *Récits de la captivité de l'empereur Napoléon à Sainte-Hélène*. Paris, Paulin, 1847, 2 vol.

MULLER F. von. *Souvenirs des années de guerre. 1806-1813*. Paris, Fondation Napoléon, 1992.

NAPOLÉON Ier. *Correspondance*. Paris, Plon, 1858-1870, 32 vol. (tomes I à XV, XXIX et XXX). Nouvelle édition en cours chez Fayard (éd. critique par la Fondation Napoléon).

NAPOLÉON. *Œuvres littéraires et écrits militaires*. Edition établie, annotée et préfacée par J. Tulard. Paris, Claude Tchou, 2001, 3 vol.

[NAPOLÉON]. *Napoléon a dit*. Aphorismes, citations et maximes [Rassemblés par L. Regenbogen]. Préface de Jean Tulard. Paris, Les Belles Lettres, 1998.

NECKER. *Dernières vues de politique et de finance*. Genève, 1802.

NOAILLES Marquis de. *Le Comte Molé (1781-1855). Sa vie, ses mémoires*. Paris, Champion, 1922-1930, 6 vol. (tome I).

NORVINS Jacques de. *Histoire de Napoléon*, 1827-1828, Paris, Furne, 1839.

NORVINS J. de. *Souvenirs d'un historien de Napoléon*. Paris, Plon, 1896-1897, 3 vol. (tomes II et III).

O'MEARA B. *Journal. Napoléon dans l'exil*. Présentation, notes et introduction par P. Garière. Paris, Fondation Napoléon, 1993, 2 vol.

PASQUIER Chancelier. *Histoire de mon temps. Mémoires*. Paris, Plon, 1893-1894, 6 vol. (tome I).

PAULIN Général baron. *Souvenirs*. Paris, Plon, 1895.

PERCY Baron. *Journal des campagnes*. Paris, Tallandier, « Bibliothèque napoléonienne », 2002.

PION DES LOCHES. *Mes campagnes (1792-1815)*. Paris, Firmin-Didot, 1889.

PLANCY Comte de. *Souvenirs (1798-1816)*. Paris, Ollendorff, 1904.

PONTÉCOULANT Comte de. *Souvenirs historiques et parlementaires*. Paris, Michel Lévy, 1861-1865, 4 vol. (tomes II et III).

POUGET Général baron. *Souvenirs de guerre*. Paris, Plon, 1895.

RAPP Général. *Mémoires écrits par lui-même*. Paris, Bossange, 1823.

REISET Vicomte de. *Souvenirs. 1775-1836*. Paris, Calmann-Lévy, 1899, 3 vol. (tome I).

REICHARDT J.-F. *Un hiver à Paris sous le Consulat. 1802-1803*. Avant-propos, introduction et notes de Thierry Lentz. Paris, « Bibliothèque napoléonienne », Tallandier, 2003.

[REMACLE]. *Relations secrètes des agents de Louis XVIII à Paris sous le Consulat (1802-1803)*. Publiée avec une introduction et des notes par le comte Remacle. Paris, Plon, 1899.

RÉMUSAT Claire de. *Mémoires (1802-1808)*. Paris, Calmann-Lévy, 1879-1880, 3 vol.

ROEDERER Comte. *Journal*. Paris, Daragon, 1909.

[SACRE]. *Procès-verbal de la cérémonie du Sacre et du couronnement de Napoléon*. Paris, Imprimerie nationale, 1993. Présentation et notes par Jean Tulard.

[SACRE]. *La Proclamation du Premier Empire ou Recueil des pièces et actes relatifs à l'établissement du gouvernement impérial héréditaire, imprimé par ordre du Sénat Conservateur. Première réédition depuis 1804*. Introduction par Th. Lentz. Paris, Nouveau Monde Editions/Fondation Napoléon, 2001.

SAVARY, Duc de Rovigo. *Mémoires*. Paris, Bossange, 1828, 8 vol. (tomes I à III).

SÉGUR Général comte de. *Histoire et mémoires*. Paris, Firmin-Didot, 1873, 7 vol. (tomes I à III).

STAËL Mme de. *Des circonstances actuelles qui peuvent terminer la Révolution et des principes qui doivent fonder la République en France* (1798). Genève, Droz, 1979.

STAËL Mme de. *Considérations sur la Révolution française*. Présenté et annoté par J. Godechot. Paris, Tallandier, 1983.

STAËL Mme de. *Dix années d'exil.* Edition critique par Simone Balayé. Paris, Fayard, 1996.
TALLEYRAND. *Mémoires.* Paris, Calmann-Lévy, 1891-1892, 5 vol. (tome I).
THIBAUDEAU A.-C. *Mémoires sur la Convention et le Directoire.* Paris, Ponthieu, 1824, 2 vol.
THIBAUDEAU A.-C. *Mémoires sur le Consulat.* Paris, Ponthieu, 1827.
THIBAUDEAU A.-C. *Mémoires (1799-1815).* Paris, Plon, 1913.
THIÉBAULT Général baron. *Mémoires.* Paris, Plon, 1894-1895, 5 vol. (tomes I à IV).

Ouvrages généraux, études et biographies

AMIOT Y. *La Fureur de vaincre. Campagne d'Italie, 1796-1797.* Paris, Flammarion, 1996.
ARON R. *Penser la guerre. Clausewitz.* Paris, Gallimard, 1976, 2 vol.
ARTAUD DE MONTOR Chevalier. *Histoire de la vie et des travaux politiques du comte d'Hauterive, comprenant une partie des actes de la diplomatie française depuis 1784 jusqu'en 1830.* Paris, Adrien Le Clère, 1839.
AULARD A. *Histoire politique de la Révolution française.* Paris, Armand Colin, 1903.
BAINVILLE J. *Napoléon.* Paris, Balland, 1995.
BAINVILLE J. *Le Dix-Huit Brumaire et autres écrits sur Napoléon.* Paris, B. Giovanangeli, 1998.
BARANTE P. de. *Histoire du Directoire.* Paris, Didier, 1855, 3 vol.
BARBIER P. et F. VERNILLAT. *Histoire de France par les chansons. Napoléon et sa légende.* Paris, Gallimard, 1958.
BASTID P. *Benjamin Constant et sa doctrine.* Paris, Armand Colin, 1967, 2 vol.
BENOIST-MÉCHIN J. *Bonaparte en Egypte, ou le Rêve inassouvi.* Paris, Perrin, 1997.
BERENGER J. *Histoire de l'Empire des Habsbourg. 1273-1918.* Paris, Fayard, 1990.
BERGERON L. *L'Episode napoléonien. Aspects intérieurs.* Paris, Points-Seuil, 1972.

BERGERON L. et CHAUSSINAND-NOGARET G. *Les Masses de granit. Cent mille notables du premier Empire*. Paris, EHESS, 1979.

BERTAUD J.-P. *Le Duc d'Enghien*. Paris, Fayard, 2001.

BERTAUD J.-P. *Quand les enfants parlaient de gloire. L'armée au cœur de la France de Napoléon.* Paris, Aubier, 2006.

BERTIER DE SAUVIGNY G. de. *Metternich*. Paris, Fayard, 1986.

BLIN A. *Iéna. Octobre 1806.* Paris, Perrin, 2003.

BLOY L. *L'Ame de Napoléon.* Préface de L. Joffrin. Paris, Gallimard, 2003.

BOIS J.-P. *Nouvelle Histoire des relations internationales* (t. III) *: De la paix des rois à l'ordre des Empereurs. 1714-1815*. Paris, Points-Seuil, 2003.

BONNO G. *La Constitution britannique devant l'opinion française de Montesquieu à Bonaparte*. Genève, Slatkine Reprints, 1970.

BOUDON J.-O. *Histoire du Consulat et de l'Empire*. Paris, Perrin, 2000.

[BOUDON J.-O., dir.]. *Brumaire. La prise de pouvoir de Bonaparte.* Paris, Institut Napoléon, 2001.

BREDIN J.-D. *Sieyès. La clé de la Révolution française*. Paris, De Fallois, 1988.

CABANIS A. *La Presse sous le Consulat et l'Empire*. Paris, Société des Etudes Robespierristes, 1975.

CABANIS J. *Le Sacre de Napoléon*. Paris, Gallimard, 1970.

CAMON Colonel. *La Guerre napoléonienne. Précis des campagnes*. Paris, Teissèdre, 1999.

CARNÉ L. de. *Etudes sur l'histoire du gouvernement représentatif en France de 1789 à 1848*. Paris, Didier, 1855, 2 vol. (tome I).

CARRÈRE d'ENCAUSSE H. *Catherine II*. Paris, Fayard, 2002.

CASAGLIA G. *Le Partage du monde. Napoléon et Alexandre à Tilsit*. Paris, SPM, 1998.

CHARDIGNY L. *L'Homme Napoléon*. Paris, Perrin, 1987.

CHARDIGNY L. *Les Maréchaux de Napoléon*. Paris, Flammarion, 1946.

CHUQUET A. *La Jeunesse de Bonaparte*. Paris, Armand Colin, 1897-1899, 3 vol.

COLIN J. *L'Education militaire de Napoléon*. Paris, Teissèdre, 2001.

CROUZET F. *L'Economie britannique et le Blocus continental*. Paris, Economica, 1987.

DAUDET E. *Histoire de l'émigration pendant la Révolution française*. Paris, Hachette, 1907, 3 vol. (tome III).

DE GAULLE Charles. *La France et son armée*. Paris, Plon, 1999.

DESLANDRES M. *Histoire constitutionnelle de la France*. Paris, Armand Colin, 1932-1937, 3 vol. (tome I).

DIESBACH G. de. *Madame de Staël*. Paris, Perrin, 1983.

DIESBACH G. de. *Chateaubriand*. Paris, Perrin, 1999.

DOUAY A. et HERTAULT G. *Schulmeister. Dans les coulisses de la grande armée*. Paris, Nouveau Monde Editions/ Fondation Napoléon, 2002.

DROZ J. *L'Allemagne et la Révolution française*. Paris, PUF, 1949.

DUNAN M. *Napoléon et l'Allemagne. Le système continental et les débuts du royaume de Bavière. 1806-1810*. Paris, Plon, 1942.

DUFRAISSE R. et KERAUTRET M. *La France napoléonienne. Aspects extérieurs*. Paris, Points-Seuil, 1999.

DUVERGIER DE HAURANNE P. *Histoire du gouvernement parlementaire en France. 1814-1848*. Paris, Michel Lévy 1870-1871, 10 vol. (tome I).

ENGLUND S. *Napoléon*. Paris, De Fallois, 2004.

ERNOUF Baron. *Maret, duc de Bassano*. Paris, Charpentier 1878.

FAURE E. *Napoléon*. Paris, Denoël, 1983.

FERRERO G. *Bonaparte en Italie (1796-1797)*. Paris, De Fallois, 1994.

FERRERO G. *Pouvoir. Les génies invisibles de la cité*. New York, Brentano's, 1942.

FUGIER A. *La Révolution française et l'Empire napoléonien*. Tome IV de l'*Histoire des relations internationales* (P. Renouvin, dir.). Paris, Hachette, 1954.

FUMAROLI M. *Chateaubriand. Poésie et Terreur*. Paris, De Fallois, 2003.

FURET F. *La Révolution*. Paris, Hachette, 1991.

FURET F. ET OZOUF M. (dir.). *Dictionnaire critique de la Révolution française*. Paris, Flammarion, « Champs », 1988, 4 vol.

FURET F. et RICHET. D. *La Révolution française*. Paris, Hachette, « Pluriel », 1988.

GARNIER J. *Austerlitz*. Paris, Fayard, 2005.

GAXOTTE P. *La Révolution française.* Nouvelle édition par J. Tulard. Bruxelles, Complexe, 1988.

GIROD DE L'AIN G. *Joseph Bonaparte, roi malgré lui.* Paris, Perrin, 1970.

GODECHOT J. *Les Constitutions de la France depuis 1789.* Paris, Garnier-Flammarion, 1970.

GODECHOT J. *La Contre-Révolution. Doctrine et action. 1789-1804*. Paris, PUF, 1961.

GODECHOT J. *La Grande Nation. L'expansion révolutionnaire de la France dans le monde de 1789 à 1799.* Paris, Aubier, 1983.

GRANGE H. *Les Idées de Necker.* Paris, Klincksieck, 1974.

GRAZIANI A.-M. *Pascal Paoli, père de la patrie corse.* Paris, Tallandier, 2002.

GROUSSET R. *Figures de proue*. Paris, UGE, « 10-18 », 1996.

GRUNWALD C. de. *Stein, l'ennemi de Napoléon*. Paris, Grasset, 1936.

GUENIFFEY P. *La Politique de la Terreur. Essai sur la violence révolutionnaire. 1789-1794*. Paris, Fayard, 2000.

HOUSSAYE H. *Iéna*. Paris, Perrin, 1906.

JOURDAN A. *Napoléon héros, imperator, mécène*. Paris, Aubier, 1998.

JOURDAN A. *L'Empire de Napoléon*. Paris, Flammarion, « Champs », 2000.

JOURQUIN J. *Dictionnaire des maréchaux du premier Empire.* Paris, Christian/JAS, 1999.

JOUVENEL B. de. *Napoléon et l'économie dirigée. Le Blocus continental.* Bruxelles, Editions de la Toison d'or, 1942.

KENNEDY P. *Naissance et déclin des grandes puissances. Transformations économiques et conflits militaires entre 1500 et 2000.* Paris, Payot, 1991.
KERAUTRET M. *Histoire de la Prusse.* Paris, Le Seuil, 2005.
KIRCHEISEN F.-M. *Napoléon.* Paris, Plon, 1934, 2 vol.
KISSINGER H. *Le Chemin de la paix.* Paris, Denoël, 1972.
LACOUR-GAYET G. *Talleyrand.* Paris, Payot, 1991.
LAURENS H. *L'Expédition d'Egypte. 1798-1801.* Paris, Points-Seuil, 1997.
LAROUSSE P. *Bonaparte.* Préface de Laurent Joffrin. Paris, Mémoire du Livre, 2002.
LAROUSSE P. *Napoléon.* Préface de M. Agulhon. Paris, Mémoire du Livre, 2002.
LEFEBVRE G. *Napoléon.* Paris, PUF, « Peuples et civilisations », 1969.
LENTZ T. *Le Coup d'Etat du 18 Brumaire.* Paris, Jean Picollec, 1998.
LENTZ T. *Dictionnaire des ministres de Napoléon.* Paris, Christian/JAS, 1999.
LENTZ T. *Le Grand Consulat.* Paris, Fayard, 2001.
LENTZ T. *Nouvelle Histoire du Consulat et de l'Empire I : Napoléon et la conquête de l'Europe. 1804-1810.* Paris, Fayard, 2002.
LENTZ T. (dir.) *Le Sacre de Napoléon.* Paris, Nouveau monde éditions, 2003.
LEROY-BEAULIEU A. *L'Empire des tsars et des Russes.* Paris, Robert Laffont, « Bouquins », 1990.
LEY F. *Alexandre Ier et sa Sainte-Alliance.* Paris, Fischbacher, 1975.
LIDDELL HART B. *Stratégie.* Introduction et traduction par L. Poirier. Paris, Perrin, Tempus, 2006.
MADELIN L. *Histoire du Consulat et de l'Empire.* Paris, Robert Laffont, « Bouquins », 2003, 4 vol. (tomes I et II).
MADELIN L. *Fouché.* Paris, Plon, 1947, 2 vol. (tome I).
MADELIN L. *Talleyrand.* Paris, Tallandier, 1979.
MALAPARTE C. *Technique du coup d'Etat.* Paris, Grasset, 1992.

MALRAUX A. *Vie de Napoléon par lui-même*. Paris, Gallimard, 1998.
[MARTIN J.-C., dir.]. *Napoléon et l'Europe*. Colloque de la Roche-sur-Yon. Presses universitaires de Rennes, 2002.
MANSEL P. *Louis XVIII*. Paris, Pygmalion, 1982.
MASSON F. *Napoléon inconnu. Papiers inédits (1786-1793). Accompagnés de notes sur la jeunesse de Napoléon (1769-1793)*. Paris, Ollendorff, 1895, 2 vol.
MASSON F. *Napoléon et sa famille*. Paris, Ollendorff, 1897-1919, 13 vol. (tomes I à IV).
MASSON F. *Napoléon chez lui. La journée de l'Empereur aux Tuileries*. Paris, Ollendorff, 1921.
MASSON F. *Le Sacre de Napoléon*. Paris, Ollendorf, 1925.
MICHELET J. *Histoire du XIX*[e] *siècle*. Paris, Germer-Bailliere [puis] Michel Lévy, 1872-1875. 3 vol.
MISTLER J. (dir.). *Napoléon et l'Empire*. Paris, Hachette, 1968, 2 vol.
MORVAN J. *Le Soldat impérial*. Paris, Teissèdre, 1999, 2 vol.
NAPOLÉON Prince Charles. *Bonaparte et Paoli. Aux origines de la question corse*. Paris, Perrin, 2000.
Napoléon Bonaparte. Comment il a enivré la littérature. Textes rassemblés par Paul Noirot. Préface de Laurent Joffrin. Paris, In Forma, 1999.
OLLIVIER A. *Le 18 Brumaire*. Paris, Gallimard, « Trente journées qui ont fait la France », 1959.
OUDINOT M. *Le Maréchal Oudinot*. Paris, De Fallois, 2007.
PALLUEL A. *Dictionnaire de l'Empereur*. Paris, Plon, 1969.
PETITEAU N. *Napoléon de la mythologie à l'histoire*. Paris, Seuil, 1999.
PIGEARD A. *L'Armée de Napoléon. Organisation et vie quotidienne*. Paris, Tallandier, 2000.
PIGEARD A. *Dictionnaire de la grande armée*. Paris, Tallandier, 2002.
PILLEPICH A. *Napoléon et les italiens*. Paris, Nouveau Monde Editions/Fondation Napoléon, 2004.
PINGAUD L. *Les Français en Russie et les Russes en France*. Paris, Perrin, 1886.

QUENNEVAT J.-C. *Atlas de la Grande Armée*. Bruxelles, Sequoia, 1966.

REY M.-P. *Le Dilemme russe. La Russie et l'Europe occidentale d'Ivan le Terrible à Boris Eltsine*. Paris, Flammarion, 2002.

SCHER-ZEMBITSKA L. *L'Aigle et le Phénix. Un siècle de relations franco-polonaises. 1732-1832*. Préface de A. Corvisier. Paris, CNRS Editions, 2001.

SIX G. *Les Généraux de la Révolution et de l'Empire*. Paris, Bernard Giovanangeli, 2002.

SOBOUL A. *La France napoléonienne*. Paris, Artaud, 1990.

SOREL A. *L'Europe et la Révolution française*. Paris, Plon, 1908, 8 vol. (tomes I à VII).

STENDHAL. *Napoléon*. Paris, Stock, 1998.

SUARÈS A. *Vues sur Napoléon*. Paris, Allia, 1988.

SYBEL H. de. *Histoire de l'Europe pendant la Révolution française*. Paris, Germer-Baillière puis Alcan, 1869-1888, 6 vol.

TAINE H. *Les Origines de la France contemporaine*. Paris, Robert Laffont, « Bouquins », 1986, 2 vol. (tome II).

TOLSTOÏ L. *La Guerre et la Paix*. Gallimard, « Folio », 1972, 2 vol. (tome I).

TULARD J. *Napoléon ou le Mythe du sauveur*. Nouvelle édition, revue et augmentée. Paris, Fayard, 1999.

TULARD J. *Le Grand Empire. 1804-1815*. Paris, Albin Michel, 1982.

TULARD J. (dir.) *Dictionnaire Napoléon*. Paris, Fayard, 1999, 2 vol.

TULARD J. *Murat*. Paris, Fayard, 1999.

TULARD J. *Napoléon et la noblesse d'Empire*. Nouvelle édition. Paris, Tallandier, « Bibliothèque napoléonienne », 2002.

TULARD J. et L. GARROS. *Itinéraire de Napoléon au jour le jour*. Paris, Tallandier, 1992.

VACHEE J.-B. *Napoléon en campagne*. Paris, Bernard Giovanangeli, 2003.

VANDAL A. *L'Avènement de Bonaparte*. Paris, Plon, 1902, 2 vol.

VANDAL A. *Napoléon et Alexandre Ier. L'alliance russe sous le premier Empire*. Paris, Plon, 1896, 3 vol. (tome I).

WALISZEWSKI K. *Le Règne d'Alexandre Ier*. Paris, Plon, 1923-1925, 3 vol. (tomes I et II).

WARESQUIEL E. de. *Talleyrand, ou le prince immobile*. Paris, Fayard, 2003.

WOOLF S. *Napoléon et la conquête de l'Europe*. Paris, Flammarion, 1990.

ZIEZENISS C.-O. *Napoléon et la Cour impériale*. Paris, Tallandier, 1980.

INDEX

TABLE

Composition et mise en page

NORD COMPO
multimédia

Achevé d'imprimer en septembre 2007
dans les ateliers de ***Bussière***
à Saint-Amand-Montrond (Cher)

N° d'édition : 2713. – N° d'impression : 073067/1.
Dépôt légal : septembre 2007.
Imprimé en France